Blue Braun

Erinnerungen an die Marine

1956-1996

Erinnerungen an die Marine

1956-1996

Blue Braun

Zweite, verbesserte Auflage 2013

Carola Hartmann Miles-Verlag Berlin

CIP-Kurztitelaufnahme der Deutschen Bibliothek

Blue Braun: Erinnerungen an die Marine 1956-1996, zweite, verbesserte Auflage, Berlin 2013

ISBN 978-3-937885-47-6

Titelbild: Autor

Herstellung und Verlag: Books on Demand GmbH, Norderstedt

© Carola Hartmann Miles-Verlag,
(www.miles-verlag.jimdo.com; email: miles-verlag@t-online.de)

ISBN 978-3-937885-47-6

Inhalt

Kapitel 1: Ausbildung zum Seeoffizier

Kapitel 2: Leutnant bis Kapitänleutnant

Kapitel 3: Stabsoffizier

Kapitel 4: Flaggoffizier

Vorwort

Eigentlich ist es unverständlich, dass Vizeadmiral a. D. Dieter Franz "Blue" Braun keine Memoiren vorlegt. Dienen Memoiren doch der völlig uneigennützigen Selbstdarstellung, stellen ganz unauffällig das überragende und stets zielgerichtete Handeln des Autors in den Mittelpunkt und bieten zudem den Vorteil, Schwächen oder Fehlentscheidungen einfach wegzulassen. Doch fehlen unserem "Blue" zu solchen Memoiren zwei wesentliche Voraussetzungen. Erstens mangelt es ihm deutlich an Eitelkeit (was ein Professor überhaupt nicht nachvollziehen kann). Zweitens hat er versäumt, zum Zweck späterer Memoirenabfassung möglichst bereits von Geburt an ein Tagebuch zu führen, Handakten zu erstellen und diese nach der Pension mit nach Hause zu nehmen. Stattdessen ist er zur See gefahren, hat sich in der Welt herumgetrieben und soll manchmal sogar Alkohol getrunken haben, anstatt in seiner Freizeit Goethe und Schiller zu lesen und an die Nachwelt zu denken. Das reicht eben nicht für Memoiren.

Während sich heute in der „Ich-Gesellschaft" bereits jeder Abiturient Gedanken über seine künftige „Karriere" macht und schon früh mit der "Vernetzung" beginnt, kann der Eintritt des Abiturienten Dieter Franz Braun in die Marine am 1. Mai 1956 hingegen kaum als das Resultat eines längeren tiefschürfenden Nachdenkens angesehen werden. Vielmehr handelt es sich wohl eher um eine der „Bauchentscheidungen" (heute heißt das übrigens „Emotionale Intelligenz"), die Braun sich auch im späteren Leben, welches allerdings überwiegend von der Anwendung des Verstandes und der Bereitschaft zur Übernahme von Verantwortung geprägt ist, vorbehält. Sowohl diese emotionale Komponente als auch ein überragender Intellekt, die nicht endende Bereitschaft, „Bolzen" zu schießen (also das Erwachsenwerden endlos lange heraus zu zögern) sowie ein herrlicher und scheinbar unerschöpflicher Humor auch in schweren Lagen, führen "Blue" Braun vom Leutnant zur See auf einem Minensuchboot bis in die Führungsspitze seiner Teilstreitkraft.

Wie auch anderswo in der Gesellschaft, so gibt es auch in der Bundeswehr immer einige „Jasager", die ihren Vorgesetzten gern in den selbigen kriechen würden. „Blue" Braun jedoch neigt von Leutnantsbeinen an zum Widerspruch, zu Kritik und eben zu jener Art von „Bolzen", die das Leben lebenswert machen. Dies lässt ihn häufig anecken, und es verwundert einerseits und erfreut andererseits, dass er trotzdem richtig Karriere macht. Offensichtlich hat er neben Glück auch immer wieder Vorgesetzte, die Widerspruch als eine Eigenschaft ansehen, die eigentlich von Stabs- und Flaggoffizieren erwartet werden kann und muss, und die sein Leistungspotential richtig einzuschätzen wissen.

Mit deutlichen Worten, ein Spezifikum Brauns, wird vor allem der Zusammenstoß der Generationen in der jungen Bundeswehr, der Generation der kriegsgedienten Soldaten und der Generation Brauns, geschildert. Hier wird wirklich in positivem Sinn „Alltagsgeschichte" geschrieben, in der über das Klima und die ersten 30 Jahre der Bundeswehr mehr zu erfahren ist, als in den Werken der hehren, quellenbasierten Geschichtswissenschaft, deren Bedeutung natürlich unbestritten bleibt. Der Zeitzeuge (welcher, nach einem on dit, der Geschichtschreibung nur im Wege steht) vermag es eben viel plastischer, dem Leser die schwierigen Anfangsjahre der Marine und ihre keineswegs schwerelose weitere Entwicklung, aber vor allem die in ihr dienenden Menschen, wirklich näher zu bringen. Bei schwachen Vorgesetzten Brauns etwa leiden wir Leser mit, bei guten Chefs können wir seine Freude teilen. Wer das Buch liest, wird verstehen, warum es froh und stolz machen kann, einen "Blue" Braun zum Freund zu haben.

Prof. Emeritus Dr. Reiner Pommerin
Lehrstuhl für Neuere und Neueste Geschichte
TU Dresden

Vorbemerkungen

Nachdem ich mit wachsendem Vergnügen die Erinnerungen an meine Jugendzeit für meine Familie aufgeschrieben habe, kann ich nicht umhin, mich auch an dem „Rest" zu versuchen. Obwohl ich ein wenig befürchte, daß dieser Versuch in einer Reihe trivialer Erlebnisberichte endet und keinen sonderlichen Reiz für andere entwickelt, will ich mich daran versuchen.

Mit Sorge, wenn nicht gar Kleinmut erfüllt mich der Gedanke, ich könnte mich an einer Autobiographie versuchen. Dieser Begriff verbindet sich für mich mit Literatur, einer Disziplin, die weit oberhalb meiner Fähigkeiten liegt. In einem Gespräch im Freundeskreis dämmerte mir, daß ich gar nicht weiß, was eigentlich eine Biographie oder Autobiographie ausmacht, und da nach meinem Eindruck zu viele Leute ihre Memoiren schreiben, obwohl sich keiner dafür interessiert, kommt so etwas natürlich für mich gar nicht in Frage.

Was würde wohl der gnadenlose Marcel Reich-Ranicki auf diese Frage antworten? Wie wichtig ist die Authentizität? Da ich kaum über Aufzeichnungen verfüge, stellt sich die Frage, was ich damals vor 50 oder 30 Jahren wirklich gedacht habe. Die Frage: „Habe ich wirklich gedacht?" wird sicher von jedem Leser gleich als plumpe Koketterie erkannt und deshalb nicht gestellt. Ich werde mich wohl lieber an „Erinnerungen an einzelne Episoden" versuchen, dann entkomme ich hoffentlich dem Zwang, chronologische Lücken zu umschreiben oder gar umzuschreiben.

Nun, da ich glaube, einen Weg gefunden zu haben, mit den Gedächtnislücken zu leben, bleibt die Frage nach der Ehrlichkeit. Vielleicht versuche ich es mit der Persiflage auf den Eid vor Gericht: „... die Wahrheit, nichts als die Wahrheit, aber nicht die ganze Wahrheit?"

Und wie halte ich es mit dem Bemühen um Gerechtigkeit gegenüber all' meinen Weggefährten? Da ich meine Erinnerungen nur subjektiv sehen kann, werde ich ungerecht sein, obwohl ich mich in meinem fortgeschrittenen Alter gern an dem Gedanken erwärmen würde, wenigstens jetzt gerecht zu sein. Versuchen will ich es auf jeden Fall. Das gilt besonders für die vielen Fälle, in denen ich unabsichtlich oder auch für die ganz, ganz seltenen, in denen ich gar vorsätzlich ungerecht war.

Schon jetzt, bevor ich überhaupt angefangen habe, möchte ich mich für alle die nun folgenden Fehler, Irrtümer, Taktlosigkeiten und erneuten Ungerechtigkeiten entschuldigen. Ich bin wild entschlossen, meine Weggefährten, nicht jedoch mich zu schonen. Ich hoffe, daß meine Eitelkeit mir nicht zu oft ein Bein stellt.

Matrose (OA) Braun

Kapitel 1

Ausbildung zum Seeoffizier

Bewerbung

Anders als viele meiner Crewkameraden[1] und Freunde kann ich nicht von mir behaupten, aus Überzeugung zu den Waffen geeilt zu sein. Nicht die Sorge um das bedrohte Abendland, auch nicht die der Bundesrepublik drohenden Gefahren haben mich zu den Waffen eilen lassen. Nein, es gab überhaupt gar keinen vernünftigen Grund, zum Militär zu gehen und dann auch noch zur Marine; es war eine Notlösung, weiter nichts. So weit ich weiß, fuhr vor mir niemand aus meiner Familie zur See oder eilte auch nur freiwillig zu den Fahnen. Ein schwer zu greifender Zweifel lag wie Nebel über dieser Vorstellung, zur Marine zu gehen und zur See zu fahren. Aber ich fange lieber vorn an.

Als das Abitur langsam, aber unaufhaltsam in Sicht kam, dämmerte selbst mir, dem Oberprimaner Braun des Ernst-Moritz-Arndt-Gymnasiums zu Bonn, daß so oder zumindest so ähnlich der „Ernst des Lebens" aussehen mußte. Lehrer und andere Erwachsene sprachen davon immer so bedeutungsträchtig und mit drohendem Unterton. Da ich allenfalls wußte, was ich nicht werden wollte, hörte ich dabei immer eine Mahnung heraus. Ohne es mir oder irgend jemand anderem einzugestehen – heute ist mir das völlig klar –, beneidete ich die Klassenkameraden, für die feststand, welches Ziel sie verfolgten, weil sie in die elterliche Firma einsteigen konnten oder die Praxis bzw. Kanzlei des Vaters übernehmen würden. Sie mußten einfach nur tun, was ihre Eltern von ihnen erwarteten, und schwerere Entscheidungen blieben ihnen erspart, außer darauf zu verzichten, selbst ihren Weg zu finden. Das aber war mir damals überhaupt nicht klar.

Für meinen Vater, der als Einkäufer und Abteilungsleiter bei der Kaufhof AG in Bonn arbeitete, stand ebenso sicher fest, daß ich – nach dem aus seiner Sicht völlig unnötigen Abitur – nun in diesem Kaufhaus

---

[1] bei der Marine bilden die Offizieranwärter einer Einstellung eine „Crew"

ohne weitere Umschweife eine Lehre anfangen sollte. Als „Volontär"[2], wie er sagte, um in die väterlichen Fußstapfen zu treten. Das jedoch wollte ich auf keinen Fall. Meine Klassenkameraden würden studieren mit dem Ziel, Lehrer, Pfarrer, Arzt oder Ingenieur zu werden. Der Numerus Clausus war noch nicht erfunden, alle Abiturienten konnten Universität und Studiengang frei wählen, und sie waren sich dieses Privileges nicht bewußt, weil es damals selbstverständlich war.

Auch für mich und noch mehr für meine Mutter lag es nahe, daß ich studieren würde, obwohl nur zwei Brüder meines Vaters, aber niemand aus der Familie meiner Mutter studiert hatte. Da meine Eltern in Bonn wohnten, hätte das bedeutet, für Jahre gegen den Wunsch meines Vaters auf seiner Tasche zu liegen und praktisch, aber auch in übertragenem Sinne in meinem Kinderzimmer zu bleiben. Das wäre natürlich nicht ohne Reibungen abgegangen, weil ich ja kaum etwas zu meinem Lebensunterhalt hätte beitragen können. Als Volontär, so machte mein Vater uns unmißverständlich klar, hätte ich jeden Monat einen Teil meines Gehaltes als Kostgeld an die Familienkasse abliefern können.

Diese absolute Abhängigkeit in der häuslichen Enge einer Vierzimmer – Etagenwohnung an der Viktoria – Brücke in der Bonner Innenstadt erschien mir unerträglich, sie ließ den Gedanken an Flucht immer stärker werden Da ich stets ein schwärmerisches Fernweh gepflegt hatte, gelangte ich erst einmal zu der Überzeugung, viel zu spät geboren zu sein.

Nach intensiver Karl-May-Lektüre und Hunderten von Reise-, Abenteuer- und Wildwestschmökern[3] glaubte ich, bei der christlichen Seefahrt den letzten Rest grenzenloser Freiheit und damit auch die Lösung all' meiner Probleme ausgemacht zu haben. Leider wurden ja nicht mehr so viele und so harte Cowboys gebraucht. Welch' glänzende Idee mit der Seefahrt – weit weg von zu Hause, sofort eigenes Geld verdienen und dabei auch noch die weite Welt erobern! Ich war Feuer und Flamme!

Nach ein paar Jahren, so malte ich mir aus, wenn ich dann die Welt gesehen und vor allem genug gespart haben würde, wollte ich der Frage des an sich selbstverständlichen Studiums erneut nähertreten. Das – so stellte ich mir vor – wäre ohne elterliche Bevormundung und an einer

---

[2] was wohl ein „Lehrling de Luxe" war
[3] Tom Prox und Billy Jenkins hießen meine „Vorreiter"

Universität meiner Wahl der Gipfel studentischer Freiheit. An Forstwirtschaft oder Architektur dachte ich. Grandiose Perspektive! Ich war erleichtert und entschlossen!

Also hörte ich mich um und bewarb mich noch im Sommer 1955 für die Schiffsjungenschule auf dem Segelschulschiff „Deutschland" in Bremen. Prompt kamen die Unterlagen für die Anmeldung, aber auch das noch promptere Ende meiner Pläne. Da ich noch nicht volljährig war, mußte ich die Unterschrift des Erziehungsberechtigten beibringen, denn damals wurden wir vernünftigerweise erst mit 21 Jahren volljährig. Der Erziehungsberechtigte, das war ohne jeden Zweifel mein Vater, obwohl er sich sonst überhaupt nicht um meine Erziehung gekümmert hatte.

Mit allen Zeichen des Entsetzens und des Unverständnisses lehnte er ab, diesem Unsinn, dieser un – faß – ba – ren Schnapsidee durch seine Unterschrift auch noch Vorschub zu leisten. So, das wurde dem verhinderten Schiffsjungen unmißverständlich klar, so also würde ich der drohenden bürgerlichen Enge des Kinderzimmers nicht entfliehen können. Bis zu meinem 21. Geburtstag waren es noch mehr als 18 Monate, also viel zu lang. Ein bitterer Rückschlag, und ich hatte mir doch alles so schön vorgestellt. Was aber nun?

Mit mäßigem Interesse hatte ich bis dahin die politischen Wirren um die EVG[4] verfolgt, ihr Scheitern bedeutete wenig für mich, den Pennäler, weil ich die Tragweite nicht abschätzen konnte. Aber es interessierte mich auch nicht. Ein Buch über die Fahrten des Kreuzers „Emden" und die abenteuerliche Heimreise der Besatzung weckten mein Interesse. Diese Schwärmerei traf mit einem Bericht im Radio zusammen, der mir zeigte, die Bundesrepublik würde im Rahmen der Wiederbewaffnung auch eine Marine aufstellen.

Ha! Das schien mir eine Möglichkeit zu sein, meine im ersten Anlauf so kläglich gescheiterten „Fluchtpläne" noch einmal anzugehen. Mein Vater hatte während des gesamten Krieges Uniform getragen und war, wie die meisten Männer seiner Generation, trotz aller Erlebnisse und Erfahrungen dem Militär nicht unfreundlich gesonnen. An sich – das wurde mir erst viel später klar – war mein Vater ein richtiger „Kommiskopf", was ich nicht nur negativ meine.

---

[4] Europäische Verteidigungsgemeinschaft

Als ich in einem unserer seltenen kurzen Gespräche listig auslotete, wie sich mein Erziehungsberechtigter wohl zu einer Bewerbung bei der neuen Wehrmacht – nun Bundeswehr – stellen würde, zeigte er sich nicht abgeneigt. Er gab seiner Zuversicht Ausdruck, daß man mir dort endlich Ordnung und Disziplin beibringen würde. Von „Marine" war vorsichtshalber nicht die Rede, und von selbst kamen weder mein Vater noch meine Mutter auf diese abwegige Idee.

Umgehend besorgte ich mir die Unterlagen für die Bewerbung, füllte alles aus – nur die gewünschte Teilstreitkraft ließ ich absichtlich offen. Als gewünschte Verwendung gab ich „Ingenieur" an, ohne die geringste Vorstellung zu haben, auf welch' „gefährlichen" Weg ich mich damit in der Marine begab. Erst später dämmerte mir, daß ich mich als „Heizer" beworben hatte, wie die Techniker bei der Marine abfällig bezeichnet wurden. Aber ich wußte nichts anderes oder besseres und hatte auch niemanden, den ich um Rat fragen konnte. Und gar nichts hinzuschreiben erschien mir riskant, denn dann könnten „die" ja merken, daß ich überhaupt gar keine Ahnung hatte. Mit skeptischem Knurren unterschrieb der „Erziehungsberechtigte", und erst danach kreuzte ich heimlich „Marine" an. Man kann an dieser Entwicklung auch erkennen, daß ich wirklich keine Ahnung hatte, auf was ich mich einließ, denn auch von den fundamentalen Unterschieden zwischen der Kriegsmarine und der Handelsmarine wußte ich kaum etwas. Woher auch?

Sehr schnell kam die Aufforderung, mich noch im Oktober 1955 zur Musterung in der Mudra-Kaserne Köln zu melden. Ich war sehr aufgeregt und erinnere nur Bruchstücke von diesem entscheidenden Tag. Die vielen Bewerber, die ich dort traf, schienen mir alle viel mehr zu wissen, viel besser geeignet und vorbereitet zu sein als ich.

Nur ein weiterer Bewerber für die Marine begegnete mir an diesem Tag, mein späterer Crewkamerad und Freund Louis Ferdinand von B. Diese Begegnung hatte aber überhaupt nichts Hilfreiches, denn neben diesem Riesen, der mit seinem Seemannsbaß vom Segeln erzählte, sah ich chancenlos aus. Als ich dann auch noch mitbekam, daß Louis´ Vater ein hoher Marineoffizier war und daß Louis ...zigfacher norddeutscher Meister im Schwimmen war, wußte ich, daß es keinen vernünftigen Grund gab, bei solchen Bewerbern gerade mich – einen Handballer aus der Bezirksliga – einzustellen.

14

Die „Prüfung" nahm ihren Lauf. Vage Erinnerungen an den schrecklichen Mathe – Test sind geblieben – schrecklich, weil ich nicht einmal alle Fragen verstand. In einer Sporthalle, die von der Konstruktion wie auch vom Geruch her an kaiserliche Gymnasien erinnerte, unterzog man uns einer sportlichen Belastung mit Hallenhandball, die ich als überdurchschnittlicher Spieler lächerlich fand. Lächerlich auch und vor allem deshalb, weil ich in dieser meiner Paradedisziplin nichts „zeigen" konnte, denn 20 Mann tobten in der viel zu kleinen Halle umher. Zu spät erst wurde mir klar, daß es hier um das Verhalten und Auftreten ging und nicht um Tore.....

Diese letzte kleine Chance, Pluspunkte zu sammeln, schien nun auch als Fehlschlag zu enden, und die Hoffnung auf Erfolg löste sich zügig in Wohlgefallen auf. Vielleicht aber half mir all´ das zu der Haltung, die man letztlich braucht, um solche Prüfungen zu überstehen. Bei dem alles entscheidenden Einstellungsgespräch saßen mir drei Herren in Zivil gegenüber, die viel zu freundlich waren und so mein Mißtrauen steigerten. Viele Jahre später riet mir Vizeadmiral H. H. K.:

„Mein Junge, hüte dich vor Vorgesetzten, die ohne erkennbaren Grund lächeln."

Ich erinnere nicht mehr, was ich gefragt wurde, weil ich viel zu aufgeregt war. Aber alle drei lächelten. Mir wurde aber klar, daß ich vorher nie mit irgendjemandem über Soldatsein, Befehl, Gehorsam, Tod oder über den 20. Juli gesprochen hatte. Vor allem nicht mit der Chance, mir eine eigene Meinung zu bilden.

Später als Fähnrich holte mich der damalige Fregattenkapitän Sch.[5] in sein Dienstzimmer und erzählte mir von meinem Einstellungsgespräch. Er gab sich als einer der drei Herren zu erkennen, die mir damals gegenübersaßen und verdächtig lächelten; ich erinnere ihn als sehr liebenswert und zivil. Nur von ihm weiß ich, welche „Klopse" ich mir bei diesem denkwürdigen Gespräch geleistet haben soll in der sicheren Gewißheit, ja sowieso nicht eingestellt zu werden.

Hier der Bericht des Fregattenkapitäns Sch.:

---

[5] Lehrgruppenkommandeur an der Marineschule Mürwik, Ritterkreuzträger, verehrter Held und ehemaliger UBootskommandant, der den Flugzeugträger HMS Couragous versenkte

Frage: Was halten Sie von den Männern des 20. Juli?

Es handelte sich um tapfere Stümper, die unendliche Qualen und den Tod ihrer Mitverschwörer verursacht haben. Unverständlich, daß die Stabsoffiziere des Generalstabes keinen besseren Plan entwickeln und umsetzen konnten....

Frage: Da alte Menschen kaum noch produktiv sind und dem Staat so wie vielen anderen zur Last fallen und sehr viel Geld kosten, entscheidet die Regierung, alle Menschen über 65 Jahren töten zu lassen. Würden Sie einen solchen Befehl ausführen oder würden Sie sich weigern?

Es war erkennbar – so Sch. –, daß sich der Prüfling Braun nie vorher mit solch' einer schrecklichen Frage auseinandergesetzt hatte. Mir war offensichtlich klar, daß die Herren eine ablehnende Antwort erwarteten, aber mir war nicht klar, mit welcher Begründung. Also machte ich eine entschlossene Ausweichbewegung und bestritt, daß es richtig sei, Menschen über 65 zu vernichten. Von diesem Pfad ließ ich mich nicht mehr abbringen und erfand tolle Begründungen.

Frage: Nachdem mir sicher klar wäre, welcher Umfang und welche Einheiten für die künftige Marine vorgesehen seien, sollte ich schildern, wie ich mir die Auftragserfüllung der Marine vorstelle.

Der Offizierbewerber Braun soll hier geantwortet haben: „Ich dachte, ich soll hier als Matrose anfangen und würde das alles lernen."

Frage: Wie stellen Sie sich die Zusammenarbeit zwischen Offizieren und Unteroffizieren vor?

„Wenn Sie mir den Unterschied genau erklären, dann wird mir sicher dazu etwas einfallen". Soviel zum Bericht des Herrn Fregattenkapitän, der das alles offensichtlich schriftlich vor sich liegen hatte.

Doch zurück nach Köln, und weiter ging es, nun aber beim Arzt. In einem fast leeren Büroraum mußte ich mich völlig ausziehen und wurde dann ins Nebenzimmer gerufen. Ein wundervoll unfreundlicher Arzt, umringt von weiteren Weißkitteln, stellte mir einige Routinefragen. Dann stand er mit schrägem Kopf vor mir und musterte mich kritisch:

„Ihr rechtes Bein ist ja 3 cm kürzer als das linke" lautete seine überraschende und vernichtende Diagnose. Es war nicht zu fassen! Ich versuchte, mir vorzustellen, ob ein Marineoffizier gleich lange Beinen haben müßte und – wurde wieder wütend:

„Halten Sie den Kopf gerade, Herr Doktor, dann geht das weg!" war meine Reaktion. Sicherlich recht witzig, aber ein Pyrrhus-Sieg, wie sich schnell zeigte, denn der Arzt „schlug zurück". Zur Strafe, das war völlig klar, schickte er mich in die Kölner Universitätsklinik zur orthopädischen Begutachtung. Mit einer Überweisung in der Hand wurde ich mit einem VW zur Uni-Klinik gefahren. Nach endlosem Warten führte man mich einem Professor vor, der mich kurz untersuchte, um dann lauthals am Geisteszustand seines Kollegen zu zweifeln.

Unüberhörbar diktierte er den für den „Stabsarzt" wenig schmeichelhaften Befund, und zurück ging es zur Offizierprüfzentrale. Inzwischen war es aber so spät geworden, daß alle Prüflinge und auch die meisten Prüfer gegangen waren. Natürlich war der Dr. K. auch schon nach Hause verschwunden. Ich irrte eine Weile durch die gespenstisch leeren Flure, bis sich jemand fand, der mir den Umschlag abnahm und auch mich nach Hause schickte.

Jahre später erheiterte eine Pressenachricht die gesamte Republik und besonders die ehemaligen Probanten der OPZ[6]. Nachdem der leitende Diplompsychologe über 10 Jahre unbehelligt sein schwachsinniges Unwesen getrieben hatte, wurde er – ich weiß nicht wie – als Hochstapler ohne jede Qualifikation für diese Tätigkeit entlarvt und verknackt. Ich hoffe, daß die Bundeswehr ihn nach seiner Entlassung nicht weiterbeschäftigt hat....

Noch im November 1955 erhielt ich meine Einberufung, ich sollte mich am 2. Januar 1956 in Wilhelmshaven einfinden. Man hatte mich also doch genommen! Nur kurz stellte ich mir die Frage, ob ich bei der Prüfung besser war als ich dachte oder ob der schiere Mangel an Bewerbern mich gerettet hatte. Egal, ein Stein fiel mir vom Herzen, aber das Abitur sollte sich bis Ende März hinziehen, was tun?

Ich fragte nach, ob ich am 2.1.1956 antreten oder vielleicht doch erst Abitur machen solle. Darauf wurde ich aufgefordert, Abitur zu machen und am 1. April 1956 meinen Dienst anzutreten. Das war in Ordnung, wenn ich auch gern etwas mehr Pause zwischen Penne und Marine gehabt hätte. Aber der Nebel, der bisher den Blick auf die Zukunft verdeckt hatte, lichtete sich, und ich war glücklich.

---

[6] Offizierprüfzentrale

25 Jahre später durchstöberte ich eine der EDV-Listen mit den Marineoffizieren und stellte fest, daß ich mit mittlerer Reife und nicht mit Abitur geführt wurde. Da ich keine Berufsausbildung hatte, erfüllte ich damit nicht einmal die Mindestvoraussetzungen für eine Einstellung als Offizieranwärter....

In meiner Schule gab es höchst unterschiedliche Reaktionen. Einer meiner Klassenkameraden meldete sich zum Heer, denn sein Vater war Oberst i.G. a.D. und sein Patenonkel war General; der gemeine Deutschlehrer Dr. D. aber überschüttete mich mit Hohn und Spott. Er hatte – wie er einmal erzählte – nach 6 Jahren Dienstzeit den unwahrscheinlichen Dienstgrad eines Obergefreiten des deutschen Heeres erreicht. Unter dem letzten Aufsatz vor dem Abitur stand: „Ich bin ein Freund der Hai- und Schellfische – ausreichend".

Kaum einer jedoch zeigte auch nur mäßiges Verständnis für meinen Entschluß, denn er lag einfach zu weit außerhalb der damaligen Vorstellungen. Der II. Weltkrieg lag gerade einmal 10 Jahre zurück, die letzten Kriegsgefangenen waren erst in diesem Jahr heimgekehrt, und die als Kriegsverbrecher Verurteilten saßen noch in verschiedenen Zuchthäusern ein. Aber nicht zuletzt auch wegen fehlender Alternativen und auf das Merkwürdigste bestärkt durch das überall erkennbare Unverständnis blieb ich trotzig bei meinem Entschluß und wartete voller Ungeduld auf den Reisetag.

Anfang 1956 beriet der Bundestag über die weiteren Freiwilligengesetze, was sich auf die weiteren freiwilligen Soldaten bezog. Da ich dazu auch gehören sollte, besorgte ich mir eine Zuschauerkarte für eine solche Sitzung des Bundestages. Die heutigen Bundestagssitzungen, die ich aus dem Fernsehen kenne, sind unfaßbar langweilig und ohne jede Spontaneität.

Konrad Adenauer als Bundeskanzler ging nach fast jedem Beitrag eines Abgeordneten ans Rednerpult und nahm zu den letzten Ausführungen Stellung. Zwischenrufe, Ordnungsrufe, häufiges energisches Klingeln des Präsidenten Gerstenmeier bestimmten das Bild. Der KPD-Vertreter Max Reimann sowie Herbert Wehner taten sich besonders hervor.

Ich meine, es war bei diesem Besuch, als der Bundeskanzler wieder einmal das Wort ergriff. Überraschte bzw. entsetzte Stille herrschte, denn er lehnte sich weit zur SPD-Fraktion hinüber:

„Ich möchte einmal sehr deutlich machen, daß es auch in der Sozialdemokratie Kräfte gibt, auf die wir im weiteren Aufbau der Bundesrepublik nicht verzichten können." Die Verblüffung der Sozialdemokraten wurde allenfalls durch das Entsetzen der CDU/CSU übertroffen. Dann zeigte der Kanzler mit sehr langem Arm zur SPD-Fraktion und fügte hinzu:

„Ich meine natürlich nicht Sie!"

Noch Minuten später herrschte Anarchie, die Präsidentenglocke wurde wild geschwungen, war aber nicht zu hören. Wut auf der einen, unbändiges Gelächter auf der anderen Seite bestimmten das Bild, das ein fröhlich lachender Kanzler genüßlich betrachtete.

Im Februar erhielt ich eine weitere Änderung des Dienstantritts; nun sollte ich erst am 2. Mai 1956 in Wilhelmshaven anfangen. Das gefiel mir noch besser. Das Abitur bestand ich mit mäßiger Anstrengung und entsprechend mäßigen Resultaten. Wen aber interessierte die Durchschnittsnote damals schon? In einer gewaltigen Aufbruchstimmung stand die Welt uns jungen Leuten offen, und dann meldete sich jemand zum Militär und dann auch noch zur Marine?

Bevor es los ging, arbeitete ich mit drei weiteren Klassenkameraden in der Beueler Schokoladenfabrik Keßler & Co. und verdiente genug, um meinen ersten Auslandsurlaub zu bezahlen. Es ging mit dem Bus an die Costa Brava; es war herrlich und dauerte 14 Tage. Zum ersten Mal in meinem Leben sah ich das Meer, und es gefiel mir.

Grundausbildung

Am Mittwoch, den 2. Mai 1956 setzte ich mich in den Zug und fuhr nach Wilhelmshaven. Vor der Abfahrt verabschiedete ich mich bei meinem Vater. Zum ersten und einzigen Mal gab er mir Ratschläge aus seiner militärischen Erfahrung. Der erste Rat lautete: Wenn dich ein Vorgesetzter fragt, ob du fertig bist, antwortest du: „Fast, aber noch nicht ganz!" Der zweite Rat war genau so: „Melde dich nie freiwillig zu irgend etwas!" So gewappnet tigerte ich zum Bahnhof, und meine Kindheit ging zu Ende.

Als ich in Bremen ganz dicht am Segelschulschiff „Deutschland" vorbeifuhr, zweifelte ich kurz, ob dieser Anlauf nun wirklich besser würde, aber der Zug fuhr unbeirrt weiter. Obwohl mir die Tragweite dieser Unternehmung nicht klar war und logischerweise die Folgen nicht erkennbar sein konnten, spürte ich eine starke Anspannung und war meiner nicht sicher. Aber ich wollte ja nur ein paar Jahre bleiben und dann studieren.

Alle erinnerten sich später, daß es endlos schien, bevor die letzte Strecke nach Wilhelmshaven geschafft war. Der Sackbahnhof machte einen trostlos abschreckenden Eindruck, hier – das sah man sofort – mußte die Welt zu Ende sein! Die gesamte Umgebung war nicht minder häßlich. Alles war grau und sehr schäbig, viele Schäden aus der Kriegzeit fielen ins Auge; dieser Begrüßungsanblick war abweisend. Als ich gerade nachzudenken begann, ob ich wieder in den nächsten Zug nach Bremen steigen sollte, sah ich mehrere Gestalten in Heeresuniformen, die auf dem Bahnsteig junge, koffertragende Männer zusammentrieben. Einer der Uniformierten hielt ein Pappschild hoch:

„Marine Lehrkompanie"

Dann ging alles sehr schnell: Ehe ich mich versah, kletterte ich vor dem Bahnhof auf einen kleinen Bundeswehr-Lkw Marke Borgward, wo im Halbdunkel auf Holzpritschen schon einige meiner künftigen Kameraden saßen. An der Heckklappe saß je ein Uniformierter, die Plane wurde heruntergeklappt, und los ging die Fahrt. Anfangs herrschte Schweigen, dann hörte ich aus dem Dunkel heraus:

„Der Arzt in Köln, das war ja' n blöder Hund!"

Begeisterte Zustimmung von allen Seiten – oder besser von fast allen Seiten, denn als wieder Ruhe einkehrte, sagte jemand:

„Das ist mein Vater."

So endete die erste Unterhaltung mit meinen Crewkameraden abrupt, der Rest der Fahrt verlief schweigend. Später fand ich heraus, daß es Dieter K. war, genannt Paul, der uns wegen seines Vaters zum Schweigen brachte.

Als der Wagen hielt, kletterten wir mit unseren Koffern und Taschen ans Licht und fanden uns in einer Kaserne vor einem U-förmigen Häuserblock wieder. Wie wir später lernten, waren wir in der Kaserne Ebkeriege am westlichen Stadtrand von Wilhelmshaven gelandet. Um 16.00

Uhr wurden wir in eine Art militärischer Formation kommandiert und nach Prüfen der Vollzähligkeit wurden drei Züge gebildet: Der 1. Zug bestand aus den künftigen Marinefliegern, während die übrigen, zu denen auch ich gehörte, der Länge nach den 2. bzw. 3. Zug bildeten. Die Einteilung in Gruppen erfolgte ebenfalls nach der Länge, und dann erhielt jede Gruppe ihre Stubennummer.

So geordnet und eingeteilt machten wir Anfänger uns auf die Suche. Überall liefen Soldaten in grauen Heeresuniformen herum, die in ihrem Schnitt an den englischen Feldmarschall Montgomery erinnerten. Blaue Marineuniformen fehlten völlig, und der nagende Verdacht, in eine Heeresfalle geraten zu sein, meldete sich.

In meiner Stube 116 in der ersten Etage stand ich mit einem zweiten OA[7] ohne Orientierung ziemlich hilflos herum und starrte auf drei Doppelstockfeldbetten und sechs Holzspinde. Der Flur vor unserem Zimmer schien endlos lang und roch stark nach Bohnerwachs. Wir machten uns bekannt, der Stubenkamerad hieß Wolf-Jasper von W. Gefaßt warteten wir darauf, daß die anderen 4 Männer der Gruppe hereinbrechen würden. Doch alles blieb ruhig. Später erfuhren wir, daß der Rest der Gruppe in der benachbarten Stube wohnte. Irgendwie waren wir bei der Verteilung übriggeblieben...

Zufrieden mit der sehr großzügigen Unterbringung und in völliger Unkenntnis militärischer Gepflogenheiten suchte sich jeder ein Bett aus, aber ohne die Rechnung mit dem Gruppenführer gemacht zu haben. Ein Hoher erschien und befahl, daß wir in einer Doppelkoje zu schlafen hätten, d.h. einer oben, einer unten, mit der schneidend vorgebrachten Begründung:

„ Ich will nicht, daß das hier alles so auseinanderläuft...!"

Und er setzte hinzu:

„Betten gibt´s hier überhaupt nicht! Wir haben nur Kojen!" Wir wurden wieder zur Kleiderkammer gescheucht und bei einem weiteren Appell erfuhren wir, daß „Appell" bei der Marine „Musterung" heißt, und daß wir zur 1. Schiffstammabteilung, 1. Kompanie, 2. Zug, 6. Gruppe gehörten. Die Marinelehrkompanie gäbe es nun nicht mehr. Aha?

---

[7] Offizieranwärter

Zurück auf der Stube brach auf dem Flur schrilles Pfeifen und unverständliches Kommando-Gebrüll aus. Schnell waren wir uns einig, in Deckung zu bleiben, bis die Tür auflog und ein langer Uniformierter brüllte: "Los, raus und ab dafür!"

Eine unverständliche Begründung wurde nachgereicht, wir stolperten in den Strom der angehenden Soldaten und landeten in einem riesigen, hohen Saal mit Eßtischen. Gut! Das fehlte, denn wir hatten stechenden Hunger. Später lernten wir und zwar sehr schnell, daß der unverständlich ausgesungene Befehl „Backen und Banken!" lautete[8]. Erst glaubte ich, das sei norddeutsch für Essen und Trinken, lernte aber, daß der Befehl aus der Bordroutine der Segelschiffe stammt. So wurde früher an Bord das Aufstellen der Tische (Backen) und Sitzgelegenheiten (Banken) für die Mahlzeiten in den Mannschaftsdecks befohlen.

Als wir nach dem Empfang weiterer Klamotten wieder in unserer Stube standen und versuchten, die neuen Habseligkeiten in einem Spind zu verstauen, flog die Tür auf: Ein kleiner, drahtiger Uniformträger mit einem goldenen Stern auf den Schulterstücken, der trotz der Wärme Handschuhe trug, düste herein und fragte mit unnötiger Lautstärke und schneidender Stimme: „Wer ist hier der Adlige?"

Wolf-Jasper deutete eine Verbeugung an und stellte sich vor.

„Sie werden lachen", kam es noch schneidender zurück: „Mein Name ist K a i s e r! Für den Rest der Ausbildung sind Sie der Matrose W.! Verstanden?"

Sprach's und verschwand durch die Tür, die er weit offen ließ. Wolf-Jasper sah mich leicht pikiert an und meinte in unnachahmlichem Tonfall: „Manieren haben diese Leute... "

Diese Leute, so lernten wir schnell, waren u.a. der Zugoffizier, ein Leutnant zur See (der mit dem goldenen Stern) und der 2. Gruppenführer Gefreiter Heribert T.

Die Grundausbildung begann sofort: Antreten, Grüßen, Marschieren waren die ersten Übungen. Nebenher empfingen wir weitere Ausrüstungsteile, obwohl einige Artikel noch nicht vorhanden waren. Wir bekamen z.B. keine Schuhe oder Stiefel, es gab einfach noch keine. Ich trug weiter meine privaten hellbraunen Mauken mit den dicken Kreppsohlen

---

[8] Bei der Marine wurden Befehle und auch Mitteilungen ausgesungen.

22

zur grauen Heeresuniform oder zum Kampfanzug. Blaue Uniformen gab es auch nicht, aber wir durften eh´ die Kaserne nicht verlassen. „Kein Landgang" hieß das in der „neuen" Sprache[9].

Nach dem ersten Unterricht über die Pflichten des Stubenältesten und des Stubendienstes dämmerte uns von Stube 116, daß die Belegung mit nur zwei Mann bittere Folgen hatte: Einer von uns zweien hatte immer Stubendienst und gehörte damit zur Anwesenheitswache – also jeden zweiten Tag 24-Stunden Dienst. Wir lernten schnell, es bedeutete jeden zweiten Tag keinen Landgang und volles Risiko bei den Ronden[10] nach dem Reinschiff[11]. Die Chance, zu Recht oder auch unverdient aufzufallen und angespitzt zu werden oder gar Sonderdienste einzufangen, wuchs enorm. Wachtausch war nicht erlaubt, und es gab jeden Tag eine sehr unbeliebte Feuerlöschübung.

Schnell lernten wir eine weitere Spezialität der Marine kennen: Das Singen. Schon in der ersten Woche trieb man uns um 19.00 Uhr im Speisesaal zusammen, wo wir unter der engagierten Anleitung unseres Kompaniechefs Kapitänleutnant Adolf E. Marsch- und Bordgesänge lernten. Wir mußten die Texte lernen, und dann ging es los, jede Woche bis zu dreimal für eine Stunde:

- Wir lagen vor Madagaskar
- In der Kneipe am Moor
- 13 Mann auf des toten Manns Kiste
- Oh, du schöner Westerwald
- Ick heff mol en Hamborger Veermaster seen
- Das Leben ist ein Würfelspiel
- Jenseits des Tales stand der junge König
- Erika
- Schwer mit den Schätzen des Orients beladen

---

[9] kein Ausgang

[10] Kontrollrundgang durch Vorgesetzte mit Stuben – und Spindmusterung

[11] Putzen

- Die Sonne von Mexiko-Navajo (wurde später unser Crew-lied)
- Schwarzbraun ist die Haselnuß
- Blutrot sank die Sonn´ am Himmelszelt
- Rolling home

usw.

Eher zackig und weniger melodisch, aber sehr laut wurde gesungen. Obwohl einige natürlich darüber lästerten, brachte es Spaß und beim Marschieren half es gewaltig. Es war ein Gemeinschaftserlebnis, dessen Wert weit über den Gesang hinausging. Die positive Bedeutung des gemeinsamen Singens für das eigene Befinden und für das Zusammengehörigkeitsgefühl wird heute sicher verkannt oder zumindest unterschätzt.

Unser Kompaniechef Kapitänleutnant Adolf E. war angesehen, respektiert und beliebt, er genießt bis heute in unserer Crew diesen Status. Apropos Crew: Dieser Begriff war mir neu, also wußte ich auch nichts von der fast spirituellen Bedeutung dieser Einrichtung. Erst durch viele Gespräche mit älteren Kameraden in den folgenden Jahren lernte ich diesen Kern des Selbstverständnisses aller kriegsgedienten Marineoffiziere kennen und verstehen. Wir gehören zur Crew V/56, zum Crewältesten bestimmten die Vorgesetzten den Matrosen OA Helmut W., einen herzensguten und bescheidenen Familienvater aus dem Schwarzwald.

Die offensichtlich unentbehrlichen Grundlagen militärischer Ordnung wurden eingeübt. Dazu gehörte: Nach dem Wahrschau-Pfiff[12] mit der Bootsmannsmaatenpfeife der Befehl:

„Ein Mann ans Schott[13]!"

Darauf raste in jeder Stube ein Mann auf den Flur, um ja nichts von der dann folgenden Ansage zu verpassen und „baute sich dort auf"[14].

Das Antreten vor dem Kompaniegebäude als Gruppe, Zug oder in der Kompanie war ein Kernstück der frühen Übungen. Auf den Befehl:

---

[12] Achtung oder auch Vorsicht

[13] Tür

[14] Stillgestanden oder machte Männchen

„Heraustreten zum / zur... " rasten alle in halsbrecherischer Geschwindigkeit zu den Niedergängen[15] und dann auf den Musterungsplatz. Überall standen Unteroffiziere, die uns zu noch höherem Tempo antrieben.

Von Beginn an standen die hausfraulichen Fähigkeiten mit im Blickpunkt der Ausbilder: Schuhputz, Hosenbügeln, Kojenbau, Wäschefalten und -stapeln waren neben dem weiten Feld des Reinschiffs mit Fensterputzen beliebte militärische Grundlagen. Wir nähten Namensläppchen auf jedes Ausrüstungsstück, aber wirklich auf jedes. Das war sicher zweckmäßig, aber eben auch ein probates Mittel, die vollständige und konsequente Befolgung eines Befehls – sei er auch noch so trivial oder lachhaft – durchzusetzen. Jede Socke, jedes Taschentuch und jeder Schlips war unverwechselbar markiert.

Es gelang fast allen, diesen militaristischen Unsinn sportlich zu betrachten, und so machten wir auch zehnmal hintereinander die gleiche Übung ohne viel Murren mit. Mit Lachen und Schubsen, aber immer mit voller Geschwindigkeit ging es den Niedergang hinunter. Rückblickend muß man es als Wunder betrachten, daß bei diesen Übungen z.T. sogar mit Gewehr im Arm nichts Ernstes passierte. Waren die Unteroffiziere oder auch der Zugführer – im zweiten Zug ein sehr netter und menschlicher Bootsmann – unzufrieden, dann wurde für jedes Heraustreten ein anderer Anzug befohlen.

Bei der Kriegsmarine hieß diese beliebte Schikane nach dem früheren Flaggensignal L: ‚Luzie'[16]. Auch das Wegtreten auf die Stuben wurde beschleunigt. Der Letzte oder auch die letzte Gruppe läuft noch einmal oder auch 10 Runden oder ähnliches waren an der Tagesordnung. An die Grenze gingen die Vorgesetzten, wenn sie nach ausgiebigem Flagge Luzie, nachdem der gesamte Spindinhalt ein oder auch mehrmals an und wieder ausgezogen worden war, eine Stuben- und Spindmusterung durchführten. Für die Vorbereitung blieben dann höchstens 15 Minuten.

Wir lernten, die Stuben in 10 oder 15 Minuten aufzuklaren[17], und jeder Anzugswechsel wurde unter 2 Minuten geschafft. Wir von der Stube 116 hatten hierbei eindeutige Vorteile, denn wir hatten Platz. Aber nicht

---

[15] Treppen

[16] Lima heißt das heute im NATO-Alphabet

[17] aufzuräumen

nur das. Da die übrigen Spinde in der Stube vom Spieß[18] mit großen, grimmigen Vorhängeschlössern gesichert waren, ergaben sich zusätzliche Möglichkeiten: Aus einem verschlossenen Spind hatten wir nachts mühsam die Rückwand herausgeschraubt. Ein leerer Spind ließ sich leicht hin- und herschieben, so daß wir ungeputzte Schuhe, zerknitterte Hemden und alles ähnlich Verdächtige oder Gefährliche in diesem Spind verschwinden lassen konnten. Der Spind wurde wieder an die Wand geschoben, und alles war klar.

Mit Stolz stellten wir am Ende der Grundausbildung fest, daß wir mit diesem Trick davonkamen, obwohl sich immer wieder Krisenlagen entwickelten, falls der Kontrollierende ein Ausrüstungsteil vermißte und dann mit viel Fantasie über den Verbleib improvisiert werden mußte.

Sehr bald gingen wir unsere erste militärische Wache. Alles, was damit zusammenhing, nahmen Vorgesetzte und Rekruten sehr ernst. Wir wußten, daß man im Kriege wegen Wachvergehens erschossen werden konnte. Also, wenn das keine Sanktion war. Das Kasernengebäude lag ohne jede Absperrung zwischen mehreren anderen Blöcken, die zivil bewohnt oder genutzt waren. Da wir inzwischen Schnürschuhe[19] empfangen hatten, sahen wir wie richtige Soldaten aus, auch wenn der Helm aus leichtem Kunststoff war, und die Gamaschen uns mehr als gewöhnungsbedürftig erschienen.

Vorsichtshalber erhielten wir keine Munition für unser Gewehr, einen US-Karabiner M 2[20]. So waren die Vorgesetzten sicher, daß die Rekruten keinen Unsinn mit scharfem Schuß machen und daß keiner deswegen in Schwierigkeiten kommen konnte. Wir bewachten u.a. eine große hölzerne Munitionskiste, die aber leer war. Freundlichen Spott oder höhnische Bemerkungen von Passanten ertrugen wir, Sprechen war uns ja eh verboten.

Nach knapp 14 Tagen durften wir am Samstag zum ersten Mal die Kaserne verlassen, „an Land gehen", wie es jetzt hieß, Anzug 1. Geige[21].

---

[18] Kompaniefeldwebel

[19] genannt: Acht-Acht

[20] Handlicher und leichter Karabiner, genannt „Dschungelkarabiner"; Magazin bis 40 Schuß

[21] 1. Garnitur oder Ausgehanzug, 2. Geige/Garnitur oder Tagesdienstanzug, meist ohne Halstuch und Fliege

Weiße Mützenbezüge gab es noch nicht, also mit blauem Winterdeckel, und meine Mütze war zwei Nummern zu groß. Als ich meinen Gruppenführer hilfesuchend ansprach, mußte ich hören: „Wir werden für Abhilfe sorgen. Bis dahin lassen Sie sich etwas einfallen, Sie sind schließlich Offizieranwärter...".

Einen halben Tag lang lernten wir, wie man das schwarze Halstuch richtig knotet, damit der blaue Streifen bei den Marinern der Nordsee von rechts oben nach links unten verläuft und in der Ostsee umgekehrt. Das Knüpfen der weißen Fliege erwies sich als besondere Tücke, denn wenn sie dann wirklich richtig aussah, war sie schmuddelig von den verschwitzten Fingern. Mit vorsichtig aufgetupfter Zahnpasta ließ sich aber manche Macke ausbessern. Selbst das richtige Abschneiden des Schwalbenschwanzes am Mützenband, das nach dem komplizierten Einfädeln ausgefranst war, wurde gelehrt.

Gruppenweise ging es schließlich an Land[22], nach einer Urlaubermusterung, die an Strenge und Genauigkeit nicht mehr zu überbieten war, die jede Militärparodie in den Schatten stellte und die sich auch auf Taschentuch und Kamm erstreckte. Einer der ersten Urlauber wurde zurückgeschickt, weil der B.d.W.[23] einen weißen Fussel auf der blauen Bluse entdeckt hatte:

„Sie laufen hier 'rum wie ein Müller!"

Der arme Kerl durfte dann am Tampen[24] noch einen Anlauf fahren und seine Gruppe mußte mit ihm warten.

Unter strenger Aufsicht unserer Gruppenführer tippelten wir mehrere Kilometer durch die in weiten Bereichen zerbombte Stadt bis zur Strandhalle an der 1. Einfahrt[25]. Stolz, übertrieben selbstverständlich und unsicher zugleich fühlten und benahmen wir uns.

Die Wilhelmshavener waren neugierig, aber unaufdringlich, fast alle jedoch von erkennbarem Wohlwollen. Das tat uns jungen Soldaten gut. Ich sah nun mit der Jade zum ersten Mal einen Zipfel der Nordsee, die später zu meiner zweiten Heimat werden sollte. Nach Kaffee und Kuchen

---

[22] hinaus aus der Kaserne oder in die Stadt
[23] Bootsmaat der Wache
[24] am Ende
[25] Wilhelmshavener Seeschleuse

ging es wieder zurück in die Kaserne, und wir alle wußten, daß wir den richtigen Beruf gewählt hatten.

Über Pfingsten gab es zum ersten Mal Heimaturlaub, natürlich in Uniform. Es war das reine Spießrutenlaufen, aber jeder trug seinen „Kieler Knabenanzug" voller Stolz.

Nach drei Wochen gab es regelmäßigen Landurlaub bis 22.00 Uhr und samstags sogar bis 24.00 Uhr. Unsere Ausbilder wurden nicht müde, uns immer wieder zu sagen, daß sie das alles für viel zu früh hielten. In den Kneipen der Stadt und in den Tanzschuppen war die Marineuniform wohlgelitten, alle männlichen Wilhelmshavener schienen bei der Kriegsmarine gedient zu haben. Ständig wurde man eingeladen und mit dem marineeigentümlichen wohlwollenden Spott aufgezogen. Kriegsabenteuer aller Art von unglaublichen Heldentaten bis zu besten Döntjes gab es dazu. Alle ließen uns glauben, daß wir in einem christlichen Pfadfinderlager ausgebildet würden, während sie früher... und dann kamen die nächsten Geschichten.

Die seemännische Ausbildung, die nach theoretischem Unterricht und Knotenkunde folgte, bestand aus dem Bootsdienst. Kutterpullen[26] mit zehnriemigen Kuttern im Wilhelmshavener Binnenhafen zwischen der Wiesbadenbrücke und der Kaiser-Wilhelm-Brücke. Dieser Dienst war körperlich hart, aber die positive Grundstimmung ließ sich weder durch die Unteroffiziere, die uns z.T. schikanös schliffen noch durch die ständig wiederholte Behauptung unterdrücken, daß die Vorcrew[27] auch hier unvergleichlich besser gewesen wäre...

Hier muß ich eine Anzugsvariante erwähnen, weil sie zur Seemannschaft gehörte. Den offiziellen Namen erinnere ich nicht mehr, bei uns hieß sie „Takelpäckchen" und bestand aus blauer, weiter Hose mit Marinezahlbrett[28] und Schlag in den Hosenbeinen, blauem Hemd und einer blauen Skimütze. Die Mütze wurde „Eisenbahnermütze" getauft. Dazu gehörte ein großes, merkwürdig geformtes Klappmesser, das sich als sehr praktisch und stabil erwies: das Bordmesser.

---

[26] pullen = ziehen oder rudern, ein Boot wird mit Riemen gepullt und mit dem Ruder gesteuert

[27] Crew I/56

[28] vordere Hosenklappe

Wir von Stube 116 hatten ja ein um den anderen Tag Stubendienst, das hieß Reinschiff, am Wochenende sogar Großreinschiff zu machen. Jedes Reinschiff endete in einer Stuben- und Spindmusterung und mit einer gründlichen Kontrolle der Reinschiffstation[29]. Jede eine große Chance, sich Anschisse oder Straf- und Extradienste einzuhandeln, denn die erste Rekrutenregel lautet: „Der Anschiß lauert überall".

Nach einiger Zeit kannten wir natürlich auch die Vorgesetzten, die Ronde gingen, und wie überall gab es auch hier nette, uninteressierte, listige und unangenehme Zeitgenossen unter ihnen. Hatte der Matrose W. Dienst, lag ich – fertig für die Nacht – in der Koje, Decke über den Kopf und stellte mich schlafend, weil ich nur so eine gewisse Chance hatte, nicht wieder gereppt[30] zu werden, um meinen Spind für eine Kontrolle zu öffnen. Wer nämlich nicht in der Koje lag, der wurde manchmal mitgemustert.

Bei diesen Spindmusterungen wurde alles kontrolliert, von den Acht-Acht über Rasierspiegel und Zahnputzbecher bis zu den Socken. Nur ein kleines, separat abschließbares Fach für Privatsachen, Wertfach genannt, mußte immer abgeschlossen sein und durfte nicht kontrolliert werden. War das Wertfach nicht abgeschlossen, wurde es mitkontrolliert. Eines Abends, wir wußten, daß der unangenehme und meist alkoholisierte Stabsbootsmann G. Ronde machte, hörte ich:

„Matrose. W., ich melde Stube 116 zur Abendronde aufgeklart und gelüftet. Stube mit zwei Mann belegt, ein Mann in der Koje, ein Mann am Schott!"

Keine Antwort, aber kurz danach ein quietschendes Geräusch. Dann hörte ich den Stabsbootsmann:

„W., was sehen Sie?"

„Matrose W., ich melde: Der Dreck geht ab."

Der Stabsbootsmann – so erfuhr ich später – hatte sich auf die Finger gespuckt und am Fensterrahmen gerieben.

„Und?"

---

[29] Reinschiff = Reinigen, Klarschiff – Aufklaren = aufräumen, Klarschiff zum Gefecht = auf Gefechtsstationen

[30] wecken / aus der Koje holen

„Herr Stabsbootsmann, ich melde, mit Alkohol geht alles ab!"

Für unsere Stube zumindest war die Ronde beendet, der Stabsbootsmann zog kommentarlos ab, und kurz danach konnte ich schon die Meldung der Nebenstube hören.

Sicher wurden wir schikaniert, es gab ja auch noch keine neuen Ausbildungsrichtlinien, oder sie waren schlicht unbekannt. Also blieb es so, wie es die Ausbilder aus ihrer Ausbildung in der Kriegsmarine erinnerten, bzw. wie es beim Bundesgrenzschutz oder bei der LSU[31] gemacht wurde.

Als Bibel gab es den „Reibert", ein Handbuch aus den Zeiten der Wehrmacht, in dem einfach alles geregelt war. Aber alle Rekruten wußten aus den Berichten der Väter und Onkels, daß es beim Militär und eben auch bei der Marine so zu erwarten war und nicht anders. Einige Ausbilder schikanierten gar nicht, andere mit einem Augenzwinkern und einige mit Vergnügen.

Ein weiterer typischer Vorfall soll das beleuchten: Wieder hatte der Matrose OA W. Stubendienst. Er schnappte auf, daß der LtzS Jürgen M.[32] – Zugoffizier des 3. Zuges – die Ronde macht. M. genoß als anständiger und positiver Vorgesetzter hohes Ansehen. Bekannt war, daß er dazu neigte, Zahnputzbecher und Handspiegel besonders liebevoll zu kontrollieren. Wolf-Jasper schnappte sich seinen ungeputzten Spiegel und brachte ihn in seiner Koje unter dem Kopfkissen in Sicherheit. M. jedoch ging nach der Meldung zielstrebig auf die Koje zu und zog triumphierend den Spiegel hervor, um ihn anklagend hochzuhalten. Hier nun zeigte sich die ganze Souveränität des Matrosen W. Er ließ alle militärische Haltung fahren, klatschte freudig erregt und strahlend in die Hände und rief:

„Mein Spiegel, Herr Leutnant! Seit einer Woche suche ich ihn!"

Die Gesamtheit aller Erziehungs- und Drillmaßnahmen führte schnell zu einer äußerlichen und innerlichen Vereinheitlichung, die uns Offizieranwärtern sicher nicht bewußt war, und sie führten zu einem Zusammengehörigkeitsgefühl, das alle – auch die wenigen großen Individua-

---

[31] Labor Service Unit, US Verband aus ehemals deutschen Booten mit deutscher Besatzung

[32] Sein Vater hatte im 2. Weltkrieg den unfaßbaren Dienstgrad eines Generaladmirals

listen der Crew – lebten und genossen. Sicherlich aber hat keiner von uns Schaden an Leib oder Seele genommen.

Nachdem man uns Rekruten mühsam das Gehen beigebracht hatte, wurde Grüßen mit und ohne Kopfbedeckung geübt, bis der eigentliche Formaldienst begann. Früher wurde es „Exerzieren" genannt, aber es war genau das Gleiche. Es nahm breiten Raum ein, wobei der Sinn von den Rekruten erkannt wurde.

Wo bei solchem Drill die Schikane anfängt, ist schwer zu definieren, aber irgendwann wird es zur Schikane. So aber schuf man die Voraussetzung, mit der ganzen Kompanie durch die Stadt und die „Botanik" zu marschieren, ohne uns oder die Marine zu blamieren. Gewehrgriffe und Schwenkungen wurden bis zum Überdruß geübt.

Zwischen den einzelnen Übungen wurde immer wieder angetreten, mal in der Gruppe, mal im Zug. Trotz aller militärischen Strenge ging das alles nur selten ohne Bemerkungen oder Zwischenrufe ab. Ein Spezialist auf diesem Gebiet war der Matrose Günther G. aus meiner Gruppe, ein bibelfester Pastorensohn aus Rendsburg. Schon seine gesamte Erscheinung rüttelte an den Grundmauern der militärischen Ordnung. Er war ein Schlacks mit schmaler Brust und kein Stahlhelm paßte auf seinen langen, schmalen Schädel.

Er konnte mit unbewegtem, unschuldigem Gesicht die großartigsten Bemerkungen machen und unzählige Strafrunden für seine Kameraden auslösen, während er mit wertfreiem Untergebenengesicht zuschaute.

Das Singen während des Marsches folgte einem ebenfalls höchst marineeigentümlichen Ritual: Der Kommandierende befahl:

„Ein Lied!"

Der rechte Flügelmann entschied, was gesungen werden sollte und brüllte - z.B.:

„Madagaskar!"

Der jeweils rechte Mann in den Reihen dahinter wiederholte laut den Titel, bis schließlich die allerletzte Reihe erreicht war. Der Tampensgast[33] brüllte nun: „Achtern eingepickt   und...!", worauf die letzten zwei Reihen dann röhrten:

„bem u u u u st!" [34]

Das „U" wurde mit besonderer Freude in die Länge gezogen. So war in den vorderen Reihen klar, daß alle wußten, was gesungen werden sollte, und daß der Gesang beginnen konnte. Der rechte Flügelmann kommandierte:

„Hiev!" und die ersten zwei Reihen fielen beim:

„rond![35]" mit ein. Dann sangen wir los. Diese marineeigentümlichen Besonderheiten lernten wir schnell, sie machten Spaß, förderten das Zusammengehörigkeitsgefühl und den Stolz, einer ganz besonderen Truppe anzugehören. Und das wollten wir ja alle gern.

Bald begannen die ersten Märsche, die mit ca. 15 km für angehende Seemänner schon ganz ordentlich waren. In den Unterrichten des Zug- und Gruppenführers lernten wir für's künftige Leben, z.B. Regenschirm zur Uniform ist verboten, macht man einfach nicht, Radfahren in Uniform auch nicht, aber auch den tieferen Sinn hinter dem Marinebuschkrieg: Bei Kriegsende wurden Marinesoldaten zu Kampfeinheiten für den Erdkampf zusammengewürfelt und erlitten furchtbare Verluste, weil sie sich falsch verhielten. Deshalb mußte infanteristisch ausgebildet werden.

Kurze Zweifel beschlichen uns, ob es denn wohl erforderlich war, sich jetzt schon auf die nächste Niederlage vorzubereiten. Die Zweifel währten jedoch nur kurz, denn der Offizieranwärter zweifelte nicht und – völlig klar – er beschwerte sich auch nicht... Auf der Marineschule in Mürwik, da wird dann alles anders, da beginnt die Zeit der Gentlemen und Offiziere.

Die nächtlichen Alarme boten ein weites Feld zur Ertüchtigung der OAs und wie auch für Schikanen. Die ersten Alarme waren Übungen, bei denen wir in einem befohlenen Anzug heraustreten mußten, um dann wieder in die Kojen geschickt zu werden. Dann wurde der Strom abgeschaltet, und es wurde mit allen denkbaren Feuerwerkskörpern geweckt. Die befoh-

---

[33] Tampen = Tauende, Gast = Mannschaftsdienstgrad, also der letzte Mann. Bei uns immer Werner-Wolf K., unser Kleinster

[34] hinten eingehakt und gesichert

[35] Befehl für Spills: Zieht oder hebt an

lenen Anzüge wurden mit Akribie und Taschenlampe auf Vollständigkeit und korrekten Sitz kontrolliert, und es war klar, daß es demnächst zu einem längeren Nachtmarsch kommen mußte, nachdem immer wieder damit gedroht wurde.

Hellwach und mit großer List beobachteten wir alles, was als Vorwarnung dienen konnte. Auch das sahen die OAs als einen sportlichen Wettbewerb mit den Ausbildern.

Dann war es so weit: Einer hatte mitbekommen, daß in der Kombüse[36] große Mengen Brote bestrichen und eingepackt wurden. Alles klar! Nach dem Befehl „Ruh' im Schiff, Licht aus!" um 22.00 Uhr zogen sich die meisten marschbereit an und krochen dann in ihre Kojen. Einige besonders Ängstliche legten nur alles griffbereit, weil sie befürchteten, bei einer Zwischenkontrolle ertappt zu werden.

Dann brach die Weckhölle im Dunkeln los: Es krachte, alle Ausbilder brüllten gleichzeitig wie die Derwische und pfiffen auf Bootsmannsmaaten- und Batteriepfeifen[37]:

„Feldmarschmäßig auf den Musterungsplätzen antreten!" ´Rein in die Acht-Acht, Koppel um, Gewehr gegriffen und schon ging es los.

Natürlich bereitete den Rekruten die Überraschung und Enttäuschung der Ausbilder viel Freude, die ihnen aber schnell durch entsprechende Einlagen ausgetrieben wurde. Bis die gesamte Kompanie jedoch gemeldet werden konnte, dauerte es sehr lange, denn die „Ängstlichen" brauchten natürlich länger. Einer, so erzählte man sich hinterher, wurde gar abgefangen, als er ganz entspannt mit seinem Handtuch und dem Kulturbeutel dem Waschraum zustrebte.

Nach Empfang der Marschverpflegung ging es los durch das friedliche Ostfriesland.

„Panzer von rechts!" oder

„MG-Feuer von links!" zwangen zu gewagten Sprüngen in die Straßengräben, die fast alle Wasser führten. Es war sicher tröstlich, daß uns keine richtigen Soldaten vom Heer zuschauen konnten, die hätten sich wohl schlapp gelacht. Nach mehreren Stunden erreichte die Formation die

---

[36] Küche
[37] Trillerpfeife

Kaserne. Wichtigstes Ergebnis: Nach ca. 15 km waren alle noch dabei, es gab keine Ausfälle.

Zeugdienst, Selbst- und Waffenreinigen rundeten den Ausflug ab, Blasen an den Füßen wurden mit Hilfe des Gruppenführers „verarztet". Es war schon hell, als „Ruh' im Schiff" befohlen wurde. Geweckt wurde eine Stunde später dann zur normalen Zeit um 06.00 Uhr.

Auch die infanteristische Ausbildung begann, der sogenannte „Marinebuschkrieg". Der Übungsplatz war ein von Tümpeln durchsetztes Wald-, Busch- und Wiesengelände bei Barkel. Der Barkeler Busch bot ideale Voraussetzungen für die Ausbildung. Bewegen im Gelände, einzeln oder auch in der Gruppe, Täuschen und Tarnen, Verteidigung und Angriff, Zielansprache mit dem berühmten MKB[38] und dem so praktischen Daumensprung rechts bzw. links, und natürlich Sturmangriff mit dem Befehl: „Sprung auf, Marsch, Marsch! An den Horizont, ihr Affen!" Platzpatronen gab es noch nicht, also schrie jeder Schütze: „Schuß!", und bei Dauerfeuer: „Schuß - Schuß - Schuß - Schuß - Schuß - Schuß - Schuß....." Aber Knallkörper gab es, absolut begnadete Böller bis zum „Atombombenmarkierer", die sich großer Beliebtheit erfreuten.

Eingraben wurde geübt wie auch das Ausheben von Ein-Mann-Löchern und als Gipfel die Zwei-Mann-MG-Löcher mit Handgranatenschutz. Unser Zugoffizier schnalzte mit der Zunge, wenn er es befahl, als ob es sich um eine Delikatesse handelte. Vor dem Rückmarsch mußten alle Löcher wieder zugeschüttet werden.

Bei der Landkampfausbildung wurde auch der richtige Stahlhelm getragen, der über den Plastikhelm gestülpt wurde. Warf man sich damit hin, flog der Helm vorneweg, wenn man ihn nicht mit einer Hand fest hielt.

An einem schönen Sonnentag marschierten wir zur Fahrbereitschaft, um dort mit unserer Jiu-Jitsu-Ausbildung zu beginnen. Toll! Wir waren sehr gespannt. Unser Zug trat an, mit freiem Oberkörper, und es erschien der angekündigte Lehrer, ein kurzgeratener, kerniger Bootsmann. Irgendjemand stellte ihn vor, er war vor seinem Eintritt in die Bundeswehr Deutscher Polizeimeister gewesen. Er erklärte uns, daß sein Sport keine

---

[38] Marine-Kugelbaum

Frage der Kraft oder des Gewichtes sei, sondern nur der Geschicklichkeit und der Intelligenz.

Als er das demonstrieren wollte, wählte er unseren Flügelmann Louis, der wohl knapp 35 cm größer war. Louis wirkte vorsätzlich tumbig und hilflos, als er da so stand als Opfer. Als Louis ihn angreifen sollte, ging alles sehr schnell, und der kleine Bootsmann flog in das Ginstergebüsch, das sich hinter ihm schloß. Louis guckte genau so überrascht und tumbig wie vorher, es herrschte Stille. Als sich der Busch öffnete und der Bootsmann auftauchte, brach ein gewaltiges Gelächter aus, und die Ordnung löste sich auf, auch die Ausbilder lachten Tränen. Wir hatten keinen Unterricht mehr in diesem edlen Kampfsport, und der kleine Bootsmann suchte sein Glück an einem anderen Standort.

Um den Trainingserfolg bei unseren Märschen zu vertiefen, marschierten wir öfter nach Barkel und zurück, wobei der Ausmarsch durch drei Ziegelsteine im Rucksack „verbessert" werden konnte. Drei Ziegelsteine im ungepolsterten Rucksack hinterlassen einen bleibenden Eindruck.

Da wir alle kriegserfahren waren, kannten wir natürlich auch Gasmasken. Die gab es nun zu unserer geringen Freude auch bei uns. Jetzt hießen sie ABC-Schutzmasken, aber Versprecher waren an der Tagesordnung. Gern nutzten unsere Ausbilder sie, um uns zu disziplinieren. Auf den Schrei: „ABC-Alarm!" wurde die Maske aus der „Botanisiertrommel" gerissen und so schnell wie möglich aufgesetzt. Natürlich waren wir nie schnell genug. Da das Atmen unter Maske schwerfiel, waren Strafrunden unter Maske echte Härteübungen. Mehrmals mußten wir auch beim Marinebuschkrieg die Masken aufsetzen und irgendeiner fand den treffenden Namen für diese Veranstaltung: Stinktierjagd. Immer wieder konnte man beobachten, daß einer die „Botanisiertrommel" für Kekse und andere Zusatznahrung nutze, was meistens gut ging. Ich war dazu immer zu feige.

Der Einfallsreichtum im Bereich der Warnsysteme für Nachtmärsche wurde immer größer. Nachdem für eine Weile ein Zwirnsfaden vom Klöppel der „Schiffsglocke" in der Mitte unseres „Us" quer über die Anfahrtsstraße gespannt wurde, so daß jeder nachts eintreffende Fahrradfahrer die Glocke läuten mußte, wurde dieses System entscheidend verbessert.[39] Der Faden wurde vom Glockengestell zu einer Stopfnadel geführt,

---

[39] Alle kamen zu Fuß oder mit dem Fahrrad, niemand hatte ein Auto

die außen im Fensterkitt steckte. Wenn jetzt ein Fahrradfahrer den Zwirnsfaden spannte und durchriß, wurde die Stube mit der Nadel alarmiert, die sehr laut an der Scheibe vibrierte, ohne daß – wie bei der Glocke – die Ausbilder etwas merken konnten.

Trotzdem waren die Ausbilder in diesem Wettkampf letztlich am längeren Hebel, besonders als sie uns in zwei aufeinander folgenden Nächten aufscheuchten. Die zweite Nacht war wirklich eindrucksvoll oder besser chaotisch, denn die meisten Klamotten hingen im Waschraum und auch viele Acht-Acht standen dort nach der Reinigung. Im Dunkeln irgendetwas Passendes zu finden, war äußerst schwierig. Hinterher wurde außerdem behauptet, daß die Ausbilder vor dem Alarm einzelne Schuhe versteckt hätten.

Es gab auch nächtliche Alarme, die nach großartigen Komik-Einlagen beendet werden mußten. Günni G. aus meiner Gruppe trat bei einer Alarmierung als Letzter gemessenen Schrittes im Nachthemd heraus, aber mit Stahlhelm, Gewehr, Koppel und barfuß in Acht-Acht mit Gamaschen. In dem brüllenden Gelächter ging die militärische Ordnung unter, die Übung mußte beendet werden.

Am 30. Mai 1956 beging Wilhelmshaven den 40. Jahrestag der Skagerrak-Schlacht. Noch nie hatte ich davon gehört, aber es mußte etwas sehr Bedeutendes sein. Vor dem Rathaus fand ein „Großer Zapfenstreich" statt, der von Zivilisten in blauen Jacketts und Prinz-Heinrich-Mützen – so auch die Kapelle und der Fanfarenzug – durchgeführt wurde. Der offensichtlich sehr berühmte und populäre Admiral a.D. Rogge nahm in Zivil die Meldungen entgegen. Wir waren nur als uniformierte Zuschauer dabei.

Wir waren sehr beeindruckt von dieser würdevollen Veranstaltung, die unzählige Zuschauer anzog und wohl auch berührte. Es war der erste „Große Zapfenstreich" seit Kriegende, und es ging mindestens so militärisch zu wie bei unserer Abschlußbesichtigung in Ebkeriege. Heute bin ich recht sicher, daß der Deutsche Marine Bund die Veranstaltung ausgerichtet hatte.

Ein Minensuchgeschwader der Royal Naval Reserve besuchte im Juni Wilhelmshaven, und das obligatorische Fußballspiel war Teil des Besuchsprogramms. Die Schiffstammabteilung bereitete sich gezielt vor und war an sportlicher Entschlossenheit nicht zu übertreffen.

Es war das erste Fußballspiel einer Marinemannschaft nach dem II. Weltkrieg und dann auch noch gegen Engländer! Es wurde im Wilhelmshavener Stadion am Marinebad ausgetragen. Sehr, sehr viele Zuschauer kamen, und wir gewannen mit unglaublichen 6 : 1. Die bedauernswerten Engländer hatten am Vorabend viel deutsches Bier getrunken und sahen das Spiel auch nicht unbedingt als Revanche für einen gewonnenen Weltkrieg an. Sie müssen bei unserem Einsatz den Eindruck gewonnen haben, gegen mindestens 15 Mann zu spielen. Ich erreichte einen frühen Höhepunkt meiner Laufbahn, denn ich schoß 4 Tore und lag anschließend 1 Woche verletzt mit Thrombose in der Koje, überschüttet mit der Anerkennung aller Vorgesetzten und Kameraden. Orden jedoch gab es nicht...

Am Samstagmorgen nach dem Bergfest, das als Tanzabend unter der Bezeichnung Kadettenball in der Strandhalle begangen wurde, trieb der Zugoffizier des II. Zuges uns den Kater aus, in dem er uns ohne Pause 120 oder noch mehr Gewehrgriffe „kloppen" ließ. Auch hier ging es darum, uns nicht unterkriegen zu lassen und den Zugoffizier dazu zu bringen, von sich aus aufzuhören.

Natürlich wurden wir auch im Schießen ausgebildet. Ich war ein nur mäßiger Schütze, von 150 möglichen Ringen beim KK-Schießen erreichte ich 110, also knapp 75%. Dann schossen wir mit unserem Karabiner, mit einem schweren Gewehr, das uns als „Belagerungsgewehr"[40] vorgestellt wurde, mit einer Maschinenpistole Thompson Submachine Gun[41] und als Höhepunkt mit einer Panzerabwehrrakete Bazooka. Zu keiner Zeit wurde mir der Ernst hinter diesen Übungen klar.

Ein neuer Leutnant z.S. kam in unseren Zug, er sollte wohl angelernt werden. Dr. R. erhielt nach einem „Sprengstoffanschlag" den Spitznamen „Lemmy Caution", ein damals aus Schmökern und Filmen bekannter Detektiv. Einer der OAs hatte beim Landkampf „vergessen", einen Atombombenmarkierer abzugeben. Der wurde nachts gezündet und auf dem blitzblank gebohnerten Flur unter der trennenden Pendeltür hindurch in den Gebäudeteil „geshuffelt", in dem die Offiziere schliefen. Man muß uns zu gute halten, daß wir kaum Kenntnisse mit Sprengungen innerhalb von Gebäuden hatten. Es gab nicht nur einen furchtbaren Knall, sondern die Fenster am Ende des Flures waren danach ohne Glas.

---

[40] BAR = Browning Automatic Rifle, leichtes Maschinengewehr Kal. 7,65
[41] Kaliber .45, bekannt als Tommy Gun oder Chicago Piano

An sich wollten wir ja nur einmal Nachtalarm mit den Offizieren üben. Wach waren danach eh' alle, aber nun schlug die Front der Vorgesetzten unerbittlich zurück: Feldmarschmäßig antreten, Musterung, mehrere Doppelstreifen wurden sofort losgeschickt, um die Sicherheit der Kaserne zu erhöhen. Die Glasscherben vor dem Gebäude wurden mit Gründlichkeit eingesammelt.

Inmitten dieses militärischen Zwergenaufstandes kroch der neue Leutnant mit einer Lupe auf dem Flurboden herum und sammelte Spuren. Am Ende konnte er wohl den Knallkörper so weit zusammensetzen, daß die Ursache geklärt war. Deshalb hieß er bei uns Lemmy Caution. Später erhielt er den treffenderen Namen Marabu, den er bei vielen Begegnungen bestätigte; nicht ohne Wohlwollen wurde später oft beraten, ob er aussah wie alle Marabus, oder alle Marabus wie er.....

Zum Ende des Lehrgangs wuchs die Crew um weitere 10 Männer, als die OAs des Bundesgrenzschutzes See bei uns eingegliedert wurden. Vier von Ihnen wurden Marineflieger, die übrigen fuhren zur See.

Unsere Besoldung war auch nach drei Monaten noch völlig unklar, denn in den ersten zwei Monaten bekamen wir einen Abschlag von ca. DM 140, -, dafür gab es im dritten Monat nichts, weil wir wohl vorher zu viel bekommen hatten. Aber nur die Verheirateten litten wirklich darunter, und – der Offizieranwärter beschwert sich ja nicht.

Als wir Ebkeriege verließen, waren wir körperlich fit und ziemlich abgehärtet. Wir hatten einige seemännische und soldatische Grundlagen gelernt, vor allem aber die Sprache und erste Aspekte des Stils der Marine, und wir waren ziemlich schneidige Marinesoldaten. Wir waren fröhlich, unternehmungslustig und stolz, wir blickten mit kameradschaftlicher Herablassung auf Heer und Luftwaffe.

Außerdem halte ich für bemerkenswert, daß unsere Ausbilder, die alle in der Kriegsmarine gedient hatten, erfolgreich Soldaten der demokratischen Bundesrepublik erzogen haben, ohne daß wir und wahrscheinlich auch sie schon wußten, was ein Staatsbürger in Uniform ist. Keiner von uns wurde ein kleiner oder gar großer Nazi, obwohl sicher nicht alles politisch korrekt war. Der Schnack: „Wenn das der Führer wüßte... " wurde öfter benutzt, ohne daß dabei immer an Hitler gedacht wurde. Ließ ein Rekrut die nötige Aufmerksamkeit vermissen, dann konnte er hören:

„Junger Mann, ihnen fehlt die Konzentration. Wir haben Lager, in denen Sie das üben können!" Die erregten politischen Auseinandersetzungen, die sich aus einer Rede des Konteradmirals Wagner ergaben, waren weder unter uns noch für unsere Ausbilder ein Thema und wurden in meiner Gegenwart nicht angesprochen oder gar diskutiert. Es gab Diskussionen über die „Großadmirale", die ich aber c auch wegen geschichtlicher Unkenntnis – nicht verstand.

Nach heutigen Vorschriften und Maßstäben wären alle unsere Ausbilder bestraft, degradiert und entlassen worden, jedoch hat nach meiner Kenntnis niemand von uns bleibenden Schaden genommen. Sicher ist es gut und richtig, daß die heutigen Vorschriften streng auf die Menschenwürde achten, denn es gibt immer überforderte Vorgesetzte, aber Härte auch psychischer Natur gehört ebenso dazu. Außerdem geht das Führen von kaum erwachsenen jungen Männern, besonders wenn es gefährlich wird, nur unter Umgehen des Gehirns direkt zum Gefühl des Geführten.

Meine kärgliche Ausstattung mit hilfreichen Regeln hatte sich insgesamt bewährt, auch wenn ich mich doch ab und zu freiwillig meldete.

Zum 1. August 1956 wurden wir zur Technischen Marineschule II in Bremerhaven versetzt. Zwei Mann fehlten: Ein Crewkamerad hatte sich zu Handelsmarine abgemeldet und der andere als besonders gründlicher Mariner wiederholte die Grundausbildung als Angehöriger der Nachcrew.

Werkstattlehrgang

Fröhlich und voll positiver Entschlossenheit fuhren wir mit der Bahn aus Eisen nach Bremerhaven zur TMS II[42]. In irgendeinem Vortrag während der Grundausbildung war uns auch etwas über die neue „Einheitslaufbahn" der Marineoffiziere berichtet worden. Für die kriegsgedienten Offiziere war das sicher eine wesentliche Änderung, für uns und besonders für mich sagte es absolut gar nichts.

Es hörte sich ein wenig nach Einheitsbrei an, zeigte aber nicht auf die fundamentale Änderung durch das Zusammenlegen aller Offizierlaufbahnen, die ich damals auch nicht kannte. Wurden wir wieder einmal ordentlich bewegt, konnte man von meinem Crewkameraden Jürgen S. hö-

---

[42] Technische Marineschule Nr. 2

ren: „Das ist die Ausbildung für die Einheizlaufbahn! Immer ordentlich einheizen!" Deshalb war mir auch immer noch nicht klar geworden, auf welch´ gefährlichen Boden ich mich begeben hatte, als ich in meiner Bewerbung „Ingenieur" schrieb. Während meiner gesamten Dienstzeit bin ich nie darauf angesprochen worden, ich habe es aber auch vorsichtshalber niemandem erzählt.

Wir rückten in die großen Kasernen an der Elbestraße ein und bezogen einen Block am Exerzierplatz hinter dem Tor links. Am Tor standen Wachen der US-Navy bzw. der US-Militärpolizei und die ganze Anlage wimmelte von Tausenden Amis. Die Stuben wurden mit je vier Mann belegt, und es war alles sehr, sehr anders als in Ebkeriege. Amerikanische Durchsagen und Trompetensignale hallten durch die Kaserne, viele amerikanische Autos parkten oder fuhren überall herum. Poppige Reklame lud in die verschiedenen Clubs ein, und es war alles schier unfaßbar! Bremerhaven war damals eine US-Enklave in der britischen Besatzungszone mit allen üblichen Einrichtungen einschließlich AFN[43] und hieß bei den Amerikanern „Port of Embarkation". Nicht nur wir, sondern auch Elvis Presley kam 1956 in Bremerhaven an.

Tiefer konnte der Sturz nicht ausfallen – militärisch gesehen: Schon bei der ersten Musterung brach unsere heile Welt zusammen, denn alle Vorgesetzten waren hilflos, unsicher und hatten keine Ahnung selbst von den einfachsten Kommandos. Wir wollten – gerade unter den Augen der Amerikaner – zeigen, daß wir schneidige Soldaten waren, aber diese Versager gaben uns aus Unfähigkeit oder Gleichgültigkeit dazu keine Chance. Das erboste uns über alle Maßen, und die dünne Tünche der Disziplin bröckelte rasch ab. Es war eine erzieherische Katastrophe, wie man sie sich schlimmer nicht hätte vorstellen können. Das sind ja alles Heizer, hörten wir immer wieder als Erklärung aus unseren eigenen Reihen von den Marinesöhnen, die können das nicht besser. Wir fühlten uns getäuscht und sahen uns im Recht, wenn wir renitent oder ungehorsam waren. Wir fühlten uns wie die letzten Bewahrer militärischer Ordnung, wenn wir diesen „Schlossern" nicht folgten.

Alle unsere neuen Vorgesetzten waren nach den Maßstäben der Grundausbildung militärische Trümmerhaufen. Keine Haltung, kein Auftreten als Vorgesetzte, gammelige Uniformen, alte, abgetragene Dienst-

---

[43] American Forces Network, Soldatensender

gradabzeichen, unmögliche Mützen, graue!! Oberhemden, keine Bügelfalten, stumpfe Dieselölschuhe und stets die Hände bis zum Ellenbogen im Bunker[44]. Unser Kompaniechef, ein Kapitänleutnant V., hatte meist eine lebende Krähe auf der Schulter, wenn er durch das Gelände zog. Wenn ihn das Tier störte, setzte er es auf den Boden und stülpte seine Dienstmütze darüber.

Die morgendlichen Musterungen waren mehr ein Hohn auf die straffe Durchführung in Wilhelmshaven. Immer häufiger kam es vor, daß jemand fehlte, weil er verschlafen hatte, verkatert war oder noch an Land. Die amerikanischen Torwachen kontrollierten nur unsere Ausweise, nicht aber die Urlaubskarten, und unser U.v.D. war mit der Kontrolle der Landgänger überfordert. Im Verlaufe der 8 Wochen, die wir dort vergammelten, gab es Spezialisten unter uns, die mehrere Tage verschwunden waren, ohne dabei aufzufallen.

Die Ausbildung war im theoretischen Teil nicht sonderlich fordernd für Abiturienten, aber durchaus nützlich. In der Werkstattausbildung lernten wir nur brauchbare Dinge, die mich mein Leben lang begleitet haben, und für die ich heute noch dankbar bin. Ab und zu war es kleinkariert und lächerlich, aber wir lernten alle metallbearbeitenden Fähigkeiten kennen. Wir lernten technische Zeichnungen lesen und zeichneten selbst. Dann begannen wir mit Drahtbiegen nach Zeichnung, Feilen eines U-Eisens, Bohren, Drehen, Fräsen, E-Schweißen, Autogen-Schweißen und sogar Schmieden.

Anders als in Wilhelmshaven wurden wir beim Landgang in Uniform ständig beschimpft und auch tätlich angegriffen. Zivil blieb trotzdem für uns verboten, bzw. wir mußten es umständlich beantragen. Es wurde zu einem Teil unseres täglichen Lebens, daß uns Werftgrandies und Fischdampfermatrosen, die es damals zu Hunderten in Bremerhaven gab, anpöbelten und bei günstiger Gelegenheit auch jagten und zu verprügeln suchten.

In Bremerhaven gab es unzählige Lokale, Bars, Pinten und Kaschemmen, denn neben den Fischern und Werftgrandies gingen die vielen tausend Amis ja auch an Land. Es gab Stadtteile, die waren wirklich gefährlich, besonders für Uniformträger. Dann gab es Bereiche, in denen wir

---

[44] in der Hosentasche

nur in der Gruppe eine Chance hatten. Der späte Rückweg zur Kaserne – besonders über den kurzen „schwarzen Weg" entlang der Geeste – war sehr riskant. Mehrmals wurden Kameraden krankenhausreif geprügelt, einer wurde sogar von der Brücke in die Geeste geschmissen.

Ich hatte mir beim Kutterpullen in Wilhelmshaven eine Sehnenscheidenentzündung in beiden Handgelenken zugezogen. Nach kurzer Zeit konnte ich in der Werkstatt nicht mehr mithalten und wurde einem zivilen Truppenarzt vorgeführt, der entschied, daß beide Arme eingegipst werden mußten. Im ersten Augenblick sah ich eine Chance, dem ungeliebten Lehrgang zu entgehen. Ich wurde in die Werkzeugausgabe verbannt und faulenzte vor mich hin.

Mein übriges Leben war aber sehr, sehr schwierig geworden, denn mir standen nur die ersten Glieder der beiden Mittelfinger für alle Tätigkeiten zur Verfügung. Essen z.B. oder auch menschliche Verrichtungen waren komplexe Abenteuer, eine verschlossene Bierflasche eine Qual wie auch eine offene Hose. Nachdem ich 14 Tage so verbracht hatte und ein Ende nicht abzusehen war, eröffnete mir einer der Offiziere, daß ich diesen Lehrgang wohl wiederholen müßte. Wie schrecklich! Das wollte ich auf gar keinen Fall, nicht nur wegen des Lehrganges, sondern vor allem, weil ich nicht von meiner Crew getrennt werden wollte. Der Hinweis führte zu einer Wunderheilung!

Ich hatte ja schon in der Grundausbildung gelernt, daß sich ein Offizieranwärter etwas einfallen lassen muß, und das tat ich dann auch. Louis wurde in die Werkzeugausgabe geholt, nach kurzer Beratung über die technischen Aspekte griff er sich eine große Blechschere und schnitt beide Gipsverbände auf. Es war eine unglaubliche Befreiung.

Da in der Werkzeugausgabe auch all' die Werkstücke in einer Kiste lagen, die von den Ausbildern aus welchen Gründen auch immer verworfen worden waren, suchte ich mir soviel wie möglich heraus. Ich „verbesserte" oder änderte so gut wie eben möglich, arbeitete abends länger, um das Wunder erklärbar zu machen und schaffte alle Aufgaben rechtzeitig vor Lehrgangsende.

Die Versetzung nach Bremerhaven warf uns aus der ostfriesischen Abgeschlossenheit des verschlafenen Schlicktau[45] in die Rock n' Roll-Welt

---

[45] Spottname für Wilhelshaven, weil dort zu Kaisers Zeiten die Transporte nach Tsingtau losfuhren

der Amerikaner. Die meisten von uns waren zum ersten Mal jeder Aufsicht entronnen und hatten zum ersten Mal Geld zur Verfügung. Also wurde die Welt erobert. Innerhalb der Kaserne gab es zwei Clubs für Mannschaftsdienstgrade: „Blue Anchor Inn" und der andere hieß so ähnlich wie „Windy Corner Club". Diese „Läden" zogen uns magisch an, denn sie waren so amerikanisch, wie man es sich damals nur wünschen konnte. Und amerikanisch, das war für uns das Höchste und Größte; alles, was aus den Staaten kam, ob Essen oder Trinken, Kleidung, Kaugummi, Tänze oder Musik war der Maßstab aller Dinge.

Wir rauchten fast ausschließlich amerikanische Zigaretten. Noch heute höre ich den Ohrwurm „Only Youuuuuuuu", wenn ich an diese Zeit denke. Spätestens dort erhielten auch die meisten von uns einen englisch klingenden Spitznamen, wie eine sicher unvollständige Liste belegt: Benny – Blue – Bobby – Butcher – Charly – Dulles – Ebbie – 2x Eddy – Elsa Maxwell – Hobby – Jimmy – Joe – Jonny – Maggio – Pepo – Pike – Shorty – Teddy – Gambler – Tino – Tobby.

In diesen Clubs brauchten wir speziell für die amerikanischen Soldaten gedrucktes Geld, um unsere Getränke zu bezahlen, aber irgendwie gab es immer eine Quelle dafür. Außerdem bot die Kaserne natürlich auch eine amerikanische Offiziermesse, die Commissioned Naval Officers´ Club hieß. Sie war im Eingangsgebäude neben dem Torbogen gleich links im Erdgeschoß. Darauf konzentrierte ich meine Bemühungen, denn das war verführerisch, und es gab jeden Abend zwei amerikanische Filme. Es gab göttliche Ice Cream, tollste Getränke, deren Namen wir allenfalls aus Jerry Cotton Filmen kannten, eine Happy Hour mit günstigsten Preisen, Steaks, die über den Tellerrand hingen und – natürlich amerikanische Zigaretten, damals der Gipfel des Rauchvergnügens.

Wir freundeten uns mit dem allmächtigen Barkeeper an, einem Deutschen namens Kurt R., ehemaliger Lloyd - Steward. Er führte die Bar wie ein absoluter Herrscher und unter seiner väterlichen Sonne waren wir sicher. „Kört", wie unsere amerikanischen Freunde seinen Namen aussprachen, blieb in der Messe und arbeitete auch in den 60er Jahren unter deutscher Regie immer noch dort.

Die amerikanischen Offiziere waren freundlich und desinteressiert, sie ließen uns gewähren. Aber wie ich es auch später immer wieder beobachten konnte, war ihnen kaum klar, in welchem Land sie gerade Dienst taten, und es war ihnen auch egal. Sie hatten immer genug Amerika bei sich, um die Zeit herumzubekommen.

Wie viele junge Leute damals und natürlich auch viele meiner Crewkameraden liebten wir die Staaten und natürlich verstärkten all´ diese Erlebnisse unsere schwärmerische Begeisterung für alles, was aus den Staaten kam. Unsere angehenden Marinefliegercrewkameraden gingen ja schon bald danach in die USA zur Pilotenausbildung, und nicht nur ich habe sie darum beneidet!

Eines Tages erhielten wir eine elektrisierende Nachricht: Unser ehemaliger Zugoffizier K. kommt, um nach uns zu sehen! Zum ersten Mal, seit wir die TMS erreicht hatten, zogen wir – ohne jeden Befehl unserer Vorgesetzten unsere 1. Geige an, picobello Schuhputz war selbstverständlich, Bügelfalten und Fliegen waren vom feinsten. Fast die gesamte Kompanie - nicht etwa nur der ehemalige 2. Zug - trat ohne jeden Befehl zur Begrüßung an, und wir freuten uns auf diesen Besuch, als ob wir einen Heilsbringer erwarteten.

Natürlich wollten wir „unseren" K. mit Freude und Respekt begrüßen, aber wir wollten gleichzeitig auch unseren Schlosser-Vorarbeitern zeigen, daß wir ganz anders und vor allem viel besser konnten als bisher gezeigt. Wir legten eine tadellose Musterung hin, das „N'Tach, Herr Leutnant!" ließ die Kaserne erzittern. Denen hatten wir es aber gezeigt, und dann zogen wir in die Kantine, um an Hand mehrerer Biere unserem Zugoffizier unser ganzes Leid und Elend zu klagen. Er zeigte großes Verständnis und faltete uns anschließend kräftig zusammen. So was muß man durchstehen wie schlechtes Wetter, schließlich waren wir ja Offizieranwärter...! Unsere Vorgesetzten von der TMS haben wahrscheinlich gar nichts von diesem Vorgang mitbekommen.

Wir liebten ihn und trafen uns mit ihm bis zum Ende des Bremerhavener Lehrganges noch mehrmals in Bad Zwischenahn. Dort gab es und vielleicht gibt es immer noch ein Restaurant namens „Spiecker", eine gepflegte und urige Einrichtung, die von K.s Crewkamerad bereedert wurde. Dort – so erinnere ich mit gemischten Gefühlen – trank man den Schnaps aus Zinnlöffeln. Ich kann mich beim besten Willen an keine Rückfahrt erinnern.

Während des Lehrganges stießen weitere OAs zu uns, einige kamen vom Heer, andere vom Seegrenzschutz. Darunter waren auch höhere

Dienstgrade wie Seekadetten oder gar Fähnriche z.S. Sie wurden gleich beauftragt, Morgenmusterungen durchzuführen und die Kompanie auf den Wegen von und zu den Werkstätten oder Schulgebäuden wie auch zu den Mahlzeiten in militärischer Formation und mit Gesang zu führen. Da ihnen der Spagat zwischen Kamerad und Vorgesetzten nicht gelang, sank ihr Ansehen auf ein unglaubliches Tief. Sie kamen später in die Vorcrew, aber die Beschimpfung „Essensfännrich" blieb bis zu ihrer Pensionierung hängen.

Mit fassungslosem Unverständnis erfuhren wir, daß einer unserer Crewkameraden, Eberhard E., der sich für die Marinefliegerei gemeldet hatte, auf seinen Antrag zur Luftwaffe wechselte. Es war überhaupt ein unglaublicher Vorgang und dann auch noch Luftwaffe!? Als wir König davon berichteten, sagte er mit maliziösem Lächeln: „Wer Opel fährt, geht auch zur Flak."

Weder damals noch heute habe ich das ganz verstanden, aber es war nicht positiv gemeint. Rückblickend bleibt mir nur festzustellen, daß Eberhard die Lage damals richtig beurteilt hatte, denn als ich ihn zum letzten Mal sah, war er Generalleutnant und Inspekteur der Luftwaffe. Auch der aus vielen Gründen unersetzliche Günni G. verließ uns, um zur Handelsmarine zu gehen. Das stieß auf ein gewisses Maß an Nachsicht und Verständnis. Später erfuhren wir, daß er das Patent A6[46] gemacht hatte, um nach einem Jurastudium in Kiel als Rechtsanwalt in maritimen Belangen erfolgreich zu arbeiten. Ich habe Günni leider nicht wieder gesehen, da er sehr früh verstarb.

Ein weiterer Crewkamerad verließ uns, um in der USN zu dienen, und das kam so: Teddy L. fing mit uns in Wilhelmshaven an, nachdem ihn sein Vater – wohl ein ehemaliger Marineoffizier – aus den Staaten herübergeschickt hatte, um dem deutschen Vaterland zu dienen. Teddy war ein feiner Junge, der es aber in der fremden Kultur und mit seinem amerikanischen Akzent schwer hatte. Ich bin sicher, daß die direkte Begegnung mit der USN seinen Entschluß gefördert hat. Unser Crewkamerad Mecki F. hat ihn hin und wieder getroffen, zuletzt als Chef eines Reisebüros in San Francisco.

---

[46] Kapitän auf großer Fahrt

Am 1.9.56 wurden wir zu Gefreiten (OA) befördert. An die eigentliche Beförderung kann ich mich nicht erinnern, sie war wohl nicht sehr eindrucksvoll. Alle waren erleichtert, daß wir nicht mehr „nackt" herumlaufen mußten und nicht mehr wie Rekruten aussahen. Die goldenen Streifen auf den Oberarmen habe ich selbst aufgenäht, und ich fand, daß sie uns sehr schmückten. Den goldenen Stern für die Offizieranwärter durften wir – warum auch immer – nicht tragen.

Insgesamt habe ich Bremerhaven nicht in guter Erinnerung, denn auch abgesehen von den Jagdszenen, die wir dort erlebten, war die Stadt leider nicht sehr ansehnlich, und es stank je nach Windrichtung schrecklich nach Fisch. Den Lehrgang bestand ich trotz meiner „Auszeit" – sogar mit guten Noten –, und wir warteten gespannt auf den nächsten Ausbildungsabschnitt beim Schulgeschwader Ostsee.

Schulschiff „Eider"

Ich glaube, daß ich erst einmal ein paar Sätze über das „Schulgeschwader Ostsee" schreiben sollte, unser allererstes Bordkommando, weil man sich heute kaum noch vorstellen kann, wie ein solcher Verband damals aussah. Dieses Geschwader bestand aus 8 Einheiten, „Eider"[47] und „Trave"[48], sowie 6 kleinen hölzernen Minensuchern. „Eider " und „Trave " waren ehemalige kanadische Trawler, Baujahr 1942, und verdrängten ungefähr 750 ts. Die 6 Kleinen waren BYMSen[49], Minensuchboote für Häfen und Reeden, von denen mehr als 1000 während des Krieges in Nordamerika gebaut wurden. Diese Einheiten stammten aus den Beständen des BGS-See und waren mit Teilen ihrer Besatzungen in die Bundesmarine übernommen worden.

Heimathafen unseres Geschwaders war Kiel-Wik, wir lagen beim Hafenkapitän an der Schwimmbrücke an der Brandenburger Straße. Am 2.10.1956 kamen wir auf dem Kieler Hauptbahnhof an. Je ein Drittel der Crew kam auf die „Trave", auf die „Eider" und auf die Bymsen. Da die alphabetische Reihenfolge benutzt wurde, landete ich mit 19 weiteren Crewkameraden auf dem Begleitschiff „Eider". Wir wurden in das Kadetten-

---

[47] ex HMCS Dochet, 750 ts, 10 kn, 1 x 20 mm, Dampfmaschine

[48] ex HMCS Flint, wie Eider, aber Dieselelektrik

[49] British Yard Minesweeper,

deck eingewiesen, ein schäbiges, abgenutztes Eisendeck mit Backskisten längs der Außenwände und mit eisernen Hängemattsstützen.

Was wir in den folgenden 6 Monaten erfahren und erleben durften, sprengt sicherlich alle Vorstellungen, die sich ein heutiger Mariner von den Anfängen der Bundesmarine machen kann. Ich glaube, daß viele unserer Erlebnisse in das Reich des Seemannsgarns verwiesen würden.

Da ich von dieser Bordzeit ein fast vollständiges Logbuch habe, will ich nur das zu Papier bringen, was nicht oder unvollständig im Logbuch steht. Die Bleistiftmarginalien unseres Kadettenoffiziers sind noch sichtbar, denn er und auch andere Vorgesetzte kontrollierten die Eintragungen. Obwohl ich jedem Streit aus dem Wege ging, muß ich mich heute wundern, was ich dort alles aufzuschreiben wagte. Die wirklich schlimmen Ereignisse jedoch spiegeln sich nur selten und abgeschwächt wider.

Einen ersten Ausblick auf die vor uns liegenden 6 Monate gewannen wir, als der Kommandant KptLt. B. und der Kadettenoffizier KptLt. V. uns bei der ersten Musterung auf die von uns erwartete Einstellung und Leistung einstimmten.

Schon wieder ein Kapitänleutnant V. als Vorgesetzter, der trotz seines grimmigen Kommandotones einen menschlichen Eindruck machte und sich später – sehr spät – auch als erträglich und als Kamerad zeigte. Bei der Stammbesatzung gab es unterschiedliche Uniformen und auch Dienstgrade, schwer zu durchschauen, aber im Zweifelsfall waren alle – selbst die Mannschaftsdienstgrade – für uns Vorgesetzte. Nach einigen Tagen schnappten wir auf, daß es sich neben den Bundesmarineuniformen um BGS-See und LSU handelte. Ich kann mich nicht erinnern, daß uns jemand über dieses unsägliche Chaos aufgeklärt hätte.

Wir lebten im Kadettendeck, d.h. im Zwischendeck unter der Back. Es reichte über die Schiffsbreite, war also ca. 8 m breit und ungefähr 6 m lang. Hier schliefen wir, aßen, lernten im Unterricht und verbrachten die wenige Freizeit. In der Mitte führte eine Luke zur Hängemattslast in das tiefergelegene Deck. Wir waren immer müde und kaputt genug, um auch in Hängematten zu schlafen, schön oder gar erholsam fand ich es nicht.

Als wir die Hängematten empfingen, waren sie gammelig feucht, an vielen Stellen verschlissen und stanken übel. Ich hatte einen Platz in der unteren Reihe ergattert. Ich meine auch „ergattert", denn unten war die Luft deutlich besser. Dafür war das Riggen schwer, denn entweder scheuerte man mit dem Hintern über das eiserne Deck und setzte beim Stampfen auf oder man hatte die Hängematte des Obermannes direkt vor der Nase. Dieser Abstand war auch noch davon abhängig, wie der jeweils seine Hängematte riggte.

Nach dem Wecken mußte die Hängematte sofort abgenommen und ohne geringste Chance auf höchst notwendiges Lüften gezurrt werden, so daß eine ca. 30 cm dicke „Wurst" entstand. Manchmal folgte eine Musterung der Hängematten an Oberdeck, bevor sie in der Last verschwanden.

Der Waschraum wurde gestürmt, meist nur für eine Katzenwäsche an kleinen Edelstahlbecken mit Edelstahlspiegeln, die fast völlig blind waren. Man rasierte sich fast nur elektrisch, ging auch kaum anders, denn inzwischen holten die Backschafter[50] Backen und Banken (Tische und Bänke) aus den Halterungen unter der Decke und bauten die „Möbel" auf. Jeder hatte einen Spind von ca. 60 x 50 x 50 cm für die gesamten Habseligkeiten an der Achterseite des Decks. Nur für Kolanis[51] und später Mäntel gab es Langspinde, die sich jeweils 7 Mann teilen mußten. Während sich einige rasierten, verstauten andere ihre Waschutensilien im Spind, alle zogen sich an, während Geschirr und Frühstück auf die Backen kam. Nur im Hafen, ganz selten in See, konnten die Bulleyes geöffnet werden, um frische Luft hereinzulassen; alle redeten, schrieen oder wuselten sonst wie durcheinander. Es war so chaotisch wie es klingt und ging nur, weil wir alle befreundet waren. Kein Vorgesetzter traute sich in dieses Chaos, und das war auch klug so. Die Durchsage: „Besatzung sich klar machen zum Dienst!" kam immer zu schnell. Zeitdruck gehörte zur Ausbildung und zur Erziehung.

Wir hatten fast immer Hunger, die körperliche Belastung und die frische Luft taten ein Übriges. Ich bin überzeugt, daß keiner von uns während dieser Bordzeit zugenommen hat, obwohl wir heldenhafte Schläge stauten. Zum Frühstück gab es Graubrot, das wir selber „absäbelten", dazu lose Butter in großen Klumpen und Marmelade aus dem Eimer. Selten gab es NATO-Wurst[52], oder Mortadella, die bei uns „Schlimme-Augen-Wurst" hieß, weil sie so aussah, als ob es einem vor den Augen flimmerte.

---

[50] rotierender Dienst für Essenholen, Tischdecken und Abwaschen

[51] Kolani = lange Überjacke zur Wäsche achtern

[52] eine Art Servelatwurst aus dem Verteidigungsvorrat

Alle Essenszutaten wurden in großen Aluminiumbehältern geholt, länglich und doppelt so groß wie ein Eimer. Sie heißen Barkassen und dazu gehört ein Deckel, der auch offen (umgekehrt) aufgesetzt werden konnte für Zutaten aller Art. Mittags gab es öfter Eintopf, der meist gut schmeckte und in großen Mengen zur Verfügung stand. Bei schlechtem Wetter war es auch am praktischsten. Die sehr große Kelle dazu heißt Politikus, weil man damit gut im Trüben fischen kann. Ein voller Politikus war ein Schlag, gab es etwas mehr, dann war das der Nachschlag.

Abends gab es Grau- und manchmal auch Schwarzbrot. Margarine, Hartwurst, Sülze, die „quergeschnittener Obermaat" hieß, und sehr selten Schmalz. Das Brot setzte sehr schnell Schimmel an, und nach längerer Zeit in See war der ganze Laib mit einer dicken Schimmelschicht überzogen, die wir vor dem Essen absäbelten. Die Alternative aber hieß: kein Brot. Da wir Verpflegungsgeld zahlten, fühlten wir uns berechtigt zu reklamieren, Qualität und Menge waren häufig Grund zum Meckern. Aber – so lernten wir früh: Solange die Seeleute meckern, ist alles in Ordnung und – sie wissen schon: der Offizieranwärter beschwert sich nicht!

Nach jedem Essen trugen die Backschafter ab, wuschen unser bleischweres, aber unzerbrechliches Geschirr, verstauten es und schlugen die Backen und Banken ab. Es war unsagbar primitiv und führte zu verwilderten, rohen Sitten.

Am Donnerstag ab 15.00 Uhr ist Seemannssonntag, d.h. der Dienst wird so rechtzeitig beendet, daß es dann Kaffee und Kuchen geben kann. Eine geheiligte Einrichtung, auf die eifersüchtig geachtet wird. Am Sonntag in See Dienst zu haben war ärgerlich, aber nicht halb so schlimm wie der Verlust oder auch nur die Einschränkung des Seemannssonntags. Ich weiß nicht, woher diese Sitte stammt. Ich habe später mehrere Marinehistoriker darauf angesetzt: ohne überzeugenden Erfolg.

Unser Geschwader machte mit uns die ersten Auslandsreisen der Bundesmarine. „Eider" mit dem Geschwaderkommandeur an Bord und „Trave" bildeten den Verband, der mit knapp 40 OAs an Bord nach den Helder und Portsmouth aufbrach. Ursprünglich war wohl als zweiter Hafen Brest vorgesehen, so weit wir überhaupt in solches Führungswissen einbezogen wurden. Die gut 20 Bymsenfahrer blieben in Kiel. Ihnen wurde das Umsteigen auf die „Trave" für das nächste Frühjahr versprochen.

Am 12.11.1956 liefen wir in Kiel aus, um die 2. AAR[53] von ca. 4 Wochen anzutreten. Wir waren sehr gespannt und warteten voller Eifer auf die großen Herausforderungen, denen wir uns stellen würden. Wir gingen durch den Nordostsee-Kanal und dann zur norwegischen Südküste.

Tagsüber gab es überwiegend praktische Ausbildung in Seemannschaft oder Signaldienst. Der vorgesehene Unterricht fiel bis auf wenige Ausnahmen dem Wetter zum Opfer, denn, wie in dieser Jahreszeit in der Nordsee nicht anders zu erwarten, wehte es heftig, und wir gingen ordentlich zur Kehr. Nach dem Tagesdienst gingen wir bis zum nächsten Dienstbeginn im 4-Stundenstropp Brückenwache, was wir gern machten, solange der Kommandant keinen seiner häufigen Tobsuchtsanfälle bekam. Auch heute noch bin ich überzeugt, daß bis auf sehr wenige Ausnahmen der Unterricht an Bord unsinnig ist. Unterricht gehört an Schulen, an Bord sollte der Anwärter arbeiten, Tag und Nacht Seewache gehen, Rost klopfen, das Wasser und den Himmel beobachten und den unvergleichlichen Rhythmus der See verinnerlichen.

Bei diesen Wetterverhältnissen und bei dieser Belastung war kaum an Schlaf zu denken, alle waren müde und gerädert. In den rund 16 Stunden zwischen den Tagesdiensten hatten wir zwei bis dreimal einen Turn Wache zu gehen. Da blieb auch theoretisch wenig Zeit zum Schlafen und Übungsalarme trugen zum Defizit bei.

Gegessen wurde irgendwo an Oberdeck in Lee oder in unserem Deck auf dem blanken Eisenboden, denn an Aufbauen von Backen und Banken war nicht zu denken. Bis auf wenige, darunter auch ich, wurden letztlich alle aus unserem Deck seekrank.

Woher auch immer das Gerücht stammte, es lief um an Bord und beschäftigte alle: Mehrere Schiffe dieser Klasse sollen in schweren Stürmen in der Mitte durchgebrochen sein. Auf dem Mitteldeck war sogar mehrmals ein Kreidestrich zu sehen, der die „Sollbruchstelle" markierte. Jedes uns Anfängern unvertraute Geräusch ließ uns sofort an die Sollbruchstelle denken. Keiner jedoch gab sich die Blöße, darüber auch nur eine Sorge zu äußern; wir taten so, als ob es uns nichts ausmacht.

---

[53] die Vorcrew machte die 1. AAR, allerdings ohne jeden Hafenbesuch

Der Rollenschwof[54] gehörte zu unserem täglichen Brot, die Schiffsführung hatte sich hierfür besonders auf die Pausen wie zu Mittag einge-
schossen. Fluchend und schimpfend, aber immer mit vollem Einsatz rasten wir auf die befohlenen Stationen. Bei einigen Rollen wurde der Kutter
bemannt, da war es das wahre Vergnügen der Kuttergasten, auf dem Wege
zum Boot einen Vorgesetzten umzurennen.

Mit dem Schrei: „Wahrschau, Kuttergast!" waren sie absolut vorfahrtsberechtigt. Das galt auch für den Befehl: „Kutter klar!" Man konnte
durch die verschiedenen Dienste und Alarme um eine oder auch mehrere
Mahlzeiten kommen.

„Die Dummen", so hatten wir früh gelernt, „fahren zur See! Die
ganz Dummen in der Nordsee! Und die besonders Blöden im Winter!" Mit
einer gehörigen Portion Fatalismus und Sportsgeist waren wir entschlossen, uns nicht unterkriegen zu lassen, weder vom Wetter noch von den
Vorgesetzten. Apropos Vorgesetzte: Alle an Bord, die nicht OA waren,
galten als Vorgesetzte, was wegen der Dichte zu einer Vielzahl von An-
schissen und Strafdiensten führte. Als ich die „Eider" verließ, hatte ich
theoretisch noch fast 6 Wochen Strafpantrygast zu gehen. Pantrygast in
der O-Messe war eine der Höchststrafen.

Inzwischen hatten wir uns in Höhe Stavanger von der norwegischen Küste gelöst und boxten uns mit westlichen Kursen Richtung Shet-
lands, die wir am 16.11.56 erreichten. Wir ankerten vor Mainland, klarten
auf, machten Großreinschiff und bekamen etwas Schlaf. Nach 5 Tagen in
See schielten wir auf die kargen Inseln und lernten nebenher die nächste
Marinelebensregel: „Was brauchen wir am Land zu gehen, wir können
dem Land von Schiff aus sehen."

Nachdem man uns im Pentlandfirth die wirklich beeindruckenden
Strömungsverhältnisse, die durch die Tide (Gezeiten) verursacht wurden,
vorgeführt hatte, gingen wir an der englischen Ostküste nach Süden.
Schließlich ankerten wir vor den Helder und bekamen mehrere Stunden
Schlaf.

Das vor jedem Einlaufen in einen ausländischen Hafen obligatorische Groß-Reinschiff stimmte uns für den Tag ein. Pünktlich machten wir

---

[54] drillmäßiges Üben für Notfälle und für besondere Situationen wie Kutter klar oder Gefechtsstationen

fest und schielten beeindruckt auf die mächtigen Schiffe, die im Hafen lagen. Ein schwerer Kreuzer (De Zeven Provinciën) und mehrere Zerstörer bestimmten das Bild.

Der Offizier, der uns begrüßen sollte, kam sehr gelassen mit einem Fahrrad angefahren, stellte es ab, klappte die Mantelschöße herunter und nahm dann seinen Säbel, der mit Luftpumpenklammern am Rad befestigt war, an sich und kam an Bord. Alles verlief ordentlich und ohne Aufregung. Ich stand als Posten vor dem Schiff, aber ohne Waffe. Ein uniformierter Deutscher mit Waffe auf holländischem Boden wurde wohl nicht akzeptiert. Ich fühlte mich sehr leicht und auch ein wenig nackt.

Wir verbrachten einen Tag mit holländischen Offizieranwärtern, die zu unserer Erheiterung „Adelborsten" genannt werden. Die Marineakademie der königlich niederländischen Marine heißt KIM. Das steht für Königliches Institut für die Marine oder so ähnlich. Der Tag war nett, und wir hatten viele positive Begegnungen.

Am nächsten Tag stellte uns die holländische Marine einen Bus, mit dem wir erst etwas durch das Land und dann nach Amsterdam fuhren, wo wir freies Manöver bis 22.00 Uhr bekamen. Zum ersten Mal in Uniform im Ausland, wir waren überhaupt die ersten deutschen Soldaten, die nach dem II. Weltkrieg und dann auch noch in größerer Zahl ausländischen Boden betraten. Wir waren uns der Bedeutung bewußt und auch der sich daraus ergebenden Verpflichtung. Die Amsterdamer waren Besuche fremder Mariner gewöhnt und waren höchstens irritiert, wenn wir als Deutsche erkannt wurden.

Als wir uns rechtzeitig und vollzählig am Treffpunkt einfanden, hatte es keine Zwischenfälle gegeben. Alles schien in Ordnung, nur unser Bus kam nicht. Nach langen Mühen stellte sich heraus, daß sich unser Fahrer betrunken hatte. Bevor Ersatz herbeigeholt werden konnte, verging die halbe Nacht, und wir erreichten erst gegen 03.00 Uhr unsere Schiffe.

Insgesamt jedoch war unser erster Landgang im Ausland ein schönes und erinnernswertes Erlebnis, dazu kam das Bewußtsein, die ersten deutschen Uniformträger im Ausland nach dem 2. Weltkrieg gewesen zu sein.

Am nächsten Vormittag statteten die Adelborsten uns einen Gegenbesuch ab, und mit leichtem Unbehagen zeigten wir ihnen die „Eider". Obwohl sie sicher nicht beeindruckt waren, beneideten sie uns, denn sie hatten noch viele Monate Schule vor sich, bevor die erste Seefahrt vorgesehen war.

Seeklar war für den 26. November geplant. Vorher – wie immer – ein gepflegtes Reinschiff und Proviantübernahme. Vorsichtshalber wie an den vorangegangenen Tagen saßen 6 OAs in 1. Geige klar als Fallreepsgasten[55], also auch bereit für den wenig wahrscheinlichen Fall, daß ein Admiral während der Proviantübernahme unangemeldet an Bord kommen würde. Ich gehörte auch dazu, und wir waren mit unserer Aufgabe sehr zufrieden. Als aus heiterem Himmel eine Musterung für die OAs auf der „Trave" angesetzt wurde, waren wir schon im richtigen Anzug, eine kleine Freude im Tagesablauf des Offizieranwärters.

Bei der Musterung im Kadettendeck der „Trave" erschien der deutsche Botschafter und beförderte uns zu Seekadetten! Das war eine gelungene Überraschung! Jeder empfing 4 Kadettenabzeichen, die wir noch vor dem Einlaufen in England aufzunähen hatten. Viel Zeit blieb uns nicht, diese Sprosse unserer Karriereleiter zu genießen, denn wir wurden zurückgescheucht, um beim Seeklarmachen anzupacken.

Pünktlich um 10.00 Uhr legten wir ab Richtung Portsmouth. Mit Passieren der Molenköpfe wartete ein Südwest-Sturm mit 9-10 Bft[56] auf uns. Nun gingen wir ordentlich zur Kehr, da wir fast genau gegenan fahren mußten, um die südöstliche Küste von England zu erreichen, wo wir des Nachts vor Anker gingen.

Der nächste Tag brachte beim Rollenschwof mit „Zur Übung: Feuer im Schiff – es brennt in der O-Pantry!" die lang erwartete Panne. Die Schaumfeuerlöscher mußten einmal kräftig gedreht werden, damit sie Schaum entwickelten. Hans B. fiel der Feuerlöscher um und das reichte, um den Messevorraum, die Pantry (Anrichte) und Teile der Offiziermesse mit klebrigen Feuerlöschschaum zu überziehen. Es war eine wundervolle Schweinerei, alles schrie und lachte durcheinander und auch eine Salve kräftigster Anschisse reichte kaum, die militärische Ordnung wiederherzustellen.

Am nächsten Tag ging es vorbei an den weißen Klippen von Dover bis kurz vor Portsmouth. Das Großreinschiff begann schon am

---

[55] Ehrenposten ohne Waffe an der Stelling / am Fallreep
[56] Skala für Windstärken nach Beaufort, um die 50 kn

Nachmittag, unterbrochen nur durch den Geldwechsel. Jeder bekam ein paar Kujambels[57] für den Landgang in England, aber kaum einer sah die Küste.

In England wurde unser Besuch noch weniger beachtet als in Holland, und auch während unseres Ausflugs nach London wurden wir nicht als Deutsche erkannt. Fremde Seeleute aber waren damals in London an der Tagesordnung. Ich habe den Abstecher nach London in bester Erinnerung, weil er undramatisch, aber hoch interessant war. Am bemerkenswertesten erschien mir, daß in Kinos und auch in Varietés nach der letzten Vorstellung von allen Zuschauern die Nationalhymne gesungen wurde. In Deutschland absolut unvorstellbar!

Wir besichtigten das Schlachtschiff „Vanguard"[58], das neueste und letzte Schlachtschiff der Royal Navy, das uns über alle Maßen beeindruckte. Obwohl das Hauptkaliber von 38,1 cm nicht außergewöhnlich für solch' ein Schiff war, gab uns ein Blick durch die Rohre und auf die Geschosse viel zu denken. Alle Gedanken an das einsame 20 mm-Geschütz der „Eider" wurden verdrängt.

Wie unser Besuch in Holland verlief auch der erste Besuch eines deutschen Kriegsschiffes in England seit 1939 ohne Zwischenfälle. Die Zeitungsartikel zeigen gelassene Großzügigkeit der Briten, solange wir nur nicht wieder UBoote erhalten würden.

Zum ersten Mal begegnete ich auch dem Vice Admiral Lord Nelson, als wir sein Flaggschiff HMS[59] Victory besichtigten. Damals wußte ich nichts über ihn und seine Zeit, und auch nicht, daß ich mich zum Ende meiner Dienstzeit und danach aus gutem Grund näher mit ihm beschäftigen würde.

Für die Rückfahrt erhielten wir schwere und gefährlich aussehende Oberdecklasten, denn wir transportierten Übungs-Minen und -Torpedos für die neue Unterwasserwaffenschule. Offensichtlich hatte sich die megazentrische Höhe der „Eider" nachteilig verändert, denn vor der See laufend holten wir oft ungewöhnlich weit über und „geigten" jämmerlich.

---

[57] eigentlich eine fiskalische Limonade für die Wache der Heizer, aber auch jede fremde Währung

[58] 45 000 BRT, gebaut 1946

[59] His / Her Majesties Ship

54

Man bloß gut, daß wir damals noch nichts über die megazentrische Höhe und ihre Bedeutung wußten. Unbeschadet erreichten wir die MUWS[60] in Flensburg, um dort abzuladen.

In der Zeit zwischen unseren beiden Reisen lag nicht nur Weihnachten, sondern auch das sogenannte Bergfest, ein Tanzfest im Kieler Yachtclub. Wir hatten vor Weihnachten „Wäsche vorn"[61] empfangen und sahen ohne Kieler Knabenanzug doch stark verändert aus. Die Mädchen waren überwiegend hübsche Karbolmäuschen von der Lubinus-Klinik.

Dort erlebte ich mein erstes gesellschaftliches Waterloo. Bei der Ankunft im KYC[62] stieß ich auf meinen Crewkameraden v. W., der seit der Grundausbildung auf den Spitznamen „Zitzewitz" hörte. Er winkte mich heran, um mich der jungen Dame in seiner Begleitung vorzustellen. „Mein Crewkamerad Blue Braun – Fräulein von Z.". Da ich damals nicht wußte, daß es wirklich Menschen gibt, die so heißen, vermutete ich einen subtilen Scherz und brach in lautes Gelächter aus. Die steinernen Gesichter meiner Gegenüber zeigten mir schnell, daß meine ausgelassene Fröhlichkeit völlig unangebracht war und nicht geteilt wurde. Erklärungsversuche blieben hoffnungslos, weil ja Wolf-Jasper der jungen Dame verständlicherweise nicht gebeichtet hatte, daß er „Zitzewitz" genannt wurde...

Schon lange vor dieser Panne hatte ich mich, auch um dem Zwang zum Tanzen aus dem Weg zu gehen, für ein Kommandounternehmen während des Balles gemeldet. Ich zeigte mich also im KYC, und dann joggten wir zu viert zurück in die Wik. Ich kann mich leider überhaupt nicht mehr erinnern, wer außer Hobby W. noch bei diesem „Einsatz" mit von der Partie war. Wir sollten die Kammern der Offiziere „überholen", die ja auch alle im KYC waren. Mir war die Kammer unseres Kadettenoffiziers zugeteilt worden. Ich erinnere folgende Maßnahmen:
-      Zahnpasta aus der Tube entfernen und durch die vorgefundene Nivea ersetzen. Danach Zahnpasta in die Niveadose füllen
-      4 dünne Scheiben Harzer Käse unter die Einlegesohlen der Seestiefel kleben

---

[60] Marineunterwasserwaffenschule
[61] Jackett, Oberhemd mit Schlips und Kragen, Schirmmütze, normale Hose
[62] Kieler Yacht Club

- ein triefendnasser Feudel unter das Bettlaken auf die Mitte der Matratze
- ein Brathering durch Auftrennen einer Naht in das Futter der Lederjacke praktizieren.

Auf dem Rückweg kamen wir vor Lachen kaum voran. Unser Fehlen war nicht bemerkt worden, so daß ich wie geplant noch ein von mir verfaßtes Spottgedicht auf den Kadettenoffizier vortragen durfte:

Der Herr der sieben Meere
Aus dem großen Lande Sachsen,

wo die größten Redner wachsen,

kam ein ganz gewaltiger Krieger.

Kämpfend durchpflügte er viele Gewässer,

Doch als der Krieg aus war, dacht er: „Besser

Wirst du Lehrer irgendwo,

da hast du Frieden, Ruh´ und so.“

Das Logbuch war nun seine Fibel.

Das Notenbuch wurd´ seine Bibel.

Die Kinder, die früher spielten und lachten,

Nun ernsthaft sich Gedanken machten:

Woher nehmen wir nur eine neue Marine,

in der unser Meister dem Vaterland diene.

Und eines Tages, vielleicht war´s ihr Glück,

Zog sich der Meister vom Lehramt zurück.

Und aus dem ehemal´gen Lehrer

wurd´ ein schneid´ger Bundeswehrer.

Und als man dort hörte, daß er Lehrer gewesen

Und Kinder unterrichtete im Schreiben und Lesen,

da hielt die Marine die Idee für gut,

daß er es auch mit Kadetten tut.

56

Gold´ne Knöpfe, blaues Tuch,

in der Hand ein schlaues Buch,

Bildet er nun aus Kadetten,

auf das sie etwas davon hätten.

Allüberall zeigt er sich als Mann,

geht jedem mit gutem Beispiel voran.

Feind Alkohol, so wird berichtet,

wird massenhaft von ihm vernichtet.

Vorgestreckt die Heldenbrust,

in den Augen wilde Lust,

Fußspitzen nach innen, geballte Faust,

unser Herr und Meister über's Oberdeck braust.

Pustenderweise spitzt er uns an,

wenn einer irgendwas nicht kann.

Und als aus den OAs einst wurden Kadetten

Und glaubten, daß sie keinen M.v.D.[63] mehr hätten,

da kam unserm Meister die gloriose Idee,

zu erfinden den Posten des S.v.D.[64]

Völlig neu war der Marine dieser Gedanke,

doch uns wurde er zur Freiheitsschranke;

der arme Kerl muß an Bord nun bleiben,

um tunlichst an seinem Logbuch zu schreiben.

Das Logbuchschreiben war der Idee wahre Wurzel,

wir halten es für einen Gedankenpurzel.

Doch als sich manch einer darüber beschwerte,

und um dem Posten zu nehmen die Härte,

da kam unser Meister als strenger Richter

auf einen ganz besonderen Trichter,

---

[63] Matrose vom Dienst
[64] Seekadett vom Dienst

er machte Jagd auf Knöpfe, die fehlen,

versuchte vorhandene Mäntel zu zählen.

Auf daß er einen Stein des Anstoßes finde,

kontrollierte er eifrig Schränke und Spinde.

Und fand er was, half kein Ach und kein Weh,

dann gabs ja den Posten des Straf – S.v.D.

So könnten wir vieles noch erzählen,

doch woll´n wir das Geschwader nicht länger quälen

und greifen zu unserem nassen Trost

und rufen euch allen zu:

„ NA, DENN PROST!"

Zu unserer Überraschung und auch Enttäuschung wurde unser nächtlicher Kammer-Raid in den nächsten Tagen überhaupt nicht erwähnt. Auffällig waren über längere Zeit für die Eingeweihten zwei Gerüche: Unser Kadettenoffizier roch streng nach gammeligem Fisch, wenn wir zur See fuhren, während der Geschwaderkommandeur wie eine Kompanie Dockschwalben duftete. Ihm hatte man unter anderem eine große Flasche des billigsten zollfreien Taitai[65] in seinen Spind geschüttet. Es war ein schönes Fest. Die kluge Reaktion des Verschweigens jedoch reduzierte unsere Schadenfreude drastisch.

Mit Unverständnis und Sorge erfuhren wir, daß Zitzewitz an einer Hautkrankheit litt, die irgendwie mit dem Salzwasser zusammenhing. Seine einzige Chance lag in einer Höhenkur in der Schweiz, die aber die Bundeswehr nicht zahlen wollte oder konnte. Die Crew beschloß, eine Kur zu finanzieren, um Zitzewitz „zu retten". Zu unserem Kummer scheiterte dieser Versuch, und er wurde entlassen.

Im Kadettendeck veranstalteten wir dann auch unseren ersten Jazzabend. Dafür krochen um 19.00 Uhr alle in die Hängematten, und Kulacke B., der auch die meisten Schallplatten und den Tangodiesel[66] mitgebracht hatte, legte mit fachmännischer Ansage die Platten auf. Meine spe-

---

[65] Parfüm, genannt Heizerwaschbenzin oder Fleur de Passepartout
[66] an sich Musikautomat, aber auch für Plattenspieler benutzt

zielle Leidenschaft galt damals dem traditionellen Blues, zu dem ich einzelne Platten mitgebracht hatte und einige ergänzende Bemerkungen machen konnte. Ich glaube, ohne es belegen zu können, daß daher auch mein Spitzname „Blue" stammt, der um diese Zeit aufkam. Der naheliegende Verdacht, daß meine Trinkfreudigkeit damit zu tun hatte, ist falsch, denn ich habe zwar gern gefeiert, aber selten viel oder gar zu viel getrunken. So lagen wir in unseren Hängematten mit einer Flasche Bier in der Hand, genossen die sentimentale Musik und fühlten uns „Eidergängster" kameradschaftlich eng verbunden.

Wenn die Kriegsgedienten von Schiffstechnikern sprachen, dann hießen die nur „Heizer" und ihnen wurde ein sogenannter „Samtkragenkomplex" unterstellt. Erst viele Jahre später lernte ich, daß die Heizer früher auch eine andere Uniform trugen, die einen mit Samt gefütterten Kragen hatte. Das alles sollte mit unserer Einheitslaufbahn Geschichte sein. Dafür fand auch während unserer Ausbildung im Schulgeschwader eine Maschinenausbildung statt. Sie begann vor Weihnachten und dauerte bis Ende Januar 1957. Wir waren skeptisch und voller Mißtrauen.

Es begann mit einem theoretischen Teil, für den die TMS verantwortlich war. Der Unterricht gefiel mir, er war systematisch und auch nicht zu leicht. Wir wurden wie Abiturienten behandelt. Nach dem Weihnachtsurlaub gab es noch technische Schiffskunde und dann gingen wir unsere Wache in der Maschine. Die Dampfmaschine war ein Dinosaurier, aber man konnte leicht sehen und verstehen, wie alles funktionierte. Es gefiel uns, denn wir hatten Nützliches zu tun, und wir wurden anständig behandelt.

Alle, die uns bisher malträtiert hatten, blieben an Oberdeck, selbst unser Kadettenoffizier tauchte dort unten nicht auf. Viel zu schnell ging diese Zeit mit einer viel zu leichten Prüfung zu Ende. Unsere Heizervorgesetzten waren unaufgeregt und vernünftig, es war eine Wohltat!

Wir lernten wenig Nützliches, aber gewannen etwas Selbstvertrauen. Schnell hatten wir verstanden, wie man schwarze Wolken aus dem Schornstein jagen konnte. Der Schmadding[67] der „Trave", also der, dessen Lebensinhalt aus der Sauberkeit seines Schiffes bestand, hieß „Don Sardino". Er war ein unmilitärischer Prolet, den wir wegen seiner ständigen An-

---

[67] richtiger ist: Smarting, Decksmeister oder seemännische Nr. 1

schisse auf der Pier oder überhaupt im Hafen nicht leiden konnten. Stand die „Trave" genau in Lee, dann drehten wir am Askania-Regelschrank die Luft für unseren Kessel zu und dem Schornstein entquoll eine fette, schwarze Wolke, die sich auf dem Deck und in den Aufbauten der „Trave" niederschlug. Einmal konnte ich den großartigen Erfolg unserer Gemeinheit beobachten, es war wundervoll, Don Sardino wie ein HB-Männchen auf dem Mitteldeck toben zu sehen.

Unsere zweite Auslandsreise begann am 11. Februar 1957. Mit mäßiger Begeisterung sahen wir uns den gleichen Törn über Südnorwegen, Pentlant Firth und englische Küste wiederholen. Bei einer Musterung vor dem Auslaufen, bei der uns der Kommandant mit dem Hinweis: „Ich hasse Kadetten!" letzte Zweifel an seinem Verstand genommen hatte, erfuhren wir, daß wir nach Oostende und eventuell nach Brest gehen würden. Falls wir für Brest nicht die erforderliche Einlaufgenehmigung erhalten würden, dann vielleicht noch einmal nach Portsmouth. Die Vorstellung, wieder im Winter in der Nordsee eine Runde zu drehen, war nicht verlockend und löste Genörgel aus.

Nachdem sich unser Kommandant den Zorn jedes einzelnen Kadetten durch Schikanen, nicht bezahlte Messerechnungen und andere Vorfälle zugezogen hatte, trat eine Bemerkung unseres Kadettenoffiziers eine Lawine los. Irgendwann sagte er sinngemäß, daß die Regel, ein Offizieranwärter beschwert sich nicht, nicht unbegrenzt gültig sei. Daraufhin schrieben sehr viele (wenn nicht alle) von uns Beschwerden über den Kommandanten, ich natürlich auch. Das Delikate an unserer Lage bestand darin, daß der Vater von Louis-Ferdinand, als Admiral Ausbildung unser Disziplinarvorgesetzter war und auch der des Kommandanten. Louis hat seinem Vater nichts von den vielen Entgleisungen erzählt, und wenn ich zu ihm nach Hause kam, wurde ich entsprechend „vergattert". So gibt es guten Grund anzunehmen, daß der Admiral Ausbildung durch uns nichts von den Vorgängen im Schulgeschwader wußte, bis die Beschwerden bei ihm aufschlugen.

Als die 2. Auslandsreise anstand, hatte ich meine Beschwerde längst abgehakt und erwartete keine Reaktion mehr. Los ging es, und das Wetter war schlecht, wie in dieser Jahreszeit und Gegend nicht anders zu erwarten. Wir machten auch bei wildem Stampfen und Rollen Unterricht.

Es wurde erwartet, daß wir uns mannhaft gegen die aufkommende Übelkeit wehrten. Bei einem Unterricht unseres Kadettenoffiziers saß mein Crewkamerad Barko neben mir. Ich konnte beobachten, wie er mit zusammengepreßten Lippen und stramm gefüllten Backen auf den Unterrichtenden starrte. Schließlich schoß ein feiner Strahl durch seine Lippen und traf das Jackett des Kadettenoffiziers. Kurz danach rasten beide mit Höchstgeschwindigkeit zum Niedergang und verschwanden Richtung Oberdeck.

Beim Morgenreinschiff beklagte ich mich bei der Reinschiffaufsicht über völlig verdreckte Abflüsse im Waschraum. Der Fall wurde militärisch einwandfrei geregelt, denn ich bekam einen Anschiß und den Befehl, alle Abflüsse sofort aufzumachen und gründlichst zu reinigen. So, das war mir völlig klar, als ich in trübsinniger Stimmung den stinkigen Dreck beseitigte, gewöhnt man einem Untergebenen das dämliche Reklamieren ab.

Dann griff der Kommandant ein, der wie auch immer von dieser Geschichte erfahren hatte. Er vernahm mehrere Unbeteiligte, mich jedoch nicht, stellte die falschen Fragen und traf auf dieser Grundlage seine falsche Entscheidung.

Ab sofort stellten die Kadetten zusätzlich zu den anderen Diensten einen „Posten Waschraum", der für Sauberkeit, Ordnung und Ruhe im sanitären Bereich verantwortlich war. Inoffiziell hieß dieser neue Dienst: „Posten Scheißhaus". Der erste Posten wurde gleich vom Schmadding, der ausnahmsweise nicht betrunken war, erwischt, als er sich als äußeres Zeichen seiner neuen Würde eine Lokusbürste ans Koppel gehängt hatte. Der Arme durfte gleich noch zwei Stunden mehr gehen.

Inzwischen waren wir ja keine ganz unbedarften Neulinge mehr und hatten uns auch weitgehend an die täglichen Schikanen gewöhnt, die unsere Ausbilder für richtig erachteten, um uns etwas Härte zu vermitteln und Empfindlichkeit zu nehmen. Auch hier war die Ausbildung erfolgreich. Ein weiterer Vorteil war, daß wir noch besser lernten, zwischen „gesunder Härte" und gedankenloser oder vorsätzlicher Gemeinheit zu unterscheiden. Wir hatten auch gelernt, daß jeder zu etwas nütze sei, und sei es auch nur als schlechtes Vorbild.

Besonders heftig reagierten wir, wenn wir in unserer sehr knapp bemessenen dienstfreien Zeit oder in der Hängematte durch nicht notwendige Befehle in Anspruch genommen wurden. „Kadetten auf dem Mitteldeck antreten!", „Kutter klar!" oder „Zur Übung: Ruderversager!" während der Mahlzeiten sind typische Beispiele, die uns gepiesackte Kadetten auf die Palme trieben. Eine Seite aus meinem Logbuch während dieser Reise zeigt, wie schlecht ich mich behandelt fühlte:

Abschrift: *Auf See, 17.2.1957*

Was ich tat (mit Uhrzeiten)

07.30   Prompt aufgestanden, Hunger gehabt

08.00   Dingi ausgesetzt, immer noch Hunger gehabt

09.10   Versuch zu frühstücken mit Erlaubnis des Schmaddings,
Versuch gescheitert, Kommandant jagt uns zum
‚Arbeitsdienst. Unser Fehler: Wir riefen nicht „Ordnung!"

12.20   Ausscheiden[68] mit Arbeitsdienst, immer noch Hunger.
Als der erste Teller Suppe in Sicht war, mußten sich die 4 Seekadetten beim K.O. melden, die um 09.10 Uhr versucht hatten zu frühstücken. Es gab einen strengen Tadel wegen unseres Verhaltens am Vormittag. Als Zugabe 30 Minuten Arbeitsdienst von 13.00 – 13.30.

12.30   Endlich Essen, denn wir hatten immer noch Hunger.

13.00   Arbeitsdienst, freiwillig bis 14.10 Uhr

14.10   Tadel, weil Arbeitsdienst nicht beendet gemeldet

Da beim Essen der Befehl „Ordnung" entfällt und so auch die Regelung bei der Kriegsmarine war, betrachteten wir die erzieherischen Maßnahmen des Kommandanten und des Kadettenoffiziers als ungerecht und gegen die Regeln.

Für den Arbeitsdienst hatten wir auferlegt bekommen, irgendetwas zu pönen[69]. Da wir nicht fertig wurden, entschlossen wir uns, die Arbeit zu Ende zu bringen, damit sie Sinn macht. Dadurch meldeten wir die Ausführung des Befehls nicht rechtzeitig und erhielten den nächsten Anschiß.

---

[68] aufhören

[69] anstreichen oder malen

Als uns danach befohlen wurde, bei den Unteroffizieren Backschaft zu machen, drohte eine Meuterei. Als die beiden ersten Backschafter zurück ins Deck kamen und berichteten, daß sie bei Dienstantritt erst ihre Hände und Fingernägel vorzeigen mußten, brach allgemeine Empörung los. Irgendeiner unserer vielen Vorgesetzten beendete dann diese Aufgabe für uns und bewahrte uns vor weiteren Dummheiten.

Unser Schmadding, der Oberbootsmann R., war ein ausgewiesener Alkoholiker. Auch während der Dienstzeit war er häufig sturztrunken und wankte über Oberdeck. In See schlief er nur im Schlunz[70], weil es dort, wie er uns eines Tages erzählte, eine kardanisch aufgehängte Koje gab. Mir ist nie aufgefallen, daß einer der Offiziere ihn auf sein Schwanken oder Lallen, geschweige denn auf seinen Alkoholkonsum angesprochen hätte. Öfter sah ich ihn das Oberdeck entlang schleichen, und er murmelte immer wieder vor sich hin: „Pitt, pitt, pitt, tausend kleine Teufelchen!", wobei er schnappende Bewegungen mit Daumen und Zeigefinger machte. Sprach man ihn in diesem Zustand an, reagierte er gar nicht. Wir nahmen ihn nicht ernst, aber wir fürchteten ihn, denn er war in seinem Suff unberechenbar und gefährlich.

Vor dem Pentlandfirth bekamen ein Crewkamerad und ich den Auftrag, mit Bordmitteln einen Lorbeerkranz in Größe eines Rettungsringes zu improvisieren, den unser Kadettenoffizier an der Untergangsstelle seines UBootes im 2. Weltkrieg der See übergeben wollte. Die Zeit wurde knapp, der „Kranz" war erst fertig, als die Besatzung schon auf dem Mitteldeck angetreten war. Leider hatte die grüne Farbe keine Zeit zu trocknen. Nach einer Gedenkansprache bekamen wir ein Zeichen und überreichten feierlich den Kranz. Der sichtlich gerührte K.O. drückte den Kranz noch einmal an seine Heldenbrust, bevor er ihn dem Meer übergab. Danach sah er sehr grün aus.

Nachts gingen wir dann durch den Pentlandfirth, wo wir um 02.00 Uhr aus den Hängematten gescheucht wurden, um die Stromverhältnisse noch einmal im Dunkeln zu beobachten. Dann ging es längs der irischen Küste nach Süden.

Auf der Brücke gab es immer wieder heftige Auseinandersetzungen, an denen der Kommandeur Korvettenkapitän Ö. und der Komman-

---

[70] Sanitätsbereich, Schiffslazarett

dant beteiligt waren. Nach solch' einer lautstarken Streiterei und trotz heftiger See und starkem Wind kam der Befehl: „Kutter klar!" Das Schiff versuchte zum Aussetzen Lee zu machen, aber es war für uns Unerfahrene schon ein sehr gefährlicher Einsatz.

Dann erschien unser Kommandeur und stieg in den Kutter. Wir mußten ihn zur „Trave" pullen, wo er beim Übersteigen Kopf und Kragen riskierte. Wir waren heilfroh, als wir den Kutter und die Besatzung wieder an Deck hatten. Jetzt wehte die Kommandeursflagge auf der „Trave", und auch das war uns recht.

Das rauhe Wetter zwang die meisten Kadetten und auch viele der Stammbesatzung, Neptun und den Möwen zu opfern. Für das abendliche Backen und Banken waren wir noch zu viert, saßen auf dem blanken Deck und hatten unser gelbes Ölzeug anbehalten.

Wir rechneten ständig damit, wieder an Deck geholt zu werden, denn nur wir waren noch so richtig einsatzbereit. Jeder hatte im Sitzen die Beine um eine Hängemattsstütze geschlungen, um nicht unkontrolliert hin und her zu rutschen und hielt dazu einen Teil des Essens fest. Einer hatte einen Laib Brot, der nächste eine Metallkanne mit Pfefferminztee, einer einen Margarinetopf und einer die NATO-Wurst. Außerdem klemmte in je einer Kniekehle eine Tasse. Wir waren guter Dinge und fühlten uns „seebärig", wenn wir mit unserem Bordmesser Brot oder Wurst absäbelten. Vor allem waren wir den vielen vom Würfelhusten Geplagten haushoch überlegen.

Plötzlich jumpte Kulacke B. zum Niedergang, aber es reichte nicht mehr, denn er kotzte mehrere Stufen voll. Scheinbar unerschütterlich mampften wir weiter und gaben gute Ratschläge. Als Kulacke kurz darauf mit einem Eimer erschien und den Niedergang mit dem Ärmel seiner Öljacke sauber wischte, packte es auch mich. Das war zu viel! Heftig quälte es mich, und für gut einen halben Tag und während der Nacht wollte ich nur noch sterben.

Rund 24 Stunden schleppte ich mich mit etwas trockenem Brot über die Runden, ging dem Smut aus dem Weg und schlich während des Dienstes von einer Verholstation zur nächsten. Dabei beobachtete ich meinen Crewkameraden Dulles D. als Steuerbordausguck, er röhrte im Sturm wie ein brünstiger Hirsch vom Würgen geschüttelt, aber es kam nichts mehr. Einer von der Stammbesatzung rief ihm zu: „Beiß auf den kleinen braunen Ring, wenn er vorbeikommt, das ist das Arschloch!"

Derweil drehte der Koch mit einem Stück Schiemannsgarn, auf das mehrere Stücke fetter Speck aufgezogen waren, seine Oberdecksrunden. Er bot immer wieder an, diesen Speck hinunterzuschlucken. Er würde ihn dann langsam wieder herausziehen, um zur Heilung beizutragen. Bei diesem „verführerischen" Angebot wurden auch die letzten Standhaften schwach. Mich warf mehrmals zurück, wenn ich die Möwen im Kielwasser beobachtete, die sich mit Inbrunst auf das von uns Geopferte stürzten.

Als es dann aber an der Kombüse Mittagessen gab, und mir der verführerische Duft von Erbsensuppe und Würstchen in die Nase stieg, schlich ich Richtung Kombüse. Gemeiner Hunger regte sich. Was ich noch nie in meiner Dienstzeit erlebt hatte, spielte sich vor meinen Augen ab: Wegen des geringen Andrangs gab es Bockwurst satt! Also holte ich mir einen Schlag mit 3!! Riesenbockwürsten, suchte mir eine windgeschützte Ecke in Lee hinterm Schornstein und spachtelte los. Mit jedem Löffel ging es mir besser, das Leben bei der Marine war schön! Als der Magen immer noch nicht rebellierte, holte ich mir eine Coca Cola als ultimativen Belastungstest und steckte mir eine Pall Mall an. Ich wartete gespannt und mit wachsender Zuversicht, denn der Würfelhusten blieb aus. Was ich damals noch nicht wußte: Ich wurde nie wieder seekrank, wohl nicht zuletzt dank dieser Roßkur.

Nun durften wir regelmäßig selbständig Brückenwache gehen. Das machte uns viel Freude. Nur wenn der Kommandant auf der Brücke erschien, wurde es schnell mulmig. Unsinnigste Vorwürfe – besonders gegen den als Navigationsmaaten eingesetzten Seekadetten – führten zur sofortigen Ablösung. Ein einziger, nicht frisch angespitzter Bleistift in der Ablage genügte. Der Nächste mußte aufziehen. Dann war es soweit, daß 20 Minuten bis zur Ablösung schon als gut galten. Wir gewöhnten uns an, als Demonstration der Solidarität den jeweils nächsten Navigationswächter bis zum Brückenniedergang (Treppe zur Brücke) zu begleiten und ihm Glück zu wünschen. Keiner der anderen Offiziere ließ uns auch nur ahnen, was er sich dabei dachte, wenn man uns bei solch demonstrativen Angriffen auf die Disziplin beobachtete.

An einem Abend war die Stimmung im Kadettendeck so angeheizt und erregt, daß ich glaubte, wir wären kurz vor der Meuterei. Nachdem wir zwei Nächte keine Hängematten bekommen hatten als Strafe für irgendwas, gab es nun wieder die Chance, ein paar Stunden zu „knacken".

Vorschläge wie: „Wir schmeißen ihn außenbords!" – gemeint war der Kommandant – flogen durch das Deck. Ich bin sicher, daß Butcher B. die Situation rettete, weil er in langen Unterhosen und Kolani mit Schiffchen quer eine gute Napoleon-Parodie bot. Er stand auf dem Haufen ungeordneter Hängematten und hielt eine flammende Rede, die großes Gelächter und Entspannung auslöste.

Weiter ging die Reise Richtung Englischer Kanal. Wir schrieben immer mehr in den Unterricht eingestreute Prüfungsarbeiten. Dazu Morse- und Winkertests. Der Druck wurde merklich erhöht. Nach Passieren der Irischen See ankerten wir in der Lyme Bay, um uns auf Oostende vorzubereiten, d.h. etwas Schlaf und viel Reinschiff.

Drei Kutterraces zwischen den Kadetten von „Trave" und „Eider" endeten eindeutig: wir gewannen zweimal und ein Rennen wurde nicht gewertet, weil die zu umrundende Ankerboje der „Trave" unterschnitt, als ihr Kutter vorbeikam.

Nach allem, was wir von unseren Kameraden auf der „Trave" hörten, war dort der Ton angenehm und der Stil völlig anders, d.h. besser. Mit fassungslosem Staunen hörten wir, daß der Kommandant der „Trave", Kptlt. Andreas W., nach einem Großreinschiff die Besatzung musterte und die Mühe aller lobte. Aber wir waren bei Pullen trotzdem deutlich schneller. Darüber könnte man eine Weile philosophieren...

Am Samstagnachmittag, just als unsere kärgliche Freizeit beginnen sollte, entschloß sich unser Geschwaderkommandeur, der Korvettenkapitän Adolph Ö., im Dingi zu segeln. Wir setzten es aus und takelten es auf. Da anschließend Flaute herrschte, trieb das Dingi mit unserem Kommandeur mehrmals bei uns vorbei. Der Kommandeur rief zu uns herüber: „Ich brauche was zu lesen!" Von einem der Kadetten kam der Vorschlag: „Vielleicht der alte Mann und das Meer?" Danach durften wir den Kommandeur mit dem Kutter zurückschleppen und das Dingi einsetzen. So verging der freie Samstagnachmittag wie im Fluge.

Am 22. Februar liefen wir in die Oostender Schleuse ein und machten um 11.00 Uhr fest. Ich erinnere sehr gut, daß ich als Strafe für irgendetwas Pantrygast in der O-Messe war, also kein Landgang. Pantrygast in der O-Messe war eine der schärfsten erzieherischen Maßnahmen, weil

66

man dort so häufig von jedem angespitzt wurde, daß es sich ein Außenstehender nicht vorstellen kann. Dazu kam, daß die fest eingeteilten Pantrygasten auch noch die Messerechnung des Kommandanten bezahlen mußten. Und das war nicht wenig – gemessen am Gehalt eines Seekadetten. Mir passierte das auch vor dem Besuch in Brest.

Dabei erinnere ich – auch wenn es nicht hierher gehört – einen Besuch der Ehefrau des Kommandanten, die mit mir unbekannter Begleitung und mit ihrem Mann in Kiel zum Sonntagskaffee an Bord kam. Ich hatte gedeckt, so wie ich es zu Hause gelernt hatte und wie es die Ausrüstung der Messe erlaubte. Frau B. gefiel es offenkundig nicht, sie raunzte mich an, weil die Kuchengabel ihrer Meinung nach falsch lag und fragte in maliziösem Ton, aus welchem Zuhause ich wohl käme.

Wir haben uns in der kurzen Zeit in Oostende viel angesehen, waren zur Weltausstellung in Brüssel und besuchten Brügge. Die Belgier waren viel netter zu uns als die Engländer und die Holländer. Der bedenkliche Höhepunkt für mich war der letzte Abend, als wir eine Taxe zurück zum Schiff nahmen. Als es ans Bezahlen ging, winkte der Fahrer ab und sagte in bestem Deutsch: „Laßt es gut sein, Kameraden, ich war bei der SS!"

Wie ich am Morgen vor dem Auslaufen von unseren Wachgängern hörte, waren der Geschwaderkommandeur und andere Offiziere in später Nacht lärmend an Bord zurückgekommen. Später wurde uns klar, daß noch mehr als das passiert sein mußte.

Pünktlich liefen wir aus, und zu unserer Überraschung ging es zurück nach Emden, dem nächstgelegenen deutschen Hafen. In Zivil und ohne militärische Ehren ging dort unser Geschwaderkommandeur von Bord und entschwand in einem froschfarbenen VW-Käfer. Wir Kadetten auf der „Eider" wußten nicht, was die sofortige Ablösung und Ausschiffung bewirkt hatte. Ohne daß einer der vielen umherstehenden Vorgesetzten eingriff, sangen wir den Schlager:

„ Unser Chef ist nicht da,
ja, das haben wir gern,
denn wir kennen ihn nah,
und wir lieben ihn fern.

67

Wollte Gott, er käme nie zurück,

das wär´ für ihn und für uns ein Glück!"

Auch die Schilderung dieser kaum glaublichen Vorgänge in meinem Logbuch blieb ohne Kommentar.

Bei diesem kurzen Stopp in Emden schifften sich Journalisten und Kameraleute ein, denn nun war klar, daß wir nach Brest gehen würden. Während wir die sagenhaftesten Türken für die Kameraleute bauten, schnappten wir – auch in der Messe – auf, das man für unseren Besuch in Brest zuversichtlich mit Zwischenfällen rechnete. Wir erfuhren, daß wir nicht in Brest selbst einlaufen würden, sondern vor der französischen Marineschule Lanveoc-Poulmic an die Boje gehen müßten. Man wollte uns also auf „Armeslänge" von der Küste fern halten, so dachten wir.

Seit Tagen hatten wir warmes, strahlendes Sommerwetter, als wir am 1. März 1957 in die Bucht von Brest einliefen. Die landschaftliche Schönheit beeindruckte uns sehr, während die Nachricht, daß wir nicht an Land gehen dürften, uns sehr enttäuschte. Jedes Schiff ging an eine Boje, so daß sofort klar war, daß wir separat Wache gehen mußten – auch das noch.

Kaum jedoch hatten wir uns an der Boje eingerichtet, als der Befehl für die Kadetten kam, sich beschleunigt landfein zu machen. Nanu! Was bedeutete das? Die Unruhe wurde noch größer, als man uns befahl, uns für 2-3 Tage einschließlich Übernachtung auszustatten. Bis auf 6 Mann Wache je Schiff kletterten wir in französische V-Boote. An der Pier wartete ein Bus, wir wurden sehr freundlich wahrgenommen, und ab ging es zur Schule, wo wir auf mehrere Schlafsäle verteilt wurden.

Mit mehreren hundert französischen Kadetten zusammen gab es Mittagessen, es wurde serviert und schmeckte recht gut. Es gab Wein zum Essen! Jeden Tag und nicht rationiert! Das sprengte unsere Vorstellungskraft, und wir fanden, daß wir auf „Eider" doch wesentlich schlechter versorgt würden.

Nach dem Essen ging es mit dem Bus wieder an die Pier und dort stiegen wir auf zwei Segelschulbooten ein und segelten los. Es waren zwei weiße Gaffelschoner von gut 200 ts, „La Belle Poule" und „L´Etoile", und trotz der Sprachschwierigkeiten haben wir uns prächtig mit den französischern OAs unterhalten. Es gab viel Spaß mit unseren Gastgebern, und die Stimmung war bestens.

Nach dem Festmachen wartete eine gepflegte und großzügige Cocktailparty auf uns, wir nahmen alles dankbar mit und waren sehr beeindruckt. Der französische Schulkommandeur, Kapitän zur See L., legte einen schneidigen und liebenswürdigen Auftritt hin. Einer der deutschen Journalisten erzählte uns, daß er einer der führenden Köpfe der Resistance war.

Von der Party ging es zum Abendessen und danach gingen wir mit einer großen Clique in einen französischen Film, den ich eh nicht verstand und verschlief. Anschließend tippelten wir in unsere Landunterkünfte, wo wir in Hängematten schliefen. Das alles war völlig anders als erwartet und viel netter. War das schön!

Reise, Reise, aufsteh'n! kam zwar auf französisch, aber um 4.50 Uhr! und völlig unmißverständlich. Nach dem harten Tag eine solch' kurze Nacht, das war nicht nach unserem Geschmack. Beim frugalen Frühstück klärte sich die frühe Zeit zum Teil, denn wir hatten auf Befehl die Uhren um eine Stunde zurückgestellt, aber die Franzosen hatten gar keine Winterzeit!

Für 10.00 Uhr war ein Fußballspiel geplant. Wir mit unseren 38 Nasen gegen eine Mannschaft der Schule mit ca. 500 Offizieranwärtern. Die Franzosen waren begeistert, daß wir nicht kniffen und berichteten vom Besuch des britischen Schulkreuzers „Glasgow", bei dem die RN-Kadetten wegen unfairer Ausgangslage (sie waren nur 100) abgelehnt hatten.

Wir wurden nach dem Frühstück in ein Sportgeschäft gefahren, um uns für das Spiel auszustatten. Welch' liebenswürdige und noble Geste! Wieder waren wir beeindruckt und suchten uns ein Trikot und Stutzen in blau-weiß-rot aus. Man hätte uns auch Schuhe gegeben, aber die hatten wir selbst.

Wir kämpften anständig, unterlagen aber deutlich mit 5 : 1, wie auch in dem kurz danach stattfindenden Handballspiel. Als die Franzosen merkten, daß es sich bei uns im Gegensatz zu ihrer Mannschaft wieder um dieselben Spieler handelte wie beim Fußball, feierten sie uns wie die Sieger, obwohl wir 15: 4 eingingen. Ich konnte nicht mitspielen, weil ich mich beim Fußball wieder einmal verletzt hatte.

Am Nachmittag war ein Busausflug mit französischen Kadetten geplant, um uns die Gegend und die Städtchen Locronan und Quimper zu zeigen. Zur Abfahrt trafen wir uns in der Kantine, in der uns alles ohne Bezahlung angeboten wurde. Als auf der Rückfahrt einer der Franzosen erfuhr, daß ich mir am Ende des Fußballspieles eine Knieverletzung zugezogen hatte, lies er nicht von mir ab, bis er mich ins Lazarett geschafft hatte. Ein Arzt wurde geholt, der mir nach Untersuchung eine Spritze verpaßte. Nur mit Mühe konnte ich vermeiden, dort über Nacht festgehalten zu werden.

Nach einer weiteren Nacht in der EN[71] ging es für mich und einige andere zurück an Bord, um die Wache zu übernehmen. Vorher wurden wir vom Kommandeur der EN auf der Pier gemustert. Solch' eine Musterung hatten wir auch noch nicht erlebt. Wir traten an mit einem Abstand von 3 m zum Neben-, Vorder- und Hintermann. Elend lange standen wir im Stillgestanden, ehe der Kommandeur überhaupt kam. Das alles war ungewohnt und neu, denn er stolzierte in einer Art von zeremoniellem Schritt durch die Zwischenräume und musterte jeden eindringlich. Dann salutierte er schneidig vor uns und entschwand.

Wir waren 6 Kadetten auf der „Eider" – falls überraschend ein Admiral an Bord kommen sollte.... Trotz des schönen Wetters wurde es eine der eindrucksvollsten Wachen meiner gesamten Dienstzeit. In meinem Logbuch steht nur: „... allerdings passierten auf dem Dampfer einige sehr unschöne Sachen, wobei ‚unschön' nur aus lauterem Schamgefühl die Vorfälle verharmlost".

Nach langem Hin und Her und zur Überraschung der mit- und angereisten Journalisten gab es am letzten Tag Landgang in Uniform nach Brest. Wahrscheinlich war alles aus Sicht unserer Gastgeber so positiv verlaufen, daß sie kein Risiko sahen. Zu unserer Beruhigung hatten wir schon vorher in der EN gelernt, daß die englischen Bomber Brest in Schutt und Asche gelegt hatten und ausnahmsweise nicht die Deutschen.

Wegen meines lädierten Beines war ich in der O-Pantry gelandet, als am Nachmittag die Anwesenheitswache auf das Mitteldeck befohlen wurde. Wachhabender Offizier (WO) war der Kadettenoffizier. Ein V-Boot[72] der Franzosen näherte sich aus Richtung Brest. Der Ausguck mit

---

[71] Ecole Navale

[72] Verkehrsboot, offen, halb oder ganz gedeckt für Personentransport

seinem Fernglas meldete: „Militärpolizei! Der Schmadding sitzt in der Achterplicht!"[73]

Einer meiner Crewkameraden sprach genug Französisch und wurde mit den Verhandlungen beauftragt. „Der Schmadding", so übersetzte er, „hat in Brest in volltrunkenem Zustand mitten auf der Straße die Hose weggefiert[74] und ´Deutschland, Deutschland, über alles!´ gesungen. Er würde jetzt in das französische Militärgefängnis gebracht, sie wollten ihn uns nur vorher zeigen."

Der WO lief zu höchster Form auf. Er befahl, durch weiteres Parlieren Zeit zu gewinnen, wählte 4 Mann von uns aus mit dem Befehl: „Wenn ich sage ‚Jetzt', dann jumpen Sie in das V-Boot und wuchten den Schmadding an Deck!". Die Relingspforte wurde geöffnet, und die Vier sprangen. Ehe sich die Franzosen von ihrer Überraschung erholt hatten, lag der Schmadding bei uns an Deck und das Enterkommando war auch zurück an Bord. Während wir die Relingspforte dicht machten, bedankten wir uns herzlich bei den Franzosen mit „Merci, camarade!" und verstanden ihre Proteste nicht.

Als das V-Boot schließlich lostuckerte, rührte sich der wieder sturzbesoffene Schmadding, erhob sich und schlug den Wachhabenden Offizier k.o. Nun stürzten wir Wächter uns auf den Schmadding und machten ihn mit großer Begeisterung nieder. Solch´ eine Gelegenheit würde sich nicht oft bieten! Er bezog ordentlich Prügel, sicher mehr als zur Wiederherstellung der militärischen Ordnung erforderlich war. Es war ein großes Vergnügen!

Währenddessen berappelte sich der Wachhabende Offizier und befahl uns, den Schmadding in seine Kammer zu schaffen. Butcher B. erhielt den Befehl, vor der Kammer im achteren Zwischendeck als Posten aufzuziehen. Ich bekam den Befehl, Kaffee zu kochen und in der Messe aufzubacken. Er selbst ging los, wohl um dem Kommandanten Meldung zu erstatten.

Als ich man gerade den gemahlenen Kaffee im Filter hatte, kam Butcher B. in ungeahnter Geschwindigkeit den Niedergang vor der Pantry hochgeschossen und schnaufte: „Der will mich erschießen!" Ehe ich mich

---

[73] hinterer offener Sitzbereich eines Bootes
[74] heruntergelassen

71

von meiner Verblüffung erholt hatte oder gar fragen konnte, war er schon verschwunden.

Nachdem er dem WO und dem Kommandanten gemeldet hatte, kam er zurück zu mir in die Pantry und erzählte: „Der Schmadding machte von innen das Schott auf und sagte: ‚Geben sie mir mal Feuer!‘ Ich meldete, daß ich kein Feuer bei mir hätte. Darauf befahl der Schmadding mir, irgendwo Feuer zu holen. ‚Sie wissen doch, daß ich als Posten hier nicht weg darf‘, war seine Antwort. Darauf der Schmadding: ‚Wenn sie kein Feuer holen, dann erschieße ich sie‘. Nach meinem: ‚Alles klar, Herr Oberbootsmann‘, verschwand er kurz in seiner Kammer und kam zurück mit einer Pistole in der Hand. Da bin ich abgehauen.“

Na, wenn das keine veritable Geschichte war! An Butcher vorbei sah ich, wie der Kommandant mit einer Pistole in der Hand den Niedergang zur Schmaddingskammer hinunterstieg. Ich weiß, daß ich ziemlich gehässig und wildwestmäßig dachte, daß eine Schießerei nun kaum den Falschen treffen könnte. Gespannt warteten wir, aber es blieb völlig ruhig. Wir hörten auch kein Gespräch.

Dann erschien der Kommandant, nun aber mit zwei Pistolen und ging zu seiner Kammer, wortlos und unaufgeregt. Der WO tauchte wieder auf: „Holen sie sich eine MP mit Munition und ziehen sie wieder auf!“ Kommandant und WO kamen in die Messe, und ich backte Kaffee und Kekse auf. Von ihrem Gespräch verstand ich nichts, sie sprachen leider viel zu leise.

Von da ab wurde der Oberbootsmann R. zweimal täglich von zwei Bewaffneten auf das Seitendeck eskortiert, um frische Luft zu schöpfen. Nach unserem Einlaufen in die Schleuse Brunsbüttel wurde auch er von einem froschfarbenen VW-Käfer und Herren in Zivil abgeholt. Ich war sicher, daß er nun für Jahre im Gefängnis schmoren würde, sah mich aber bitter enttäuscht, als er kurz darauf bester Dinge beim Hafenschutzgeschwader Dienst machte. War wohl nicht so schlimm – oder wie oder was?

Am 4. März 1957 verließen wir Brest und zogen einhellig das Fazit, daß wir einen wundervollen Besuch erleben durften. Bevor wir die ersten vier Auslandsbesuche begannen, schien es klar zu sein, daß Frankreich der größte Stolperstein sein würde. Nur unser kriegsgedienter, versoffener Schmadding hinterließ einen mehr als faden Beigeschmack. Nun wußten wir, daß Holland am schwierigsten und unangenehmsten war. Gleichzeitig hofften wir, daß unsere neuen Freunde uns keinen Gegenbesuch an der Marineschule Mürwik machen würden, weil charmante Großzügigkeit gegenüber Gästen nur den Regierenden, nicht aber den Regierten wie uns erlaubt ist. Wir hatten Glück, denn sie kamen erst nach unserer Marineschulzeit.

Die Rückreise bot eine weitere unsere Welt erschütternde Erfahrung, denn der Kommandant wurde in See seines Kommandos enthoben und der Kadettenoffizier übernahm. Uns wurde nichts erklärt, wir waren aber sicher, daß unsere Beschwerden doch noch etwas bewirkt hatten. Ich habe während meiner restlichen 39 Dienstjahre von keinem vergleichbaren Vorfall gehört.

Als Pantrygast hatte ich auch danach täglich mehrmals mit ihm zu tun, denn ich mußte ihn mit Essen versorgen. Da ich mir – auch aufgrund der Berichte meiner Vorgänger – Sorgen machte, ob der Kommandant wohl seine Messerechnung bezahlen würde, legte ich ihm meine Abrechnung vor. Mit beleidigenden und unqualifizierten Bemerkungen lehnte er die Rechnung ab und verlangte, seine Kassenbons zu sehen. Die Kassenbons verschwanden, und wieder zahlte er nur einen winzigen Teil.

Bei unserem Einlaufen war auch Louis Vater auf der Pier, aber ich habe dort nicht mit ihm gesprochen. Die Ablösung des Kommandanten hatte noch eine häßliche Nachwirkung, an die ich mich, was meine Rolle betrifft, aber nur zum Teil erinnere. Wenige Tage nach dem Einlaufen wurde ich in 1. Geige in ein Auto verladen und in die Privatwohnung des Kommandanten gebracht. Er lag im Bett und seine Frau stand neben ihm. Er forderte mich auf, die Beschwerde gegen ihn zurückzuziehen. Ich kann mich nicht erinnern, was er noch gesagt oder getan hat, ich weiß nur noch, daß dieser ganze Besuch schrecklich war. Ich habe die Beschwerde nicht zurückgezogen.

Ich erfuhr, daß mehrere von uns gezwungen wurden, den gleichen Besuch zu machen, weiß aber nicht, ob B. irgendwann erfolgreich war. Später erfuhren wir, daß er vom Truppendienstgericht bestraft worden war. Das Strafmaß ist mir nicht bekannt, ich habe mich später auch nicht bemüht, es herauszufinden. Als Oberleutnant auf der Marinefernmeldeschule bin ich ihm noch einmal begegnet, habe ihn dort mit Verachtung gestraft und mich strikt geweigert, ihn zu grüßen. So bleibt, daß ich als

Seekadett bei der Übergabe der Offizierpantry an meinen Nachfolger ca. DM 50, - für den Kommandanten zahlte.

Er war der mieseste Vorgesetzte, den ich in 40 Jahren Marine erlebt habe. Er hat es noch bis zum Fregattenkapitän gebracht, was ich als entsetzlich erachte – nicht zuletzt für all´ die vielen honorigen Fregattenkapitäne.

Als Fazit bleibt, daß wir in diesen 6 Monaten hart und zum Teil auch unfair behandelt wurden, daß wir auf allen Gebieten viel gelernt haben, und daß niemand nach meinem Wissen bleibenden Schaden genommen hat. Beunruhigend blieb die Solidarität der Offiziere untereinander, auch wenn es sich um klare Disziplinarvergehen oder Mißhandlung handelte, und ihr Schweigen dazu. Ebenso blieb mir unverständlich, daß so ungeeignete Menschenführer wie unser Geschwaderkommandeur, der immerhin Kapitän zu See wurde oder unser Kommandant, der es noch bis zum Fregattenkapitän brachte, eine mehr oder weniger angesehene Laufbahn absolvieren konnten. Daß der Getränksvorhandsmann R. kurz nach seinem Ausraster bereits wieder im 1. Hafenschutzgeschwader fuhr, wird mir genauso für immer unverständlich bleiben.

Am 11. März – so sagt mein Logbuch – gingen wir Kadetten abends geschlossen an Land und gründeten den KEG (VBV), d.h. den Klub der Eidergangster (von B. Verfolgte). Wir fanden uns großartig und reagierten so einen großen Teil der Belastungen ab. Heute würde man es wohl Streß nennen, der war damals aber noch nicht erfunden.

Den Rest der Bordzeit verbrachten wir mit Einzelausbildung in der Ostsee und mit Prüfungen. Am letzten Märzwochenende verlegten wir nach Flensburg und ankerten vor der Marineschule Mürwik, unserer neuen Heimat für das nächste Jahr.

Marineschule Mürwik

Was hatten wir nicht alles über die MSM[75] gehört, über den Stil der Ausbildung in der Vergangenheit, über die Gebäude früher und jetzt und über die herrliche Zeit, die uns dort erwarten würde. Hochgespannt und mit großer Vorfreude sehnten wir unseren Dienstantritt herbei. Dort – so hatte man uns versprochen – würden wir nun als „Gentlemen" behandelt

---

[75] Marineschule Mürwik

werden und man erwartete ordentliche Bolzen. Was waren das für tolle Aussichten!

Am Morgen des 29.3.1957 stiegen wir – beladen mit Seesack und BUKO[76] von „Eider" und „Trave" auf kleine Motorboote über, die uns im Segelhafen der Marineschule an Land setzten. Nachdem wir uns am Fuße der Freitreppe gesammelt hatten, wurden wir nach oben gescheucht mit der Drohung: „Der Letzte läuft noch einmal!" Oben angekommen traten wir an. Wir Eidergangster hatten Einschulungstüten bis hierher geschmuggelt, die statt Süßigkeiten mit je einer Flasche Bier „geladen" waren.

Unsere neuen Vorgesetzten erschienen und übernahmen das Kommando. Beim ersten >Stillgestanden!< präsentierten wir die bis dahin hinter dem Rücken verborgenen Schultüten und grinsten in Erwartung des Lobes unserer neuen Ausbilder. Wir waren sicher, mit diesem Bolzen genau das getan zu haben, was man den Erzählungen nach von Kadetten erwartete. Doch wir lagen nicht so ganz auf der Linie der Erwartungen.

Als wir nach dem >Rührt Euch!< auch noch die Bierflaschen zückten und aufploppten, gab es erst einmal einen grimmigen Anschiß unseres Gruppenoffiziers, denn wir waren nun die G 3. Unser Gruppenoffizier, dessen inoffizielle Dienststellungsbezeichnung in der langen Geschichte der MSM zwischen „Gruppenstrumpf" und „Zuglukenaugust" wechselte, war Kapitänleutnant K., klein, rundlich, ohne erkennbaren Hals mit slawischem Gesichtsausdruck. Sehr schnell erhielt er den Spitznamen „Nikita Wladschislaw, der Sohn des Kremls". Es kostete uns viel Überredungskunst, ihn zu besänftigen und mit auf das Erinnerungsfoto zu locken.

Nach dem eisernen Kadettendeck der „Eider" war unsere neue Behausung schierer Luxus: für je 4 Mann gab es ein Wohn- und ein Schlafzimmer und daran angrenzend ein Bad, das von weiteren 4 Mann auf der anderen Seite benutzt wurde. Ein Bad mit Duschen, mit einer Badewanne, mit richtigen, großen Glasspiegeln und mit großen Fenstern. Hohe, große Räume mit richtigen Möbeln und großen Fenstern, d.h. mit Tageslicht, in denen wir nicht einmal Reinschiff machen mußten. Spinde, Kommoden, Sessel, richtige, einstöckige Feldbetten vermittelten das Gefühl von absolutem, heimeligem Luxus. Ich landete mit den Seekadetten

---

[76] Beischlafutensilienkoffer, leichter blauer Koffer

Pike H., Kulacke B., H. (aus der Vorcrew zurückgeblieben) und Hobby W. auf Stube 176/177. Es war herrlich!

Am 1.4.1957 traten wir in der ehrwürdigen und eindrucksvollen Aula der MSM an zusammen mit den Fähnrichen der Vorcrew. Alle sollten befördert werden. Die Vorcrew zum Leutnant zur See und wir zum Fähnrich zur See. Verteidigungsminister Franz-Joseph Strauß sprach die Beförderungen aus, er wurde begleitet vom Admiral Marineausbildung, dem Kapitän zur See Adalbert von B.

Es war eine beeindruckende Veranstaltung in diesem würdigen Rahmen und bestätigte alle unsere Hoffnungen auf eine glänzende Zukunft. Die neuen Rangabzeichen bestanden in einem schmalen, schrägen Goldstreifen auf dem Unterarm, darüber der Seestern. Wir empfingen einen Uniformmantel und vor allem weiße Oberhemden und dazu mit Kragenknöpfen zu befestigende steinharte Kragen: Schrecklich! Unsere Mützen hatten noch Metallabzeichen, aber einige Modebewußte unter uns ließen sich gestickte Abzeichen für Offiziere annähen. Bei der Wachmusterung einer anderen Gruppe war wohl jemand damit aufgefallen, und man hörte den wundervollen Kommentar des WOs: „Fennriche tragen Blech!"

Ich will im Folgenden versuchen, unsere Vorgesetzten und Lehroffiziere zu beschreiben und an einigen von ihnen ein paar Geschichten „aufhängen", weil sie mehr über die Zeit an der MSM sagen als eine Beschreibung des Dienstablaufes. Vieles, was wir auf der MSM erlebten, hatte durchaus Feuerzangenbowlen-Qualität. Der Schulkommandeur, Flottillenadmiral Hubertus Freiherr von W., genannt „Hubsie", war zu weit von uns entfernt, als das wir überhaupt Eindrücke sammeln konnten, die eine „Beurteilung" erlauben würden. Ich habe nie auch nur ein Wort außer bei Meldungen als Wachangehöriger mit ihm gesprochen. Als er eines Tages auf dem Rückweg vom Essen noch einmal an der Wache vorbeikam, grüßte ich schneidigst und trompetete:

„Mahlzeit, Herr Admiral!"

Seine Antwort:

„Ich verbitte mir diesen Maurergruß!"

Bei einigen Geschichten werde ich auf ihn zurückkommen müssen.

Lehrgruppenkommandeur und wahrscheinlich auch stellvertretender Schulkommandeur war der Fregattenkapitän Otto Sch., genannt „Otto

Schlauch"[77]. Ein gütiger, bescheidener und freundlicher Mann, im Kriege ein berühmter und hochdekorierter UBootskommandant, der aber in unserem täglichen Dienst nur selten in Erscheinung trat.

Erst mit dem Kompaniechef[78] Kapitänleutnant Karl P., nur bekannt als „Charly P.", fing die Reihe unserer Vorgesetzten an, die sich täglich mit uns befaßten. Charly P. ging der Ruf voraus, ein harter und unangenehmer Vorgesetzter zu sein. Diesen Ruf hatte er sich nicht zuletzt als Personaloffizier bei der LSU verdient. Unser Crewkamerad Karlheinz R., zufällig auch „Charly" genannt, war ebenfalls von der LSU zu uns gekommen und berichtete aus erster Hand. P. ist einer der wenigen Fälle, in denen sich ein grimmiger Ruf nicht bestätigte, denn er war zwar klar und auch hart, aber humorvoll und voller Verständnis für all' den Unsinn, den Fähnriche wie ich nun einmal anstellen.

Sein Ruf und sein Ansehen wurden sogar nach der Zeit auf der MSM immer besser, und er erfreute sich bei uns einer hohen Reputation. Er brachte es bis zum Konteradmiral bei SHAPE[79]. Er spitzte uns an, wenn es angezeigt war, aber er feierte auch mit uns, daß es ein Vergnügen war.

Für die 4 Gruppen stand ihm je ein Gruppenoffizier zur Seite, in unserem Fall war das der Kaleu K.. In unserer G 3 (3. Gruppe) waren die „Eidergangster" fast vollzählig, was zeigt, daß das Schulgeschwader die MSM nicht über unseren schlechten Ruf informiert hatte. K. war vom Bundesgrenzschutz zur Marine zurückgekehrt, aber vom „grünen BGS", was wir kaum verstanden, und was unsere Ablehnung förderte. Er war kein bewährter Seemann, konnte nicht anständig segeln und war keiner der Vorgesetzten, die man uns für die MSM versprochen hatte.

Mich hatte er schnell als lohnendes Ziel seiner verschärften Dienstaufsicht ausgemacht, was sicher auch mehr als nur wohlbegründet war. Damals jedoch „stank" es mir. Nachdem ich mehrmals wegen vorlauter und wahrscheinlich auch taktloser Bemerkungen aufgefallen war, wurde ich zum Rapport befohlen.

---

[77] ihn zitierte ich im Bericht über meine Prüfung bei der OPZ
[78] später hieß er Inspektionschef
[79] Supreme Headquarters Allied Powers in Europe in Mons

Er hielt mir eine langweilige Gardinenpredigt, appellierte an meine Einsichtsfähigkeit und schloß mit den Worten: „....die Marine braucht keine intelligenten Offiziere!" Damit wurde ich in Ungnaden entlassen.

Als ich mir bei einem Handballspiel den rechten Arm auskugelte, kam ich in eine kritische Lage, weil der Sanitätsmeister mir zwar den Arm mit gekonntem Ruck wieder einkugelte, aber den Truppenarzt alarmierte. Vor dem hatten wir alle Angst, weil er als nicht normal galt. Er war der Bruder der berüchtigten Filmschauspielerin Ingrid van B., wofür er wenig kann[80]. Die Küstenklatschwelle berichtete, daß er in den vergangenen Jahren nicht als Arzt praktiziert, sondern irgendwelche Erhebungen auf den Philippinen durchgeführt hatte. Er hörte den San-Meister und entschied: „Einschleusen"[81]. Als ich darauf antwortete: „Dann lege ich mich lieber in einen Straßengraben und decke mich mit meinem Fahrrad zu!", machte er schriftliche Meldung an meinen Zuglukenaugust. Aber ich entkam dem Sanitätsbereich, denn er jagte mich mit einem Wutschrei aus dem Behandlungsraum.

Wieder Rapport, aber nun bei Charly P. Mein Gruppenstrumpf eskortierte mich – natürlich in 1. Geige – zum Dienstzimmer unseres Kompaniechefs. Mir war doch etwas mulmig, aber ich weiß noch, daß ich aufmüpfig dachte, ein Rausschmiß wird es nicht geben und selbst dann könnte ich ja studieren. Kowallik trug die Ungeheuerlichkeit vor und Peter erlitt einen schweren Lachanfall. Wir wurden ohne jeden weiteren Kommentar entlassen.

Meine Gruppe stellte den Kern der Schulfußballmannschaft, der ich als Kapitän vorstand. Als für den Abend ein Spiel gegen – ich glaube – türkische Kadetten vorgesehen war, beauftragte mich unser ziviler Sportlehrer B., genannt „der Knochenbrecher", während des Sports unserer Gruppe mit den Fußballspielern die Vorbereitung zu machen, die ich für richtig hielt. Wir gingen auf einen anderen Platz, und ich wollte mit ein paar Runden lockeren Warmlaufens anfangen. Dabei redeten wir über alles Mögliche und als einer von uns im Übermut plötzlich beschleunigte und vorneweg lief, rief ich ihn zurück.

---

[80] Das war auch lange vor dem Mord, für den sie ins Gefängnis mußte.

[81] im Sanitätsbereich aufgenommen werden

Sicherlich habe ich das auch noch recht grob getan, so wie wir miteinander redeten. Was wir nicht wußten: Kowallik saß mit seinem Notizbuch im Gebüsch und beobachtete uns.

Am nächsten Tag, nachdem wir das Spiel überlegen gewonnen hatten, wurde ich wieder zum Rapport befohlen. Immer hatte ich ein schlechtes Gewissen, aber ich wußte nicht, was K. vorbringen wollte. Bei Charly P. schleuderte er seinen Vorwurf mit aller Kraft: Fähnrich zur See Braun hat beim Sport seine Kameraden wiederholt zu nachlässiger Ausübung des Dienstes aufgefordert. Charly P. forderte mich zur Stellungnahme auf und wieder wurden wir weggeschickt, allerdings ohne Gelächter.

Damals fühlte ich mich wie der Sieger, aber der Grimm in unserem Gruppenstrumpf wuchs. Nur zwei Fächer unterrichtete der Gruppenoffizier: Dienstkunde und praktische Seemannschaft, die in 1. Segeln, 2. Segeln, 3. Segeln und auch etwas Kutterpullen bestand. Hier fand mein Gruppenoffizier die Möglichkeit, mir die verdiente Quittung zu präsentieren. Doch dazu später.

Die Lehroffiziere und zivilen Lehrer verdienen alle – soweit ich mich noch erinnern kann – eine besondere Vorstellung. Alle waren Typen, jeder hat uns auf seine unverwechselbare Art beeinflußt und geprägt. Mit Hochachtung und bei manchen gar mit Zuneigung erinnere ich mich an sie, auch wenn wir damals als lümmelhafte Fähnriche noch nicht immer über die „sittliche Reife" verfügten und uns über sie lustig machten. Um eine Rangfolge zu vermeiden, will ich sie nach dem Alphabet vorstellen:

B., ziviler Sportlehrer, genannt der Knochenbrecher. Nahm als Fähnrich zur See an der Skagerrak-Schlacht teil, was ihn in unseren Augen uralt erscheinen ließ. Er war völlig humorlos, fast gnadenlos und wollte uns u.a. die Grundlagen von Jiu-Jitsu beibringen. Er verursachte mehrere Sportunfälle mit Knochenbrüchen und ähnlich schweren Verletzungen. Endlose Geländeläufe unter seiner Führung, Mutproben der verschiedensten Art und niemals Ballspiele legten eine solide Grundlage für unsere Abneigung.

B., Kapitänleutnant, Staatsbürgerkunde, genannt Don Ölo. Der rundliche, gemütliche, aber hochgebildete Offizier hat sich um uns und um sein Fach verdient gemacht. Unverdrossen, blitzgescheit mit kultiviertem Humor kämpfte er um unser Interesse. In jedem zweiten Satz brach sein großes Latinum aus ihm hervor. Auch der pensionierte Vizeadmiral B. genoß noch das Ansehen seiner ehemaligen Schüler.

B., Fregattenkapitän, Seekriegsgeschichte, genannt Bildungsmeier.

Er hat uns nie erreicht mit seiner richtigen Botschaft: >>Die Deutschen haben die See nicht verstanden<<. Jahreszahlen und Namen auswendig zu lernen war gegen unsere Wünsche, die Spitznamen der Hilfsdiesel eines vor Afrika gescheiterten Kreuzers waren uns so furchtbar egal, daß er es sich nicht vorstellen konnte. Ich glaube, daß er ein netter Mann war, aber er mußte zum Lachen in den Keller.

B. (SJ), KASAK[82], genannt Jupp. Er und sein evangelischer Bruder (entsprechend: ESAK[83]) im Amte machten bei uns den sogenannten Lebenskundlichen Unterricht. Kugelförmige Erscheinung, kein Hals, keine Haare. Rheinische Frohnatur, menschlich sehr in Ordnung, geachtet, listenreich und hochgebildet. Er ist der Urvater aller KASAKs, die sich nach seinem Bekunden durch Zellteilung vermehren.

E., Kapitänleutnant, Navigation, genannt Bommy. Er ist nach dem Kriege bei der Handelsmarine gefahren und bis zum A6er aufgestiegen (Kapitän auf großer Fahrt). Er hat uns die terrestrische und die astronomische Navigation beigebracht, er hat uns mit seinen unzähligen Döntjes und Seefahrtsanekdoten nebenbei die Liebe zur Seefahrt eingeimpft wie kaum ein zweiter unserer Lehroffiziere. Sein markanter Baß bleibt uns für ewig im Ohr. Sein Spitzname war wohlverdient. Immer, wenn er nach der Meldung den Hörsaal betrat, stutzte er freudig überrascht, daß wir alle gekommen waren. Dann dröhnte er: „Geht's Euch zu gut, ihr Männer?" Auch auf ihn muß ich später noch zurückkommen.

G., Kapitänleutnant, Elektrotechnik, genannt KMOF[84]. In unserer abfälligen Betrachtung war er anfangs bloß ein Heizer, wenn auch Dipl.-Ing., und sein Fach stieß auf wenig Interesse. Dazu war er ziemlich kurz geraten. Als er zum ersten Mal bei uns auftrat, griff er sich nach der Meldung kommentarlos einen Stuhl und stellte ihn schwungvoll vor die Tafel. Dann sprang er hinauf und schrieb seinen Namen; sprang wieder herab und fragte: „Wer ist das?" Verblüfftes Schweigen schlug ihm entgegen.

---

[82] heißt: Katholische Sündenabwehrkanone

[83] evangelische Sündenabwehrkanone

[84] Keine Messung ohne Fehler

„Das, meine Herren, werden sie bald wissen!" Es gelang ihm, durch charismatischen Unterricht unsere Abneigung gegen Elektrotechnik zu überwinden, er war ein geachteter und anerkannter Lehroffizier, bei dem ich viel gelernt habe.

H., ziviler Schiffbaulehrer, Marineoberbaurat a.D.. Ein trauriger Ruf eilte ihm voraus, denn er war der für Konstruktion und Bau des einzigen deutschen Flugzeugträgers „Graf Zeppelin" verantwortliche Silberling[85]. Er hatte wohl nie verwunden, daß sein Schiff nicht fertig wurde. Vergeblich mühte er sich, uns die Grundbegriffe des Schiffbaus beizubringen. Wenn wir eine weitere Predigt über die megazentrische Höhe zu vermeiden suchten, genügte es, einen Flugzeugträger mit deutlicher Schlagseite an der Tafel zu skizzieren. Dann sprach er 2 Stunden über seinen Zeppelin...

K., Kapitänleutnant, Motorenkunde. Auch ein Heizer, an den ich wenige Erinnerungen habe. Ich kann mich nicht erinnern, je mit ihm gesprochen zu haben.

K., Kapitänleutnant, Dampftechnik, genannt Bubi. Noch ein Heizer, für dessen Bemühungen um unsere schiffstechnische Qualifikation wir wenig Verständnis zeigten. Er war jedoch wesentlich schwungvoller als der Motorenlehrer und vertrat seinen „Abschnitt" mit Nachdruck und aus Überzeugung. Auch mit ihm habe ich nur in der Offiziermesse ein paar Worte gewechselt.

N., Korvettenkapitän, Artillerie, genannt Paixhans[86]. Ein wundervolles Original, den unser geringes Interesse für seine arithmetischen und geometrischen Kunststückchen zutiefst elendete. Er war ein guter Seemann und Segler, der von seinem Fach zu viel wußte und nicht alles so ernst nahm, wie man es hätte nehmen können. So erklärte er uns eines Tages mit traurigem Gesicht: „Bei der Marine gibt es nur drei Mann, die Ahnung haben von der Artillerie – einer sitzt in Bonn, einer ist gefallen und der Dritte bin ich". Das haben wir ihm ohne Vorbehalte geglaubt.

---

[85] Uniformierte Marinebeamte, die silberne Ärmelstreifen trugen

[86] Ingenieur und General Napoleons, Erfinder des Monster-Mörsers, Begründer der Jeune Ecole

Montags in den ersten beiden Stunden sollte er bei uns unterrichten. Häufig erschien er nicht, und den Schulregeln entsprechend mußte der Fähnrich v.D., der an sich nur am Schott bei Erscheinen des Lehrers zu melden hatte, sich auf die Suche machen. Das war bei N. gar nicht schwer, denn er schlief normalerweise tief und fest. So geweckt, kam er manchmal – wenn auch spät – zum Unterricht.

Als Frühstücksersatz brachte er sich eine Tüte Studentenfutter mit, die er auf sein Katheder stellte und dann während des Unterrichtes nach und nach verzehrte. Auch auf ihn komme ich später noch zurück.

Sch., ESAK, genannt der schwarze Panther. B.s evangelischer Bruder im Amte, der als ehemaliger Korvettenkapitän Ing. bei uns mit Vorschußlorbeeren antrat und mit traumwandlerischer Sicherheit fast immer den falschen Ton traf. Nach kurzer Zeit geriet er gegen den listigen und geschickten KASAK so ins Hintertreffen, daß er bei uns kein Land mehr sah. Gegen den Jesuiten B. sah er sehr alt aus. Seinen Spitznamen hat er aus der Kriegsmarine mitgebracht, wo er bis zum letzten Schuß als scharfer Vorgesetzter galt. Wie ich hörte, wurde er später zum Heer gewechselt.

Von G., Korvettenkapitän, Segellehrer. Baltischer Baron mit unverkennbarem Dialekt. Ein großartiger Mann, der von militärischen Formen wenig hielt, aber für theoretische und praktische Seemannschaft die ideale Besetzung war. Er war trotz oder wegen seiner Rauhbeinigkeit bei uns hochangesehen und beliebt. „Wenn er sich mit dem baltischen Baron Oberleutnant zur See von St. unterhielt – notfalls auch über größere Entfernungen – lagen wir alle vor Lachen an Deck. Auch über ihn gilt es noch zu berichten.

Hier will ich diese Liste des Kollegiums schließen. Natürlich hatten wir auch noch einen zivilen Englischlehrer, sein Name will mir aber nicht mit Sicherheit einfallen. Ähnlich geht es mir mit einem Lehrer für Meteorologie, von dem ich nur Wolkenbilder im Gedächtnis habe.

Nur wenige Fächer haben mich wirklich interessiert, in denen brachte ich auch erträgliche Leistungen. Noch weniger Fächer haben mir Freude gemacht. Aber das scheint mir nach 13 Jahren in der Schule auch nicht besonders auffällig. Mein Schwerpunkt lag eindeutig, um nicht zu sagen einseitig auf Sport und nach der Bordzeit war es ein großes Vergnügen, all´ die Möglichkeiten der Marineschule zu nutzen.

Beim Segeln war ich Feuer und Flamme, ich wollte es unbedingt lernen. Als ich auf dem Wege zur Prüfung im Kuttersegeln bei einem Anlegemanöver mit zu hoher Restfahrt in die Takelpier fuhr, grinste mein G.O. – wie ich fand – richtig zufrieden. Einmal durfte ich wiederholen, und noch einmal ging es schief! Damit endete meine Seglerlaufbahn, denn er entschied, ich sei zu unbegabt und weitere Wiederholungen der Prüfung seien sinnlos. Das war wohl die Rache des Schrebergärtners....

Es traf meinen Ehrgeiz tief. Da ich wegen meiner chronischen Sehnenscheidenentzündung auch nicht Pullen konnte, drohte K. mir nun mit Entlassung, denn diese Ausfälle waren für einen angehenden Marineoffizier un – denk – bar! Nur selten durfte ich noch in einen Kutter, um mitzusegeln. Ich wurde verdonnert, mit einer Pinaß zu üben und mich mit Ruder- und Schraubenwirkung vertraut zu machen. Bei den ersten Versuchen gab man mir ein Obermaat mit, der aber bald nicht mehr mitfuhr und mich allein auf die Förde losließ. So kam ich zu meinem ersten selbständigen Kommando, ich genoß meine Freiheit und konnte bald sehr gut mit Motorbooten umgehen.

Die MSM verfügte damals auch über mehrere ehemalige Flugsicherungsboote, die wir auf der Förde bewegen durften, um die Führung eines Seefahrzeuges zu lernen und unsere Kommandosprache zu üben. Das machte mir besonders viel Spaß, da ich ja hochtrainiert war, und ein Boot mit zwei Schrauben war ja auch etwas Tolles.

Ich erinnere einen kalten Novembertag, an dem meine Gruppe mit dem Boot FL 2 unterwegs war. Wir übten „Mann-über-Bord". Dafür wurde eine Boje außenbords geworfen, die den zu Rettenden markierte. Kulacke B. fuhr, schwungvoll und zuversichtlich, die Boje kam voraus und näherte sich schnell, vielleicht etwas zu schnell. Noch ehe sich das Rückwärtskommando auswirken konnte, überfuhren wir die Boje. Das Boot lag gestoppt, und es wurde nach Abstellen der Motoren sehr still. Der G.O. rannte höchst beunruhigt von Steuerbord nach Backbord, mehrmals hin und zurück und plierte über die Reling: Nichts. Wir anderen Fähnriche blickten wertfrei ins Unendliche.

Plötzlich ein Schrei:

„Boje an Steuerbord!" Der G.O. flitzte hin, um zu kontrollieren und schoß dann auf den Kulacken los, um sein vernichtendes Urteil zu verkünden. Kulacke nahm mit klammen Fingern seine Mütze ab, hielt sie vor die Brust und sagte mit Leichenbittermiene:

„Dä is' dot, Herr Kaleu!" Homerisches Gelächter machte jeden Anschiß unmöglich, selbst die zivile Stammbesatzung lachte Tränen.

In diesen heute kaum mehr vorstellbaren Zeiten teilten wir uns die Marineschule mit der Pädagogischen Hochschule. Der gesamte Südflügel und ein Teil des Unterkunftsbereiches dienten als Wohnungen oder als Hörsäle für die angehenden Lehrer und – was noch wesentlich wichtiger war: Lehrerinnen. Das ganze Haus wimmelte von Mädchen, darunter viele nette und auch gutaussehende. Das Betreten des PH-Bereiches war uns unter Androhung aller nur denkbaren Strafen verboten. Soweit möglich, wurden die Verbindungstüren abgeschlossen und gaben den Eindruck trügerischer Ordnung und Sicherheit. Schon bald kursierten erste Schlüssel, die kurze Wege möglich machten.

Wir gingen natürlich auch Wache; dafür hatte man im Eingangsbereich neben der Treppe einen Kasten aus Holz und Glas eingebaut. Dort saßen wir in 1. Geige und beobachteten den Betrieb. Das stellte höchste Anforderungen an die Aufmerksamkeit der Wachgänger – besonders im Sommer, wenn Scharen von kichernden und quiekenden Bikinischönen zum Baden oder Sonnen aufbrachen und direkt vor unserer Nase vorbeiflanierten. Nach einiger Zeit kannten wir die Mädchen ja auch, und es kam zu vielen militärisch nur schwer zu beherrschenden Situationen.

Ich erinnere, daß wir einmal zu Dritt in einer Stube bei einigen mit uns befreundeten Studentinnen saßen, als das Schott sehr schwungvoll aufflog und ein Gruppenoffizier, der Kptlt. Ludwig S., hereinstolzierte, nicht jedoch auf der Suche nach Fähnrichen, sondern als Besuch der auch ihm wohlbekannten Damen. Die Begegnung blieb ohne Konsequenzen, litt aber unter einer leicht gespannten Atmosphäre, nicht zuletzt, weil der G.O., ehe er uns sah, „Stuben- und Spindmusterung!" gerufen hatte!

Daraufhin haben einige Fähnriche seiner Gruppe dem G.O. aus seinem Zimmer die gesamte Koje entwendet, sie durch eine der stets verschlossenen Pendeltüren in die PH geschleppt und dort versteckt. Eine zweisitzige grüne Gartenbank aus dem PH-Garten wurde auf dem Platz der fehlenden Koje aufgebaut und beschildert: >>Der gute Soldat ersetzt Schlaf durch stramme Haltung!<< Um jeglicher Nachstellung durch den

G.O. zu entgehen, ging die gesamte Gruppe danach an Land und kehrte erst kurz vor Urlaubsschluß gegen Mitternacht zurück.

Der kojenlose Kapitänleutnant jedoch fing seine Gruppe ab und befahl, sich marschfertig zu machen und vor dem Gebäude anzutreten. Die Gruppe marschierte eine Weile durch Mürwik und landete schließlich auf der Wiese vor der Freitreppe.

Erste Verhandlungen begannen wegen der Wiederbeschaffung der Koje. Der Formaldienst weckte nach und nach alle Bewohnerinnen des PH-Bereiches, und die militärische Veranstaltung litt unter Zurufen wie: „Leuteschinder! Laß die armen Jungs doch ins Bett!" Am Ende weiterer Verhandlungen erklärte sich der G.O., bereit, zwei Kisten Bier für seine Koje springen zu lassen.

Diese Schilderung bringt mich direkt zu den Bolzen[87], die für die MSM zum Pflichtprogramm gehörten. Seit Kaisers Zeiten, so hatten wir immer wieder gehört, stellen Bolzen an der MSM eine wesentliche Grundlage dar für den Ruf und das Ansehen einer Crew. Von wirklich witzigen Streichen über sportliche Höchstleistungen bis zu unfaßbaren Entgleisungen hatte es seit 1910 alles schon gegeben, und es erschien uns, als wir bereits auf der „Eider" mehrmals darüber berieten, gar nicht einfach, sich etwas Gutes einfallen zu lassen.

Aber wir waren entschlossen, alles zu geben. Unsere Einschulungstüten mit Bierfüllung zu Schulbeginn waren ein vorsichtiges Herantasten an die großen Dinge, die noch kommen sollten. Auf jeden Fall war klar, daß ein spektakulärer Bolzen gefunden werden mußte, nicht zuletzt auch, um die in uns gesetzten Erwartungen unserer Vorgesetzten nicht zu enttäuschen. Pläne für Crewbolzen wurden geschmiedet, verfeinert, geändert und verworfen, aber wir machten immer weiter. Aus Bemerkungen unserer Vorgesetzten meinten wir eine wachsende Erwartungshaltung herauszuhören, die wir nicht enttäuschen wollten.

Der erste Anlauf wurde ausgelöst durch die Ankündigung, der Stellvertreter Inspekteur Konteradmiral W. würde im Rahmen einer Musterung zur MSM sprechen. Irgendjemand hatte ein hölzernes Rednerpult entdeckt, das mit einer großen Dienstflagge dekoriert war. Hier wollten wir ansetzen und die oberste der drei Stufen ansägen.

---

[87] hier: Streiche

Der sich bei Wilhelm Busch anlehnende Anschlag wurde durchgeführt, der große Tag kam, bei strahlendem Sonnenschein traten die Crewen I/56, V/56 und der Schulstab im Karree um die angesägte Palaverkiste an, und wir lachten schon bei dem Gedanken an die kommenden Ereignisse.

Der kleine, aber kernige Admiral erschien, Meldung – und schon strebte er seinem Absturz entgegen. Schwungvoll kletterte er die Stufen hoch und – nichts geschah! Fassungslos und bitter enttäuscht starrten wir auf das Pult. Kein Wort von der Ansprache habe ich mitbekommen. Noch heute wissen wir nicht, ob wir handwerkliche Fehler gemacht hatten oder ob unsere Sägearbeit vorzeitig entdeckt worden ist. Unbeschadet fuhr der Admiral zurück nach Bonn.

Der zweite Anlauf, uns einen Ehrenplatz in den Annalen der MSM-Bolzen zu sichern, ergab sich zur Halbzeit anfangs Oktober 1956. Die Vorcrew verließ die MSM und machte Platz für die IX/56er. Für die Seekadetten hatten wir uns einen hübschen Nachtalarm mit Wachbelehrung ausgedacht. Ein detailliertes Drehbuch wurde geschrieben und liebevoll ausgearbeitet bzw. verfeinert.

Alle Vorbereitungen waren rechtzeitig und vollständig abgeschlossen, die neuen Seekadetten kamen an und schlummerten selig in ihre erste Nacht an der MSM. Louis und ich übernahmen die Rolle als Fähnriche vom Dienst und brachen mit lauten Kommandos in die Schlafstuben ein.

„Alarm! Reise, reise, aufstehen, Alarm! Vor dem Eingang antreten, Seestiefel, zwei halbe Schläge, Kolani! Los, los, Beeilung! Wachbelehrung!"

Von Bord her war unsere Nachcrew solch´ militärische Großveranstaltungen gewöhnt, das Wecken lief reibungslos, bis wir in die Stube kamen, in der unser ehemaliger Crewkamerad Manfred K. sofort ahnte, daß etwas nicht stimmen konnte. Er protestierte laut und wiederholte, daß Louis und ich nicht zusammen auf Wache sein könnten. Recht hatte er. Aber was wäre das für eine schlechte Planung gewesen, wenn wir solche Schwierigkeit nicht vorausgesehen hätten. Wir hatten einen kriegsgedienten Crewkameraden namens Walter G., der erst später zu uns gestoßen war, und den er nicht kennen konnte.

Er war mit einer „geliehenen" Kapitänleutnantsjacke, Offiziermütze und Spiegelei[88] bestens gerüstet. Außerdem war sein „Poller"[89] alt genug für diese Rolle. Als er erschien und energisch dazwischenfuhr, brach das Widerstandsnest sofort zusammen und kurz danach rannten alle Kadetten dem Ausgang zu.

Um Zweifeln auf diesem Wege zu begegnen, waren zwei von uns im Pyjama in verschiedenen Toiletten in Stellung gegangen, die dort oder aber auch auf dem Flur scheinbar zufällig den Kadetten in die Arme liefen. Sie bestätigten, obwohl schlaftrunken sofort, daß es bei uns auch so einen blöden Alarm gegeben hatte.

Um den reibungslosen Ablauf vor dem Eingang sicherzustellen, hatten wir unseren Crewkameraden Willy Sch., genannt der Schrat, dort eingeplant. Er war erst vor dem Schulschiff vom Heer zu uns gestoßen, und seine schneidenden und routinierten Kommandos in Verbindung mit seiner Leutnantsuniform, die wir von der Vorcrew hatten, sorgten schnell für Ordnung.

Während der Schrat nun die Kadetten kreuz und quer durch den Wald der MSM führte und auf die wichtigen Aspekte für den künftigen Wachdienst hinwies, stürzte sich unser Arbeitskommando auf die Stuben unserer bedauernswerten Opfer. Sie nahmen alle Kojen auseinander, stapelten alle Kopfenden, alle Fußenden und alle Matratzen in je einer Stube.

Außerdem wurden alle Spinde umgekippt und auf die Türen gelegt. Trotz dieses Riesenlärms tauchte kein Vorgesetzter auf, obwohl damals fast alle in der MSM schliefen. Als die Stuben „bearbeitet" waren, lief ein Bote von uns in den Wald und meldete an Schrat:

„Der Lehrgruppenkommandeur ist auf dem Wege hierher! Er will Meldung haben!" Schrat richtete seine Truppe aus, befahl die Blickwendung zum Lehrgruppenkommandeur. Dann ging er grüßend ins Dunkle und spurtete nach Außersichtkommen zurück zur Schule. Alle anderen waren schon in den Kojen bis auf eine Spezialeinheit, die nach Schrats Rückkehr im Keller die Hauptsicherung herausschraubte und dann auch verschwand.

---

[88] Ovales Messingabzeichen des Wachhabenden Offiziers
[89] Kopf

Die weitere Entwicklung im Wald erfuhren wir später von einem GO. Der hatte – geweckt von unserem Lärm – im Trainingsanzug die Wachbelehrung aus dem Dunkeln beobachtet, ohne jedoch einzugreifen. Die Kadetten standen mit Blickwendung und warteten auf den „Hohen". Als die Zeit verstrich, machte sich Unruhe bemerkbar. Eine drängende Stimme sagte:

„Da stimmt was nicht!" Eine anderer: „Schnauze!" Es kehrt wieder Ruhe ein, aber nicht mehr für lang, weil sie beobachteten, daß alle Lichter in der MSM verlöschten.

Die Formation löste sich auf und der Pulk stolperte Richtung Eingang. Dabei erwischten sie den beobachtenden G.O. und stürmten hinter ihm her mit dem Schrei: „Das ist einer von denen!" Der sehr sportliche K. entwischte jedoch mit Leichtigkeit.

Beim Frühstück begegneten uns völlig übernächtigte Kadetten und grinsende GOs. Eine Armbanduhr, die beim Umkippen der Spinde beschädigt wurde, war der einzige Verlust. Ersatz wurde selbstverständlich aus unserer Crewkasse bezahlt.

Damit hatten wir unser Gesellenstück abgeliefert, die Revanche ließ jedoch nicht lange auf sich warten und soll der Fairness halber auch beschrieben werden. Am 19.12. mittags sollte unser Weihnachtsurlaub beginnen. Viele hatten schon gepackt, um ohne Zeitverlust zum Bahnhof fahren zu können. Als wir in unsere Stuben kamen, waren alle Koffer und Reisetaschen, gepackt oder leer, verschwunden. Unser Bolzenkomitee trat zusammen und beriet. Dann schwärmten wir aus zur Spurensuche. Louis und ich griffen uns im Wachschapp die Liste der Telefonate, die von Lehrgangsteilnehmern geführt und akribisch festgehalten wurden.

Da wir die Nachcrew kannten, war uns klar, nach welchen Namen wir ungefähr zu suchen hatten. Als wir den Namen eines „Verdächtigen" mehrmals fanden, riefen wir eine der Nummern an. Louis hatte genauso einen Baß wie der verdächtige Fähnrich zur See Ulrich B. Zu unserer Erleichterung meldete sich Tante Lene, die Wirtin von Rothenhaus bei Glücksburg, wo die Fähnriche seit 1910 gern aßen und feierten. Wir wußten: Da sind unsere Koffer!

Im Tone eines Verschwörers meldete sich Louis als Borgemeister und Tante Lene fiel darauf herein. Nun war uns auch eine weitere Telefonnummer klar: 1 7 1 1 1, die Spedition Transit[90]. Wir mieteten sofort einen 7 Tonner und fuhren zu Tante Lene[91]. Dort fanden wir nach kurzer Suche unser Gepäck auf dem Dachboden. Leicht verspätet, aber stolz traten wir den Urlaub an, der vorher schon einmal ernsthaft durch eine Gitarre gefährdet war.

Und das kam so: Nach einem schweren Abend in der Fähnrichsmesse verunzierte eine Gitarre die Mastspitze der MSM, und keine Flagge konnte gesetzt werden. Die Aufregung war verständlicherweise groß, ganz Flensburg und Umgebung konnte die Peinlichkeit sehen. Unsere Vorgesetzten drohten mit der Streichung des Weihnachtsurlaubs, wenn der Schandfleck nicht vorher beseitigt würde.

Für uns war klar, wer das Problem beseitigt. Unser Crewkamerad Hansi B. hatte sie da hingehängt, also würde er sie auch wieder wegnehmen. Der Maori, wie er genannt wurde, war dazu auch bereit. Wegen der unbestreitbaren Gefahren, die mit einer Klettertour auf den Mast in solcher Höhe verbunden waren, verboten unsere Vorgesetzten jedoch diese einfache Lösung. Wir berieten weitere Ansätze und kamen schließlich auf die Idee, daß ein guter Schütze von der Dachluke aus die Flaggleine durchschießen könnte. Nach wenigen Schüssen aus einem Kleinkalibergewehr und vor dem erlösenden Treffer raste der WO zum Tatort und unterband den bodenlosen Unsinn...

Jetzt wurde das Betreten des Turms verboten, und die Rettung gestaltete sich immer schwieriger, während der Weihnachtsurlaub näherrückte. Es blieb uns nichts übrig als eine Dachdeckerfirma mit dem Bergen der Gitarre zu beauftragen. Die Kolonne rückte an und begann, unerträglich langsam ein Gerüst um den Turm zu bauen. Als eine Starkwindfront durchging, mußten die Arbeiten mehrere Tage unterbrochen werden, da in solchen Höhen nur bis zu einer bestimmten Windgeschwindigkeit gearbeitet werden darf. Dann aber die Erlösung: Die Gitarre war vom Mast geholt, das Gerüst wurde abgebaut. Leider vergaßen die Arbeiter, eine neue Flaggleine zu scheren. Ich kann mich nicht erinnern, wie dieses Problem

---

[90] Dienst-Lkw war nicht möglich, da Hilfe von Vorgesetzten bei Bolzen als unakzeptabel galt.

[91] Ihre Gästebücher, die bis vor den 1. Weltkrieg zurückreichen, sind köstliche und unersetzliche Dokumente zur Marinegeschichte. Bei Auflösung des Lokals hat Dr. Rudolf L. die Bücher für einen sehr namhaften Betrag gekauft, so gerettet und der MSM geschenkt

gelöst wurde, ich weiß nur, daß wir die Firma aus unserer Crewkasse teuer bezahlen mußten.

Da wir unseren Bolzen für den Lehrgangsabschluß planten, wollten wir noch eine kleinere Sache einschieben, um die Spannung bei den Vorgesetzten zu erhalten. Wir entwarfen einen detaillierten Plan für einen Bolzen, der keiner war. Über eine längere Zeit ließen wir uns beobachten oder ertappen bei scheinbar alarmierenden Vorbereitungen. Mit wertfreiem Gesicht schleppten wir scheinbar schwere Zinksärge[92] durch die Schule. Auf Fragen gaben wir schwache Erklärungen ab. Wir standen in verschwörerischen Grüppchen zusammen, bis wir sicher waren, daß man uns beobachtet hatte. Es gelang uns, eine Spannung aufzubauen, die keine andere Erklärung als einen Riesenbolzen erlaubte. Alle Gruppenoffiziere und Lehroffiziere waren auffällig oft und ausdauernd in der Schule und darum herum unterwegs.

An dem großen Tag benahmen wir uns ganz normal, was in der angeheizten Stimmung noch verdächtiger schien. Als dann ungewöhnlicherweise nach Dienstschluß keiner an Land ging, war dem Lehrkörper klar: Heute geht es los! Wir verholten uns bis 19.00 Uhr alle auf unsere Stuben, um zu lesen oder auch früh zu schlafen. Es war totenstill in der Schule, alle Gruppenoffiziere hatten sich strategisch in und um die Schule verteilt, um sich nicht überraschen zu lassen. Butcher B., der in der letzten Stube am Ende des langen Flurs wohnte, machte planmäßig um kurz nach 19.00 Uhr sein Schott auf und brüllte so laut er konnte:

„Jeeeeetzt!!!", machte sein Schott wieder dicht und ging auch in die Koje.

Als wir am nächsten Morgen außergewöhnlich ausgeruht und guter Dinge zum Frühstück gingen, schienen alle Vorgesetzten übernächtigt und irritiert, während wir große Mühe hatten, unser Vergnügen nicht zu offenkundig zur Schau zu stellen.

Die Planung und Vorbereitung für unseren Abschlußbolzen liefen derweil weiter. Wir hatten uns nicht weniger vorgenommen als einen großen öffentlichkeitswirksamen Empfang an der MSM durchzuführen. Dafür ließen wir Einladungskarten drucken, auf denen der Kommandeur der MSM als Einladender firmierte. Um unsere Spuren zu verwischen, ließ ei-

---

[92] Großer Zinkkoffer

ner von uns sie in Tübingen drucken. Wir hatten lange an einer Gästeliste gearbeitet, die wir regelmäßig aktualisierten. Von Louis' Vater wußten wir, daß die MSM sich schon längst nach ihrer Wiederindienststellung in der Öffentlichkeit hätte vorstellen müssen. Bei der Auswahl der Gäste begannen wir mit dem Ministerpräsidenten, luden auch alle namhaften Zeitungen ein und berücksichtigten selbst den „grellroten" Betriebsratvorsitzenden einer Flensburger Werft.

Wir hatten uns überlegt, daß wir die Einladungen an einem Donnerstag zur Post geben müßten, wenn wir sicher waren, daß der Kommandeur am folgenden Montag auf Dienstreise gehen würde. Wir hofften, daß so viele Zusagen über das Wochenende auf den Weg kämen, und daß es nicht gleich gelingen würde, den Kommandeur zu erreichen. Als Zeitpunkt hatten wir uns den letzten der drei Tage ausgesucht, an denen unsere mündliche Abschlußprüfung stattfinden sollte. So hofften wir, etwas zusätzlichen Druck ausüben zu können.

Alles klappte wie geplant, als der Kommandeur an einem Montag auf Reisen gehen sollte. Die Einladungen kamen in den Briefkasten, und das Warten begann. Am Montagnachmittag bemerkten wir erste Aufregungen und schnappten einige Bemerkungen auf, die uns auf Erfolg hoffen ließen. Wir hörten, daß eine stattliche Zahl von Antworten eingegangen war und vor allem: viele Zusagen. Es muß lange gedauert haben, bis der Adjutant seinen Kommandeur endlich erreichte, aber über diese Gespräche weiß ich nichts.

Am folgenden Mittwoch wurde dann bekannt gegeben, was ungefähr vorgefallen war, helle Empörung kennzeichnete die Lage. Wir erfuhren, daß der grimmige Kommandeur einen Untersuchungsausschuß eingesetzt hatte, der die Schuldigen dieses Bubenstückes und dann auch noch die Presse... und überhaupt. Der brave Kapitänleutnant M. übernahm den Vorsitz. Er hatte nach dem Kriege Bomben entschärft und galt als besonders listig. Viele von uns wurden vernommen, selbstverständlich wußte keiner etwas, und die Untersuchung verlief ohne Erfolg.

Das komplettierte den Erfolg, und nach den ungeschriebenen Bolzenregeln meldete sich nun eine Gruppe als Verursacher. Die Übeltäter wurden in einem Hörsaal zusammengetrieben, und es erschien der Admiral. Es war sicher das erste Mal, daß er in einem Hörsaal vor einer Gruppe Fähnriche stand.

Ein Beteiligter berichtete: Der Admiral war außer sich vor Zorn, er war fassungslos über so wenig Fingerspitzengefühl. Als Beweis wedelte er mit einer Liste der Zusagen, die respektabel gewachsen war. Dann las er einzeln die Namen vor, die ihn besonders entsetzten oder mit denen er nichts anfangen konnte. Nach jedem unbekannten Namen fragte er:

„Wer kennt den?" Eisiges Schweigen schlug ihm entgegen, bis er fragte. „Direktor V.?" Hier meldete sich der Fähnrich z.S. „Vater" P. „Woher kennen Sie den Mann?" „Aus' m Grogkeller, Herr Admiral!" „Ach, hören Sie doch auf!" Mehr Zusagen wurden nicht durch persönliche Begegnungen erläutert. Um die ganze Scheußlichkeit dieser Antwort einzuordnen, muß man P. kennen.

Dann verdonnerte er jeden Übeltäter, neun vorgeschriebene Entschuldigungsbriefe handschriftlich zu erstellen, um die Einladungsopfer wieder auszuladen. Inzwischen hatte sich aber bei den anderen Offizieren wohl die Einsicht durchgesetzt, es sei besser, den Empfang durchzuziehen. Übrigens kam in dem Film „Die Feuerzangenbowle" das Kollegium zu dem gleichen Entschluß, als es galt, die Bauarbeiten zu erklären. Uns wurde mitgeteilt, daß der Kommandeur sich entschlossen hätte, den Empfang durchzuführen und sich vorbehielt, die Gästeliste nach seinem Gusto zu ergänzen, und daß die Crew natürlich die Kosten zu übernehmen hätte. So liefen die Vorbereitungen an und zum Lobe des Kollegiums muß erwähnt werden, daß die Offiziere später die Hälfte der Kosten übernahmen.

Als dann, aber auch erst dann klar wurde, daß es eine Kollision mit der mündlichen Prüfung gab, wuchs unsere Freude erheblich, denn die Prüfung wurde um einen auf 2 Tage verkürzt. Einige Crewkameraden bedienten während des Empfanges oder „fuhren" die Garderobe. Sie berichteten, daß der Empfang so lange steif und kalt war, bis sich der Kommandeur in bester Marinetradition entschloß, in einer kurzen Ansprache die Entstehung des Empfanges zu schildern.

Danach wurde es sehr fröhlich und dauerte zu lang. Wir, die Crew, hatten eine vorzügliche Presse, denn selbst die FAZ und der Spiegel berichteten lobend über unseren Bolzen. Besser, so fanden wir, war rein bolzentechnisch ein Schulabgang nicht möglich. Auch die im rauchenden Zorn vom Kommandeur angedrohten Strafen wie Nichtbeförderung zum Leutnant z.S. blieben aus.

Neben diesen Großbolzen gab es eine Vielzahl von gruppeninternen Angriffen auf die Vorgesetzten. Als Beispiel dafür sei hier erwähnt, daß die zentnerschwere Galionsfigur der Niobe in der Badewanne des Lehrgruppenkommandeurs landete oder daß ein G.O. in seinem Zimmer eingesperrt wurde, indem das Türschloß mit einer Tube Uhu über Nacht blockiert wurde. Die ganze Tür mußte ausgebaut werden, um ihn zu befreien.

Trotz meines völligen Versagens will ich noch einmal auf das Segeln zurückkommen. Dabei spielt unser hochangesehener Segellehrer Axel von G. eine wichtige Rolle. Als Korvettenkapitän stellte er für uns einen sehr hohen Dienstgrad dar, was durch seine Segelkunst noch verstärkt wurde. Er war sich trotzdem nicht zu schade, auch beim Verholen der Kutter vom Liegeplatz an die Takelpier selbst Hand anzulegen.

So fand ich mich eines Tages mit ihm in einem zu verholenden Kutter. Ohne mir dessen bewußt zu sein, kaute ich nachdrücklich auf einem Kaugummi herum. Plötzlich sah ich von G.s Gesicht ganz dicht vor mir, und er fragte beunruhigend liebenswürdig; „Was ißt du, mein Junge?" Wahrheitsgemäß antwortete ich: „Nichts, Herr Kap´tän!" Genau so freundlich und auf die gleiche Entfernung: „Was kaust du denn?" „Kaugummi, Herr Kap´tän!" Wütend und mit Stentorstimme schrie er: „Spuck das Ding aus, du Ami!"

Als das Kaugummi dem Boden der Förde entgegensank, war er freundlich sachlich wie immer, und wir verholten den Kutter. Wir legten mit dem Kutter ab, um auf der Förde zu üben. Nikita saß an der Pinne, und wir schafften es nicht, uns freizusegeln. Mehrere Schläge zwischen Takelpier und Deviationsdalben lagen schon hinter uns. Unbemerkt erschien von G. auf der Pier und beobachtete das Elend. Als wir wieder vor der Takelpier wendeten, röhrte er: „Mensch, K., steich aus, das können die Fennriche alleene!"

Waren wir mit mehreren Kuttern gleichzeitig unterwegs, dann stieg von G. möglichst in Fahrt von Kutter zu Kutter um. Dazu fuhr er so, daß er mit einem Schritt den nächsten Kutter erreichte. Damals waren wir fast alle Raucher und meinten, mehrstündiges Segeln ohne jede Zigarette kaum aushalten zu können. „Frage Raucherlaubnis?" lehnte unser G.O. stets ab und verwies auf einen Befehl des Kommandeurs. So blieb uns nur abzuwarten, bis von G. unseren Kutter erreichte. Stieg er zu uns um, saßen schon alle Raucher mit der Hand an der Packung in Lauerstellung. „Herr Kap´tän, Frage Raucherlaubnis?" Immer nickte er gutmütig und erteilte Raucherlaubnis. Als eines Tages Nikita vorsichtige Einwände erhob und auf den Befehl des Kommandeurs verwies, erteilte ihm von G. folgende Abfuhr: „Die Hände brauchen die Jungs zum Sejeln. Wenn sie sich die Frrresse verbrennen, ist es die ejene, also: Raucherlaubnis." Unsere Verehrung für ihn stieg ins Unermeßliche.

Bei all' seiner Güte gab es doch Fähnriche, die er nicht leiden konnte. So kam es zu einem schweren Zwischenfall, als meine Gruppe beladen mit Segeln, Riemen, Bootshaken usw. vom Bootshaus zur Takelpier trabte. Von G. lehnte an der Spundwand und ließ uns vorbeiziehen. Als ein mit dem Großsegel beladener Fähnrich bei ihm vorbeikam, trat er ihm mit voller Wucht in den Hintern.

Der knallte das Segel auf den Steg und fuhr herum, um zu hören, wie von G. mißbilligend zum Hintermann sagte: „Das kannst du doch nicht machen!" Dem blieb für Unschuldsbeteuerungen keine Zeit, denn H. wollte Rache. Von G. erwies sich als umsichtiger Schiedsrichter und brach den Kampf nach einiger Zeit ab.

Auch für die theoretische Seemannschaft wurde von G. eingespannt. In unserer ersten Stunde zum Segeln ging es um Begriffsklärungen. Der Lehrgruppenkommandeur Otto Sch. saß freundlich in einer Ecke und machte sich so klein wie möglich. Nach einigen groben Skizzen an der Tafel wandte sich unser Lehrer dem Begriffspaar: Luvgierig / leegierig zu. Nach einigen etwas umständlichen Definitionen faßte er leegierig zusammen: Das Boot will immer mit dem Arsch in den Wind. Nun hatten wir ihn verstanden, aber der bis dahin fast unsichtbare Lehrgruppenkommandeur sprang auf und eilte zum Vortragenden, um zu retten, was nicht mehr zu retten war. Wir konnten nicht hören, was er zu bedenken gab. Von G. aber drehte sich fast hilfesuchend zu uns hin und sagte: „Aber alle haben doch soforrrrrt jewußt, was ich meine!"

Aus sicherer Entfernung beobachtete ich ihn mit einer Gruppe der Nachcrew auf der Takelpier. Irgendwie ging es um Befehl und Gehorsam, auf jeden Fall sprang plötzlich die gesamte Gruppe in voller Montur ins Wasser, beobachtet von einem zufrieden wirkenden von G.

Für ein weiteres Erlebnis in der MSM-Zeit muß ich weiter ausholen, bis nach Eckernförde und beinahe bis nach Schweden. Als wir wußten, daß wir im Sommer 4 Wochen Urlaub zu erwarten hatten, machte wir alle tolle Pläne. Da ich meinen „Absturz" bei der Segelausbildung nicht verwunden hatte, schloß ich mich drei Crewkameraden an, die sich eine private Yacht chartern wollten, um damit nach Schweden zu segeln. Mit unseren Marinesegelbooten durften wir noch nicht ins Ausland fahren, besonders nicht in das neutrale Schweden. Ich hoffte bei viel Spaß das Segeln so zu erlernen, daß es auch für die MSM reichte. Meine Mitsegler waren Fiti Sch., Hansi B., der Maori, und Mecki F., eine gute Besatzung.

Die Yacht, die Fiti in Eckernförde aufgetan hatte, sollte an dem Wochenende vor dem Sommerurlaub von uns nach Mürwik überführt werden. Eckernförde-Mürwik ist ein ruhiger Tagestrip. Am Samstag nach Dienstschluß fuhren wir mit der Eisenbahn nach Eckernförde, übernachteten in Fitis Elternhaus, holten am Sonntagmorgen das Boot ab und segelten los. Der Wind schlief ein, lange bevor wir die Eckernförder Bucht verlassen hatten. Unser Skipper Fiti sprang mehrmals unter wütenden Schreien den Mast an, kratzte heftig längs der Maserung und schrie:

„Wiiiind!", aber es kam keiner. So schlichen wir bis zum Schießgebiet, und die Zeit verging.

Ab und zu kam ein leichter Hauch, und wir erreichten eine einsame dort ankernde Bymse. Kommandant war der bei uns angesehene Kapitänleutnant P., besser bekannt als „Onkel Franz". Als wir längsseits gingen, holte er uns an Bord, und wir wurden erst einmal gefüttert und getränkt. Plötzlich kam ein strammer Westwind auf, und wir segelten los. Wir waren bester Stimmung, als wir mit guter Fahrt am Nachmittag nach Norden liefen. Plötzlich bemerkten wir, daß jede Menge Wasser in der Kajüte stand, und die Flurplatten schon aufgeschwommen waren.

Also: Boot auf ebenen Kiel legen und dann lenzen, zuerst nur mit dem Eimer, dann mit der Pumpe. Als wir wieder an den Wind gingen, um ein paar Meilen gutzumachen, lief das Boot wieder voll. Wieder lenzen usw. Fiti fand dann auf dem ungewöhnlichen Wege des Nachdenkens die Erklärung: Das Boot hatte zu lange auf dem Trockenen gelegen, und wenn wir an den Wind gingen, dann entstanden zwischen den Planken feine Fugen, durch die das Wasser lief.

Gefahr erkannt, Gefahr gebannt ist ein ganz blöder Schnack, denn wir hatten noch einen ordentlichen Schlag bis Kalkgrund-Feuerschiff. Der Abend dämmerte, wir hatten keinerlei Beleuchtung und sollten mit diesem

Sieb die ganze Förde hochkreuzen... Es war sehr dunkel, als wir ohne Karten oder andere Hilfsmittel bei guter Sicht Langballigau querab sahen.

Inzwischen war uns klar geworden, daß am Morgen um 8.00 Uhr die schriftliche Zwischenprüfung beginnen sollte. Unsere guten Revierkenntnisse retteten uns. Auf dem Schlag zur Schwiegermutter[93] brachte uns jedoch die Wasserschutzpolizei auf, weil wir unbeleuchtet zur See fuhren. Die meisten Wasserschutzpolizisten damals waren ehemalige Mariner und der Marine nicht wohlgesonnen, aber uns ließen sie laufen.

Um 7.00 Uhr machten wir im Bootshafen fest und spurteten auf unsere Stuben. Mit Mühe schaffte ich es zur Prüfung in Staatsbürgerkunde. Die meisten von uns hatten dafür einen Spickzettel in der Tasche, ein Handout vom BGS zu dem Thema, das wir erwarteten. Zu meiner Verärgerung hatte auch noch Nikita in meinem Hörsaal die Aufsicht. Die Aufgabe wurde uns ausgehändigt, es war etwas völlig anderes als auf meinem Spickzettel. Das war nach der nächtlichen Seefahrt und der schlaflosen Nacht ein wahrer Tiefschlag.

Beherrscht von trüben Gedanken holte ich den nutzlosen Zettel heraus und betrachtete mit Selbstvorwürfen meine klägliche Vorbereitung. Da schlug der G.O. zu und nahm mir den Zettel aus der Hand, beschuldigte mich des Betruges und schickte mich auf mein Zimmer. Ich freute mich auf ein paar Stunden Schlaf und schlich hinaus. Als sich dann später herausstellte, daß ich beim Spickzettel das Thema verfehlt hatte, wurde die schriftliche Arbeit mit Null gewertet und die Ahndungsbestrebungen eingestellt. Als wir in der Mittagspause unser Urlaubsschiff kontrollieren wollten, war es gesunken, nur der Mast und ein paar Polster, die im Segelhafen trieben, waren noch zu sehen...

Bommy E. ist das nächste Original aus dem MSM-Kollegium, das es zu ehren gilt. Ich meine, daß er nur in unserer Gruppe unterrichtete, das heißt, es gab mehrere Navigationslehrer, von denen ich nur den zivilen Kapitän Sch. erinnere, der bei uns einmal versehentlich einrückte. Und das kam so: G3 und G4 hatten immer gleichzeitig Navigation und das in den sich gegenüberliegenden Hörsälen im Turm.

Zwischen diesen Hörsälen war das Lehrerzimmer der Navigationslehrer, wo auch alle Karten, Geräte usw. lagerten. Die Gruppen tauschten

---

93 rote Tonne vor Holnis Haken

nun die Hörsäle, nur die Fähnriche vom Dienst, die zu melden hatten, blieben an „ihrem" Schott.

So lernten wir Sch. kennen, der durch ein Monokel besondere Aufmerksamkeit erregte. Nach der Meldung ging er zielstrebig zu seinem Pult, schlug seine Unterlagen auf und blickte in den Hörsaal. Er zeigte zuerst keine Reaktion, weder überrascht noch irritiert. Er klemmte sich das Monokel ins Auge und blickte in die Runde. Wir konnten uns kaum noch halten vor Lachen, als er sich ernst und etwas hilflos an den einzigen wandte, den er kannte, den Fähnrich nämlich, der gemeldet hatte. Als er leicht stotternd auf die ihm unbekannten Gesichter zeigte, ertönte aus der ersten Reihe von dem noch altdunen Fähnrich z.S. Lutz L. in reinstem Berlinerisch: „Mensch, nimm die Scherbe aus'm Gesicht, du wirst dir noch verletzen!" Ehe daraus ein Zwischenfall werden konnte, flog das Schott auf, und Bommy stürmte herein: „Ja, Mensch, merkst du das denn nicht: die machen uns doch einen!" und lachte lauthals los.

Bei Bommy haben wir viel gelernt und das gern. Er war der Praktiker, der uns auf den rechten Kurs brachte und sein unerschöpflicher Vorrat an Schnacks und Anekdoten brachte uns die Seefahrt näher. Sein didaktisches Geschick war groß, und wir machten alle mit. Sein Spitzname leitet sich – wie unschwer zu erkennen ist – von dem Flensburger Getränk Bommerlunder ab.

Bommy hatte einen verläßlichen Fähnrich abgeteilt, eine Strichliste zu führen. Fehler navigatorischer, aber auch militärischer Art oder auch Verstöße gegen die Regeln des mitteleuropäischen Benehmens wurden geahndet. Der Oberbegriff für bestrafenswürdigen Tatbestand lautete: „Pflaumenschmiß", der Übeltäter war also ein: „Pflaumenschmeißer". Fand Bommy einen Fehler, dann wandte er sich an den Hörsaal mit der immer gleichen, geknurrten Frage: „Isser einer?" Zustimmung aus dem Hörsaal führte unausweichlich zu seiner Anordnung: „Mach ihm einen!"

Das war die Anweisung an den Strichlistenführer, einen Strich bei dem Delinquenten anzubringen. Sehr selten wurde auch ein doppelter Pflaumenschmiß konstatiert. Aber auch er selbst stand auf der Liste und bekam seine Striche von uns auf die gegen ihn gerichtete Frage: „ Isser einer". Ein Strich nun war der Gegenwert eines Bommerlunders, später auch einer Flasche Flensburger Pils.

Hatte sich auf der Strichliste genug angesammelt, daß für rund 20 Mann gesorgt schien, dann wurden die beiden samstäglichen Navigationsstunden in die Fähnrichsmesse verlegt, um dort die Liste abzuarbeiten[94]. Da keiner von uns ein Auto hatte, war es ungefährlich, sich einen anzutütern. Bommy unterhielt uns mit gutem Seemannsgarn, und es war dann immer schön bei der Marine.

Hier stellvertretend zwei seiner Geschichten. Er hatte das Flensburger Tageblatt bei sich, schwenkte es erregt in der Luft und berichtete: In der Kneipe „Luv und Lee" an der „Goldküste" hatte es einen peinlichen Zwischenfall mit einem Uniformierten gegeben. Ein angetrunkener Gast hatte einen Gefreiten, der am Tresen stand, von hinten angepinkelt. – Lange Pause, um das Ungeheuerliche sacken zu lassen, dann aber mit größter Lautstärke: „Männer, so was merkt man doch, selbst wenn man einen in der Tinte hat, und bleibt nicht stehen!" Weitere dramatische Pause, dann: „Und wißt Ihr das eigentlich Ungeheuerliche, Männer, was hier in dieser Zeitung steht? An-uri-niert hat er ihn, an-uri-niert!! Ist es noch zu fassen!"

Aus seiner Zeit als Kapitän eines Bananenfrachters berichtete er: „Wir lagen in einer von diesen Bananenrepubliken und wurden beladen. Wir hatten aufgeschnappt, daß es an Land Unruhen und sogar Schießereien gegeben hatte. Unruhig lief ich an Oberdeck auf und ab und hoffte, bald loszukommen.

Als ich wieder einmal an der Stelling vorbeikam, kletterte ein Jungmann mit unsicherem Gang an Bord. Als er mich sah, rief er herausfordernd:

„Herr Kap´tän, das hier ist ein tolles Land, ein Land für junge Leute, hier weht ein frischer Wind!" -

„Wißt ihr, Männer, was ich gemacht habe?" Hier nun mußten wir, damit die Geschichte auch weiterging, im Chor rufen:

„Nein, Herr Kaleu!"

„Ich habe ihm eine gescheuert und dazu gesagt: Mein Junge, der Wind weht schon hier!"

Daß wir in einer Pause die Navigationslehrer in ihrem Lehrerzimmer eingeschlossen haben und in zähen Verhandlungen die Zusage für

---

[94] Damals endete der Wochendienst erst Samstagmittag

zwei Kisten Bier als Preis für das Aufschließen der Tür durch die Ritze unter der Tür zugeschoben bekamen, sei nur erwähnt. Wie auch Bommys Tick, so häufig wie eben vertretbar einen von uns vor die Tafel zu stellen, wo er mit ausgestreckten Armen die Erdachse zeigen mußte.

Ich will abschließend noch einen Zwischenfall schildern, der bis zum Kommandeur reichte. Eines Samstags in der Fähnrichsmesse entstand kurze Ratlosigkeit, als der Strichlistenführer Helmut W. fehlte, denn der lag mit einer Sportverletzung in der Koje. Der Bote, der die Strichliste holen sollte, meldete, daß er sich weigere, die Liste herauszugeben.

„Guter Mann" knurrte Bommy und befahl, ihn mit Liste wie auch immer zu holen.

Louis, ich und ein Dritter sausten los, holten uns beim Hausmeister eine Karre, die uns groß genug schien und schoben mit klappernden und knirschenden Eisenrädern zur Stube 179. Dort packten wir den Strichlistenführer mit Liste und seinem gesamten Kojenzeug im Pyjama auf den Wagen und schoben ihn mit hoher Fahrt sehr geräuschvoll Richtung Fähnrichsmesse. Auf dem letzten geraden Flurabschnitt tauchte wie aus dem Nichts der Kommandeur mit hohem Hut auf. Louis kommandierte:

„Durchhalten!" und schob weiter. So rauschten wir mit hoher Fahrt an dem irritiert guckenden Admiral vorbei.

Ich glaube, daß wir erst richtig auffielen, weil der im Schlafanzug in seinem Kojenzeug sitzende W. im Vorbeifahren auch noch schneidig grüßte. Wir wurden mit gebührendem Applaus empfangen, und die ersten Biere waren in Arbeit, als sich behutsam die Tür öffnete: Der Lehrgruppenkommandeur! Betretenes Schweigen, aber Bommy rettete alles. Mit der offenen Bierflasche in der linken Hand längs der Hosennaht, salutierte er nach einem schneidigen „Ordnung!" und meldete die G3 beim Navigationsunterricht. Der herzensgute Sch. lächelte entschuldigend, hauchte: „Weitermachen!" und verließ leise die Messe.

Der Kapitänleutnant K., unser Dampflehrer, ist mir nur aus einem Erlebnis neben seinem Unterricht in Erinnerung geblieben. Warum gerade er mit dieser schwierigen Aufgabe betraut wurde, weiß ich nicht. Ich kann es mir auch im Nachhinein nicht erklären, aber er machte es gut. Meine Gruppe wurde eines Abends in die Fähnrichsmesse beordert zur Ermittlung des Eichstrichs. Es ging darum herauszufinden, wieviel man trinken konnte, ehe man auffällig wurde. Dazu saßen wir alle um einen langen Tisch und unterhielten uns. Es gab für alle eine erste Flasche Bier.

Dann erläuterte er, daß er mit uns verschiedene Reaktionstests machen würde, damit jeder herausfinden kann, wieviel er „verträgt“. Bei diesem, wie er es nannte „disziplinierten Besäufnis“ tranken wir im Takt, damit wir zu jedem Zeitpunkt die gleiche Menge Bier konsumiert hatten. Die Tests waren unterschiedlich, mal als Gruppe, aber auch einzeln. Wir sangen z. B. das schöne Lied: „Die alten Germanen, sie saßen zu beiden Ufern des Rheins... “

An bestimmten Stellen mußten wir aufspringen oder uns setzen. Dann mußten wir aufspringen, ein Taschentuch herausholen und ein Posaunenspiel imitieren, in dem das Taschentuch im Rhythmus des laut gegrölten „Täterätä!“ ausgezogen oder zusammengeschoben wurde. Jeder, der dabei Fehler machte, hatte seinen Eichstrich erreicht und ihm wurde befohlen, in die Koje zu gehen. So und mit anderen schweren Tests wurde die Gruppe nach und nach reduziert.

Eine größere Schwierigkeit ergab sich, als K. seinen Eichstrich überschritt, er hatte offensichtlich die Standkraft seiner Fähnriche unterschätzt. Ich erinnere nur noch, daß er als einziger unter dem Tisch saß und daß wir nur ab und zu seine Hand sahen, die von unten nach der Flasche tastete. Er nahm aber weiter an unseren Gesprächen teil. Heute würde eine solche Einweisung sicher und zu recht disziplinar geahndet, aber sie war nützlich und auch sehr lustig.

Auch Charly P. war einem ordentlichen Getränksabend nicht abgeneigt. Ich weiß nicht mehr, warum wir feierten, aber es war eine ziemlich große, laute und fröhliche Runde, die dem Bier kräftig zusprach. Mehrmals und mit wachsender Lautstärke sangen wir die inoffizielle Hymne der MSM, den Pepermint-Song, der – witzig bebildert – im Pepermintsaal an den Wänden aufgemalt war. Die einzelnen Kapitel zeigten eigene Überschriften wie: „Pepermint baut die weiße Taube“, „es lebe die weiße Taube“, „Pepermint holt Weiber an Bord“, oder auch „die Rache des Himmels“. Für uns in angeheitertem Zustand ging es aber zuerst um den Refrain, der da lautete:

„Von Frisco bis nach Trinidad,
von Kapstadt bis nach Bergen

herrscht der Pirat Jan Peppermint,

und wir sind seine Schergen.

Wir hau'n auf die Pauke,   – rummms – rummms – rummms-

das ist unser Salut,   – rummms – rummms – rummms-

Jan Peppermint soll leben

und uns're Flagge rot wie Blut!

Nach jedem „Pauke" und jedem „Salut", das wir skandierten, schlug jeder dreimal mit aller Kraft auf die Back oder gegen etwas laut Dröhnendes, und diese drei rhythmischen Paukenschläge dröhnten durch die heiligen Hallen. Jupp K. klimperte dazu am Klavier oder auf einer Gitarre und hatte stets eine brennende Zigarette im Mundwinkel. Charly, der vorgab, sich Sorgen um Jupps Lippen zu machen, griff zu körperlicher Züchtigung, ohne Jupp aber zu beeindrucken.

Bei besonders schönen Festen und so lange noch alle gehen konnten, kam dann manchmal die Pepermint-Polonaise durch die MSM. Unter Führung von Charly P. zogen wir unsere Runde, bogen aber irgendwo falsch ab und waren im PH-Bereich. Aber auch hier hauten wir auf die Pauke, d.h. gegen die Türen, an denen wir vorbeikamen. Eine der Türen öffnete sich plötzlich, und der Rektor der PH stand im Morgenmantel unserem Haufen gegenüber und verwahrte sich in aller Form gegen diese Belästigung. Da aber kam er bei Charly P. gerade recht, der griff den Professor bei den Kragenaufschlägen, schüttelte ihn leicht und sagte: „Tön´ hier nicht so ´rum, du Dünnmann!", schob ihn zurück und schloß die Tür. Nach diesem vermeintlichen Sieg über die PH sangen wir noch lauter und zogen weiter. Wir fanden, daß unser Kompaniechef in Ordnung war. Einige Tage danach hörten wir, daß Charly P. beobachtet wurde, als er mit einem Riechpinsel[95] in der PH verschwand.

Ich will die Beschreibung der MSM in den ersten 18 Monaten nach Wiederauferstehung beschließen mit einigen Geschichten über unseren Artillerie-Lehrer, den Korvettenkapitän N., der – wie schon erwähnt – bei uns Paixhans hieß, aber eben in deutscher Aussprache. Über sein Schlafbedürfnis und die Folgen habe ich schon berichtet.

---

[95] Blumenstrauß

Während des Unterrichtes vermied er es aufzustehen, d.h. er schrieb Formeln oder ähnliche Dinge blind an die Tafel, in dem er den Stuhl nach hinten kippte und über die Schulter kritzelte.

Eines Tages, als ihn das Elend über unser geringes Interesse und unsere Begriffsstutzigkeit lange vor Ende des Unterrichts überwältigte, blickte er wortlos und scheinbar endlos im Hörsaal umher. Dann zeigte er mit der flachen Hand entlang seiner Kehle, bis wohin ihm der Frust reichte, winkte mit beiden Händen in unsere Richtung ab, um anzudeuten, was er von uns hielt. Ehe er wortlos ging, deutete er noch in die Richtung, in die wir verschwinden sollten.

Er konnte aber auch ganz anders. Als wir einen Hörsaal abwechselnd mit der PH benutzten, fand sich bei Beginn unseres Unterrichtes ein abgenutzter Pelzmantel und dazu ein rotes Kopftuch mit weißen Punkten an der Garderobe. Es gelang uns, kurz nach Beginn der ersten Stunde seine Aufmerksamkeit auf diese Sachen zu lenken. Ohne seinen Vortrag zu unterbrechen, schlenderte er darauf zu, warf sich den Mantel über die Schultern und band sich dann das Kopftuch fest unter dem Kinn zusammen. Sein kühnes Profil mit einer hervorragenden Vorausanzeige kam umwerfend zur Geltung. Es sah urkomisch aus!

Er unterrichtete weiter. Ein erster Zwischenfall passierte, als nach kurzem Klopfen ein Gefreiter von der Schreibstube eintrat, um irgendetwas zu melden. N. saß in seiner Aufmachung hinter dem Tisch und blickte ihm erwartungsvoll und völlig ungerührt entgegen. Es dauerte einen Augenblick, bis dem Gefreiten aufging, wen er da sah. Er brach in lautes Gelächter aus – und ging, ohne etwas gemeldet zu haben.

Unbeeindruckt machte N. weiter, bis es erneut klopfte. Nun aber erschien eine Studentin, blickte irritiert umher, zeigte auf N. und meinte wohl ihre Sachen. Nun erwachte unser Lehrer zu neuem Leben: „Meine Herren, einen Stuhl für die Dame!", eilte selbst hin und bot ihr Hilfe beim Platznehmen an.

Die Verwirrung des recht ansehnlichen Mädchens wuchs ständig, als N. seine Freude über ihren Besuch elegant formulierte, sie fragte, was er für sie tun könne, ohne dabei seine Verkleidung abzulegen. Er ließ ihr auch keine Gelegenheit zu antworten, redete immer weiter, und sie zeigte nur immer wieder auf ihre Sachen. Wir waren vor Lachen völlig erschöpft und schließlich lachte unser Gast mit. N. lieferte, als verstünde er erst jetzt, was sie auf dem Herzen hatte, seine Verkleidung ab und brachte sie unter liebenswürdigen Komplimenten bis auf den Flur.

Obwohl es uns durch unseren Bolzen gelungen war, die Prüfung zu verkürzen, bekam ich zur Seeoffizierhauptprüfung zwei „Mündliche" aufgebrummt, einmal in Elektrotechnik und in Artillerie. Während dank der erfolgreichen Bemühungen von G. kaum elektrische Probleme bestanden, war das in Artillerie anders. Ich bekam die an sich nicht schwierige Aufgabe, die verschiedenen für das Schießen bei einem Passiergefecht relevanten Winde in ihre Komponenten zu zerlegen und mit einer Skizze an der Tafel zu erläutern. Während ich an der Tafel bunte Pfeile zeichnete, unterhielt N. die Prüfungskommission mit launigen Geschichten; man muß sagen, er lenkte sie ab. Dann trat er mit wohlwollenden Bemerkungen an die Tafel und stellte sich so, daß er die Maling verdeckte. Während er mich in den höchsten Tönen lobte, berichtigte er meine Fehler und flüsterte mir zu: „Die haben alle keine Ahnung!" Ich meine, daß ich mit einer glatten 2 in Artillerie die MSM verließ. Für seine kameradschaftliche Nachsicht bin ich ihm dankbar.

Ich meine, daß bei aller Einseitigkeit und auch Unvollständigkeit so doch ein Bild der MSM im ersten Jahr unserer Marine entsteht. Nachdem ich mit Ach und Krach die abschließende Seeoffizierhauptprüfung bestanden hatte, verließ ich die Schule.

Ich hatte bei jeder späteren Rückkehr ein mir selbst kaum erkliches schlechtes Gewissen wie bei fehlenden Hausaufgaben. Das Gesamtergebnis dieses Jahres wurde nach einem Schlüssel errechnet, den ich nicht mehr genau erinnern kann. Ich weiß jedoch, daß es eine Note gab, die an Gewicht und Bedeutung alle Fachnoten übertraf, ich meine, daß sie Diensttüchtigkeit oder so genannt wurde. Während die Hauptfächer mit 3 multipliziert wurden, war hier der Faktor höher, wahrscheinlich 6 oder sogar 12. Für eine 1 z.B. in Navigation gab es drei, für 2 gab es 2 und für eine drei gab es 1 Punkt. Das wurde dann mit drei multipliziert und ergab das Fachergebnis. Eine 4 brachte null Punkte, bei 5 oder gar 6 wurden entsprechend viele Punkte abgezogen. In den Fächern der 2. Kategorie galt der Faktor 2 und in den Nebenfächern nur noch 1.

Mein G.O. gab mir in Diensttüchtigkeit eine 4 minus, was einen empfindlichen Punktabzug brachte. So landete ich zu Recht unter den letzten meiner Crew in der Abschluß-Rangfolge, obwohl ich kaum schlechte

Noten hatte. Heute bin ich mir ziemlich sicher, daß K. in seiner Beurteilung richtig lag. Damals machte ich mir kurz Sorgen und hoffte dann, bald alles ausgleichen zu können.

Von der MSM gingen wir zum ersten Bordkommando, um den Schulgeruch abzulegen und zu sehen, wie unsere künftigen Aufgaben aussehen.

Kapitel 2

Leutnant bis Kapitänleutnant

Schnelles Minensuchboot „Spica"

Spica ist lateinisch und bedeutet die Ähre. Aus Bommies Unterricht wußte ich auch, daß ein Stern aus dem Sternbild Jungfrau so heißt. So hieß aber auch mein allererstes richtiges Bordkommando, und es war von der MSM zu Fuß zu erreichen, denn das 1. (schnelle) Minensuchgeschwader lag im Mürwiker Marinestützpunkt. Irgendjemand drückte mir einen Zettel in die Hand und darauf stand „SC". Bei früheren Spaziergängen hatte ich gesehen, daß der Brückenaufbau der Räumboote seitlich eine Buchstabenbezeichnung führte. Es war das erste Geschwader der jungen Bundesmarine und wurde mit unserem Eintritt in die Marine in Dienst gestellt. Als Rekruten traten wir in Wilhelmshaven an der Schleuse an, als die ersten vier Boote dort zum ersten Mal einliefen.

Am 29. Februar 1956 rannte ich mehr als ich ging zum Hafen, denn meine Neugier und meine freudige Erwartung waren fast unerträglich. Die R-Boote[96] lagen dort im Dreierpäckchen und nach langem Suchen fand ich SC auf dem letzten Außenboot. Als Fähnrich kam ich ohne Zeremoniell an Bord und fand auch einen Maaten, der mich zur Kommandantenkammer brachte. Ein Kapitänleutnant saß vor einer Tasse Kaffee und blickte mir freundlich und wenn ich mich recht erinnere auch etwas gequält entgegen.

Ich haspelte meine Meldung herunter, der Kommandant sagte: „Tach, Fähnlein! Setz dich hin!" Er zauberte eine Tasse von irgendwo her, schenkte mir ein und schob mir eine riesengroße Dose mit Kondensmilch über das Bettlaken zu, das die Tischdecke ersetzte. „Willst du Kommandant werden?", fragte er mich unvermittelt mit freundlichem Gesichtsausdruck und sah mich erwartungsvoll an.

Mühsam erholte ich mich von meiner Verblüffung: „Jawoll, Herr Kaleu!" „Gut, gut, das trifft sich gut, dann tu so, als ob ich nicht da wäre!"

---

[96] (Minen) Räumboote

und fiel in sein Polster zurück. Mit einer minimalen Handbewegung entließ er mich, und ich ließ den gut riechenden Kaffee stehen.

Vor der Kammer wartete ein Bootsmann auf mich, stellte sich vor als Seemännische Nr. 1 und zeigte mir ein winziges Schapp gegenüber vom K-Raum[97] mit zwei Kojen: „Das ist Ihre Kammer, da wir keine WOs haben, wohnen sie dort ganz allein." Nach flüchtiger Schätzung blieb vor den Kojen 2 m² Platz. Alles war in Holz, toll eingebaut und sah recht gemütlich aus. Er war der erste, der >>Herr Fähnrich<< zu mir sagte; Donnerwetter, es gefiel mir. Dann zeigte er auf zwei weitere Kammern: „Da wohne ich und gegenüber der LM[98]." Dann zeigte er auf das Schott, das mit >>Kptlt. T.<< beschriftet war, „und das da ist gleichzeitig die Offizier- und PUO[99]-Messe!" Ich dachte, ich höre nicht richtig, denn selbst auf der „Eider" hatte der Kommandant eine schöne Kammer, größer als die O-Messe.

Er gab mir einen Seemann mit, und wir tigerten los, um meine Klamotten an Bord zu holen. Unterwegs begegneten mir mehrere Crewkameraden, die auch beim 1. M gelandet waren. Wie ich später erfuhr, waren wir zu Zehnt, je Boot einer. Ich war sehr stolz und fühlte mich bereits als Seemann.

Mit dem Zinksarg auf der Koje stopfte ich meine Habseligkeiten in die verschiedenen Schränkchen und Schubladen. „Fännlein" tönte eine Stimme, „Backen und Banken!" Nach zwei Schritten hatte ich die Messe erreicht, wo außer dem Kommandanten neben der Nr. 1 – so wurde er auch angeredet – ein Stabsbootsmann saß. Er verlagerte ganz leicht das Gewicht nach vorn, streckte mir die Hand über die Back entgegen und sagte knapp: „LM!" Mit größter Mühe bewahrte ich einen unauffälligen Gesichtsausdruck, denn der LM hatte nicht nur eine blitzblanke Glatze, sondern überhaupt kein Haar am Kopf, weder Augenbrauen noch Wimpern oder gar Bart[100]. Während des Essens wies der Kommandant die beiden an, mir am nächsten Tag eine gründliche Bootseinweisung zu verpas-

---

[97] Kommandantenkammer

[98] Leitender Maschinist

[99] Portepee-Unteroffizier = Feldwebel

[100] später erfuhr ich, daß er im Kriege auf einem UBoot mit Batteriesäure überschüttet wurde

sen. „Übermorgen geht's nach Kiel!", fügte er ohne sonderliche Begeisterung hinzu.

Das Minenräumboot „Spica" war kriegsgedient aus dem Baujahr 1943. Es verdrängte 150 ts bei 41 m Länge, 6 m Breite und 1,6 m Tiefgang. Ursprünglich liefen die R-Boote mal 24 kn, jetzt nur noch 19 kn und waren im Kriege z.T. bis an die Zähne bewaffnet. „Spica" gehörte zu den „großen" R-Booten, denn es gab auch welche mit nur 120 ts, die aber fast genauso aussahen. Unser Boot hatte eine 20 mm Kanone auf dem Vorschiff, ein „Anklopfgerät", wie die Nr. 1 höchst verächtlich bemerkte.

Ich ließ mir meine Begeisterung durch nichts nehmen und fand alles toll. Der Antrieb war ein Voith-Schneider, was mir nichts sagte, besser: noch nichts sagte. Zur Besatzung gehörten 28 Mann, darunter 2 Wachoffiziere. Wir hatten ca. 24 Mann, und ich war alle Wachoffiziere...

Am übernächsten Morgen erschien ich rechtzeitig an Deck und stand fast überall im Wege. Mir schien alles durcheinander zu laufen, aber ich hörte kaum einen Befehl, alles lief wie von allein. Mit Husten und Keuchen und riesigem Lärm erwachten die Antriebsdiesel und hüllten alles in eine stinkende Abgaswolke, alle anderen Boote machten mit. Die Kommandanten versammelten sich zwanglos auf der Pier, jeder in einem anderen Anzug und nur an den ehemals weißen Mützen zu erkennen.

Plötzlich stand der LM vor mir und meldete schneidig seinen Abschnitt seeklar, kurz danach der Schmadding mit der Meldung für das Boot. Dann überreichte er mir eine Batteriepfeife mit einem toll geknoteten Bändsel und sagte: „Los, ab dafür auf die Brücke, bis der Kommandant kommt, und dann melden!" Ich will diese Reise mit vielen Details schildern, weil es die Art zu fahren am besten deutlich macht, vor allem aber, weil es mein erster Versuch war, ein Kriegsschiff zu bewegen.

In dem winzigen Steuerstand wimmelte es von Leuten in den unwahrscheinlichsten Anzügen, alle waren freundlich, aber desinteressiert. Mehrere schrieen plötzlich: „Signal!" und auf allen Booten wurde ein Signal gesetzt, dessen unterste Flagge schon fast auf dem Belegnagel saß. Aber offenkundig war ich der einzige, der nicht wußte, was es bedeutet. „Ablegen zugleich!", schrie dann jemand. Der Kommandant erschien, jemand kommandierte: „Brücke Ordnung!", und ich setzte zur Meldung an. Der Kommandant winkte ab und sagte: „Nun man los, Fännlein!"

Ich wußte, daß ich nun zügig dem Ende meiner Seefahrtslaufbahn entgegentaumelte, denn ich wußte nicht, was ich tun sollte. Kommandant, LM und Nr. 1 lehnten einträchtig nebeneinander an der Rückwand des Steuerstandes. Obwohl ich andere Sorgen hatte, fiel mir auf, daß der Kommandant einen eleganten, sauberen, weißen Seidenschal zur Uniform trug und ein großes Wasserglas in der Hand hielt. Dann brach die Hölle los: „Nieder!" schrieen viele Stimmen – auch auf den Nachbarbooten. In der Nock neben mir stand mein Crewkamerad Louis, pfiff lang – lang – zwei kurz und kommandierte, als hätte er nie etwas anderes gemacht:

„Vorn und achtern alles los und ein!" In meiner Panik pfiff ich dasselbe und stieß dasselbe Kommando aus. Wie durch Zauber verschwanden unsere letzten Leinen. Louis und dann auch ich pfiffen das Manöver ab. Wieder hörte ich von irgendwo, daß die Seeflagge gesetzt sei.

„Backbord 10, beide zurück Kleine!", erst von Louis, dann von mir und plötzlich fuhr das ganze Geschwader rückwärts durch den Hafen – und wir auch! Auf allen Booten wurde rote, grüne und gelbe Fahnen geschwenkt, alle Typhons tuteten gleichzeitig, aber nicht synchron drei mal kurz, es war ein Inferno gehüllt in Unmengen von Dieselqualm.

Mein kleiner Vorteil, als Außenboot nur auf einer Seite in unmittelbarer Kollisionsgefahr zu sein schwand zügig, als ich Platz genug gewonnen hatte, um zu wenden. Schon beim Pinaßfahren und auch auf dem FL-Boot mußte ich mich sehr konzentrieren, wenn ich bei Rückwärtsfahrt Ruder legen sollte. Da ich nun nach Backbord drehen wollte, entschloß ich mich nach scharfem Nachdenken zu: „Steuerbord 20!" Prompt brüllte einer: „Rot wedeln!" und wir drehten nach steuerbord. Beide voraus Kleine stoppten das Boot, und bei Vorwärtsfahrt war es dann fast einfacher als auf dem FL-Boot. „Die Nr. 1 flüsterte mir zu: „Wir sind taktische Nummer letzte" und: „Lassen Sie wegtreten!"

Vor mir im blauen Dieseldunst spielten sich haarsträubende Situationen ab, dann kam eine endlose Reihe von Flaggensignalen, die aber nur mich aufregten. Inzwischen hatte ich in dem Haufen von Verkleideten einen Signalmaaten entdeckt, den ich nun einspannte. Plötzlich war der Abstand zum Vordermann sehr gering. Ich mußte stoppen, also: „Beide Maschinen zurück Kleine!" Das Boot stoppte so abrupt und nahm Rückwärtsfahrt auf, daß alle an Oberdeck fluchten, und ich mich erschrak. Als ich mich irritiert nach der immer noch unberührt an der Rückwand lehnenden Schiffsführung umsah, nickte der Kommandant mir ermutigend zu, und der LM sagte: „Voith-Schneider". Aha? Was sollte das bloß? Die Nr. 1 zeigte mit beiden Zeigefingern unauffällig voraus. „Beide Maschinen voraus Kleine!", und wie ein Sportwagen zog das Boot an. Die befohlene Kiellinie bestand aus einem Mêlée von Booten auf verschiedensten Kursen. Überall waren offensichtlich meine Crewkameraden am Werk, und der befohlene Abstand von 100 yds. war nicht zu machen. Wortlos reichte mir jemand ein Stückchen Holz mit einem eingelassenen Glasfensterchen. Eine 100 war aufgestempelt. Was sollte das nun wieder? Was hatten die uns auf der MSM eigentlich für einen nutzlosen Unsinn beigebracht?

Als ich dieses Spielzeug kommentarlos und ohne zu gucken in den Steuerstand hielt, nahm es mir auch jemand ab. Plötzlich meldete jemand den Abstand zum Vordermann. Als ich unauffällig guckte, sah ich einen Seemann, der das Spielzeug in der ausgestreckten Hand auf den Vordermann richtete und meldete: „Abstand nimmt zu!" Das war dann wohl ein „Knochen", von dem ich schon mal gehört hatte, mit dem man ohne Radar den Abstand messen konnte. So klein und unscheinbar, das überraschte mich. „Ausscheiden mit Wedeln", befahl irgendjemand, und die Seeleute in den Winkernocken packten ihre Fahnen ein und verschwanden.

Langsam kehrte auf unserem Boot und auch in unserer Umgebung Ruhe ein, und zum ersten Mal machte ich mir Gedanken über unseren Standort. Dabei wurde mir klar, daß ich überhaupt noch keinen Kurs befohlen hatte. Ach, du heiliger Strohsack! Trotz nur 10 kn waren wir längst an der MSM vorbei und auch an Glücksburg. Der Rudergänger steuerte Kielwasser Vordermann, es war ganz einfach für mich. Die Pappelallee[101] sorgte schließlich für Ordnung, selbst mein Kommandant sagte einmal aus der Steuerbordnock: „Noch nicht andrehen, Fännlein, abwarten!" Als er dann nickte, drehten wir wieder in das Kielwasser Vordermann.

Als wir die Außenförde erreichten, lief das Führerboot 15 kn, während ich ständig zwischen Stopp und Alle Allee[102] wechseln mußte, weil sich die Fehler meiner Vorderleute bis zu mir auf das Wildeste addierten. Aber ich gewann Sicherheit, und es machte mit jeder Meile mehr Spaß.

---

[101] Stück des Weges nach Holnis, das eng mit Tonnen und Pricken gesteckt ist
[102] zweithöchste Fahrtstufe = alle Maschinen alle Kraft voraus

Nun fand ich sogar Zeit, mal eben im Kartenschapp[103] auf die Karte zu gucken, mehr um zu zeigen, daß ich alles im Griff hatte als wegen der navigatorischen Sicherheit. Vor lauter Aufregung habe ich auch kaum etwas gesehen. Mein Kommandant schien zu schlafen, als er mit geschlossenen Augen sein Gesicht in die Sonne hielt. Ich wußte, daß ich den richtigen Beruf ergriffen hatte.

Dann erschienen der LM und die Nr. 1 auf der Brücke und der LM hatte irgendein Buch mit technischen Zeichnungen bei sich, um mir Voith-Schneider zu erklären. „Der Schmadding paßt so lange auf – er hat das Boot gefahren, ehe sie kamen." Und dann bekam ich eine Vorstellung davon, wie ein Bootsantrieb ohne Schiffsschrauben funktioniert und warum beim Rückwärtsfahren alles anders ist als bei Propellerantrieb. In den Minuten nach dem Ablegen hatte ich von irgendwelchen anderen WOs Ruderkommandos gehört, die ich für unverständliche Fähnrichsfehler hielt wie >>Steuerbord 40<< oder gar >>Backbord 90<<! Unser Boot, so lernte ich jetzt, hatte gar kein Ruder, vielmehr wurden die senkrechten Antriebsblätter so verstellt, daß die „Ruderwirkung" entstand. Wir konnten sogar traversieren, d.h. quer fahren. Das habe ich nicht ganz geglaubt, aber auf keinen Fall verstanden.

Während der Fahrt war der Signalmaat immer wieder beschäftigt, mit Winkflaggen Sprüche vom Vordermann anzunehmen oder auch zu beantworten. Er meldete immer dem Kommandanten, aber laut genug, daß ich auch etwas aufschnappen konnte. Fast alle Texte fingen mit K an K[104] an, und langsam merkte ich, daß die Übungen auf der „Eider" sehr nützlich waren, denn ich konnte einiges mitlesen und wurde von Spruch zu Spruch besser. Wir passierten das Feuerschiff, das damals noch vor der Förde lag, und schwenkten nach Süden. Die Navigation, für die wir einen Maaten hatten, schien mir denkbar einfach, denn es wurden nur Seezeichen und Landmarken abgehakt wie: „Feuerschiff Kalkgrund backbord querab!" oder „Marinesignalstation Falshöft steuerbord querab!"

Mit 15 kn rauschten wir nach Süden, vorbei an Kiel Feuerschiff, meine allererste Front für Laboe und dann die Friedrichsorter Enge, in der immer ein großer Dampfer im Wege ist und der Tirpitzhafen in der Wik.

---

[103] Kartenraum vorlich des Steuerstandes, in dem auch die meisten Brückenutensilien lagerten
[104] Kommandant an Kommandant

Kurz vor den Molenköpfen wurde die Kiellinie aufgelöst, und ich konnte als Letzter alle anderen bei Anlegen beobachten. Ich legte an, nachdem mir die Flagge „India" das Signal dafür gab. Die Schiffsführung lehnte auf einmal wieder an der Rückwand des Steuerstandes, und ich hörte den Kommandanten, aber ohne Ungeduld: „Nu man los, Fännlein!"

Ehe ich mich versah, lagen wir längsseits, und ich pfiff ab. Es war ein tadelloser Anlauf. Später aber wußte ich ziemlich sicher, daß weder Rudergänger noch Posten Maschinentelegraph meine Kommandos wirklich beachtet haben. Sie haben wohl – wie immer – angelegt. Ich stand ja in der Nock und hatte so eine Art Staubsaugerschlauch mit Mundstück aus Messing, der mich mit dem Steuerstand verband; sehen konnte ich da unten keinen, wahrscheinlich war das gut so.

Ich meldete das Boot fest, und der Kommandant zeigte sich recht zufrieden. Ich war um mehrere Zentimeter gewachsen und mochte kaum die Brücke verlassen. Später traf ich mehrere Crewkameraden auf der Pier, es gab sehr viel zu erzählen, und wir beschlossen einen Landgang. In einer nahen Kneipe wurden Erlebnisse und Erkenntnisse ausgetauscht. Als Detail ist mir nur im Gedächtnis geblieben, daß einer berichtete, während der Seefahrt vom Kommandanten in die Maschine geschickt worden zu sein, um den großen Kompaßschlüssel zu holen. Davon hatte noch keiner gehört, was aber nicht allzu viel besagte. Ihm wurde ein riesiger, bleischwerer Schraubenschlüssel ausgehändigt, den er dann in den Steuerstand und bis ins Kartenschapp schleppte. Dort wurde er mit schadenfreudigem Gelächter begrüßt und ohne Dank zurückgeschickt. Keiner jedoch schien so viel Glück gehabt zu haben wie ich, es hat mir wohl auch keiner geglaubt.

Die Rückfahrt zwei oder drei Tage später verlief in wesentlich geordneteren Bahnen, die Nr. 1 stand bereit, falls ich mal verfangen[105] werden mußte. Viele unfreundliche Kommentare und Bemerkungen, aber kein Wort vom Kommandanten brachte mir ein warnungsloses Rückwärtskommando ein, mit dem ich während des Mittagessens eine Ramming mit unserem Vordermann vermied und dabei an mehreren Stellen abbackte.[106] Inzwischen saß ich in der Steuerbordnock, solange der Kommandant nicht auf der Brücke war, fummelte mit dem 100 m-Knochen herum und fand

---

[105] ablösen und für kurze Zeit vertreten
[106] das Eßgeschirr abbackte

meinen Beruf und mich toll. Der Kommandant ruhte[107] im Schlauchboot, das auf dem Maschinenskylight festgelascht war und eine gute Polsterung aus Bundeswehrdecken aufwies. Das Wasserglas beim Auslaufen, so hatte ich herausgefunden, enthielt Sekt mit einigen Tropfen Angustora.

Für eine kurze Werftliegezeit verlegte die „Spica" nach Bremerhaven, wo das Boot ohne viel Federlesens von einem Riesenkran aus dem Wasser gehoben und auf einer Holzpallung auf der Pier abgesetzt wurde.

An einem Samstagmittag nach Dienstausscheiden saß ich in Uniform an Oberdeck und überlegte, was mit dem Wochenende in Bremerhaven anzufangen wäre. Der Rest der Besatzung zog sich gerade Zivil an, als ich zu meinem Entsetzen eine goldübersäte Marinemütze über der Reling auftauchen sah. Tatsächlich, ein leibhaftiger Admiral kletterte die lange Leiter hoch und stand kurz danach bei uns an Deck: Der Flottenchef! „Melden macht frei!" hatte ich inzwischen sicher gelernt, aber fast ungeduldig drängte der Admiral an mir vorbei und kletterte den Niedergang ins Achterschiff hinunter.

Vorbei an der Kombüse strebte er ins Hauptgefreitendeck, wo sich in der Enge mindestens drei Mann gleichzeitig umzogen. Als ich in Hörweite war, saß der Befehlshaber schon auf einer Backskiste und redete mit den Soldaten. Er wollte wissen, warum keiner in Uniform an Land ging. Er war nett, verständnisvoll und väterlich, so daß die Seeleute während dieses Gespräches ihre Anzüge komplettierten und ihm nebenbei erklärten, daß das in Bremerhaven viel zu gefährlich sei, weil man überall gejagt würde. Auch hier redete J. seine Gesprächspartner mit >> Kerlchen<< oder >> Jungchen<< an, und ich konnte auch hören, warum er >> Änne-Änne << genannt wurde. Viele Sätze begann er mit diesem merkwürdigen Geräusch.

Er ließ sich von den Seeleuten überzeugen, nickte mir zu, stand auf und verließ ohne weitere Umstände das Boot. Nachdem auf der MSM einmal ein Crewkamerad wegen der Eintragung im Wachmeldebuch: „Während der Wache erschien der Inspekteur der Marine nicht" in große Schwierigkeiten gekommen war, trug ich nun dieses besondere Vorkommnis ein. Als der Kommandant am Montag die Eintragung las, forderte er mich nachsichtig auf, im Wachmeldebuch keinen Schabernack zu treiben.

---

[107] in See schlafen Kommandanten nie, sie ruhen, selbst wenn sie schlafen

112

Zum Anfang Juni sollte unser Geschwader als allererster deutscher Verband assigniert[108] werden, und wir waren verunsichert, warum die NATO ausgerechnet unsere winzigen Boote brauchen sollte. Aber gut waren wir ja, das wußte die NATO dann wohl auch. Allerdings waren wir eine Woche früher in der westlichen Ostsee einem Sowjetischen Kreuzer der Sverdlov-Klasse[109] begegnet und so dicht daran vorbeigefahren, daß wir unendlich lange im Schatten waren. Wir alle waren sichtlich beeindruckt und zweifelten, wenn auch kurz, an unseren Chancen im nächsten Krieg. Als erster sichtbarer Schritt in eine bessere Zukunft wurde ein UHF-Sprechfunk Gerät AN/ARC-34 auf allen Booten eingebaut; außerdem hatten ja schon zwei unserer Boote ein Navigationsradar KH 14. Einige Tage später lieferte ein Kurier einen dicken DIN A4-Ordner ab, der wegen seiner Einstufung NATO-Confidential höchste Beachtung verdiente.

Dieses Konvolut hieß ACP 175[110] und bestand aus mehreren hundert hektographierten Seiten mit deutschem Text und vielen leeren Rechtecken[111]. Keiner an Bord und wohl auch keiner aus dem Stab hatte die geringste Ahnung, um was es sich handelte, was man damit machen konnte oder sollte. Herumblättern brachte keine Erleuchtung, weil offensichtlich alle Skizzen weggelassen wurden. Etwas ungehalten wirkte mein Kommandant, als ich auf seine Frage beichtete, das Buch noch nie gesehen zu haben. „Was haben sie denn bloß in Mürwik[112] gelernt?" Fast vorwurfsvoll hielt er mir eine Seite unter die Nase: „Was soll das bloß?" Da las ich: Reorientieren sie den Schirm nach Methode Rum. Das fragte ich mich dann auch. Das Buch kam unter Verschluß und war auch, da nutzlos, bald vergessen. Keiner wußte, daß es sich um das NATO-Signalbuch handelte.

Ende März wurden die Fähnriche auf dem Vorschiff eines R-Bootes zusammengeholt. Ein kleiner, uns unbekannter Kaleu aus dem Stab ließ uns mehr schlecht als recht in einer Linie antreten und erklärte dann:

---

[108] der NATO für Einsätze zugewiesen

[109] knapp 20.000ts, 210 m lang

[110] Allied Communications Publication 175 = Signalbuch

[111] NATO-SIGNALBUCH, ohne Zeichnungen, heute ATP 1 Vol. II

[112] gemeint war die MSM

„Hiermit befördere ich sie zum Leutnant zu See. Rührt Euch!"
Während er die Urkunden verteilte, lief um uns herum der normale
Dienstbetrieb weiter.

Fast normal, aber nicht ganz, denn als wir nun auf unsere Boote
zurückgehen wollten, wurden wir mit „Seite"[113] überrascht. Irgendjemand
hatte also die Wache gewahrschaut[114], die in diesem Fall gerne pfiff, weil
die erste Seite mit einem Kasten Bier zu „bezahlen" war. Bei 10 Mann auf
einen Schlag lohnte sich das wahrhaftig.

Als ich mich später mit einigen Kameraden unterhielt, fanden wir
die Beförderung sehr stillos, nicht nur verglichen mit unserer Beförderung
zum Fähnrich, sondern auch mit allen früheren. Mit einer gewissen Genugtuung berichtete einer von uns, daß der Kaleu den Spitznamen „Pipi-
fax" hatte. Jahrzehnte später – ich war Amtschef Marineamt – heiratete er
meine Vorzimmerdame, die ihn um mindestens 25 cm überragte; das fand
ich gerecht, aber viel zu spät.

In unserer sogenannten Messe auf der „Spica" fand ich nur die Nr.
1, die auf mich wartete und eine Flasche zollfreien Sekt geköpft hatte. Er
prostete mir zu und war der erste, der „Herr Leutnant" zu mir sagte.

Am 1. April liefen wir dann alle mit unseren neuen Jacketts herum
und versuchten, uns an die neuen Mützen zu gewöhnen. Ein Läufer überbrachte mir den Befehl des Geschwaderkommandeurs, uns in der Messe
der „Oste" einzufinden. Die „Oste" sah so ähnlich aus wie ein Schlepper
und verdrängte ungefähr 600 ts. Sie fungierte als Tender für unser Geschwader und wurde liebevoll „Geschwaderbremse" genannt. Kommandant war Kptlt. K., genannt Moonface, ein geachteter und bei uns beliebter
Offizier.

Geschwaderkommandeur war Korvettenkapitän A., Kapitänleutnant Hermann B. war S 3 oder so. Die meisten Kommandanten waren
auch schon anwesend, und es wurde bereits heftig gefeiert und getrunken.
Außer Kptlt. B. gratulierte mir niemand. Nachdem uns jemand gesagt hatte, daß unsere Beförderung gefeiert würde, ließ ich mir auch ein Bier bringen. Dann verkündete jemand, daß die Frischbeförderten den Umtrunk
für alle zu bezahlen hätten, und meine Begeisterung sank noch tiefer. Ich

---

[113] Bordzeremoniell für Offiziere beim An- und Vonbordgehen
[114] informiert

habe immer gern gefeiert, war aber pikiert, daß ich und auch die anderen Leutnante nur zum Bezahlen einbestellt wurden. Die Feier entwickelte sich zügig zu einer rustikalen Besäufnis, und ich nutzte die erste Gelegenheit, mich aus dem Staube zu machen.

Eines schönen Abends stand plötzlich K., mein ehemaliger Gruppenstrumpf, im Schott, während ich als WO[115] in der Messe saß. „Ich suche den Kommandanten" teilte er mir mit. „Und ich dachte, Sie wollen sich bei mir an Bord melden", war meine Antwort. Darauf ging er wieder von Bord.

Am nächsten Wochenende fuhren Louis und ich nach Kiel in sein Elternhaus. Louis' Vater in voller Uniform gratulierte uns herzlich, begoß unsere neuen Kolbenringe mit ein paar Tropfen Sekt und warf mit ein paar launigen Sätzen einen Blick in unsere Zukunft. Es war eine sehr herzliche Atmosphäre.

Bis dahin hatte ich seit meinem Dienstantritt noch kein Wort mit dem Kommandeur oder auch mit dem S 3 gewechselt. Das sollte sich ändern, als ich eines Abends an Bord kam und mir aus der sogenannten Messe fröhliche Stimmen entgegenschallten. Der Geschwader-kommandeur mit Frau und mein Crewkamerad Lutz L. saßen schon in der Messe, als ich ankam. Es wurde wieder einmal ordentlich gezecht, wobei mein Kommandant wohl nur so tat, denn ich habe ihn nie alkoholisiert gesehen. Frau A. führte das Wort und schien zunehmend an uns Leutnanten Gefallen zu finden. Sie wurde unter dem Tisch, aber kaum verhohlen bei Lutz und mir handgreiflich, um uns schließlich einzuladen, sie doch zu besuchen, wenn ihr Mann mal nicht da ist. Der Kommandeur ließ nicht erkennen, ob er etwas davon mitbekommen hatte, obwohl er in dem engen Schapp direkt daneben saß. Es war eine unerträglich peinliche und auch schwierige Situation.

Bald heiratete Louis in Bad Godesberg, und ich war sein Trauzeuge. Als Louis sich nach den drei Tagen Sonderurlaub, die für Familienfeiern normal waren, mit uns WOs auf der Pier traf, kam vor dem Ablegen unser Geschwaderkommandeur vorbei. Louis meldete sich aus dem Urlaub zurück und als neuverheiratet. Der Kommandeur gratulierte nicht, machte aber eine verletzende und unmögliche Bemerkung über Louis'

---

[115] Wachhabender Offizier

Frau. Louis sah rot, und wir alle hielten ihn fest, um ihn daran zu hindern, den Kommandeur zu erschlagen. Bis zum Ablegen paßten wir auf ihn auf.

Ich meine, daß wir in Cuxhaven lagen und dann zu unserem ersten NATO-Manöver in die Nordsee ausliefen. Zu keinem Zeitpunkt hatten wir irgendeine Vorstellung davon, was wir machen sollten. Ein ununterbrochener Strom von Funksprüchen ergoß sich über uns, und verursachte ein ungutes Gefühl. Mein Kommandant war aber unverdrossen und sagte: „Bloß dranbleiben, nicht den Anschluß verlieren!" Er war – wie auch alle übrigen Kommandanten und Unteroffiziere – kriegserfahren und deshalb so leicht nicht zu erschüttern.

Als das Wetter sich verschlechterte, liefen wir Helgoland an und suchten Schutz im Außenhafen an der Ostkaje. Dort sah es noch genau so trostlos aus wie bei unserem Besuch mit der „Eider" 1956. Natürlich gingen wir auch an Land, waren aber absolut unerwünscht und wurden fast überall angepöbelt.

Aber wir fanden doch Kneipen, in denen wir mit schrecklichen Getränken wie z.B. Eiergrog oder Schnaps aus einer Flasche mit drei Farben traktiert wurden. Als der Wind etwas abflaute, liefen wir wieder aus und gingen ordentlich zur Kehr[116].

Im Dunkeln kam es zu einer schweren Kollision zwischen zweien unserer Boote. Ich glaube, es war die „Regulus", die mitschiffs mit hoher Fahrt gerammt wurde. Es war finster, und es wehte heftig, als „Spica" und ein weiteres Boot den Befehl erhielten, „Regulus" zu unterfangen[117] und so vor dem Sinken zu bewahren. In dieser Nacht habe ich seemännisch mehr gelernt als in Monaten auf der „Eider". Mein Kommandant war sehr gut und hatte alles fest im Griff. Als die Leinen belegt waren, schlichen wir mit diesem Dreierpäckchen in den Außenhafen von Helgoland, wo die „Regulus" notdürftig abgedichtet wurde. Bei Tageslicht sah man ein großes Loch bis zur Wasserlinie. Großes Glück, daß niemand zu Schaden kam, keiner der Älteren zeigte Aufregung oder Betroffenheit, so etwas passiert schon mal, wenn man nachts bei schlechtem Wetter ohne Radar zur See fährt und auf 100 yds. Abstand besteht.

---

[116] das Boot stampft und rollt, wird kräftig durchgeschüttelt

[117] zwei Boote nehmen den Havaristen zwischen sich, scheren Leinen unter dem Rumpf durch, auf denen dann der Havarist hängt

Im Verlauf des nächsten Tages entwickelte sich ein kräftiger Südweststurm, der uns mit hohen Wellen auf die Ostkaje setzte. Hier konnten wir dann lernen, was der Seemann unter „Leegerwall" (auch Küste, auf die der Wind setzt) versteht. In den Südhafen ließen uns die Helgoländer nicht, das war ja ein Schutzhafen nur für die Fischer, von denen aber kaum einer einlief. Hier habe ich dann den Wert von Leckstützbalken erfahren, nicht weil wir ein Leck hatten, sondern weil wir die Balken senkrecht zwischen die Boote hingen, nachdem alle Fender abgerissen oder verschlissen waren, um zu verhindern, daß sich die Scheuerleisten gegenseitig herausrissen. Als die Leckstützbalken des Geschwaders verschlissen waren, ließ auch der Wind nach. Kein Boot kam ohne Schaden davon, aber am nächsten Morgen liefen wir wieder aus, nachdem ein Wetterboot klargezeigt hatte, und es langsam aufklarte (Sicht- oder auch Wetterverbesserung).

Irgendwann danach fuhren wir bei schönem Wetter hinter einem anderen R-Boot vor den ostfriesischen Inseln mit flotter Fahrt von einer Ratlosigkeit in die andere, denn auch unser Rottenführer hatte keine Ahnung. Wir trafen zwei andere Boote des Geschwaders, die ebenfalls mit flotter Fahrt unterwegs waren. Auch sie wußten nicht, wo sie sein sollten oder was von Ihnen erwartet wurde.

Nach Manöverende sollten wir in Wilhelmshaven einlaufen, das wußten wir. Vorher war eine „Flottenparade" geplant, in der alle deutschen Einheiten in einer Formation Richtung Jade laufen sollten. Diese Formation Nr. 14 war extra für diesen Zweck entworfen worden, und wir hatten dazu gesonderte Befehle. Da wir nur wußten, daß wir in die Jade sollten, legte sich mein Kommandant dort auf die Lauer und sagte: „Hier müssen sie vorbeikommen!" und zitierte Wilhelm Tell. Als die Formation in Sicht kam, gingen wir auf Höchstfahrt, um unseren Platz zu suchen. Mein Kommandant: „Merk dir: Wenn Hohe in Sicht kommen, immer schnell fahren, das macht einen guten Eindruck!" Dann zeigte er auf die Hecksee und rief: „Selterswasser!"

Wir fanden eine Dwarslinie mit mehreren Booten unseres Geschwaders und sortierten uns ein. Der Main Body (der Hauptverband) bestand aus 9 KFKs[118], die mit 9 kn ihr Bestes gaben. Der Befehlshaber ließ seiner Freude freien Lauf und in einem Klartextspruch über UHF-

---

[118] Kriegsfischkutter, ca. 100 ts, 1 x 2cm

Sprechfunk lobte er das 1. Hafenschutzgeschwader, weil es fuhr „... wie die Perlen auf der Schnur...".

Das 1. Schnellbootgeschwader konnte nicht so langsam fahren, wie es zum Halten der Station erforderlich gewesen wäre und machte eine Springprozession mit einem Satz voraus und dann gestoppt warten. Es war ein großer Tag.

Die Abschlußbesprechung fand in Ebkeriege statt in dem Saal, in dem wir als Rekruten gegessen hatten. Ich erinnere nur zwei Kleinigkeiten aus dieser Veranstaltung. Als der Flottenchef den Saal erreichte, begleitete ihn ein Korvettenkapitän, bei dem wir, die von den Kriegsgedienten „die Selbstgestrickten" genannt wurden, zum ersten Mal eine Fangschnur sahen. Vor uns bei den Älteren machte sich Unruhe bemerkbar, denn auch sie hatten seit Kriegsende so etwas nicht gesehen. Aber nicht nur das; einer drehte sich zu uns um und knurrte: „Der fährt die Affenschaukel auf der falschen Seite!" Große Freude hatten wir, die ja noch nie an solch´ hochrangiger Veranstaltung teilgenommen hatten, als sich der Flottenchef räusperte und um ein Glas Wasser bat. Fast die gesamte erste Reihe sprang auf, lief aufgeregt durcheinander und mehrere kollidierten, als sie gleichzeitig die Pendeltüren erreichten.

Die meisten Leutnante meiner Crew saßen ganz weit hinten. Nachdem wir uns über eine lange Zeit immer mehr gelangweilt hatten, rutschten wir von den Stühlen und krochen auf den Knien, um nicht gesehen zu werden, zum Hinterausgang, der – wie wir ja wußten – gleich gegenüber der Kantine lag. Dort, bei dem Kantinenpächter H., haben wir dann unseren Manöverabschluß begangen.

Kaum zurück in Flensburg liefen wir aus zum Räumen von Kriegsminen im Kattegatt. Niemand verlor auch nur ein Wort über die Tatsache, daß es sich um erhebliche Mengen scharfer Minen handelte. Die Ankertauminen mußten geräumt werden, dafür waren wir ausgerüstet und wer, wenn nicht wir, hätte es machen können. Auch hier machte sich bemerkbar, daß die Kriegserfahrenen durch solche Kleinigkeiten kaum zu erschüttern waren.

Ich fand das sehr spannend und hatte meinen Fotoapparat griffbereit, weil ich natürlich einmal die Fontaine einer Minenexplosion fotografieren wollte. Jeden Tag fuhren wir 12-14 Stunden in einer weit auseinandergezogenen Formation durch die Minenfelder. Bis zu 14 Überläufe waren gefordert.

Am Ende des 10 sm Räumstreifen, für den wir mehr als eine Stunde brauchten, gingen wir in Formation in einem großen Bogen auf Gegenkurs und liefen wieder zurück. Da wir Ankertauminen räumen sollten, fuhren wir – getragen von Schwimmern – Spreng- und Schneidgreifer, die die Minen von ihrem Anker trennen sollten. Dazu häufig die GB-Toni[119] und allein oder in Kombination das KFRG[120]. Blieb das Gerät klar, dann nahm eine geübte Besatzung alles in ca. 20 Minuten ein. War das „Gezunzel" durch eine zu scharfe Kursänderung oder Grundberührung zum „Zopf" gedreht, dauerte es Stunden.

Die Hauptarbeit während des Räumens hatte der Rudergänger, der den rechten Schwimmer des Räumgerätes vom Vordermann voraus nahm und hinterher fuhr. Das zu räumende Gebiet war durch Bojen markiert. Bei geringer Aufmerksamkeit, aber auch bei Stromversetzung kam man leicht dem Bojenstrich zu nahe und schnitt eine Boje ab. Alle an Bord beteiligten sich gern und unverdrossen an jeder nur denkbaren Möglichkeit, den fahrenden WO abzulenken, wenn sich das Räumgerät einer Boje näherte. Wurde eine Boje geschnitten, dann waren dem WO freundlicher Spott und Jubel zugleich sicher. Außerdem mußte er nach dem Festmachen eine Kiste Bier ausgeben.

Abends wurde das Gerät eingenommen, immer als Wettbewerb um die schnellste Zeit, und dann gingen wir – je zur Hälfte – beiderseits „Oste" längsseits. Als letztes kam immer das Bojenboot, das die Markierungsbojen einsammeln und am nächsten Morgen auch wieder ausbringen mußte.

Jeder Kommandant ging nach dem Festmachen auf die „Oste", um dem Kommandeur zu melden und dann von dort das Längsseitsgehen der folgenden Boote zu beobachten. Für mich als WO gab es danach genug administrative und auch truppendienstliche Dinge zu regeln, nicht aber ohne vorher das obligatorische „Festmacherbier" zu trinken. Eine Einrichtung, die segensreich ist, weil dort jeder im Gespräch Spannungen abbauen konnte, ohne die Disziplin zu gefährden, im Gegenteil.

---

[119] Geräuschboje, auch Rabatzboje genannt
[120] Kabelfernräumgerät

Die Nacht war kurz, bald sogar zu kurz, denn es ging früh zwischen 6.00 und 8.00 Uhr wieder los ins Räumgebiet. Da ich immer fuhr und nur für kurze Toilettengänge von der Nr. 1 vertreten wurde, bekam ich viel Praxis. Die Minen, die wir schnitten, erwiesen sich als herbe Enttäuschung, denn ich habe nur eine Explosion bei einem anderen Boot auf große Entfernung bemerkt, aber nicht fotografiert. Minen, die vom Vordermann geschnitten wurden und aufschwammen, wurden mit der 20 mm Kanone beschossen. Zu meiner Enttäuschung explodierte keine, sondern sie gingen nach dem Treffer banal unter.

Mit jedem Tag wurde ich müder, und irgendwann war es dann so weit, daß mich der Rudergänger weckte, weil ich in der Nock eingeschlafen war und das Signal, auf Gegenkurs zu gehen, verschlafen hatte. Mit wachsender Routine holte ich mir so den fehlenden Schlaf, denn ein „Stropp" dauerte ja mehr als eine Stunde. Dann ging unser Einsatz in ein weiteres NATO-Manöver über, und wir durften zum ersten Mal nach dem Krieg in dänischen Gewässern ankern. Die Kommandanten kannten sich in den Belten, im Kattegatt und in der Ostsee aus wie in ihrer Hosentasche. Wir gingen nach Juelsminde, das an einer gutgeschützten Bucht liegt und bald lag unser Päckchen in friedlicher Ruhe vor Anker. Ich hatte WO für das Geschwader zusammen mit unserem Navigationsmaaten. Auf der Oste ging eine Funkwache.

Ich lief an Oberdeck auf und ab, betrachtete wohlgefällig die sympathische Umgebung und genoß das herrliche Sommerwetter. Es war schön bei der Marine. Plötzlich schoß ein schickes Motorboot auf uns zu, darin ein Paar, sie in einem flotten Bikini. Ich war sehr wachsam, das Boot wendete, kam zurück und stoppte neben uns. Die Insassen fragten in bestem Deutsch, ob sie einmal an Bord kommen könnten, und ich stimmte begeistert zu. Ich ließ meinen Kommandanten wecken mit dem Stichwort „Damenbesuch!"

Kurz danach saßen die Gäste in unserer sogenannten Messe und wie durch Zauberei erschien ein Kommandant nach dem anderen und schließlich auch der Kommandeur. Die Messe bot maximal 6 Sitzmöglichkeiten, aber es saßen bestimmt doppelt so viele Gäste gequetscht zusammen. Durch das Skylight hörte ich fröhliche Stimmen, man trank etwas und war bester Dinge.

Plötzlicher Aufbruch mit großem Hallo, die Gäste gingen von Bord und kündigten an, daß gleich Boote kommen würden, um uns abzuholen. Unsere Gäste hatten alle Offiziere zu sich eingeladen, und unser Kommandeur hatte dankend angenommen.

Kurze Zeit später kam ein Boot längsseits und nach zwei kurzen Törns standen alle Landgangswilligen auf der Pier. Ich bin sicher, daß nur der Kommandant „Oste" nicht mitkam. Natürlich war ich auch dabei, erinnere aber nicht, wer mich verfing. Dann erschienen mehrere Taxen, wir stiegen alle ein und erreichten nach kurzer Fahrt das Haus unserer Gastgeber, das sich als veritable Villa mit großem Park entpuppte. Nach kurzer Zeit lief eine tolle Party, es kamen mehrere Dänen hinzu und alle waren in Hochstimmung. Unsere Gastgeber, Orla und Ulla St., sorgten für Essen und Getränke. Louis, unser natürlicher Anführer, holte einige Crewkameraden in einer Gartenecke zusammen und befahl, keinen Alkohol mehr zu trinken, damit wir einsatzfähig blieben. Er trug uns auf, daß jeder seinen Kommandanten unauffällig bearbeiten sollte, um an Bord zurückzukehren. Wir lagen ja schließlich in Zweistundenbereitschaft, und diese zwei Stunden waren längst verstrichen.

Nach einiger Mühe gelang es uns, den Rückweg anzutreten. Der Kommandeur war ungehalten und bestand trotz unserer Einwände darauf, einige der Damen mit an Bord zu nehmen. Als wir den Hafen erreichten, hüllte eine Abgaswolke unsere Boote ein, offensichtlich war Seeklar befohlen und alle Motoren liefen. Trotzdem wurden in der zweiten Bootstour zwei Damen eingeladen und zu unserem Päckchen transportiert. Ich prüfte fieberhaft die Vorbereitungen, die von der Nr. 1 tadellos erledigt worden waren. Der LM war voller Grimm und hielt sich kaum zurück, weil seine geliebten Motoren im Leerlauf litten. Durch Zufall und als letztes Detail unseres Landgangs sah ich, wie eine der Damen unter dem Jubel der Herumstehenden ins Wasser fiel. Seit drei Stunden lag der Befehl, sofort auszulaufen, schon an Bord vor. Mit höchster Eile schmissen wir los und rauschten in die Nacht.

Nach aufregenden und erlebnisreichen Wochen liefen wir wieder in Flensburg ein. Uns blieb aber nur wenig Zeit für Proviantübernahme und Wartung, denn wir sollten wieder los, um nördlich von Fünen zu räumen. Vor dem Auslaufen standen die Kommandanten wieder auf der Pier zusammen, und wir WOs bildeten in respektvollem Abstand eine eigene Runde. Dann erschienen zu unserer Überraschung die beiden Seligmachersmaaten[121], die wir ja schon von der MSM kannten. Der ESAK trug einen grauen Kriegsmarineledermantel mit einem veritablen Fernglas und sah sehr arisch aus. Der KASAK schien mehr eine schwarze Kugel. Die Kommandanten diskutierten im Beisein der Pfarrer, wer wo eingeschifft werden sollte. Ich hörte den KASAK fragen, welcher Kommandant seines Glaubens sei. Zu meiner Freude meldete sich mein bayrischer Kommandant, und so stieg der KASAK bei uns ein.

Zu seinem Gepäck gehörte ein großer Metallkoffer ähnlich unseren Zinksärgen. Er erklärte mir, daß sich darin die für eine Messe erforderlichen Gerätschaften befänden und daß er diese Ausrüstung testen sollte. Das „Ding" wurde an Oberdeck festgelascht und dann vergessen.

Nach einigen Tagen im Räumgebiet sollten wir in Kopenhagen festmachen, das schien uns der absolute Höhepunkt. Wir waren die ersten deutschen Soldaten, die dort nach dem Kriege auftraten. Wir lagen im Marinestützpunkt Holmen und durften zu unserer Erleichterung nur in Zivil an Land gehen.

Der KASAK hatte sich in See als nützliches Besatzungsmitglied erwiesen. Er schien nie zu schlafen, war immer irgendwo unterwegs, erfreute sich großer Beliebtheit, war trinkfest und konnte gut Skat und Doppelkopf spielen. Er wurde als Rudergänger angelernt und ging bald normale Seewache. Während des stumpfsinnigen Räumens unterhielt er uns mit witzigen Rätseln und guten Witzen. Ich habe ihn nie bei seelsorgerischen Bemühungen erlebt.

Der ESAK stieg fast täglich auf einem anderen Boot ein und beglückte so alle. So kam er auch zu uns, so daß wir mit zwei Seligmachersmaaten zur See fuhren. In See aß die „Schiffsführung" in einem kleinen Wohndeck[122] neben der Kombüse. Als ich für unsere Runde Tee einschenkte, lehnte der ESAK ab, weil er Tee als Krebserreger fürchtete. Damals löste dieser abwegig erscheinende Beitrag großes Gelächter aus. Der KASAK sagte zu seinem Bruder im Amte: „Hermann, trink den Tee, dich beerdige ich umsonst!"

Am Tag nach dem Einlaufen sollten zwei Gottesdienste stattfinden. B., der mich wie auch alle anderen duzte, holte mich an Deck, er hatte

---

[121] Militärgeistliche

[122] ich meine, daß wir vom Vier – Mann – Deck oder Hauptgefreitendeck sprachen

sich an seinen Zinksarg erinnert. Er schloß ihn auf und hob den Deckel; bis an die oberste Kante stand eine trübe Flüssigkeit in dem wasserdichten Koffer, violette Filzstreifen schwammen umher. Versonnen blickte der KASAK, dann schloß er behutsam den Deckel und sagte:

„Der Papst kann nicht überall sein."

Obwohl nur einige Katholiken im Geschwader waren, platzte seine Messe auf der Pier aus allen Nähten, während sich beim ESAK die paar Teilnehmer verloren vorgekommen sein müssen. Seit diesem Erlebnis habe ich immer wieder bestätigt gefunden, daß die Seeleute nur in seltenen Ausnahmen nach der Religionszugehörigkeit des Pfarrers fragten. Ausschlaggebend für ihr Ansehen und auch für ihren Erfolg war allein ihre menschliche Qualität.

In Schweden fand gerade die Fußballweltmeisterschaft statt und über hundert von uns fuhren mit der Bahn nach Malmö und dann nach Göteborg, wo wir an der Tageskasse Eintrittskarten kaufen konnten. Es war das Viertelfinale Deutschland gegen Jugoslawien, das wir 1: 0 gewannen.

Nach einem weiteren Räumeinsatz ging es zurück nach Flensburg. Alle, die ein Ziel hatten, fuhren in ein langes Wochenende. Ich hatte WO für das Geschwader, mein Kommandant war plötzlich versetzt worden und reiste ab. Mein neuer Kommandant hatte sich kurz vorgestellt und verschwand, obwohl Wachbootskommandant, wieder nach Hause irgendwo in Flensburg. Mein friedliches, sonniges Wochenende ging plötzlich zu Ende, als mir ein Fernschreiben vorgelegt wurde. Vorrangstufe Y[123], Seenotfall! Die Marinesegelyacht „Ostwind" war auf den Kalkgrund in der Flensburger Außenförde gebrummt. Zwei R-Boote sollten sofort auslaufen, um Hilfe zu leisten. Erst nach längeren Auseinandersetzungen war die Vermittlung bereit, mich mit meinem neuen Kommandanten, dessen Namen ich vergessen habe, zu verbinden. Während ich wartete, ließ ich zwei Boote seeklar machen. Mein Kommandant meldete sich nicht. Mit gleichem Ergebnis verliefen meine Versuche, den S 3 oder den Kommandeur anzurufen. Kein anderer Offizier war an Bord.

„Spica" wurde mir seeklar gemeldet, hatte aber keine vollständige Besatzung. Ich ließ alle Anwesenden auf der Pier antreten und füllte die

---

[123] Emergency, damals zwischen Z = Flash und O = Operational Immediate

Besatzung auf. Ein weiterer Anruf beim Kommandanten blieb ohne Erfolg, es meldete sich jemand, dem ich eine kurze Botschaft auftrug. Überzeugt von der Notwendigkeit, einigen Kameraden das Leben retten zu müssen, stieg ich ein und legte ab. Mit Höchstfahrt bretterte ich durch Dutzende von Segelyachten vor Glücksburg, und ich habe mir sicher keine Freunde gemacht. Ich hatte keine Zweifel, das Richtige zu tun und so zu handeln, wie man es von einem Marineoffizier erwarten konnte, wenn jemand in Gefahr war.

Nachdem ich die „Schwiegermutter" passiert hatte, wollte ich abkürzen, und ich wäre fast auf Grund gelaufen. Der Navigationsmaat lotste mich auf den richtigen Weg zurück. Schon von weitem konnten wir die Segelyacht erkennen, und ich fuhr auf sie los. Nach der Karte war es dort sehr flach und alles lag voller großer Steine. Nachdem ich den Anker geworfen hatte, schlich ich rückwärts, mit Bootshaken lotend langsam auf den Havaristen zu.

Mit den Seeleuten hatte ich mir überlegt, daß wir nur die Räumleine auf den Segler bringen müßten, um dann mit der Räumwinsch und auch mit der Ankerwinsch den Segler und auch uns da wieder herauszuziehen.

Ein kleines Ruderboot löste sich von der „Ostwind" und kam auf uns zu. Bis auf ca. 100 yds. hatte ich mich schon angenähert, als ich durch das Glas auf dem Segler den Fregattenkapitän „Bildungsmeier" erkannte, der auf meinen Anruf auch mit der Flüstertüte antwortete. Die Besatzung waren Fähnriche der Nachcrew. Ich tat so, als hätte ich den Fregattenkapitän nicht erkannt und rief hinüber: „ Es sieht so aus, als hättet ihr die See nicht verstanden!" und fand mich sehr witzig. Der „Ruckswilli"[124] kam längsseits, die Besatzung bestand aus den Fähnrichen z.S. Pit Sch. und Mike R.. Während wir begannen, Räumleine in das Boot zu stauen, wurde mir ein weiteres Fahrzeug gemeldet, das sich näherte. Es war ein FL-Boot[125] von der MSM, das der mir bekannte Kapitänleutnant Seppl H. fuhr. „Vielen Dank!" rief er herüber, „wir kümmern uns um unseren Segler!" Ich war recht erleichtert. Wir nahmen das Ruderboot an Bord, nachdem die Fähnriche gebeten hatten, mit uns zurückfahren zu können. Wir

---

[124] kleines Ruderboot

[125] Flugsicherungsboot, diente als Übungsfahrzeug für Fähnriche

schlichen uns wieder aus diesem „Steingarten" hinaus, lichteten den Anker und fuhren zurück. Ohne Zwischenfälle erreichten wir den Stützpunkt.

Da allerdings wartete der große Bahnhof auf uns. Durch Winken gab man mir zu verstehen, daß ich vor dem Stützpunktgebäude an die Pier gehen sollte. Ein Dutzend Offiziere vom Kommandeur abwärts, einige Damen und jede Menge Fußvolk beobachteten mich, als ich ohne Probleme anlegte und mein Manöver abpfiff. Ich kletterte auf die Pier und meldete beim Kommandeur das Boot fest, kam aber gar nicht zu Ende, weil ich einen gewaltigen, lautstarken Anschiß erhielt, der an drastischer Deutlichkeit nichts zu wünschen ließ. Danach schnauzten mich mehrere Offiziere gleichzeitig an, Einzelheiten weiß ich nicht mehr. Während ich bis zum Anlegen überzeugt war, richtig gehandelt zu haben, überboten sich nun alle, mir meine unmögliche Handlungsweise vor Augen zu führen. Nur mein neuer Kommandant beteiligte sich nicht, im Gegenteil, denn am nächsten Tag lobte er mich. So endete meine erste selbständige Seefahrt.

Für eine kurze Phase der Einzelausbildung kam ein neuer Kommandant an Bord, der sich durch seinen umwerfenden Dialekt als Balte zu erkennen gab. Er hieß von B. und war ein absolut witziges Original, der den älteren in der Besatzung wohlbekannt war. Nach dem abendlichen Ankern versammelte er alle Unteroffiziere und mich im vorderen U-Deck[126].

Dort wurde Mau-Mau gespielt. Dazu gab es ungekühlten Balle-Rum, und vor jedem Gläschen, das man kippte, mußte man eine Kaffeebohne zerbeißen und mitschlucken. Nicht mitzutrinken war undenkbar, alle tranken mit. Nach dem zweiten Abend dieser Härte war ich froh, daß wir wieder einliefen, denn das hätte ich trotz aller Übung nicht lange durchgehalten.

Getrunken wurde damals von fast allen zu jeder Gelegenheit und in erheblichen Mengen. Von Kantinenführung, unverzollten Schnäpsen und Zigaretten hatte ich keine Ahnung. Da aber alle unverzollten Artikel unter der Backkiste oder unter den Flurplatten in meiner Kammer lagerten, war ich plötzlich dafür verantwortlich. Ich fand ein Heft, in dem die Bestände, die Verkäufe und Einkäufe vermerkt waren. Ging etwas zur

---

[126] Unteroffizier – Wohnraum.

Neige, dann befahl mir der Kommandant, bei einem Flensburger Schiffshändler nachzubestellen. Das war einfach, und so wurde ich Kantinenverwalter, ohne es zu merken. Daß es sich bei diesen erstaunlich preiswerten Getränken und Rauchwaren um unverzollte bzw. unversteuerte Artikel handelte, war mir nicht klar. Keiner gab sich die Mühe, mir das zu erklären und offensichtlich lief es auf allen Booten so.

Überraschend erschien ein neuer Leutnant auf unserem Boot. Er war kriegsgedient und hatte gerade seine 14-tägige Einweisung in die Bundeswehr und in die Marine hinter sich gebracht. Wir stellten fest, daß er 3 oder 4 Tage vor mir Leutnant geworden war, also war er der neue 1 WO, und ich wurde nun 2 WO. Er erwies sich als fröhlicher und umgänglicher Kamerad, der mit in meine für einen Bewohner schon zu kleine Kammer zog. Ich hatte während der Monate meiner „Alleinherrschaft" viel gelernt und mußte nun nicht mehr so viele Dinge gleichzeitig erledigen.

D. berichtete, daß er kurz vor seiner Einstellung erst aus der Fremdenlegion entlassen worden war. Er hatte 1954 noch in Vietnam gekämpft und an der legendären Schlacht von Diên Biên Phu teilgenommen. Als wir uns etwas näher kannten, zeigte er mir eine ganze Schatulle voller Orden und Ehrenzeichen. Seine Berichte waren natürlich hoch interessant und beeindruckten uns sehr.

An einem Wochenende tauchte zu meiner großen Überraschung das Ehepaar S. aus Juelsminde bei uns auf. Wir feierten fröhliches Wiedersehen und hörten dann die Lebensgeschichte der S.s. Vor dem Kriege besaßen sie eine Reihe von Autowerkstätten in Dänemark und konnten sich als Hobby den Motorkunstflug leisten. Er behauptete von sich, in dem Film „Quax, der Bruchpilot" die schwierigen Parts geflogen zu haben, weil er damals Europameister war.

Im Kriege, so berichtete er, habe er die Autos der deutschen Besatzer in seinen Werkstätten repariert und dabei gut verdient. In den Wirren des Kriegsendes habe er sich mit seiner Frau und seinem Geld nach Südafrika gerettet und dort viele Jahre gelebt und wieder gut verdient. Nach Dänemark konnten sie erst zurück, nachdem er wegen Kollaboration in Dänemark zu 5 Jahren Gefängnis verurteilt worden war und einen Teil der Strafe abgedient hatte. Heute haben die Maschinenfabriken von S. über 700 Mitarbeiter, sogar in Flensburg gibt es eine Filiale am Hafen.

Nun aber zurück auf die „Spica". Bald machten wir wieder seeklar und gingen in die nächste Übung, die vom Flottenkommando geführt wurde. Der Führer unserer 2. Division war der Kapitänleutnant K., unser „Ärger Karl"[127] und sicherlich ein anständiger und untadeliger Offizier. Er war jedoch bei uns Jüngeren wegen seiner übervorsichtigen Art des Fahrens und Navigierens nicht hoch angesehen, und die Bemerkungen, die auch mein Kommandant hier oder da machte, ließen ihn in einem ungünstigen Licht erscheinen. Wir liefen zum ersten Mal in Korsør ein, natürlich erst nach Dunkelwerden und dann an einen Liegeplatz, von dem aus ein Landgang scheitern mußte. Nachdem einige Kommandanten irgendwo hingefahren wurden, habe ich mir mit einigen Crewkameraden den Abend mit Gin und Tonic verschönt.

Irgendwann kamen wir zu der Überzeugung, daß der Heilige Geist den ÄK heimsuchen müßte. Mit jedem Glas wuchs unser Mut und unser Unternehmungsgeist, und er war ja an Land. Wir beschlossen, seine Kammer zu „verschönern", stopften sie voll mit stinkigen Fendern und steckten dazu mehrere Markierungsbojen mit ihren Stangen kreuz und quer durch das Skylight in die Kammer. Wir betrachteten unsere Arbeit mit Wohlgefallen und stimmten begeistert zu, als einer von uns vorschlug, doch noch ein paar Schuß Tränengas mit einer Pistole in die Kammer zu feuern. Zufrieden zogen wir uns zu unseren Getränken zurück, feierten weiter, bis sich plötzlich das Schott öffnete und ein rotäugiger und tränender Offizier mit wütenden Drohungen in die Kammer drang. Er kündigte uns schreckliche Konsequenzen an, erreichte uns aber kaum noch.

Zu viert wurden wir beim Kommandeur auf den Teppich gestellt[128], bekamen den verdienten Großanschiß, aber keine Strafen. Wir mußten allerdings zum ÄK gehen und ihn um Entschuldigung bitten. Das war hart, aber verdient und beendete diesen Bolzen, der ansonsten im Geschwader mit nachsichtigem Wohlwollen beurteilt wurde.

Im Geschwader wurde damals sehr viel, man muß sagen unglaublich viel und bei jeder Gelegenheit getrunken. Wir Leutnante waren Getränksnovizen, aber für die Älteren, die nach Kriegsende fast alle gleich bei den Siegern weiter gefahren sind und nun unter einer neuen deutschen

---

[127] ÄK = ältester Kommandant = Führer der 2. Division

[128] zum Rapport

Flagge wieder zur See fuhren, schien der Krieg nicht wirklich beendet zu sein.

Der nächste sensationelle Tiefpunkt ereignete sich schon bald nach dem Auslaufen, als der Flottenchef, der sich auf der „Oste" eingeschifft hatte, in einem Funkspruch alle Manöverteilnehmer informierte, unseren Kommandeur seines Kommandos enthoben zu haben. Hinzugefügt war, daß er einen neuen Kommandeur eingesetzt hatte und daß der Abgelöste auf der „Oste" bis zum Einlaufen unter Kammerarrest stünde. Wir Leutnante wußten offensichtlich längst nicht alles, was im Geschwader so vorfiel, aber die Aufregung war natürlich groß. Kammerarrest war für uns auch neu, aber mein Kommandant erklärte mir, daß das eine in der Kriegsmarine übliche Vorgehensweise war.

An den Rest der Übung habe ich keine Erinnerung. Nach dem Einlaufen bekam ich noch schnell eine Beurteilung, die so gut ausfiel, daß mir das Zeugnis der MSM damit neutralisiert zu sein schien.

Mit größter Hast packten wir unsere Seesäcke und Zinksärge und reisten mit der Bahn nach Kiel zur TMS I. Auf der Bahnfahrt fragten wir uns, was nun wohl passieren würde, nachdem wir im Schulgeschwader die Ablösung des Kommandeurs und des Kommandanten erlebt und nun wieder einen Kommandeur auf so ungewöhnliche Weise verloren hatten....

Ich will die unglaubliche Geschichte mit unserem Geschwaderkommandeur hier noch zu Ende erzählen, nicht zuletzt, weil ich nicht mehr genau weiß, wann sich was ereignet hat. Louis und ich wurden mit anderen nach Wilhelmshaven befohlen, um dort vor dem Truppendienstgericht auszusagen. Das Gericht tagte im Amtsgericht an der Marktstraße in einem düsteren Raum, der zur Sache paßte. Wir trafen viele Kameraden wieder, und alle waren gespannt und aufgeregt.

Vorsitzender Richter war der Kapitän zur See von B., die beiden anderen waren mir unbekannt. Nun erfuhren wir zum ersten Mal, was zu der drastischen Maßnahme des Flottenchefs geführt hatte. Bei seiner Einschiffung auf der „Oste" hatte der Flottenchef einen Obermaaten gesprochen, den er wohl von früher kannte. Der Obermaat führte bittere Klage darüber, wie schlecht der Kommandeur seinen Kommandanten behandelte. Darauf stieg der Flottenchef auf ein R-Boot über und erfuhr dort mehr und zusätzliche Einzelheiten. Mit jedem Gespräch wurde offenbar klarer, um was es sich handelte.

Beim Termin in Wilhelmshaven wurden wir Zeugen aus dem Gerichtssaal nach draußen geschickt, weil wir irgendetwas nicht hören sollten. Meine Vernehmung, die dann folgte, war furchtbar peinlich und unangenehm, denn der Kommandeur saß neben dem Gericht, starrte mich an und hörte aufmerksam zu. Das alles dauerte mehrere Tage. Das Urteil war hart, entgültige Ablösung als Kommandeur, Degradierung zum Hauptbootsmann und noch mehr Einzelheiten.

Auf dem Flur wurden alle Informationen zwischen uns Zeugen ausgetauscht, obwohl das verboten war, aber das hätte keiner von uns ausgehalten. So erfuhren wir, daß unser Landausflug in Juelsminde eine entscheidende Rolle spielte wie auch das Benehmen des Kommandeurs gegenüber Louis. Aber es wurden auch viele Sachen aufgeführt, von denen ich nichts wußte.

Später hörten wir, daß das Urteil kassiert worden war, nicht nur, weil sich die PUOs beschwert hatten, daß solch´ ein Übeltäter nun Hauptbootsmann werden sollte. Besonders, weil man einen Offizier nur bis zum Leutnant degradieren konnte und weil der Vorsitzende mit einem der Zeugen verwandt war[129].

Ein zweites Verfahren fand statt, wieder in Wilhelmshaven und mit den Zeugen vom ersten Prozeß. Es war genau so peinlich und unangenehm wie beim ersten Mal, ich kannte keinen der Richter, und nun wurde der Kommandeur zum Leutnant zur See degradiert und aus dem Dienst entfernt. Ich fand das gerecht, wußte aber nicht, daß wir das Ende noch nicht erreicht hatten. Ungefähr ein Jahr später, als ich in San Diego zur Ausbildung bei der USN stationiert war, erhielt ich eine weitere Vorladung, dieses Mal nach München zum Wehrdienstsenat.

Ich fand die Idee gut, einmal für ein paar Tage von San Diego nach München zu fliegen und schickte die Vorladung mit einer entsprechenden Anfrage an meinen Disziplinarvorgesetzten, den Kapitän zur See G., Marineattaché bei der deutschen Botschaft in Washington, DC. Außerdem bat ich ihn, im Falle einer Ablehnung meines Antrages den Wehrdienstsenat mit der entsprechenden Begründung zu informieren. Ich wartete auf meine Travel Order (US-Marschbefehl) und Reiseunterlagen bis kurz vor dem Termin. Da ich nichts hörte, rief ich in Washington in der Botschaft

---

[129] Vater und Sohn von B.

an. Mein Disziplinarvorgesetzter verbat sich, von mir angerufen und mit solchem Unsinn belästigt zu werden. Diese Reise, die ich mir schon so schön ausgemalt hatte, fiel wohl aus.

Nach einem weiteren Monat bekam ich wieder Post vom Wehrdienstsenat. Da ich als Zeuge unentschuldigt gefehlt hatte, mußte ein neuer Termin gefunden werden. Mir wurde angekündigt, daß ich nach irgendeiner Gebührenordnung für alle unnötig entstandenen Kosten in Regreß genommen würde und daß disziplinare Ermittlungen gegen mich eingeleitet worden seien. Auch diesen Brief schickte ich an die Botschaft, aber an den Verteidigungsattaché und war deutlich in meinem Anschreiben. Bis heute habe ich nie wieder etwas davon gehört, weder von der Botschaft noch vom Wehrdienstsenat. Unser Kommandeur soll – so erfuhr ich Jahre später – ein sehr erfolgreicher Versicherungsangestellter geworden sein.

Bootsmaschinenoffizier – A-Lehrgang

Die gesamte Crew traf sich an der TMS in Kiel-Wik wieder für den BMO[130] – A-Lehrgang. Fast alle waren seit der MSM zur See gefahren, und wir traten wie die ältesten Seebären auf. Keiner von uns wollte Schiffstechniker werden oder – wie wir geringschätzig sagten: Heizer. Die Schnellbootfahrer gaben am meisten an und fielen durch besonders gewagt unvorschriftsmäßige Mützen auf. Wilde Kommandos hallten selbst in der Nacht über den Flur: „Alle Alleeeee!"[131] erfüllte sie mit Stolz und Freude. Erst später wurde mir in kleinen Etappen klar, daß ich auf meinem kleinen R-Boot viel mehr gelernt hatte, da mein Kommandant mich als seinen einzigen WO alles allein machen ließ. Meine Schnellbootskameraden als dritte oder gar vierte Wachoffiziere durften seltener etwas tun außer im Weg zu sein. Aber wir alle hatten in die Seefahrt hineingeschnuppert und wußten, was wir wollten. Wir wußten auch, was wir nicht wollten, nämlich „Heizer" werden. Während einige Crewkameraden bekanntgaben, daß sie „vorsichtshalber" auf diesem Lehrgang durchfallen würden, schien die Mehrheit wie auch ich entschlossen, sich mit geringst möglichem Aufwand durchmogeln zu wollen.

---

[130] Bootsmaschinenoffizier

[131] Maschinenkommando: Alle Maschinen alle Kraft voraus!

Auch hier bot das Kollegium fast Feuerzangenbowlen-Qualität, was natürlich auch viel Vergnügen neben dem Verdruß bedeutete. Tief gekränkt waren wir, als man die Offizier-Messe für uns, die Lehrgangsteilnehmer, sperrte. Das kannten wir aus unserer kurzen Seefahrtszeit anders.

Obwohl es sicher dafür vernünftige Gründe gab, hat es unsere Einstellung gegenüber den technischen Offizieren stärker negativ beeinflußt, als es dem Kollegium klar war. Als dann deutlich wurde, daß einige unserer Lehrer noch nie richtig zur See gefahren waren, steigerte sich unsere verächtliche Ablehnung. Nur der Kapitänleutnant Uwe S., der fachlich überzeugte, aber sich auch als Mensch und Kamerad brauchbar erwies, entkam dieser Totalablehnung.

Als Offizier vom Dienst[132] wurden wir gern eingesetzt. Als ich eines Tages einen Fregattenkapitän, dessen Namen mir entfallen ist, auf dem Weg nach Hause an der Wache abfing, weil er „Univil"[133] trug, kam es zur großen Konfrontation. Er hatte nur einen zivilen Regenmantel über die Uniform gezogen, was mein scharfes Auge erkannte. Ich forderte ihn auf, sich ordentlich anzuziehen, was ihn furchtbar erboste. Je mehr Repressalien er mir androhte, desto mehr war ich bestärkt in meiner Absicht, diesen „Heizer" nicht davonkommen zu lassen. Schließlich gab er auf und kehrte in Uniform zurück, um so nach Hause zu gehen.

Wir machten viel Sport, gingen so oft und so lange wie möglich an Land, besuchten „unsere" Boote, wann immer das möglich war und beobachteten, daß mancher von uns nach und nach versackte. Unser Kompaniechef, der Korvettenkapitän N., genannt der „Wasserbüffel", kümmerte sich nicht um uns. Er existierte nicht.

Als ich zu Ende des letzten Monats mit einer schweren Erkältung am Freitag im Sanitätsbereich der TMS eingewiesen wurde, lag ich dort bis Montagvormittag, ohne daß sich jemand um mich kümmerte oder mich vermißte.

Das alles erfuhr ich aber auch erst aus Berichten meiner Crewkameraden, die mich im Krankenhaus besuchten, nachdem ich wieder bei Bewußtsein war. Ich lag für ca. 3 Wochen im Ansgar-Krankenhaus und

---

[132] O.v.D.

[133] Kombination von Uniform und Zivilkleidung

tröstete mich mit dem Gedanken, der TMS und vor allem der Abschluß-prüfung so elegant entronnen zu sein.

Die Marineärzte entschieden, daß ich mich einer Mandeloperation unterziehen sollte und überwiesen mich in eine Klinik am Kleinen Kiel. Der gutgelaunter Prof. Dr. W. operierte mich. „Alles eine Kleinigkeit", wie er mehrmals beruhigend betonte. Nach der OP, die ich in unangenehmster Erinnerung habe, ging ich zurück in mein Zimmer, als mir unterwegs auf der Treppe ein großer Blutschwall aus dem Hals kam. Nur undeutlich erinnere ich die nächsten Tage, die ich gestützt von einem Berg Sandsäcken sitzend in meinem Bett verbrachte, während mir das Blut aus dem Hals lief. Neues Blut wurde mir über eine Kanüle am Arm eingefüllt. Der Arzt hatte, so erfuhr ich nach und nach, eine Ader angeschnitten, die sehr schwierig zu verschließen war.

Mehrmals scheiterten die „Reparaturversuche" und mußten wiederholt werden, oder die Wunde öffnete sich kurz danach wegen des Schluckreflexes. Es war sehr warm, und ich wurde immer schwächer. Irgendwann muß es gelungen sein, die Wunde zu verschließen. Irgendjemand teilte mir mit, daß ich nach Hause fahren sollte, um mich zu erholen. Ich erhielt ein Ticket und reiste zum ersten Mal in meinem Leben 1. Klasse. Bei mir hatte ich meinen Buko und eine Telefonnummer, bei der ich mich melden sollte, wenn es mir besser geht. Meinen Disziplinarvorgesetzten von der TMS habe ich nicht gesehen. Der „Wasserbüffel" war so, wie wir ihn eingeschätzt hatten, ein Totalausfall als Kamerad und Vorgesetzter.

Ich fuhr zu meinen Eltern nach Bonn und wurde dort aufgepäppelt. Sie hatten inzwischen ein Telefon und sogar einen Fernseher bekommen. So konnte ich meinem Laster frönen, und Louis rief mich mehrmals an. Ich fuhr mit meinen Eltern in den Bayrischen Wald, um Urlaub zu machen. Nach fast drei Monaten „Heimaturlaub" fühlte ich mich bereit zu neuen Taten und meldete mich, wie meine Instruktionen vorschrieben.

Man befahl mir, mich am 1.10.1958 auf der MFmS[134] zu melden. Ich kaufte mir ein Ticket, fuhr nach Kiel, um meine Habe einzusammeln, und dann ging es weiter nach Flensburg.

---

[134] Marinefernmeldeschule, heute Schule Strategische Aufklärung

Fernmeldeoffizier – A-Lehrgang

Die Grundlagenausbildung für die einzelnen Betätigungsfelder des Marineoffiziers wurde auf den A-Lehrgängen vermittelt. Den Schifftechnik-A-Lehrgang[135] hatte ich ja schon ohne Abschluß beendet, nun ging es um Artillerie, Unterwasserwaffen, Fernmelderei, Ortung und Logistik. Meine Crew hatte während meiner Auszeit ihren Waffenlehrgang gemacht, ein Teil in Kiel-Holtenau auf der Marineartillerieschule und die anderen auf der Unterwasserwaffenschule in Flensburg-Mürwik. Ich wurde nun mit einem Teil unserer Vorcrew I/56 auf die MFmS geschickt. In 6 Wochen sollten wir die Grundlagen des NATO-Fernmeldedienstes erlernen. Ich fand einen Crewkameraden wieder, Klaus-Dieter S., genannt Paulchen. Ich meine, daß auch er wegen irgendeiner Krankheit dort gelandet war. Wir organisierten, daß wir auf eine Stube kamen.

Wir verbesserten unsere Fähigkeiten im optischen Signaldienst, d.h. im Morsen und im Winkern, wir lernten das internationale und das NATO-Flaggenalphabet und vieles über die Organisation und das Handwerkzeug für den Funkdienst. Paulchen und ich wohnten mit einem weiteren Leutnant auf einer Stube in einer aus dem Krieg stammenden Holzbaracke.

Sie war in einem kaum vorstellbar abgewirtschafteten Zustand. Alles klapperte und quietschte, man konnte alles aus den nächsten paar Räumen mithören. Auch hier hatten wir erinnernswerte Vorgesetzte, aber sie konnten viel und vor allem, sie konnten meist vormachen, was wir lernen sollten. Ich erinnere den KptLt. G., der uns einmal zeigte, wie man Morsesignale aufnimmt. Er schrieb fehlerfrei 20 WpM (Wörter pro Minute) und erklärte uns dabei noch, worauf es ankommt.... Ich war sicher, daß ich so etwas Tolles nicht lernen könnte.

Früh erfuhren wir, daß die Lehrgangsbesten Gelegenheit hätten, in die USA zu kommen, um dort für unsere ersten Zerstörer ausgebildet zu werden. Paulchen und ich beschlossen, der Vorcrew diese Chancen abzunehmen und Lehrgangsbeste zu werden. Wir gingen weniger an Land als alle anderen, wir tranken seltener und büffelten viel. Das Kartenspiel mit dem Flaggenalphabet, bei dem die Bedeutungen auf die Rückseite gedruckt waren, hatten wir immer zur Hand.

---

[135] vorher Bootsmaschinenoffizierlehrgang

Bei diesem „Kartenspiel" fällt mir ein, daß dazu eine Flagge gehörte, die es gar nicht gab. Der damalige Fernemeldepapst war Kapitänleutnant F., der den Auftrag zum Druck dieser Karten für einen gelungenen Bolzen nutzte. Er hatte einen asymmetrischen, bunten Doppelstander namens Pennant Whooling[136] eingeschmuggelt, dem er die Bedeutung gab: „Ich drehe durch, Frage: Drehen sie mit?" Es gab nicht wenige, die den gelungenen Scherz nicht erkannten.... Ein wundervoller Bolzen, bei dem mich wundert, daß der Übeltäter nicht wegen der erhöhten Druckkosten in Regreß genommen wurde. Beim täglichen Winkern und Morsen lasen wir immer 100% und nach 6 Wochen hatten wir unser Ziel erreicht.

Nachdem wir immer wieder über die beklagenswerte Unterbringung gejammert hatten, erschien unser Kompaniechef, der KKpt. R., zur Besichtigung. Sein Spitzname lautete „Der Korbflechter" wegen seiner wilden Frisur. Als er unser Zimmer erreichte, lobte er die Unterkunft und fügte mit großem Nachdruck hinzu: „Wir haben im Kriege auf der Erde geschlafen!" und sah sich herausfordernd um. Paulchen, immer korrekt, meldete sich zu Wort: „Herr Kap´tän, ich melde, wir haben Frieden!"

Damit war die Besichtigung beendet, und wir versanken in der Ungnade. Ich sollte, was in solch kleiner Marine nicht überrascht, ihm später noch einmal begegnen, aber viel unangenehmer.

Ortungsoffizier – A-Lehrgang

Weiter ging es in dieser Zusammensetzung zur MOS[137], vertrautes Gelände, denn hier hatten wir unseren Werkstattlehrgang absolviert. Es waren kaum noch Amerikaner übrig. Wir wohnten in dunklen Zimmern über dem Tor zu Elbestraße. Da – im Gegensatz zur MFmS – hier die Lehrer nicht mit ihren Kenntnissen aus der Kriegsmarine glänzen konnten, war der Unterricht so dünn wie das Unterrichtsmaterial. Die Englischkenntnisse der Lehrer waren ebenfalls nicht überzeugend. So lernten wir hier in den 6 Wochen wesentlich weniger Nützliches als an der MFmS.

Die Vorgesetzten hier waren schwach und unsicher, nicht sehr überraschend, denn ihre Rolle blieb aus Mangel an praktischen Kenntnissen schwierig. Wir Lehrgangsteilnehmer waren auch mit der Verpflegung

---

[136] = Durcheinander

[137] Marineortungsschule

134

nicht zufrieden, es schmeckte einfach nicht. An der MOS hatte jeder eine Verpflegungskarte, die bei Essensbeginn von den Küchenfrauen eingesammelt wurden. Dann knipste jemand – wie bei der Fahrkarte – ein Loch durch das Essen, und wir bekamen unsere Karte zurück.

Als wir eines Tages während des Sportunterrichtes zum Schwimmen im städtischen Hallenbad waren, wurde ich zum Telefon gerufen. Es meldete sich mein Kompaniechef, der KptLt. M. Er befahl mir, mich sofort bei ihm zu melden. Als ich darauf hinwies, daß ich im städtischen Hallenbad in Badehose tropfend an der Kasse stand, wurde er sehr wütend und wiederholte seinen Befehl. Auf meinen Einwand, daß ich auch nach Anziehen des Trainingsanzuges nicht in die MOS kommen könne, weil der Bus erst in einer Stunde vorgesehen war, bestand er auf seinem Befehl und fügte hinzu, daß er mir einen Wagen schicken könnte.

Der Wagen kam zusammen mit dem Bus, ich fuhr natürlich im Wagen vorneweg. In der MOS meldete ich mich sofort bei ihm. Es gab einen weiteren Anschiß wegen meines Trainingsanzuges, da aber der Kommandeur wartete, mußte ich mir nur meine Dienstmütze holen. Im Trainingsanzug, Handtuch über die Schulter geworfen und mit hohem Hut strebte ich schnellen Schrittes zum grauen Esel[138]. Es empfing uns ein kriegsgedienter Leutnant, der mich mit den Worten: „Na, Sie können sich auf was gefaßt machen!" begrüßte.

Noch hatte ich keine Ahnung, was gegen mich vorlag, aber ein schlechtes Gewissen hatte ich ja immer. Ich wurde vorgeführt und meldete mich mit der Dienstmütze in der linken Hand. Der Kommandeur, KptzS A., saß hinter seinem Schreibtisch, daneben stand ein Fregattenkapitän, den ich aber nicht kannte[139]. Mit freundlichem Ton fragte der Kommandeur:

„Sind Sie sehr verwöhnt, Braun? Ich meine, dreht sich alles um Sie, wenn Sie nach Hause kommen?"

„Jawohl, Herr Kapitän, ich bin Einzelkind und werde, wenn ich in Urlaub bin, bestens verwöhnt!"

---

[138] gängiger Name des Stabsgebäudes, heute abgerissen
[139] kann FKpt. W. gewesen sein, es gab aber auch noch einen weiteren Fregattenkapitän, der genau so klein war

Plötzlich veränderten sich Gesicht und Stimme, und ich sah, worum es eigentlich ging. Der Kommandeur schwenkte plötzlich eine Essenskarte in der Hand und schnauzte mich an wegen meines Kommentars. Ich hatte, wie er dann voller Grimm beschrieb, um eines der Knipslöcher einen Kreis gemacht und „Höllenfraß" daneben geschrieben. Er verlangte von mir zu wissen, was es gab. Ich konnte mich jedoch nicht erinnern und fügte hinzu, daß es schrecklich gewesen sein müßte. Mühsam beherrscht forderte er den Fregattenkapitän auf, aus dem Speiseplan vorzulesen, was es an dem bewußten Tag zu essen gab. Beim Zuhören lief mir das Wasser im Munde zusammen.

Triumphierend starrte mich der Kommandeur an und fragte dann zur Seite: „Ich esse ja zu Hause, wie hat es denn geschmeckt?" Der Fregattenkapitän mußte wie dann auch der Kptlt. M. zugeben, daß er nicht in der Schule essen würde.

Ich war der einzige im Raum, der den „Höllenfraß" erlebt hatte. Das ließ sich nur durch energische militärische Maßnahmen ausgleichen: Ich wurde wegen meines unmöglichen Benehmens getadelt und darauf hingewiesen, daß ein Offizier sich nicht so verhält. Außerdem hätten sie im Kriege noch viel schlechteres Essen erhalten. Als ich zum abschließenden Kommentar aufgefordert wurde, bat ich um besseres Essen und meldete, daß wir seit 13 Jahren Waffenstillstand hatten. Mit Donnergetöse wurde ich aus dem Raum gescheucht. Auf dem Rückweg war ich im Trainingsanzug mit hohem Hut[140] die Lachnummer für alle, die uns begegneten. Am Essen änderte sich während unserer Zeit nichts.

Bei einem Mittagessen waren Hein W. und ich noch am Tisch, als ein Kaleu, einer unserer Lehrer, hereinkam und sich noch einen späten Schlag besorgte. Sicherlich nicht absichtlich steckte Hein sich eine Zigarette an, wie das nach dem Essen so bekömmlich war. Der Kaleu fragte spitz:

„Stört es sie, wenn ich weiter esse?" Hein:

„Nein, Herr Kaleunt, solange es nicht zu laut ist!"

Als wir danach zufrieden die Treppe hinuntergingen, kam uns einer der kleinen Fregattenkapitäne entgegen, blickte von unten an uns hoch: „Was haben Sie denn für einen Zünder auf?" Heins Mütze entsprach abso-

---

[140] Dienstmütze, damals mit blauem Bezug

lut unseren Vorstellungen, war aber sicher nicht vorschriftsmäßig. Hein: „Soll ich sie mal abnehmen, Herr Kapitän, damit auch Sie sie sehen können?" Das war wieder einer der schönen Tage an der MOS.

Noch eine letzte kleine Geschichte, die sich an einem Morgen bei Dienstbeginn ereignete. Konrad E. aus meiner Vorcrew fühlte sich nach einer wohl schweren Nacht nicht in der rechten Form, um am Unterricht erfolgversprechend teilzunehmen. Er lauerte am Schott unserem Hörsaalleiter auf, um in leidender Haltung und mit kläglicher Stimme zu äußern: „Mir geht es ziemlich schlecht. Ich möchte mich in den Schlunz abmelden." Da kam er dem schneidigen Offizier gerade recht:

„Das heißt: Leutnant zur See E., ich bitte, zum Arzt gehen zu dürfen!" Sichtlich leidend richtete Konrad sich auf:

„Danke, Herr Kaleu, mir geht es schon viel besser!" und verzichtete auf den Arztgang.

Mein Elend wurde gräßlich gesteigert, als ich kurz vor Ende des Lehrgangs die Kommandierung auf die TMS I erhielt, wo ich den abgebrochenen A – Lehrgang wiederholen sollte. Das war die Höchststrafe, die ich mir vorstellen konnte. Den Lehrgang an der MOS bestand ich, ohne besondere Meriten zu erwerben.

Auf dem Weg in den Weihnachtsurlaub las ich in der Zeitung, daß mein Crewkamerad Niko C. in Pensacola, Fla. tödlich abgestürzt war. Niko war ein strahlender, blonder Jüngling und überall beliebt. Er war sicher einer der ersten Bundeswehrpiloten, der auf der Strecke blieb. Nach Weihnachten hörte ich, daß Niko bei einer simulierten Trägerlandung mit offenem Cockpit von seinem sich öffnenden Fallschirm erdrosselt wurde. Niko war der einzige Sohn eines gefallenen Jagdfliegers.

Außerdem erfuhr ich auch um diese Zeit, daß unser Crewkamerad Peter K. an Krebs erkrankt war und sterben müßte. Er war einer der wenigen Verheirateten und hinterließ seine junge Frau mit 2 kleinen Kindern. Da die junge Witwe nur spärlichst versorgt war, entschloß sich die Crew, ihr die Ausbildung zur Lehrerin zu bezahlen. Selten haben wir unser Geld sinnvoller ausgegeben.

Bootsmaschinenoffizier – A-Lehrgang 2. Anlauf

So kann es einem ergehen, der hoffte, mit einer Krankheit um den schiffs-technischen A-Lehrgang herumzukommen. Das blieb der einzige Lehr-gang, den ich zweimal gemacht habe, denn beim ersten Anlauf hatte ich fast alles schon überstanden.

Und nun das ganze Elend noch einmal, wobei mir immer wieder einfiel, daß ich mich ja als Ingenieur beworben hatte. Ich war zusammen mit der Crew IX/56, also unserer Nachcrew, die ich ja von der MSM her gut kannte. Paulchen und Moses T. waren ebenso mit von der Partie wie Siegfried „Dixie" G. und Gerd B., genannt „Schaschke", wogegen er sich noch als Admiral wehrte. Die Beiden hatten ein Jahr auf dem französi-schen Schulkreuzer „Jeanne d'Arc" verbracht und eine beneidenswerte Weltreise erlebt.

Auch in diesem Lehrgang wollte keiner so gut bestehen, daß er in die Gefahr kam, Schiffstechniker zu werden. Das war überall und jederzeit zu merken. Wir hatten einen neuen Kompaniechef, den Kptlt. Uwe S., ei-nen stillvergnügten, guten Techniker, den ich schon von meinem ersten Anlauf kannte. Er sicherte sich schnell unseren Respekt, ohne sichtbare Anstrengung zu zeigen.

Als direkt hinter dem Haupttor ein sehr großer Flaggenmast „ge-pflanzt" wurde, veranlaßte er eine große Schulmusterung mit der Behaup-tung, daß bei den Grabungen wertvollste Altertümer gefunden worden wä-ren. Knochenfunde, so behauptete er bei der Musterung, hätten es erlaubt, mit Hilfe der Paläontologen der Kieler Universität den Menschen zu re-konstruieren. Vor dem Flaggenmast stand eine kleine verhüllte Gestalt, die er als das älteste bekannte Exemplar des „Homo sapiens practicus vulga-ris"[141] bezeichnete.

Für die TMS und ihr Selbstverständnis sei das von außerordentli-cher Bedeutung, denn der „gemeine Betriebspraktiker" sei genau das Aus-bildungsziel, und er enthüllte einen Gartenzwerg, der mit einem großen Schraubenschlüssel bewaffnet war. Begeistertes Gelächter belohnte ihn, wobei nicht alle anwesenden Oberheizer die Begeisterung teilten.

Nach meinem dreimonatigen „Aufwärmtraining" war der Lehr-gang nicht zu schwer. Auch hier könnte man – wie auf der MSM – das

---

[141] der gemeine Betriebspraktiker

Kollegium Revue passieren lassen, es würde sich lohnen. Ich habe mich entschlossen, einen unserer Lehrer stellvertretend genauer zu betrachten. In Mathematik/Physik unterrichtete uns Dr. P., ein körperlich sehr kleiner Mann, der hohe Schnürschuhe trug und unnatürlich große Schritte machte. Im Gegensatz dazu standen seine Titel, die wir wahlweise benutzen konnten. Bis 1945 war er als Lehrer bei der Kriegsmarine einer der sogenannten Silberlinge mit 4 Kolbenringen. Herr Marineoberschuldirektor war – so fand ich – eine wundervolle Anrede. Nach dem Kriege wurde er Gymnasiallehrer, er brachte es bis zum Oberstudienrat. Sein Türschild zeigte all' diese Pracht: Marineoberschuldirektor a. D. Oberstudienrat Dr. P., das war doch was!

Es lag an seiner Gutmütigkeit, nicht an seinem Unterricht, daß wir seine Stunden verschliefen, und er ertrug uns mit unfaßbarem Langmut. Er zeigte eine rührende Unverdrossenheit in seinem Bemühen, uns etwas beizubringen. Als ein Beispiel will ich die Geschichte von der Dampframme erzählen. Er entschloß sich, mit uns die idealisierte Verdichtungskurve einer Dampframme zu berechnen. Unser Interesse für Dampframmen war gering. Trotzdem investierte er mehrere Unterrichtsstunden in dieses Problem. Als die Kurve an der Tafel stand, war er zufrieden, ließ aber als guter Pädagoge einen Leutnant nach vorn kommen, um das Ergebnis nachzuvollziehen. Der Leutnant z.S. „Vater" P. verweigerte jede Aussage und kam erst nach stärkerem Drängen unseres Lehrers mit einem Gegenvorschlag:

„Wenn sie mir sagen, wie viele Dampframmen ein normaler Zerstörer hat, dann......." Der Rest ging in grölendem Gelächter unter. Die Antwort, wenn auch eine faule Ausrede, beschreibt unsere Einstellung zum vermittelten Stoff sehr genau. So wurde der grundanständige und fachliche gute, kleine Mann mit dem langen Titel ein Opfer der Einheitslaufbahn.

Bevor ich die TMS verließ, holte mich das Verfahren gegen meinen ehemaligen Kommandeur wieder ein. Ich wurde als Zeuge nach Wilhelmshaven geladen und das am Tage unserer schriftlichen Abschlußprüfung! Ich wurde freigestellt, reiste nach Schlicktau[142] und hoffte, nun aber der Prüfung zu entgehen.

---

[142] Spottname für Wilhelmshaven, der von Tsingtau abgeleitet wurde

Nach meiner Rückkehr wurde ich jedoch in ein Büro gesperrt und dort mit einer Prüfungsarbeit nach der anderen meinem schiffstechnischen Schicksal überlassen. Da ich ein Telefon auf dem Schreibtisch fand und im Raum keine Aufsicht war, gestalteten sich auch komplexe Fragen recht einfach, denn eine Gruppe hilfsbereiter Kameraden hatte die U.v.D.-Stube besetzt und wartete auf meine Anrufe. Das lief reibungslos, und ich erreichte so einen guten Abschluß. Meine Haupthilfe war der Leutnant z.S. Hafö F., der 10 Semester oder gar mehr an der TU in Aachen studiert hatte.

Ein herumreisender Personalarbeiter holte mich zum P-Gespräch und eröffnete mir, daß ich keine weiteren A-Lehrgänge machen sollte. Auch blieb mir die Fliegertauglichkeitsuntersuchung bei der Lufthansa erspart, die meine Crew während meiner „Auszeit" absolviert hatte.

So entkam ich der Marinefliegerei, zu der damals mehr als die Hälfte der Crew abkommandiert wurde, auch gegen ihren erklärten Willen. Später wurde mir klar, und ich habe das auch eingeräumt, daß ich ein begeisterter Flieger geworden wäre, wenn ich nur gewußt hätte, wie toll es ist. Und es entfielen ein Waffenlehrgang und der Versorgungs-A-Lehrgang in List auf Sylt.

Dafür, so erfuhr ich weiter, sollte ich nach dem guten Ergebnis in Mürwik auf der MFmS in die USA gehen, um dort weiter ausgebildet zu werden. Paulchen war auch dabei, es hatte sich also gelohnt, die Vorcrew abzuhängen. Dabei muß ich hinzufügen, daß der dritte Bewohner unserer Barackenstube auf der MFmS, der Leutnant z.S. Uwe M. aus der Vorcrew, auch für das Programm ausgewählt worden war.

Heute kann man sich wohl kaum vorstellen, was es damals bedeutete, nach Kalifornien zu kommen und dort über Monate zu leben. Deutsche reisten damals noch nicht einmal nach Mallorca, geschweige denn in die USA oder gar an die Westküste! Es schien unvorstellbar!

Zerstörer 4

Nach Abschluß der TMS schickte mich die Marine nach Bremerhaven zur 5. SStA[143], wo die Besatzungen für die sechs Zerstörer zusammengestellt wurden, die wir auf der Grundlage eines Pachtvertrages von der USN

---

[143] 5. Schiffstammabteilung

übernehmen sollten. Ich war für den Zerstörer 4 (D 178) als Fernmeldeoffizier vorgesehen. Unser Kommandeur war der Fregattenkapitän von B., ein geschätzter Offizier. Jede Besatzung bildete eine Kompanie, bei der Besatzung Z 4 war ich der einzige Offizier für rund 200 Mann, aber ohne Disziplinargewalt. Eine schwierige Aufgabe, denn es gab kaum geregelten Dienst, außer einem lahmen Englischunterricht bei Herrn P. aus Sachsen, der uns schon in der Grundausbildung geelendet hatte. Die Einheiten, aus denen sich unsere Besatzung rekrutierte, hatten nicht gerade ihre besten Leute abgestellt, sondern das Zerstörerprogramm als gute Chance zur „Bereinigung" genutzt. Und das nun ausgerechnet in Bremerhaven mit all' seinen Möglichkeiten, an Land zu versacken, bedeutete eine große Herausforderung. Disziplinarvorgesetzter für meine Besatzung war Kptlt. Jonny B., der natürlich niemanden kannte und nicht gerade unter Übereifer litt.

Noch vor Ende Juni 1958 trafen weitere Offiziere von Z 4 ein, darunter der Kommandant FKpt. Hans-Walter B. und der Erste Offizier KKpt. Siegfried T. Wir empfingen Khaki-Uniformen, die aus sehr schwerem, unverwüstlichem Stoff gefertigt waren und lufttundurchlässige Oberhemden, dazu eine volle weiße Ausstattung, die ebenfalls für warme Gegenden völlig ungeeignet war.

Am Tag vor der Abreise meldete ich mich beim Kommandeur im grauen Esel ab. In den vorangegangenen Wochen hatte ich ihn näher kennengelernt und verehrte ihn. Fregattenkapitän Otto von B. war eines der legendären UBoot-Asse aus dem II. Weltkrieg und Träger des Ritterkreuzes mit Eichenlaub. Als ich nun in 1. Geige sein großes Büro betrat und nach meiner Meldung an der Tür wartete, daß er mich ansprechen würde, fixierten mich seine strahlenden Augen, ohne daß er etwas sagte. Es kam mir endlos vor, ehe er sich regte und mit dem Ausdruck höchster Überraschung sagte: „Soooo, nach Amerika will er!" Dann gab er mir fast eine Stunde lang gute und vor allem nützliche Ratschläge für die USA und besonders für New York.

Dann bekamen wir Diplomatenpässe und ein dickes Paket Travel Orders, dazu erhielt ich über $ 2500,- und ein Flugticket nach New York. Der Dollar kostete damals ca. DM 4,50, ich fühlte mich reich. Wir flogen mit der Lufthansa nach Shannon in Irland, dann weiter nach Gander in Neufundland und von dort nach New York. Das Flugzeug war eine Lockheed Super Constellation, ein großer Vogel mit 4 Propellern.

Wir landeten auf dem Idlewild Airport[144], und während wir noch unser Gepäck suchten, wurde ich ausgerufen. Die Durchsagen war schwer zu verstehen, und ich hatte ja noch keine Gelegenheit gehabt, mich an: „Ensign Broon" zu gewöhnen.

Ehe ich mich versah, war ich von den anderen getrennt, saß in einem riesigen Auto und fuhr durch New York zum Hauptquartier des 3. Naval District. Ich war darauf vorbereitet, irgendwann allein reisen zu müssen, denn nur ich sollte nach San Diego an die Westküste. Ohne viel zu verstehen, wurde ich durch verschiedene Büros geschleppt, jeder riß sich ein Exemplar von meinem Paket mit Travel Orders, bis ich bei einem Herrn landete, der mich fragte, ob ich genug Geld hätte. Als ich das entscheiden verneinte, zählte er mir $ 500,- auf die Hand und gab mir ein Flugticket nach San Diego. Ich sollte in drei Tagen weiterfliegen und bis zur Abreise in einem großen Hotel in der Nähe der Brooklyn Bridge wohnen.

Die zwei Tage bis zum Weiterflug vergingen blitzschnell, und die Tipps meines Kommandeurs bewährten sich bestens, besonders seine Empfehlung, tagsüber zum Essen ein Museum zu suchen, weil es dort immer eine Cafeteria mit preiswertem Essen gab. Manhattan war überwältigend, ich lernte schnell, in der Ubahn, die dort zu meiner Überraschung Subway heißt, zu Recht zu kommen. Ich fuhr viel Taxi und lief zu Fuß z.B. in beiden Richtungen über die Brooklyn Bridge, von wo man einen hervorragenden Überblick über die Wasserseite Manhattans am East River hat. Abends zog es mich zum Broadway/5th Avenue oder zur 42nd Street. Es war so, wie ich es in Wochenschauen oder im Film gesehen hatte, nein, es war viel besser!

Ich flog mit United Airlines über Denver nach Los Angeles, stieg um und flog weiter nach San Diego, wo ich am Freitagabend ankam. Zwei Stunden suchte ich vergeblich meinen Koffer, füllte dann die vorgesehenen Formulare aus und stand vor dem Flughafen. Ich hatte keine Vorstellungen von der Größe San Diegos oder von den Einrichtungen der USN. Im Stillen hatte ich gehofft, daß mich wieder jemand einsammeln würde – Irrtum. Da stand ich nun, in Jeans und einem gestreiften Buschhemd, als

---

[144] heute John F. Kennedy

Handtasche einen Camping-Beutel mit den Kultursachen. Und mit meinen ITOs[145], von denen ich eine einem Taxifahrer zeigte.

Da stand US Naval Base als erstes Ziel in San Diego, sonst nichts. Der Taxifahrer erklärte mir, daß er selbst in der Navy gewesen sei, aber in San Diego seien ca. 100.000 Mann der USN stationiert, dazu noch 10.000 Marines[146]. Wir fuhren los und der Fahrer verhandelte für mich mit meiner ITO an einem Tor. Die wollten mich aber nicht haben, also ging es weiter.

Inzwischen war es dunkel, und als ich mich gerade entschlossen hatte, ein Hotel zu suchen, bekam der Fahrer einen Tipp: Zur 32. Straße Süd sollte er fahren. Die kannte er und auch ein BOQ[147], das dort lag. Er setzte mich ab, und ich betrat eine Art Lobby. Nach längerem Klingeln erschien ein grimmig blickender farbiger Seemann und redete auf mich ein. Ich verstand kein Wort. In meinem ungeübten Englisch erklärte ich meine Lage und zeigte meine ITO. Schließlich erhielt ich nach Ausfüllen eines endlosen Formulars einen Zimmerschlüssel, und der Steward rannte zurück zu seinem Fernseher.

Als ich mein Zimmer gefunden hatte, war es fast Mitternacht. An der Zimmertür stand ein Name und eine mir unbekannte Abkürzung, egal, nur noch duschen und in die Koje. Als ich wach wurde, war es heller Tag gegen 11.00 Uhr. Ich ging auf Entdeckungsreise, fand Automaten, wo ich mir eine Coca und mehrere Candybars zog. Das Gelände schien verlassen, schließlich aber fand ich die Messe und die Essenszeiten. Das war ermutigend. Während ich aß, kamen einmal mehrere weibliche Leutnante fröhlich lärmend herein, waren aber wieder verschwunden, ehe ich mir ein Herz gefaßt hatte, irgendetwas zu fragen.

Abends wurde ich unsanft geweckt, als eine größere Gruppe junger Leute in mein Zimmer brach, die mich freundlich beguckten. Einer erklärte mir, daß er mein Mitbewohner sei und forderte mich auf, mich anzuziehen, weil es jetzt zu einer Beachparty am Strand gehen würde. Unter freundschaftlichen, aber meist unverständlichen Kommentaren zog ich mich an, kletterte mit mehreren anderen in ein Auto und los ging es, erst auf eine Fähre Richtung Coronado und dann an den Strand.

---

[145] Invitational Travel Orders = Marschbefehle für Gäste

[146] Marineinfanteristen

[147] Batchelor Officers Quarters = Unterkunft für unverheiratete Offiziere

Während der Fahrt wurde meinen neuen Freunden erst klar, daß ich kein Amerikaner, sondern Deutscher war. Große Begeisterung, so einen hatten sie ja noch nie gesehen, und am Strand wurde ich herumgezeigt wie ein seltenes Tier. Zum ersten Mal sah ich den Pazifik mit einem wunderschönen Sonnenuntergang, tolle Musik, jede Menge Getränke und hübsche Mädchen waren so, wie ich das aus Filmen kannte.

Später wurde mir klar, daß es sich um den Strand der USN Air Station handelte, der direkt neben dem berühmten Hotel Coronado lag. Dort war zwei Jahre vorher der Film „Some like it hot" mit Marilyn Monroe gedreht worden.

Als ich irgendwo im Sand aufwachte, war es sehr ruhig, und die Sonne brannte vom Himmel. Ein Blick auf die Uhr zeigte mir, daß ich noch eine Stunde hatte bis zur Meldung beim Commander Naval Base. Ein weiblicher Gast vom Vorabend kam auf mich zu und fragte, wo ich denn hin müßte. Tja, sie mußte zum Naval Hospital, das war ganz wo anders. Dann drückte sie mir einen Autoschlüssel in die Hand, zeigte auf ein kleines grünes Kabriolet und rief im Weglaufen, daß sie das Auto am Abend holen würde. Ich fand die Fähre und schließlich auch den BOQ, denn die Straßen waren numeriert.

Meine Meldung beim Commander US Naval Base, einem Admiral, begann unglücklich, weil ich in meiner ungepflegten Aufmachung auf Unverständnis und Ablehnung stieß. Schließlich stand ich dem Admiral gegenüber, ich verstand nur wenig von seinen Fragen, hatte aber Gelegenheit, meinen Kofferverlust zu berichten. Der Admiral war der jüngste Admiral, den ich je gesehen hatte, höchsten 45 Jahre; er verdoppelte seine Lautstärke, es erschienen mehrere Offiziere, von denen einer mich mitnahm und in ein Auto steckte.

Wir fuhren zu einem Airline-Büro in der Stadt, ich verstand nichts von der Unterhaltung, bekam am Ende einen Scheck über $ 250,- und weiter ging es. Der amerikanische Kapitänleutnant, der als mein Kindermädchen fungierte, war sehr nett und freundschaftlich, und ich verstand immer mehr. Im Exchange, einem riesigen Laden im Stützpunkt, kaufte er mit mir ein, alles von den Schuhen bis zum Schiffchen und Rangabzeichen. Unterwäsche und ein paar zivile Aufmachungen kamen dazu.

Es war so preiswert, daß ich es nicht glauben konnte. Schließlich landete ich mit meinem grünen Auto, einem MG A!!! und mit meinen Einkäufen wieder im BOQ. Mein neuer Zimmergenosse war da, er war lustig und hilfsbereit, half mir mit meinen neuen Klamotten, und dann schleppte er mich zum Essen. Es war alles fast unvorstellbar, von der Auswahl über die lächerlichen Preise bis zur Bedienung. Ich lernte, daß ich die Stewards von den Philippinen deshalb so schwer   verstehen konnte, weil sie noch weniger Englisch sprachen als ich.

Nachdem ich noch einen richtigen USN-Ausweis[148] mit Bild empfangen hatte, ging ich als Ensign der USN durch, obwohl ich gegen den Rat meines neuen Freundes auf den Kragenstecker mit „USN" verzichtet hatte. Überall wurde ich gegrüßt, das war ich ja überhaupt nicht gewöhnt, ich war überwältigt von den Eindrücken. Mein Mitbewohner hatte Schichtdienst als Zahnarzt im Naval Hospital, und er war Marineinfanterist. Während des Abendessens tauchte die Autobesitzerin auf, jetzt auch in Uniform: Oberleutnant Nurse[149], und sie hieß Nancy. Die beiden schleppten mich in Uniform zu einer Poolparty in einem BOQ der US Marines, wo ich als absoluter Exot bestens aufgenommen und behandelt wurde.

Einmal traf ich noch kurz meinen deutschen Vorgänger, den Leutnant z.S. Uwe M., der seine Ausbildung in San Diego beendet hatte. Zeit für eine Übergabe hatten wir nicht, aber es begann ein traumhaftes Leben. Die verschiedenen Kurzlehrgänge, die irgendjemand in Deutschland für mich „gebucht" hatte, waren leicht, machten meist keinen Sinn, weil wir das entsprechende Gerät gar nicht hatten. Bis auf den Lehrgang für zukünftige Fernmeldeoffiziere war ich nur mit Unteroffizieren zusammen, die mich alle respektvoll und hilfreich behandelten.

Meine wöchentlichen Leistungsnachweise im Fernschreiben schrieb immer einer für mich. Ich mußte den Satz abliefern: „The quick brown fox jumps over the lazy dog.", 50-mal untereinander ohne Fehler! Ich überstand ca. 5 oder 6 solcher Lehrgänge, und ich lernte amerikanisch. Ich lebte mich ein und wechselte die Schule. An dem Lehrgang an der USN Air Defense School Point Loma durfte ich nicht teilnehmen, weil ich keinen Zugang zu US Secret hatte.

---

[148] ID-Card
[149] Krankenschwester United States Navy Nurse Corps (USNNC)

Vier Wochen hatte ich dadurch frei, und ich wohnte nun im BOQ der Fleet Sonar School irgendwo nahe dem Harbor Drive und neben dem US Marine Corps Recruit Depot. Mein Zimmergenosse war nun ein Ensign USN namens Vince N. Er war jünger als ich und irgendwo in den Staaten verheiratet. Bei einem unserer Gespräche an der Bar stellte ich fest, daß er monatlich ~ $ 190,- bezog, während ich zwischen $ 350,- und $ 400,- erhielt. Dann hatte ich plötzlich ein tolles Auto, als der Zahnarzt für eine Seefahrt nach Yokosuka in Japan und zurück eingeschifft wurde, und er mir seinen Wagen lieh. Es war ein Oldsmobile 88 Convertible – traumhaft! Da ich mich mit der Besitzerin des MG-A angefreundet hatte, durfte ich den MG weiter fahren, denn sie hatte noch einen Chevrolet Impala Kabrio.

Ich erfuhr, daß es seit 8 Jahren in San Diego nicht mehr geregnet hatte. Meine Freundin Nancy hatte keine Ahnung, wie man bei ihren Autos das Verdeck schließen konnte – es regnete ja nie! Alles war unfaßbar und sprengte meine kleinkarierten Vorstellungen. Gern und leicht übernahm ich diesen Lebensstil, es war oft wie in einem kitschigen Film! Das Benzin kostete in der Base ~ 10 Cents/ Gallone. Da eine US-Gallone 3,8 l hat, bezahlten wir ~ 2,5 Cents/l, also 10 Pfennig. Im Lichte der heutigen Preise also ein Dreißigstel.

Mein zukünftiger Kommandant wurde telefonisch angemeldet, er wollte nach seinem jüngsten Leutnant sehen. Ich fuhr mit „meinem" 88 zum nahegelegenen Lingbergh Field. Er kam in hochgeknöpftem Khaki-Jackett völlig verschwitzt auf mich zu, anstatt Begrüßung gab es eine rüden Anschiß, weil ich in zwanglosem Zivil erschienen war. Auf dem Parkplatz entstand die nächste Krise, weil er sich zuerst weigerte, in den Oldsmobile zu steigen. Er wollte mir nicht glauben, daß irgendjemand mir ein Auto leihen würde, und vor allem nicht sooo ein Auto!

Ich war froh und dankbar, als ich ihn abends wieder zum Flugzeug bringen konnte. Er hatte mir angekündigt, daß weitere 12 deutsche Offiziere zu dem in drei Wochen beginnenden UJagd-Lehrgang an der Fleet Sonar School vorgesehen waren. Bei der Verabschiedung bekam ich noch einen Nasenstüber, weil ich nach Meinung meines Kommandanten so getan hatte, als ob ich nicht mehr richtig deutsch sprechen könne.

Nachdem ich fast 4 Monate kein Wort deutsch gesprochen hatte und verzweifelt und mit Inbrunst bemüht war, die Landessprache und die

Marinesprache zu erlernen, traf mich dieser Rüffel hart. Beim Briefschreiben fiel es mir selbst auf, daß mein Deutsch seltsam klang. Es kamen auch Reklamationen von zu Hause wie: „Was meinst Du, wenn Du eine Hölle von Zeit hattest?" (I had a hell of a time = Ich hatte eine tolle Zeit.) Ich ertappte mich, daß ich auf Englisch zählte, wenn meine Wäsche zurückkam; wenn ich allein war und irgendwo anrempelte, schimpfte ich englisch.... Ich glaube, wenn mein Kommandant mich dann noch in meiner amerikanischen Verkleidung gesehen hätte, wäre er ausgerastet.

Mein verlorener Koffer tauchte wieder auf, so daß ich den 6 wöchigen ASW-Lehrgang in deutscher Uniform besuchte[150]. So blieb mir wahrscheinlich viel Frotzelei erspart. Mit meiner Ortskenntnis, „meinen" Autos und meiner Freundin bot ich eh' schon genug Angriffsfläche. Dazu die häufigen Durchsagen im BOQ: „There is a phonecall for Ensign Brooon in the for´rd booth!"[151]

Alle Seeoffiziere, die für Z 4 vorgesehen waren, außer Kommandant und IO nahmen an dem Lehrgang teil, dazu einige von Z 3 und ein bedauernswerter griechischer Kapitänleutnant. Bedauernswert, weil er kaum Englisch sprach und keine Ahnung hatte, und wir uns rücksichtslos auf Deutsch unterhielten.

Später erschien für einen anderen Lehrgang auch von B., unser Kommandeur aus Bremerhaven, der den letzten Fletcher „Z 6" als Kommandant übernehmen sollte. Dort bekam er auch seinen Spitznamen, als er immer wieder in der Bar der O-Messe vor einem Aquarium saß, in dem u.a. mehrere Seepferdchen schwammen. Irgendwann sagte einer von uns: „Seht doch mal, Adolar sieht genau so aus wie die Seepferdchen!" Es stimmte und so wurde er zu Adolar, dem Seepferdchen.

Inzwischen war ich von meinen Freunden von den Marines vor dem Mittagessen ihrem Kommandeur, einem Oberst, vorgestellt worden. Völlig unamerikanisch – so fand ich – gebot er Ruhe, stellte mich den vielleicht 200 Offizieren in höchst liebenswürdiger Weise vor und hieß mich willkommen. Ich erhielt donnernden Applaus und war ein gefeierter Gast, was mir sehr schmeichelte. Ich erhielt einen Sticker für die Windschutzscheibe mit einem reservierten Parkplatz an der Offiziermesse.

---

[150] der Koffer hatte solange in Denver, Colorado auf Abholung gewartet
[151] Anruf für LtzS. Braun in der vorderen Telefonzelle

Fuhr ich nun mit meinem MG in das US Marine Recruit Depot, wurde der gesamte Verkehr angehalten, um mich unbehelligt durchzuwinken. Na, das war ja für einen deutschen Leutnant so unvorstellbar, daß es jeden Rahmen sprengte. Ging ich durch die Kaserne, verließen alle Rekruten den Bürgersteig, nahmen auf der Straße Haltung an und salutierten. Erst wenn ich vorbei war, setzten sie ihren Weg fort. Das war mir peinlich, ich konnte aber nicht darauf verzichten, denn es galt allen Offizieren.

Von meinem Zimmer konnte ich direkt auf den Exerzierplatz der Marines gucken und auch in das Gefängnis, das am Rande des Geländes lag. Es war so gebaut, daß man von außen fast alles sehen konnte, was sich dort abspielte. Um 4.30 Uhr wurden die Insassen mit höllischem Lärm geweckt. Kurz danach trabten alle für eine halbe Stunde mit dem typischen Sprechgesang in Formation am Zaun entlang, jeder hatte seine Matratze auf dem Kopf. Lange Tröge waren die Waschgelegenheit unter freiem Himmel, alles, auch das Waschen lief nach Kommando ab. Vergeblich versuchte ich mir vorzustellen, was wohl in Deutschland mit solchen Vorgesetzten passieren würde.

Jeden Freitag war eine große Parade auf dem Ex-Platz. Um 6.00 Uhr begannen die Vorbereitungen. Mehrere tausend Mann wurden von einem Feldwebel, der auf einer großen Palaverkiste stand, hin und her gescheucht; es wurde über Stunden geübt. Mittags gab es dann eine schneidige Parade als Wochenabschluß, zu der auch Offiziere kamen.

Einer der Offiziere aus dem US Naval Training Center lud mich zu sich nach Hause zum Essen ein. Die Familie hieß Brandt, und erst während des Essens wurde mir klar, daß es sich um ehemals deutsche Juden handelte, die sich einen der neuen deutschen Offiziere ansehen wollten. Der Abend verlief ohne jedes Problem und meine Gastgeber waren sehr nett, aber ich war trotzdem froh, als ich dieses Essen hinter mir hatte. Aber es war gut, an unsere Vergangenheit erinnert zu werden, denn die Verlockung blieb groß, sich der Amerikanisierung ganz zu ergeben. Gleichzeitig dämmerte mir, wie wenig ich von unserer neuesten Vergangenheit wußte und wie kärglich meine eigene Haltung dazu entwickelt war.

Der lange ASW-Lehrgang war sehr gut und hat uns zu einem Team mit einer Sprache zusammenwachsen lassen. Unter uns sprachen wir ein unmögliches Gemisch von amerikanischen Begriffen und Floskeln, vermischt mit Deutsch und Eingedeutschtem, eben Denglish. Weder unsere amerikanischen Lehrer noch unsere deutschen Vorgesetzten verstanden uns. Wir dagegen pflegten diese Unsitte, was allen in den USA ausgebildeten Soldaten später den dauernden Grimm aller Kameraden in Deutschland zuzog, die nicht das Glück hatten, dort zu lernen.

Während des Lehrganges wurde ich mit zwei weiteren deutschen Lehrgangsteilnehmern auf dem UBoot USS Queenfish[152] eingeschifft. Es war sehr interessant und lehrreich, denn wir blieben 5 Tage und Nächte getaucht, wurden fast ständig mit Hedgehog- und Wasserbombenangriffen unter Lärmbelastung gehalten, dazu kam bei 30°C-Wassertemperatur ein totaler Ausfall der Klimaanlage.

Sehr schnell, wenn auch nicht unerwartet, kam meine Kommandierung bei Lehrgangsabschluß nach Great Lakes, Illinois. Dort, nördlich von Chicago war eine riesige Ausbildungseinrichtung der USN mit ca. 100.000 Mann. Ich verbrachte einen letzten Tag an unserem Lieblingsstrand südlich von La Jolla, der wegen der vielen athletischen Surfer „Muscle Beach" hieß[153]. Als ich am nächsten Tag in Chicago aus dem Flugzeug stieg, war es eiskalt und Schneereste lagen in den Ecken.

Mein Zinksarg, der kurz vorher auch noch in San Diego angekommen war und in dem ich wärmere Kleidung verstaut hatte, war mit der Eisenbahn unterwegs. Ich habe ihn erst viele Monate später in Charleston, SC, wiedergesehen. Zu meinem Glück fand ich ein Büro der USN, wo ich mir einen Wagen besorgen konnte, um die 50 Meilen nach Great Lakes gefahren zu werden.

Im U.S. Naval Training Center Great Lakes, Ill., sollte ich einen Lehrgang in elektronischer Kampfführung (EW) machen, damals noch alles sehr geheim und völlig unbekannt. Ich wohnte im BOQ mit Blick auf den Lake Michigan, alles war schon weiß, und die Ufer begannen zuzufrieren. Ein früher Kälteeinbruch hatte alle überrascht. In meinem Zimmer ließ sich ein Fenster nicht ganz schließen. Bei der Reklamation traf ich einen deutschen Oberstleutnant des Heeres, der kaum ein Wort Englisch sprach, aber – wie sich herausstellte – mit mir auf demselben Lehrgang war. Er shanghaite mich gleich als Adjutant. Da der Oberstleutnant ein angenehmer Kamerad war, half ich gern, wo ich konnte. Nachdem wir beide

---

[152] Balboa – Klasse, Guppy II
[153] an sich Mussel Beach = Muschel Strand

keinen Erfolg hatten bei der Jagd nach besseren Zimmern, schlug ich vor, daß er sich – begleitet von mir – beim Kommandeur, einem Konteradmiral melden sollte.

Der Oberstleutnant hatte eine ungewöhnlich große Backspier[154] einschließlich Ritterkreuz und Eichenlaub, aber auch ein goldenes und mehrere silberne Panzervernichtungsabzeichen.

Als sich bei unseren Vorbereitungen auf den Dienstantritt herausstellte, daß er alle Original-Orden bei sich hatte, kam es zum großen Auftritt (damals trug kaum ein kriegsgedienter deutscher Soldat seine Kriegsauszeichnungen). Die Amerikaner zeigten größte Achtung gegenüber deutschen Tapferkeitsauszeichnungen. Der Oberstleutnant machte einen gewaltigen Eindruck und fand sich auch schnell damit ab, daß er immer mit Colonel[155] angeredet wurde. Wir bekamen tolle Zimmer in den Senior Officers' Quarters, und der Oberstleutnant einen Dienstwagen mit Fahrer.

In unserem Lehrgang waren 16 Teilnehmer aus 15 Ländern, darunter ein nationalchinesischer Major, ein persischer Leutnant z.S., ein portugiesischer Kapitänleutnant und ein Brasilianer. Es war sehr lustig und ganz leicht. Die Geduld der Ausbilder war zu bewundern.

Am zweiten Wochenende erhielt der gesamte Lehrgang eine Wochenendeinladung des International Relations Club in Flint, Michigan. Der Oberstleutnant ließ mich alleine ziehen, wir waren eine fröhliche bunte Gruppe und wußten nur, daß dieser Club uns anläßlich des 10. Geburtstages der UN eingeladen hatte. In Flint waren die damals noch bedeutenden Buick-Autowerke und so nahm uns eine Kolonne von riesigen Buick-Wagen auf, und wir fuhren los.

Bei einem Stopp an einer Tankstelle passierte ein kleiner Zwischenfall, der aber die Atmosphäre bestens wiedergibt: Der chinesische Lehrgangsteilnehmer holte sich eine Coca Cola aus einem Automaten, während wir alle dort herumstanden. Als beim Öffnen das viel zu warme Getränk herausschoß, steckte sich der Major die Flasche in den Mund, um nichts zu verschütten. Das Unvermeidliche nahm seinen Lauf, denn sein Gesicht blies sich immer weiter auf, bis schließlich die Coke aus allen Öff-

---

[154] eigentlich ein ausschwingbarer Bootsbaum, hier : Ordensschnalle
[155] Herr Oberst

nungen hervorbrach. Während die meisten voller Mitgefühl zusahen, sprang der Iraner um den Chinesen herum und rief: „Now look, gentlemen, what strange customs these Chinese have!" Als sich das Gelächter gelegt hatte und auch der Major aus Taiwan wieder sprechen konnte, nahm er den Leutnant freundschaftlich in die Arme und sagte: „We will stay friends and we will stick together, since we are the only ones who are entitled to marry four wives!"[156]

In Flint landeten wir vor einem Gebäude, das an eine Turnhalle erinnerte, aber mit unzähligen Flaggen geschmückt war. Wir wurden zu einer grell beleuchteten Bühne geführt, während uns aus dem Dunkeln tosender Applaus einer unsichtbaren Menge empfing. Jeder wurde einzeln wie ein Star vorgestellt, und jeder erhielt einen weiteren donnernden Applaus. Dann erschien aus dem Dunkeln eine Gruppe von Vertretern des Landes, zu dem der Offizier gehörte und holte ihn ab. Ich blieb als Letzter übrig und mich beschlich leichte Panik, daß nach all dem kaum noch jemand übrig sein konnte, der mich abholen würde. „Ensign Broon – Germany!" Ein Höllenlärm brach los, aus dem Dunkeln erklang deutsche Marschmusik und eine Delegation mit Musik holte mich ab. Alle schüttelten meine Hände und klatschen mir auf die Schultern, als ob ich gerade Weltmeister geworden wäre. Der vorherrschende Dialekt war sächsisch, aber ich sah auch Lederhosen und Dirndl.

Die Stimmung war sehr gut; was wir erst nach einer Weile merkten, war das Verfahren, mit dem der „trockene" Club aufgelockert wurde. Unter jedem Tisch standen Reisetaschen mit Seven up- und Coca-Flaschen. In den Seven up-Flaschen war Gin und in den Coca-Flaschen Whiskey. Das mixte man nach Geschmack mit irgendwelchen Limos und die Stimmung steigerte sich. Der Besuch war ein einziges Fest, mir hat am besten gefallen, daß wir einen Nachmittag mit neuen Buicks auf die Teststrecke durften und uns dort austoben konnten.

Voll interessanter Eindrücke kehrten wir zurück in unsere Kaserne. Am nächsten Morgen hieß es Abschied nehmen von unserem Chinesen. Er war im falschen Lehrgang gelandet, denn er sollte Military Journalism

---

[156] wir werden Freunde bleiben und wir werden zusammenhalten, da wir die einzigen sind, die vier Frauen heiraten dürfen

lernen. Der Perser zeigte auf das Panzer-Emblem auf dem Kragen des Majors und stellte fest: „This is no tank, it is a Chinese typewriter!"[157]

Ich teilte mein Appartement im BOQ mit einem portugiesischen Marineoffizier, ich meine es war ein Kapitänleutnant. Ein temperamentvoller Riese, der mir immer viel zu erzählen hatte, den ich aber nie verstand, weil seine mehr als eigenwillige Interpretation der englischen Aussprache mir nicht lag. Aber wir verstanden uns trotzdem sehr gut, und ich wurde immer wieder umarmt.

Bevor ich diesen Abschnitt schließe, will ich noch kurz eine Begegnung schildern, die mir auch heute noch bezeichnend erscheint. An der Bar im O-Club setzte sich ein Kapitän z.S. der USN neben mich. Er guckte eine Weile auf meine Leutnantsstreifen und bemerkte dann: „Young man, you have a lousy taylor!"[158] und zeigte, wie tief der Streifen eigentlich sitzen müßte. Als ich ihn daraufhin fragte, was er von meinen Uniformknöpfen hielte, merkte er seinen Irrtum und unterhielt sich freundlich mit mir. Als er mich fragte, ob die deutsche Marine Schwierigkeiten hätte bei der Benutzung unserer Häfen am Schwarzen Meer, kam ich unter Druck. Meine Antwort: „Seit Ende des 2. Weltkrieges nicht mehr" schien ihm einleuchtend, und er zog zu meiner Erleichterung ab.

Nach zwei weiteren kurzen Lehrgängen in Key West, Florida und in Norfolk, Virginia, landete ich schließlich in Charleston, South Carolina, wo ein großer Teil der Besatzung auf die Indienststellung unseres Zerstörers wartete. Es war ein Schiff der Fletcher-Klasse, von der im 2. Weltkrieg recht viele gebaut wurden und die auch Vorbild war für weitere Folgeklassen. Unser „Z 4" hieß USS Claxton D571 und gehörte lange zu den „Little Beavers"[159], wie das 23. Zerstörergeschwader genannt wurde. Das Schiff hatte sich in rund zwei Dutzend Gefechten im Pazifik ausgezeichnet, ehe es 1946 außer Dienst gestellt wurde. Geschwaderkommandeur war damals Arleigh Burke, dessen Kriegsname „32 knot-Burke" lautete. Er war nun 1959 als Chief of Naval Operations Oberbefehlshaber der USN.

In Charleston gab es eine deutsche Dienststelle, welche die Indienststellung unserer 6 Leihzerstörer vorbereitete, unterstützt von einem

---

[157] das ist kein Panzer, es ist eine chinesische Schreibmaschine
[158] junger Mann, sie haben einen miserablen Schneider
[159] Kleine Biber

Team der USN, das unter US Liasion Team firmierte. Während unsere Mannschaften und Unteroffiziere in Kasernen in der Naval Base untergebracht waren, wohnten wir Offiziere in privaten Appartements außerhalb. Es war eine geschäftige Zeit, denn es gab außer den Erinnerungen unserer kriegsgedienten Kameraden nichts, was für die Führung und Bordorganisation eines Zerstörers brauchbar gewesen wäre.

Als die Indienststellung für den 15. Dezember 1959 feststand, erfuhren wir, daß als Ehrengäste Admiral**** Burke[160] und unser Flottenchef Konteradmiral** J. erwartet wurden. Donnerwetter! Die Besprechung des Ablaufes und des Zeremoniells mit dem Liasion Team lief gut, bis es um die Ehrenformationen ging. Die Amerikaner stellten einen Zug Marines und wir? Als erste Maßnahme entschied der IO, daß ich eine Ehrenwache kommandieren sollte. Alle Versuche, den Amerikanern klar zu machen, daß es bei uns kein Präsentieren der Waffen für eine Ehrenformation gab, scheiterten, weil sie es als Affront betrachteten, wenn vor dem CNO beim Abschreiten der Front nicht die Waffen präsentiert werden würden.

Ich konnte mir aus der Besatzung 12 Mannschaftsdienstgrade, einen Unteroffizier und einen Feldwebel aussuchen. Befehl: „Sie legen den besten Präsentiergriff hin, den es je in den Staaten gegeben hat!" Ich nahm nur Leute meiner Länge, um sicher zu gehen, daß sie genug Kraft hatten, um das völlig ungeeignete Gewehr Rifle M 1 zu handhaben.

Kptlt. von der O. wies uns ein und brachte mir die erforderlichen Kommandos bei, die ich ungehört im Rudermaschinenraum üben mußte. An sich konnte ich ja alles außer: „Achtung! Präsentiiiiert das ---- Gewerrrr!" Wir übten jeden Tag, denn wir wollten uns nicht blamieren, und die Marines waren eine formidable Konkurrenz!

Als der große Tag kam, waren wir sicher. Die beiden Admirale schritten die Ehrenformationen ab und kamen bei uns an. Der Flottenchef war sichtlich überrascht, wenn nicht entsetzt, als er meine Kommandos hörte. Aber sie schritten die Front ab. Bis zum Schluß versuchten wohlmeinende Amerikaner, mir noch einen Säbel aufzudrängen, weil ohne Säbel ging das ja gar nicht....

---

[160] CNO = Chief of Naval Operations = Oberbefehlshaber der Marine

Hätte ich auch gemacht, aber das wurde abgelehnt. Wir konnten aber unseren Präsentiergriff mehrfach zeigen, denn für jede Nationalhymne und für „Heiß Flagge und Wimpel!" waren wir wieder gefragt.

Wir waren sehr stolz, besonders als nach Ende der Veranstaltung der Führer der amerikanischen Ehrenformation kam und fragte, ob wir seinen Leuten unseren Präsentiergriff zeigen könnten. Natürlich konnten wir, und die Marines waren angemessen beeindruckt, vor allem, weil ihr Präsentiergriff völlig geräuschlos abläuft, während bei uns jeder Takt wie auch das Absetzen der Waffen bei Abnehmen des Gewehres ein lauter Schlag war.

So haben wir den einzigen Präsentiergriff deutscher Soldaten in den Vereinigten Staaten seit 1938[161] bis heute hingelegt. Was der Befehlshaber der Flotte dem Kommandanten gesagt hat, weiß ich nicht, wir haben ihn auch nicht gefragt. Säbel haben wir und auch die schneidigen Offiziere unseres Wachbataillons noch heute nicht. Unser erster Inspekteur, Vizeadmiral R., hatte darauf verzichtet und selbst die Uniform für unnötig erklärt, weil er einen angemessenen Arbeitsanzug als ausreichend bezeichnete.

Bei dem Indienststellungsessen in der Messe war das ein Thema, und bei allem Ansehen, das Ruge auch bei den älteren Kameraden genoß, haben wir ihm diesen Fehler nie nachgesehen. Er hat seine persönliche Bescheidenheit nicht von seinem Amt als Inspekteur getrennt und Generationen von Marineoffizieren zum Gespött gemacht, und ihnen ohne Not oder Vorteil ihre manchmal nicht leichte Arbeit zum Nachteil der Marine erschwert. Es wäre zu billig, diesen Aspekt als unnötige Äußerlichkeit abzutun. Unser Kommandant meinte diese Haltung R.s zu erklären, als er sagte: „Minensucher!" und es klang verächtlich.

Zu diesem ersten Essen war auch FKpt. M. mit Frau und sehr netter Tochter eingeladen. Er war der Chef des deutschen Verbindungsstabes. Das Essen zog sich länger hin als dem ungeduldigen Kommandanten gefiel. Während des Nachtischs wurde ganz leise herumgesagt, daß eine Offizierbesprechung stattfindet, sobald M.s von Bord sind. Das klappte dann auch; danach wurden alle weiteren Offizierbesprechungen angekündigt mit z.B.: „Um 14.00 Uhr gehen M.s von Bord!"

---

[161] letzter Besuch eines deutschen Schiffes in den USA – hatten wir ausgerechnet

Wochen später auf dem Wege nach Guantanamo, Kuba, hatte sich der Stellvertreter Inspekteur Konteradmiral W. eingeschifft. Als ich ihn über das Schiff führte, kam die Durchsage: „Um 15.00 Uhr gehen M.s von Bord!" Mir fiel diese Durchsage erst auf, als der Admiral mich grimmig ansah und eine Erklärung verlangte.

Mein Appartement an Land teilte ich mit unserem STO[162], dem KptLt. Uwe S., den ich von der TMS in Kiel in guter Erinnerung hatte. Auch hier bewährte er sich mit Kompetenz, Menschlichkeit und viel Humor. Außerdem konnte er fehlerfrei Ringelnatz, Kuddel Daddeldu usw. rezitieren, und er war ein wirklich guter Zauberer.

Irgendwann im Dezember wurde der STO zum Korvettenkapitän befördert. Alle freuten sich mit ihm. Am Abend saßen wir in unserem Appartement mit allen Offizieren und begossen den neuen Stabsoffizier mit kalifornischem Sekt. Die Stimmung ging hoch. Helmut K. und ich hatten Backschaft. Um Sektnachschub aus einem Kofferraum zu holen, gingen wir hinaus. Da stand auch der Wagen von Korvettenkapitän K., dem künftigen IO von „Z 5". Sein Spitzname war Pole Poppenspeeler – ich weiß nicht warum, und er erfreute sich bestimmt zu Unrecht geringer Wertschätzung.

Angeheitert wie wir waren, entschlossen wir uns, zwei Plastiksäcke mit Kartoffeln, die an seinem Auto standen, zu verstecken. Danach gingen wir zurück, ohne natürlich etwas von unserem Streich zu erwähnen. Als unsere Feier sich einem fröhlichen Höhepunkt näherte, öffnete sich die Tür. Ein stocknüchterner Gast in einer mehr als angeheiterten Runde wirkt an sich schon komisch, als aber der Korvettenkapitän ohne Erklärung fragte: „Hat einer meine Kartoffeln gesehen?", herrschte verblüfftes Schweigen. Unser EO, KptLt. S., ahmte seine Stimme nach und fragte: „Wer hat von meinem Tellerchen gegessen?" Brüllendes Gelächter fegte den armen Kartoffelsucher aus der Tür.

Noch vor Weihnachten zogen wir an Bord ein, um unser Schiff seeklar zu machen. Wir wohnten zu dritt in einer Kammer mit drei Klappkojen und höchstens 2m² Stehfläche. Die Kammern hatten keine Schotten, sondern nur einen Vorhang. Das Schiff mit seinen gut 2000 ts war für eine Besatzung von 300 Mann ausgelegt, das größte Mannschaftsdeck faßte ca.

---

[162] Schiffstechnischer Offizier – früher LI

90 Mann. Das Schiff war ohne Klimaanlage mit einer sehr lauten Belüftung, kaum Türen und alles aus Eisen oder Leichtmetall gebaut. Aber wir waren alle sehr stolz auf unser Schiff, denn es war mit 36 Knoten bei 60.000PS sehr schnell und stark bewaffnet: 4 x 5 inch, 6 x 3 inch, 5 Torpedorohre, 2 Hedgehog-Werfer, Wasserbomben). Unser rustikaler Kommandant bezeichnete sein Schiff gern als Knalldroschke.

Das Weihnachtsfest war für viele von uns wie auch für mich das erste fern von zu Hause. Wir hatten so viele Einladungen von amerikanischen Familien aus der Umgebung erhalten, daß nur eine reduzierte Anwesenheitswache an Bord übrig blieb. Ich war Leutnant der Wache an Deck, die Ehrenwache stellte alle Posten. Alle anderen durften dem reichlich vorhandenen Punsch zusprechen. Die Ehrenwache ging dafür keine regulären Wachen und durfte das Fest nachfeiern.

Zwei Tage vorher hatten wir im lokalen Fernsehen eine Sendung verfolgt, in der den Zuschauern auch erklärt wurde, daß die amerikanischen Soldaten nach dem 2. Weltkrieg bei uns Deutschen den Tannenbaum eingeführt hatten. Nach Beratung riefen wir dort an und reklamierten diese Verdrehung der Geschichte. Zwei von uns wurden eingeladen, darunter der KptLt. S., der gutes Queens English sprach, um in einer Sendung unsere Version der Geschichte des Tannenbaums darzustellen. Dieser Auftritt trug sehr dazu bei, daß wir viele Einladungen für unsere Männer von amerikanischen Familien erhielten.

Am Heiligen Abend war es um 0°C, und es schneite immer einmal wieder. Charleston liegt noch südlicher als Casablanca, so daß die seltene Kälte auch für uns völlig überraschend kam. Die Anwesenden feierten mit einem echten deutschen Tannenbaum in der Cafeteria. Der Baum war mit einem Versorgungstransport aus der Heimat eingetroffen. Der logistische Begleitschein wies aus: Baum, Tannen, Weihnachts, Stck 1. Zu dem frugalen Abendessen gab es Punsch satt, und wir an Deck hörten, daß die Stimmung gut war. Plötzlich stand ein angeheiterter Seemann neben mir an Deck, rief: „Ich will nach Hause!" und sprang außenbords. Während er vom Schiff wegschwamm, machte einer meiner Wache die Durchsage: „Mann über Bord! Keine Übung!"

Das Ergebnis war überwältigend, denn kurz danach stand die stark angeheiterte Weihnachtsgesellschaft an der Reling, grölte dem Schwimmer wenig hilfreiche Tipps zu und blockierte alles, was die Wache für den Selbstmordkandidaten hätte tun können.

Mit rabiaten Methoden räumte meine Wache die Reling, der Schwimmer war inzwischen rund 50m entfernt, aber trotz der Dunkelheit noch zu sehen. Der erste freiwillige Rettungsschwimmer mit einer Leine um den Bauch sprang und schwamm los, inzwischen beleuchtet von einem Signalscheinwerfer, der ihn auch in Richtung des zu Rettenden dirigierte. Er erreichte ihn aber nicht, weil der weiterschwamm.

Schließlich mußten wir den Schwimmer zurückholen, weil er erschöpft war. Der nächste Freiwillige machte sich fertig und sprang, bewaffnet mit einem Schlagstock, um den Rettungsunwilligen bei Chance bewußtlos zu schlagen. Der „Ertrinkende" wehrte sich heftig und erst ein Schlag mit dem „Narkosestift"[163] löste das Problem. Inzwischen hatten wir das Enternetz zu Wasser gelassen, aber ein Bewußtloser in nasser Kleidung ist unglaublich schwer. Erst meinem bärenstarken Aufklarer (beim Heer würde man Bursche oder Ordonnanz sagen), dem Matrosen Max D., gelang es, ihn zu bergen.

Wir fuhren Einzelausbildung vor Charleston, gingen mal nach Savannah oder auch nach Key West. Wir schossen sogar Torpedos und hätten uns bei einem Kreisläufer beinahe selbst versenkt. Eines Tages schiffte sich der Marineattaché Kapitän zur See G. bei uns ein. Ich hatte ihn in denkbar schlechtester Erinnerung, denn er war es, der meinen „Ausflug" nach München zum Wehrdienstsenat verhindert hatte. Er erinnerte sich offensichtlich nicht.

Als Fernmeldeoffizier des Schiffes und Freiwächter stand ich in der Brückennock und genoß die Seefahrt, als der Marineattaché sich zu mir gesellte. Beide hörten wir eine Meldung, welche die Brücke erreichte: „Sonargerät ausgefallen!" Während ich ganz entspannt die Tümmler beobachtete, fuhr unser Gast hoch und raunzte mich an: „Haben sie nicht gehört? Wollen sie sich nicht darum kümmern? Schließlich haben sie doch einen Elektronik-Lehrgang gemacht!" Als ich mich herauszureden versuchte, wurde klar, daß er den Electronic Warfare-Lehrgang meinte, den ich absolviert hatte. An sich ein symptomatischer Vorfall, der zeigte, wie schwer es für unsere kriegsgedienten Kameraden war, ohne brauchbare

---

[163] Schlagstock aus Hickory - Holz

moderne Ausbildung oder Kenntnisse ihren Dienstgraden gerecht zu werden.

Kurz bevor wir nach Kuba aufbrachen, erlebte ich Adolar, das Seepferdchen, noch einmal in seinem Element. Er bat meinen Kommandanten, ihm für das Schleifefahren und Kompensieren auf dem strömungsreichen Cooper River einen Offizier zu leihen, der die amerikanischen Sprechfunkanweisungen sicher verstehen würde und sich auskannte. Ich wurde ausgeguckt und meldete mich wie befohlen auf „Z 6". Wir legten ab und der amerikanische Lotse dirigierte das Schiff. Adolar trug eine blaue Baseball Cap mit besonders langem Schirm und „scrambled eggs"[164]. Zusammen mit seiner Pfeife gab er so ein großartiges Bild ab. Auch auf seiner Brücke strahlte er fast überirdische Ruhe aus, so ruhig war es nie bei uns. Er ließ den WO gewähren bis bei dem Versuch, flußaufwärts zu wenden, der Mittelpfeiler der Cooper River Bridge[165] bedrohlich nahe kam. Ohne die Stimme zu heben, übernahm Adolar die Schiffsführung.

Die Nervosität des amerikanischen Lotsen stieg hörbar, er produzierte Empfehlungen in immer geringeren Abständen. Inzwischen fuhren wir mit flotter Fahrt auf den einzigen Mittelpfeiler zu. Wir blickten gebannt auf den Kommandanten, der ruhig an seiner Pfeife nuckelte. Es war schier unerträglich. Endlich! Endlich ging er gemessenen Schrittes zum Schott des Steuerstandes, nahm die Pfeife aus dem Mund und sagte ohne jegliche Aufregung und freundlich:

„Beide Maschinen Äußerste Kraft zurück!" Genau so ruhig wurde sein Befehl ausgeführt und quittiert, wir kamen gut vom Mittelpfeiler frei.

Der WO übernahm, und ich hatte den Eindruck, als genösse der Kommandant das Sightseeing. Ich hatte ja keine Erfahrung im Schiffsfahren, war aber sehr beeindruckt und nahm mir vor, daraus zu lernen. Mein Temperament und meine schlechteren Nerven haben aber verhindert, solch´ gelassener Zerstörerfahrer zu werden.

Sehr schnell rückte der Tag näher, an dem wir nach Guantanamo zum „Shake-down-Training" auslaufen sollten. Bei der USN galt diese siebenwöchige Ausbildung als sehr anspruchsvoll und als das Beste, was man einem Schiff vor einem Einsatz anbieten konnte. Wir waren wild ent-

---

[164] Rührei = USN für Goldstickerei auf Mützenschirmen
[165] damals die zweitgrößte Brücke der USA

schlossen, dort gut abzuschneiden, wie es unsere 3 deutschen Vorgänger auch geschafft hatten.

Von Key West ist es nur ein Katzensprung nach Kuba, und von weitem sieht Guantanamo in seiner großen Bucht am südlichen Ende Kubas auch nett aus. Bei näherer Betrachtung entpuppte es sich aber als ein ziemlich trostloser Platz, trocken, staubig und wenig einladend. Zwar gab es Oasen wie den Offiziersclub oder auch das Marinelazarett und einen ziemlich guten Exchange.

Der Zaun zu Kuba war stabil, dicht und sehr gut bewacht. Es gab immer wieder Schießereien zwischen den Wachposten auf beiden Seiten und die Amerikaner waren nicht gut auf Fidel Castro zu sprechen, der vor wenigen Wochen im Dezember 1959 an die Macht gekommen war. Als wir dort übten, waren die Beziehungen der Amerikaner zu Kuba auf einem Tiefpunkt. Die einheimischen Arbeiter, die täglich in den Stützpunkt kamen, wurden nicht mehr durchgelassen. Es gab immer wieder Zwischenfälle, schließlich wurden über Nacht mehrere tausend Marines eingeflogen, um gegen einen Angriff gewappnet zu sein. Die kubanische Seite drehte dann die Frischwasserzufuhr ab, und eine Kette von Tankern kam, um uns von Key West aus zu versorgen. Taxifahrer und viel Personal im Servicebereich fehlten wegen der Blockade fast völlig.

Die Ausbildung war für uns richtig, auch die Bezeichnung „Shake-down-Training"[166] traf unseren Bedarf. Jeder Abschnitt wurde für sich trainiert und dann auch geprüft, es gab aber keine Übungen, die dem Zusammenspiel des gesamten Schiffes dienten. Schnell wurde deutlich, daß es in vielen Dingen um Äußerlichkeiten ging. Ein sauber getippter Funkspruch oder ein akkurat geschriebenes Log waren das Beste, was man vorlegen konnte. Die Benotung erging sich in Superlativen: satisfactory – good – very good – excellent – outstanding waren die Steigerungsmöglichkeiten, so daß very good schon ziemlich schlecht war.

Ich war durchgehend mehr als gut beschäftigt, denn mit dem Funkabschnitt und dem Signalabschnitt hatte ich arbeitsreiche Zuständigkeiten. Im Funkabschnitt habe ich nur auf den Schultern meines hervorragenden Funkmeisters Oberbootsmann R. gestanden. Ihm verdankte ich mehr als nur brauchbare Kenntnisse in der Funkerei. Im Signalbereich da-

---

[166] Eingewöhnungsausbildung

gegen reichten meine Kenntnisse leicht und im optischen Signaldienst war ich besser als alle meine Signäler. Das tat mir nicht nur gut, sondern bildet ein sicheres Fundament für das Ansehen bei den Männern.

Außerdem war ich Schriftoffizier und Geheimsachenverwalter, Aufgaben, in denen sich die deutschen Vorschriften nicht immer mit den USN-Regulations vereinbaren ließen. Aber alle Amerikaner, die entweder als Liaison Team fest an Bord wohnten oder die Shiprider und Checker waren fair und geduldig. Nach den ersten Wochen zeigten sie Begeisterung für unseren Lernfortschritt, denn wir waren besser als alle US-Schiffe, die je dort trainiert hatten. Ich war sicher, daß die nächsten zwei deutschen Fletcher-Zerstörer Z 5 und Z 6 uns übertreffen würden.

Unser größtes Vergnügen nach Dienst war das Baden im Swimming Pool des Offizierclubs. Wenn wir früh genug einliefen, dann sausten alle wachfreien Offiziere mit den kostenlosen Taxen zum Baden. Wir mußten uns beeilen, denn das Bad wurde trotz großer Hitze um 18.00 Uhr geschlossen, weil wir ja Winter hatten.

Wir waren gewöhnt, allein im Schwimmbad zu sein und benahmen uns teutonisch laut und wenig rücksichtsvoll. Immer schleppten wir Wasserbälle mit, und fast immer endete es in einer Wasserschlacht. Eines Tages hatte sich eine Dame ins Schwimmbad verirrt, die uns erst auffiel und mit ihrer schlichten Bademütze erkannt wurde, als sie versehentlich mit unserem Ball in die Mitte eines johlenden Wikingerpulkes gelangte und fast versenkt wurde. Sie entpuppte sich als veritabler Kapitän zur See und als Kommandierende des USN Hospitals. Alles sehr, sehr peinlich!

Zurück an Bord bekam ich vom Kommandanten den Befehl, bis zum übernächsten Tag einen Riesenblumenstrauß zu beschaffen. Das war leichter gesagt als getan. Im Exchange wurde ich ausgelacht, und niemand sah eine Chance, Blumen zu besorgen. Doch abends an der Bar fand ich einen Piloten, der nach Pensacola fliegen sollte. Er ließ sich breitschlagen, mir einen Riechpinsel mitzubringen.

Der Chef unseres Liaison-Teams besorgte dem Kommandanten einen Termin für einen Besuch bei der Kommandeuse. Der Kommandant nahm zwei Leutnante mit, die vorher noch ordentlich „eingenordet" wurden. „Handkuß bei jeder Gelegenheit, das haut jede Amerikanerin vom Sockel!" lautete sein abschließender Auftrag. Außerdem wurde deutlich

gemacht, daß auch weibliche Offiziere mit „Sir" angeredet werden mußten.

Der Besuch war ein voller Erfolg, die Dame war nicht nur versöhnt, sondern unsere Delegation brachte eine Einladung zu einer Party
im Navy Hospital mit. Das hatte es überhaupt noch nicht gegeben und alle
Amerikaner beneideten uns, denn dort gab es die einzigen vorzeigbaren,
weiblichen Wesen von Guantanamo. Es waren mehrere hundert Kranken-
schwestern und Ärztinnen. Die Mädchen durften kaum einmal aus dem
Hospital an Land gehen. Wir Europäer aber wurden wohl als gesittet genug betrachtet und erreichten diese bevorzugte Behandlung.

Zweimal verbrachten wir unser Wochenende auf anderen Karibik-
inseln. Der erste Ausflug führte uns nach Kingston auf Jamaika. Es war
eine tolle Abwechselung und ein riesiges Abenteuer. Unser Kommandant
kannte auch diesen Hafen, weil er dort als Handelsschiffskapitän eingelau-
fen war, um Bananen zu laden. Als wir ankamen, wußte niemand in Kingston von unserem Besuch. So legte der Kommandant an einer ziemlich ma-
roden Holzpier an, wo er wohl früher schon geladen hatte. Sie gehörte irgendeiner amerikanischen Fruit Company. Es gab aber keine Aufregung,
weil uns alle für einen US-Zerstörer hielten.

Unser Liegeplatz war nicht weit von der Innenstadt entfernt und
so wurden die Leutnante K. und Braun an Land geschickt mit dem Auftrag, am Freitagnachmittag die deutsche Botschaft zu wecken. Ohne die
geringste Ahnung zu haben, wo die Botschaft lag und was wir dort aus-
richten könnten, zogen wir in dieser exotischen Stadt los. Bald sprach uns
aus einem Wagen jemand an und fragte – natürlich auf Englisch – wie unser Schiff heißt. Als er merkte, daß wir Deutsche waren, sprang er aus dem
Wagen, seine Begeisterung kannte keine Grenzen, denn er war von der
deutschen Botschaft, und er wußte gar nichts von unserem Einlaufen. So
hatten wir mit viel Glück unseren Auftrag elegant erledigt.

Nach und nach trafen immer mehr Botschaftsangehörige an Bord
ein, und es stellte sich heraus, daß der Botschafter verreist war auf eine
Nachbarinsel und offensichtlich niemanden von unserem Einlaufen unter-
richtet hatte. Er war für große Teile der Karibik zuständig. Natürlich
konnten wir nicht feststellen, ob er vorsätzlich oder versehentlich gehandelt hatte. Aber unsere älteren Kameraden kannten den Botschafter, der
als Kapitänleutnant bei der Kriegsmarine gedient hatte: Burkard Freiherr

von M.-R. Er war als einer der wenigen Überlebenden des Schlachtschiffes „Bismarck" wohlbekannt.

Da wir uns nicht vorstellen konnten, daß ein ehemaliger Marineoffizier den ersten Besuch eines deutschen Kriegsschiffes in Jamaika seit 1938 vergessen könnte, blieb uns nur Vorsatz als Erklärung. Unsere älteren Kameraden mutmaßten, daß die Bundesmarine ihn nicht wieder genommen hatte und so ein Groll entstanden sein könnte.

Unser Besuch jedoch litt nun nicht mehr darunter, denn der Rundfunk berichtete in einer aktuellen Sendung über uns. Das löste einen Run aller Deutschen der Insel aus, und wir wurden völlig überlaufen. Alle, mit denen ich sprechen konnte, waren begeistert, wieder einmal ein deutsches Kriegsschiff im Hafen zu wissen und voller Zorn auf den Freiherrn. Sie versicherten uns, daß sie mit allem Nachdruck auf seine Ablösung drängen würden.

Von den Amerikanern hatten wir Offiziere in unserer Messe eine Einrichtung übernommen, die der „Pflege" des Verhältnisses zwischen dem Kommandanten und seinen Offizieren dienen sollte: The Captain's Shit List. Dort trug sich jeder ein, der gerade beim Kommandanten vermeintlich oder tatsächlich „verschissen" hatte. In der ersten Zeile stand der Name des Ersten Offiziers mit dem Zusatz „permanent" fest eingetragen.

Alle weiteren Eintragungen erfolgten mit Fettstift, um flexibel zu bleiben. Noch am Tage des Einlaufens wurde die Shit List um einen weiteren Namen mit „permanent" erweitert: Freemaster from Trashcan and Sheetmetalhill. So hatte eine fröhliche Messerunde den Namen des deutschen Botschafters ins Amerikanische übertragen.

Ich stand als Wachhabender an Deck an der Stelling und versuchte, Ordnung zu bewahren. Ich möchte hier einschieben, daß wir vier Leutnante des Schiffes uns diese 24-Stunden-Wachen teilten, d.h. wir hatten jeden 2. Tag 24 Stunden Wachdienst. Das war sehr hart, aber keiner kam auf die Idee zu klagen.

Aber zurück nach Kingston. Von der Wasserseite kletterten ständig affenartig gewandte Kinder an Deck und wieselten überall herum. Ohne daß ich es bemerkt hatte, kamen fliegende Händler an Bord und verkauften Touristenkitsch und Souvenirs wie gegerbte kleine Krokodile oder eklig giftige Kugelfische. Es war ein wundervolles Chaos.

Plötzlich stand ein teuer und elegant gekleideter Farbiger vor mir, zog seinen Hut und fragte höflich, ob beim Open Ship auch Damen willkommen wären. In meiner lebhaften Fantasie glaubte ich sofort, den Chef des örtlichen Freudenhauses ausgemacht zu haben, der eine Filiale an Bord einrichten wollte. Ich mühte mich um eine höfliche und unverbindliche Antwort, da erst am kommenden Samstag für Besucher geöffnet war.

Im Tumult des Tages vergaß ich diesen Besucher, denn auf der Pier liefen nicht nur viele halbwilde Ziegen umher, sondern die Zahl der Händler wuchs stündlich. Die klapprige Holzpier ächzte und schwankte unter dem Ansturm. Es wurde alles angeboten, was die Insel hergab. Direkt neben der Stelling hatte sich ein Händler eingenistet, der alle möglichen geschnitzten Figuren und Voodoo-artige Statuen für schwindelerregende Preise anbot. Nur mühsam gelang es uns, das Oberdeck zurückzuerobern, die schon angeschlagenen Feuerlöschschläuche kamen nicht zum Einsatz.

Die ersten Lords kamen angeheitert vom Landgang zurück und berichteten von unglaublich billigen Getränken und brüsteten sich damit, daß die Dockschwalben[167] schon mit einem goldenen Uniformknopf ausreichend bezahlt waren.

Obwohl der Samstag mein einziger wachfreier Tag in Kingston gewesen wäre, teilte mich der IO wieder als WaD ein, um den Besucheransturm zu regeln. Eine riesige Menschenmenge belagerte die altersschwache Pier, lange bevor die Besuchszeit begann. Dann alarmierte uns das Geheul von Polizeisirenen. Zwei typisch amerikanische Harley-Davidson-Maschinen mit grimmig blickenden Polizisten fuhren eine Schneise in die wartende Menge, gefolgt von einem wundervollen alten Rolls Royce mit einer bedeutend aussehenden Standarte.

Dem entstieg der von mir als Chef des örtlichen Freudenhauses verdächtigte Farbige, nun allerdings in schneidiger Polizeiuniform mit einem typisch englischen Rohrstöckchen unter dem Arm und begleitet von einer hübschen bunt angezogenen Dame. Ich kommandierte „Seite", man kann ja nicht wissen, und an Bord kam der Polizeichef von Jamaika. Ich hatte vorsichtshalber schon den Kommandanten wahrschauen lassen, der mir nun diesen Besuch abnahm.

---

[167] Damen des horizontalen Gewerbes

Der Fahrer des Rolls Royce hatte eine Diskussion mit „unserem" Schnitzereienhändler angefangen. Er hob eine Figur an und fragte nach dem Preis. Erschien er ihm zu hoch, zerschlug er die Figur auf der Pierkante. Nach zwei weiteren Figuren sanken die Preise ins Bodenlose, unsere Seeleute beobachteten diesen Preisverfall mit größter Begeisterung. Noch bevor die Besucher das Schiff stürmten, erschien unser hoher Gast kurz an der Stelling und stieß einige Befehle aus, die ich nicht verstand.

Kurze Zeit später standen zwei weitere sehr große farbige Polizisten vor unserer Stelling und sorgten für Ruhe und Ordnung. Man kann sich gar nicht vorstellen, wie erleichtert ich war, daß ich meine erste Einschätzung für mich behalten und so schlau reagiert hatte. Bis zum Ablegen wurden wir nun durchgehend bestens bewacht.

Am nächsten Tag bekam ich Landgang und so die Gelegenheit, etwas von der Insel zusehen. Wir fuhren mit einem Mietwagen über die gesamte Länge der Insel bis nach Montego Bay, stoppten kurz in Spanish Town und sahen viel Schönes und viel Ärmliches. Dort sah ich auch zum ersten Mal die wie ich finde abstoßenden „Haarwürste", die sich inzwischen zu den Dreadlocks weiterentwickelt haben. Wir schnappten nur auf, daß es sich bei den Trägern dieser Haarpracht um eine kleine, aber ungefährliche Sekte handelte. Der berühmte Reggae-Sänger Bob Marley [168] trug solch einen Skalp und machte ihn populär.

Der zweite Wochenendbesuch führte uns nach San Juan auf Puerto Rico. Schon beim Einlaufen in die riesige Bucht wurde deutlich, daß wir einen exotischen Hafen anliefen, denn der Lotse erhielt als Bezahlung eine Stange amerikanische Zigaretten, so wie es das Seehandbuch auch angab. Da die Bundeswehrverwaltung solch unglaubliche Fälle nicht vorsieht und auch dem Kommandanten keinen Glauben geschenkt hätte, spendierte die O-Messe die Zigaretten.

In San Juan gefiel es uns sehr, wir wurden von einer Steel Band der USN begrüßt. Es war ein herrliches Wochenende mit Besichtigung des Morro Castles, der eindrucksvollen Festung, welche die Hafeneinfahrt beherrscht.

Die wenigen dort stationierten USN-Offiziere waren dankbar für jede Abwechselung und agierten gern als Gastgeber. Wir hatten Zeit ge-

---

[168] I shot the Sheriff

nug, die herrlichen, menschenleeren Strände zu genießen und die gesamten Guantanamo-Aufregungen zu vergessen. Ein wenig trauerten wir aber der Chance nach, Cap Haitienne auf Haiti anzulaufen, wo unsere Vorgänger Z 2 und Z 3 zu Besuch waren, denn deren Berichte waren so märchenhaft, daß man sie nicht glauben konnte. Aber – wie sagte unser prächtiger IO, der Korvettenkapitän Siegfried T.: „Am besten gar nicht ignorieren!"

Am Samstag gegen Abend erhielten wir unerwarteten Besuch: Der in Kingston schmerzlich vermißte Botschafter stand plötzlich vor uns. Was er mit dem Kommandanten besprochen hatte, bevor sie in die Messe kamen, weiß ich nicht. Ungeschickterweise stand ich direkt neben der Shit List, als das Auge des Botschafters darauf fiel. Natürlich wollte er wissen, um was es sich handelt. In ernste Schwierigkeiten kam ich, als er sein Pseudonym laut vorlas und wissen wollte, wer damit gemeint sei.

Meine lieben anwesenden Kameraden tauchten mit mühsam unterdrückten Lachanfällen ab nach dem Motto: Nun wollen wir mal sehen, wie er da wieder rauskommt. Mühsam erfand ich einen Schiffshändler in Key West und entkam so. Ob der Botschafter wirklich so arglos war, wird für immer offen bleiben.

Nur schwer trennten wir uns von diesem schönen Hafen, der uns trotz allen Schmutzes und aller Armseligkeit mit seinem exotischen Charme für sich eingenommen hatte. Außerdem konnten wir natürlich alle Privilegien nutzen, die die USN bot. Der Strand der Offiziermesse z.B. ist mir in allerbester Erinnerung. Nur die soliden Anti-Hai-Netze trübten etwas das wunderschöne Bild.

Ich muß noch ein paar Bemerkungen über unseren Bordbetrieb machen. Unser sehr impulsiver Kommandant hatte nach dem Krieg, als die deutsche Handelsschiffahrt darniederlag, den schönen Beruf des Melkers erlernt und seine Meisterprüfung abgelegt. Seine Umgangsformen waren entsprechend handfest und nicht immer geschliffen.

Die Offiziere behandelte er schlecht und stillos, uns Leutnante wie Lehrlinge, aber mit Herz und Wohlwollen. Je besser jemand seine Sache beherrschte und zu gebrauchen war, desto mehr vertraute ihm der Kommandant. Ein Tritt in den Hintern für einen Leutnant auf der Brücke kam vor, war aber nicht die Regel. Der STO, vom Kommandanten nur als LI[169]

---

[169] Leitender Ingenieur

bezeichnet, Korvettenkapitän Uwe S., war ihm gewachsen. Seine ruhige, freundliche Art zusammen mit seiner unbestrittenen fachlichen Kompetenz ließen alle Taktlosigkeiten an ihm abprallen. Er lächelte verschmitzt und schwieg. Außerdem, so mutmaßten wir, mußte es in ihrer gemeinsamen Zeit auf einem Zerstörer vor Narvik etwas geben, das der STO in der Hand hatte.

Die nun gültige WDO[170] lehnte der Kommandant als demokratischen Unsinn ab, alles war ihm zu umständlich und zu weichlich. Ich war in der Nähe, als ihm ein sehr ungepflegt aussehender Kombüsenmaat über den Weg lief. „Arbeitest du hier bei uns in der Kombüse? Du siehst aus wie ein Schwein! Drei Tage!" und ging seiner Wege. Der arme IO, wenn er denn von solchen Kriegsmarinemaßnahmen erfuhr, mußte dann mühsam hinterherarbeiten und versuchen, solche „Strafen" in ordentliche und vorschriftsmäßige Form zu bringen.

Als der Kommandant sich über einen Anfängerfehler der OPZ ärgerte – es wurde ein optisch klar ausgemachtes Feuerschiff mit 12 Knoten auf Südkurs gemeldet – ließ er sich einen Eimer Seewasser in den Steuerstand mannen und brüllte „OPZ-WO" durch das Sprachrohr. Als der sich meldete, goß er das Seewasser mit großer Begeisterung in die OPZ. Der OPZ-WO wurde klatschnaß, und in der OPZ es gab einen gewaltigen Kurzschluß.

Es gab Zeiten, in denen alle Offiziere die Messe verließen, wenn der Kommandant kam. Dann zogen wir uns in unsere Kammern zurück und schwangen revolutionäre Reden. Eines Tages sah der Kommandant mich, als ich an meinem winzigen Schreibpult in unserer Drei-Mann-Kammer mit meinem Schreibkram kämpfte.

Der IO bekam den Befehl, sofort eine größere Kammer für mich zu finden. Es blieb nur die Kammer des STO, der nun ausziehen mußte. K. und ich zogen ein und genossen paradiesischen Platz und fanden den Kommandanten in Ordnung. Als ehemaliger Handelsschiffer trug der Kommandant an Bord anstatt eines Oberhemdes mit Jackett eine sandfarbene Litewka[171] mit Schulterstücken ohne Seestern. Bei der Wärme auf un-

---

[170] Wehrdisziplinarordnung

[171] hochgeknöpfte Jacke mit Stehkragen

serem Eisenschiff ohne jede Klimatisierung sehr praktisch; es sparte außerdem Ober- und Unterhemden.

Je unpopulärer der Kommandant bei uns war, desto höher stieg seine Beliebtheit bei der übrigen Besatzung, um die er sich in Gutsherrenmanier kümmerte. Unsere Seemännische Nr. 1 war Obermaat R., ein Berliner Malergeselle, der wegen seiner Tüchtigkeit auf dem Dienstposten eines Hauptbootmannes eingesetzt war. Sein Spitzname war Mausi, und er trug Wäsche achtern[172], obwohl er dafür zu alt war. Auch sein „Mollenfriedhof"[173] wäre bei Wäsche vorn weniger aufgefallen.

Aber der Kommandant und er oder auch er und der Kommandant waren dicke Freunde, so daß Mausi unter seinem direkten Schutz stand. Mausi nutzte das nie aus und war allenthalben angesehen und geschätzt. Er trug im täglichen Dienst eine blaue Latzhose, zu der später ein abgeschnittener Dienstschlips kam mit eingesticktem „Mausi".

Sein zweiter Freund in der Besatzung war mein Aufklarer, der Matrose Max D. Er war Gefechtsrudergänger – gelernter Fischdampfermatrose – und damit eh' ein Vertrauter des Kommandanten. Max war fast 1,90 m und der stärkste Mann, den ich je erlebt habe.

Mich umsorgte er rührend, und er wurde nie befördert, weil er immer „rechtzeitig" über Urlaub blieb. Eines Morgens, als Max[174] und ich Brückenwache gingen, kam der Kommandant frisch geduscht, nach Taitai[175] duftend und leutselig auf die Brücke. Nach der Flut der vorgeschriebenen Meldungen, aus der nur Max nach unten herausfiel, weil er als Rudergänger trotz aller angedrohten Strafen nur die drei Zahlen des Kurses von sich gab, setzte B. sich in seinen Sitz im Ruderhaus. Er fragte seinen Freund Max, wie es ihm ginge, erhielt zu seiner Verwunderung eine brummige Antwort:

„Nach dem Kakao heute Morgen ist mir schlecht! Konnten sie den denn ab?"

Als der Kommandant antwortete, daß er sich Kaffee hatte machen lassen, ließ Maxens Reaktion keinen Zweifel an seiner Stellungnahme, als

---

[172] Kieler Knabenanzug, bis einschließlich Obermaat unter 35 Jahren vorgeschrieben

[173] so nannte Mausi seinen Bierbauch

[174] Max brachte es bis zum Kapitän eines 60.000 BRT Erzfrachters

[175] jedes aufdringlich riechende Parfüm, auch Heizerwaschbenzin genannt

er nickte, ohne etwas zu sagen. Der Kommandant befahl den Kochsmaat vom Dienst auf die Brücke. Der Befehl wurde ausgepfiffen und – gesungen. Der arme Kochsmaat erschien.

„Hast Du heute den Frühstückskakao kochen lassen?"
„Jawoll, Haptän!"
„Ist noch Kakao da?"
„Jawoll, Haptän!"
„Eine Kanne mit Tasse auf die Brücke!"
„Jawoll, Haptän!"

Der Smut verschwand von der Brücke und erschien kurz danach mit einer 1,5 l Edelstahlkanne Kakao und Tasse auf der Brücke. Der Kommandant ließ sich eine Tasse einschenken und trank einen Schluck. Er blies mit allen Tönen der Empörung den Kakao in die Brücke und befahl dem armen Kochmaaten:

„Austrinken!"

Es dauerte sehr lang, bis der Koch endlich die leere Kanne vorzeigen konnte. Nie vorher oder später kamen so viele Besatzungsangehörige mit fadenscheinigsten Vorwänden auf die Brücke, um sich dieses Schauspiel anzusehen, denn es hatte sich wie ein Lauffeuer herumgesprochen. Der Kommandant und sein Freund Max schauten mit grimmigem Vergnügen zu. Nach dieser Radikalkur kochten alle Smuts um ihr Leben – zur Freude aller. Sicher erfüllte diese Maßnahme alle Tatbestände, die zu einer strengen disziplinaren Ahndung gereicht hätten. Ich weiß, daß der Zweck nicht die Mittel heiligt, aber das Essen und Trinken wurden deutlich besser.

Hans-Walter B. war in der Kriegsmarine zum Artilleristen ausgebildet worden, so daß dieser Bereich sich neben der Seemannschaft seiner besonderen Aufmerksamkeit erfreute. In Guantanamo wurde fast täglich geschossen, für alle eine Freude und Herausforderung. Am schwersten hatten es die Artillerie-Offiziere, die ihre Gefechtsstation in der Reichweite der Brücke oder besser in der Reichweite des Kommandanten hatten.

Vor allem der SWO[176] KptLt. von G. mußte darunter leiden. Er war schon aufgrund seiner vornehmen und zurückhaltenden Art das ideale Opfer für die Ausfälle des Kommandanten, hatte dazu auch noch wenig Fortune.

Auf dem Fletcher stand der SWO auf dem Peildeck über dem Steuerstand, während der Kommandant zwischen den Brückennocken hin und herdüste. Er lehnte es kategorisch ab, auf seine vorgesehene Gefechtsstation in der OPZ zu gehen. Der SWO war mit seinen Feuerleitoffizieren über eine interne BÜ-Anlage[177] verbunden. Unförmige Kopfhörer und eine senkrecht klappbare Sprechmuschel waren mit einem soliden Stropp unter dem Kinn festgezurrt.

Wenn nun der Kommandant mit dem SWO sprechen wollte, brüllte er „SWO" in einer Brückennock. Manchmal hörte der SWO ihn und wurde über der um das Peildeck geriggten Persenning sichtbar. Er zog einen Kopfhörer vom Ohr, um seinen Herrn und Meister zu verstehen. Hörte dagegen der arme SWO den Schrei nicht, dann langte der Kommandant an der Stelle unter der Persenning durch, wo das Kopfgeschirr eingetöpselt war. Dann holte er zügig die Lose ein, bis der Kopf des gepeinigten SWOs über der Persenning sichtbar wurde, z.B.:

„Haptän?"

„Warum – haben – wir – nicht – geschossen?!" Dabei riß er bei jedem Wort zur Unterstreichung am BÜ-Kabel, es war schrecklich für den SWO.

„Stelle ich sofort fest, Haptän!"

Dann klappte er die Sprechmuschel hoch und verhandelte mit seinen Offizieren.

„Ich habe vergessen, den Befehl zum Laden zu geben, Haptän!"

Da wurde der Kommandant zum tanzenden Derwisch und der SWO hatte Glück, wenn er vorher das Kabel los ließ....

Ein anderer typischer Zwischenfall ergab sich aus der Standardfrage nach jedem Anlauf:

---

[176] Schiffswaffenoffizier

[177] BÜ = Befehlsübermittlung

„Sind die Rohre frei?"[178]

„An sich sind alle Rohre frei, Haptän!"

Noch ehe sich der Kommandant über die wenig militärische Meldung ereifern konnte, begann die 33er Doppellafette, die eine Kadenz von 50 Schuß hatte, einen endlos erscheinenden Feuerstoß.

„Halt, Batterie, halt!" tönte es aus mehreren Kehlen und am Himmel erschien eine lange Naht schwarzer Explosionswolken.

Der Erste Artillerieoffizier (1AO), Oberleutnant zur See G., genannt der Grasbock, hatte seine Gefechtsstation im Feuerleitstand über dem Peildeck. Dort saß er hoch und auch sicher, hatte meist eine Panzerluke geöffnet, von wo er auf das Peildeck, auf die Brücke und auf das gesamte Schiff herabsah. Doch ab und zu zog auch er sich den Grimm des Kommandanten zu. Er hatte sich angewöhnt, wegen seiner Kopfhörer die Rufe des Kommandanten nicht zu hören. Das half ihm oft, aber nicht immer. In dringenden Fällen griff der Kommandant zu einem Stück Eisenrohr, das als Verlängerung für die Vorreiber des Brückenschotts gedacht war, und trommelte damit an den Sockel der Feuerleitanlage, bis es von oben tönte: „Haptän?" Dabei hob er leicht den Kopfhörer an, ließ ihn aber wieder los, wenn der Kommandant etwas sagte. Dann: Kopfhörer leicht anlüften: „Haptän, nicht verstanden!" in bestem Bayrisch, Kopfhörer loslassen. Nach dem zweiten Versuch spätestens gab der Kommandant wütend auf, und der Grasbock hatte wieder seine Ruhe.

Zerstörer der Kriegsmarine waren Boote, keine Schiffe. Schiffe erkannte man daran, daß sie größer waren als ein Zerstörer und daß sie einen Ersten Offizier hatten. Weil die Bundesmarine sonst gar keine Schiffe gehabt hätte, wurden Zerstörer und Fregatten zu Schiffen befördert.

Aber das lehnte unser Kommandant ab. Es gab also keine Schiffsbefehle, sondern Bootsbefehle. Unsere Besatzung war eine Bootsbesatzung, Das „Boot" wurde festgemacht und – nicht unwichtig für Brückenwachgänger: Boote nehmen keine Schlepper beim An- oder Ablegen. Nur den „IO" ließ er durchgehen, und es wunderte uns lange, daß er nicht 1 WO genannt wurde. Der Kommandant fuhr das Schiff unnachahmlich gut, er beherrschte jede Situation und benutzte den Anker bei An- und

---

[178] Überprüfen, ob noch Patronen im Verschluß sind

Ablegen so virtuos wie ich es später nie erreichte. Er war ein guter Lehrmeister, und er ließ uns junge Offiziere auch fahren.

Aber sein Stil war alarmierend. Eines Tages, als der SWO Brückenwache hatte und das sicher gut konnte, rief mich der Kommandant auf die Brücke. Er zeigte auf den WO und sagte mit taktloser Lautstärke:

„Ich muß mal kurz verschwinden. Paß auf, daß er keinen Unsinn macht", zeigte dabei auf den SWO und verschwand. Es war sehr peinlich, denn ich war der Offizier des Schiffes mit der geringsten Erfahrung.

Auch das Beschießen von Landzielen gehörte zu unseren Rollen. Dazu fuhren wir – vorbei an Haiti – zu einer kleinen Karibik-Insel namens Culebra. Als wir nachts an dem einladend beleuchteten San Juan vorbeidampften, ertappte einer von uns einen unserer amerikanischen Verbindungsoffiziere, wie er einen Zettel in eine leere Bierflasche zwängte. Für die Amerikaner war ein Schiff, auf dem man alkoholische Getränke verzehren durfte, ein wundersames Paradies. Auf dem Zettel stand:

„Help, I am a prisoner on a German ship and I am stoned."[179]

Culebra hatte tropischen Bewuchs und in der Nähe des Strandes konnte man Bunker, LKWs und Tanks sehen. Zuerst sollten wir feindliche Stellungen niederkämpfen, die uns unter Feuer nahmen. Turm 51 sollte das machen. Der Turm schwenkte wild hin und her, das Rohr ging hoch und runter, es sah nicht ermutigend aus. Aus dem Gebüsch kamen Rauchwolken, die eine auf uns feuernde Geschützstellung markierten, und der Kommandant wurde immer nervöser. Wiederholt kommandierte er: „Feuererlaubnis!", aber wir fuhren schweigend durch das ruhige Meer. Als keiner mehr Hoffnung hatte und der Kommandant schon die BÜ-Schnur einholte für ein einseitiges Gespräch mit dem SWO, krachte es zweimal und eine Wolke feinen Salzwassersprays zog über die verblüffte Brücke. Zwei Sprenggranaten waren mit geringster Rohrerhöhung direkt neben dem Schiff im Wasser explodiert. Das war zuviel für unseren Kommandanten:

„Landzielschießen, ihr Pfeifen!" schnaufte er und verschwand wütend im Steuerstand.

Bei den späteren Anläufen, die besser ausfielen, gab es Aufregung wegen Turm 51, der eine viel zu hohe Kadenz schoß. Mausi als Geschütz-

---

[179] Hilfe! Ich bin Gefangener auf einem deutschen Schiff und sturztrunken

führer wußte nichts Genaues, aber als ein Shiprider im Turm einstieg, kam die Erklärung. Ladeschütze war Max. Die getrennte Munition wurde aus dem Aufzug genommen und in die Ladeschale gelegt. Regel der USN: Mit beiden Händen zupacken und wie ein Baby in den Arm nehmen. Max schnappte sich jedoch die 50-Pfund-Geschosse mit einer, die Treibladung mit der anderen Hand und lud so mit ungekannter Geschwindigkeit. Das wurde nun strikt untersagt....

Nach sieben Wochen anstrengender Übungen hatten wir mit Bravour bestanden und fuhren zurück nach Charleston. Alle für Gtmo[180] brauchbaren Unterlagen und Gerätschaften wurden an Z 5 weitergegeben, und dann ging es Richtung Heimat. Erster Zwischenstopp hieß Hamilton auf Bermuda, ein wunderbarer Hafen auf einer traumhaft schönen Insel. Weiter ging es zu den Azoren, wo wir in Ponta Delgada erwartet wurden.

Dieser Abschnitt wurde spannend, da wir vor einem großen Sturm herliefen, der uns praktisch nach Ponta Delgada scheuchte. Laufende Treibstoffberechnungen ergaben schließlich, daß wir mit sagenhaften 28 kn durch den Atlantik rauschten.

Als ich in stockdunkler Nacht als Brücken-WO plötzlich unwirkliches Meeresleuchten erlebte und mir klar wurde, daß es auf der Brücke trotz der hohen Fahrt fast windstill blieb, wußte ich, daß meine Berufswahl absolut richtig war. Mit Freude beobachtete ich die hell leuchtende Bugwelle, und es dauerte unangemessen lang, bis mir klar wurde, daß die Bugwelle vor dem Turm 52 leuchtete.

Mein AK zurück-Kommando weckte alle auf der Brücke und natürlich auch meinen Kommandanten, der in der Sea Cabin geruht hatte. Schimpfend und mit der Geschwindigkeit einer Kanonenkugel kam er in die Nock geschossen. Ich zeigte nur nach vorn und dem erfahrenen Seemann war klar, um was es sich handelte. Es dauerte quälend lang, bis die Maschinen stoppten und auf Zurück ansprangen. Dann begann das Schiff sich zu schütteln und zu rütteln, wie ich es auch später nie wieder erlebt habe. Wie gebannt starrten wir nach vorn, als endlich das Vorschiff wieder sichtbar wurde. Die Fletcher hatten kaum Auftrieb im Vorschiff, und – so wußte später jemand zu berichten – die USN hatte schon mehrere Schiffe gleichzeitig im Pazifik durch solches Unterschneiden verloren.

---

[180] USN-Abkürzung für Guantanamo

Mit 18 Knoten ging es dann weiter und der Kommandant erklärte mir mit großer Geduld, daß man bei achterlicher See entweder deutlich schneller oder deutlich langsamer als die Dünung laufen muß. Ich bekam zwar kein Lob, aber der Kommandant war zufrieden. Die Aufregung legte sich, der STO bestand darauf, daß der Kommandant mein AK-Kommando im Logbuch abzeichnete, denn die Maschinen liefen bei 28 kn mit Überhitzern und jedes Fahrtkommando unter 18 kn gefährdete die Gesamtanlage. Es kehrte wieder Ruhe ein. Für den Rest meiner Seefahrtszeit habe ich dieses Erlebnis nicht vergessen und immer darauf geachtet, nie in solch´ eine Lage zu kommen.

Sicher erreichten wir Ponta Delgada, der deutsche Konsul Leo Weizenbauer besaß die örtliche Brauerei und war ein großer Freund der Marine. Viele Veranstaltungen ließen uns die Insel kennenlernen, und wir feierten rührenden Abschied beim Auslaufen. Herr und Frau Weizenbauer standen auf dem Molenkopf und winkten uns mit einer weißen Tischdecke hinterher.

Unser nächster Hafen war Flensburg-Mürwik, es sollte unser Heimathafen werden. Irgendwann Anfang April 1959 liefen wir pünktlich ein. Alle waren aufgeregt und freuten sich nach bis zu einjähriger Abwesenheit auf Zuhause. Ein Marinemusikkorps schmetterte die obligatorischen Märsche, eine sehr große Gruppe in Marineuniform und viele Angehörige bevölkerten die Pier. Wie konnte es anders sein: Ich war der WaD, um all' die nun drohenden Stücke des Marinezeremoniells usw. abzuarbeiten. Den Anleger des Kommandanten sah ich mir vom Seitendeck an. Mausi trug zur Feier des Tages sogar Wäsche vorn ohne Stickerei. Schneidig gingen wir an die Pier, der Steuerbordanker fiel wie gewohnt, „Spring festhalten!" kam von der Brücke. Mausi meckerte hörbar. Dann brach die Spring, es passiert aber zum Glück nichts weiter, und das Schiff stand. Mausi blickte zur Brücke hinauf, zu seinem Freund, dem Kommandanten und schüttelte – beide Hände in den Hüften – mißbilligend den Kopf. Der sah das natürlich, griff sich das Mikrofon der Oberdecklautsprecher und tönte über den gesamten Stützpunkt und die Festversammlung:

„Mausi, ich weiß, du denkst, der Alte hat Scheiße im Kopf!" Dann pfiff er ab.

Wir hatten damals ja nur unsere blauen Geigen, nur die Heizer durften im Dienst Blaumann[181] oder Lederpäckchen tragen. Ich stand in 1. Geige an der Stelling, trug aber den bei uns zum Wachanzug gehörenden hellfarbigen Coltgürtel mit sehr tiefhängender 45er Automatic. Der Holster (Revolverhalfter) war wie bei John Wayne am unteren Ende mit Lederriemen um den Oberschenkel beigebändselt, weil sonst die schwere Waffe bei jedem Schritt wild hin und hergebaumelt hätte. Während wir nach unendlich vielen Wachstunden darüber nicht mehr nachdachten, stach diese Unmöglichkeit natürlich jedem an Bord kommenden deutschen Dienstgrad ins Auge. Ich pfiff und meldete um mein Leben, bekam ungezählte Anschisse, wurde übel verhöhnt und wünschte, wir wären wieder in Hamilton.... Aber meine Vorgesetzten ließen mich nicht hängen, sondern verteidigten die Notwendigkeit der Waffe für den WaD.

Als Wachhabender ließ ich es mir nicht nehmen, nicht viel später eine Schulklasse aus Bonn zu Besichtigung unserer Arche zu führen. Es war eine Obersekunda meiner ehemaligen Penne. Ich hatte, wie der Seemann sagt, das quergebügelte Hemd an, als mein alter Biologielehrer Franz Z. seine Klasse auf das Achterdeck führte.

Er erkannte mich natürlich nicht und schien völlig verwirrt, als ich ihn mit Namen ansprach und der Hoffnung Ausdruck gab, daß er sein unvermeidliches Ringbuch griffbereit hätte. Es war eine billige Rache, aber ich habe mich im schadenfrohen Gelächter seiner Klasse gesonnt.

Nur wenig Zeit blieb zum Verschnaufen, dann nahmen wir an Übungen und Reisen teil. Die Fletcher schienen unverwüstlich, was aber nicht lang anhielt. Eine wunderbare Sommerreise in den Sognefjord war der Höhepunkt. Bei herrlichstem Wetter fuhren wir nach Balestrand und ankerten vor dem großen weißen Hotel, wo schon Kaiser Wilhelm II. Urlaub gemacht hat. Das Ankern war nicht ohne Tücke, denn wir wollten den Anker in einem kleinen Nebenarm auf eine Kante werfen, die die richtige Tiefe hatte. Unser Kommandant war gleichzeitig mit der Wahrnehmung der Geschäfte des Geschwaderkommandeurs 3. Z.G. geschmückt und führte den entsprechenden Stander.

Völlige Windstille und kaum Strömung machten es schwierig, sicher zu ankern. Während wir den Anker schon weggeworfen hatten und

---

[181] blauer Kombi

174

hin- und hergeigten, um ihn festzuziehen, kam „Z 1" unter dem gefürchteten Bazi B. vorbeigerauscht und pfiff Front – mitten in unser Manöver, was man ja auch nicht tun soll. Fast unsere gesamte „Offizierkorporalschaft" hing in den Nocken und auf dem Peildeck herum. Der WO riß seine Batteriepfeife aus der Tasche, blies und – nichts geschah. Entsetzlich! Alle weiteren Versuche erbrachten nur ein bösartiges Zischen. Der Kommandant hob bereits langsam von der Brückengräting ab, aber auch kein anderer Offizier hatte eine Pfeife. Mit einer Brücke voll salutierender Offiziere glitt „Z 1" vorbei und überfuhr unsere Ankerboje, die schnell Fahrt aufnahm und dann mittschiffs bei „Z 1" verschwand. Unser Kommandant rang um Fassung, zitierte den Signalmeister:

„Kdr an K: Meine ganze Brücke voller Pfeifen, aber keine Flöte! Absetzen !" Inzwischen war klar, daß sich „Z 1" unser Ankerbojenreep in den Kühlwasseransaugstutzen „gelutscht" hatte. Das stimmte unseren Kommandanten milder. Signalmeister – „an Z 1": „Kdr an K. Ich lasse die Boje abholen, wenn sie sie nicht mehr brauchen." Sprach's und verließ zufrieden die Brücke.

Die Taucher arbeiteten bei „Z 1", bis ihre und auch unsere Luftflaschen leer waren. Dann kam mein Crewkamerad Hartmut B. zur längsten Fahrt in einem offenen Kutter, von der ich nach der Meuterei auf der Bounty weiß. Er fuhr bis an das äußerste Ende des Fjords nach Flåm, wo die beiden anderen Schiffe des Geschwaders ankerten und kehrte nach 30 oder mehr Stunden erfolgreich zurück. Der KdZ, Kapitän zur See Heinz P., genannt: der schöne Heinz, war bei uns an Bord, damals hieß sein Verband noch Kommando der Zerstörer. Ein sicher honoriger alter Herr, der sich in anderen Sphären bewegte und fast nichts von der Bundesmarine wußte. Seine Versuche, mit unseren Schiffen etwas Wasserballett[182] zu üben, gingen nicht ohne „Übersetzer", da wir seine Kriegsmarinebefehle wie „Toni gelb" o.ä. nicht verstanden. Aber unser alerter Versorgungsoffizier kannte beide „Sprachen" und half aus. Nacheinander fielen drei Schiffe aus, so daß wir einen traurigen KdZ allein nach Hause fuhren.

Irgendwann gingen wir auch in die Werft und erhielten einen bereits fertigen Aufbau mittschiffs auf dem B-Deck, der eine Kommandeurskammer barg. Für unsere Verhältnisse luxuriös ausgestattet taufte der Kommandant die Neuigkeit als „Pullman-Wagen".

---

[182] Formationsänderungen

Damals gab es jedes Jahr ein großes nationales Manöver namens „Wallenstein", an dem alle nur eben verfügbaren Einheiten teilnahmen. Es dauerte bis zu 6 Wochen, ohne daß wir einen Hafen anliefen. Die Albaek Bucht nördlich von Frederikshavn avancierte zum Flottenankerplatz, der Befehlshaber fuhr auf einem Zerstörer.

Geankert wurde in Formation, die korrekte Ankerposition wurde auf das Schärfste vom Flaggschiff kontrolliert. Ich durfte als fahrender WO dreimal wieder Anker auf gehen, ehe ich Gnade fand. Ich konnte andere Schiffe beobachten, die über Stunden an ihrer Position „arbeiteten".

Die Manövervorbesprechung wie auch die Manöverkritik fanden in Kiel im Niemannsweg in einen großen Saal statt. Zu Beginn des „Wallenstein" sollte zur Belehrung der Offiziere die Schlacht am Rio de la Plata nachgespielt werden. Ich weiß nicht mehr, wer was spielte, aber wir hatten mindestens 70 Offiziere auf unserem Peildeck, als es losging. Der erste Anlauf ging schief, weil die Ausgangspositionen viel zu weit auseinander lagen. Der erneute Anlauf gab ein gutes Bild der Ereignisse, bis sich die Schiffe auf „Kartoffelschmeiß-Entfernung" annäherten. Als diese Situation bei der Abschlußbesprechung zur Sprache kam, wehrte sich Adolar von B., in dem er Nelson zitierte:

„A commanding officer cannot do wrong if he brings his ship alongside the enemy" und hatte die Lacher auf seiner Seite.

Nach dem Ankern in der Albæk Bucht setzten fast alle Einheiten ein Beiboot aus, und alle fuhren wild hupend, schreiend und spritzend unter der Führung von Leutnanten aufeinander los. Es war ein seltenes Schauspiel, ein Riesenmelee und eine Mordsgaudi, die wir am Niemannsweg überlegt hatten. Auf mehr oder weniger irritierte Rückfragen antworteten wir, daß wir zur Verbesserung unserer taktischen Ausbildung die Schlacht von Salamis nachgestellt hätten.

Als ich mit einer geheimen Akte unter dem Arm bei schlechtem Wetter auf dem Niedergang zum Signaldeck ausglitt, hielt ich als guter Soldat die Akte fest anstatt den Sturz abzufangen. Ich landete mit dem Gesicht in der Holzgräting, meine Nase war ruiniert. Der Schiffsarzt untersuchte mich und diagnostizierte einen mehrfachen Nasenbeinbruch und wahrscheinlich einen Jochbeinbruch mit Gehirnerschütterung. Er empfahl, mich sofort in ein Krankenhaus einzuliefern. Z 4 meldete dem Flottenchef und bat, mich in Skagen an Land bringen zu dürfen. Diese Bitte wurde abgelehnt mit dem Zusatz, daß ein Nasenbeinbruch keine Verletzung sei.

Inzwischen schwoll meine Nase zu einem wirklichen Riechkolben von veritablen Ausmaßen, an dem ich kaum vorbeisehen konnte. Drei Tage später ankerten wir wieder auf dem Flottenankerplatz, und ich durfte nun doch ausgeschifft werden. Ich erhielt einen Briefumschlag mit einer Überweisung, packte meinen BUKO und stand kurz danach ziemlich verloren mit dicker Nase im Fischereihafen von Skagen.

Mir war unwohl, nicht nur wegen der Schmerzen in der Nase oder wegen meines Aussehens, denn es hatte sich ein gewaltiger Bluterguß im Gesicht ausgebreitet, sondern auch wegen meiner Ratlosigkeit. Ich marschierte in die vermutliche Richtung der Stadt, mehrere Versuche, jemanden zu fragen, scheiterten kläglich. Nach vielen Kilometern sah ich ein Schild mit rotem Kreuz, auf dem so etwas wie „Syggehus" stand. Dort wurde ich sehr nett aufgenommen und versorgt, es fanden sich Schwestern und Ärzte, die deutsch sprachen. Meine arme Nase wurde erneut gebrochen und gerichtet; sie ist noch heute krumm und schief.

Im September liefen wir aus zum Herbstmanöver in der Nordsee. Das Wetter war schlecht, entweder Nebel oder Sturm. Da ich keine Brückenwache mehr gehen mußte, verbrachte ich viel Zeit in See im Funkraum oder hing mit meinem Funkmeister im Außenschott zum B-Deck.

Von dort hatten wir einen guten Blick auf den Pullmanwagen und beobachteten gern, wenn der Kommandeur vergeblich versuchte, seine Kammer zu verlassen. Bei flotter Fahrt gegen den Wind lag ein solch starker Winddruck auf dem Kammerschott, das sich an Backbord nach vorn öffnete, daß der Kommandeur es nicht schaffte.

Immer wieder versuchte er es, und wir beobachteten es lümmelhaft lachend. Irgendwann kam dann der Läufer Brücke und befreite den armen Kommandeur. Schlimmer noch war, daß zum Teil mehrmals in einer Nacht eine leere Bierflasche auf dem flachen Kammerdach von Süll zu Süll rollte, bis ein Anruf den Läufer Brücke zum Abbergen der Flasche zitierte. Wir fanden es damals witzig und folgten dem Wahlspruch: Im Frieden muß der Vorgesetzte den Feind ersetzen.

Meine erste richtige Bordzeit endete am 1.10.1959 mit der Versetzung nach Glückstadt an der Elbe zum Marineausbildungsregiment, 3. Marineausbildungsbataillon. Da waren wir aber mitten in der Nordsee. Als ich meinen grundgütigen IO ansprach, schnaubte er ärgerlich und meinte, daß die sicher auch ohne mich zurechtkommen würden.

So konnte ich noch ein eindrucksvolles Stück Seefahrt kennenlernen, als bei einem Artillerie-Schießen ein Seemann im Turm 54 verunglückte. Er war bei einer plötzlichen Drehbewegung des Turmes mit seinem rechten Bein in die Bodenausnehmung gerutscht, als das Rohr in die höchste Elevation fuhr. Sein Bein wurde in der Mitte des Oberschenkels sauber abgetrennt und hing nur noch an einem 10 cm breiten Hautstreifen. Unser Schiff ging auf jedem Kurs heftig zur Kehr und als der Schwerverletzte in den Schlunz transportiert wurde, fielen alle Sanis bei diesem Anblick aus. Unser großartiger Schiffsarzt, Oberstabsarzt Dr. A., rief den Kommandanten an und bat um wenigstens einen Handlanger. Wieder stand ich falsch und wurde in den Schlunz abgeteilt. Das Schiff zündete zwei weitere Kessel und ging auf Höchstfahrt Richtung Dover, für das wir schnell eine Einlaufgenehmigung erhielten.

Die nächsten vier Stunden verbrachte ich mit dem Doktor und unserem Verletzten in der stickigen Enge am OP Tisch. Alles schwamm in Blut und der Doktor sah erschreckend aus. Ich wohl nach kurzer Zeit auch, aber ich sah mich ja nicht. Der Arzt arbeitete trotz des Seegangs mit bewundernswerter Ruhe, der Seemann, den ich seit unserer Zeit in Bremerhaven kannte, war bewußtlos, redete aber immer wieder. Krampfhaft hielt er meine Hand:

„Schneidet mein Bein nicht ab!", wiederholte er mehrmals. Der Arzt machte mir klar, daß es ihm nur darum ging, den Seemann am Leben zu erhalten und ihn für den Transport vorzubereiten. Mit allen möglichen Spritzen gelang ihm das, und er nähte und band alles ab, wo Blut austrat. Als ich eh´ schon heftig mit Übelkeit kämpfte, übergab sich der Seemann auch noch, und ich bekam eine ordentliche Ladung ab. Aber die unerschütterliche Ruhe und Gelassenheit unseres Doktors hielt ihn am Leben und mich vom Kotzen ab.

Immer wieder meldete sich der Kommandant über die Gegensprechanlage und erkundigte sich. Er machte dem Doktor klar, daß er nur kurz im Hafen aufstoppen könne, um den Verletzten abzugeben. Dann müsse er wegen der auf Hochtouren laufenden Überhitzer sofort wieder „lostoben".

Beim Einlaufen in Dover bekam ich einen Anschiß von der Brücke, weil ich an sich beim Einlaufen auf die Brücke gehörte. Das brachte mir meinen letzten großen Auftritt, als ich blutverschmiert und vollgekotzt auf der Brücke erschien. Ich muß großartig ausgesehen haben, mir war aber nur elend, und ich kämpfte mit Selbstmitleid. Ich wurde in Ungnade entlassen und wußte nun spätestens, was mein kluger IO früher einmal als Erklärung gesagt hatte: „Es gibt keine Gerechtigkeit, uns bleibt nur das Streben danach und die Hoffnung darauf."

Am 10. Oktober ungefähr liefen wir wieder in Flensburg ein, unser Seemann hatte überlebt, und der Kommandant mußte sich einen neuen Fahrer suchen, der bei inländischen Verlegungsmärschen seinen Ford M 12 vorausfuhr.

Das war bis dahin meine besondere Vertrauensstellung gewesen. Ich bekam eine ordentlich Beurteilung – fand ich – und wurde hastig verabschiedet.

Zugoffizier in der Grundausbildung

Einen ganzen Tag brauchte ich, um mit Straßenbahn, Bundesbahn über Hamburg und Autobus bis vor das Ausbildungsregiment in Glückstadt an der Elbe zu gelangen. Ich hatte nicht die geringste Lust, mich mit anderer Leute Kinder herumzuärgern, wie mein Kommandant bei meiner Abmeldung anmerkte. Mein Crewkamerad Kalle K. als S1 nahm mich wahr und erzählte, daß wir nun 10 Crewkameraden wären. Ich war eingeteilt als ZO des 2. Zuges der 3. Kompanie[183]. Dort sollte ich auch wohnen, auf demselben Flur wie mein Zug. Ich schleppte meine Klamotten durchs Gelände und wurde pausenlos gegrüßt, was ich nicht gewöhnt war.

Ich fand meine Stube und dann auch meinen Kompaniechef Kptlt. S., ein jovialer Mensch aus der Kategorie der Gutsherren, der mich erst einmal anspitzte, warum ich mit 14 Tagen Verspätung antrat. Er drückte mir einen Leitz-Ordner in die Hand: „Sehen sie sich das gut an, morgen Vormittag Klamotten empfangen und dann legen sie los!" Mit der mehrere hundert Seiten umfassenden Ausbildungsvorschrift unter dem Arm und voll der Verachtung aller wahren Seefahrer gegenüber den Landsoldaten schlich ich in meine Bude.

---

[183] Zugoffizier

Ohne einen Blick in den Ordner fiel ich in die Koje, bis mich satanischer Lärm hochjagte: Reise-Reise-Aufsteh'n! Einer stößt den andern an, der Letzte stößt sich selber an – Aufsteh´n!" Mein Crewkamerad Harm F., ZO 1, sammelte mich ein und schleifte mich durch unfreundliche Kälte zum abschreckenden Frühstück. Kein Tafelsilber wie an Bord, kein Rührei ohne Bestellung, keine Tischdecke, grausamer Muckefuck, keine Pantrygasten, sondern vielgestalte Küchenfrauen, die auch kein Grund zum frühen Aufstehen boten und Bettlaken mit eingebügelten Sackhaaren als Tischdecken. Das war ja ein Absturz! Danach empfing ich Berge von Oliv-Klamotten einschließlich langer Unterhosen und -hemden sowie ABC-Schutzmaske und die knitterfreie Mütze[184]. Ich knallte alles in meine Stube und ließ mir vom Spieß zeigen, wo mein Zug war. Offensichtlich war nicht vorgesehen, mich irgendwie einzuführen oder vorzustellen. In der gezeigten Richtung hörte ich schon bald viele Stimmen, die alle durcheinander kommandierten.

Beim Näherkommen sah ich olivfarbene Soldaten mit Hurratüte[185] auf einem großen geteerten Platz, die sich selbst Wendungen kommandierten. Das gab´s doch nicht! Dazwischen Unteroffiziere, die Aufsicht machten. Als der Bootsmann meiner ansichtig wurde, pfiff er „Front nach Backbord". Alle nahmen Haltung an, und er meldete mir meinen Zug. Der Pfiff bedeutete: 2. Zug Achtung!, aber das wußte ich da noch nicht. Während mir der Bootsmann erklärte, was die Rekruten gerade wie lernen sollten, kam ein Hauptgefreiter angeflitzt und zischte auf 5 m Entfernung: „Der Kugelblitz!" Der Bootsmann pfiff wieder Front nach Backbord und aus dem Gebüsch erschien mit hoher Geschwindigkeit und hohem Hut ein kugelförmiger Kapitän zur See, der direkt auf mich zusteuerte.

„Melden, Herr Leutnant!" zischte der Bootsmann mit einem aufmunternden Schubs. Ich machte ein paar Schritte und meldete den 2. Zug beim Formaldienst. Sofort gab es einen Anschiß, den ich aber nicht verstand, weil ich gar nicht wußte, worum es ging. Mit einem wenig freundlichen: „Lassen sie endlich rühren!" zog der Hohe davon.

Dieses Erlebnis reichte mir. Ich erkundigte mich, wer das war, und wo er sein Dienstzimmer hat. Es war Kapitän zur See H., der Regiments-

---

[184] Stahlhelm
[185] Kunststoffhelm

180

kommandeur, Träger des Ritterkreuzes mit Eichenlaub. Mein Respekt vor der hohen Auszeichnung fiel meinem Ärger zum Opfer.

Ich überlegte mir, daß ich nicht unglücklich gewesen wäre, wenn man mich gleich wieder weggeschickt hätte und machte mich auf die Suche nach diesem Kapitän. Ich fand ihn in seinem Dienstzimmer und wurde vorgelassen. Ich meldete meinen Dienstantritt und beklagte mich dann bitterlich und unzweideutig, daß mich meine Männer noch gar nicht kannten und mit ansehen durften, wie ich vor der Front angeschissen wurde, ohne zu wissen warum und von jemanden, den ich nicht kannte. Ich bat um meine sofortige Versetzung.

Nach kurzer Verblüffung zeigte der Kommandeur größtes Verständnis, er entschuldigte sich in aller Form und lehnte eine Versetzung rundweg ab. Ich fühlte mich erleichtert, aber kreuzunglücklich, in solch einem „Laden" gelandet zu sein. Abends in der Messe traf ich meine Crewkameraden und war versöhnt, ich erhielt viele gute Tips, wurde ordentlich ausgelacht und widmete mich für die nächsten Wochen meinen Rekruten, die sich alle als prima Jungs entpuppten.

„Der Vorgesetzte muß immer und überall sofort erkennbar sein!" erklärte mir mein Kompaniechef. Ich war nämlich wieder unangenehm aufgefallen, weil ich weder auf meinem Trainingsanzug noch auf der Turn- bzw. Badehose die zwei Balken aufgenäht hatte, die den Offizier ausweisen.

Voller Grimm über diesen – wie ich fand – unnötigen Unsinn schleppte ich meine gesamten Sportklamotten zur Schneiderei. Außerdem hatte ich meine fiskalischen Schlafanzüge und die olivfarbene lange Unterwäsche dazugelegt und bestand darauf, überall die Abzeichen zu bekommen. Das meldete der Schneider auf dem Dienstwege dem Bataillonskommandeur, der mich einbestellte und unmißverständlich erklärte, was er von solchen Scherzen hielt.

Nur eine weitere Geschichte will ich aus dieser Zeit berichten. Zehn Crewkameraden in Glückstadt und in der umliegenden Einödlandschaft sind eine kritische Menge. Wir waren viel an Land, feierten jeden noch so geringen Anlaß und taten nicht immer gut. Zu dieser Zeit erschienen die ersten Reserveoffiziere, die wir erleben durften und wurden unseren Kompanien zugewiesen. Alle waren kriegsgedient und mehr oder weniger erfolgreiche Geschäftsleute, die die Reserveübung mehr als einen Urlaub denn als vaterländische Pflicht betrachteten. Alle aber hatten genug Geld, um unserer Freizeitgestaltung neuen Schwung zu verleihen.

Einer dieser Kameraden, Oberleutnant zur See S., entpuppte sich als Winzer. Ihm gehört das Gut bei Worms, von dem die Original-Liebfrauenmilch kommt. Aus dem Wochenende brachte er genug Wein mit, so daß wir notgedrungen zu Weintrinkern wurden. Nach einem dieser schweren Messeabende entschlossen wir uns, einen unserer Reservisten, der schon früher in die Koje gegangen war, zu reppen. Eine lärmende Gruppe zog durch die nachtstille Kaserne und weckte das arme Opfer schließlich mit einem großen Knallkörper. Das halbe Bataillon wurde hochgeschreckt, und wir zogen ernüchtert in unsere Unterkünfte.

Am nächsten Tag hörten wir von Kalle K., daß einer der geweckten Kompanie-Chefs ihn gefragt hatte, wer noch dabei gewesen war. Natürlich wußte Kalle so wie es sich gehört von gar nichts. Als der Kapitänleutnant versicherte, daß er nur mit den Herren ein persönliches Gespräch führen wolle, fielen Kalle die Namen wieder ein. Der Ko-Chef, dessen Namen ich zu seinem Glück nicht sicher erinnere – sein Spitzname war „von Dackelhausen", weil er immer seinen Dackel begleitete – meldete die Ruhestörer beim Bataillonskommandeur. Eine vordisziplinare Untersuchung lief an, und wir waren ob der Hintertücke des Herrn von Dackelhausen in Harnisch. Mein Crewkamerad Achim W. und ich meldeten uns beim Kommandeur, Fregattenkapitän L.. Wir gaben unser unmögliches Benehmen zu und meldeten, daß wir nicht mit einem solchen Offizier zusammen dienen wollten.

Wir merkten dem Kommandeur an, daß er unserer Meinung war, aber er entließ uns ohne weitere Sanktionen oder Anmerkungen. Der Herr von Dackelhausen jedoch verließ noch am gleichen Tag das Bataillon und ward nicht mehr gesehen. Wir gingen nach einer wohlverdienten Gardinenpredigt straffrei aus und fanden, daß wir einen tadellosen Kommandeur hatten.

Anfang Dezember sah ich ein Schreiben der P-Abteilung, in dem Offiziere für ein Überführungskommando weiterer Schiffe aus den USA gesucht wurden. Ich wußte sofort, daß nur ich gemeint sein könnte, ich erfüllte alle Bedingungen. Sofort meldete ich mich bei unserem S 3, dem Kapitänleutnant Hans-Henning B. Ein netter Kamerad, der mich anhörte und mit Bedauern feststellte, daß ich keine Chance hätte. Ich drängelte so

182

lange, mich zu melden, daß er zustimmte, mit dem nicht ernst gemeinten Zusatz: Falls ich abends in der Messe für alle etwas ausgebe. Diese fröhliche Investition schien mir lohnend, und tatsächlich wurde ich kurz danach für den 5. Januar 1960 nach Bremerhaven kommandiert. Der lustige Messeabend war eine leicht zu schulternde, fröhliche Zugabe.

Obwohl auch dieser Abschnitt viele wundersame Erlebnisse vermittelte, will ich mich darauf beschränken, zwei Erlebnisse aus unserer Abschlußbesichtigung kurz vor Weihnachten festzuhalten. Bei der Besichtigung im Bootshafen wurde ich beim Thema Tauwerk und Knoten von den Besichtigenden gestellt. Es sah so ähnlich aus wie die Chefvisite in einem Universitätskrankenhaus und war auch genau so lächerlich, nur daß man Blau trug. Das Unheil nahm seinen Lauf, als der Kugelblitz vor dem Matrosen Radetzki stehen blieb. Alle meine Rekruten waren 70er, d.h. sie waren unsere damals noch vorgesehenen Marineinfanteristen oder LARC-Fahrer[186], denen die rein seemännischen Aspekte nicht so sehr am Herzen lagen. Der Matrose Radetzki meldete sich beim Knoten. Die überlegene humoristische Grundhaltung hoher Offiziere zeigte sich, als der Name „Radetzki“ ihn wohl an den gleichnamigen Marsch erinnerte.

„Machen Sie mal eine englische Trompete!“ Der Matrose knüpfte um sein Leben und zeigte schließlich das Ergebnis vor:

„Das ist ja eine deutsche Trompete!“ kam es vorwurfsvoll vom Kugelblitz. Der Matrose erholte sich schnell und meldete:

„Ich bin völlig unmusikalisch, Haptän!“

Der Marinebuschkrieg des 3. MAusbBtl fand in Nordoe statt, das alle Möglichkeiten bot. Meinen Zug erwischte die Besichtigung beim Schanzen. Ein geborener Marineinfanterist, im Zivilberuf Gleisbauer, hatte ein tolles Zwei-Mann-MG-Loch mit Handgranatenschutz fertig, als der Kugelblitz erschien.

Ohne zu zögern sprang er in das Loch, stellte sich auf die Zehenspitzen und überzeugte sich fachmännisch von der Qualität des Schußfeldes.

„Na, wie sind sie mit der Stellung zufrieden?“ fragte er meinen wackeren Gleisbauer.

„Sehr gut, Haptän, leichte Arbeit und gut bezahlt!“

---

[186] schwimmfähige LKWs - Lighter Amphibious Resupply Cargo

Wir mußten den Regimentskommandeur aus dem Loch heraushieven, denn er konnte vor Lachen nicht mehr weiter. Mein Gleisbauer mußte getröstet werden, denn er verstand die Heiterkeit überhaupt nicht.

Viel Freude und Durcheinander verursachte ein Befehl des Marineamtes, der verlangte, in allen Vorschriften das Wort „Lauf" durch das Wort „Rohr" zu ersetzen. Wir Leutnante setzten das konsequent um, nun gab es einen 100 m-Rohr, im Rohrschritt marsch-marsch! Rohren sie los, Mann! Auch die Rohrbahn tauchte immer öfter auf. Es war ein wundervoller Spaß!

Während meine Crewkameraden 1-2 Jahre als Zugoffiziere verbrachten, konnte ich nach drei Monaten wieder in die Staaten fahren, es wurde mir aber als Zugoffizierszeit angerechnet – ein herrliches Arrangement.

LST A 1404

Nach einer sehr kurzen Weihnachtspause fuhr ich nach Bremerhaven, um mich bei der mir ja schon vertrauten 5. SStA zu melden. Drei Besatzungen wurden zusammengestellt, um LSTs in Astoria, Oregon, USA fahrbereit zu machen und zu überführen. Ja, das war nun wirklich eine lohnenswerte Reise, denn das hieß, wieder zur Westküste zu fahren. Ich traf viele alte Bekannte, meinen nächsten Kommandanten kannte ich allerdings noch nicht. Kptlt. Sch. entpuppte sich als angenehmer, weltläufiger Vorgesetzter. Ich erinnere nicht, woher er kam, ich weiß nur, daß er ausgerechnet in San Diego verheiratet war. Kptlt. Sp., unser Verbandsführer, kam – soweit ich erinnere – von den Amphiben in Emden oder auf Borkum. Hans Freiherr von St. dagegen kannte ich aus Charleston, denn er war NO auf „Z 3". Sein Ruf als PR-Gigant eilte ihm voraus, in South Carolina hatte er mit einem Chor aus Soldaten viel Aufmerksamkeit und Erfolg geerntet.

Mein 1 WO war Walther B. aus meiner Vorcrew, wir kannten uns gut und kamen bestens miteinander aus. Alles, was ich an Unteroffizieren und Mannschaften zu sehen bekam, war wenig ermutigend, denn wie schon bei den Fletcherbesatzungen hatten nun die Amphiben und die Zerstörer die Gelegenheit genutzt, ihre Problemfälle los zu werden. Besonders freute ich mich, als mir Mausi, inzwischen zum Bootsmann befördert, auf dem Kasernenhof über den Weg lief. Er war leider für von St.s Besatzung eingeteilt. Mit zum Teil bedenklichen Tricks holten wir Mausi in unsere

Besatzung, nachdem er grünes Licht gegeben hatte. Als ich von meiner Zeit auf „Z 4" und von Mausi schrieb, vergaß ich zu berichten, daß Mausi bei den Schnellbooten, wo er vor „Z 4" fuhr, auch den Spitznamen „Panzerschmadding" hatte. Und das kam so: Mausi hatte sich 1956 beim Heer gemeldet, und dort hatte es ihn zu den Panzern verschlagen. Aber bald zog es ihn zurück zur Marine, zu den Schnellbooten, und dort wurde er so benamst.

Mausi war im Krieg bei den Schnellbooten gefahren und fiel bei einem Gefecht im Kanal außenbords. Sein Boot meldete den Verlust und die Eltern erhielten die schriftliche Nachricht, daß ihr Sohn für Volk und Vaterland gefallen sei. Ich habe vergessen, wie Mausi gerettet wurde, aber er kam viel später wieder zurück und trug seit dem seine Todeserklärung bei sich. Zum Jux, aber auch in Bedrängnis holte er seinen Totenschein heraus, zeigte ihn und sagte:

„Sie können mir jar nischt, ick bin dot!"

Da Mausi, wie nur ich wußte, fließend Englisch sprach, und ein unübertreffliches Organisationstalent besaß, war er für unsere Aufgabe die Idealbesetzung. Er hatte sich ja auch – wie ich – freiwillig für diese neue Unternehmung gemeldet.

Wir empfingen noch einmal unser schweres Khaki und um den 20. Januar 1961 flogen wir drei Besatzungen in Bremen ab. Es war eine Sondermaschine der Lufthansa, eine Super-Conny, und der Flug begann schon mit Hindernissen. Beim Start stellte sich heraus, daß die Maschine zu schwer war. Deshalb wurde ein Teil des Gepäcks wieder ausgeladen. Jeder fragte sich ab jetzt, ob wohl sein Seesack in Bremen geblieben war. Weit kamen wir aber nicht, denn wir mußten bereits in Shannon auf Irland nachtanken, um bis nach Gander in Neufundland zu kommen. In Gander / Neufundland durften wir das Flugzeug zwar verlassen, wurden aber in einem Transit-Terminal eingepfercht. Es gab nichts zu essen oder zu trinken außer dem Wasserspender. Die paar Schokoladenautomaten halfen wenig, denn wer hatte schon kanadisches Kleingeld? Zu sehen war nichts, denn der Schnee lag meterhoch.

Mit einem weiteren Zwischenstopp in Toronto landeten wir schließlich in Portland, Oregon. Nun waren wir schon 30 Stunden unterwegs, bevor uns die Busse mit dem Teilgepäck aufnahmen und nach Astoria, Oregon[187] an der Mündung des Columbia River weiterfuhren.

Ein riesiger Reservestützpunkt wartete auf uns, unsere Besatzungen wohnten in primitiven und wenig gepflegten Wohnschiffen, während die Offiziere im einem BOQ unterkamen, der auch nicht gerade dem gewohnten USN-Standard entsprach. Hier lagen amphibische Fahrzeuge aller Größen und Klassen, reihenweise Lazarettschiffe und Liberty-Handelsschiffe zu Hunderten, soweit das Auge reichte. Nie habe ich eine größere Ansammlung von Schiffen gesehen.

Unsere „neuen" Schiffe lagen an einer Pier, und am nächsten Morgen konnten wir es kaum erwarten, sie in Augenschein und auch in Besitz zu nehmen. Vor jedem Schiff wartete ein amerikanischer Kapitänleutnant als Verbindungsoffizier. Die leeren Schiffe an der Schwimmbrücke erschienen riesengroß und hoch wie Häuser. An unserer neuen Heimat stand „1089" und am Heck USS Rice County.

Wir kletterten an Bord, alles sah ungepflegt und verrottet aus, in den Aufbauten sah es aus, als ob die letzte Besatzung das Schiff fluchtartig verlassen hätte, ohne auch nur etwas aufzuklaren. Er stellte uns unser Schiff vor: LST = Landing Ship, Tank, unter deutscher Flagge dann LST A 1404. In Deutschland hieß es dann FGS[188] Bochum – N 120. In Dienst 1942, außer Dienst 1946.

Länge	100 m
Breite	15,2 m
Tiefgang vorn	2,5 m
achtern	4,5 m
Verdrängung	4200 ts
Bewaffnung	4 x 40 mm und 10 x 20 mm, (auf jedem Schiff etwas unterschiedlich)
Reichweite	24000 sm bei 9 kn – 2 Motoren mit insgesamt 900 PS.

---

[187] älteste US – Niederlassung am Pazifik, gegründet von John Jacob Astor anfangs des 19. Jahrhunderts

[188] Federal German Ship

Besatzung   7 Offiziere und 110 Mann

Landungstrupp: 16 Offiziere und 150 Mann

Zuladung ~ 2000 t und 1 LCT[189] und 2 LCVP[190]. Ein gewaltiger Heckanker mit 600 m Stahltrosse komplettierte dieses Schiffsmonstrum. Außen konnten noch große Pontons[191] an die Bordwände angehängt werden. Unsere Überführungsbesatzung von rund 35 Köpfen verlor sich völlig auf dem Schiff mit 300 Kojen, bei dem unter Deck ein riesiger durchgehender Laderaum Platz bot für bis zu 15 Kampfpanzer. Die Schiffe waren im Prinzip für nur eine einzige, in 50 Tagen zu bewältigende Reise über den Pazifik gebaut worden.

Nach wochenlangem Reinschiff, Pönen und Aufklaren, wobei wir nicht nur einen Satz der Personalakten der letzten Besatzung fanden, sondern ganze Bündel von US-Army- und USMC-Bajonetten und eine Pistole. US-Secret-Vorschriften[192] lagen dutzendweise in Safes herum. Tonnen von Messing- und Kupferstangen und -rohren lagen in den Lasten. Toilettenpapier war so reichlich bemessen, daß der Vorrat noch in Deutschland ungläubiges Staunen auslöste. Unser LM rechnete aus, daß der Kaufpreis von DM 60.000 pro Schiff schon durch die Buntmetallfunde weit übertroffen wurde.

Nach 8 Wochen legten wir zum ersten Mal für eine kurze Probefahrt ab. Die Motoren und das Ruder funktionierten. Alle 20 mm Geschütze waren abgegeben und die 40 mm Geschütze waren nicht funktionsfähig. Unser Schiff war das modernste, denn wir hatten ein Radargerät, das sogar meist arbeitete.

Dafür hatte von St. als einziges Schiff einen LCVP, ein kleines, stark motorisiertes Landungsboot, von denen an sich je zwei zu jedem LST gehörten und in Davits transportiert wurden. Dafür bekam das Führerschiff unseren Verbandsarzt, so daß jeder etwas Einmaliges vorweisen konnte.

Mein Vorschlag, den Arzt auf das Schiff mit dem Motorboot einzuschiffen, fand kein Gehör. Meine Bedeutung für unseren Auftrag beruh-

---

[189] Landing Craft, Tank

[190] Landing Craft Vehicle, Personnel

[191] ich meine, sie wurden Rhino-Barges genannt

[192] entsprach bei uns Streng geheim

te auf meiner Aufgabe als Verbandsfernmeldeoffizier, die mich alle Funkabschnitte aufbauen und ausrüsten ließ. Unter den Blinden ist der einäugige König, das half mir sehr.

Den Führer unseres Verbandes bezeichneten die Amerikaner als Kommodore und so redeten sie ihn auch an. Er verlor bei einem Test seinen großen Heckanker mit der gesamten Trosse, weil sich die Bremsen nicht zudrehen ließen. Ansonsten kamen wir zufrieden zurück und man entschied, daß wir schiffsweise nach Portland gehen sollten, um dort in einer Werft den Schiffsboden inspizieren und reinigen lassen. Die Fahrt auf dem Columbia River war eindrucksvoll und erinnernswert.

Bei der Unterbringung an Bord ging es darum, unser Schiff mit den wenigen Leuten unter Kontrolle und auch sauber zu halten. Ich hatte mir zwei Kammern ausgesucht, die ich bewohnte, nachdem ich sie eigenhändig bewohnbar gemacht und – mit Mausis Hilfe gemalen und eingerichtet hatte. In jedem Mannschafts- oder Unteroffiziersdeck wohnten nur 2 Mann, aber so war das ganze Schiff irgendwie „bevölkert" und die Reinschiffverteilung stand fest. Wir entrosteten im Allemannsmanöver das Schiff und malten es neu. Mausi organisierte alles, was man brauchen konnte und was nicht niet- und nagelfest war. Immer wieder kam er an: „Herr Leutnant, ich brauche einen Dreitonner!"

Da die Auflösung des Stützpunktes vorbereitet wurde, waren die Verwalter großer Schätze nur zu gern bereit, gegen ein Anforderungsformular und eine Unterschrift alles herauszugeben. Außerdem hatten wir ein Dienstsiegel der USN gefunden, das bei all´ diesen Vorbereitungen unbezahlbar war. So kam Mausi eines Tages auch mit einer Farbspritzanlage an, die uns die Arbeit erleichterte, und Mausi als gelernter Maler war in seinem Element.

Eine besondere Merkwürdigkeit war der Status unserer Schiffe. Es gab keine Indienststellung, sondern wir wurden zu Bundesdienstfahrzeugen ernannt. Deshalb führten wir auch die Bundesdienstflagge und nicht den Doppelstander der Seestreitkräfte. Unser Kommodore entschied, was von den Wachvorschriften und vom DaB[193] bei uns angewendet wurde. Für die Amerikaner und für unsere Besatzungen machten wir eine bescheidene Indienststellungsfarce.

---

[193] Vorschrift für den Dienst an Bord

Nun zeigte sich auch, warum wir nicht kommandiert oder versetzt waren, sondern abgeordnet – auf ein Bundesdienstfahrzeug nämlich. Wir bekamen keine Bordzulage, aber es gab so etwas wie Aufwandsentschädigung und davon, weil an sich für Zivilbedienstete gedacht, reichlich. Es ging uns finanziell sehr gut. Der Verpflegungssatz pro Kopf war ca. dreimal so hoch wie auf Kriegsschiffen – warum eigentlich? Bei den sehr niedrigen Preisen im Exchange lebten wir in Saus und Braus, und unsere Guthaben wuchsen. Bei unserer geringen Besatzungsstärke wurde auch eine Sparversion der Hafenwache erfunden, die später im Laufe der Reise immer weiter reduziert wurde, bis schließlich der Schlüssel unter der Matte lag.

Uns allen blieb genug Zeit, um diesen Teil der USA, aber auch die USA zu erobern. Bello und ich hatten uns ein Auto gekauft, mit dem wir viel unterwegs waren. Es kostete $ 395.- und lief hervorragend. Mehrmals fuhren wir nach San Francisco, ich meine, das waren ca. 3600 Meilen hin und zurück. Abends fuhren wir nach Seattle oder auch nach Vancouver. Als wir feststellten, daß wir als ausländische Offiziere bevorzugt wurden, wenn wir das militärische Air Transport System[194] nutzen wollten, gab es kein Halten mehr.

Kostenlos flogen wir durch die Staaten, zahlten allenfalls für Sandwichs und Getränke unterwegs. Zum Baden nach San Diego – kein Problem. Mehrere flogen auch nach Hawaii, wo sie dann im BOQ für 80 Cents übernachten konnten.

In Astoria selbst war es schwer auszuhalten, denn es regnete fast pausenlos über Wochen. Alles war feucht und die Kleidung begann zu schimmeln. Alle Anfordrungen an die Bundeswehrverwaltung, uns Kleidung und Schuhe zum Tauschen zu schicken, verhallten ungehört. Mehrmals drangen Gruppen von Schwarzbären in den Stützpunkt ein und jagten uns durch das Gelände. Auch das glaubte zu Hause niemand.

In diesem Jahr kam es zu historischen Begegnungen in Astoria. Nach uns traf ein dreimal größeres Kontingent der indonesischen Marine ein, die ebenfalls drei LSTs abholen sollten, allerdings mit dem Auftrag, anschließend in San Diego eine umfassende amphibische Ausbildung zu durchlaufen. Der Kommandeur, ein ca. 28 jähriger Kapitän zur See und

---

[194] MATS

seine Offiziere, wohnten in „unserem" BOQ". Sie waren nett, aber es gab kaum Annäherung. Jeder kaufte sich einen gebrauchten Wagen, dazu gebrauchte Kühlschränke und Waschmaschinen, die sie mit ihren LSTs nach Indonesien schaffen wollten.

Dann tauchten mit kurzer Vorwarnung ca. 200 japanische Marinesoldaten auf. Auch hier zogen die Offiziere unter Führung eines grimmigen Kapitäns zu See bei uns im BOQ ein. Es waren die ersten japanischen Uniformträger seit Pearl Harbor, die amerikanischen Boden betraten. Die Vorbehalte und die Abneigung vieler Amerikaner waren unübersehbar. Unsere Seeleute dagegen erneuerten sofort die Achse und schlossen sich eng mit ihnen zusammen, was unsere amerikanischen Freunde sehr irritierte. Genauso schwierig war aber das Verhältnis zwischen den Indonesiern und den Japanern, denn auch da gab es finsteres Treibgut in den Erinnerungen an den 2. Weltkrieg.

Vor diesem politischen Minenfeld ereignete sich ein bedauerlicher Unfall. Die Küste vor der Mündung des Columbia River gilt als extrem gefährlich und tückisch. Bei einem Rettungseinsatz kenterte ein Kutter der US Coast Guard, die Besatzung ertrank. Jetzt schlug St.s große Stunde. Er sammelte bei unseren Besatzungen so viel Geld, daß wir auf dem Kap über der Unglücksstelle einen 2m-Findling aufstellen lassen konnten mit einer Gedenkinschrift für unsere Kameraden von der USCG. Zeitungen und Fernsehen waren voller Berichte über diese tolle Geste, und der deutsche Baron war der Liebling der Menge.

In Oregon gab es damals noch strengste Regeln aus der Prohibitionszeit. Erst ab 23 Jahren durfte man Bars oder Restaurants betreten, in denen Alkohol ausgeschenkt wurde. Schnaps gab es nur in regierungseigenen Geschäften, wo man eine von der Polizei ausgestellte „Liquor License" vorzeigen mußte. Die Läden waren innen weiß gestrichen, keine Reklame, nicht ein Wort oder Bild zeigte, was es dort gab. Der Verkäufer, ebenfalls in neutralem Weiß, half überhaupt nicht. Man mußte präzis beschreiben, was man wollte. Die Flasche kam in einer übergroßen Papiertüte auf die Theke und mußte so ungesehen gekauft und mitgenommen werden.

Damit waren 90 % unserer Lords vom Alkoholkonsum an Land ausgeschlossen, und sie mußten über die Brücke in den Staat Washington fahren oder an Bord trinken. De facto hatte der Sheriff in Astoria aber schon dauernd beide Augen zugedrückt und unsere Lords nicht kontrolliert. Das war damals eine ungewöhnliche Konzession. Als dann aber von St., der wieder mit viel Engagement einen Chor aufgebaut hatte, in der örtlichen Highschool einen Liederabend gab, brach der Damm der Zurückhaltung. In einem riesigen, völlig ausverkauften Saal kamen nicht nur die „Kneipe am Moor", sondern auch „Hang down your head, Tom Doley" und anderes deutsches Liedgut zur Aufführung.

Zu den Lieblingen aller wurden wir, als er mit dem richtigen Riecher für die amerikanische Öffentlichkeit vor der letzten Zugabe von der Bühne bekannt gab, daß wir die mehreren tausend Dollar Einnahme als Stipendium für die Kinder der verunglückten Coastguard-Besatzung spendeten. Das schwierige Dreiecksverhältnis löste sich mit dem Auslaufen der Indonesier auf, und die deutsch-japanische Freundschaft wurde gepflegt.

Die Offiziere waren sehr höflich, aber es ergaben sich keine näheren Berührungen. Die japanischen Soldaten waren so schneidig und so tadellos, daß wir mit unserem doch recht vergammelten Haufen nicht gut aussahen.

Die Rückreise kam näher, wir verkauften unser Auto und packten ein. Als der Kommodore den Befehl zum Ablegen gab, erschütterte eine heftige Explosion St.'s Schiff. Schwarze Rauchwolken kamen aus allen möglichen Öffnungen der freiherrlichen Karosse. Sonst war nichts zu erkennen, aber über UHF hörten wir im Hintergrund Rufe nach dem Sanitäter. Unsere Brückenwache war natürlich auch alarmiert, und ich hörte, wie man diskutierte, ob man nicht doch lieber mit der Bahn nach Hause fahren sollte, denn die 10.000 Seemeilen schafften unsere alten Eimer nie. Schließlich herrschte Klarheit; eine Kurbelwannenexplosion, geringer Schaden und drei Leichtverletzte, also ging es los nach San Diego.

Nach ungefähr 7 Tagen erreichten wir Point Loma, von San Francisco hatten wir wegen Nebel nichts gesehen, aber das Seehandbuch warnte auch vor dem häufigen Nebel. Als Marschfahrt pendelten sich 6 kn ein, so daß jedem Wachhabenden auf der Brücke noch 2 x 10 Umdrehungen blieb, um in unserer losen Formation zu bleiben. Die Reise würde sich ja schön in die Länge ziehen. Da es uns gut ging, und wir auch keinen unaufschiebbaren Termin für unser Einlaufen hatten, ließen wir uns Zeit und vermieden jede Hast. Die Familie unseres Kommandanten wohnte in San

Diego, also verbrachten wir dort 8-10 Tage, wer wollte schon kontrollieren, wann wir wieder seeklar waren?

Schließlich fuhren wir weiter, immer nach Süden, und die Hitze stieg täglich. Die Wassertemperatur lag eben unter 30 °C, alles an Oberdeck war zu heiß, um es zu berühren. Das Oberdeck brannte durch die Schuhsohlen, wir setzten möglichst viel unter Wasser. Der Tagesdienstanzug bestand aus Turnhose und Gummilatschen, dazu ein möglichst großer Strohhut. Nur die Brückenwache trug ein Kakhihemd als verschämten Rest von Anzugsordnung. Bello und ich gingen umschichtig Wache.

Gegrüßt wurde, wenn überhaupt, durch leichtes Anheben des Strohhutes, Mausi hatte als Besonderheit einen Sonnenschirm, mit dem er an Oberdeck unterwegs war. Außer uns fuhr niemand küstennah von Panama nach San Diego. Als wir nach 18 Tagen mit 6 kn ohne eine Kursänderung südlich des Kanaleingangs eintrafen, begegneten uns endlich die ersten Schiffe. Nie wieder bin ich solange geradeaus gefahren und ohne einem anderen Schiff zu begegnen!

Während dieser Fahrt haben wir in Handarbeit das achterliche Geschütz auf der Backbordseite ausgebaut, zum Hauptdeck weggefiert und dort festgelascht. So ein 40 mm Geschütz ist erstaunlich schwer. Dann haben die Heizer alle Speigatten und Montagelöcher in der Geschützwanne zugeschweißt und einen Ablaufstutzen angebaut. Eine Pseudoreling zur Seeseite und ein himmelblauer Anstrich vollendeten das Schwimmbad. Neptun kam persönlich an Bord, um dieses Glanzstück hygienischer Truppenbetreuung in einer bewegenden Szene einzuweihen. Auch wenn das Wasser mit rund 30°C nicht sehr erfrischend war, so blieb doch das Vergnügen, und alle genossen den Luxus. Schon bald saß der Wachhabende Offizier mit im Bad und plierte[195] über die Kante nach Voraus.

Die Sonnenbrände heilten langsam ab, bei allen waren die Nase, die Schultern und die Oberseite der Füße verbrannt. Die wenigen Sonnenschutzmittel reichten nur für ein oder zwei Tage. Salatöl bewährte sich nicht, denn es wurde sehr schnell ranzig und stank erbärmlich.

Trotzdem war die Eintönigkeit zusammen mit der unausweichlichen Hitze eine hohe Belastung. Wir ließen Gewehre und Munition auf die Brücke mannen. Wir schossen bald auf alles, was in Sicht kam. Viel kam

---

[195] blinzelte

jedoch nicht in Sicht. Da immer wieder Suppenschildkröten vorbeischwammen, entstand der Plan, eine zu fangen. Wir bauten eine Schildkrötenfangvorrichtung, in dem wir ein Enternetz nach außen schwenkten. Aber die Schildkröten wurden durch unseren platten Bug so weit nach außen gedrückt, daß sie am Netz vorbeitrieben. Wir erschossen mehrere Schildkröten, die aber alle auf Tiefe gingen, weil sie mit einem Loch im Panzer keinen Auftrieb mehr hatten. Unsere Schiffe waren viel zu behäbig, um durch Ruder- oder Maschinenkommandos etwas zu erreichen.

Schließlich wußten wir, daß eine Schildkröte nach einem Kopfschuß nicht untergeht. Also verabredeten wir mit St., der zwei Seemeilen hinter uns fuhr, daß wir eine Schildkröte schießen und mit einem Yellow Spot[196] markieren würden. Eine so markierte tote Schildkröte trieb nach achtern, und es gelang, sie mit dem LCVP zu fischen. Kurz danach lud von St. die Kommandanten zur Schildkrötensuppe ein.

Mein Crewkamerad Heiner K. kam mit dem kleinen Landungsboot und holte die Kommandanten ab. Der Verband lag gestoppt und trieb in der windstillen Hitze vor sich hin.

Plötzlich und ohne daß sich irgend etwas sichtbar veränderte, kam Wind auf, der schnell weiter auffrischte. Wir rissen alles auf, um zu lüften, während sich der LCVP auf den Weg machte, um die Kommandanten zurückzubringen. Als Heiner ungefähr gleichweit von allen Schiffen entfernt war, fiel der Motor aus, und er trieb in der nun kabbeligen See vor sich hin. Nach kurzer Beratung entschlossen wir uns, ein Bojenmanöver bei unserem Kommandanten zu versuchen. Ich fuhr und Bello stieg zum Oberdeck, um die notwendigen Vorbereitungen zu treffen und um mich einzuweisen.

Mein Versuch war für den gesamten Verband ein Novum, und der erste Anlauf ging auch mit Grazie in die Hose. Im Vorbeifahren sah ich, daß beide Kommandanten gestikulierten, laut schrieen und dann wieder zu Eimern griffen, um zu ösen[197]. Beim zweiten Anlauf kam ich so dicht an das Boot, daß ich es bei dem hohen Freibord und dem schmalen Steuerstand nicht mehr sehen konnte. Bello hüpfte an Oberdeck entlang und zeigte für mich nach unten. Leinen wurden geworfen und Bello hielt den

---

[196] Farbmarkierer
[197] Wasser schöpfen

Daumen hoch. Dann kletterte unser Kommandant über das Enternetz und stand an Oberdeck. Als ich mich nun wieder einmal umsah, war ich dem Kommodoreschiff bedenklich nahe gekommen – oder umgekehrt und befahl AK voraus. Als der Kommandant auf der Brücke erschien, blieb offen, wer erleichterter war. Zufrieden guckte ich nach unten und sah meinen 1 WO wie das HB-Männchen springen und nach achtern zeigen. Schließlich verstand ich und stoppte die Maschinen, und nach einer Weile zeigte Bello klar. Ich erfuhr, daß ich das Boot an einer Achterleine mitgeschleppt hatte, bis endlich jemand die Leine kappte.

Es dauerte lang, bis auch der Kommodore wieder auf seinem Schiff war, und wir die Reise fortsetzen konnten. Wir waren froh und erleichtert, als beim Einlaufen in den Panamakanal an Backbord die US Naval Base Rodman in Sicht kam. Die Reise war wegen der auf einem Eisenschiff kaum zu ertragenden Temperaturen und für uns WOs wegen des Zweierstopps recht hart.

An der Pier war es aber fast noch unerträglicher, denn der Hauch von Fahrtwind fehlte und die Wassertemperatur lag bei ~ 33°C. Das „kalte" Wasser der Dusche hatte nie weniger als 34° oder 35°C. Der Base Commander, den ich als Begleiter unseres Kommodore kennenlernte, sah keine Möglichkeit, uns zu helfen.

Er zeigte sich erleichtert, daß wir nicht wie die Besatzung eines türkischen UBootes, das einige Wochen vorher einlief, um einen leeren Schuppen baten. Dann berichtete er, daß der Kommandant einen seiner Soldaten wegen eines Vergehens zum Tode verurteilt hatte und ihn formgerecht erschießen wollte. Die Amerikaner lehnten mit allen Zeichen des Entsetzens ab. Der arme Kerl wurde nach dem Ablegen direkt neben der Pier im Wintergarten[198] des Bootes erschossen.

Wir eroberten Panama City und unsere Lords tobten sich nach der langen Reise aus. Bello und ich begannen unseren Landgang in Uniform in einer klimatisierten Bar des Panama Hilton. Wir kannten den köstlichen Planters Punch und seine verheerende Wirkung noch nicht. Ein Herr sprach uns auf Englisch an und warnte vor dem Drink. Als wir irgendetwas auf Deutsch sagten, hakte er sofort ein. Nachdem er sich von seiner Überraschung erholt hatte, stellte er sich als der Direktor des Hauses und

---

[198] Geschützplattform hinter dem Turm

ehemaliger Oberleutnant zur See der Kriegsmarine vor. Wir waren seine Gäste für die Zeit unseres Aufenthaltes, und wir hatten keine Skrupel, uns mit dem Zimmerschlüssel als hauseigener Währung im Hause gütlich zu tun.

Er erbat sich allerdings eine Kiste richtigen deutschen Bieres, die wir mit leichter Hand ins Hilton schmuggelten. Da unser Biervorrat wegen des großen Durstes, aber auch als „Währung" überall zum Einsatz kam, hatten wir rechtzeitig bei Fa. Pilling in Wilhelmshaven einen Container Bier nach Panama bestellt, der zu unserer großen Erleichterung auch rechtzeitig geliefert wurde.

Im Marinestützpunkt gingen wir keine Wache, was sollte auch passieren? Als Bello und ich eines Abends von Land kamen, fiel uns das freiherrliche Wappen an der Vorderseite der freiherrlichen Brücke ärgerlich ins Auge. Klar, daß wir bürgerlichen Lümmels dagegen etwas unternehmen mußten. Wir waren angeheitert und mutig, da keiner uns beobachtete. Der Panzer „unserer" Schildkröte hatte Karriere gemacht und trug nun das Wappen derer von St.. Wir bauten das Wappen ab und versteckten es in einer Ladung von Proviant an Oberdeck, um nach getaner Arbeit unerkannt in unsere Kojen zu kriechen in der beruhigenden Gewißheit, nichts gestohlen, aber ein gutes Werk vollbracht zu haben.

Nur mühsam konnten wir unsere Heiterkeit unterdrücken, als St. am nächsten Morgen wutschnaubend mit Polizei und Gericht drohte, als das Wappen unauffindbar blieb. Seine Männer hatten längst den Proviant verstaut und damit auch ohne es zu wissen den Schildkrötenpanzer in der Kühllast eingepackt. Wochen später wurde er in See wiederentdeckt und die Geschichte geräuschlos beerdigt.

Bello und ich beschlossen, uns auf die Suche nach dem richtigen Urwald zu machen. Auf einer Straßenkarte suchten wir uns eine Straße aus, die in einem winzigen Dorf endete. Wir parkten dort unser Auto und machten uns auf in den Dschungel, der so düster und fremd aussah wie wir uns das vorgestellt hatten. Als wir berieten, ob wir nicht besser umdrehen sollten, hörten wir Stimmen vor uns, also gingen wir weiter. Als sich der Weg etwas verbreiterte, sahen wir St.s Steuermann, der mit einer Filmkamera auf die grüne Wand zielte. Plötzlich erschien ein kräftiger Arm, der sich mit einer Machete den Weg freischlug. Am Ende des Armes tauchte

St. auf, in einwandfreier Expeditionsaufmachung mit Überlebensausrüstung.

Wir ließen uns Zeit mit den Seeklarvorbereitungen, aber irgendwann wollten wir dann auch wieder los. Einige, die schlauer waren als ich, kauften noch so viele Silbermünzen der Landeswährung wie möglich. Der Balboa war aus reinem Silber und kostete einen Dollar. Zuhause gab es dafür knapp DM 20,00.

Die Fahrt durch den Panamakanal war ein Erlebnis. Die gewaltigen Schleusen machten Eindruck, der Kanal führt über weite Strecken durch eine exotische Dschungellandschaft. Am anderen Ende in Colon wartete ein Boot mit unserer Wäsche, die wir in Balboa abgegeben hatten und die uns hier gerade noch einholte.

Auf ging es nach San Juan auf Puerto Rico, das allen schon von früheren Reisen bekannt war. Unser Freund aus dem Hilton gab uns mit auf den Weg, daß sein Kollege vom Carib Hilton schon „alarmiert" wurde. Er sei zwar nur beim deutschen Heer gewesen, aber sehr nett. Auf dem Weg von Panama nach Puerto Rico hatten wir sehr rauhes Wetter. Zwar schien meist die Sonne, aber es wehte sehr heftig, und die See war rauh.

Auf dem Führerschiff brachen kurz nach einander zwei der vier Beine des Gittermastes am Oberdeck ab. Die Besatzung schaffte es, den Mast so zu laschen, daß er nicht außenbords ging. Alle Schiffe hatten gleiche Probleme: Wenn der platte Bug in eine See einsetzte, liefen wellenartige Schwingungen durch das Oberdeck nach achtern, Wellen, die mit bloßem Auge gut zu erkennen waren. Kamen diese Wellen dann am Fuß des Mastes an, wurde er heftig geschüttelt. Wir hatten einen Pfahlmast, der durch das Radargerät besonders kritisch belastet war, aber nicht so empfindlich wie die anderen.

Tatsächlich erwartete der Direktor des „Carib Hilton" beim Einlaufen schon auf uns. Eine Kiste Dressler Export Bier brachte uns uneingeschränkten Zugang zu dem wunderschönen Hotel, das wir während unserer Woche im Hafen viel besuchten. Außerdem gehörte ihm der schickste Nachtclub in San Juan namens „Flamboyant".

Auch hier ließen wir uns Zeit, ehe wir uns auf den Weg nach Lissabon machten. Als ich eines Morgens während meiner Brückenwache in die Steuerbordnock kam, fand ich den Navigationsmaaten bewußtlos und blutüberströmt in einer Ecke. Er blutete aus einer großen Kopfwunde.

Wundervolles Marinechaos herrschte, bis der arme Bursche – immer noch bewußtlos – endlich unter Deck versorgt war. Was aber war passiert? Es sah so aus, als ob ihm jemand auf dem Schädel gehauen hätte. Wildeste Theorien überschlugen sich. Schließlich fand jemand einen mehr als faustgroßen, blutigen Porzellanisolator, der wohl im Mast losgeschüttelt worden war und getroffen hatte. Auf den offenen Brückenteilen trugen wir nun Stahlhelm, bis wir im Hafen den Mast „reinigen" konnten.

Der Kommodore hatte noch in San Juan seinen Mast um rund 5 m gekürzt und überall neu schweißen lassen. Auch die Bugtore ließen wir dicht schweißen, weil wir kein Vertrauen in den hydraulischen Mechanismus hatten.

Inzwischen hatte ich alle Wissenslücken und die mangelnde Erfahrung in der astronomischen Navigation ausgeglichen. Wir rechneten nun 6 Standlinien in 20 Minuten und stritten uns dann im Verband um eine Seemeile Abweichung, obwohl der Verband schon 2-4 Seemeilen auseinandergezogen war. Wieder verschlechterte sich das Wetter, und obwohl wir nach Lissabon wollten, liefen wir mehrere Tage auf Nordkurs Richtung Island, um den Bug aus der See zu nehmen. Schließlich erlaubte man uns, die Azoren anzusteuern. Ich erinnere mich nicht, wie lange wir unterwegs waren, aber umso besser, wie erleichtert wir waren, als wir dort festmachten. Wieder empfing uns der Konsul Weizenbauer und sorgte für uns.

In einer improvisierten Zeremonie sprach er meine Beförderung zum Oberleutnant zur See aus. Aus den Papieren war erkennbar, daß die Urkunde mir schon seit Astoria gefolgt war, mich aber immer verpaßte. Wie sie nun trotz geänderter Reiseroute nach Ponta Delgada gekommen war, habe ich vergessen.

Später zu Hause stellte ich fest, daß ich Monate nach meinen Crewkameraden befördert worden war. In einem schwer erklärbaren Anfall von Trotz lief ich auch noch nach dem Einlaufen in Deutschland als Leutnant herum. Ich weiß nicht, ob es irgend jemandem außer mir aufgefallen ist, ich befürchte aber, daß „nein".

Die letzten 14 Tage, die uns nicht nach Lissabon, sondern nach Wilhelmshaven führten, verliefen ohne besondere Höhepunkte oder Zwischenfälle. Beim Einlaufen kam uns ein V-Boot entgegen, dem nach Längsseitsgehen mehrere zivile Gestalten entstiegen. Sie entpuppten sich als

Amerikaner, die aufgeregt auf die Brücke stürmten und dann den Radarsenderaum besetzten.

Sie benahmen sich so schlecht wie es nur möglich war. Schließlich verrieten sie uns, daß sie auf der Suche nach einem IFF-Gerät Mk 10[199] oder so waren, das bei der Übergabe in Astoria vergessen wurde. Sie fanden nur noch das Gehäuse, denn unser Radarmixer hatte das Gerät unterwegs kannibalisiert. Unverrichteter Dinge zogen sie wieder ab, und wir liefen ein.

Wir legten gegenüber der 1. Einfahrt an einer mit Unkraut und Schutt übersäten Pier an. Fast die gesamte Besatzung einschließlich Kommandant verschwand schnell und entgültig, keiner wurde je wieder gesehen. Übrig blieben Bello, ich und 4-5 Mann der Besatzung. An den Verbleib der anderen beiden Schiffe erinnere ich nicht, sie lagen irgendwo anders.

Unsere vorgesetzte Dienststelle war so etwas wie Kommando Flottenbasis. Viele bedeutende Besuchergruppen zogen über das Schiff. Ein großes Zelt wurde auf der Pier aufgeschlagen und man gab uns den schwachsinnigen Befehl, das Schiff auszuräumen und alles zu katalogisieren. Keiner war bereit zu helfen, keiner hatte wirklich Ahnung. Mich beunruhigten am meisten die rund 150 US-Publications, die von US-Confidential bis US-Top Secret eingestuft waren. Ohne jegliche militärische Wache bereiteten sie mir große Sorgen. Als die Sesselpupser herausfanden, daß ich die Herkunft der Vorschriften mit „gefunden" erklärte, lehnten sie die Übernahme ab, weil man keine VS finden könne. Darauf baute ich mir einen provisorischen Verbrennungsofen auf der Pier und verbrannte alles in mehrtägiger Arbeit mit großer Genugtuung. Bis heute hat noch niemand nachgefragt.

Einrichtung und Ausrüstung des Schiffes müssen mehrere hundert Tonnen gewesen sein. Nachdem uns klar wurde, daß alles, was wir irgendwie sonst los werden konnten, nicht auf der Pier gestapelt und katalogisiert werden mußte, alarmierten wir unsere Freunde beim Landungsgeschwader, die ja auch eine reine US-Ausstattung hatten. Mit Begeisterung fuhr ein schier endloser Boots-Pendelverkehr, in dem vom US-Kehrblech über riesige Werkzeugsätze und Möbel alles abgeholt wurde, was man dort

---

[199] Identification Friend or Foe, Radarzusatz zur Freund – Feind - Erkennung

nur brauchen konnte. Was dann noch übrig blieb, warfen wir nachts außenbords. Im Zelt blieb so gut wie nichts. Auch das hat merkwürdigerweise niemand bemerkt.

Überfallartig wurde ich zur Marinefernmeldeschule in Flensburg-Mürwik versetzt, ohne jegliche Übergabe. Nur wegen der an Oberdeck festgezurrten 40 mm Kanone machte uns irgendein Offizier bittere Vorwürfe, ehe die andere Kanone auch ausgebaut wurde.

Sicherlich war diese Überführung eine der ungewöhnlichsten Reisen, die es nach dem Kriege bei der Marine gegeben hat. Reiseroute und -strecke, aber auch Fahrzeuge, Besatzungen und Umstände erschienen schon 10 Jahre später kaum noch vorstellbar.

Lehroffizier an der Marinefermeldeschule

Nun auch äußerlich als Oberleutnant zur See trat ich meinen Dienst an der MFmS an, wo ich als Lehroffizier für die Offizier – A-Lehrgänge eingesetzt wurde. Das muß ungefähr im August 1961 gewesen sein, und ich war, wie mein Chef KKpt. R. beinahe vorwurfsvoll feststellte, der erste selbstgestrickte Offizier[200] im Stammpersonal der MFmS. Ich war auch der erste Offizier, der seit dem 2. Weltkrieg wieder unterkunftspflichtig war und in der Schule wohnen mußte. Alle Zimmer im Offiziersheim waren jedoch vergeben, die meisten als Büros für irgendwelche Zwecke oder aber an Offiziere, die während der Woche dort günstig und umsonst wohnten, aber ihre Familien woanders hatten.

Ich wurde provisorisch in einem anderen Block untergebracht, wollte aber gern in das Ohcim. Es kam nur ein Zimmer infrage, das aber von dem überall Schrecken verbreitenden KptzS. Bazi B. bewohnt wurde. Er war Kommandeur aller deutschen Schnellboote und hatte sein Kontor in einem benachbarten Block. Am Samstagmittag stieg er in seinen weißen VW mit dem polizeilichen Kennzeichen KI-NT 90 und fuhr nach Kiel, wo Weib und Kinder auf ihn warteten.

Der Schulkommandeur und auch mein Kompaniechef KKpt. R. gaben mir recht, daß ich der rechtmäßige Bewohner von Bazis Zimmer war. Niemand hatte den Mut, ihn anzusprechen, und ich zog schließlich in ein Büro, das geräumt worden war.

---

[200] keine Vordienstzeiten

Gern übernahm ich auch die Aufgabe des Sportoffiziers der MFmS. Da die A-Lehrgänge nur sporadisch stattfanden, war ich über Monate nur mit Sport beschäftigt, es war paradiesisch. Lehroffizier für einen Lehrgang, der nicht stattfindet, schien mir fast so gut wie Bibliotheksoffizier auf einem Scheinflughafen. Mehrmals lief ich meinem Nachbarn Bazi in die Arme, wenn er aus „meinem" Zimmer kam, oder wenn ich zur Kaffeepause strebte.

Da ich fast immer Trainingsanzug trug, ereilte mich immer wieder und verstärkt die ganze giftige Schärfe dieses Kommiskopfes:

„Wie laufen Sie hier rum? Dies ist eine Offiziersmesse und kein Fußballplatz!" Alle Erklärungsversuche wurden rüde abgeschnitten, er war ein rechter Kotzbrocken. Er war nur Gast in der MFmS, aber er benahm sich wie der Besitzer. Mehrmals habe ich ihm gesagt, daß er in „meinem" Zimmer wohnt, was er unfreundlichst zurückwies.

Beim täglichen Mittagessen kamen alle Offiziere der MFmS, der SFltl, anderer Dienststellen und alle Lehrgangsteilnehmer zusammen. Da unser Kommandeur zu Hause aß, war Bazi der dienstälteste „Mitesser", auf den auch dann gewartet werden mußte, wenn das Essen auf dem Tisch schon deutlich abgekühlt war. Für alle, besonders für die Lehrgangsteilnehmer, ging es darum, eine gute Zeit „herauszuessen", um noch etwas von der Mittagspause zu haben. Je später und je häufiger Bazi mit seinem Stab zu spät kam, desto deutlicher wurde ein mißbilligendes Gemurmel bei seinem Erscheinen. Eines Tages erboste ihn dieses disziplinlose Verhalten und anstatt „Gesegnete Mahlzeit" knarrte er: „Hier wird nicht gemäkelt!" in die hungrige Menge.

Zum ersten Mal wurde ich als Kompaniechef Disziplinarvorgesetzter, nachdem der planmäßige Chef der Fernschreiberkompanie ausgefallen war. Es war eine sehr gute Lehrzeit mit unproblematischen Untergebenen und viel Hilfe und Rat von erfahrenen Kameraden. Am nettesten, witzigsten und kameradschaftlichsten war der Kptlt. Sch., der selbst die 2. Kompanie führte.

Um den nicht sehr anspruchsvollen Inhalt meiner Unterrichtsstunden verinnerlichen und vortragen zu können, lernte ich eine ganze Menge. Zusammen mit meinen Erlebnissen und Erkenntnissen von den zwei USA-Reisen, die mir den Anschein eines erfahrenen NATO-Fernmelders gaben, war der Unterricht leicht und machte mir Spaß. Mit meinem

200

Kommandeur wurde es schwierig, nachdem ich in einer Offizierbesprechung einen richtigen, jedoch unangemessenen Vorschlag machte, und das kam so: Die regelmäßigen Offizierbesprechungen waren sehr langweilig und drehten sich im Wesentlichen um Wachtmeistergesichtspunkte.

Ein häufiger Tagesordnungspunkt waren neben den Regeln für das Tragen der Kopfbedeckung die Parkplätze, denn inzwischen hatten immer mehr Soldaten ein Auto. Die Stammoffiziere bestanden auf privilegierten Parkmöglichkeiten, die auf das Feinste hierarchisch abgestuft waren.

So wurde nun auch diskutiert, ob man den direkt hinter dem Eingangstor gelegenen Exerzierplatz auch als Parkplatz nutzen sollte. Ich hatte kein Auto, es war mir egal, aber die Diskussion ging hoch, weil die hohe Kante zur Straße für Reifen und Stoßdämpfer ..., und so ging es weiter.

Ein Arbeitskommando sollte die Steine ausgraben, jemand gab zu bedenken, daß diese Steine sehr groß wären. Schließlich meldete ich mich zu Wort – zum ersten Mal in einer solchen Besprechung. Ich schlug vor, erst einmal einen Stein ausgraben und ihn in Umlauf bei den Offizieren geben zu lassen. Dann könne sich jeder ein persönliches Bild machen

 Der Kommandeur, KptzS. N., verwies mich mit großer Strenge aus dem Raum mit dem Zusatz, daß man auf mich verzichten könne. So kam ich, wenn auch unverdient, zu mehreren freien Nachmittagen.

Viel zu schnell ging diese herrliche und unbeschwerte Zeit zu Ende, und das nicht nur, weil ich die junge Dame kennenlernte, die ich später heiratete. Aber nirgendwo ist mir die Kluft zwischen unseren kriegsgedienten Kameraden und uns „Selbstgestrickten" deutlicher aufgefallen als hier. Mein Kommandeur z.B. hat – außer meinem wohlverdienten Anschiß bei der Offizierbesprechung – nie ein Wort mit mir gesprochen. Weder bei Dienstantritt noch bei meiner Versetzung hat er eine Meldung verlangt. Auch nach wirklich bemerkenswerten Erfolgen unserer Schulmannschaften im Fußball oder Handball hat er nie ein Wort für unsere Erfolge und mich gefunden. Auch der S 3, der mir nur wegen einer Behinderung beim Gehen in Erinnerung geblieben ist, hat diese konsequente Ablehnung seines Kommandeurs umgesetzt. Mein direkter Chef KKpt. R. und meine Mitlehrer dagegen haben mich anständig und normal behandelt.

Flottendienstgeschwader

Nach einem knappen Jahr wurde ich bereits im Juli 1962 wieder versetzt, mein neues Kommando lautete Flottendienstgeschwader in Wilhelmshaven. Als ich in einer stillen Stunde zählte, wurde mir klar, daß es schon meine 18. Dienststelle im 6. Dienstjahr war. Ohne jede Vorstellung von dem, was mich dort erwartete, fuhr ich los. Ich wußte nur, daß es sich um ganz neue Boote handeln sollte mit einem großen Kran.

Ich meldete mich beim Geschwaderkommandeur, dem Korvettenkapitän Gustav Adolf D., genannt „Vater" oder der „Stier von Jever". Sein dröhnender Seemannbaß füllte einen ganzen Block in Ebkeriege, wo unser Stab sein Zuhause hatte. Mit weiträumigen Armbewegungen wies er mich in die Lage ein, stets eine brennende Zigarette in einer gefährlich langen Zigarettenspitze schwenkend. Ich sollte sofort weiterfahren nach Ganspe bei Bremen, um den 1. Wachoffizier des TF-Bootes „Hermes" abzulösen, den ich flüchtig unter dem Spitznamen „Äffchen" kannte. Es blieb kein Zweifel, daß auf diesem Boot abenteuerliche Zustände herrschen mußten, und der Kommandant war irgendwo auf einem Lehrgang.

Meine Bitte, mich als Disziplinarvorgesetzten einzuweisen, damit ich für Ordnung sorgen konnte, wurde mit großer Geste und donnernder Stimme abgelehnt. Es war klar, daß auch er meinte, daß ich für solch' schwierige Aufgaben noch zu unerfahren war. Ich bekam einen 2. Wachoffizier zugeteilt, den Leutnant z.S. Holk von H., ein feiner, aufrechter und verläßlicher Kamerad. „Vatern" war die Inkarnation der damals geltenden Führungsgrundsätze, die da lauteten: „Machen Sie mal!" und „Sehen Sie zu, wie Sie klarkommen!" Fairerweise muß ich hinzufügen, daß diese Haltung in den meisten Fällen begleitet wurde mit wohlwollendem Spielraum und auch mit Nachsicht, so daß wir Anfänger vieles ausprobieren konnten und auch gestützt wurden. Man ließ uns eben machen.

Wir fuhren nach Ganspe bei Bremen in die Roland-Werft und übernahmen höchst oberflächlich unser neues Boot. Es herrschten in der Tat fast unglaubliche Zustände. Wir brauchten lange, bis wir mit Bergen erzieherischer Maßnahmen und täglichem Sport die Ordnung wiederhergestellt hatten. Noch ehe die Werftprobefahrt nahe rückte, wurde ich wieder versetzt. Zwischendurch, am 14. September 1962, heiratete ich in der Garnisonskirche zu Wilhelmshaven und hatte gerade eine Wohnung in Aussicht. Da ich auf der Liste der Wohnungssuchenden so weit hinten stand, daß ich nicht vor 1965 mit einer Zuteilung rechnen konnte, suchten wir uns in der Mozartstraße eine schicke Wohnung und zahlten rund DM 5000,- Baukostenzuschuß, eine für einen jungen Offizier fast utopische Summe. Aber wir wollten bald zusammenziehen und nur so hatten wir eine Chance, dachten wir.

Auf Schulfregatte „Graf Spee"

Zum 1.10.62 wurde ich nach Kiel auf die Schulfregatte „Graf Spee" als Adjutant und Fernmeldeoffizier versetzt. Früh verlor ich den Rest an Glaubwürdigkeit bei meiner Frau, als ich ihr das eine Woche nach der Hochzeit so schonend wie eben möglich mitteilte. Wir kündigten unseren Mietvertrag, der Baukostenzuschuß aber war verloren – für einen frisch-verheirateten Oberleutnant ein happiger Verlust.

Unverdrossen machten wir uns gleich in Kiel auf die Suche, fanden ohne Standortverwaltung eine Wohnung, die zum Jahresanfang gegen einen Baukostenzuschuß von DM 2500,- bezugsfertig werden sollte. Ich stieg auf der Schulfregatte ein, und wir gingen auf eine 14-tägige Reise rund England, wieder bei dem typischen schlechten Nordseewetter. Als FmO[201] war ich auch der Verschlußsachenverwalter. Ich hatte eine Übernahme ohne gründliche Prüfung abgelehnt, was sich als richtig erwies, denn der ganze „VS-Laden" war in einem desolaten Zustand.

Es fehlten kaum zu zählende Mengen bis einschließlich Streng Geheim. Der IO und der SOPO (Schiffsoperationsoffizier) befahlen mir mehrmals, mich nicht so anzustellen und endlich zu unterschreiben. Nach dem Einlaufen in Kiel alarmierte ich den MAD und bat um Hilfe, da ich bei meinen Vorgesetzten kein Verständnis fand.

Unser Kommandant, der Fregattenkapitän H., wurde versetzt und ein neuer kam. Er war froh, daß ich versuchte, für Ordnung zu sorgen. Trotzdem hatte ich verspielt. Ich wurde zum Kommando der Schulschiffe befohlen und mußte mich beim A1[202] melden. KKpt H. machte mir mit aller Deutlichkeit klar, daß Typen wie ich, die nur Schwierigkeiten verursachten, für Schulschiffe und besonders für die Ausbildung von Offizieranwärtern charakterlich denkbar ungeeignet wären. Mehrere meiner Vorgänger

---

[201] Fernmeldeoffizier
[202] Stabsoffizier Personal und Öffentlichkeitsarbeit

und auch vorgesetzten Offiziere waren inzwischen disziplinar gemaßregelt worden.

Zur Strafe für meine Renitenz wurde ich zum 1. Januar 1963 zum Flottendienstgeschwader zurückversetzt. Nun hätten wir beinahe eine Wohnung in Kiel gehabt. Irgendwie habe ich auch diesen neuerlichen Rückschlag meiner Frau beigebracht. Meine Glaubwürdigkeit hinsichtlich künftiger Verwendungen war jedoch irreparabel vernichtet. Wir kündigten den Mietvertrag in Kiel, der Baukostenzuschuß wurde uns zur Hälfte erstattet, wir waren quasi blank, und ich meldete mich Anfang des Jahres wieder in Ebkeriege bei „meinem" Geschwader.

„Thetis"

Nun kam ich auf das Torpedofangboot „Thetis" mit der Schnellbootsnummer P 6111. Mein Kommandant war der Kapitänleutnant Ludwig Ernst W. aus der berühmten Crew VI/42[203]. Ein feiner, stillvergnügter und anständiger Offizier, einen besseren Seemann gibt es nicht. Der Dienst unter diesem Kommandanten auf einem fast neuen Boot mit einer guten Besatzung war ein reines Vergnügen. Natürlich wußte ich damals noch nicht, daß ich nie einen besseren Vorgesetzten und Lehrmeister haben würde. Er ertrug mich und all' meinen Unsinn mit heiterer Gelassenheit, er hob nie seine Stimme, aber ich wußte sofort, wenn er etwas mißbilligte.

Wieder trug ich mich in die Liste der Wohnungssuchenden ein, ohne Hoffnung auf baldige Zuweisung. Außerdem gab es ja allen Grund, innerhalb von 3 Monaten wieder mit einer Versetzung zu rechnen. Sehr schnell jedoch bekamen wir eine Dreizimmerwohnung in der Hermann-Ehlers-Straße 61 zugewiesen und konnten endlich einen eigenen Hausstand gründen. Wir waren viel in See zwischen Manövern und obskuren Erprobungen. Die OPZ[204] der „Thetis" war bis auf ein neues modernes Radargerät und drei UHF-Anlagen leer, denn alle vorgesehenen Geräte sollten erst noch eingebaut werden. Dafür hatten wir dort eine Tischtennisplatte aufgebaut, die regen Zuspruch fand.

---

[203] unser Kommandeur nannte ihn aus unerklärlichen Gründen immer Ernst-Ludwig
[204] Operationszentrale

Im Frühjahr nahmen wir an einem Manöver in der Ostsee teil, unser Geschwader spielte bei der Orange-Partei mit; wir spielten sowjetische Zerstörer. Das Wetter verschlechterte sich drastisch, als wir Arkona mit Ostkurs gegenan passierten. Alle anderen Boote hatten längst abgebrochen und irgendwo geschützte Ankerplätze bezogen. Wir gehörten jedoch zur Flottille der Zerstörer und spielten ja auch solche, so daß der Flottenchef uns draußen ließ. Wahrscheinlich aber hatte man uns schlicht vergessen. Wir gingen heftig zur Kehr, stampften und rollten, daß es eine Freude war. Wir konnten nichts mehr machen, aber wir fuhren weiter. Etwas später bekamen die TF-Boote Schlingerkiele, weil sie bei schlechtem Wetter eine wahrhaft schmerzliche Gefahr für ihre Besatzungen waren und irrsinnig rollten bei einer sehr kurzen Schlingerperiode.

Um für die fliegenden Manöverteilnehmer als Orange-Einheit erkennbar zu sein, hatten alle Einheiten eine Persenning rot angemalt und auf der Back festgebändselt. Bei Hellwerden bemerkten wir, daß unsere Persenning verschwunden war. Erst als der Leitende Maschinist Oberstabsbootsmann S. auf der Brücke erschien und meldete, daß diese Persenning mit allen Bändseln an Backbordseite vor dem Kühlwasserstutzen hing, waren wir besorgt. Ich meldete mich freiwillig, um auf der Back die restlichen Leinen zu kappen.

Auf der Back wurde ich sofort von den Beinen gerissen und hielt mich irgendwo fest. Dann schaffte ich es, die beiden Stropps zu kappen und warf das Messer weit weg. Die nächste See schob mich irgendwie an die Backbordreling. Als ich wieder Luft holen und etwas sehen konnte, stellte ich fest, daß ich mit beiden Beinen schon außenbords war und nur mit einem Arm an der Reling hing. Ich weiß nicht mehr, wie ich mich befreit habe und die rettenden Aufbauten erreichte. Meine blutende rechte Hand wurde verbunden, und mir taten alle Rippen weh.

Obwohl wir sicher waren, daß man unser Geschwader vergessen hatte, zeigte der Stier von Jever keine Schwäche. Dann erhielten wir einen Funkspruch, daß der Flottenchef an Bord einer Fregatte auf dem Wege zu uns sei, um sich persönlich davon zu überzeugen, daß es uns gut geht. Hätte er die Kommentare unserer Brückenbesatzung hören können, wäre er nicht gekommen. Unser Kommandeur zog sofort die Zügel an: „Abstände verkürzen! Dranbleiben!" ging ans Geschwader.

Außerdem ließ er sich seine weiße Mütze auf die Brücke bringen, denn das unfehlbare Auge des Flottenchefs konnte blaue von weißen Mützen unterscheiden. In See waren die mehr oder weniger weißen Mützen den Kommandanten vorbehalten. Warum er eine trug, blieb sein Geheimnis, denn wenn er unbeobachtet von Höheren zu See fuhr, trug er manchmal eine weiße Pudelmütze.... Die Normalsterblichen trugen Schiffchen oder „Russenmützen". Er war aber noch nie irgendwo als Kommandant gefahren.

Dann kam der große Augenblick und die Fregatte lief von achtern am Geschwader vorbei, es wurde Front gepfiffen, daß er nur so eine Freude war. Der Geschwaderkommandeur salutierte und hielt mit der anderen Hand krampfhaft seine Mütze fest. Dann kam der nächste Höhepunkt: Meldung aus der OPZ: Der Flottenchef möchte mit dem Kommandeur telefonieren! Begeistert kletterte der Kommandeur in die OPZ, im Vorbeirauschen befahl er mir mitzukommen. In der OPZ fischte der Kommandeur zuerst einmal seine Zigarettenspitze aus der Tasche und steckte sich eine Zigarette an. Da beide Gesprächsteilnehmer keine Ahnung vom Sprechfunkverkehr hatten, wurde es ein Telefonat mit allen nur denkbaren Verstößen gegen die Fernmeldesicherheit.

Der Kommandeur meldete dem Flottenchef, daß es uns gut ginge und wir durchhalten würden. Seine Rede unterstrich er mit weitausholenden Handbewegungen und beim nächsten Überholen steckte die Glut seiner Zigarette unter meinem Verband. Das war höllisch heiß! Ich schüttelte meine verletzte Hand kräftig.

Als ich zu meinem Kommandeur guckte, sah ich, daß eine kleine Rauchwolke aus seinem Haupthaar aufstieg, während er mit „Jawoll, Herr Admiral!" und „Nein, Herr Admiral!" beschäftigt war. Ein Reserveleutnant spuckte sich auf die Finger und löschte die Glut auf Vaters Skalp.

Inzwischen machten wir achterliche Fahrt über Grund und näherten uns Kap Arkona immer mehr, da wir nicht schneller laufen konnten und nicht quer zur See laufen wollten. Aber auch diese Verletzung der DDR-Hoheitsgewässer hatte keine Folgen.

Nach dem Einlaufen erfuhren wir, daß unser Kommandeur zum 1. April einen Zerstörer der Hamburg-Klasse übernehmen sollte. Donnerwetter! Da hatte sich unser Ostlandritt ja wirklich ausgezahlt – dachten wir. Mein Kommandant wurde sein Nachfolger, stellte mir schnellstens und nach nur 4 Monaten an Bord ein Kommandantenzeugnis aus, damit ich am 2. Mai 1963 Kommandant der „Thetis" werden konnte. Ich weiß nicht, ob ich neben meiner Freude auch Verblüffung oder gar Zweifel empfunden habe.

Kommandant! Das bedeutete die Erfüllung meiner Vorstellungern vom Dienst in der Marine; weiter hatte ich nie gedacht, warum auch? Mein erstes Kommando lief zwar nur 24 kn, war dafür aber mehr als doppelt so groß wie ein Schnellboot. Es war 70 m lang und hatte 50 Mann Besatzung. Mit zwei Seewachen hatten wir eine erhebliche Seeausdauer. Ich war stolz wie Oskar! Das war doch was! Die anderen Kommandanten des Geschwaders waren Korvettenkapitäne oder Kaleus nach bestandenem Stabsoffizierlehrgang.

Während meine Crewkameraden, die Schnellboote oder Minensuchboote kommandierten, den Sold eines Kapitänleutnants bezogen, ging das bei mir nicht, weil die Differenz zwischen Besoldungsgruppe A 9 m.Z. = OLtzS und A 13 = KKpt nicht ausgeglichen werden durfte. Dafür verfügte ich über eine eigene Kommandanten-Pinaß[205] und dazu eine Motorjolle, während die anderen sich mit einem Schlauchboot abquälen durften. Ich lag oft in Kiel, und wenn ich in die Stadt wollte, ließ ich mich von meiner Pinaß zum Bahnhof bringen und wurde dort auch wieder angeholt. Meine Kommandantenkammer mit einer gemütlichen Eßecke für 4 Personen war schierer Luxus und ersetzte die paar Knoten.... Ich genoß diese Zeit in vollen Zügen.

Ich wurde mit der Wahrnehmung der Geschäfte beauftragt und bin so fast meine ganze Kommandantenzeit gefahren. Im Verlaufe des nächsten Jahres wurde in unserem Geschwader der erste Kommandant Korvettenkapitän und ein Kommandant wurde versetzt, nachdem er den Stabsoffizier- und Auswahllehrgang (StOAL) nicht bestanden hatte.

„Meine" erste Kommandantentagung in der Zerstörerflottille war noch – so meine ich – in Eckernförde. Als ich in den Tagungsraum wollte, wurde ich abgewiesen und zu den Fernmeldeoffizieren geschickt. Keiner wußte, daß es inzwischen einen selbstgestrickten Kommandanten in der Flottille gab, was mich mit kaum zu verbergendem Vergnügen erfüllte. Ich trug, wie der Seemann sagt – ein quergebügeltes Hemd!

---

[205] die Besatzung nannte unsere Pinaß „Pummelchen"

Am Frühjahrs-NATO-Manöver nahmen wir auch teil. Zu dieser Zeit hatte ich nur einen weiteren Offizier, einen ganz frischen Leutnant, der aber nicht brückendiensttauglich war, weil er kaum etwas sah[206]. Ich fuhr also Tag und Nacht, schlief in der Nock oder im Steuerstand, wann immer es eine Gelegenheit gab. War der Kommandeur an Bord, dann hat er mich öfter verfangen.

Irgendwann irgendwo in der mittleren Ostsee saß ich mit ihm in meiner immer noch unvollständigen OPZ, das Wetter war ruhig, es herrschte klare Sicht. Mitten in diese friedliche Situation schüttelte sich das Boot wie bei AK zurück. Wir schossen durch den Steuerstand auf die Brücke, um noch: „Beide Maschinen stopp!" zu hören. An Backbord hing eine Traube von Gestalten und plierte mit langen Hälsen außenbords. Rigoros schafften wir uns eine Bresche und blickten voller Verblüffung auf die leuchtend rote Back eines russischen Minensuchers, der flotte Fahrt achteraus machte. Mein WO befahl sehr ruhig 15 kn, um die Fahrt fortzusetzen.

Unsere Fragen ergaben: Der russische Minensucher vom Typ 43 war schon bei knapp 10 sm identifiziert und gemeldet worden. Bei langsamer Annäherung wurde gemeldet, daß er ankert, denn er zeigte einen Ankerball. Der brückendienstuntaugliche, weil extrem kurzsichtige WO betrachtete ihn nicht mehr als bedrohlich, noch dazu an Backbord. In Lage Null lief der Russe – also auf einer Hundekurve – auf uns zu, er wurde aber nicht mehr gemeldet, denn den mußte der WO ja wohl selbst sehen. Der WO hatte ihn aber nicht gesehen, aber nach der Seestraßenordnung war er ja auch vorfahrtsberechtigt.

Der Ankerball war aber das Signal, das alle WP-Bewacher führten. Erst als der T-43, der fast so groß war bei die „Thetis", vor unserem Steven war, ging er auf voll Zurück und dann mein WO auch, so daß es nur um eine Handbreit gegangen sein muß. Der Russe muß ob unserer Beharrlichkeit sehr beeindruckt gewesen sein, vielleicht aber war es ja auch bei ihm ein neuer WO.

Nach Dunkelwerden wurde ein Schnellboot angekündigt, das zur Postbeutelübergabe kommen sollte. W. und ich standen im weißen Messejackett im Windschatten und sahen, wie bei kabbeliger See das Schnellboot

---

[206] In der USN sagte man: Glasses like Coke bottles

„Hugin" oder „Munin" auftauchte und mit heftigem Einsetzen anlief. Die vermummte Brückenbesatzung duckte bei jedem über die Brücke zischenden Brecher ab. Danach röhrten sie mehr unter als über Wasser wieder in die Dunkelheit. Später erzählte mir mein Crewkamerad Orje P., der diese Rennflunder kommandierte, daß ihn die beiden Gestalten im weißen Jackett mehr geärgert hätten als das ganze Manöver. W. stieg wenig später auf ein anderes Boot über, und ich blieb bis zum Einlaufen auf der Brücke.

Als ich nach mehreren Tagen Frederikshavn anlaufen durfte, hatte ich das Glück, so täuschte ich mich, nur noch einen Liegeplatz im Fischereihafen zu erwischen. Glück, weil ich mich dort sicher wähnte vor Überraschungsbesuchen, nach dem ich mehr als 70 Stunden keine Koje mehr gesehen hatte.

Ich sank in tiefen Schlaf, um kurz danach von einem Wachgänger unsanft gereppt zu werden: „Da ist ein bayrischer Admiral auf der Pier, der will Sie sehen!" Das, so wurde mir in meinem mühsam arbeitenden Gehirn klar, konnte nur mein alter „Freund" Bazi B. sein, der inzwischen Stellvertreter Befehlshaber Flotte geworden war. Ich zog mich provisorisch an und schlich an Oberdeck. Mit schneidender Stimme geißelte er mich, meine Besatzung und überhaupt alles. Am hellichten Vormittag liegt ein deutscher Offizier nicht in der Koje usw. usw. Als er endlich von Bord war, befahl ich Sonntagsroutine und ging wieder „auf´n Bock", wie das an Bord hieß.

Im Frühjahr 1964 war ich mehrere Monate nach Kiel zum SÜK[207] abgestellt. Über Wochen gab es keine Aufträge für die „Thetis", ich konnte machen, was ich wollte. Ich erkundete die westliche und mittlere Ostsee, meine Besatzung war hochtrainiert und in bestem Zustand. Ich beantragte Besuche in Korsør und Fitihaun = Frederikshavn, sie wurden genehmigt.

Zwischendurch mußten wir den Schiffsverkehr des Ostblocks im Fehmarn Belt überwachen. „Taktische Nahaufklärung" nannte man das. Es war mühselig und meist langweilig. Da unsere Boote zwei Wachen hatten, fuhren wir 48 Stunden und gingen dann in einen Hafen, um auszuruhen. Mit Nachtsichtgeräten lasen wir Namen und Heimathäfen ab und füllten so Seite auf Seite unseres Beobachtungslogs. Aus Langeweile schlichen wir uns an den NVA-Bewacher an, der immer östlich vom Belt blieb

---

[207] Schiffsübernahmekommando

und meist ankerte, um Treibstoff zu sparen. Dann bretterten wir mit plötzlicher Beleuchtung dicht an dem armen Kerl vorbei und unsere Hecksee ließ ihn heftig dümpeln.

Aber auch alle anderen Einheiten, die vorbeikamen, haben den Bewacher, der bei uns U.v.D.[208] hieß, irgendwie belästigt. Die Marinejets haben sich da auch nicht zurückgehalten, und als ich nach der Wende mit NVA-Offizieren sprach, wurde mir erst klar, daß sie diese „Belästigungen", die natürlich verboten waren, als bedrohlich empfanden. Schiffe mit interessanter Oberdeckslast, mit schwerer Beladung unter großen Persennings erregten unser besonderes Interesse. Nur selten hatten wir das Glück, Kriegsschiffe zu erwischen, während Aufklärungsfahrzeuge, die wie Fischtrawler daherkamen, öfter von uns aufgeklärt wurden.

Es war üblich, sich bei der Ablösung zu treffen, kurz in Rufweite nebeneinander zu stoppen, den U.v.D., d.h. den DDR-Bewacher mit Position zu übergeben und etwaige Besonderheiten zu berichten. Als ich eines Tages die „Triton" ablöste, fuhr sie ohne zu zögern mit Höchstfahrt an mir vorbei Richtung Kiel, wo der Kommandant wohnte. Ein Reserveleutnant, der vom Priesterseminar in Vechta kam, hatte von mir den Auftrag, aus dem Alten und Neuen Testament die Verse zusammenzustellen, die man für den täglichen Betrieb brauchte.

Als nun die „Triton" so schnell Richtung Horizont brauste, rief ich nur: „3WO, was machen wir?" Der Leutnant diktierte dem Signalmeister und schon wurde die Klappbuchse angeworfen. Ich hörte: „Abgesetzt und quittiert!" und fragte, was wir denn abgegeben hatten. Ich weiß leider nicht mehr den genauen Wortlaut, aber daß wir uns ausschütteten vor Lachen. Nach dem nächsten Einlaufen saß ich gerade in meiner Dusche[209], als jemand am Schott klopfte: „Kommandant „Triton" bittet Sie, ihn umgehend zu besuchen!" Also zog ich etwas später los und holte mir einen gepflegten Anschiß ab.

Nach einer anderen 48 Stunden-Tour im Belt entschloß ich mich, nach Flensburg-Mürwik einzulaufen. Nach dem Festmachen – so hatte es

---

[208] Unteroffizier vom Dienst
[209] ich hatte mir einen Klappsitz zum Dauerduschen einbauen lassen

sich bei mir eingespielt – kletterte ich mit meinem 1 WO, einem HSO[210], der als Oberleutnant z.S. seine Marinekarriere bei mir begann, auf die Pier.

Ich sah mir Boot und Leinenführung an, ob alles in Ordnung war und befahl notwendige Korrekturen z.B. an der Schornsteinkappe oder den Ankerklüsen. Wir trugen noch unsere Lederhosen mit Seestiefeln und Rollkragenpullover, darüber ein abgenutztes blaues Jackett und Schiffchen. Als wir auf dem Wege zum Fallreep Front-Kommandos am Anfang der Pier hörten, beschleunigten wir unseren Schritt, um zu unserem Einlaufbier zu kommen. Gegenüber lag ein Minensuchgeschwader. Ich fragte einen der Posten, wen sie erwarten würden.

„Das ist wohl unser Kommandeur!", lautete die beruhigende Auskunft. Meine wachsamen Posten beruhigte ich wegen der Front mit der abschließenden Erklärung, daß wir „mit dem" nichts zu tun hätten.

Als wir gerade in den Aufbauten verschwinden wollten, blickte ich noch einmal zur Pier hoch und sah das unverkennbare Profil von Bazi B., der zielstrebig auf unseren Posten zusteuerte. Wir machten kehrt und hörten, wie er den Posten zusammenfaltete. Als wir das Fallreep erreichten, brach es über uns herein: „Wieso behauptet Ihr Posten, daß er mit mir nichts zu tun hat?" Ansätze für Erklärungen wurden beiseite gefegt.

Der 1 WO rettete uns, weil er während der ganzen Zeit bis zu den Ellbogen in seinen unergründlichen Hosentaschen wühlte.

„Was wühlen sie da rum?"

„Ich suche das WO-Abzeichen, Herr Admiral!" Hochverärgert winkte der STV Befehlshaber ab und fiel über zwei Seeleute her, die auf der Pier angelten. Dann stieg er auf einem Schnellboot ein, das hinter uns lag und rauschte nach See zu. Ich tröstete meinen Posten, und wir strebten wieder unserem Einlaufbier zu, das wir nun mehr als verdient hatten.

Aus dem einen Bier wurden mehrere, denn die Nachbereitung unserer letzten Erlebnisse nahm Zeit. Es war längst dunkel, als wir das Röhren von Schnellbootsmotoren hörten.

„Er kommt zurück!" Wir schlichen auf die Back und kletterten vorn auf die Brücke, um von oben zu beobachten. Wir versteckten uns hinter dem Flaggenstell, da kam er. Wieder schoß er auf unseren Posten los mit der Frage: „Wo bleibt das Leinenkommando?"

---

[210] Handelsschiffsoffizier

Was sollte der arme verdatterte Seemann sagen, als aus dem Dunkel der Nacht von der Seeseite ein Konteradmiral über ihn herfiel. Mit dem 1 WO zog ich los zum Fallreep, um – angeheitert wie wir waren – zu retten, was längst im Brunnen lag. Wir waren kaum in Sicht, als uns die Frage nach dem Leinenkommando entgegengeschleudert wurde. Ich improvisierte:

„Leinenkommando stellt die Einheit, die große Wache geht, Herr Admiral!" So hatte ich zwar die Minensucher in die Pfanne gehauen, aber einen Befreiungsschlag gelandet.

„Ach so – schlafen sie weiter!"

Dann fiel er über die armen Minensucher her, die er sozusagen von hinten, also von der Seeseite her, aufrollte. Noch lange danach hörte ich, wie er Seeleute anspitzte, die vom Duschen kamen und nicht nach 22.00 Uhr abends noch mit einem Admiral gerechnet hatten, der auch noch auf korrektem Gruß bestand. Auch einige Seeleute, die mit einer Angelrute und einem Bier den stillen Abend genießen wollten und ihre Würmer badeten, wurden von ihm mit der Frage nach dem Angelschein hoffnungslos verjagt.

„Thetis" hatte damals noch keine Patenschaft, aber es gab viele Städte und Gemeinden, die gern eine Patenschaft mit einer Einheit der Marine eingehen wollten. Während ich noch zögerte, drängte meine Besatzung, besonders die im Deutschen Marinebund organisierten PUOs, die Suche zu beginnen. Ich hatte mir vorgenommen, nur dann zuzustimmen, wenn die Patenstadt möglichst weit von der Küste entfernt liegt. Dann meldete sich der Oberbürgermeister von Saarlouis bei mir. Saarlouis, wo ist das denn? Aber der OB entpuppte sich als Fähnrich zur See der Kriegsmarine, und es dauerte nicht lange, da hatten wir eine Patenstadt, die sich rührend um uns mühte.

Die gegenseitigen Besuche brachten viel Freude, und meine Besatzung genoß es, in einer Stadt wie die Helden gefeiert zu werden. Der General a.D. von L.-V., im 1. Weltkrieg gefeierter Held als Kommandeur der deutschen Truppen in Afrika, gratulierte. Er wurde in Saarlouis geboren und war Ehrenbürger der Stadt. Ich hätte ihn zu gern kennengelernt, aber er verstarb wenig später in Hamburg.

Wir machten eine wunderbare Sommerreise[211] nach Le Havre, Brest und Porto. Alle 5 Boote waren mit, als wir Calais schon weit hinter uns gelassen hatten. Eine akute Blinddarmentzündung bei einem meiner Seeleute unterbrach jäh die beschauliche Reise. Der Mann mußte in ein Krankenhaus.

Mit dem Kommandeur studierte ich die Seekarte, und wir entschlossen uns, nach Boulogne zu gehen. Der Kommandeur schickte den Verband weiter, und ich begann, einen Funkspruch an die französischen Autoritäten an Land zu „komponieren". Niemand an Bord war des Französischen mächtig, und wir hatten nicht einmal ein Wörterbuch! Sonst kommt man mit Englisch in der NATO bestens klar, unsere liebenswerten, aber kapriziösen Nachbarn sind darin aber eigen. Der Wurmfortsatz meines Seemannes duldete keine weiteren diplomatischen Verzögerungen.

In höflichstem Englisch erbaten wir Einlaufgenehmigung und medizinische Unterstützung. Sehr schnell erhielten wir eine positive Antwort – in fehlerfreiem Deutsch! Alles klappte wie am Schnürchen, und wir waren beeindruckt von der Eleganz und Effizienz der Franzosen.

 Einige Tage später liefen wir in Le Havre ein. Ein Bataillon des französischen Heeres war unser Gastgeber. Auch dieser Besuch zeichnete sich durch liebenswürdige Gastfreundschaft aus, alles war sehr nett. Mulmig wurde uns, als es irgendeinen Grund zu einer Kranzniederlegung gab, die auf dem Rathausplatz, der noch von Kriegsruinen umgeben war, stattfinden sollte. Eine französische und eine deutsche Ehrenformation waren vorgesehen. Unser Kommandeur sollte einen Kranz niederlegen.

Als wir mit einem Bus ankamen, sahen wir eine unüberschaubare Menschenmenge, die in bedrohlicher Stille das kleine Ehrenmal umgab. Ich war ziemlich sicher, daß sich diese Menschenmenge plötzlich bewegen würde, um uns zu überrennen. Nach der Kranzniederlegung war es noch stiller, eine unwirkliche Atmosphäre. Dann eine Stimme:

„Vive Adenauer!" und dann riefen alle „Vive Allemagne!" Noch heute bekomme ich eine Gänsehaut, wenn ich daran denke. Wir alle waren sehr erleichtert, wir schüttelten unzählige Hände, wir waren stolz, obwohl wir gar nicht wussten, warum. Abends bei einem Empfang erfuhren wir,

---

[211] Weiterverpflichtungsreise hieß das an Bord, weil sich danach alle SaZ hätten weiterverpflichten müssen

daß englische Bomber die Stadt zerstört hatten und ausnahmsweise wie auch in Brest nicht die Deutschen.

Auch die Besuche in Brest und Porto waren gelungen und für mich als jungen Kommandanten große Erlebnisse. Ich hatte einen richtigen 1WO, einen A 6er, der gerade bei uns als Oberleutnant eingetreten war, aber seit 10 Jahren zur See fuhr. Vorher war er Offizier auf der „Europa IV", einem der ersten Kreuzfahrer, gewesen. Außerdem fuhr der Geschwaderkommandeur bei mir, seinem jüngsten Kommandanten. Als ich ihm „seine" alte Kammer anbot, lehnte er entschieden ab.

Aus den vielen Erlebnissen will ich eines herausgreifen, es erscheint mir beispielhaft für die frühen Jahre. Wir begannen unseren Besuch mit einem Empfang an Bord für die Spitzen von Porto. Aus Lissabon war der Verteidigungsattaché, Oberst i.G. P., angereist. Er erschien an Bord in einer weißen Messejacke der Marine, an der er die Kragenspiegel des Generalstabsdienstes mit Stecknadeln befestigt hatte. Dazu trug er eine himmelblaue Luftwaffenhose.

Unter dem Arm hielt er eine Zigarrenkiste. Er bat mich, kurz meine Kammer benutzen zu können. Dort kippte er aus der Zigarrenkiste eine Unzahl von Orden auf den Tisch und wählte vor meinem Spiegel aus, was er tragen wollte. Nachdem das gelungen war, fragte er mich mit einem Blick auf meine ordens- und abzeichenfreie Brust in leicht mißbilligendem Ton:

„Wollen sie gar keine Orden anlegen?" So viel Ignoranz machte mich sehr wütend, und ich antwortete:

„Herr Oberst, ich habe noch keinen Krieg mitverloren!" Das war das frühe Ende unserer Freundschaft. Er hatte nicht den Mumm, mich – wie an sich wohlverdient – anzuspitzen.

Das Verhältnis zwischen den kriegserfahrenen Kameraden und uns Selbstgestrickten blieb lange gespannt. Sie ließen uns zu oft merken, daß wir ja keine Ahnung hätten, zu wenig zu gebrauchen waren und überhaupt... Sie waren schon mit 22 Jahren Kommandanten im Krieg, und wir?

Nur näheres Kennenlernen erlaubte, diesen Konflikt anzusprechen und auch aufzulösen. Wir wußten, daß wir ohne „die Alten" gar keine Marine aus dem Boden hätten stampfen können. Unsere Altvordern haben aber nie in meiner Gegenwart eingestanden, daß ihre Verdienste um die

Marine verpufft und sinnlos geblieben wären, wenn wir uns nicht 1955/56 freiwillig zum Dienst entschlossen hätten. Immer wieder hielt man uns vor, daß wir im Eilverfahren nach nur zwei Jahren Ausbildung zum Leutnant zur See befördert worden waren. Das konnte gar nichts sein...

Um diesen Aspekt noch etwas näher zu beleuchten, will ich einen Vorfall erwähnen, der sich ungefähr zu dieser Zeit zutrug. Auch hier ist mein spezieller Freund Bazi wieder in vorderster Front tätig geworden. Bei einer HITATA[212], die in Flensburg oder Glücksburg stattfand, brachte mein Crewkamerad „Paulchen" S. einen Beitrag, der deutlich machte, wie kritisch er das Verhältnis zwischen uns und Kriegsgedienten sah. Er sprach von mangelndem Vertrauen. Birnbacher fuhr dazwischen, unterbrach die Aussprache zu diesem Thema, vergaß, daß er selbst nur Gast war und befahl dem Schnellbootskommandanten S., sofort die HITATA zu verlassen und an Bord in seiner Kammer weitere Befehle abzuwarten. Diese Militärgroteske setzte sich noch fort, ich will es aber dabei bewenden lassen.

Verständlich scheint mir jedoch, daß solche aus der Kaiserzeit stammenden Verhaltensweisen nicht nur B. lächerlich machten, sondern das diskutierte Verhältnis schwieriger gestalteten. Weder der Befehlshaber, Vizeadmiral G., noch sonst jemand griff ein, um dieses unmögliche Vorgehen zu unterbinden oder doch wenigstens so abzuschwächen, daß es überhaupt irgendwie hätte vertreten werden können.

Wenig später bei der Rückkehr von dieser schönen Reise fand ich in der Post eine Aufforderung, meine wegen Verstoßes gegen die Straßenverkehrsordnung rechtskräftig gewordene Haftstrafe von 8 Tagen in Bremerhaven anzutreten. Ich amüsierte mich sehr, erzählte meinen Kameraden davon und schrieb an das Amtsgericht Bremerhaven, daß ich gern bei der Aufklärung eines Justizirrtums behilflich wäre. Das Lachen verging mir, als man mir mitteilte, daß es sich um einen Verstoß gegen die Seeschiffahrtsstraßenordnung handelte, und daß ich alle Fristen für Einsprüche oder mündliche Verfahren versäumt hatte. Nun suchte ich mir juristische Hilfe und mit ihr strengte ich einen Prozeß an, um „die Einsetzung in den vorherigen Stand" zu erreichen, damit dann mündlich verhandelt werden konnte.

---

[212] Historisch-taktische Tagung der Flotte

Nie hatte ich eine Vorladung oder die Anforderung einer Stellung-nahme erhalten. Man hatte mir Post geschickt, die mich nie erreichte, aber sie gilt dann einfach als zugestellt. Ich erfuhr weiter, daß dahinter eine Schadenersatzforderung einer Baufirma „lauerte", die sich auf DM 60.000,00 belief.

Was war geschehen? Wir waren mit der „Thetis" nach Bremerha-ven gegangen und schon in der Schleuse erschienen zwei Wasserschutzpo-lizisten, die unser Logbuch beschlagnahmen wollten. Sie berichteten, daß wir an der Kolumbuskaje eine Baustelle statt mit maximal 10 Knoten mit Höchstfahrt passiert hätten, was schwerste Schäden zur Folge hatte. In den zwei Stunden seitdem hatten sie alle Schäden aufgenommen ein-schließlich einer schweren Beschädigung des Schiffsbodens einer großen Schwimmramme und die Anzeige nach Ermittlung der Reparaturkosten zur Wasserschutzpolizei gebracht.

Mein 1WO, ein älterer erfahrener A6er von der christlichen See-fahrt, wußte wie ich, daß wir die Baustelle mit 10 Knoten passiert hatten. Die Polizisten mußten schimpfend, aber unverrichteter Dinge abziehen, denn wir sagten ihnen, daß sie auf einem Kriegsschiff nichts zu sagen oder gar zu konfiszieren hätten. Das war rechtlich wohl sehr zweifelhaft, zeigte aber – gut vorgetragen – volle Wirkung.

Mein 1WO fuhr sofort mit 2 Mann zu dieser Baustelle, fotografier-te alles und schrieb ein klares Protokoll. Auf der Rückfahrt kaufte er noch eine örtliche Zeitung, die von einem kurzen heftigen Sturm am Vorabend und auch von schweren Schäden auf eben dieser Baustelle berichtete. Für uns war dieser Fall erledigt, dachten wir. Die Anzeige wurde jedoch weiter verfolgt. Nun meldete sich ein Sachverständiger, der ausschloß, daß man mit einem so kleinen Boot solche Schäden verursachen könnte. Schließlich stellte sich heraus, daß es sich um einen gezielten Betrugsversuch der Bau-firma handelte, die die Schäden durch unsachgemäße Sicherung selbst ver-schuldet hatte. Da in jenen Jahren fast täglich Schnellboote von oder zur Lürssen-Werft vorbeikamen, hatte man sich den nächsten grauen Dampfer genommen und die Bootsnummer aufgeschrieben. Thetis fuhr P 6111 und das war eine klassische Schnellbootsnummer. Lürssens Versicherung zahl-te, das wußte jeder Anlieger an der Weser, immer großzügig, aber es war eben ein Irrtum. Erst zwei Jahre später war das Verfahren mit allen juristi-schen Weiterungen abgeschlossen. Ich mußte nicht ins Gefängnis.

Kaum waren wir zu Hause, ging es auch schon in das Herbstmanöver, das in den Ostseezugängen stattfand. Ich erinnere nur einen Vorfall. Z 6 fuhr nachts hinter der dänischen „Willemous" südwärts durch die Læso-Rinne und verbog sich eine Schraube bei einer Grundberührung. Der A 3 des KdZ schiffte sich bei mir ein, um sich auf die Suche nach dieser Untiefe zu machen.

So durfte ich nachts stundenlang Lotstreifen fahren mitten in dem lebhaften Fähr- und Schiffsverkehr. Aber wir fanden die Untiefe, die auch in der Karte verzeichnet war. Ein netter kleiner Felsbrocken mit ca. 7m Wassertiefe war Z 6 zum Verhängnis geworden, weil der Zerstörer mit 28 kn bei der insgesamt geringen Wassertiefe hinten deutlich tiefer lag. Er war allerdings bei einer Kursänderung weit aus dem Fahrwasser nach Süden abgekommen.

Als der A 3 ausstieg, sagte er:

„Hat mit gut bei Ihnen gefallen, Braun. Wenn ich Sie aber noch einmal mit dem Schiffchen sehe, lasse ich Sie ablösen!" Sprach's und stolzierte unter Trillern von Bord. Das Schiffchen war mein Talisman, es sah wirklich nicht mehr gut aus, denn ich hatte es schon als Gefreiter empfangen und dann später selbst eine goldene Schnur angenäht, die wie bei einem Rettungsboot in kleinen Buchten herabhing. Ich legte daraufhin wieder ab, lief aus und versenkte mein geliebtes Schiffchen mit Front feierlich in der Albæk Bucht.

Durch einen Funkspruch erfuhr ich Anfang September 1964, daß ich am 14. September Dienstantritt in England bei HMS Mercury, der Royal Naval Signal School, haben würde. Als langfristige Planung war mir diese Absicht aber schon länger bekannt. Am 7.9. kam mein Nachfolger in Fitihavn an Bord, ich übergab das Boot in größter Hast an Kptlt. Hänschen B., raste zum Bahnhof und machte mich auf die endlose Bahnfahrt nach Wilhelmshaven.

Zum ersten Mal dämmerte mir, als ich meine Kommandantenzeit Revue passieren ließ, worauf ich mich bei meiner Berufswahl „eingelassen" hatte. Die Verantwortung für 50 Mann und ein 700 ts-Boot hatte Spuren hinterlassen. Die Tatsache, daß meine Männer sich mir anvertrauten und mir zutrauten, das für sie Richtige zu tun, erschien mir besonders bemerkenswert, denn die PUOs waren alle kriegsgedient und entsprechend älter und erfahrener als ich. Außerdem blieb mir in Erinnerung, wie mir in der ersten, etwas kniffligeren Situation plötzlich klar wurde, daß da niemand mehr war, den ich fragen konnte.

Zurück in Wilhelmshaven erkundigte sich unser A1 auf mein Drängen, wohin ich nach dem fast einjährigen Lehrgang versetzt werden würde. Nach seiner Auskunft „nicht nach W´haven" erreichten wir, daß mein 1 WO meine Wohnung übernehmen konnte, wenn wir ausziehen. Alles klappte, ich fuhr nach England, und meine arme Frau lagerte unsere Möbel ein – denn wir durften nur Handgepäck mit nach England nehmen – und kam wenige Wochen später nach.

HMS Mercury

In England wartete der "NATO and New Commonwealth Communications Long Course" auf mich. Er war damals der mit Abstand beste Fernmeldelehrgang, den man irgendwo in der Welt bekommen konnte. Der andere deutsche Lehrgangsteilnehmer, OltzS Jochen P., wartete schon auf mich. Er entpuppte sich als fröhlicher, tüchtiger und verläßlicher Mitstreiter. Natürlich hatten wir von unseren deutschen Vorgängern auf diesem Lehrgang vieles gehört, auch von der manchmal kolonialen Art, mit ausländischen Lehrgangsteilnehmern umzugehen. Wir nahmen uns vor, uns nichts bieten zu lassen.

Wir wohnten in den ersten Wochen in Nissenhütten aus dem II. Weltkrieg, die in Fernmelderkreisen als „Sibiria" berüchtigt waren. Geweckt wurden wir jeden um Morgen um 7.00 Uhr von unfreundlichen und häßlichen Wrens mit:

„Good Morning, Sir, your tea!"[213]. Sie stellten einen Becher Tee auf unser Nachttischchen und verschwanden. Dann ging es zum Frühstück in das Hauptgebäude Leydene House, das vor 1941 ein privater Landsitz war[214].

Bei Betreten des Speisesaals fanden wir immer schon einige Gäste vor, die schweigend ihr zum Teil unsägliches Frühstück einnahmen, zu dem häufig geräucherter Hering oder Klippfisch gehörte, was ich genau so entsetzlich fand wie Porridge, einen Haferflockenbrei. Mit einem fröhlichen „Good Morning!" suchten wir uns unsere Plätze, erhielten aber keine

---

[213] Die Wrens waren uniformierte Hilfskräfte des Women´s Royal Naval Service

[214] Es gehörte dem Erfinder des Linoleums – wurde berichtet

Antwort und bewunderten, daß jeder einen hölzernen Zeitungsständer vor sich hatte, der es erlaubte, die Morgenzeitung zu lesen, ohne sie mit der Hand halten zu müssen. Als wir am nächsten Morgen unverdrossen unser „Good Morning!" posaunten, blickte einer hoch und antwortete mit sehr lautem „Good Morning – good morning – good morning!" Das, so fügte er an, müsse nun aber für den restlichen Lehrgang genügen.

Wir wußten von unseren Vorgängern, daß sie alle in Schwierigkeiten kamen, wenn es um die von den Engländern gewünschte korrekte Gesellschaftsuniform ging und waren gewappnet, als unser Lehrgangsoffizier die Einladung zur Trafalgar Night überbrachte. Das Dinner zur Erinnerung an die Schlacht von Trafalgar und an Lord Nelson bleibt in jeder britischen Messe der Höhepunkt des Jahres. Mit bedauerndem Tonfall fügte er hinzu, daß die deutschen Offiziere leider nicht teilnehmen könnten, weil sie nicht über einen angemessenen Anzug verfügten. Ich bat ihn, wegen meines schlechten Englisch zu wiederholen, was er gern tat. Jochen P. und ich hatten uns verabredet, erst noch eine Lagebesprechung zu halten, wenn es denn so weit wäre.

Zu unserer Verblüffung stand unser pakistanischer Lehrgangskamerad auf:

„Sir, if this decision is not withdrawn within 24 hours, I will return to Pakistan."[215] Mit solcher Unterstützung hatten wir nicht zu rechnen gewagt. Was wir von unserem späteren Freund S.R. erfuhren, lag der Schulleitung natürlich vor. Seine Familie war in höchsten militärischen Funktionen der pakistanischen Streitkräfte vertreten. Am nächsten Morgen sahen wir, wie der Lieutenant den pakistanischen Attaché, einen Kapitän zur See „empfing". Er war – wie wir bei dieser Gelegenheit lernten – ein VIPI, eine Steigerung von VIP = very important person zu very important person *indeed*.

Unser Marineattaché, der KptzS. K., das wußten wir von unseren Vorgängern, war bei diesem Problem, das er für uns hätte lösen müssen, ein peinlicher Totalausfall. Er hatte sich eine Fantasiejacke schneidern lassen, die er stolz bei seinen Auftritten trug. Auf Fragen empfahl er den jüngeren Offizieren, sich auch so zu verkleiden.

---

[215] Wenn diese Entscheidung nicht innerhalb von 24 Stunden zurückgezogen wird, werde ich nach Pakistan zurückkehren

Danach erschien der Lehrgangsoffizier wieder in unserem Hörsaal, zu dem außer uns noch zwei Pakistani, zwei Norweger, zwei Griechen, ein Däne und ein Belgier gehörten.

Der Lehrgangsoffizier bedauerte das Mißverständnis und erweiterte die Einladung nun auch auf uns Deutsche. S.R. und ich erhoben Einspruch und bestritten, daß es sich um ein Mißverständnis handelte, wir waren einfach noch zu unerfahren, um diplomatisch zu handeln. Jochen und ich pokerten hoch, denn wir und mit uns unser Lehrgang sahen einen typisch britischen Affront; wir wähnten uns im Vorteil und spürten Sendungsbewußtsein. Wir bestanden darauf, daß der von unserem Staatsoberhaupt festgelegte Anzug korrekt sein müßte. S.R. verschlimmerte alles, als er fragte, ob er wieder Knöpfe mit Krone an seine Uniform nähen müßte[216]. Schließlich forderten wir eine Entschuldigung.

Aus meiner Zeit an der MFmS wußte ich, daß nur die Deutschen für diesen Lehrgang zahlten und zwar £ 10.000 pro Teilnehmer, daß waren damals ~ DM 120.000. -. Wir spekulierten, daß die Engländer darauf nicht gern verzichten würden. Richtig; zwei Tage später wurden wir zum großen Kommandeur befohlen; schließlich wurden wir vorgelassen.

Die tiefstehende Sonne leuchtete uns direkt ins Gesicht, wir sahen einen Schatten, mehr nicht. Dann eine Stimme:

„Good afternoon, gentlemen. Mercury apologizes. Good afternoon, gentlemen."

Damit waren wir entlassen, und ehe wir uns versahen, standen wir wieder draußen auf dem Flur und fragten uns, ob das wirklich der "Große" Kommandeur gewesen war oder irgendein Platzhalter. Irgendwie bewunderten wir die listige Art, in der die Briten solch ein Problem lösten.

Wie auch immer, wir konnten nun nicht mehr sagen, daß eine Entschuldigung aussteht und waren nicht überrascht, als wir kurz danach erneut eingeladen wurden. Nun haben wir artig gedankt und abgelehnt, weil wir unseren Gastgebern alle Peinlichkeiten ersparen wollten. Da kamen wir aber an die Falschen, denn nun bestanden unsere Vorgesetzten darauf, daß wir teilzunehmen hätten. Besonders tat sich der Training Commander hervor, wohl so etwas wie der Ausbildungsleiter, der ein Bein in einem Ge-

---

[216] Pakistan gehörte zum New Commonwealth, das die britische Königin nicht mehr als Staatsoberhaupt anerkannte

fecht gegen die Deutschen verloren hatte und kaum Zweifel daran ließ, daß auch wir daran beteiligt waren.

Jetzt erachteten wir diesen seit Jahren schwelenden Konflikt in unserem Sinne als ausgestanden und sagten zu. Als wir nun in unserer doch etwas albernen Aufmachung mit Fangschnur und schwarzer Fliege zum Tagesdienstanzug erschienen, hat keiner, aber auch wirklich kein einziger der anwesenden Engländer versäumt, uns zu sagen, wie außergewöhnlich gut wir aussähen[217]. Sie alle wünschten, es gäbe so etwas Schickes auch für die RN. Dem muß ein strenger Schulbefehl vorausgegangen sein.

In der RN beginnt der Senior Officer mit dem Lieutenant Commander, der auch an einer Schule wie HMS Mercury gewisse Privilegien genoß. Als ich im Mai 1965 nach London zum Marineattaché befohlen wurde, war mir klar, daß es um meine Beförderung ging. Als ich pünktlich eintraf, empfing mich ein völlig überlasteter Kapitän zur See, der schon seinen Mantel trug, weil er zu einem Essen mußte. Hastig las er mir die Urkunde vor, gratulierte und auf dem Weg zu seinem Wagen zeigte er mir, wie ich zur Kantine finden könnte. Dann entschwand er. Ich feierte also meine Beförderung mit einer Coca und dem Standardgericht, danach fuhr ich zurück nach Hause. Welch klägliches Bild gab dieser Kapitän doch ab!

Als ich am nächsten Morgen meinem Lehrgangsoffizier meine Beförderung meldete, gratulierte er mir, blieb aber außerhalb des Kurses auch der einzige Gratulant. Das einzige Privileg, an dem ich interessiert war, bestand in einem reservierten Parkplatz direkt vor der Offiziermesse im Leydene House.

Das wurde abgelehnt mit dem Hinweis, daß Lehrgangsteilnehmer davon ausgenommen blieben. Unser dänischer Kamerad hatte als Kapitänleutnant solch einen Parkplatz zugewiesen bekommen, also bestand ich erfolgreich darauf.

Ich habe sicherlich nicht schlecht abgeschnitten auf diesem Lehrgang, wurde aber mehrmals befragt, warum die deutsche Marine mich überhaupt geschickt hatte und sah mich dem Verdacht ausgesetzt, nur dort zu sein, um als ehemaliger Lehrer der Fernmeldeschule und Kommandant den Lehrgang zu beurteilen. Das konnte ich auch durch energische Dementis nicht aus der Welt schaffen.

---

[217] sogar die Senior Nurse ließ es sich nicht nehmen!

Ohne jegliches eigenes Zutun war ich auch Senior German Naval Officer, Mercury. Als alle 5 deutschen Signalmeister, die einen anderen Lehrgang durchliefen, bei der Schlußprüfung durchfielen, wurde ich zum Training Commander zitiert und mit heftigen und abwegigen Vorwürfen überschüttet. Bis dahin wußte ich nicht einmal, daß diese PUOs überhaupt in Mercury waren, denn unser tüchtiger Attaché hatte mich nicht informiert. Der TC redete von vorsätzlichem Versagen, um die Ausbildung von Mercury zu diskreditieren.

Ich wehrte mich energisch und wie von mir vermutet, war es eine administrative Panne, weil unsere tüchtigen PUOs einen anderen Vorlauf hatten als die englischen Chiefs. So waren unsere Signalmeister auf dem Gebiet der Kryptographie gar nicht ausgebildet und fielen dort durch. Die Schuld lag also beim Marineamt in Wilhelmshaven.

Im optischen Signaldienst waren wir deutschen Lehrgangsteilnehmer in unserem Lehrgang nicht zu schlagen, im Fernschreiben erreichten wir die NATO-Standards für Fernmeldepersonal und im Funken erreichten wir mit 18 WpM[218] auch die Leistungen für normale Funker. Wir nahmen die Texte mit der Schreibmaschine auf. Unsere Kenntnisse in den taktischen und operativen NATO-Vorschriften waren umwerfend gut und nur durch unsere 6 Vorgänger zu erreichen. Unsere pakistanischen Mitstreiter lehnten Schreibmaschineschreiben und Fernschreiben kategorisch ab: „We have sailors to do the typing!"[219]

Da HMS Mercury auch eine Grundausbildungseinheit war, in der auch noch WREN-Rekruten ausgebildet wurden, war an jedem Freitagnachmittag eine Schulmusterung, die alles, was wir je in dieser Art erlebt hatten, in den Schatten stellte.

Auch unser Lehrgang mußte teilnehmen, wenn uns auch der abschließende Vorbeimarsch erspart blieb, denn wir stellten uns beim Üben so ungeschickt an, daß wir wie der Schulstab stehen bleiben durften. Eine Band der Royal Marines spielte muntere Weisen, und alles begann mit einem strammen Gebet. Der diensthabende Offizier befahl den angetretenen Soldaten „Stillgestanden!" und dann „Roman Catholics – fall out!"[220]

---

[218] 18 Wörter / Gruppen aus je 5 Buchstaben und Zahlen pro Minute
[219] wir haben Seeleute für das Schreibmaschinenschrieben
[220] Römisch-Katholische wegtreten!

Dann machten alle römisch-katholischen Soldaten kehrt und rannten im Laufschritt hinter verschiedene Gebäude, bis sie außer Sicht waren.

Der Choreograph dieser Großveranstaltung mit bis zu 1000 Mann war ein Senior Chief Petty Officer von der Artillerieschule HMS Excellent, der immer mit einem eindrucksvollen Schleppsäbel herumlief und nur rechtwinklig seinen Kurs änderte.

Der Pfarrer, der zum Talar eine bemerkenswert große Ordensschnalle trug, betete dann. Auf den Befehl „Roman catholics – fall in!"[221] kamen die Katholiken im Laufschritt aus ihren Verstecken und traten wieder ein. Da dieser Befehl auch für Offiziere galt, nahmen wir ihn für uns in Anspruch, denn unser einziger Katholik war George, der Belgier.

Die beiden Pakistani liefen aber immer mit, denn unsere Katholiken versteckten sich im Offizierkasino, wo man sich sehr schön am Kamin aufwärmen konnte. Erst 2 Jahrzehnte später schafften die britischen Streitkräfte diese für uns unfaßbar diskriminierende Regelung ab.

Auch bei grimmigster Kälte und Schnee durfte nur zwischen dem 15. Dezember und dem 15. März ein Mantel getragen werden – Admiralty Regulation. Als wir sehr früh für fast drei Wochen einschneiten, litten besonders unsere Pakistani in der Kälte. Trotzdem warteten wir immer gern die Abschlußparade ab, denn die 300 WRENS waren z.T. gut anzusehen, die alten weiblichen Ausbilder, die mit großer Ordensschnalle vorweg marschierten, dazu ein seltenes Schauspiel, das uns viel Freude bereitete. Kommandos wie „Honey, would you please lift your feet a little bit!"[222] sind mir noch im Ohr. Bei der Musterung selbst, die mindestens ein und eine halbe Stunden dauerte, wurde jeder Rekrut einzeln streng beäugt, während die Band muntere Weisen spielte.

Unsere Klassenräume waren zum Teil in Nissenhütten[223], die alle einen Kanonenofen hatten, der aber vor dem 15. Dezember nicht angeschmissen werden durfte. Es war grimmig kalt und in den Klassenräumen vermummten wir uns in Parkas und trugen Handschuhe.

Häufig kam dann ein Lehrer herein mit einem „Lovely day today!", der dann demonstrativ sein Jackett auszog und ungerührt trotz der un-

---

[221] Römisch-Katholische eintreten
[222] Süße, würdest du bitte die Füße ein wenig anheben
[223] Wellblech-Baracken

glaublichen Kälte den Unterricht in Hemdsärmeln absolvierte, wobei wir immer wieder fantasievolle Hosenträger und löchrige Oberhemden zu sehen bekamen.

Nach einigen Monaten sprachen wir alle ein erträgliches Englisch, am besten die Pakistani, die eine dreijährige Ausbildung am Britannia Naval College hinter sich hatten; am schlechtesten sprachen unsere Griechen. Der eine Grieche war mediterran und fröhlich und überbrückte sprachliche Schwächen mit „You know!" oder I mean a..." Er erzählte, daß er vorher Kommandant der königlichen Yacht gewesen war und sich danach ein Kommando wünschen durfte. Er wählte Mercury, mußte aber trotz seiner Beziehungen eine Englischprüfung absolvieren. Die endete verheerend, so daß am Ende der Oberprüfer ein einziges englisches Wort von ihm verlangte, um zu bestehen. Vasilious, genannt Bazil, antwortete: „La Mer", und so kam er nach England.

Der andere, Nikolas, genannt Nick, war in sich gekehrt und sehr schweigsam, aber nett. Er litt sehr darunter, daß er häufig im Unterricht nicht verstand, worum es ging. Als wir im Rahmen des Commonwealth-Personalaustausches einen kanadischen Offizier als Krypto[224]-Lehrer bekamen, verstand Nick inhaltlich und sprachlich überhaupt nichts mehr, denn der Kanadier klang wirklich sehr fremd. Als er bemerkte, daß Nick immer grimmiger wurde, fragte er: „Nick! Are you happy?" Unser Grieche übersetzte die Frage für sich wörtlich, sprang wütend auf und schrie verzweifelt: „You ask me if I am happy?", denn er war wirklich unglücklich. Später nach einer Woche UJagd bei HMS Vernon drängten wir am Freitagmittag nach Hause und bemerkten in unserem Bus, daß Nick fehlte. Wir warteten fast 20 Minuten, bis er auftauchte. Unter unserem lauten Geschrei kletterte er in den Bus und als Erklärung stellte er fest: „There is no toilet."

Im Frühjahr, als das Ende des Lehrgangs in Sicht kam, rief ich meinen Vorgesetzten, den Attaché, an und bat ihn, meine nächste Verwendung zu erfragen, da ich ja in Deutschland keine Wohnung hatte und rechtzeitig auf Suche gehen mußte. Er vertröstete mich bis in den April, ohne daß etwas geschah. Dann nahm ich mein Auto und fuhr nach Bonn, um bei P selbst nachzufragen. Ich wurde angenehm freundlich und hilfsbereit empfangen und informiert.

---

[224] Kryptographie = Verschlüsselungskunde

224

„Das haben wir dem Attaché doch gesagt. Sie kommen nach Wilhelmshaven zu Seetaktischen Lehrgruppe." Zu verhandeln blieb da wenig Raum für mich.

Zurück in England schrieb ich an die Standortverwaltung Wilhelmshaven und bat um die Aufnahme in die Liste der Wohnungssuchenden. Da kam ich aber gerade recht, der Sachbearbeiter teilte mir mit, daß ich ohne Billigung der Standortverwaltung meine Wohnung aufgegeben hätte und nun wäre ich auf mich gestellt.

Alle Versuche scheiterten, deutlich zu machen, daß ich doch im Einverständnis mit der Personalabteilung und der StOV meine Wohnung geräumt hatte, und daß die StOV die Wohnung meinem damaligen 1 WO zugewiesen usw. usw. Ich war wegen – ja was eigentlich? – aus der Fürsorge des Bundes entfernt worden. Privat suchte ich mir ein Häuschen auf dem Lande und pflegte meinen Groll auf die Bundeswehrverwaltung, die mir bis zum Ende meiner Dienstzeit immer wieder genug Anlaß gab, darin nur ja nicht nachzulassen.

Der Lehrgang endete im Juni 1965. Ich bekam zum Abschied noch einen schriftlichen Tadel in unfreundlichstem Ton von meinem unsäglichen Disziplinarvorgesetzten, weil ich direkt bei der P-Abteilung vorgesprochen hatte. Er hatte wohl inzwischen seinen wohlverdienten Rüffel aus Bonn bekommen und gab ihn nun weiter... Befragt dazu hatte er mich nicht.

Fachlich waren wir topfit und hatten allen Grund, unseren englischen Lehrern zu danken, unter denen besonders zwei PUOs herausragten. Der erste war Chief Meyers, Most Senior Yeoman, RN, der uns alle Grundlagen des Signalwesens, der Signaltaktik und Taktik beibrachte. Er legte die Taktikvorschriften für uns aus, er war sehr gut. Außerdem war er ein Vorbild in Haltung und Takt; er unterrichtete uns ausländische Offiziere, als hätte er nie etwas anderes getan. Der andere war Radio Chief Pete Anstey, der uns Funken und Fernschreiben lehrte, und dem ich viel später noch einmal begegnen sollte. Ich erinnere, daß ein Teil der Abschlußprüfung darin bestand, im schuleigenen AST[225] einen Flugzeugträgerverband nach den Wünschen eines Lehroffiziers zu führen, Flugoperationen durchzuführen und UBoote abzuwehren. Alles nur durch Signalbuchgruppen, aber ohne Benutzung des Signalbuches. Danach schärften sie uns

---

[225] Simulationstrainer

noch einmal ein, daß wir immer!! nachschlagen müßten, aber es wäre nicht schlecht, wenn man schon vorher weiß, was das Signal bedeutet.

Am 1. Juli 1965 trat ich meinen Dienst als L 1 bei der Seetaktischen Lehrgruppe in Ebkeriege an.

Lehroffizier Seetaktische Lehrgruppe

Natürlich kannte ich meine neue Dienststelle schon, wenn auch nur aus der Perspektive des Lehrgangsteilnehmers. Die Lehrgänge dort waren bei fast allen, die etwas Ahnung hatten, sehr beliebt, weil man dort richtig etwas lernte, was man als Seeoffizier brauchen konnte. Der Stil – besonders während und nach den Übungen – war englisch geprägt. Das Kernstück war ein in England gebautes elektromechanisches Wunderwerk mit simuliertem Radarbild: Ein ASTT = Action Speed Tactical Trainer. Hier konnte jeder vom Leutnant bis zum Kapitän zur See auf seiner Ebene üben und lernen. Nur hier galt es als normal, wenn man einen Höheren kritisierte oder gar Fehler vor dem Lehrgang ansprach und korrigierte. Die Lehroffiziere, geführt vom Leiter Seetaktische Lehrgruppe (STL), einem Fregattenkapitän, waren Korvettenkapitäne und Kapitänleutnante.

Alle waren auf ihre Art gut, wobei ich den Leiter Heini H. nie im oder beim Unterricht erlebt habe. Er trug das Ritterkreuz und behandelte seine Untergebenen hochmütig und verletzend. Er war fast immer betrunken, wenn ich ihn einmal sah. Jeder kannte seine Stammkneipe in Mariensiel, die er immer in Uniform besuchte. Einmal stand ich vor seinem Schreibtisch, aber er wachte nicht auf, obwohl ich ihn ansprach.

Wir fanden ihn peinlich und kaum erträglich. Sehr bald wurde er versetzt und ging auf einen der neuen Hamburg-Klasse Zerstörer, ich meine, daß es die „Hamburg" war. Vorher war er nur Schnellboot gefahren, und viele kannten ihn wie ich als Kommandeur des 3. Schnellbootgeschwaders in Mürwik, wo er mit seinem S 3 KKpt. H., genannt „Heldenkarl", ein auffälliges, alkoholgeschwängertes Messeleben führte.

Sein Nachfolger wurde FKpt. M., ein Schiffsfahrer und Fernmelder, der sich sehr bemühte, die STL weiterzubringen. Sein Spitzname war „Maxi" oder „Mäxchen", er war geachtet und beliebt. Mit meinem Vorlauf war ich dort richtig und konnte meine Mercury-Kenntnisse gut weitergeben. Um die Seefahrt nicht aus dem Auge zu verlieren, schifften Radi S. und ich uns möglichst oft in den Manövern ein.

1966 fuhren wir auf der „Eifel" mit und lagen am Ende des Herbstmanövers in Holtenau in der Schleuse, als die Meldung vom Untergang des UBootes „Hai" eintraf. Ich erinnere das Datum genau, denn der 14. September ist mein Hochzeitstag! Wir stiegen beim Flottendienstgeschwader ein, um behilflich zu sein. Wir fuhren los durch den Kanal und dann Richtung Helgoland.

Die Führung an Land lag beim Befehlshaber Seestreitkräfte Nordsee (BSN), der durch eine Reihe von unnötigen und peinlichen Fehlern die Such- und Rettungsoperationen um viele Stunden verzögerte und behinderte. So wurden unsere Torpedofangboote, die die neuesten Sonargeräte der Marine besaßen, durch einen Befehl des BSN gezwungen, für mehrere Stunden in der Nordsee zu stoppen, um darauf zu warten, daß ein Kapitän zur See auf einer Fregatte als Kommandeur vor Ort[226] eintraf. Schließlich überredeten wir unseren Verbandsführer, den Befehl nicht zu befolgen, aber es waren wertvolle Stunden verloren gegangen.

Immer mehr Fahrzeuge sammelten sich an der letzten bekannten Position und „Hai" wurde geortet, aber jede Hilfe kam zu spät. Als Taktiklehrer war uns klar, daß wir hier über ein dringendes Thema für unsere Lehrgänge gestolpert waren. Wir nahmen alle Unterlagen mit, die für eine Rekonstruktion wichtig waren. Der einzige Überlebende, ein Smut namens Silbernagel, wurde mehr als 12 Stunden nach dem Untergang durch Zufall von einem Fischer gerettet.

Mäxchen verstand sofort, daß die STL hier tätig werden mußte. Wir arbeiteten einen Vortrag aus zu dem Thema SUBMISS / SUBSUNK. Das sind die in der einschlägigen Taktikvorschrift benutzten Begriffe für vermuteten oder bekannten UBootsverlust. Wir konnten den Vortrag durch Beispiele vom Untergang „Hai" untermauern und interessant machen. Da der BSN wirklich nicht gut davonkam, legten wir ihm unseren Vortrag vorher zur Kenntnis vor. Es kam kein Einspruch. Als ich den Vortrag zum ersten Mal hielt, kam eine stattliche BSN-Delegation, um zuzuhören. KptzS. Dr. M.-A. führte sie an. Anschließend bezeichnete er die Darstellung als korrekt.

Einige Wochen später nistete sich ein seltsamer Gast bei der STL ein, denn wir hatten auch eine Reihe von Offizierunterkünften zu verge-

---

[226] On-scene-commander bzw. Senior Officer Search Force

ben. KptzS. Paul H., der von der P-Abteilung kam, sollte „aufpoliert" werden für den Kommandeur Zerstörerflottille. Er wußte von nichts, sein Englisch jedoch war gut, wenn auch hölzern.

Er nahm an mehreren Lehrgängen hintereinander teil und saß im alten Auditorium immer auf dem ersten vordersten Platz. Vorträge und Seminare waren bei mir immer lebhaft und fröhlich, nur dieser Kapitän zur See saß mit unbewegtem Gesicht dabei und hörte zu. Nie hat er mich etwas gefragt oder sonst zum Thema beigetragen.

An ASTT-Übungen nahm er nicht teil, nur an den Abschußbesprechungen, die Hot Washup hießen. Bei einem Hot Washup, den Radi und ich bestritten, schob Radi mir einen Zettel auf mein Pult. Wohl um mich an etwas zu erinnern, dachte ich und las: „Vorsicht! H. lacht im Dunkeln!"

Bei Ende unseres Vortrages zu SUBMISS / SUBSUNK stand H. auf und knarrte mich an: „Sie melden sich umgehend bei mir in meinem Zimmer!" Ich tat wie befohlen, und er herrschte mich – sichtlich verärgert und mit schneidender Stimme – an: „Wie können Sie es wagen, öffentlich und wiederholt Kritik an einem Seebefehlshaber zu üben!" Ich wich aus mit dem Hinweis, daß mein Leiter den Vortrag ausdrücklich gebilligt habe und bat ihn, dort zu reklamieren. Von der Zustimmung des BSN habe ich ihm nichts gesagt, so daß das Pulver für unseren Chef trocken blieb. Ausgesprochen ungnädig schickte er mich weg.

Mäxchen hat mir nie von dem folgenden Gespräch berichtet, aber H. reiste zu unserer großen Erleichterung bald ab. Natürlich waren unsere Übungen anspruchsvoll, besonders für unsere kriegsgedienten Kameraden, die ja als Kommandeure oder Kommandanten auch mit unserer Kritik leben mußten. Geschont wurde keiner, ob er nun eine moderne Ausbildung ergattert hatte oder nicht.

Liebenswert, aber auch typisch für diese Lage war einer unserer spektakulärsten Lehrgangsteilnehmer, der KptzS. Theodor von M. Er kam öfter mit seiner Zerstörerflottille und fand alles toll, was wir machten. Zu den Diskussionen trug er nicht bei, lag aber oft während unserer Übungen ausgestreckt auf dem Fußboden zwischen den Kontrollpulten und beobachtete den Screen[227]. Dabei knöpfte er sein Uniformjackett auf, so daß

---

[227] die Übersichtsdarstellung

man die mit vielen kleinen goldenen Knöpfen geschlossene blaue Uniformweste sehen konnte. Das begeisterte uns immer wieder.

Er fuhr auch einen Kolani (Uniformüberzieher für Wäsche achtern) mit einem rot-grünen Schottenfutter. Außerdem trug er zeitweise am Kolani Kolbenringe <u>und</u> Schulterstücke. Als ich einmal in der Hitze eines Gefechtes unkonzentriert redete, stand er plötzlich neben mir, legte mir die Hand auf die Schulter und sagte väterlich: „Braun, sagen sie Knoten, nicht Seemeilen!" Danach legte er sich wieder hin; er schien mit sich zufrieden zu sein.

Die einzelnen Schiffe oder Boote nahmen an den Übungen teil, indem sie mit 3-5 Offizieren die Kabinen besetzten, die eine Operationszentrale (OPZ) darstellten. Jede Kabine hatte eine Radarkonsole und einen Plottisch zu Lagedarstellung. Ich habe die folgende Geschichte leider nicht selbst erlebt, aber sie scheint mir wundervoll. Ein Kapitän zur See, Spitzname Fummel, war Kommandeur der Marineunterwasserwaffenschule und besuchte die STL während eines Lehrgangs. Im Verlauf einer ASTT-Übung kam er in eine Kabine und ließ sich die Einrichtung erklären. Als der Leutnant ihm die Radarkonsole vorstellte, wurde er gefragt, wo denn nun sein Schiff sei. Der irritierte Leutnant zeigte auf den Mittelpunkt. In der nächsten Kabine fragte der Besucher ganz listig, wo denn nun dieses Schiff auf dem Radarschirm sei. Der Leutnant zeigte wieder auf den Mittelpunkt, aber da wurde es dem Kapitän zu bunt: „Das kann nicht sein, denn da steht ja schon ihre Nachbarkabine!" Wir schrieben das Jahr 1966!

Diese Jahre als Lehrer waren wirklich wunderbare Lehrjahre, denn ich habe dort so viel gelernt im Bereich der operativen Taktik, des Fernmelde- und Signalwesens und der laufenden Lagebeurteilung, das es für meine gesamte Dienstzeit reichte. Meine Selbstüberschätzung erreichte ungeahnte Höhen. Außerdem kannte ich die meisten Offiziere der Flotte als Lehrgangteilnehmer sehr gut. Der Stabsoffizier- und Auswahllehrgang im Frühsommer 1967 war praktisch das Ende meiner Lehrtätigkeit und sah mich in Topform.

Stabsoffizier – und Auswahllehrgang

Im Frühjahr 1967 wartete eine gewaltige Hürde auf mich wie auf all' die anderen Kapitänleutnante, die Stabsoffizier werden wollten: Der Stabsoffizier- und Auswahllehrgang (StOAL) an der MSM. Jeder kannte Geschichten über diese „Christenverfolgung" genannte Veranstaltung, jeder kannte mindestens einen, der dort durchgefallen war. Dort durchzufallen, war nicht nur peinlich, sondern auch gefährlich. Man konnte zwar wiederholen, aber die Chancen zur Beförderung verschlechterten sich drastisch.

Noch war mir unklar, was es mit dem „Auswahl"- Teil auf sich hatte. Erst später wurde mir klar, daß es sich um die Auswahl für die Admiralstabsausbildung an der Führungsakademie der Bundeswehr (FüAkBw) handelte. Ich konnte mir nichts darunter vorstellen und wußte auch nicht um die Bedeutung dieses Teils des Lehrgangsergebnisses. Die ASTO-Lehrgänge, die ich mit ihren Lehroffizieren an der STL erlebt hatte, waren nett, aber nicht sonderlich auffallend oder gar herausragend. Aus dieser Perspektive gab es kaum einen Grund, dazu gehören zu wollen.

Zwei Hörsäle mit je einem Dutzend Kapitänleutnanten traten im Mai 1967 an, um diese Hürde zu überwinden. Lehrgangsleiter war der Fregattenkapitän P., genannt „Wärme-P.", ein Schiffstechniker. Er war ein etwas verklemmter, aber redlicher und fairer Sachwalter seiner schwierigen Aufgabe, dem zwei Hörsaaloffiziere zur Seite standen; meiner war schon einmal kurz mein Kommandant auf der „Hermes" gewesen, schrullig, aber anständig, gebildet und humorvoll. Von den „Eisheiligen", wie unsere Vorgesetzten genannt wurden, verlangte der Lehrgang sehr viel an Arbeit, an Moral und an Ausdauer.

Unser Lehrgang war der erste, der sich durch Homogenität von den Vorlehrgängen unterschied, denn wir waren alle selbstgestrickt und bis auf ein oder zwei Offiziere alle aus den 56er Crews, duzten uns und hielten zusammen. Das wurde schon am ersten Tag deutlich, als zur Einstimmung ein Rollenspiel stattfand. Am Ende forderte Wärme-P. uns auf, Kritik an der Leistung der Beteiligten zu üben. Ohne Verabredung meldete sich keiner. Dann wurden mehrere aufgerufen, ohne Antwort.

Als ich gefragt wurde, stand ich auf und sagte: „Wir alle sind hier, weil wir diesen Lehrgang bestehen wollen. Sie müssen sich ihr Urteil bilden, ohne daß ich dazu beitrage." Alles applaudierte. Darauf baten die Eisheiligen um eine Auszeit; als sie zurückkamen, akzeptierten sie meinen Beitrag und versprachen, solche Fragen in Zukunft zu unterlassen. Diese anständige und faire Reaktion hat sich positiv auf den ganzen Lehrgang ausgewirkt, der sicher nur aus reisekostenrechtlichen Gründen „Lehrgang" hieß; es war eine sechswöchige Prüfung, die es wahrlich in sich hatte.

Jeder Lehrgangsteilnehmer hatte seine eigene Art, mit den Forderungen und mit dem Dauerdruck umzugehen. Der Druck führte zu einem wachsenden Zusammenhalt. In kurzer Zeit schälte sich ein Anführer heraus; es war Steffen P. aus der Crew I/56, sehr groß, sehr intelligent, sehr gut und sehr humorvoll.

Jeder mußte in 4 Wochen eine schriftliche Arbeit fertigen, für die wir aus einer Liste Themen auswählen konnten. Außerdem schrieben wir mehrere Klausuren, denen großes Gewicht bei der Beurteilung zukam. Zum Ende mußte jeder vor versammelter Mannschaft einen dreißigminütigen Vortrag zu einem selbstgewählten Thema halten. Die Zahl der Geschichten über diesen Abschlußvortrag mit allen Pannen und Zwischenfällen, die in der Marine kursierten, war Legion.

Wundervolle, aber auch tragische Ereignisse reihten sich aneinander. Während unserer täglichen Übungen mit Kurzlagen, Lagebeurteilungen, aber auch Sport gewann eine Geschichte in unserem Lehrgang immer mehr an Bedeutung. Von einem unserer Vorgänger berichtete die Küstenklatschwelle, daß er zu seinem Vortrag an das Pult ging und vorschriftsmäßig begann mit: „Herr Kap´tän, m e i n e Herren!", dann aber vor Aufregung ohnmächtig umfiel.

Das wurde bei uns immer weiter ausgeschmückt, so daß die Betonung der Anrede auf: ... „meine Herren" lag und das „meine" besonders betont in die Länge gezogen wurde. Irgendeiner behauptete, daß er seinen Vortrag so beginnen würde mit der Folge, daß Preise wie Sekt oder plenty Bier dafür ausgelobt wurden. Der mögliche Gewinn stieg immer weiter.

Zur Halbzeit gab es als Orientierungshilfe für die Lehrgangsteilnehmer eine Zwischenbeurteilung. Mit meinem Crewkameraden Klaus T., genannt Moses, hatte ich mich verabredet, daß wir den Dienst quittieren würden, falls wir durchfallen sollten, um dann in die Puppenmöbelfabrik *Modella* seines Schwiegervaters einzusteigen. Mit dieser Möglichkeit haben wir nicht nur kokettiert, wir sahen dafür eine reelle Wahrscheinlichkeit. Der Gedanke war tröstlich und nahm uns den Druck.

Modella gab mir ein sicheres Gefühl, als ich mit Butcher B. vor dem „Hinrichtungszimmer" wartete. Meine bei der STL gewachsene Selbstsicherheit hatte mich ohne Sorge durch den Lehrgang gehen lassen, ich hatte zwei Jahre geübt, vor Lehrgängen Lagen zu beurteilen und meine Lösung auch gegen Dutzende Dienstgradhöhere zu vertreten.

Nun stand ich den Eisheiligen gegenüber und dazu saß auch noch der KKpt. Dieter E. von „P"[228] in der Ecke. Meine Zwischenbeurteilung war schlicht verheerend. Mir wurde zwar bescheinigt, daß ich intellektuell allen Forderungen gewachsen sei, daß ich aber den Lehrgang nicht wirklich ernst nähme. Außerdem hielt man mir vor, daß ich mich in Aussprachen und Diskussionen sehr weit vorwagen würde und damit auch solche Kameraden mitzögen, die es sich an sich nicht leisten könnten. Meine Selbstzufriedenheit zerbrach, und ich dachte an *Modella*. Da die Eisheiligen nicht müde geworden waren zu betonen, sie seien unsere Kameraden und auf der Suche nach unseren Stärken, ging ich nun zum Gegenangriff über, weil ich mir eh´ kaum noch eine Chance gab.

Ich beschuldigte sie der Unlogik, weil sie mir zwar genug Verstand bescheinigt hatten, um jede Lage präzise zu analysieren, aber mir vorwarfen, den Lehrgang nicht ernst zu nehmen. Das aber machte keinen Sinn! Eines davon mußte falsch sein! Außerdem könnte ich nicht nachvollziehen, warum mir vorgeworfen würde, daß mir meine Kameraden in Diskussionen folgten, denn darum ging es ja wohl beim Führen von Männern. Dann bat ich meine „Kameraden" von der Lehrgangsleitung, mir einen Rat zu geben, ob ich nun den braven Lehrgangsteilnehmer „spielen" sollte, den ich aus der Beurteilung zu erkennen glaubte, oder was oder wie. Ich wurde vor die Tür geschickt, wo Butcher mit wachsender Unruhe auf sein Urteil wartete.

Nach endlos erscheinender Zeit wurde ich wieder aufgerufen. Mein Kommentar sei als nicht ganz unberechtigt zur Kenntnis genommen worden, ich müßte mir aber selbst einen Weg suchen. Mit dieser unbefriedigenden Auskunft wurde ich entlassen und in die zweite Lehrgangshälfte geschickt.

Einige Kameraden hatten sich früh entschlossen, durch Schachspielen in der Mittagspause und auch abends in der Messe einen intellektuell hochstehenden Eindruck zu machen, falls die wirklich schwer arbeitenden Eisheiligen einmal dort auftauchten, um sich eine Sinalco zu holen. Butcher, Moses und ich hatten uns für die Gegenposition entschieden und spielten demonstrativ Mau Mau, wann immer wir Zeit hatten.

---

[228] Personalabteilung des BMVg P V 2

Auf jeden Fall hatten wir mehr Spaß als die Schachspieler. Wo immer möglich, halfen wir uns gegenseitig bei den schriftlichen Arbeiten oder bei der Vortragsvorbereitung. Es herrschte eine wunderbare Solidarität. In festem Vertrauen auf die Puppenmöbelfabrik machte ich unbeirrt so weiter wie vor der Zwischenbeurteilung; ich hätte auch gar nicht anders gekonnt. Bei den Klausuren hatte ich das große Glück, bei den als Stabslösung vorgestellten Gliederungen immer ziemlich richtig zu liegen.

Bei einer Klausur gab es den einzigen personellen Verlust des Lehrgangs, als mein Crewkamerad Eckhard K., nachdem er 30 Minuten erfolglos auf dem Thema herumgedacht hatte, ganz ruhig seinen Füllfederhalter zuschraubte, seine Utensilien einpackte und wortlos den Hörsaal verließ. Anschließend fuhr er zum Bahnhof und reiste ab, noch ehe wir die Klausur beendet hatten und ihn aufhalten konnten.

Für meine schriftliche Arbeit wählte ich mir mit „Washington, Soldat und Staatsmann" oder so ähnlich, ein geschichtliches Thema, bei dem mir aktuelle Ereignisse keinen Streich spielen konnten wie es manch anderem passierte. Es ging mir leicht von der Hand. Für meinen Vortrag suchte ich mir „Die elektronische Kampfführung in der Ostsee" aus, da war ich sicher, daß mir kaum einer in einer Aussprache folgen konnte. Während ich nie den Mut hatte, mich an dem Wettbewerb zu beteiligen, wer nun: „Herr Kap´tän, m e i n e Herren!" sagen würde, lebte dieser Gag immer weiter.

Da Abweichungen von mehr als 30 Sekunden von der vorgeschriebenen Dauer des Vortrages als schwerwiegender Fehler gehandelt wurden, ging unnötig viel Energie in das Timing. Ich wußte, daß mein Vortrag um 14.00 Uhr beginnen würde. Alles lief mit größter Präzision ab. Bisher hatten alle Nachmittagsvorträge pünktlichst begonnen. Also stand in meinem Konzept auf jeder Seite rechts oben die Uhrzeit, zu der ich diese Seite beginnen mußte, um absolut pünktlich zu Ende zu kommen.

Ansonsten konnte ich den Vortrag auswendig, denn ich hatte ihn oft genug bei der STL gehalten. Zum ersten Mal jedoch begann der Nachmittagsvortrag nicht pünktlich, denn es hatte sich der A 6 des Flottenkommandos als Zuhörer angesagt. Da war er wieder: Der Korbflechter von der Fernmeldeschule, nun Kapitän zur See. Er kam zu spät, viel zu spät. Ich wurde nervös in den mehr als 15 Minuten, die er uns warten ließ. Traurig und ratlos guckte ich auf die von 14.00 Uhr ausgehenden Zeiten in meinem Konzept und überlegte, ob ich während des Vortrages die Durchgangszeiten würde umrechnen können. Vor mir saß mein Crewkamerad Dulles und redete beruhigend auf mich ein. Als ich ihm mein Problem mit den Uhrzeiten schilderte, konterte er mit:

„Du Blödmann, stell' die Uhr auf 14.00, wenn Du anfängst!" Wunderbar! Ich war gerettet!

Ich lieferte meinen Vortrag ab, blieb in der Zeit, und wenn ich zum A 6 sah, dann beobachtete ich auch Mäxchen und Ernst-Ludwig W., die hinter ihm saßen und ihm bei seinen Notizen über die Schulter blickten. W. machte warnende Winkzeichen.

Nachdem meine Kameraden mir hilfreiche Fragen gestellt hatten, sprach Wärme-P. den A 6 direkt an und stellte fest, daß der Vortrag viele heftige Vorwürfe gegen das Flottenkommando und damit gegen ihn enthielt. R. hielt anklagend mehrere Blatt mit Notizen hoch: „Sie sehen, was es alles richtig zu stellen gilt! Leider unterliegt das aber alles der Geheimhaltung."

In dem Protestgemurmel des Lehrgangs sprang der Kommandeur der MSM, Flottillenadmiral K., auf: „Alle hier im Raum sind bis einschließlich Streng Geheim ermächtigt!" Das aber reichte ihm nicht, es war ihm nicht „ermächtigt genug". Seine Kenntnisse seien viel geheimer. Die Unruhe im Hörsaal nahm zu.

Der Kommandeur befahl den A 6, Wärme-P. und mich in sein Dienstzimmer, um dort die Fragen zu diskutieren. R. brachte seinen ersten Kommentar vor, der mir in die Karten spielte und den Anwesenden zeigte, daß er keine Ahnung hatte. Mit wenigen Sätzen stellte ich ihn bloß. Der Kommandeur beendete diese Gegenüberstellung sofort, bedankte sich etwas zu liebenswürdig bei R., und wir waren entlassen.

Durch Zufall brachte es die Choreographie des Lehrgangs mit sich, daß Steffen P. seinen Vortrag als Letzter hielt. Bis hierher hatte keiner die ausgesetzten Preise verdient, er aber ließ keinen Zweifel, daß er sie sich holen würde, falls ihm nicht jemand zuvorkäme. Entsprechend war die Spannung.

Neben mir saß ein Schiffstechniker, der schon damals den Spitznamen „Opa" hatte. Er war sehr nervös und sagte mir, daß er sicher durchfallen würde, wenn ihm heute keine gute Frage gelänge. Wir gingen davon aus, daß die Eisheiligen genau beobachteten und notierten, wer was und wie oft fragte. Für meinen Nachbarn war es nun aber ein großes Elend, daß Steffen über die Schießvorschrift für Schiffsartillerie sprechen würde. Was sollte einem „Heizer" dazu schon als Frage einfallen?

Der große Augenblick rückte näher, Steffen stand am Pult und zum letzten Vortrag erschien als Zuhörer der Admiral Ausbildung. Auf jeden Fall war das der kleinste Admiral, den ich je gesehen habe. Atemlose Stille, als Steffen loslegte, ganz normal mit „Herr Admiral, meine Herren!" Ein leises Stöhnen der Enttäuschung kroch durch den Hörsaal.

Er fuhr fort: „Wenn ich mir mein Thema so ansehe, dann war der Anfang falsch, denn ich hätte sagen müssen: Herr Admiral, m e i i i n e Herren!" Ich weiß nicht, ob die Eisheiligen von unserer Wette wußten, aber ein erlösendes Gelächter, das nicht enden wollte, sprengte die militärische Ordnung in tausend Stücke. Steffen stand lächelnd am Pult, genoß den Triumph und blickte zufrieden in die Runde.

Sein Vortrag war ein Selbstläufer, denn er hatte beim Marineamt die Schießvorschrift selbst verfaßt. Um alle didaktischen Regeln zu beachten, zeigte er u.a. ein Foto des Marineschleppers „Eisbär", den sein Crewkamerad Bello versehentlich mit einer 10 cm Granate durchlöchert hatte. Mein Nachbar war der erste Frager. Später, als er mein STO[229] wurde, erzählte er mir, daß er mit dieser Frage eben zeigen wollte, in welch' übergeordneten Zusammenhängen er denken konnte.

„Sagen sie, was sind das eigentlich für Menschen, die auf dem Schlepper „Eisbär" Dienst tun?" Der Vortragende zeigte kaum Überraschung, obwohl er sicher nicht mit solch´ einer dämlichen Frage gerechnet hatte und antwortete nach unmerklichem Zögern:

„Sie werden es nicht glauben: Menschen wie Du und ich!" Das versetzte der Ordnung den Todesstoß. Der Lehrgang war zu Ende, die Wette war gelaufen. Aber auch der kleine Admiral lachte Tränen und fiel in dem Abschlußgetümmel kaum noch auf: Es gab keine Abschlußbemerkung durch die Eisheiligen, keine militärische Beendigung des Nachmittags, alles löste sich einfach auf.

Zur Bekanntgabe des Ergebnisses wurden wir einzeln in ein Zimmer am Säulengang bestellt, alles sehr spannend gemacht; einige mußten dann noch in das gegenüberliegende Kommandeurszimmer. Meine Beur-

---

[229] Schiffstechnischer Offizier

teilung war übertrieben gut, ich hörte kaum noch Einzelheiten, bis ich in das Kommandeurszimmer geschickt wurde. Leutselig teilte der Admiral mir mit, daß ich mich für die Admiralsstabsausbildung qualifiziert hatte.

Bei dem abschließenden Glas Sekt erfuhren wir, daß wir der erste StOAL waren, auf dem keiner durchgefallen war[230] und in dem sich sechs Offiziere[231] für die FüAkBw qualifiziert hatten. Steffen gehörte zu unserer großen Überraschung nicht dazu.

Ich hatte einen sehr hübschen Gartenzwerg besorgt, den ich Wärme-P. überreichte als Prototyp des Lehrgangsteilnehmers, weil er eine Laterne trug – zum Ausleuchten der Probleme – und eine große Umhängetasche – für die vielen Akzente, die es zu setzen galt.

Ich bestätigte unseren Vorgesetzten, daß wir bis zum letzten Tag nicht sicher gewesen wären, ob sie wirklich unsere Stärken gesucht hatten und ihre Fairneß vorgespielt war. Sie waren gut, fair und immens fleißig, wir waren ihnen Dank schuldig und den brachte ich deutlich zum Ausdruck. Nie wieder in meiner Dienstzeit bin ich so unter Druck gekommen, es war eine gutgemachte Prüfung.

Alle Nachfolgeprüfungen waren dagegen milde und keine solch' hohe Hürde. Daraus wurde ein richtiger Lehrgang, bei dem nur noch der vermittelte Stoff abgefragt wurde. Ich halte noch heute an der Meinung fest, daß das Absenken des Niveaus ein gelungener Angriff auf die Qualität unserer Stabsoffiziere war, und daß der Verzicht auf hohen psychologischen Druck der Marine und wahrscheinlich der Bundeswehr einen Bärendienst erwiesen hat. Nur wer unter psychischer Belastung und bei unvollständigem Lagebild zügig urteilen und entscheiden kann, sollte führen dürfen.

Im Hochgefühl unseres Erfolges, denn auch Radi S. hatte sich zu meiner großen Freude qualifiziert, kehrten wir heim, um bald danach beim BSN im Bunker am Herbstmanöver teilzunehmen. Dort zog ich mir eine üble Virus-Meningitis zu und landete auf Umwegen in der Isolierstation des Landeskrankenhauses Sanderbusch. Unsere Versetzung zur FüAkBw kam, aber Radi fuhr ohne mich los. Ich verbrachte fast 6 Wochen in „Ein-

---

[230] und daß auch der Abgereiste wohl bestanden hätte
[231] Rekordergebnis

zelhaft" in einem häßlichen Quarantänezimmer, ehe ich als teilweise dienstfähig entlassen wurde und nach Hamburg fahren durfte.

Führungsakademie der Bundeswehr

Damals hatte ich nur eine unklare und verschwommene Vorstellung von der Führungsakademie der Bundeswehr. Noch weniger wußte ich von ihrer theoretischen Bedeutung für den weiteren Lebensweg. Kam bei der Marine das Gespräch auf die FüAk, dann wurde entweder auf Kosten der Heereskameraden[232] gelästert oder abfällig auf die bekannten Absolventen verwiesen. „Der Tischtennislehrgang" in Bad Ems, konnte man immer wieder hören. Die Kragenspiegel für den Generalstabsdienst, die karmesinroten Biesen an den Hosenbeinen und der Zusatz für den Dienstgrad mit „i.G." boten ja auch genug Angriffsfläche für Spott.

Keiner der führenden Offiziere der Marine hatte damals eine höherwertige Ausbildung. Zum Beispiel Paul H.: Er war als Oberleutnant z.S. und Kommandant mit seinem UBoot 1941 versenkt worden und in kanadische Kriegsgefangenschaft geraten. Dort lernte er Englisch. Ansonsten war die UBootsausbildung das Einzige, was er je bei der Marine nach der Offizier-Hauptprüfung in Mürwik als Lehrgangsteilnehmer lernen konnte.

Man mußte den Eindruck gewinnen, daß man Offiziere auf diesen Lehrgang schickte, auf die man auch 2 Jahre verzichten konnte. Zielstrebige Offiziere wie der Marineflieger Günther L. lehnten diese Ausbildung ab mit der Begründung, man könne in dieser Zeit auch etwas Nützliches tun. Der Ruf der FüAkBw bei der Marine blieb denkbar schlecht, „Blankeneser Bauernbühne" hieß das Institut. Es war also nicht zu erkennen, ob die Kapitänleutnante, die sich nicht qualifiziert hatten oder auch die qualifizierten, die nicht zur FüAk geschickt wurden wie z.B. Paulchen S. und Moses T. aus meiner Crew, nicht auf einem viel besseren Wege waren als wir.

Erst am 15. November 1967 trat ich meinen Dienst in Hamburg an und meine Lehrgangskameraden hatten schon 6 Wochen gelernt. Die Begrüßung war sehr nett, besonders gefiel mir, daß ich gleich – zusammen mit Hein W. (8. ASTO) und Dieter W. – zum Korvettenkapitän befördert wurde. Unser Lehrgang, der 9. ASTO, bestand aus 12 deutschen, einem

---

232 Luftwaffe auch, aber weniger

französischen und einem US-amerikanischen Offizier und war eine gelungene Mischung unterschiedlichster Charaktere und Hintergründe. Zum Ende des Lehrganges schrieben wir eine Chronik, und ich kann mir nichts Besseres denken, um den Lehrgang und seine Vorgesetzten vorzustellen, als aus dieser Chronik zu zitieren:

Butcher B.: Listenreich und sehr humorig hat er während der 2 Jahre nicht nur die Klippen des Lehrgangs sauber umschifft, sondern auch sein Kapital offensichtlich beträchtlich vermehrt. Er blieb jedoch bescheiden und trat nur während der letzten Monate vornehmlich als Bauherr in Erscheinung. Seine Fähigkeiten als Karikaturist und Prokimaler sind beachtlich und wurden von allen Kameraden hoch geschätzt. Dem Gabiko[233] hat er in den Reihen des Lehrgangs viele neue Freunde verschafft.

Claudius Lucius F. (Frankreich): Sorgsam beobachtend, mit ausgewogenem Engagement und liebenswürdigem Temperament wand er sich geschickt durch die Fährnisse der Akademie und brachte es zu besonders beachtlichen Leistungen im NATO-Chinesisch. Seine Kameraden verblüffte er oft durch seine Detailkenntnisse der deutschen Sprache und rettete manchmal die Situation durch seinen hintersinnigen Humor. Die Gastlichkeit im Hause F. erfreute sich größter Beliebtheit.

Jo M.: Aufgrund besonderer geistiger und sonderbarer körperlicher Merkmale ein wesentlicher Bestandteil des Lehrgangs. Zitate zu jedem Anlaß. Die Fähigkeit, ein Auge beliebig lange im „verschärften Verschlußzustand" halten zu können und seine Kunst, unsinnigste Bemerkungen und Kommentare mit ernstestem Gesicht vorzubringen, kennzeichnen seine wesentlichen Beiträge zum Überleben des Lehrgangs. Seine Devise: „A collision in the morning can ruin the whole day" war ein treuer Begleiter und oftmals Wegweiser für seine Kameraden.

Erich M.: Als Hörsaalältester bewährte er sich als idealer Prellbock zwischen der unruhigen Generation und dem Establishment, aber auch als Schlichtungsinstanz, die es verstand, den manchmal überquellenden Schaum der 14 Temperamente zu bremsen und den Arbeitsfrieden zu erhalten. Sein Sinn für ausgesuchte Fremdwörter und Amerikanismen hob das intellektuelle Niveau des Lehrgangs beträchtlich. Einhaltung von Zeiten gehörte nicht zu seinen besonderen Stärken.

---

[233] ganz billiger Korn

Rainer R.: Eine ideale Verbindung von kernigem Seemann, der vor allem auch für die Seefahrt Verständnis hatte, und Flieger war er geradezu dazu prädestiniert, die Führung akademisch zu erlernen. In der Gemeinsamen Ausbildung mit den parallelen Lehrgängen von Heer und Luftwaffe brachte er es in einer Joint-Übung zu höchsten Befehlshaber-Ehren. Mindestens ebenso hervorragend, bei seinen Kameraden aus sehr vordergründigen Motiven auch beliebter war seine Fähigkeit, dem „Zerrwanst" Musik zu entlocken. Das machte manches unserer Feste erst zu dem, was es nachher war. Besonderes Merkmal: Grundstückseigentümer und ebenso passionierter wie wild entschlossener Bauherr.

„Vater" R.: Die dynamische Entwicklung der Dinge am frühen Morgen lag ihm weniger, aber er konnte, wenn er erst seinen Kaffee gehabt hatte, zur Verwunderung seiner Kameraden zu höchsten Formen auflaufen. Sein Aktenkoffer mit dem Wallstreet-Look gab ihm eine gewisse Seriosität, die durch eine intime Kenntnis des Aktienmarktes und des Wirtschaftsteils der „Welt", in vielen Unterrichtsstunden sorgsam erworben, eindrucksvoll unterstrichen wurde. Die damit im Hinblick auf die Vermehrung seines Kapitals bewiesene Ordnungsliebe und Sorgfalt konnten bei sonstigen Dingen nicht so sehr beobachtet werden.

Charly R.: Allzeit ein fröhliches Wort auf den Lippen und ein Bonbon in der Tasche. Wegen seines begnadeten, mit akribischer Ordnungsliebe gepaarten Organisationstalentes hat er sich besondere Verdienste um den Lehrgang und die Bewunderung der Kameraden erworben. Wie oft wären sonst Termine verschwitzt, Arbeitsergebnisse in desolatem Zustand abgegeben worden oder Papiere verloren gegangen. Besonders kamen uns diese Eigenschaften bei der Vorbereitung von Festen zugute, wofür ihm unser aller Dank gebührt. Zu seiner klaren Persönlichkeit paßt ein mutiges Bekenntnis zu Logistik.

Klaus Sch.: Nüchtern und klar denkend und sachlich an die Dinge herangehend hat er es verstanden, sich nie von einer Euphorie mitreißen zu lassen. Darüber hinaus ist es ihm geglückt, Kameraden, die gerade zum Flug in höhere Sphären abheben wollten, wieder zu einem festen Halt in den Niederungen des Daseins des deutschen Seeoffiziers zu verhelfen. Neigte dazu, an unerwarteten Stellen grundsätzlich zu werden. Nie verlor er seine bewunderungswürdige heitere Gelassenheit.

Radi S.: Haltung, Geist und Auftreten repräsentierten das kaiserliche Element im Lehrgang. So war er bei allen offiziellen Angelegenheiten gut vorzuzeigen und bei festlichen Anlässen stets am Tisch des Kommandeurs zu finden. Ohne schwerwiegende Bedenken vertraute ihm der Lehrgang seine Kasse an. Die Kunst, einen höchstinteressierten Gesichtsausdruck zur Schau zu stellen und dabei doch an die Weite der See zu denken, hat er meisterhaft kultiviert.

Alfons T.: Er war sowohl der Älteste unter uns als auch der ruhende Pol, dessen es manches Mal bedurfte. Unbestritten war er aber auch die anerkannte Autorität in Sachen Reisekostenrecht, Umzugskostenrecht und Besoldung und konnte so manch frohe Hoffnung auf zu erwartenden Geldsegen wecken, die dann auch meist verwirklicht wurde. Als Refü des Lehrgangs auf den Reisen hat er sich um uns alle verdient gemacht und die Grundsätze sparsamer Haushaltsführung beachtet.

Joe W. (USN): Seine Teilnahme am Lehrgang hat nicht nur die Durchschnittskinderzahl in die Höhe getrieben (7!), sondern auch einen Hauch der großen weiten Welt (sprich USN) in den Lehrgang gebracht. Er war ein „real fighter pilot" und wurde zum „command pilot" umfunktioniert. Seine Ansichten über Deutschland hatte er zu korrigieren: die Deutschen singen eben doch nicht so viel! Trotzdem war er dem Deutschen sehr zugetan: er spielte Doko gewitzt wie ein holsteinischer Bauer, trank Bier wie ein bayrischer Almhirt, sprach wie ein ostpreußischer Landedelmann und erlebte „Swinging Hamburg" staunend wie ein Hinterwäldler aus dem Zonenrandgebiet. Sein Repertoire an Stories war unerschöpflich, sein „Baby" unverwüstlich und seine Parties einsame Klasse.

Achim W.: Er war der Denker unter uns. So manches Mal durchdrang er mit scharfem Verstand das dornige Gestrüpp von Ausgangslagen und biß sich mit unbeirrbarer Zielgenauigkeit und angewidertem Gesichtsausdruck an Knotenpunkten fest, die dann verwirrte und verblüffte Lehroffiziere lösen mußten. Trotzdem oder gerade deshalb war er höchster Wertschätzung sicher, was sich in der Übertragung der Befehlshaberrolle in der Abschlußübung niederschlug. Es war die Orange-Partei, aber daß seine Name hierbei eine Rolle gespielt haben soll, ist wohl nur ein Gerücht und durch nichts bewiesen. Bevölkerungspolitisch ist er noch nicht in Erscheinung getreten.

Dieter W.: Von stattlicher, vertraueneinflößender Statur war er einer der würdigsten Repräsentanten des Lehrgangs. Ungeteilte Bewunderung errang er unter anderem durch seine Bewältigung der 5000 m, wobei er seine letzten Reserven mobilisierte. Doch war es sicher nicht diese wichtige Fähigkeit allein, sicher auch nicht gewisse parteipolitische Präferenzen, die ihm die Befehlshaberrolle der BLAUEN Partei bei der Abschlußübung eintrug. Im Übrigen opferte er sich zur Erleichterung seiner Kameraden oft auf, wenn Diskussionen, besonders das lebenskundliche Gespräch drohten, Monologe zu werden. Der Heusinger-Preis als Jahrgangsbester war wohlverdient, er brachte ihm große Ehren und bescheidenen Wohlstand.

Blue Braun: Mit herrlichem Humor, Schlagfertigkeit und einem nicht zu überbietenden Reservoir an Schnacks gelang es ihm des Öfteren, die Stimmung der Truppe zu retten, bzw. auch, je nach Bedarf, das L-Team als Ganzes oder auch einzelne Lehroffiziere zu verunsichern oder an den Rand der Frustration zu bringen. Sein „Kommen Sie doch nicht immer mit sachlichen Argumenten, Herr Kapitän" diente aber immer nur der Sache. Den Kampf gegen den Zeitmangel auf Kurz-Lehrgängen führte er mit besonderer Energie. Das Braunsche Rohr, jahrelang besonderes Kennzeichen, raucht allerdings nicht mehr.

Unsere Vorgesetzten in der Abteilung Marine hatten durchaus Feuerzangenbowlen-Niveau. Sie alle waren „Typen", fachliche und intellektuelle Qualitäten waren nach der Gaußschen Verteilungskurve vertreten.

Auch hier zitiere ich unsere Chronik:

Flottillenadmiral Fridolin K.: Kommandeur der Abteilung Marine bis September 1968. Milde, mit einem deutlichen Abstand zu den Niederungen des täglichen Dienstes, stand er der Abteilung vor. Seine würdige Erscheinung trat nur selten in dieselbe. Unbehindert ließ er das Lehrteam walten, das sich liebevoll auf die Lehrgänge konzentrieren konnte.

Zu Höherem berufen verließ er uns bei Halbzeit und wurde Befehlshaber im Wehrbereich I.

Flottillenadmiral Theodor von M.: Kommandeur der Abteilung Marine ab Oktober 1968. „ .... Herausarbeiten von Prinzipien, nicht von Rezepten." (Genannt: Der weiße Nordlandhirsch)

Um den Kameraden von Heer und Luftwaffe den Schock einer abrupten Änderung zu ersparen, wurde ein Mann Kommandeur, der – gleich seinem Vorgänger – so aussieht und so auftritt, wie sie sich einen richtigen Admiral vorgestellt haben. Bisher Kommandeur aller deutschen Zerstörer übernahm er nach einer tiefschürfenden, den akademischen Anforderungen genügenden Antrittsrede das Kommando.

Mit bewußtem Farbgefühl wurde die Vielfalt der möglichen Marineuniform-Kombinationen ausgeschöpft und erfreuliche Ausblicke auf mögliche modische Entwicklungen gegeben. Mit Schwung und Hartnäckigkeit baute er – mit Ideen um sich schießend – eine zweite Front im Rücken des überraschten Lehrteams auf. Dieses – durch Häuptlingswechsel befreit und auf der Suche nach einem neuen, weniger autoritären Stil – sah sich unvermutet in einen Zweifrontenkrieg verwickelt, der den Druck auf unsere Front merklich abnehmen ließ.

In unnachahmlicher Art setzte er sich über Programme, Zeit- und Stundenpläne hinweg. Furcht und Bewunderung lösten seine abschließenden Bemerkungen aus, die sich zwischen kurzen „unclear singles" (er meinte signals) und Korreferaten bewegten, die den eigentlichen Vortrag in Länge bei weitem übertrafen.

Kapitän zur See J.: Lehrgruppenkommandeur (Genannt: Exzellenz)

Am Fuße dieses Lehrgangs darf „L" nicht unerwähnt bleiben. Er war stets um einen guten Stil bemüht und prägte die bereits klassisch gewordene Forderung nach dem selbstverständlichen Wohlwollen. Mit besonderer Liebe befaßte er sich und uns mit den Geheimnissen des CBA-Bereiches (COMBALTAP) und gab Einblicke, die wir gern auch an anderer Stelle gehabt hätten.

Er hat eine beneidenswerte Meisterschaft in zusammenfassenden Dankesreden an externe Vortragende entwickelt, die es ihm in der zweiten Hälfte des Lehrgangs sogar erlaubte, würdigend zusammenzufassen, ohne den Vortrag gehört zu haben.

Als er einmal über die Grundsätze der Kriegsführung sprach, gelang ihm folgende Erklärung von „Cooperation" „... in der heutigen Zeit, wo die Zusammenarbeit immer, immer notwendiger wird, ist es immer notwendiger, die Zusammenarbeit zu bedenken und zu pflegen."

Zu „Surprise" trug er bei: „Wenn die Überraschung bekannt wird, ist sie keine mehr." Von allen begrüßt wurde seine Unterstützung durch den jetzigen Leutnant zur See E., der aufgrund seines Haarschnittes entfernt an eine Vorzimmerdame erinnert. Im Oktober 1969 übernimmt er die Aufgaben des Standortkommandeurs von Hamburg.

Fregattenkapitän Rudolf A.: Hörsaalleiter bis September 1968 (genannt: Fietje). Als Riegenführer war es ihm in kurzer Zeit gelungen, ein erfreuliches Verhältnis zu und in seiner Riege herzustellen. Von seiner besten Seite zeigte er sich immer dann, wenn er aus der reichen Erfahrung des See- oder Stabsfahrers schöpfen konnte. Von „Schauschwimmen" sprach man verständnisvoll, wenn er sich mit einem der berauschenden Hörsaalleiter – Themen abmühte. Sein größter Verdienst besteht in der Schöpfung und Interpretation des Ausdruckes „differenziertes Lerninteresse", was manches hier erträglicher machte. Bei Halbzeit wurde er als für die Militärpolitik unentbehrlich zum Fü S versetzt.

Kapitän zur See Klaus B.: Hörsaalleiter ab Oktober 1968 (genannt: Nobody). Er löste – vom Flottenkommando kommend – unseren Erich als Interims-Hörsaalleiter ab. Wohl kam er, aber er war nicht da. Es entstand der Eindruck, als ob der in Jahren angespeicherte Urlaub nur durch Kuren zu bekämpfen wäre. Nach anfänglichem Zögern kam er öfter zum Dienst, ohne daß der Eindruck entstand, daß es ihm später aufgrund der Gewöhnung leichter fiel.

Seine umfassende humanistische Bildung bricht immer wieder durch die rauhe Soldatenschale und nimmt fast unweigerlich die Form schwergewichtiger Zitate an. Ständig werden einem die Lücken der eigenen Bildung vor Ohren geführt. Mehrere alte und neue Weltsprachen, die er fließend beherrscht, kämpfen ständig in seinem Inneren mit der Muttersprache und führen nicht selten zu einem stark erhöhten Durchsatz von Fremdwörtern. Entschlossen ging er das Problem an, „... die noch verbleibende Leere durch eigene Stunden auszufüllen."

Was die Eigenwilligkeit des Anzuges betrifft, erfüllt er die Voraussetzungen zur Beförderung zum Flottillenadmiral.

Fregattenkapitän G.: LSG *(Lehrstabsoffizier Seekriegsgeschichte)* (genannt Vater oder Weihbischof). Seinem Namen alle Ehre machend, nämlich die Güte in Person, versuchte er den Lehrgang der maritimen Historie zu verpflichten. Von Thukydides über Thomas Morus hat er mit kühnem

Gedankenbogen die Brücke zur modernen Zeit geschlagen, ohne jedoch uns damit zu erschlagen. Als Chefmentor von Amts wegen mit der Methode des wissenschaftlichen Arbeitens (Latzeologie) befaßt, machte er sich die Theorie von der Mathematisierbarkeit aller Stoffgebiete rückhaltlos zu Eigen. (Wo der Deutsche hingrübelt, wächst kein Gras mehr). Mangels Anlässen zur Begeisterung ließ er sich des Öfteren von der eigenen mitreißen.

Ein wahrer Vater, ein wirklicher geheimer Admiralitätsrat, der wegen seiner Verdienste um den Lehrgang „a la suite" gestellt werden sollte. Schade, daß die FüAk nicht in St. Blasien ist.

Fregattenkapitän Roland H.: LA 2. Er spricht so, wie seine Mütze aussieht oder so, wie ihm der Mund gewachsen ist. Kritikern kam er mit der Feststellung zuvor: „Ich habe wohl heute einen Fusel in der Schnauze."

Er erkannte die Grenze zwischen der BRD und der SBZ als erster in ihrer Funktion und nannte sie konsequent „Demokrationslinie". Unermüdlich – mit der Schrittzahl italienischer Gebirgstruppen – war er unterwegs und verstand es, selbst auf dem Wege zur Kaffeepause einen völlig überlasteten Eindruck zu machen. Nicht unerwähnt bleiben darf die Tatsache, daß er als einziger Lehrer durch eine Klassenarbeit seine Lehrerfolge überprüfen wollte.

Fregattenkapitän Dr. R.: LA 3 bis September 1968 (genannt Marabu, Dr. Mabuse). Während des ersten Jahres war **er** das Lehrteam. Sein umfassendes (Besser -) Wissen über alles, seine messerscharfe Logik, seine entschlossenen Ausweichmanöver in Gefahrenlagen machten ihn zu einem unschlagbaren Diskussionsgegner; hinzu kam, daß er es fertig brachte, sich auf solche Diskussionen vorzubereiten. Er war absolut unfähig, sich zu irren. Trotz häufiger theoretischer Hinweise auf Wert und Bedeutung der Methodik blieb er die praktische Anwendung schuldig. Noch heute ist die Streitfrage offen, ob es

a) Mangel an Zeitgefühl

b) unheimlicher Fleiß oder

c) eine unbekannte Schwäche

war, die ihn zu nächtlichen Stunden oder an Feiertagen an seinen Schreibtisch zwang.

Bisher hat keiner versucht, die Lücke zu schließen, die durch seine Versetzung zur Stabsakademie entstand.

Fregattenkapitän W.: LA 3 ab Oktober 1968 (Genannt: Ernst-Ludwig). Er war A 3 Plans des Flottenkommandos, bevor er an der Akademie in ein Erbe getreten wurde, das er – wegen der hohen Hypothekenlast – wahrscheinlich gar nicht wollte.

Meisterlich beherrscht er die Kunst, in unverbindlichstem Tonfall plaudernd äußerst verbindliche Dinge zu sagen. Unübersehbar hatte ein Mensch die Führung des Lehrteams übernommen. Obwohl auch er sich nicht immer von Gymnasialprofessoren-Reaktionen freimachen konnte, zeigte er die Richtung zum Miteinander als neuen Stil an.

Extrem schwierig ist es, seinen freundlichen Gesichtsausdruck zu deuten: Man weiß nie so genau, ob er lächelt – oder grinst. Nur selten entstand für uns der Eindruck, daß er von seinem Arbeitseifer vorwärtsgetrieben wurde; es schien eher, daß er wie Richard Kimble auf der Flucht war.

Tadelnswert: Er nimmt nicht alles so ernst, wie man es akademisch gesehen nehmen könnte.

Fregattenkapitän Willi B.: LA 4 bis April 1969 (Genannt: C & C-Willi). „So merkwürdig es klingen mag, so gibt es unmittelbar bis zum Ausbruch eines Krieges kein auch nur allgemeines Verständnis für die vollständige Bedeutung der Logistik." (Admiral Robert B. Carney, USN)

Die Tatsache, daß er nicht in unsere liebgewordene Vorstellung vom Versorgungsoffizier hineinpaßte, läßt vermuten, daß es sich bei ihm um eine Urform des deutschen Logistikers handelt. Während er sich bei seinem Unterricht über logistische Themen nicht von typisch deutscher Schwärmerei und von Zukunftsmusik freimachen konnte, sind seine Verdienste auf dem Gebiet der allgemeinen Führungslehre gar nicht hoch genug zu schätzen. Die „Bollerologie" ist ein Meilenstein, der Sockel zum Denkmal. Hatte er Schwierigkeiten mit der deutschen Sprache, rettete er sich in das ihm viel geläufigere Französisch und ließ Claude dann ins Deutsche übertragen. Es ist nicht zuletzt seine Schuld, daß sich Charly und Alfons, sonst doch ganz normale Menschen, soweit vergaßen, sich öffentlich zur Logistik zu bekennen. Vergeblich sucht er nun beim BSN in der Praxis nach seinen Theorien.

Korvettenkapitän Sch.: LA 4 ab April 1969 (genannt Reinhold, das Nashorn). Klug hatte er seine Wohnung in Hamburg verteidigt und kam nun vom BSN zu uns zurück. Uns von den Höhen Bollerscher Denkmodelle und futuristischer, abstrakter Analyseprozesse in den Sumpf logistischer Tagesprobleme zurückgeführt zu haben, ist sein großes Verdienst.

Auf der Auslandsreise war er ein angenehmer Reisekamerad; seine unterwegs angeblich beim Öffnen eines Fensters gebrochene Hand gab Anlaß zu den wildesten Vermutungen (War es wirklich ein Fenster? Wenn ja, war es sein eigenes? Von innen oder von außen?) Zumindest ist die Geschichte wegen ihrer Unwahrscheinlichkeit gut erfunden.

Seine Konzilianz und seine Hilfsbereitschaft bewirkten, daß wir uns nicht in gegenseitigem Uneinvernehmen von ihm trennten.

Commander B. L USN (Genannt: Combenechan). Anfangs wußten wir nur wenig mit ihm anzufangen, was nicht zuletzt seiner eigenwilligen deutschen Aussprache zuzuschreiben war. Erstaunlich elegant und umfassend dagegen seine Englischkenntnisse, die ihm eine führende Stellung als Exeget der NATO-Bibeln sicherte.

Es dauerte etwas, bis wir den Schwejk durchschimmern sahen. Skurriler Humor mit Fachwissen machten ihn zu einer erfreulichen und wertvollen Bereicherung des Lehrteams. Oder anders: Er ist die Peter Stuyvesant des Lehrteams, der Duft der großen weiten Welt. Auch er ließ reichlich oft den nötigen Ernst vermissen.

Fregattenkapitän K.: LA 6 (Genannt: Happygolucky). „ .... die ihren Beruf lieben, machen eine ständige Verjüngungskur durch!"

Der Ruf, daß „kein Manöver ohne K." stattfände, eilte ihm voraus. Tatsächlich gelang es ihm, mit vollen Händen zu jedem Anlaß milde Lebenshilfe á la Readers Digest in Form der Sprüche des Tages verteilend, den Lehrgang zu überzeugen, daß wir in einer heilen Welt leben.

Seine manchmal anglophile Grundhaltung brachte ihn in Widerspruch zu seinem Herzensanliegen: der Neuordnung der NATO-Kommandostruktur in der Nordsee. Einer der ungelösten Widersprüche eines sonst sonnigen Daseins.

Er ist der ungekrönte Prokikönig der FüAk, der den Taubstummenunterricht zu ungeahnter Blüte führte. Doch beachtete auch er die Formel: Nie mehr als 16 Prokis/Sekunde, da sonst bewegliche Bilder entstehen. Für übertrieben halten wir die Behauptung, daß er nur auf Folien

246

schreiben könne. Ebenso große Erfolge waren ihm auf dem Immobilien- und Blumenmarkt beschieden (Wann haben Sie Ihrer Frau zum letzten Mal Blumen mitgebracht?) Seit Monaten wird er zur Marinefernmelde- schule versetzt.

Korvettenkapitän Stony St.: LA 3F. Sein Wahlspruch: „Selbstbe- herrschung ist die Summe aller Versäumnisse." (Laotse)

Er war uns zwei Jahre lang auch außerdienstlich ein treuer Beglei- ter, von dem man nie ganz wußte, ob er nun ein „Kamerad" oder ein „äl- terer Kamerad" war. Es ist jedoch anzunehmen, daß er es selber oft nicht wußte.

Seine knappe, aber prägnante Art, das, was C&C-Willi noch übrig ließ, darzustellen, hob sich wohltuend von manchen anderen ab, obwohl er zuweilen dem Irrtum unterlag, daß prononciertes Sprechen mit prononc- ciertem Denken identisch sei.

Nach allen Seiten Jovialität versprühend, Gesichtspunkte statt Sommersprossen fordernd und manchmal fröhlich tönend war er durch- aus eine Belebung im Gebäude M.

Bewundernswert war seine intime Kenntnis der Personalia der Ma- rine, von denen der Lehrgang oftmals profitierte. Sein „hervorragend!!" genoß auch bei den anderen Waffenfarben eine positive Berühmtheit.

Fregattenkapitän H.: A 3 Abteilung Marine. Als Mann hinter den Kulissen und Schreiber lehrgangsfreundlicher Reisebefehle hat er sich das Wohlwollen des 9. ASTO zugezogen. Wesentlich dazu beigetragen hat auch seine stets gleichbleibend freundliche Miene, die in dieser Intensität bei anderen Angehörigen der Abteilung Marine nicht zu beobachten gewe- sen ist und von einer wohltuenden Distanziertheit zu den Dingen und von heiterer Gelassenheit zeugte. Dieses Persönlichkeitsmerkmal führte zu dem Bonmot, der Kommandeur könne ihn überall hinschicken, nur nicht zu einer Beerdigung. Seine Hilfsbereitschaft hat uns den üblichen Ärger bei der Abwicklung von Administrativa erspart.

Das war die menschliche Umgebung, in der wir zwei Jahre ver- brachten und mehr lernten und profitierten, als wir es uns damals einge- standen haben. Die Voraussetzungen für eine erfolgreiche und erfreuliche Zeit waren überwiegend gut. Wir waren alle – einschließlich der Ausländer – mit unseren Familien nach Hamburg umgezogen, auch die Lehrer wohn- ten alle dort. Das förderte den Zusammenhalt und machte den Lehrgang auch menschlich wertvoll. Die Crewzugehörigkeit trat dahinter zurück, denn zwei gemeinsame Jahre, unbeschwert und auch ohne jede Konkurrenz prägen sehr, vielleicht mehr als die Crew.

Jeder ASTO-Lehrgang absolviert auch einen zwei- oder dreiwöchigen Lehrgang bei der Seetaktischen Lehrgruppe, so daß ich vorher schon alle Lehrstabsoffiziere als meine Schüler erlebt hatte und ihre Fähigkeiten im Bereich der Taktik und Fernmelderei kannte. Nach kurzer Zeit wurde mir der Lehrauftrag für diesen Bereich übertragen, weil es für unsere Lehrstabsoffiziere mit einem Schüler wie mir zu schwierig war. Außerdem konnten wir so unnötige Fehler in der Lehre vermeiden.

Abgesehen von der Tatsache, daß sich Marineoffiziere von ihren Heeres- und Luftwaffenkameraden durch ihre Einstellung und Erziehung unterscheiden, kam auf der FüAk hinzu, daß wir unsere Qualifikation zum Stabsoffizier mitbrachten. Alle wurden dort befördert, während für die anderen TSK die erste Hälfte der FüAk erst der Laufbahnlehrgang war. Unsere „Fehlfarben-Kameraden" wurden in der Demut des Pennälers gehalten, waren auffällig eifrig und rannten, um pünktlich zu sein. Das gab es bei uns nicht. Taktikunterricht war das Hauptfach des Heeres-Hörsaalleiters, es war von entscheidender Bedeutung. Daß ich bei uns den Taktikunterricht gab oder später Erich M. den Hörsaalleiter gar vertrat, blieb ihnen unverständlich.

Durch den gemeinsamen Unterricht lernten wir viele unserer andersfarbigen Kameraden näher kennen. Der gemeinsame Unterricht war sehr nützlich und erweiterte den Horizont. Noch wichtiger blieb jedoch, daß sich Bekanntschaften oder gar Freundschaften entwickelten, die während der gemeinsamen Dienstjahre vieles möglich oder zumindest leichter machten. Unser ständiges abfälliges Lästern über „i.G." und das Zubehör zeigte Wirkung. Die Marine hatte als Ziel des Lehrgangs die Ausbildung von „Führungsgehilfen" festgelegt. Die anderen Teilstreitkräfte bildeten „Führungsnachwuchs" aus. Dieser feine Unterschied war erzieherisch bedeutend, und wir lebten gut damit.

Dem späteren Inspekteur Ansgar B., der als Fregattenkapitän an der FüAk lehrte, wird folgende Anekdote zugeschrieben. Als der Fü S wieder einmal drängte, als Vereinheitlichung auch bei der Marine das „i.A."[234] einzuführen und durch besondere Abzeichen sichtbar zu machen,

---

[234] im Admiralstab

wehrte sich die Marine wieder mit Nachdruck. Sie wollte die Spaltung des Offizierkorps wie beim Heer vermeiden und sah auch sonst keine Vorteile. B. wurde gefragt, warum die Marine denn nur so starrköpfig ablehne. Schlau drehte er den Spieß um und behauptete, erst antworten zu können, wenn er wüßte, warum das deutsche Heer den „i.G." braucht.

Heeresantwort: Rußlandfeldzug, westlich von Smolensk direkt hinter der HKL[235] schneiden sich drei Straßen, die für vorrückende Truppenteile, Nachschub und Rückläufer von der Front gleich wichtig sind. Auf der Kreuzung entsteht ein Stau. Nichts geht mehr. Ein Oberstleutnant i.G. erkennt die Lage, stellt sich in die Mitte der Kreuzung und öffnet seine Feldbluse, damit die Kragenspiegel sichtbar werden. Er regelt erfolgreich den Verkehr, denn nun wissen alle, daß ein Offizier mit Durchblick die Sache in die Hand genommen hat, und alles klappt bestens.

Alle Augen hingen an B., der freundlich antwortete, daß er nun glasklar erläutern könne, warum die Marine das alles nicht braucht: Bei uns gibt es keine Kreuzungen! Diese Geschichte kannten unsere Heereskameraden auch. Wir impften ihnen ein, daß man in der Marine an Fähigkeiten, Leistung und Haltung erkennen könne, wer diese wertvolle Ausbildung durchlaufen hat. Abzeichen seien unnötig und deswegen peinlich. Unsere Heereskameraden produzierten einen offiziellen Vorschlag zur Abschaffung des „i.G." Blitzschnell landete dieses Papier beim Inspekteur des Heeres und genau so schnell sein Stellvertreter in Hamburg. Unsere mutigen Heereskameraden wurden in einen schalldichten Raum geführt und dort „überredet", auf ihre Initiative zu verzichten.

Da ich nur halbtägig dienstfähig war, hatte ich eine sehr angenehme Zeit, auch wenn ich davon nur selten Gebrauch machte. Eine Nachuntersuchung in Sanderbusch erbrachte für mich die Auflage, eine Kur zu machen und die Genehmigung, eine Sonnenbrille im Dienst zu tragen, weil ich lichtempfindlich geworden war. Der zivile Vertragsarzt der FüAk lehnte die Kur ab mit der Begründung, daß Lehrgangsteilnehmer keine Kuren machen. Meine prompte Beschwerde war erfolgreich, der Arzt verließ die FüAk, und ich ging für 6 Wochen in Kur. Wegen meiner Einschränkungen wurde der Termin für meine Jahresarbeit aufgehoben, ich sollte vor Ende des Lehrgangs abgeben.

---

[235] Hauptkampflinie

Irgendwann einmal wurden Dieter W. und ich unter allen Zeichen der Geheimhaltung an die Seite genommen. Wir erhielten einen streng geheimen Sonderauftrag, bei dem es um maritime Maßnahmen ging. Darunter verstanden wir unkonventionelle, auch nicht militärische Maßnahmen und Mittel, um den Warschauer Pakt oder einzelne Mitgliedsländer vor oder bei Ausbruch feindseliger Handlungen zu behindern. Ein typisches Beispiel ist das Slippen der Oberdecksladung von Holzfrachtern, um Durchfahrten zu blockieren oder gefährlich zu machen.

Wir arbeiteten mit Feuereifer und stellten einen Katalog zusammen, der sich auch zu möglichen Folgen und Reaktionen äußerte. Beim Schreiben der Endversion fügten wir mitten im Text ein: „Wer beim Lesen bis hierher gekommen ist, kann sich bei den Korvettenkapitänen W. und Braun eine Flasche Schnaps abholen." Der Katalog wurde mit „Streng geheim" eingestuft und ging nach Bonn. Als W. Generalinspekteur wurde, sprachen wir darüber und stellten zu unserem Vergnügen fest, daß keiner je darauf angesprochen wurde, konnten das Dokument aber auch nicht mehr finden.

Natürlich besuchten wir auch die Seetaktische Lehrgruppe, um dort in 14 Tagen einige Übungen am ASTT zu fahren. Das war nun wirklich ein schönes Heimspiel für mich. Knapp 4 Wochen schickte man uns dann nach Koblenz an die Schule für Innere Führung. Wir gewannen schnell den Eindruck, als ob unser Erscheinen die Dozenten geradezu entfesselt hatte. Mit mehreren Breitseiten wurden Vorträge auf uns abgefeuert, die nur selten zu verstehen waren. Gleich zu Beginn verabredeten wir, jeder sollte notieren, was ihm an wunderlichen oder abstrusen Begriffen begegnete.

Ich erinnere den Vortrag eines Pfarrers, bei dem ich kaum mit dem Notieren nachkam. Der Vortrag konnte nur den Zweck verfolgen, uns unsere Unbildung deutlich zu machen. Anschließend verbrachte ich mehrere Stunden in der Bibliothek und übersetzte das Gehörte, ohne aber viel zu verstehen. Häufig kam „organologisch" vor. Erst mit Hilfe der Bibliothekarin fand ich in einem Konversationslexikon von 1906: „ ....die Orgelbaukunst betreffend... " Aus dem Zusammenhang konnte ich schließen, daß er so etwas wie die Prinzipien des organischen Aufbaus meinte. Bei seinem nächsten Auftritt habe ich ihn damit „erlegt". Zu seiner Entlastung muß ich aber hinzufügen, daß er nach 2 oder 3 Tagen mit einem Konzept seines Vortrages erschien, in dem so gut wie keine Fremdwörter mehr vorkamen. Ein Professor erwähnte gar in einem Vortrag mehrfach das „elektrische Radar", so daß der dicke W. ihn dann unterbrach und fragte, ob er damit den Unterschied zum Dampfradar herausarbeiten wolle.

In Vorbereitung des Abschlußabends trugen wir unsere Notizen zusammen, daraus wurde ein sehr lustiges Beisammensein. Wir verzichteten auf einen Sketch, W. und ich trugen eine alphabetische Liste unserer Fundstücke vor. Durch die Sinnlosigkeit dieser Zusammenstellung wurde alles noch schlimmer. Einer unserer Lehrer hatte sich oft mit „sekundären Resonanzböden" befaßt, was in unserer Auflistung zu der Vermutung Anlaß gab, es handele sich um die Vorstufe der tertiären Resopalböden.

Wir ernteten viel Gelächter, während das Kollegium unter dem Vorsitz von Admiral C. recht betreten wirkte. Den Gnadenstoß setzten wir mit einem Zitat des früheren Kommandeurs dieser Anstalt General de M.: „Üben sie Sprachzucht. In ihr zeigt sich geistige Disziplin. Die Verwendung von Fremdwörtern und überdehnten Satzkonstruktionen verraten noch keine Wissenschaftlichkeit." In dieser „erkenntnistheoretischen Kategorie der Komplementarität" endete dann dieser schöne Lehrgang - oder wie – oder was?

Der Wahlspruch der FüAk lautet: MENS AGITAT MOLEM, was ungefähr bedeutet, daß der Geist die Masse bewegt. Damals schon war er bei den Lehrgangsteilnehmer abgewandelt zu MENS AGITAT MOSLEM oder auch MENS AGITAT NOLENS VOLENS.

Zu den Sahnehäubchen unserer Ausbildung gehörten unsere Reisen, die natürlich „Belehrungsreisen" hießen. Sie einzeln zu schildern, würde zu weit gehen. Wir haben sehr viel gesehen und gelernt, wir hatten sehr viel Spaß und konnten nicht immer verhindern, in Pennälermuster zurückzufallen.

Dann holten mich auch meine Sünden und Versäumnisse aus meiner Kommandantenzeit ein, als ich eine Vorladung der Zollfahndung Hamburg erhielt: Es ging immer noch um die sogenannte „Zollaffäre", in deren Verlauf viele Offiziere der Steuerhinterziehung beschuldigt wurden, weil der Nachweis über den Verbrauch von zollfreien Waren fehlte oder falsch war. Sicher hatten auch einige Kameraden der Versuchung billiger Zigaretten, günstigen Schnapses u.ä. nicht widerstehen können, aber insgesamt fühlten wir uns von unserem Befehlshaber Vizeadmiral H. im Stich gelassen, als er uns alle einfach den Nachforschungen auslieferte und nichts für uns tat.

Seit meinem ersten Tag auf der „Spica" hatte ich ohne jede Ahnung gegen alle Vorschriften verstoßen, aber auch die Zöllner, mit denen wir täglich in unseren Stützpunkten zu tun hatten, waren bar jeder Ahnung. Ich kam kaum unter Druck, weil ein Nachfolger als Kommandant „Thetis", Kapitänleutnant Johannes H., als er von der beginnenden Untersuchung erfuhr, alle Unterlagen, die sich mit Zoll und Steuer, mit Lieferungen und Rabatten befaßten, in einem großen Feuer vernichtete und so alle seine Vorgänger freipaukte. Er selbst fing dafür einen Verweis ein, die einfachste aller Disziplinarstrafen. Meine Befragung dauerte fast 4 Stunden und war zu ertragen, weil die Fahnder keine Ahnung von Marinebelangen hatten und so häufig ins Leere stießen. Wenig später erhielt ich ein Strafticket von irgendeiner Finanzbehörde über ~ DM 195, -. Bei anderen war es, wie die Küstenklatschwelle berichtete, bis zu DM 30.000,00. Noch ehe ich gezahlt hatte, wurden alle Verfahren eingestellt, weil sich in einem Prozeß herausstellte, daß der Schiffseigner für die Steuerschulden seiner Schiffe einzutreten hat, also die Bundesrepublik Deutschland.

In der Kur schrieb ich meine Jahresarbeit zu dem Thema: „Die maritimen Interessen der SBZ". Ein undankbares, doofes Thema, daß mir aber befohlen wurde. Ich hatte alle Bücher mitgeschleppt, die ich brauchte, es war kein Problem. Über die Ergebnisse der Jahresarbeit war vor Lehrgangsschluß ein 30-Minuten-Vortrag vor beiden ASTO-Lehrgängen zu halten. Das war der „eingesprungene doppelte Rittberger mit Schleifchen" für die abschließende Bewertung, also ähnlich dem StOAL in Mürwik. Meine Jahresarbeit legte ich nur meinem Mentor, einem grundgütigen Oberstleutnant des Heeres vor. Seine Beurteilung war freundlich, auch wenn er jede Begeisterung vermissen ließ; als er mir die Jahresarbeit zurückgab, legte ich sie in mein Schließfach und vergaß sie dort.

So verwöhnt wie ich war, fand ich meine Beurteilung zu Lehrgangsschluß nicht berauschend, Nobody hatte einige giftige Pfeile eingebaut. Als er bei der Bekanntgabe auch einen Abschnitt über meine Jahresarbeit vorlas, fiel mir wieder ein, daß sie noch im Spind lag, und daß er sie bestimmt nie gesehen hatte. Er bewertete die Arbeit schlechter und auch wesentlich unverbindlicher als es verdient war. Als ich ihn fragte, woher er das alles wüßte, kam er in große Verlegenheiten.

Er forderte mich auf, den Irrtum nicht aufzugreifen und bot mir an, eine neue Beurteilung zu schreiben. Er hat mir nicht angeboten, meine Jahresarbeit zu lesen. Ich habe dann noch ein oder zweimal kräftig „nachgetreten", weil ich fand, daß er in der hohen Verantwortung als Disziplinarvorgesetzter und damit als Beurteilender in solch' einem entscheidenden Lehrgang versagt hatte.

In einem Anfall von Kleinmädchen-Stolz lehnte ich sein Angebot ab und ließ einen verdutzten Kapitän zur See zurück. Tatsächlich habe ich nie bemerkt, daß diese Beurteilung eine Rolle gespielt hätte. Wieder einmal bestätigte sich, daß bei einer Beurteilung auch der Name des Beurteilenden zählte.

Der Zusammenhalt des Lehrgangs blieb erhalten, denn nie in unserer Laufbahn waren wir zwei Jahre in einer engen Gruppe zusammen. Bis Anfang der 90er Jahre hat sich unser Lehrgang immer einmal wieder getroffen, und es blieb eine enge freundschaftliche Beziehung.

Aus meinem Lehrgang gingen hervor:

1 Admiral

1 Vizeadmiral

2 Konteradmirale

2 Flottillenadmirale.

Von unseren Vorgesetzten wurden zwei Konteradmiral und einer Flottillenadmiral. Nobody dagegen schaffte es nicht zum Admiral, was ich sehr in Ordnung fand; so war er gezwungen zu studieren, um sich und der Marine zu beweisen, welch' brillanter Kopf übersehen wurde.

Die zwei Jahre in Hamburg waren eine wunderbare Zeit, zwei Jahre ohne jegliche Verantwortung für Menschen oder Material. Wenn überhaupt, dann nur Sorgen wegen irgendwelcher Schularbeiten. Gemeinsam mit Freunden interessante Dinge lernen und erfahren hat unsere Aufbruchstimmung beflügelt. Dazu kam, daß unsere Familien am Ort waren und uns die Zukunft gehörte.

Kapitel 3

Stabsoffizier

Erster Offizier Zerstörer „Schleswig – Holstein"

Der Zerstörer „Schleswig-Holstein" (D 182) beendete gerade seine große Werftliegezeit bei Blohm und Voß in Hamburg, als ich zum 1.10.69 dort meinen Dienst antrat. Zwei Drittel der Besatzung fehlten noch, das Schiff sah wenig ermutigend aus. Ich machte Schiffskunde, bis ich jeden begehbaren Raum kannte und auch vieles wiederfinden konnte. Ich inspizierte sogar jeden Kessel von innen, eine wertvolle Erweiterung meines begrenzten schiffstechnischen Wissens.

Unser Kommandant war KKpt. Fritze R., aber er war noch nicht aufgetaucht. Er absolvierte wohl noch irgendwelche Lehrgänge. Von einem Stabsangehörigen hörte ich eine wundervolle Geschichte auf dem Wege der Küstenklatschwelle. An sich war als Kommandant der Fregattenkapitän Ewald Sch. vorgesehen, der mehrere Jahre bei der Personalabteilung geregelten Gehaltsempfang hatte. Er war ein versierter Minensucher, der noch nie einen Zerstörer bewegen durfte. Ein Schelm, der nun an Selbstbedienung oder so etwas denkt. Wenn mein Crewkamerad Moses so etwas hörte, dann antwortete er mit todernster Miene: Die Personalabteilung arbeitet an und für sich gut...

Mit großer Sorgfalt suchte Sch. sich über Jahre seine Offiziere zusammen und stellte eine „Offizierkorporalschaft" auf die Beine, die nichts zu wünschen ließ. Welch' wundervolle erzieherische Maßnahmen gehen der Marine – wenn auch viel zu selten – von der Hand. Er wurde kurzfristig umgeplant und bekam die „Hamburg"! Ich kannte ihn nicht, sollte ihn aber später zu meinem Leidwesen noch kennen lernen.

Um das Schiff nach mehr als einem Jahr zu neuem Leben zu erwecken, gab es mehr als genug zu tun, und für mich als IO war es angenehm, mich erst einmal nicht um einen Kommandanten kümmern zu müssen. Nach und nach versammelte sich die Offizier- und PUO-Belegschaft, Rollenpläne und Wach- sowie Divisionsgliederung wurden geschrieben. Mit den vorzüglichen Offizieren und wenigen, aber guten PUOs machte das Freude.

Nach einer Werftprobefahrt verlegten wir noch vor Weihnachten nach Wilhelmshaven, um uns auf die erste richtige Seefahrt vorzubereiten. Um den Rollenschwof ungestört und effektiv durchzuziehen, verlegten wir auf Schillig-Reede. Nachdem wir dort geankert hatten, übten wir bis in die früh beginnende Dunkelheit. Der Wind frischte immer mehr auf und der Nordwind brachte Schneefall. Der Wind entwickelte sich zu einem echten Sturm mit Stärke 10.

Zwei Kessel waren klar für 28 kn, die Brücke war besetzt. Gegen Mitternacht sollte der Strom kentern[236], und wie durch einen Zufall trafen sich der Kommandant, der IO, der Schiffsoperationsoffizier und der Navigationsoffizier auf der Brücke, um dem Anker-WO über die Schulter nach der Ankerpeilung zu sehen.

Der Strom kenterte pünktlich, der Anker schlierte[237] wie erwartet. Außer uns lag nur noch der zivilbesetzte Tanker „Eifel" (~ 6000 ts) auf Reede. Der Kommandant befahl, mehrere zusätzliche Kettenlängen zu stecken. Wir drifteten aber weiter auf die „Eifel" zu, mit der wir in UHF-Sprechfunkverbindung standen. Der Anker schlierte weiter.

Als wir schließlich den Anker mit 8 Kettenlängen hinter uns herzogen, empfahl ich dem Kommandanten, mit den Maschinen anzugehen und den Anker zu lichten. Der Sonardom war inzwischen vorsichtshalber in Dockstellung gefahren worden, um ihn nicht mit der Ankerkette beschädigen zu können.

Der Kommandant befahl aber, die restliche Kette zu stecken, weil er nicht über seine eigene Ankerkette fahren wollte. So drifteten wir trotzdem weiter und kamen der „Eifel" immer näher. Die Besatzung war inzwischen gereppt[238] worden, aber der viele Schnee an Oberdeck machte es sehr gefährlich, auf Manöverstation zu gehen. Als wir 11 Kettenlängen gesteckt hatten, schien es klar, daß wir eine Kabellänge östlich der „Eifel" vorbeidriften[239] würden. Die „Eifel" zeigte verständlicherweise Nerven, als wir immer näher kamen und steckte vorsichtshalber auch Kette. Als unser

---

[236] von Ebbe zu Flut

[237] über den Grund schleifen

[238] geweckt

[239] vorbeitreiben

Anker plötzlich faßte und wir auf die „Eifel" zu schwojten, befahl der Kommandant, die Kette zu slippen.

Da ich das noch nie gesehen hatte und mir auch das Risiko für die Seeleute unklar war, ging ich selbst mit einem schweren Hammer bewaffnet in den Kettenkasten. Der Kettenkasten war völlig leer (logisch) und der große Sliphaken sah mich bösartig an. Auf der Back hatte ich dummerweise den Kettenstopper lösen lassen und die Spillbremse war geöffnet. Mit einem Schlag löste ich den Haken und mit Donnergetöse rauschte die restliche Kette mit Haken durch den Koker und verschwand. Ich stand halbbetäubt in einer dichten Rostwolke.

Mittschiffs kollidierten wir mit dem ausladenden Bug der „Eifel" und rissen uns die Backbordseite großflächig auf, ehe wir freikamen. Kammern und Lüfterräume waren heftig beschädigt, und wir wußten, daß die Werft wieder auf uns wartete. Alle waren bedrückt und unsere Aufbruchstimmung hatte einen schweren Dämpfer erhalten. Als wir nach dem Einlaufen in der Messe frühstückten, kam einer der Offiziere herein mit dem hilfreichen Spruch: „A collision in the morning can ruin the whole day!"[240]

Mit Feuereifer machten wir uns daran, die verlorene Zeit aufzuholen. Während der nächsten Einzelausbildung kam ein Fernschreiben, in dem ich beauftragt wurde, unseren Kommandanten zum Fregattenkapitän zu befördern.

Über unseren Patenonkel will ich noch berichten. Alle Schiffe, die Länder- oder Städtenamen hatten, mußten sich keinen Paten suchen. Wir hatten ein Patenschaftsverhältnis zum Land Schleswig-Holstein. Nachdem Frau von Hassel unser Schiff getauft hatte, war das Verhältnis ohne jedes Leben geblieben. Die Landesregierung von Schleswig-Holstein „bemächtigte" sich der „Gorch Fock", eigentlich Patenschiff der Hansestadt Hamburg. Die Werbewirksamkeit eines so einzigartigen Kriegsschiffes, das keine Kanonen hat, wurde rücksichtslos annektiert. Mit Neid beobachteten wir, daß sich andere „Patenonkels" wie z.B. der Oberbürgermeister von Köln oder der bayrische Ministerpräsident um „ihre" Schiffe und damit um deren Besatzungen kümmerten. Der bayrische Ministerpräsident be-

---

[240] eine Kollision am Morgen kann den ganzen Tag verderben

suchte „sein" Schiff mehrmals, in seinem Kielwasser ein Lkw mit Bier für die Besatzung.

Jedes Jahr fuhr eine große Gruppe der Bayern-Besatzung mit ihren Familien zum Skiurlaub nach Bayern, der Kommandant hatte eine eigene Loge in der Bayrischen Staatsoper und wohnte bei Bedarf in der Bayrischen „Botschaft" in Bonn. Die gesamte Besatzung besuchte als Gäste der Landesregierung die Olympiade in München. Verglichen damit waren wir sehr schlecht weggekommen. Wir nahmen Verbindung auf zum Büro des Ministerpräsidenten L. und nach Abstimmen des Termins luden wir die Landesregierung zu einem Bordempfang bei unserem nächsten Besuch in Kiel ein. L. als kriegsgedienter Marineoffizier, so dachten wir, würde doch gern kommen.

Als der große Tag kam, waren wir bestens auf unsere Gäste vorbereitet und freuten uns auf unsere Patenonkels und -tanten. Es kam aber niemand, nicht einmal ein Anruf mit einer Absage. Mit einstündiger Verspätung erschien dann der Innenminister, Herr T., ein freundlicher, älterer Herr.

Wir haben trotzdem als unseren Teil der Patenschaft mit großer Inbrunst das Zentrum für geistig Behinderte im Kreis Plön betreut, besucht und immer wieder reichlich beschenkt. Die herzliche Dankbarkeit, die uns entgegengebracht wurde, hat das Verhältnis über viele Jahre gefördert und bis zur Außerdienststellung mit Leben erfüllt.

Bald ging es nach Portland (UK) zum Basic Operational Sea Training (BOST) beim Flag Officer Sea Training. Diese anspruchsvolle Ausbildung dauerte knapp 7 Wochen und bot jede nur denkbare Herausforderung. Trotz vieler technischer Probleme waren wir recht erfolgreich, und unsere Schießleistungen waren sehr gut. Während der Woche gingen wir abends nicht an die Pier, sondern ankerten im Hafen. Freitagnachmittag jedoch machten wir an der Pier fest, wo fast immer der Admiral stand, um sich die Anlegemanöver anzusehen. Der Hafenkapitän stellte eine transportable grüne Fahne auf der Pier auf, um zu zeigen, wo der Peildiopter nach dem Festmachen zu sein hatte.

Wir liefen an, der Kommandant fuhr, während ich auf der Back stand. Sehr früh konnte man erkennen, daß dieser Anlauf nicht glücklich enden würde. Der Admiralsfahrer sah das genau so, sprang in seinen Dienstwagen und brachte sich und das wertvolle Auto in Sicherheit; der

Admiral aber blieb unbewegt stehen. Wir fuhren mit flotter Fahrt in die Holzpier, es krachte und splitterte, Holzteile flogen durch die Gegend. Eine gewaltige schwarze Rauchwolke quoll aus unseren Schornsteinen und trieb über die Pier, hüllte den Admiral und das ganze Elend ein, ehe wir mir wachsender Fahrt rückwärts durch den Hafen rauschten. Der zweite Anlauf war unproblematisch, der Admiral aber blieb verschwunden.

Unser Schiff hatte nur ein paar Kratzer abbekommen, aber alle ließen den Kopf hängen, weil uns ja auch all' die anderen Besatzungen zugesehen hatten. Mehr noch als zu Hause bedeutete hier die Qualität eines solchen simplen Manövers viel für die Besatzung.

 Ein gelungenes, schneidiges An- oder auch Ablegemanöver erfüllte die Besatzung mit Stolz nach dem Motto: Das haben wir fein hingekriegt! Auch das Ansehen des Kommandanten oder des fahrenden WOs hingen davon ab. Auch die erfolgreichste OPZ-Übung oder auch Navigationsaufgaben blieben dem größeren Teil der Besatzung verborgen und waren weniger wichtig für den Zusammenhalt und den Stolz auf das eigene Schiff.

Ungefähr zwei Wochen später, es war wieder ein Freitag, sollten wir auf eine Schleppscheibe schießen; es war die letzte Übung der Woche. Ruhiges Wetter mit einem starken alten Swell und Nebel mit Sicht unter einer Schiffslänge bildeten den Rahmen. Wir erwarteten einen gelungenen Wochenabschluß. Nachdem wir den Schlepper „HMS Sea Giant" optisch identifiziert hatten, staffelten wir mit 28 Knoten ab auf maximale Gefechtsentfernung, drehten auf Parallelkurs und eröffneten ohne Kalibrieren das Feuer: je 5 Schuß mit vier Türmen, also 20 Schuß unterwegs, keine Sprenggranaten.

Es war reine Routine, bis sich der Schlepper meldete: Wir hatten ihn im Maschinenraum getroffen. Die Granate hatte bei maximaler Gefechtsentfernung den Schlepper fast senkrecht getroffen und durch das Maschinenskylight ein Loch in den Boden gerissen. Der Schlepper machte viel Wasser und drohte zu sinken.

Wir liefen hin, um zu helfen, denn die Granate hatte auf dem Weg durch das Schiff auch zwei der zivilen Heizer schwer verletzt. Unser Schiffsarzt rettete die beiden Verletzten vor dem Verbluten und flog mit ihnen ins Krankenhaus. Unsere Schiffssicherer stopften das Loch und retteten den Schlepper. Dieses Wochenende war nun aber richtig verdorben.

Langsam kroch das Gespenst des Unglücksschiffes durch Decks und Gänge. Der englische Ausbilder, der selbst in unserer OPZ am Hauptortungsschirm gestanden hatte, versuchte uns zu trösten und bestand darauf, daß wir keinen Fehler gemacht hatten. Unser Plot zeigte, daß der Schlepper anstatt auf Ostkurs schon auf Nordost gedreht hatte, weil das der Kurs nach Hause war. Außerdem hatte er im Vertrauen auf unsere bis dahin unzweifelhaften Schießküste mindestens 100 yds der Schleppleine eingeholt.

Der erste Schuß jedes Turms ging Richtung Schlepper, die übrigen 16 Schuß der Salve lagen deckend auf der Scheibe oder hatten sogar getroffen.

Als uns und vor allem unserem Kommandanten klar wurde, daß der Schlepper schuld war, ließ er das Plot löschen, und wir gaben uns ratlos, denn wir wollten nicht dem Opfer die Schuld geben. Der Staff Gunner LCdr Frank Tricky muß es auch gewußt haben, behielt es aber für sich. Er liebte unser „Gun Boat", denn die moderneren Schiffe hatten ein oder höchstens zwei Geschütze. Bei normaler Sicht stand er in unserer Brückennock, dann bekam er eine Tasse heißen Tee mit einem Keks und genoß unsere Anläufe mit allen Geräuschen des Wohlbehagens. Schossen wir mit allen Türmen und zwei 40 mm-Doppellafetten gleichzeitig, dann rief er in höchster Verzückung: „What a symphony of fire with the lovely smell of cordite!" und sog den Gestank genüßlich ein. Seine Familie, so erzählte er uns, stellte seit 207 Jahren ununterbrochen Artillerieoffiziere für die RN.

Unser Schiffswaffenoffizier erklärte uns, daß der erste Schuß bei kaltem Rohr in Richtung des Dralls abweicht und deutlich kürzer ausfällt als die berechnete Distanz. Kurz und links – da war der Schlepper. Wir waren erleichtert, weil wir wieder Vertrauen zu unseren Feuerleitanlagen fassen konnten. Die beiden englischen Heizer jedoch hatten jeder ein Bein in Kniehöhe verloren, es war eine schreckliche Hypothek. Unseren Schiffsarzt, der von der sehr sachlich berichtenden britischen Presse wie ein Held gefeiert wurde, fand ich durch Zufall in der nächsten Nacht schlafend in einer Arrestzelle der Dockyard Police. Ich wollte mit dem Chef der britischen Shore Patrol die einschlägigen Kneipen unserer Seeleute besuchen, und er erzählte von einem merkwürdigen, blutverschmierten Individuum, das ohne Ausweis und ohne brauchbare Englischkenntnisse am Tor festgenommen worden war. Ich hatte in der Hektik des Tages unseren Doktor noch gar nicht vermißt, doch nun hatten wir ihn wieder.

Die deutsche Presse überschüttete uns mit Hohn und Spott, und wie fast immer natürlich bar jeder Sachkenntnis. Die britische Admiralität hatte umgehend eine Untersuchungskommission[241] eingesetzt, die immer bei Schiffsverlusten oder schweren Schäden tätig wird.

Ich sah dieser Untersuchung mit gemischten Gefühlen entgegen, denn trotz aller NATO-Waffenbrüderschaft bemerkte ich immer noch und immer wieder Ablehnung und Skepsis. Innerhalb einer Woche trat das Board zusammen, es waren – so weit ich erinnere – ein Admiral und 5 Kapitäne zur See. Zur Einstimmung trug ein britischer Offizier drei Schießunfälle aus der Geschichte von Portland vor. Dann berichtete Frank Tricky sehr fair und ohne uns zu belasten, was sich ereignet hatte. Am Ende der Befragung wollte der Vorsitzende wissen, ob er noch etwas hinzuzufügen hätte. Tricky: "Yes, sir. You can't make omelettes without breaking eggs."[242] Der Ausschuß nahm das zur Kenntnis. Ich versuchte, mir vorzustellen, was eine deutsche Untersuchungskommission mit einem Kapitänleutnant MFD[243] nach einem solchen Beitrag gemacht hätte.

Die offizielle Dolmetscherin, die uns die Botschaft zur Verfügung gestellt hatte, wurde mit Dank nach Hause geschickt, weil sie nichts von den Facherörterungen verstand, und wir sie dauernd berichtigen mußten. Die Befragung verlief sachlich und brachte keine Erklärung für den Unfall. Trotzdem war unsere restliche Zeit beschattet.

Zum Ausbildungsprogramm gehörten – besonders während der Wochen im Hafen – die sogenannten FOST-Funnies. Es wurden der Anwesenheitswache ausgefallene Aufgaben gestellt und der Wachhabende Offizier des FOST-Stabes beobachtete und bewertete die Ausführung.

So erhielten wir eines Abends Fernschreiben, in dem wir den Auftrag erhielten, eine Absturzstelle auf der Nachbarpier zu sichern, wo ein mit Gold beladener Hubschrauber im Landeanflug verunglückt war. Die Anwesenheitswache wirbelte los, Verletzte versorgen, Feuer löschen und

---

[241] Admiralty Board of Enquiry

[242] Sie können keine Pfannkuchen machen, ohne Eier zu zerschlagen

[243] militärfachlicher Dienst

Gold sichern. Außerdem sperrten unsere bewaffneten Wachen die Unglücksstelle weiträumig ab.

Alles schien zufriedenstellend zu laufen, als der Duty Commander kam, um sich unsere Mühen anzusehen. Er passierte zwei mit Maschinenpistolen bewaffnete deutsche Seeleute, die 4 ältere Männer bewachten, die mit erhobenen Händen und Gesicht zu Wand standen. Durch Zufall erkannte er in einem der Gefangenen seinen Rear Admiral und befreite ihn sowie seine Begleitung aus unserem Gewahrsam. Uns war klar, daß wir nun vorzeitig das Ziel der Klasse erreicht hatten. Der Obermaat berichtete, daß er die Pier abgesperrt hatte, als sich 4 merkwürdig gekleidete Gestalten näherten. Keiner konnte einen Ausweis vorzeigen, und für weitere Erklärungen reichten die Englischkenntnisse des Maaten nicht. So stand der Admiral mit seinen Segelgästen vom Heer 15 Minuten an der Wand.

Am folgenden Wochenende machte der FOST selbst den Rundgang über die Piers und inspizierte die Schiffe. Ich meldete mich bei ihm, als er plötzlich den Kommandanten zu sehen verlangte und der Kommandantenkammer zustrebte. Es gelang gerade noch, den Kommandanten zu warnen, ehe der Admiral ankam. Dort verlangte er kategorisch, den Unteroffizier zu sehen, der ihn festgenommen hatte. Mit Engelszungen nahmen wir alle Schuld auf uns und versuchten, den Obermaaten zu retten. Nichts war jedoch zu machen. Als der Obermaat erschien, sprang der Admiral auf und reichte ihm die Hand: „Well done, young man!" Dann erzählte er uns, daß sein Stab vergessen hatte, ihn und seine Gäste zum Segeln anzukündigen. Unsere Männer hätten sich richtig und korrekt verhalten.

Ein besonderer Höhepunkt war das Desaster Relief Exercise[244], bei dem es darum ging, einem durch eine Naturkatastrophe weitgehend zerstörten Dorf und seiner Bevölkerung zu helfen. Mit großem Aufwand und noch mehr Fantasie war eine Hüttensiedlung in der Nähe des Stützpunktes dafür vorbereitet.

Mit rund 150 Mann und allem nur eventuell benötigten Gerät zog ich los. Es war eine große Herausforderung, führungsmäßig, technisch und für einfallsreiche Einsatzfreude. Zwei Dutzend verwundete Dorfbewoh-

---

[244] DISTEX

ner, mehrere Brände, aus dem zertrümmerten Gefängnis ausgebrochene Schwerverbrecher, es war ein toller Tag, den wir gut bestanden.

Wir schlossen die Ausbildung mit 3+ ab und fuhren zufrieden nach Hause. Beim Einlaufen in die 4. Einfahrt kollidierten wir bei schönstem Wetter backbord achtern heftig mit dem Molenkopf der Ostmole und waren wieder werftreif. Unser Kommandant, der sehr spät eingegriffen hatte, mußte einem leid tun, denn er war in Ordnung, hatte aber viel Pech. Nach dieser Werftzeit machten wir eiligst Einzelausbildung, denn wir sollten für 6 Monate an der Standing Naval Force Atlantic[245] teilnehmen, und da wollten wir alle hin! Als der Schiffsarzt während der Einzelausbildung plötzlichen massenhaften Ausfall von Besatzungsangehörigen aller Dienstgrade mit hohem Fieber und Erbrechen meldete, machten wir uns sofort auf den Heimweg. Mit fast 200 Kojenkranken erreichten wir Wilhelmshaven Reede und ankerten mühsam mit den letzten Resten der Besatzung.

Unser Schiffarzt, dessen Sanitäter alle krank in der Koje lagen, vermutete eine Salmonelleninfektion. Wir wurden unter Quarantäne gestellt, niemand durfte an Land gehen, und niemand kam an Bord. Immer weniger Leute blieben dienstfähig, es reichte nicht mehr für die minimalen Anker- und Brückenwachen, denn mir blieben nur knapp 50 Mann, um alle Kranken in den Kojen zu versorgen, den Betrieb aufrecht zu erhalten und Mindestwachen zu stellen.

Ich hatte Glück und gehörte zu den Gesunden, der Kommandant lag jedoch in der Koje. Als unser tapferer Doktor darauf bestand, daß drei Kranke sofort ins Krankenhaus verlegt werden mußten, kam ein Schlepper mit vermummten Gestalten und holte die Kranken ab.

Da wir die Kombüse, die Cafeteria, die Toiletten und Waschräume sowie die Handläufer[246] der Niedergänge täglich desinfizieren mußten, war die Arbeit nicht zu schaffen. Allein eine Schiffskombüse völlig ausräumen, um dann das Inventar Stück für Stück desinfiziert zurückzubringen, nachdem vom Boden bis zur Decke alles abgewaschen worden ist, bedeutete einen gewaltigen Arbeitsaufwand. Während ein Strom von Anweisungen von der Inspektion des Sanitätswesens unseren Arzt in die Verzweiflung trieb, gelang es uns, einen Pierplatz zu ergattern.

---

[245] SNFL - Stanavforlant

[246] Geländer

Wir wurden in den Hafen geschleppt und machten in einem provisorisch umzäunten Eckchen an der Munitionspier fest. Damals gab es ja noch keine Handys, so daß die Angehörigen nichts wußten oder nur Gerüchte kannten, warum wir vor dem Hafen lagen. Unser völlig erschöpfter Schiffsarzt bekam einen Befehl nach dem anderen, welche Berichte und Vorschläge er vorzulegen hatte, aber niemand kam an Bord, um uns zu helfen.

Ich bin sicher, daß sich keiner vorstellen kann, wie es auf einem Schiff nach drei oder vier Tagen aussieht, auf dem rund 200 Mann kojenkrank sind, die unter hohem Fieber kotzen und mit extremem Durchfall nur selten rechtzeitig den Lokus erreichen.

Das heißt, einer kam, denn nach 3 oder 4 Tagen meldete sich der Schiffsarzt von Z „Hamburg", ein Restant, bei mir, um zu helfen. Während der Kommandant ins Krankenhaus gebracht wurde, erzählte er mir, daß sein Kommandant ihm verboten hatte, zu uns an Bord zu gehen. Später hatte ich größte Mühe zu verhindern, daß der brave Mann auch noch bestraft wurde. Es kann kein Zufall gewesen sein, daß dieser Kommandant Ewald Sch. hieß, unser „Beinahe-Kommandant" .... Nach 10 Tagen durften die ersten Genesenden an Land, aber es dauerte Wochen, bis wir uns von diesem Rückschlag erholt hatten.

Z „Hessen" „opferte sich", sprang ein und fuhr für uns die STANAVFORLANT; unser Kommandant lag mehrere Wochen im Krankenhaus und wurde dann als borddiensttauglich abgelöst.

Zwei unserer Maate erlitten dauerhafte gesundheitliche Schäden und wurden entlassen. Es war tatsächlich eine Salmonelleninfektion, die ein Koch aus dem Wochenendurlaub mitgebracht hatte. Obwohl unscheinbar und wirklich unspektakulär war diese Zeit gespickt mit Spitzenleistungen in Kameradschaft, Einsatzbereitschaft und Fleiß unserer Besatzung. Die Tatsache, daß nur ein einziger Restant gegen ausdrücklichen Befehl seiner Vorgesetzten zu unserer Hilfe kam, wirft ein denkbar schlechtes Bild auf die Marine, auf unser 2. Zerstörergeschwader und alle beteiligten Dienststellen, vor allem auf den gesamten „Sanitätsladen". Kein Vorgesetzter hat ein anerkennendes Wort für unsere Besatzung gefunden, aber es „regnete" schwachsinnige Fernschreiben.

Wochen später lagen wir zum Schleifefahren an der Wiesbadenbrücke, als uns ein warnender Anruf vom Geschwaderstab erreichte: Der

Stellvertreter Befehlshaber Flotte sei in Wilhelmshaven und man hatte gehört, daß er die „Schleswig-Holstein" besuchen wollte. Das war mein anderer „Freund", der Konteradmiral Bazi B. Die Wache wurde „aufpoliert", Fallreepsgasten waren klar zum, und ich lungerte in der Nähe der Wache. Mehrere falsche Alarme hielten uns in Schwung, alles wurde fliegend abgelöst, aber niemand kam. Um 18.00 Uhr entschied der Kommandant, daß er nicht mehr kommt.

Mit steifen Beinen schlichen wir Richtung O-Messe, als uns der Befehl: „Front nach Backbord!" zur Stelling zurückscheuchte. Tatsächlich! Da kam er zielstrebig auf uns zu. Meldung des Posten vor dem Schiff, dann Kommandant, IO, WO, WaD, BdW, Fallreepsgefreiter. Dann stand da noch ein Seemann, ein Mützenband unter der Tellermütze nach vorn eingeklemmt, der Ex-Kragen stand hinten hoch aus dem Kolani. Militärisch ein Bild des Elends. „Ich melde mich als Fallreepsgast!" Als wir uns auf einen Blitzeinschlag vorbereiteten, grüßte der Admiral und brach in ein befreiendes Gelächter aus. Erleichtert lachten wir alle mit, und der Besuch verlief in harmonischer Atmosphäre.

Der Kommandeur der Zerstörer, mein „Freund" Paul H., entschloß sich nach unserer Serie von Havarien, unsere „Schleswig-Holstein" als das schlechteste Schiff der Flottille einzuordnen, und ließ es auch jeden wissen. Weder er noch irgendein Mitglied seines Stabes haben sich irgendwann im Verlaufe des Jahres durch einen noch so flüchtigen Besuch ein eigenes Bild zu schaffen versucht, aber alle urteilten scharf und unnachgiebig. Wir waren tief getroffen und verletzt.

Als sich ein Hauptgefreiter beschwerte, daß es auf der „Schleswig-Holstein" kaum harte Getränke gäbe, weil die Offiziere alles wegsaufen, nahmen wir die Beschwerde nicht ernst. Das war ein Fehler, denn kurz danach wurde ich auf die Pier gerufen. Dort stand mein Flottillenchef ohne Vorwarnung und wartete auf mich. Nach meiner Meldung eröffnete er mir, daß die Beschwerde beim ihm gelandet sei. Noch heute frage ich mich, wie das eigentlich möglich sein konnte. Er lehnte es ab, an Bord zu kommen und gab mir keine Gelegenheit, Stellung zu nehmen. Er ließ mich mit einem: „Saufen Sie weiter!" stehen.

Dann kam unser neuer Kommandant, denn Fritze R. blieb nach seiner Erkrankung borddienstuntauglich. Der Korvettenkapitän Sch., genannt Sch.-Hering oder Sch.-Persil, begegnete einem Zerstörer zum ersten

Mal aus solcher Nähe, war aber menschlich und als Seefahrer in Ordnung. Beim Flottendienstgeschwader waren wir uns als Kommandanten begegnet. Meine vorzüglichen Offiziere und Portepee-Unteroffiziere brachten unser Schiff in kurzer Zeit wieder in beste Form. Im Herbstmanöver 1970 kam der Kapitän z.S. Erwin R., ein gelernter Zerstörerfahrer, uns besuchen und fuhr mit. Er war der designierte Nachfolger als KdZ. Wir hatten Gelegenheit, ihm zu zeigen, was wir wie gut konnten, und er ging voll des Lobes von Bord.

Zum ersten Mal durften wir zeigen, was wir gelernt hatten. Bei seiner Antrittsrede vor seinem Stab gab er die Parole aus, daß es das Ziel der Flottille sein müsse, alle Schiffe auf den Leistungsstand der „Schleswig-Holstein" zu bringen. Als wir das dann später hörten, war es wieder schön bei der Marine, und wir gingen federnden Schrittes durch den Stützpunkt.

Eine Reise ins Mittelmeer mit mehreren Schiffen brachte uns wertvolle Erfahrungen und schöne Erlebnisse. Mir ging es gut, weil der neue Kommandant mir gern überließ, das Schiff zu fahren, wenn es – wie z.B. bei schwerem Sturm in der Biskaya – etwas schwieriger wurde. Als wir die Biskaya hinter uns hatten und auf dem Wege nach Malaga waren, nahmen wir die Sturmschäden auf.

Die Back war schwer ramponiert, ein Teil der Reling fehlte wie auch der Göschstock und der gesamte Wellenbrecher. Die Taurollen waren ebenfalls weggerissen oder klemmten völlig verbogen in den Ecken. Beide Oberdeckschotten auf dem Hauptdeck waren blockiert.

Bei schönstem Wetter liefen wir in Malaga ein und ein erster Gang über die Pier zeigte, daß auch der Anstrich stark gelitten hatte. Unsere Hoffnung auf Landgang erstarb, als der Kommandant anordnete, erst das Schiff neu zu malen. Schließlich sollten wir anschließend noch nach Toulon.

Einige Offiziere fanden eine spanische Malerfirma, die Offiziere legten zusammen und kurz danach schwärmten 20 Spanier mit Rollen und Pinseln über unser Schiff und malten es in kürzester Zeit vom Mast bis zur Wasserlinie.

Das machte Freude! Daß wir am Abend in dem riesigen Stadion von Malaga gegen den FC Malaga vor mehreren tausend Zuschauern mit 8:0 ein Fußballspiel verloren, spielte dabei keine Rolle mehr.

Wieder konnte ich in See einen Kommandanten zum Fregattenkapitän befördern, was wir in Toulon in einer tollen Hafenkneipe mit einer Granatenfête besiegelten. Wir waren glücklich, daß unsere Pechsträhne offensichtlich vorbei war, und wir kamen heil nach Hause.

Von meinem letzten Besuch in Kiel als IO bleibt mir ein Erlebnis in Erinnerung, das mir als symptomatisch für jene Tage scheint. Irgendwann fragte mich ein Journalist, warum wir getrennte Toiletten und Waschräume für die verschiedenen Dienstgradgruppen haben. Das wäre rückständig und undemokratisch. Ich versuchte zu erklären, daß wir damit einen minimalen Schutz für die Untergebenen erreichen wollen. Dem Kommandanten macht es nichts aus, neben einem Matrosen zu pinkeln, den Matrosen jedoch belastet solche „Gesellschaft" unter Umständen sehr. Der Schreiberling fand es trotzdem undemokratisch.

Im Februar 1971 schrieb mir mein Kommandant eine Beurteilung, denn meine 18 Monate als IO waren fast vorüber. Das Wichtigste an dieser Beurteilung für mich war das „Kommandantenzeugnis", das darin vorgeschlagen wurde. Das war an dieser Stelle fast genau so entscheidend wie damals der StOAL. In meiner kindlichen Selbstüberschätzung hielt ich die Erteilung dieses Befähigungsnachweises für eine Formsache, bis mir befohlen wurde, mich bei meinem „Freund" H. in Kiel zu melden. Schon der Empfang durch den Vorzimmerdrachen war beunruhigend, denn sie mäkelte mehrmals an meinem Anzug herum. Schließlich wurde ich vorgelassen, um zu erfahren, daß der Typkommandeur das „Kommandantenzeugnis"[247] verweigerte. Die Begründung lautete: Zu geringe Erfahrung als Zerstörerfahren.

Ich sah mich jäh mit dem Ende meiner Hoffnungen und Erwartungen konfrontiert. Zwar hätte ich mit etwas Glück noch eine zweite Chance erreichen können, aber wie sah das denn aus? Zu meiner Überraschung fragte mich der Flottillenchef nach meiner Meinung. Ich wußte sofort, daß ich nun nur noch nach vorn flüchten konnte und gratulierte ihm zu der Entscheidung, endlich strengere Maßstäbe als bisher bei der Vergabe von Schiffen anzulegen. Aus seiner Rückfrage hörte ich deutlich heraus, daß er meine Einlassung als Unverschämtheit erkannte. Darauf erklärte ich ihm, daß ich unter allen Kommandanten der Hamburg- und Lütjens-

---

[247] an sich: Leistungsnachweis III

Klasse der mit der größten Erfahrung als Zerstörerfahrer sein würde. Ich wurde in Ungnaden entlassen.

Obwohl ich danach nur noch mit Schlepperhilfe nach Bremerhaven in die Werft verholte, weil mein Kommandant nicht da war, erhielt ich zur Versetzung das Kommandantenzeugnis. Ich kann den Sinneswandel bis heute nicht erklären, war aber sehr froh und erleichtert. Meine nächste Verwendung führte mich in die Einöde Ostfrieslands nach Sengwarden in den Stab des BSN.

A 31 beim Befehlshaber Seestreitkräfte Nordsee (BSN)

Als ich Anfang April 1971 meinen Dienst als A 31, d.h. Einsatzstabsoffizier Überwasser[248], antrat, war Flottillenadmiral Hans-Helmut K.[249] gerade Befehlshaber der Seestreitkräfte Nordsee geworden. Fast unmittelbar nach Dienstantritt wurde ich zu meiner Überraschung und Freude rückwirkend zum 1.4.1971 zum Fregattenkapitän befördert. Ich glaube, es war die sogenannte Aktion "Sonnenschein" oder so ähnlich, bei der Teile der ersten Crewen befördert wurden.

Der Dienst in Sengwarden war interessant und lehrreich, die Vorgesetzten nachsichtig, gütig und – außer H.H. – ohne viel Ahnung. Nur Wache gingen wir häufig, wenigstens einmal in der Woche war man ASTO v.D. Obwohl es meine erste Verwendung in einem Stabe war, gab es dort wenig Neues für mich. Seit 1959, als der BSN noch in einer alten Villa in Cuxhaven residierte, habe ich in diesem Stabe fast alle Wintexe und Fallexe[250] sowie Live-Exercises mitgemacht. Ich habe mich dort hochgedient von Duty Officer Communications bis zum Duty Commander. Nur von der FüAk aus sind wir geschlossen nach Meierwik in den dortigen „Operationskeller" kommandiert worden.

Beim BSN in Sengwarden hatten wir einen schicken Bunker[251] mit unendlich viel Platz und mit einer für damalige Verhältnisse modernen Ausstattung. Meine neue Verwendung war also ein Heimspiel.

---

[248] für NATO – Zwecke : Staff Officer Surface Operations

[249] legendär als HH = äitsch – äitsch

[250] Winter- und Herbstübungen

[251] unser „Vormieter" war der BdU namens Dönitz

H.H., der mich nicht kannte, und den ich nur einmal vorher auf „Z4" gesehen hatte, merkte schnell, daß die beiden FüAk-Absolventen R. als A 6 und Braun nicht annähernd ausgelastet waren und hatte davon wohl dem Befehlshaber der Flotte, Vizeadmiral Armin Z., erzählt. Nicht nur das, er hatte auch angeboten, uns freizustellen, falls es bei der Flotte Papiere zu schreiben galt, für die freie Arbeitszeit, gute Ausbildung und moderne Kenntnisse gebraucht wurden. „Es nützt gar nichts, wenn ihr gut seid", sagte er uns dazu, „wenn es die richtigen Leute nicht merken".

Mit der Planung und Präsentation für die erste Übung „Wellenreiter", bei der Abgeordnete des Deutschen Bundestages als Gäste mit dem Denken und den Fähigkeiten der Marine bekannt gemacht werden sollten, machten wir unser Gesellenstück im Gorch-Fock-Heim in Wilhelmshaven. Wir schrieben das Konzept, den Operationsbefehl für die Vorführung und die Texte für die Präsentation. Sogar Minister Helmut Schmidt nahm daran teil. Der Flottenchef und wir fanden den Wellenreiter und uns gut, der Minister muß zumindest Z. für gut befunden haben.

Nach einer – so berichtete die Küstenklatschwelle – feucht-fröhlichen Segelpartie kurz danach fiel ja wohl auch Schmidts Entscheidung für Armin als neuen Generalinspekteur, der als letzter Kommandeur der englischen Kanalinseln und wegen einer Silberplatte in seiner Schädeldecke eh' großes Interesse weckte. Sein Spitzname war „Prinz Eitel Z.".

So kam es denn, daß Max und ich wenig später Hals über Kopf – wir bekamen, kaum auszudenken, ein eigenes Flugzeug! – nach Glücksburg geschickt wurden, um uns beim Flottenchef zu melden. Der Befehlshaber verdonnerte uns zu absolutem Stillschweigen. Dann überreichte er uns den Entwurf der neuen Konzeption der Marine, zu dem das Flottenkommando innerhalb von nur 6 Tagen Stellung nehmen sollte. Er ließ keinen Zweifel, daß er sich wegen der Kurzfristigkeit gering geachtet fühlte, er war verärgert. Wir sollten den Entwurf der Stellungnahme des Flottenchefs schreiben.

Ich kann diese Episode zeitlich nicht genau einordnen, es muß – so schätze ich – 1972 gewesen sein. Vizeadmiral K. war Inspekteur und man munkelte hinter vorgehaltener Hand, daß er, weil ja von Herkunft „Heizer", in operativen und strategischen Fragen der Zustimmung des Flottenchefs bedurfte. (Als ich im Oktober 2007 den VAdm. a.D. Ansgar B. im Krankenhaus besuchte, kamen wir bei unseren „Weißt-Du-noch-

Geschichten" darauf zu sprechen. Er bestand darauf, daß dieses Gerücht jeder Grundlage entbehrte.)

Wir zogen uns also zurück und begannen mit dem Lesen. Wir waren sicher, daß wir all' die komplexen Zusammenhänge erkennen und beurteilen konnten.... Wir litten auf keinen Fall unter Selbstunterschätzung. Nach zwei Tagen kamen wir an den Punkt, an dem wir erkannten, daß wir den Entwurf für so schlecht hielten, daß wir es dem Flottenchef meldeten:

„Dazu können wir keine Stellungnahme schreiben, es wäre mehr und schwieriger als eine neue Konzeption zu verfassen."

„Dann los", meinte Armin Z., „sie haben 4 Tage Zeit für eine neue Konzeption!"

Nach 4 Tagen und Nächten hatten wir ein Pamphlet zusammengestoppelt, daß sicher auch deutliche Schwächen aufwies. Aber wir hatten einen neuen Ansatz gefunden und einige neue Ideen geboren, die uns logisch und erfolgversprechend erschienen. Trotz unserer Skepsis legte der Flottenchef dieses „Ding" als seine Stellungnahme dem Inspekteur vor, der daraufhin eine grundlegende Überarbeitung seines Entwurfs anordnete. Mir ist nicht klar, ob er da schon gewußt haben konnte, daß Z. bald Generalinspekteur werden würde.

Am 1.4.1972 wurde Vizeadmiral Paul H. Befehlshaber. Auch er hatte, ob nun von seinem Vorgänger oder wieder von H.H. gehört, daß da zwei eifrige Stabsoffiziere sind, die sich in der Materie „Konzeption" auskennen. Wieder wurden wir nach Glücksburg bestellt, um die neueste Version der Konzeption zu lesen. H. ging mit Akribie das Papier und unsere Kritik durch, denn er war „der Neue" und sicher auch noch nicht so beschlagen, daß er alles beurteilen konnte, muß sich aber der Stärke seiner Position bewußt gewesen sein. Nun sollte keine Stellungnahme abgegeben werden, sondern in einer Besprechung in Bonn beraten und entschieden werden. Der Befehlshaber machte sich unsere ablehnende Beurteilung gegenüber dem Inspekteur zu Eigen.

Nur kurze Zeit später erhielten wir den Befehl, uns in die Begleitung des Flottenchefs einzureihen, wenn er nach Bonn fährt, um den Entwurf der Konzeption mit dem Inspekteur zu verhandeln. Mir wurde langsam etwas mulmig, aber wir fanden es auch sehr aufregend, an solch' entscheidenden Sitzungen teilnehmen zu können. Zweifel an der Richtigkeit unserer Ideen kamen mir nicht, und ich glaube, daß auch Max sich seiner Sache sicher war.

Ich erinnere diesen Tag genau: wir saßen in einem großen Besprechungsraum im Fü M, an dem einen Ende des Tisches der Flottenchef mit uns in seiner kleinen Delegation und gegenüber eine große Zahl hoher und höchster Dienstgrade aus dem Ministerium. Ich kannte kaum einen. Kalte Spannung beherrschte den Raum, es war frostig.

Schließlich rauschte der Inspekteur herein[252] und forderte nach kurzer Begrüßung den Flottenchef auf, seine Stellungnahme abzugeben. Jeder, der H. kennt, weiß, wie schneidend er klingen kann. In dürren Worten lehnte er den gesamten Entwurf ab. Der Inspekteur sprang mit hochrotem Kopf auf und stürmte aus dem Besprechungszimmer, wo er die verdatterte Runde ratlos zurückließ. Alle saßen wie erstarrt, keiner sagte ein Wort und in der eisigen Stille hörten wir draußen den Inspekteur auf dem Flur auf und ab gehen. Endlos dehnten sich die Minuten, ohne daß etwas gesagt wurde oder geschah.

Das war, was uns betraf, das Ende dieser Besprechung, und ich erinnere nicht, wer sie wie beendete. Was sich dann außerhalb unserer Hörweite abspielte, ist mir nicht bekannt. Ich habe auch nichts dazu gehört, nicht einmal später über die Küstenklatschwelle.

Kurz darauf wurden Max und ich ins Ministerium kommandiert, um dort zusammen mit mehreren Offizieren des Führungsstabes einen neuen Entwurf der Konzeption zu verfassen. So weit ich mich erinnere, arbeiteten wir drei Wochen ohne Unterlaß und mit höchster Konzentration. Da dieser Entwurf aber von mehreren Gruppen parallel verfaßt wurde, war er logischerweise auch nicht aus einem Guß, wenn auch – wie wir zwei vom BSN fanden – schon wesentlich besser als die Vorgänger. Natürlich waren wir begeistert, daß die Marine nun unseren Ansatz übernahm. Bisher bestand eine der vielen Fußangeln in einer überzeugenden Ableitung in den Zahlen unseres Streitkräftebedarfs und in der Beurteilung ihres Wertes im Frieden, in der Krise und im Verteidigungsfall.

Wir hatten – da wir noch keinen schlichten Weg wie das Heer gefunden hatten, mit der Länge der Grenzen nach Osten die Zahl der Divisionen und Panzer nachrechenbar zu entwickeln – unseren Bestand und

---

[252] leicht konnte man den ehemaligen Zehnkämpfer erkennen

dazu die geplanten Einheiten als das Erforderliche erklärt. Danach behaupteten wir mit kühner Unverfrorenheit, daß diese Einheiten für das Erfüllen der Friedensaufgaben genauso gut geeignet sind wie für Krise und Krieg. Alle Laien lasen so etwas mit Erleichterung, und es förderte ihre Zustimmung.

Unsere Teilnahme an der Arbeitsgruppe bedeutete de facto die Zustimmung des Flottenchefs, den wir laufend unterrichteten. So entstand – in meiner Erinnerung – die Konzeption von 1972. Wenn ich heute die ersten Versuche lese, aus der Aktenlage unbeteiligter Dienststellen und nach Befragen Unbeteiligter diese Entwicklung nachzuvollziehen, glaube ich, in einer anderen Marine gedient zu haben.[253]

Auf unsere Anfrage erlaubte uns Flottillenadmiral „Negus" V., damals der zuständige Stabsabteilungsleiter Fü M VI, eine „Offen" eingestufte Version in den U.S. Naval Institute Proceedings zu veröffentlichen. Das brachte uns kaum Ansehen und nur sehr bescheidenen Wohlstand. Immerhin bin ich heute noch stolz, daß wir die ersten Autoren der deutschen Marine waren, die dort einen Artikel zu einem so grundlegenden Thema veröffentlichten.

Eine Konzeption war damals etwas, was eine Teilstreitkraft haben mußte. Es war die papierne Grundlage für die Begründung der Einheiten, die wir hatten und – noch wichtiger – die wir forderten. De facto – und das kann man heute sicher zugeben – waren wir und auch jede andere Arbeitsgruppe nicht frei in der Entwicklung unserer Ideen, sondern es mußte das herauskommen, was wir schon hatten, und was wir forderten. An der FüAk lernten wir Lagebeurteilung mit Entschluß, wir hatten aber auch gelernt, daß es eine Lagebeurteilung mit Entschuldigung gab. D.h., hier stand das Ergebnis schon fest, es mußte nur noch planerisch begründet werden.

Die Sorge unserer Vorgesetzten war groß, daß wir jungen Leute frisch und ohne Skrupel drauflos planen würden und sie damit bloßstellen könnten. Haben wir aber nicht getan, obwohl es uns manches Mal gejuckt hat.

Das nächste Abenteuer absolvierten Max und ich in Norfolk, Virginia, beim SACLANT. Wir gingen für mehrere Wochen zu einem Military

---

[253] z.B.: Sander-Nagashima: Bundesmarine 1950-1972

Central Analysis Team[254], um dort die deutschen Anteile ins rechte Licht zu rücken und das Herbstmanöver auszuwerten. Nach heftigen Auseinandersetzungen hinter den Kulissen wurde ich plötzlich zum Chairman dieses aus ca. 100 Offizieren und einigem Hilfspersonal bestehenden Teams aus ca. 10 NATO-Ländern ernannt.

Ich erholte mich schnell von meiner Überraschung und widmete mich meiner neuen Aufgabe, ohne daß ich die ganze Tragweite erkannte. Aber da ich nun eine Admiralsuite in den Senior Officers Quarters bezog, drei eigene Stewards nur um meine Koje und mein Frühstück bemüht waren, während vor der Tür der Marineinfanterist stand, der meinen Dienstwagen!! fuhr, schien mir das alles märchenhaft, und ich genoß meine Privilegien, als ob ich sie verdient hätte.

Nach Auswerten der Aufzeichnungen und EDV-Ausdrucke des US-Trägers, der ganz vorsichtig einmal mit 10 kn voll beleuchtet auf geradem Kurs vom Kanal zum Skagerrak gefahren war, stand in der Beurteilung, daß der Träger nicht ernsthaft am Manöver teilgenommen hatte. Das und vieles andere hatte ich als Chairman abgehakt und saß mit einer Tasse Kaffee in meinem Office, als die Tür aufflog und ein wutschnaubender US-Konteradmiral auf mich eindrang.

Er hatte – wie auch immer – eine Kopie der noch nicht weitergegebenen Flugzeugträgeranalyse in die Hand bekommen, wedelte damit vor meinem Gesicht und verlangte brüllend, daß diese Passage gestrichen würde. Schließlich hätte ich, nein, das gesamte Team einschließlich der USN-Offiziere keine Ahnung von Flugzeugträgern.

Damit hatte er recht, aber ich fand unser Ergebnis richtig und wohlverdient. Ich sagte eine Überprüfung zu, mehr aber auch nicht. Er hatte mein Büro man gerade eben verlassen, da strömten von allen Seiten meine NATO Fellow-Officers, die ich z.T. schon seit Jahren kannte und die mit mir im Team arbeiteten, herein und wollten wissen, was anlag. Alle, wirklich alle lobten mich, daß ich nicht eingeknickt war, so daß ich anfing, auf mich stolz zu sein. Sie versprachen unverbrüchliche Unterstützung, besonders die Briten, die mich noch nie gelobt hatten, aber gern mit mir feierten, wenn es darum ging, der USN in die Kniekehle zu treten. Zwei weitere Anläufe, den Text zu ändern, wurden von USN-Commanders auf die

---

[254] MCAT

Old-Boy-Tour versucht. Der Text blieb so, und ich wurde nie wieder an einer Übungsauswertung in Norfolk beteiligt.

Unser letzter „Streich" beim BSN war auch der wichtigste. Im Verlaufe der letzten Jahre hatte sich das Selbstverständnis unserer Marine positiv entwickelt, und man sah sich gegenüber dem Warschauer Pakt nicht mehr in einer so aussichtslosen Situation wie in den 60er Jahren. Die „Hohen" waren sich einig, den „Emergency Defence Plan" durch ein neues Dokument zu ersetzen. Zuerst wollte die Marine die Naval Emergency Operations Instructions[255] und die Naval Emergency Operations Orders[256] neu gestalten. Salopp gesagt, das Flottenkommando wollte den Begriff „Emergency" los werden, weil er unnötig nach Notlage und damit auch nach „Not" klang.

Da die ASTOs ab dem 8. Admiralstabslehrgang den militärischen Planungsprozeß gründlich und erfolgreich gelernt hatten, entschlossen sich der Inspekteur und der Flottenchef, eine Arbeitsgruppe einzurichten, die einen völlig neuen Naval Operations Plan (NOP) erarbeiten sollte. Zwar blieb eine gewisse Skepsis gegenüber den neuen Besen, denn so weit wir damals wußten, hatte nicht ein einziger führender Offizier der Marine irgendeine operative oder gar strategische Ausbildung oberhalb der MSM bzw. der Leutnantslehrgänge durchlaufen.

Der Flottenchef beauftragte den Abteilungsleiter NATO (A N) des Flottenkommandos, KptzS. Alfi W., mit der Leitung, um das übermütige junge Gemüse in vernünftige Bahnen zu lenken. Der A N war ein kluger, leiser und menschlich großartiger Seeoffizier mit guten NATO-Kenntnissen und mit Admiralstabsausbildung, wenn auch ohne „unseren" Planungsprozeß kennengelernt zu haben.

In der beschaulichen und ungestörten Umgebung Sengwardens sah man die richtige Voraussetzung und – wie anders hätte es kommen können – Max R. und ich gehörten wieder dazu. Dazu kamen noch der Mineur Fritz J., der MPA-Flieger Lutz v. W. und der Jet-Flieger Wolfgang E., eine sehr gute Truppe.

Unsere guten Kenntnisse im militärischen Planungsprozeß, der uns nach den unendlichen Übungen schon abgenutzt erschien, nun zum alle-

---

[255] NEMOI
[256] NEMOO

rersten Mal an diesem echten Problem für unsere Marine anzuwenden, erfüllte uns mit großer Begeisterung, und ich empfand zum ersten Mal die Verantwortung, die man uns auflud. Unser Lehrer an der FüAk, KptzS Dr. R., genannt der Marabu, hatte uns eingebleut, daß man den Planungsprozeß für den Kauf einer Waschmaschine genau so gut anwenden konnte wie für das Anbringen des Schildes „Herren" an der Toilette. Da die kleine Gruppe auch menschlich sehr gut zusammenpaßte, waren alle Voraussetzungen für eine erfolgreiche Arbeit gegeben.

Wir begannen mit einer ausführlichen Lagebeurteilung, so wie wir es gelernt hatten, zwangen uns zur Ehrlichkeit, beschönigten nichts, waren aber auch nicht defätistisch. Alfi machte mich zum Vice-Chairman und fuhr die Arbeitsgruppe am langen Zügel von Glücksburg aus. Wir arbeiteten wie besessen, ungestört und unbeobachtet im Bunker des BSN. Praktisch nach jedem Kapitel mußten Max und ich nach Meierwik, um den Flottenchef über die Fortschritte zu unterrichten. Dabei konnten wir auch Richtungsentscheidungen einholen, wenn wir sie brauchten, um die Zahl der möglichen Wege oder Verästelungen zu reduzieren. Diese Besprechungen fanden fast immer lange nach Dienstschluß und manchmal bis in die Nacht im Dienstzimmer des Befehlshabers statt. Je länger diese Veranstaltungen dauerten, desto öfter kam hinter dem Vizeadmiral ein Mensch und Offizierkamerad zum Vorschein.

Der Flottenchef akzeptierte schließlich alles, was wir ihm aufschrieben bis zu dem Tag, an dem wir mit dem Abschnitt „Beurteilung der psychologischen Lage im eigenen Bereich" bei ihm antraten. Unsere vernichtende Beurteilung über uns selbst löste wütendes Entsetzen bei ihm aus. All' unsere Versuche, uns durchzusetzen scheiterten; er befahl uns, alle Ausfertigungen dieses Teils zu vernichten und uns bei der weiteren Arbeit nicht darauf zu beziehen. Als letzten Kompromißvorschlag versuchten wir, ihn zu überreden, wenigstens eine Ausfertigung in seinem Panzerschrank..... nein, keinen Kompromiß! Wir sagten ihm schonungslos, daß sich die Lage durch Verbrennen der Beurteilung nicht verbessern würde, alles blieb vergeblich.

Diese Auseinandersetzung verschlechterte unsere Beziehungen zum Flottenchef aber nicht, eher im Gegenteil. Rückblickend muß ich einräumen, daß sich dieser Eingriff nirgendwo bei der weiteren Arbeit negativ ausgewirkt hat.

Was wir uns nie hätten vorstellen können: Wie schon angedeutet, wurde immer wieder einmal ein Mensch hinter der grimmen und schneidenden Fassade des Befehlshabers sichtbar. Nicht nur, daß wir – die Arbeitsgruppe – uns immer sicherer fühlten und damit auch kecker wurden. Wir erlebten gegen 22.00 Uhr im Dienstzimmer des Befehlshabers, daß H. sein Uniformjackett aufknöpfte, dann eine Flasche Rotwein mit Gläsern hervorzauberte und uns Zigarren anbot. Eine fast heimelige Atmosphäre entstand. Als dann der arme ASTO v.D. zu irgendeiner Meldung an der Tür klopfte, veränderte sich die Stimme des Befehlshabers mit dem Zuknöpfen des Jacketts, der ASTO wurde kurz abgefertigt, und die wundersame Verwandlung verlief in der umgekehrten Richtung.

In größeren Abständen mußte die NOP-Arbeitsgruppe den Stand ihrer Planungen im Flottenkommando in größerer Runde vortragen und vertreten. Als wir entgegen allen bisher gültigen Grundsätzen darlegten, daß wir die U-Boote in dem viel zu flachen Gebiet westlich von Bornholm einsetzen wollten, lehnte der Befehlshaber das ohne weitere Diskussion ab. Er machte klar, daß er als UBoot-Fahrer niemals einem solchen Einsatz zustimmen könne. In die kurze stille Pause nach diesem Urteilsspruch fragte Max den Befehlshaber in seiner liebenswürdigen und verbindlichen Art, ob er ein Gleichnis vortragen dürfte. Vizeadmiral H. nickte knapp, im Raum wurde es – falls überhaupt möglich – noch stiller.

„Herr Admiral, Sie sind doch kürzlich in Altenholz in ihr neues Haus eingezogen." Alles erstarrte entgültig wegen dieses rücksichtslosen Eindringens in die Intimsphäre des Befehlshabers.

„Stellen Sie sich vor: Sie gehen abends in die Koje, und gerade als sie das Licht löschen wollen, klirrt eine Scheibe im Parterre. Sie machen eine kurze Lagebeurteilung mit dem Ergebnis: Einbrecher im Haus!

Sofort überlegen Sie, welche Möglichkeiten des eigenen Handelns ihnen offenstehen: Sie haben außer einer langläufigen, einschüssigen Duellpistole aus dem 18. Jahrhundert, die Ihnen ein Gönner geschenkt hat, keine Waffen. Aber Sie haben Munition für die Pistole, mit der Sie auf 100 Meter eine Fliege treffen können. Frage, Herr Admiral, vertrauen Sie auf Ihre Hausratversicherung und ziehen die Decke über den Kopf oder laden Sie die Pistole...." Es war noch stiller geworden, lähmendes Entsetzen stand in allen Gesichtern, und dann rutschte mir auch noch heraus: „und sagen zu dem Einbrecher: treten sie bitte 100 Meter zurück". Alle im

Raum wußten, daß sie gerade das Ende der beiden Überschlauen erlebt hatten.

Nach endlosen Sekunden räusperte sich der Flottenchef und sagte: „Ich billige ihre U-Bootsplanungen". Verblüfft und erleichtert starrten alle auf den Befehlshaber, der ungerührt weitermachte und der Runde keine weitere Erklärung gönnte. So wurde ein wesentlicher Eckstein unserer Überlegungen zugelassen.

Zum Planungsprozeß gehörte, daß wir dem Auftraggeber, also hier dem Flottenchef, mehr als eine Möglichkeit vorlegen mußten, wie wir uns unser Handeln vorstellten. Damals waren wir realistisch und sahen nur wenige Chancen für unsere Einheiten, gegen die ungeheure Übermacht der Baltischen Rotbannerflotte anzukommen. Da auch alle nationalen und NATO-Übungen den beobachtenden Einheiten des Warschauer Paktes ein kleinmütiges defensives Handeln auf unserer Seite nahelegten, war wenig Raum für einen anderen COA[257].

So angestachelt, entwarfen wir einen alternativen Plan für den Beginn der Feindseligkeiten. Besonders wegen unserer damals kaum vorhandenen Fähigkeiten in der Luftabwehr waren wir sicher, daß die Luftangriffe des WP unsere schwimmenden und fliegenden Verbände schnell abnutzen oder gar vernichten würden, ob wir nun in Auflockerungsräume verlegen konnten oder nicht. Da wir gleichzeitig eine wenig bewegliche Führung bei unseren Gegnern erwarteten und sicher waren, daß Entscheidungen nicht von den Kommandeuren an der Front, sondern in einem MHQ oder gar in Moskau getroffen werden würden, entwickelten wir einen Plan für die Offensive.

Wir waren sicher, daß die Offensive, da sie völlig unerwartet kommen würde, zu großem Durcheinander und zu schwachen Reaktionen führen würde. Wir waren überzeugt, daß wir so dem Gegner erheblich mehr Schäden würden zufügen und mehr Zeit gewinnen könnten als mit dem defensiven COA. In unseren Gesprächen lief diese COA unter dem inoffiziellen Decknamen „Wilhelm Tell" nach der Anleihe bei Schiller: Er muß ja hier vorbeikommen und wenn er hier vorbeikommt, dann kriegt er einen verballert..... Mit dieser wie ich heute noch finde glänzenden Idee liefen wir allerdings beim Flottenchef auf und wurden gnadenlos abge-

---

[257] Course of action

276

schmettert. Er entschied sich mit Nachdruck für die vorsichtige, defensive Version, die wir dann auch loyal zu Ende planten.

Wir schrieben den NOP zu Ende und fanden – trotz vieler Schwächen und auch Ungereimtheiten –, daß wir einen guten ersten Anlauf geschrieben hatten, wobei wir inbrünstig hofften, es nicht ausprobieren zu müssen. Wir hatten uns aber von dem „Emergency" befreit. Vor allem aber trugen unsere Pläne der Tatsache Rechnung, daß die haushohe Überlegenheit des Warschauer Paktes uns schnell aller Fernmeldeverbindungen berauben würde. Also planten wir so, daß auf allen Ebenen der Flotte klar sein mußte, was in welcher Abfolge auch ohne jeden weiteren Befehl zu geschehen hatte. Jeder Kommandant war verpflichtet, den NOP so gut zu kennen, daß er auch ohne Befehle im Sinne des Ganzen handeln konnte. Das hatte er nach Dienstantritt durch schriftliche Meldung zu bestätigen. Unsere Maxime lautete: Jeder Kommandierende muß den Auftrag seines Vorgesetzten kennen und verstehen.

Zum Abschluß dieses Kapitels über meine Zeit beim BSN will ich noch zwei weniger bedeutende Geschichten festhalten, die ich jedoch als sehr bezeichnend für die 70er Jahre halte.

Viele der NATO-Regelungen waren bei den älteren Kameraden falsch verstanden oder gänzlich unbekannt. Der BSN[258] war OCA[259] für alle Marinefahrzeuge, die die CHOP-Linie Skagen-Maseskjaer vor der schwedischen Küste nach Westen passierten. Schon diese Anhäufung von merkwürdigen Begriffen legt nahe, daß ältere und vor allem dienstgradhöhere Kameraden das alles als Unsinn ablehnten. CHOP ist die Abkürzung für Change of Operational Control. In der Praxis bedeutete das alles, daß der BSN alle deutschen Einheiten westlich dieser magischen Linie weltweit führte. Diese Wechsel in der Führung erfolgten automatisch, wenn nicht anders befohlen.

Das galt natürlich auch für die Schulschiffe „Deutschland", „Gorch Fock" und die Schultender, die für jede AAR[260] von uns eine umfangreiche OCA-Weisung erhielten. Die Führung der Schulschiffe war unproblematisch und gab uns das angenehme Gefühl, weltweit zu operieren.

---

[258] NATO-Bezeichnung CGNS = COMGERNORSEA = Commander German Northsea Subarea

[259] Operational Control Authority

[260] Auslandsausbildungsreise

Diese Routine wurde unsanft gestört, als auf der „Deutschland" ein Fall von offener Tbc festgestellt wurde, der es erforderlich machte, so schnell wie möglich die gesamte Besatzung zu röntgen. So etwas zu organisieren, war Sache der OCA, also unser Geschäft. „Deutschland" kam von einer sehr langen Reise zurück und hätte beim Einlaufen in den Heimathafen Kiel den bei uns damals sehr seltenen Heimatwimpel[261] setzen können.

Wir hatten die Röntgenreihenuntersuchungen für die Seeschleuse in Wilhelmshaven geplant, wo die „Deutschland" auf dem Weg nach Hause vorbeikam. Die Bildschirmwagen sollten auf der Schleuse stehen, in der die „Deutschland" festmachte; das ganze wäre in weniger als 2 Stunden erledigt gewesen, und die Untersuchungsergebnisse hätten rechtzeitig vor dem Urlaubsbeginn in Kiel vorgelegen.

So weit, so gut, alle entsprechenden Funksprüche gingen hinaus. Wer beschreibt unsere Verblüffung, als der Kommandant dem Seebefehlshaber lapidar mitteilte, er würde nicht wie befohlen einlaufen, sondern auf Reede ankern. Wir sollten Transport organisieren, der die Besatzung Schub für Schub zum Röntgen übersetzen könnte.

Ich wiederholte den Befehl, in der Schleuse festzumachen mit der Begründung, daß dieses Vorgehen einen ganzen Tag sparen würde und auch damit, daß die Röntgentrupps entsprechend schneller fertig wären. Außerdem stand uns kein Bootspark zur Verfügung, um dieses Ansinnen in die Tat umzusetzen.

Danach rief mich der Admiral Marine-Ausbildung an, der wohl die Funksprüche auch gesehen hatte, denn er war der Fachvorgesetzte der „Deutschland". „Was bilden Sie sich ein? Haben Sie die Funksprüche veranlaßt? Wie kommen Sie dazu, einem Kapitän zu See als Kommandanten Befehle zu erteilen? Es war ein richtiger Anschiß, der zeigte, daß der anrufende Admiral keine Ahnung hatte von den Aufgaben einer OCA oder von der Arbeitsweise eines Stabes. Er redete mich nach Gutsherrenart mit „junger Mann" an, und mir wurde klar, daß ich mich um Rückendeckung kümmern mußte.

Wir hatten damals gerade einen neuen Befehlshaber bekommen, den Marineflieger Flottillenadmiral Günther L. Er sollte, da bisher hauptsächlich als Jetjockey eingesetzt, bei uns allgemeine Seefahrts- und Füh-

---

261 weißer Wimpel vom Mast bis in die Hecksee

rungskenntnisse erwerben. Er war als scharfer und grimmiger Vorgesetzter gefürchtet. Ich trug ihm dieses Problem kurz vor, und er befahl mir, den Kommandanten nach dem Festmachen zu ihm einzubestellen.

Nach weiteren unerfreulichen und unqualifizierten Hakeleien erschien der Kommandant Deutschland, KptzS W., der auf unsere Fragen, warum er nicht in der Schleuse festmachen wollte, erklärte, daß das Schiff dann keinen Heimatwimpel setzen dürfte. Es hätten zwei! Tage gefehlt. Nachdem ich, ohne mir über meine Kompetenz Gedanken zu machen, der „Deutschland" den Heimatwimpel auch ohne die 2 Tage genehmigt hatte und obwohl man in der 4. Einfahrt fest gemacht hatte, kehrte Ruhe ein. Sowohl der Admiral Marineausbildung als auch der Kommandant der „Deutschland" hatten wohl aus dem Auge verloren, daß unser Befehlshaber nur für 6 Monate beim BSN sein sollte, um dann Amtschef Marineamt und damit ihr direkter Vorgesetzter zu werden.

Der arme Kommandant meldete sich beim Befehlshaber, ich saß so klein wie möglich in einer Ecke des Befehlshaberzimmers und mußte Zeuge eines gewaltigen Anschisses werden, ich habe nie bei höheren Dienstgraden stärkeres Kaliber erlebt. Die einseitige Unterredung begann ohne Gruß mit der Frage:

„Warum führen sie meine Befehle nicht aus?" und endete vor der Entlassung durch eine Handbewegung in der drohenden Anmerkung: „In zwei Monaten werde ich Amtschef!"

Kameraden berichteten mir später, daß der Kommandant sich auf dem Rückweg so weit erholen konnte, um seinen Offizieren nach der Rückkehr an Bord voller Stolz zu berichten, wie er den „Stabshengsten" Bescheid gestoßen habe. Respekt – Respekt!

Der grimme L. war schlau genug zu erkennen, daß er von unserem Tagesgeschäft kaum Ahnung hatte. Ohne daß ich es merkte, benutzte er mich, um seine Position abzusichern, in dem er unter Umgehung des Chefs des Stabes und des A3 direkt mit mir sprach und sich die Informationen holte, die ihm aktuellen Vorsprung gaben. Bis er kam, war ich daran gewöhnt, daß man mich machen ließ, es fiel mir also nicht auf, weil ich mich natürlich auch „gebauchpinselt" fühlte.

In langen Manövernächten fand ich mich dann auch einmal mit meinem Befehlshaber an der Bar wieder, trank Cognac, obwohl ich den nicht mag und wurde plötzlich mit „Blue, mein Junge" angeredet. Als selbstgefälliger Mensch fand ich das in Ordnung und legte so, ohne auch das zu ahnen, die Grundlage für meine später so unerschütterlich gute Position bei L. als Inspekteur.

Unsere hochanständigen, älteren, kriegsgedienten Kameraden und alle, die sich ihrer Sache nicht immer so sicher waren, um dem von L. ausgeübten Druck zu widerstehen, hatten schwere Zeiten und wurden oft auch ungerecht behandelt. Der A 3 als mein Chef, der in seiner Crew „Standartenfiete" genannt wurde, hatte mehrere Jahre in der NATO gedient, war ein feiner Kerl und griff oft zu einem Fläschchen Valium 10 in seiner Schublade. Unser Flieger-ASTO Edi W., der unter dem ehemaligen Kommodore besonders zu leiden hatte, ging für mehrere Wochen in Regenerationsurlaub.

Die andere Geschichte ereignete sich im April 1975. Nach dem Überfall der RAF auf die deutsche Botschaft in Stockholm saßen alle Offiziere des Stabes wie an jedem normalen Tag nach dem Mittagessen bei einer Tasse Kaffee zusammen. Bei dieser festen Einrichtung, die es bei den meisten Dienststellen gab und hoffentlich auch noch gibt, und die eine nicht definierbare Mischung aus gemütlicher Kaffeerunde, Musterung und Unterricht bildete, wurden diese Vorgänge heftig diskutiert. Auch unser Stab war als mögliches Ziel für solche Anschläge in den Listen der RAF aufgetaucht. Der Mord am Verteidigungsattaché schien uns unfaßbar.

In unserer Empörung über die Vorgänge und angestachelt von unserem kampfeslustigen Befehlshaber H.H. waren wir einig, uns bei einem Angriff zur Wehr zu setzen. H.H. sagte. „Ich werde mich nicht wie eine Ziege in den Keller zerren lassen, um dort geschlachtet zu werden!"

Als wir zur Bewaffnung kamen, stellte der Kommandant Stabsquartier ernüchternd fest, daß wir nur zwei Pistolen und drei oder vier G3s hatten. Dieses zusätzliche Manko stachelte unseren Grimm weiter an.

Ein zu dieser Zeit bei uns wehrübender Fregattenkapitän d.R. bot an, einen Lkw mit Pistolen kommen zu lassen, damit wir uns jeder eine Waffe kaufen könnten. Nachdem sich das Gelächter gelegt hatte, stellte sich heraus, daß er im richtigen Leben der Vorstandsvorsitzende der Mauser Waffenfabriken war.

Der Befehlshaber stellte uns die Waffenerwerbsscheine aus und eines Tages fuhr der Pistolentransporter tatsächlich vor. Fast jeder suchte sich eine Waffe aus, die ihm gefiel und gegen Zahlung eines sehr günstigen

Preises bewaffnete sich der Stab des BSN. Zum unserem großen Glück wurden wir nie angegriffen.

Inzwischen stand meine nächste Verwendung fest: Ich sollte am 1.10.1973 Kommandant des Zerstörers „Schleswig-Holstein" werden – es war ein Traumkommando!! Vorher hatte die Personalabteilung geplant, mir die Fregatte „Braunschweig" zu geben, was H.H. zu der mehrfach wiederholten Sottise verführte:

„Blue! Sie bekommen Ihren kategorischen Imperativ! Braun – schweig!" Obwohl eine der vielen ungeschriebenen Regeln der Marine besagte, daß man möglichst nicht dort Kommandant werden sollte, wo man IO war, freute ich mich sehr.

Kommandant Zerstörer „Schleswig-Holstein"

Nun übernahm ich ein zumindest eingeschränkt einsatzbereites Schiff, das jedoch unter erheblichen Fehlbesetzungen litt. PUOs und UOs waren knapp. Von den mir bekannten PUOs waren noch einige an Bord, und einige kamen als Offiziere des militärfachlichen Dienstes wieder zurück.

So z.B. der ehemalige E-Meister Viktor D., der schon seit der Baubelehrung an Bord war und nun EO wurde. Mehrere Meister, die entweder als borddienstuntauglich an Land oder schon im Berufsförderungsdienst saßen, gesundeten oder wurden für die „Schleswig-Holstein" zurückgewonnen, das alles förderte die Stimmung außerordentlich.

Am Ende irgendeiner Erprobung blieb genug Zeit, um einen Abstecher nach Flensburg zu machen. Um pünktlich einzulaufen, mußten wir uns beeilen und liefen mit 28 kn durch den Großen Belt. Das Wetter war ruhig und die Sicht mäßig. Mein Navigationsabschnitt und seine Zusammenarbeit mit den Brücken-WOs hatte sich so weit verbessert, daß ich mich in den vertrauten Gewässern sicher fühlte. Außerdem hatte ich zum ersten Mal einen Navigationsoffizier. Mit der Welt und mir zufrieden stand ich auf meiner Brücke und bewunderte unsere Hecksee.

Noch heute kann ich nicht verstehen, warum es so elend lange dauerte, bis mir klar wurde, daß etwas nicht stimmte. Die Hecksee verlief völlig anders als normal. Dann wußte ich plötzlich, daß wir in sehr flachem Wasser unterwegs waren. Ohne weitere Formalitäten kommandierte ich:

„Beide Maschinen stopp! Steuerbord 20 – Frage Wassertiefe!"

„Keine Anzeige!" machte deutlich, daß wir weit vom rechten Wege abgekommen waren. Während wir mit 5 kn Richtung Fahrwasser schlichen, ergab die Kontrolle des Standortes, daß wir bei der letzten Tonne eine leichte Kursänderung verpaßt hatten. Ich kam unbeschadet davon, aber meine Selbstzufriedenheit wurde so rechtzeitig und gründlich erschüttert, daß es für die gesamte Kommandantenzeit reichte.

Der Besuch in Flensburg blieb ein schönes Erlebnis, denn wir lagen an der Schiffbrücke mitten in der Stadt, unser Tiefgang von knapp 7 m führte wieder dazu, daß unser Lot nicht mehr anzeigte. Holnis Enge, die Pappelallee und das Passieren der Marineschule waren emotionale Höhepunkte dieses Abstechers. Nie wieder hat ein Kriegsschiff dieser Größe Flensburg angelaufen.

Bei einem Törn Einzelausbildung in der Nordsee konnte ich nicht verhindern, für mehrere Tage ein Fernsehteam mitnehmen zu müssen. Sie wollten für eine Serie drehen, die sich „das 24-Stunden-Team" nannte. Solche Gäste waren unbeliebt, weil sie in unsere geschlossene Welt eindrangen, vor allem aber wegen ihrer Rücksichtslosigkeit und Dreistigkeit. Der Fü M hatte Interviews untersagt.

Als wir ca. 50 sm nördlich Helgoland gerade ein paar recht gute „Türken bauten"[262], erhielt ich die Meldung, daß einer der Reporter durch das Schiff zog und Interviews machte. All' unsere über Jahre gewachsenen und gepflegten Vorbehalte gegen diese Fernsehfritzen bestätigten sich. Ich versammelte die Herren um mich, sie räumten ein, mehrere Interviews gemacht zu haben. Als ich bat, mir diese Aufzeichnungen anhören zu dürfen, lehnten sie arrogant ab und verwiesen auf die Pressefreiheit.

So provoziert machte ich deutlich, daß sie sich an Bord eines Kriegsschiffes auf hoher See befänden, wo nur der Kommandant die Pressefreiheit definiert. Erst als ich anordnete, alle Aufzeichnungsgeräte zu beschlagnahmen, lenkten sie verblüfft und zähneknirschend ein. Beide Interviews stellten sich als harmlos heraus. Im ersten wurde ein Hauptgefreiter als Geschützführer gefragt, ob er sich bewußt sei, das Töten von Menschen zu üben. Der Seemann lachte fröhlich: „Ich treffe ja nicht mal die Scheibe!"

---

[262] etwas zur Besichtigung vortäuschen

Als mein Schiffswaffenoffizier gefragt wurde, ob es ihm recht sei, mit den griechischen Obristen in einem Bündnis zu dienen, hatte der Interviewer sich überschätzt. Er wurde wegen der Antwort an unsere Regierung verwiesen und dann verbal auf die Hörner genommen. Der Kapitänleutnant fragte ihn, wie oft er in Griechenland war, der Kaleu konnte 5 Besuche in den letzten Jahren aufzählen und äußerte zuversichtlich, daß sich dieses urdemokratische Volk durchsetzen würde.

Ich untersagte noch einmal alle weiteren Interviews, gab die ersten aber zur Benutzung frei. Zu meinem Glück kam niemand auf meine Interpretation der Pressefreiheit auf hoher See zurück und die Interviews liefen nie im Fernsehen.

Wieder war die „Schleswig-Holstein" für einen Törn in der STANAVFORLANT vorgesehen, aber erst 1975. Vorher sollten wir nach Portland, um wieder einmal das BOST zu absolvieren, und danach am JMC[263] teilnehmen. Das waren Aufgaben, die uns zusätzlich motivierten, das Schiff in einen guten Zustand zu versetzen. Auch hier galt, daß die Furcht vor der Blamage aus normalen Männern Helden machen kann.

Im Rahmen der Vorbereitung auf Portland verlegten wir nach Neustadt, um bei der Schiffsicherungslehrgruppe zu üben. Nach Abschluß der Ausbildung trafen wir uns mit dem Versorger „Glücksburg", um bei einem RAS[264] unsere Bunker für die Rückreise nach Wilhelmshaven aufzufüllen.

Als wir anliefen, um das Geschirr für die Ölversorgung zu übernehmen, legte der Versorger, der auf jeden Fall Kurs und Fahrt beibehalten muß, Hartruder in unsere Richtung. Es blieb genug Zeit, die Besatzung vor der drohenden Kollision zu warnen, die Ramming selbst war unvermeidbar. Mit einem Winkel von ca. 60° traf uns der erste Rammstoß in Höhe des Turm A. Das Geräusch war schrecklich, der Versorger rutschte ab und traf uns wieder, weil der Kommandant offensichtlich gelähmt in der Nock hing und keine Kommandos gab. Insgesamt 8 oder 9 schwere Rammstöße trafen uns an der Steuerbordseite, ehe sich mein AK Voraus-Kommando auswirkte und der Versorger mit immer noch unverminderter Fahrt durch unsere Hecksee pflügte.

---

263 Joint Maritime Course, anspruchsvolle Übung der RN in See um Schottland
264 Replenishment at Sea = Treibstoffversorgung in Fahrt

Bis zum achteren 40 mm-Geschütz war die gesamte Seite eingedrückt oder aufgerissen und verwüstet, der Kutter zertrümmert, und das B-Deck samt Geschütz lag auf dem Hauptdeck. Es waren schreckliche Verwüstungen, viel schlimmer als damals bei der Kollision mit der „Eifel". Als ich bei der „Glücksburg" anfragen ließ, ob sie Hilfe brauche oder Verletzte habe, kam die Frage zurück, ob ihr Bugwappen bei uns an Oberdeck gefunden worden sei.

Wir gingen nach Kiel und machten an der Scheermole fest, um unsere Schäden zu begutachten. Als wir mit der verwüsteten Seite zur Landseite festgemacht hatten, kam durch einen kaum faßbaren Zufall der Flottenchef auf der Pier auf uns zu. Wir waren sicher, daß er zu uns wollte. Ich stand auf der Schanz, Front wurde gepfiffen, und der Flottenchef ging ohne mein Schiff oder mich eines Blickes zu würdigen an uns vorbei.

Er schiffte sich dann auf einem unserer DDGs ein, um zum Raketenschießen nach Frankreich zu fahren. Ich finde noch heute sein damaliges Verhalten sowohl als Vorgesetzter als auch als Kamerad unfaßbar und unmöglich. Als der DDG wenig später an uns vorbeifuhr, kam ein kurzer, aber mitfühlender Spruch vom ebenfalls eingeschifften A3 der Zerstörerflottille. Der Befehlshaber hatte alle meine Vorurteile wieder bestätigt, obwohl wir uns in der Zeit vorher – so bildete ich mir ein – näher gekommen waren.

Wir gingen sofort nach Hamburg zu Blohm & Voß, unser Schiff wurde in 10 Tagen für ~ DM 400.000.- repariert, und wir konnten mit geringer Verspätung nach Portland gehen. Ich schrieb einen freundlichen Brief an den Kommandanten der „Glücksburg", in dem ich unser gemeinsames Mißgeschick beklagte und ihm Glück wünschte für die folgenden Untersuchungen. Er hat nie geantwortet und ist mir auch nie mehr begegnet, was wohl gut für ihn und mich war und mich vor Entgleisungen bewahrte.

Über die Küstenklatschwelle hörte ich später, daß der Rudergänger des Versorgers mit Knopfsteuerung[265] fuhr, als wir anliefen. Um uns besser sehen zu können, beugte er sich vor und stützte sich dabei auf den Backbordknopf... Der Kommandant hat während aller Rammstöße kein Kommando gegeben, er muß wohl paralysiert gewesen sein.

---

[265] umschaltbar auf das normale Ruderrad

Wieder ging es nach Portland, voller Tatendrang und nicht ohne Selbstbewußtsein. Mit viel Glück gelang uns ein guter Start, als wir die erste Übung in Rekordzeit und ohne Makel absolvierten. Es war ein zeremonielles Einlaufen mit Festmachen an der Boje und großem Flaggenschmuck nach Salutschießen. Mit dem Flaggenschmuck wurde das Seefallreep ausgebracht, die Pinaß[266] ausgesetzt und ein Fantasiepotentat kam mit vollem Zeremoniell an Bord und besuchte das Schiff.

Bei der folgenden Kritik ernteten wir viel Lob mit dem einschränkenden Zusatz: „It was most unusual to find a matchstick on the upper deck of a German destroyer"[267]. Ein Sea Rider[268] behauptete, es unter einer Minenschiene gefunden zu haben. In meiner Messe hielt sich hartnäckig das Gerücht, er hätte das Streichholz mitgebracht...

Mit großer Freude entdeckte ich unter den Searidern meinen Funkausbilder von HMS Mercury, Chief Pete Anstey. Ich schleppte ihn mit in meine Kammer, und wir feierten unser Wiedersehen. Als er andeutete, es sei unpassend, daß ein PUO mit dem Kommandanten in seiner Kammer ein freundschaftliches Zusammensein feierte, schickte ich ihn in die PUO-Messe, wo ich normales Messemitglied war. Für Anstey jedoch brach fast eine Welt zusammen, als ich dort auftauchte und mir unter freundlichen Zurufen meiner PUOs ein Bier bestellte.

Chief Anstey berichtete mir dann unter dem Siegel der Verschwiegenheit, daß meine Akte in seinem Stab umgelaufen sei, um mich als schwieriger Fall der besonderen Aufmerksamkeit aller zu empfehlen. Das hatte ich mir gedacht, war aber trotzdem nicht begeistert.

Die Ausbilder waren sich – besonders gegenüber den britischen Kommandanten – ihrer Macht bewußt. Mehrmals konnte ich aus der Ferne beobachten, wie ein britischer Kommandant abgelöst wurde. Ob begründet oder nicht, entzieht sich meiner Kenntnis.

Parallel mit uns erschien der Zerstörer HMS Kent[269] für das BOST. Ich lernte früh den Kommandanten kennen. Er war Trost und Hoffnung

---

[266] eigentlich Pinasse, größeres Beiboot bei Kriegsschiffen

[267] Es war höchst ungewöhnlich, ein Streichholz an Oberdeck eines deutschen Zerstörers zu finden

[268] Ausbilder

[269] County Class ~ 7000 ts

für mich, und wir hielten gut zusammen. Er nannte sich Most Senior Captain RN, war zum 5. Mal Kommandant auf einem Schiff und zum 4. Mal in Portland zum BOST. Nichts konnte ihn mehr erschüttern oder aufregen, er stand auch noch kurz vor seiner Pensionierung. Er war, wie man in der RN sagt, „passed over", d.h. er würde es nicht mehr zum Admiral schaffen. Alle 14 Tage verlegte sein Schiff in den Heimathafen, aber unter Führung des Ersten Offiziers[270], während er mit seinem Auto nach Hause fuhr. Nicht ohne Zuneigung nannte er sein Schiff „bewaffnete Kanalfähre". Jim war ein respektheischender Riese mit wildem roten Haarschopf.

Da wir unsere Hafenwochen nicht gleichzeitig hatten, konnte ich bei ihm einen Tag mitfahren, was ich mir immer gewünscht hatte. Dieser Zerstörer war deutlich größer als meiner, hatte ein aufwendiges Lenkwaffensystem und Hubschrauber. Der Kommandant hatte seinen Platz in einem kleinen Aussichtsturm oberhalb der Brücke. Ein zweiter Sitzplatz wurde dort für mich eingerichtet, und schon verließen wir den Hafen. Der Kommandant war daran nicht beteiligt. Alles, was ich beobachten konnte, strahlte Gelassenheit aus. Es schien mir alles von der Heiterkeit des Kommandanten angesteckt. Als ich irgendwann nach der Zahl seiner Offiziere fragte, sagte er, daß ihn das auch interessiere, und er ließ den Commander rufen. Als der meldete: „Forty nine, Sir, number 50 joining tonight!" tat er höchst überrascht und verlangte zu wissen, was sie denn um Himmels Willen alle auf seinem Schiff täten.

Nachdem wir in seiner Kammer gegessen hatten, während das Schiff weiterübte, erreichten wir unseren Aussichtsturm rechtzeitig, um die erbetene Feuererlaubnis zu erteilen. Mit Interesse beobachteten wir den einzigen Geschützturm, der schweigend ein paar kurze Bewegungen machte. Irgendwann wurde der Kommandant ungeduldig und fragte die Operationszentrale nach dem Problem. „No problem, Sir, it's gunnery!" lautete die lapidare Antwort, die auf vielen deutschen Kriegsschiffen zumindest ein Donnerwetter ausgelöst hätte. Nicht jedoch hier, der Kommandant nickte resignierend. Es war ein sehr lehrreicher Tag.

Samstags während des Vormittags ging der Ausbildungsleiter, der CST [271] Captain Ken Snow, von Schiff zu Schiff und gab den Kommandanten in einem Privatissimum die einzelnen Beurteilungen der vergange-

---

[270] the commander

[271] Commander Sea Training

nen Woche bekannt. Das Schlüsselwort hieß „Progress"[272], den wollten die Ausbilder sehen. Als ich an einem Freitagabend mit Jim seine letzte Lieferung Malt Whiskey verkostet hatte, zog ich es vor, in seiner Gästekammer zu übernachten. Samstags frühstückten wir in seiner Kammer, einem veritablen Salon über die gesamte Schiffsbreite, als der CST erschien. Obwohl er sich bescheiden und vorsichtig gab, was ich mit Vergnügen beobachtete, kam er nicht an. Jim dröhnte ihm entgegen: „Um die Geschichte abzukürzen: Dein gottverdammter Lehrstab hat in der letzten Woche überhaupt keine Fortschritte gemacht. Guten Morgen, Ken. Du darfst den IO besuchen, falls Du möchtest!" Und schon waren wir wieder allein. Wir hatten viel Spaß. Als ich etwas später in meiner Kammer dem CST gegenüber saß, hatte sich die übliche Atmosphäre zu meinen Gunsten verändert, ich hatte aber einen neuen Feind.

In unserer Portlandzeit lief in Mexiko die Fußballweltmeisterschaft, die natürlich alle in ihren Bann schlug. Als dann in der k.o.-Runde Deutschland gegen England spielen mußte, kannte die Erregung kaum noch Grenzen. Um jeden Zwischenfall auszuschließen, gab ich keinen Landgang und das Schiff wurde hermetisch abgesperrt. Das Spiel verlief dramatisch, die deutschen Kicker gewannen nach einem aussichtslosen Rückstand noch in der Verlängerung. Das Schiff kochte vor Begeisterung, und ich war heilfroh, daß wir alle an Bord hatten. Wir konnten uns ein Fernschreiben an den FOST nicht verkneifen, in dem wir ihm das Ergebnis mitteilten und ihn baten, nicht der „Schleswig-Holstein" die Schuld zu geben.

Die Antwort kam umgehend, und typisch britisch: Die gesamte Übung Mexiko ist „below standard".

Der Sonntagvormittag bot als regelmäßigen Höhepunkt den Rundgang des Admirals[273], bei dem er alle Schiffe von der Pier aus strengstens inspizierte und das Zeremoniell abnahm. Hinter ihm der Adjutant, dem er diktierte, was in dem folgenden Fernschreiben erwähnt werden sollte. War der Admiral einmal nicht vor Ort, mußte ihn der dienstälteste Kommandant vertreten. Als diese Regel meinen Freund Jim traf, kam ein sehr langes Fernschreiben an die Hafenlieger, das ich wegen seiner ungewöhnlichen Form nicht vergessen habe.

---

[272] gemeint war der Fortschritt in der Ausbildung
[273] Sunday Walkaround

Zuerst besuchte er gegen die Routine die Pier, an der zwei zum FOST gehörende Schnellboote lagen. Im Fernschreiben war zu lesen: „hms cutlass hms scimitar – nobody in sight. report reason"

Dann wurden alle Schiffe im Hafen einzeln, als hervorragend und ohne Tadel erwähnt. Da zu dieser Zeit auch die SNFL zu Besuch war, mußte der kanadische Zerstörer, der zwei schräge Parallelschornsteine hatte, über sich lesen:

„hmcs iroqois – immaculate, however, again funnels not upright"

Als letztes Schiff: „hms kent – immaculate", dann mußte man umblättern und las: „however ..." und es folgten zwei Seiten grimmigster und kleinlichster Ausstellungen bei seinem eigenen Schiff.

Als es an einem Montagmorgen ans Auslaufen ging, wehte es mit 11 bis 12 Bft. Wir sollten Seeziel schießen, aber der Schlepper mit der Scheibe lag zu recht noch im Hafen. Ich unterrichtete den Stab, daß ich erst auslaufen würde, wenn der Scheibenschlepper losfährt. Anschließend besuchte mich der Kommandant „Z 6", mein Crewkamerad Achim W., der sich wie alle anderen Kommandanten ebenfalls entschlossen hatte, Wetterbesserung im Hafen abzuwarten.

Ohne Vorwarnung platzte der CST in meine Kammer, verlangte zu wissen, warum ich nicht wie befohlen ausgelaufen wäre. Er war sehr aufgebracht, und sein Grimm steigerte sich, als ich Scheibenschießen ohne Scheibe als sinnlos erklärte. Er bestand auf dem sofortigen Ablegen und ordnete ein Funktionsschießen mit allen Waffen an. Das lehnte ich ab mit dem Hinweis, daß alle unsere Waffen in den letzten Wochen einwandfrei gearbeitet hätten und daß ein Funktionsschießen allein an Munition ca. DM 10.000.- kosten würde.

Aus Verärgerung über seinen Auftritt konnte ich mir nicht verkneifen, noch einmal nachzutreten, und ich fügte hinzu, daß wir bald genauso klamm sein würden wie die RN, wenn wir unser Geld so sinnlos verballern. Er sprang auf, rauschte aus der Kammer und knallte das Schott hinter sich zu. Ich ließ ihn vor dem Verlassen des Schiffes an der Wache anhalten und zurückschicken. Ich erklärte ihm, daß er nicht zu den Leuten gehörte, die auf meinem Schiff das Schott der Kommandantenkammer zuknallen dürften.

Am Nachmittag machten wir uns alle auf den Weg, und die Ausbildung ging weiter. Anstey berichtete mir, daß der Stab überlegte, was sie mit mir machen sollten. Sie hätten ein Fernschreiben nach Deutschland geschickt. Die Bestätigung erhielt ich durch einen Anruf des Kommandeurs der Zerstörerflottille, Flottillenadmiral von H. Ich berichtete meine Erlebnisse, und er sagte: „Ich komme."

Zwei Tage später erschien er, fuhr einen Tag bei uns mit und machte sich ein Bild. Obwohl er keinen Hehl aus seiner anglophilen Grundhaltung machte, billigte er mein Verhalten. Als wir dann beim FOST zum Gespräch saßen, hielt er zu mir, stärkte mir den Rücken und erklärte dem britischen Admiral, daß ich mich so verhalten hätte, wie er es von einem deutschen Schiffskommandanten erwarten würde. Wieder ein Pyrrhussieg, ein Sieg mit einem großen ABER. Trotzdem war ich ziemlich sicher, daß meine Zukunft in der Marine nicht vom Ergebnis in Portland abhing. Der Stellvertreter Befehlshaber Flotte hieß schon seit 1972 H.H.K., damit hatte ich immer noch einen guten Helfer für Notlagen.

Eine der klassischen Übungen, deren Namen ich vergessen habe[274], bestand darin, daß von den Ausbildern nach und nach das gesamte Schiff lahm gelegt wurde, bis wir überall schwarzes Licht[275] hatten und keine Befehlsübermittlung außer durch Läufer mehr existierte. Immer wieder wurde ich von den Ausbildern befragt, um herauszufinden, ob ich noch die Übersicht besaß und die restlichen Fähigkeiten des Schiffes kannte. Plötzlich und für mich überraschend versammelten sich alle Ausbilder in der OPZ und drückten sich schweigend an die Seite.

Ein Läufer meldete mir, daß in einem Turbinenraum Hochdruckheißdampf austräte. Das bedeutete Lebensgefahr für die Raumbesatzung, denn der Heißdampf ist unsichtbar – selbst bei Licht. Die Ausbilder waren das wandelnde schlechte Gewissen, auch mein sehr guter STO war besorgt. Wir brauchten Licht, aber die E-Versorgung war als Teil der Übung lahmgelegt. Keiner wußte, ob noch Personal im Turbinenraum geblieben war und vor allem blieb unklar, ob es Verletzte gegeben hatte. Während ich mich mit dem STO beriet, hatte der mit sieben Disziplinarstrafen unbestrittenen „Diszi-König"[276] des Schiffes sich eine Taschenlampe geschnappt und war ohne Befehl im Turbinenraum verschwunden. Er tauchte unbeschadet wieder auf und meldete, daß er niemanden gefunden hatte.

---

[274] es war ein Damage Control Exercise = Schiffssicherungsübung

[275] keinen Strom und keine Notbeleuchtung

[276] der Soldat mit den meisten Disziplinarstrafen

Er hatte seine Gesundheit oder mehr riskiert, ich konnte seine spätere Entlassung aber nicht mehr verhindern.

Inzwischen kroch immer stärkerer Brandgeruch durch das Schiff, aber kein offenes Feuer wurde gefunden. Wegen des Feuers blieb das Schiff geschlossen, deshalb konnte der Dampf nicht abziehen. Die Temperatur in der benachbarten Munitionskammer stieg schnell, während wir jede Menge Löschwasser in den Turbinenraum pumpten. Die gefährdete Munitions-Kammer war voll scharfer 100 mm-Munition, eine sehr beunruhigende Situation. Wir trafen alle Vorbereitungen, um die Kammer zu fluten.

Die Ausbilder hatten offenbar dem Stab berichtet, und selbst der Admiral schwebte im Hubschrauber an Bord ein, ein Schlepper eilte zur Hilfe. Schließlich bekamen wir das Schiff wieder unter Kontrolle, alle Funktionen wurden wieder hergestellt, die Hochdruckheißdampfleckage wurde gefunden, aber es blieb offen, wer diesen unnötigen Bock geschossen hatte. Ein Feuer fanden wir gar nicht; der 600° Dampf hatte die Farbe von allen möglichen Teilen im Turbinenraum und auch in der benachbarten Mun-Kammer verflüssigt und abgelöst, so entstand der Brandgeruch.

Wir liefen ein und wurden an die Pier geschickt, um dort leichter unsere Wunden lecken zu können. Der Admiral und seine Ausbilder gingen ohne abschließende Gespräche von Bord. Wir waren alle ziemlich bedient. Ein Fleet Chief [277] meldete sich bei mir und fragte, ob er mit mir mein Anlegemanöver durchsprechen könnte. Ich hatte wirklich andere Sorgen! Verblüfft fragte ich ihn, wie viele solcher Manöver er schon gefahren habe. Ich empfand es als typisch britische Anmaßung und erklärte, daß ich gern zuhören würde, wenn jemand käme, der es schon gemacht hat. Der Fleet Chief zog verärgert ab.

Die besondere Zuneigung des Stabes wurde bei der Abschlußbesichtigung noch einmal offenkundig, als er für uns eine schwierige Lage zusammenbastelte. Bei wirklich schlechtem Wetter sollten wir RAS machen, während die Besatzung unter gleichzeitigen Luftangriffen in der Cafeteria zu Mittag essen sollte. Flugabwehrfeuer beim RAS während des Essens für die Besatzung in der Cafeteria war schon eine sehr große Herausforderung. Als dann für uns „Mann-über-Bord" ausgelöst wurde, und wir

---

[277] Fleet Chief Petty Officer = höchster Unteroffizierdienstgrad

deswegen eine Nottrennung der Schlauch- und Leinenverbindung machen sollten, lehnte ich ab.

Ich befahl dem hinter uns fahrenden Schiff[278], den Dummy, der bei uns Emil hieß, aus dem Wasser zu holen. Als ich nachwies, daß die taktischen Vorschriften es so vorschrieben, hatte ich meinen letzten Pyrrhus-Sieg errungen.

Mit einem „very satisfactory" wurden wir entlassen, wir hatten viel gelernt. Unter hohem auch psychischem Druck nicht die Nerven zu verlieren und am Ziel festzuhalten war der Gewinn neben allen handwerklichen Fähigkeiten. Unser Stoffhund „Bello" erhielt einen Ehrenplatz. Bei fast jeder Übung, an der irgendein Abschnitt teilnahm, gab es die gefürchtete Bewertung >>Below standard<<. Daraus entstand „Bello", ein Stoffhund, der nach Verdienst weitergegeben wurde. Der größte Nutzen aber war in meinen Augen das Zusammenwachsen der Besatzung, das auf dem Wissen um die eigenen Fähigkeiten beruhte, was Stolz und Selbstbewußtsein förderte.

Danach wurde es für mich als Kommandanten ein immer größeres Vergnügen, das Schiff zu führen, weil es verläßlich funktionierte und den Aufgaben gewachsen war.

Ich besuchte vor dem Auslaufen noch einen der beiden zivilen Heizer, die wir 5 Jahre früher beim Schießen so schwer verletzt hatten, und der in der Nähe von Weymouth wohnte. Seine Frau und er empfingen uns sehr liebenswürdig und zeigten nicht den geringsten Groll. Auf dem Kaminsims stand ein Foto der „Schleswig-Holstein" und sie berichteten, daß der deutsche Marineattaché immer vor Weihnachten zu Besuch käme und Geschenke brachte. Seit diesem Besuch denke ich mit einem etwas weniger schlechten Gefühl an unseren Schießunfall.

Mit großer Spannung und Vorfreude bereiteten wir uns auf unsere Teilnahme an der STANAVFORLANT vor. Schiff und Besatzung waren insgesamt in Ordnung, nur unsere Dieselgeneratoren waren ein Gegenstand ständiger Sorgen und Probleme, etwas, daß sich mir bis heute nicht wirklich erschlossen hat. Dieselgeneratoren im Heimatland des Diesels als eine Schwachstelle deutscher Schiffe....

---

[278] Liveguard

Nachdem wir bei einem erneuten Besuch in Kiel zwar nicht den Ministerpräsidenten S., aber wieder den Innenminister mit einer Delegation an Bord begrüßen konnten, durften wir auch für unsere Reise um die halbe Welt auf eine Flagge des Landes Schleswig-Holstein hoffen. Als wir das sehnlichst erwartete Paket öffneten, war es eine kleine Flagge ohne Wappen. Telefonisch versuchte der IO, der Kanzlei zu verdeutlichen, daß eine Flagge in 25 m Höhe über der Wasserlinie nur dann auszumachen ist, wenn sie eine gewisse Größe hat. Ohne Wappen wäre die Flagge ohne Signifikanz. Da aber kamen wir beim Innenminister an die falsche Adresse, denn die Flagge mit dem Wappen darf nur von Dienststellen des Landes gesetzt werden. Erst als ich dem Innenminister schriftlich zusicherte, weder in Reykjavik noch New York Anträge an das Land bearbeiten zu wollen, erhielten wir die richtige Flagge. Der Wilhelmshavener Oberbürgermeister gab uns bei einem Abschiedsempfang auch die Wilhelmshavener Flagge mit auf den Weg, ohne jede Einwände und freiwillig.

Mein in jeder Hinsicht unbezahlbarer Wachtmeister kam eines Tages mit einem mir unbekannten Oberbootsmann in meine Kammer. Ich erfuhr, daß der schon seit einem Jahr in der Lürssen-Werft bei einem Baubelehrungskommando der Schnellboote Dienst tat.

Da er dort wenig zu tun hatte, bot er sich an, bei uns einzusteigen und jede denkbare Aufgabe zu übernehmen. Ich stimmte gern zu, denn der Oberbootsmann machte einen sehr guten Eindruck. Der IO regelte den Rest mit der Stammdienststelle der Marine (SDM), und wir hatten einen vorzüglichen Unterwasserfeuerleitmeister, der sich schon nach kurzer Zeit wegen seiner menschlichen und fachlichen Qualitäten als Glücksgriff erwies.

Als wir nicht lange danach noch einmal kurz in der Lloyd-Werft in Bremerhaven lagen, erschien ein Kriminalhauptkommissar bei mir. Er erzählte mir von einem Vorfall vom Vorabend.

Der neue Oberbootsmann war am frühen Morgen auf dem Rückweg an Bord und beschloß, sich vor Erreichen der Werft noch einmal in einer Hafenkneipe zu stärken. Über sein Bier beobachtete er, daß zwei ruppige Typen den Wirt hart bedrängten und heftig bedrohten. Er sauste zur nächsten Telefonzelle und forderte bei der Polizei zwei Streifenwagen an. Als die Streifen ankamen, übernahm er das Kommando, ließ die Rückseite von zwei Polizisten sichern und dann: „Die anderen mir nach!" Die

Polizisten nahmen die beiden Ganoven fest und fragten vor dem Abfahren nur noch kurz nach der Dienstnummer für ihren Bericht. So wurde der Kommissar, als der er sich ausgegeben hatte, gleich mitkassiert.

Der Hauptkommissar blickte mich geradezu hilfesuchend an, als er klarstellte, daß es sich um Amtsanmaßung und noch alles mögliche andere handelte. Auf der anderen Seite hätte die Polizei zwei seit langem gesuchte Schwerkriminelle erwischt und war dankbar für die überaus kompetente Hilfe. Er hatte fehlerfrei agiert als Kommissar und entschlossen gehandelt. Ich versprach dem Polizisten, daß der falsche Kommissar in Bremerhaven nicht mehr an Land gehen würde, und mein Besuch verabschiedete sich.

Vor dem Auslaufen zur SNFL ergab sich eine typische Situation für die von der Truppenverwaltung gegängelte Marine: Der tüchtige IO Rüdiger v.d.G. erschien mit dem Rechnungsführer bei mir. Sie meldeten, daß wir vor dem Auslaufen noch einen Geldvorrat an Bord nehmen sollten. Das fand ich in Ordnung und verstand die Beunruhigung erst, als ich hörte, daß es sich um Devisen und DM im Gesamtwert von ~ DM 2.000.000.- handelte. Daß der Rechnungsführer in seinem kleinen Geldschrank dafür keinen Platz hatte, war offenkundig. Ich als Kommandant sollte den Schatz in Verwahrung nehmen. Da es sich vom Volumen her schon um mehrere große Eisenkisten handelte, waren wir ratlos.

Wir versuchten, wenigstens primitive Verriegelungen mit Vorhängeschlössern für meine Backskisten zu organisieren, es scheiterte, weil es keine Möglichkeit gab, so etwas z.B. vom benachbarten Marinearsenal machen zu lassen. Für diese albernen Riegel hätten wir mit einem Änderungsantrag in die Werft gemußt. Es war zum Verzweifeln, aber niemand war bereit zu helfen.

Da wir aber die Reise machen wollten und dafür zu sorgen hatten, daß unsere Besatzung das ihr zustehende Geld bekam, stimmte ich zu, die 2 Millionen bei mir in der Kammer zu lagern. Mich beunruhigte, daß es kurz vorher beim 1. ZG einen erfolgreichen Einbruch in den Safe des Rechnungsführers gegeben hatte.

Damit aber nicht genug, denn nun mußte noch geklärt werden, wie wir die Piepen zu uns an Bord bekamen. Keinem war zuzumuten, mit 2 Millionen in einem VW-Käfer durch Wilhelmshaven bis in den Stützpunkt zu fahren. Der kleinste Verkehrsunfall hätte ein spannender Beginn für jeden Kriminalfilm sein können. Wir organisierten einen Konvoi aus mehreren Wagen, bewaffneten mehrere Seeleute mit Maschinenpistolen und so zog der Versorgungsoffizier los, um den Schatz zu bergen.

Als die Blechkisten mit dem Geld in meiner Kammer ankamen, waren sie viel zu groß für die Backskisten. Also wurde das Geld auf mehrere Karstadt-Plastiktüten verteilt und verschwand unter den Polstern meiner Gästesitzbank.

Um alles uns Mögliche versucht zu haben, organisierte der IO einen Posten Kommandantenkammer, der auch bis zum Ende der Reise aufzog. Mein Geschwaderkommandeur antwortete auf meinen Hilferuf mit der Überzeugung, daß ich das wohl selbst hinbekommen würde.

Mit drei intakten von acht E-Werken liefen wir am 12. Juli 1975 aus Wilhelmshaven aus, Besatzung im „Pinguin" [279] und mit einem gepflegten Heizergruß[280] aus dem achteren Schornstein. Die erste Etappe führte uns nach Ponta Delgada auf den Azoren. Bei gutem Wetter kam die Insel Sao Miguel in Sicht, die meisten Neuen überwanden die Seekrankheit vor dem Einlaufen am 16. Juli, so daß ein schöner Tankstopp vor uns lag.

Beim Einlaufen fielen uns zwei portugiesische Wachboote auf, die mit energischen Ruder- und Maschinenmanövern wild durch den Hafen kurvten. Auch als wir erkannten, daß sie ihre Geschütze mit roten Hammer- und Sichelsymbolen bemalt hatten, war uns noch nicht klar, was passierte. Während des Festmachens hörten wir Handwaffenfeuer aus der Stadt. Die Wachboote schwenkten ihre 40 mm-Geschütze und fuhren wild hin und her, sie schossen aber nicht.

Auffällig schien uns, die wir schon in Ponta Delgada gewesen waren, daß unser Konsul Weizenbauer nicht auf der Pier stand. Ehe wir uns noch mehr Sorgen machen konnten, erschien ein Dienstwagen der portugiesischen Marine, um mich wie geplant zum Antrittsbesuch beim Inselkommandanten, einem Admiral, zu bringen. Ohne Zwischenfälle fuhren wir zur Marineintendantur, wo mich der korpulente Admiral freundlichst empfing und jede Hilfe versprach. Er erzählte mir etwas von FLA[281], Unabhängigkeit und Revolution, was ich aber nicht verstand. Ich lud ihn ein,

---

[279] weiße Bluse zur blauen Hose

[280] schwarze Rauchwolke

[281] Befreiungsfront der Azoren

uns beim abendlichen Empfang zu besuchen. Auch die Rückfahrt verlief ereignislos, ich hörte auch keine Schießerei.

Zurück an Bord hörte ich als Erstes, daß wir keinen Treibstoff bekommen könnten. Auch unser Konsul war eingetroffen und erklärte uns sehr aufgeregt, daß die Nelkenrevolution nun auch die Azoren erreicht hätte und daß die Inseln sich vom Mutterland trennen wollten. Es gab ein Heeresbataillon auf den Azoren, das die Inseln für unabhängig erklärt hätte. Der Kommandeur, ein Oberstleutnant, wäre rechts und hätte sich mit der kommunistischen Marine angelegt. Da inzwischen die Schießereien in der Stadt wieder angefangen hatten, machte ich ein Fernschreiben an den BSN und fragte, wie ich mich verhalten sollte.

Nun meldeten sich zwei britische Commander bei mir, die mit ihren Vermessungsschiffen[282] in einer Ecke des Hafens lagen, und baten um Schutz und Hilfe mit dem Hinweis, daß wir ja schließlich alle in der NATO wären. Ich erklärte ihnen, daß Portugal auch in der NATO wäre und versprach ihnen Schutz und Hilfe, ohne die geringste Ahnung zu haben, was ich machen sollte. Meiner Besatzung gegenüber versuchte ich den Eindruck zu erwecken, daß alles klar und unter Kontrolle sei. Der Konsul berichtete, daß für den abendlichen Empfang rund 100 Gäste einschließlich einer Volkstanzgruppe zugesagt hatten.

Wir schickten vier Freiwillige unbewaffnet zur Post. Sie kamen unbehelligt wieder und berichteten, daß bei ihrer Annäherung an das antike Stadttor das Schießen aufhörte und ein Polizist sie durchwinkte. In der Post schien der Betrieb normal, und sie kamen genau so zurück. Die Schläuche für den Treibstoff lagen schlapp auf der Pier, der STO rechnete mit dem Navigationsoffizier, was wir in welcher Richtung mit dem restlichen Sprit machen könnten. Die Antwort des BSN war außerordentlich hilfreich, denn man empfahl uns, sehr vorsichtig zu sein.

In die Ankunft unserer Gäste rasselte ein Schützenpanzer der portugiesischen Armee, dem ein Oberstleutnant im Kampfanzug entstieg. Er war auch einer unserer Gäste, der beiläufig anmerkte, daß er den Admiral festgenommen hätte. Aha!? Er erzählte, daß vor zwei Tagen die streng katholische Bevölkerung die Besatzungen der Marineschiffe heftig verprügelt hätte. Unser Abend verlief harmonisch, aber unter einer merkwürdigen

---

[282] „Hecate" und „Hecla"

Spannung. Ich ordnete an, alles, was wir wie und wo auch immer aufgeschnappt hatten, schriftlich festzuhalten.

Auch über Nacht lief kein Treibstoff, wir hätten mit unserem Sprit nicht nach Lissabon zurückfahren können, und auch nicht weiter nach St. Johns oder Hamilton. Am nächsten Morgen kam der Konsul und meldete, daß sich die Lage entspannt hätte; es gäbe keine Schießereien mehr. Die beiden Briten hatten im Schutz der Dunkelheit das Weite gesucht, ohne uns nur eines Wortes zu würdigen, eine Sorge weniger. Nach einiger Überlegung erlaubten wir der wachfreien Besatzung, die geplante Bustour über die Insel zu machen. Ein Spähtrupp aus Offizieren hatte die Stadt kontrolliert und außer Grafittis mit FLA nichts gefunden. Alles blieb ruhig und in der zweiten Nacht begann der Treibstoff zu fließen. Ich war sehr erleichtert, als wir genug Sprit hatten, um rechtzeitig in Norfolk einlaufen zu können.

Noch erleichterter atmeten wir alle auf, als wir am Morgen des 18. Juli den Molenkopf passierten, auf dem der Konsul mit seiner Frau zum Abschied wieder eine weiße Tischdecke schwenkte.

Bei gutem Wetter begegneten wir vielen Walen und Delphinschwärmen, aber keinem Schiff. Es war meine erste Atlantiküberquerung als Kommandant, und ich habe es sehr genossen. Als die hohen Temperaturen bei hoher Luftfeuchtigkeit – besonders bei den Heizern – zu vielen Hauterkrankungen führten, bauten wir auf Rat des Schiffsarztes eine große Seewasserdusche am Turm D an. Sie wurde von vielen gern genutzt, aber als klar wurde, daß es erstaunlich viele gab, die nicht duschen wollten, wurde in Korporalschaften „zwangsgeduscht", bei 28° C Wassertemperatur keine besondere Härte. Ein wasserscheuer PUO wurde von seinen Kameraden in voller Montur unter großem Applaus der Zuschauer erfrischt. Trotz aller Warnungen gab es viele schlimme Sonnenbrände, die Unvernunft feierte fröhliche Urstände.

Wir erlebten rund zehn echte Brände, immer im Bereich der Schiffstechnik und fast immer in den Räumen der Dieselgeneratoren. Dort hatten wir eh' einen schmerzlichen Engpaß, der durch einen technischen Schwachpunkt bedrohlich wurde. Mehrmals rissen die Treibstoffleitungen infolge der Motorvibrationen, und der Treibstoff spritzte auf die Abgasrohre und die Isolierungen, wo er sich entzündete. Alle Feuer waren in 5 Minuten oder weniger gelöscht, alle Mann waren fit und der Zusammenhalt der Besatzung wurde durch das wachsende Selbstvertrauen weiter ge-fördert, denn Feuer an Bord war für uns das Gefährlichste, was wir erle-ben konnten, und wir waren uns stets bewußt, daß wir rund 600 Tonnen Munition an Bord hatten

Als ich einmal von einem der Feueralarme in der Nähe des Schiff-sicherungsgefechtsstandes überrascht wurde, sprang ich hinein, um mir die Arbeit dort anzusehen. Im einzigen Längsgang des Schiffes[283] drängte sich die Besatzung zu den Gefechtsstationen, und ich hörte eine wütende Stimme: „Schneller, du Blödmann, das ist keine Übung!" Ein Brand im Kesselraum VIII war schwieriger und auch gefährlicher, kam aber schnell unter Kontrolle. Dankbar dachte ich mehrmals an Portland.

Nach einem ausführlichen Gespräch entschlossen wir uns, meinen STO, einen Diplomingenieur, auf den Weg zum Schiffskommandanten zu bringen. Er war bereit, die zusätzliche Belastung zu schultern, denn wir wollten beweisen, daß ein tüchtiger Schiffstechniker durchaus auch Kom-mandant werden kann.

Mit zwei intakten E-Dieseln, aber guter Haltung liefen wir in dem riesigen Stützpunkt Norfolk ein und machten auf die Minute genau bei den anderen Einheiten der STANAVFORLANT fest, natürlich ohne die ange-botenen Schlepper in Anspruch zu nehmen. Ich meldete mich auf dem Flaggschiff USS MacDonough DDG-39 beim Kommodore Captain Arie C.A. S. (USN) und wurde fröhlich und liebenswürdig aufgenommen.

Für unsere Besatzung schien am wichtigsten zu sein, daß wir die blaue NATO-Flagge setzen durften, die NATO-Schilder am vorderen Schonstein anbrachten und daß wir nun auch unsere Abzeichen an der Uniform trugen.

Als wir bei dem Begrüßungsempfang erwähnten, was wir in Ponta Delgada erlebt hatten, entstand im Stabe des SACLANT[284] große Unruhe. Keine Information über die Vorgänge hatte Norfolk bisher erreicht, aber die Azoren waren eine Schlüsselposition der USA, ihr größter Flugzeug-träger im Atlantik und damit strategisch von größter Bedeutung.

Die US-Generalkonsulin, die auch bei unserem seltsamen Abend-empfang in Ponta Delgada teilnahm, hatte nichts gemeldet. So wurde ich

---

[283] Ho-Chi-Min-Pfad genannt
[284] Supreme Allied Commander Atlantic

sofort zum SACLANT, dem Admiral Isaac K. jr., gebracht und intensiv befragt. Der Admiral war in Personalunion auch nationaler Oberbefehlshaber der US-Atlantikflotte. Parallel wurden mein mehrsprachiger IO und weitere Offiziere befragt. Unsere Aufzeichnungen wurden begeistert aufgenommen.

Diese Begegnung mit dem legendären Admiral, der damals 56 Jahre war, hatte schwierige Konsequenzen für mich, weil er mich praktisch adoptierte, ich war zu fast jedem Mittag- und vielen Abendessen im „Virginia House", seiner Residenz und „thronte" neben ihm. Er hatte wohl einen Narren an mir gefressen, dazu kam, daß ich zu seiner Freude seine wunderbaren Havannazigarren schätzte und rauchte und – vor allem – daß ich begeistert war von seiner bemerkenswerten Märklin Eisenbahn H0, von der ich etwas, aber nicht viel verstand. Er besaß wirklich eine große und aufwendige Anlage. Da auch in anderen Marinen der Wunsch eines solchen Potentaten ein Befehl ist, konnte ich nicht ausweichen. Zuerst wurde der Kommodore eifersüchtig auf mich, bald war zu merken, daß der Admiral ihn nicht schätzte. Schließlich betrachteten meine Mitkommandanten mich als verdächtige Fehlfarbe, weil ich selten bei ihnen teilnahm. Es dauerte eine ganze Weile, bis ich allen klarmachen konnte, daß ich nur hin- und herkommandiert wurde. Richtig glaubte es mir aber wohl keiner.

Wir lagen längsseits MacDonough, die an der Pier lag. Als an einem Tag alle Schiffe für Besucher freigegeben waren, warnte mich der Kommandant meines Host Ships, daß der SACLANT solche Gelegenheiten in schäbigem Zivil nutzte, um sich umzusehen. Dieser Kommandant war vorher Adjutant beim SACLANT gewesen. Als Kidd von der MacDonough unbeobachtet zu uns an Bord schleichen wollte, wurde er von meiner Wache identifiziert, und das Zeremoniell lief ab. Offensichtlich freute er sich, erkannt worden zu sein, war fast eine Stunde an Bord und sah sich vieles an. Als er von Bord ging, stand der nun auch alarmierte Kommandant MacDonough klar, um sich zu melden. Der arme Kerl wurde unfreundlichst behandelt.

Peinlicherweise machte der SACLANT an alle Schiffe der SNFL, an den NATO-Stab in Belgien und an alle nationalen Befehlshaber ein sehr persönliches Fernschreiben, in dem er seine Eindrücke schlimm übertrieben wiedergab. „I visited the Force ....", der Brite und der arme Portugiese bekamen am meisten ab, die MacDonough wurde „vernichtet". Die

„Schleswig-Holstein" wurde über jeden Klee unverdient gelobt, womit mein eh' gespanntes Verhältnis zu meinen Mitkommandanten noch weiter belastet wurde.

Am Abend erzählte der Admiral mir, daß unser Kommodore seine Ernennung nur Admiral Z. jr., der bis 1974 CNO[285] war, verdankte. Er war der „Ghostwriter", der vor allem die berühmt-berüchtigten Z-Grams verfaßt hatte. Die in der NATO festgelegte Voraussetzung für die Verwendung als COMSTANAVFORLANT lautete: Erfahrung als Kommandeur eines Schiffsgeschwaders. Das hatte unser Kommodore aber nicht vorzuweisen.

So stand mein Anfang im Verband nicht unter einem glücklichen Stern, was sich aber bald änderte. Auf der Reise nach Newport, R.I. machten wir einfache Fahr- und Stationierungsübungen. Wir, das waren :

USS MacDonough DDG 39, Coontz-Klasse, ~ 5500 ts

HMS Argonaut F 56 UKN Leander-Klasse, ~ 3000 ts

HMCS Iroquois DDH 280 CAN Algonquin-Klasse, ~ 4500 ts

HNLMS Evertsen F 815 NLN van Speijk-Klasse, ~ 2500 ts

PNS Almirante Gago Coutinho F 437 PON Almirante-Klasse, ~ 1500 ts.

Das insgesamt beste Schiff war wohl die „Argonaut", ihr Kommandant war Captain Brian O., der fröhlich, selbstsicher bis arrogant und kompetent sein Schiff führte, als sei es sein persönliches Eigentum. Wahrscheinlich genau so gut war die „Evertsen", das Schiff wirkte sehr englisch. Der Kanadier war gut, tüchtig, aber ohne NATO-Kenntnisse und -Erfahrung. Seine zwei Sea King Hubschrauber waren für uns alle sehr wertvoll. Der Kommandant litt sehr darunter, daß er keine Marineuniform mehr tragen durfte[286] und sein Dienstgrad Oberstleutnant lautete. Unser Portugiese war ein winziges Schiff, verglichen mit den anderen, zeigte aber vorzügliche Seemannschaft. Obwohl kaum einer an Bord vernünftiges Englisch sprach, waren sie geachtet und beliebt.

Unser erster Hafen war Newport, RI. Die Landschaft und das Wetter waren wunderbar, etwas zu heiß, fanden wir, denn wir erwischten den heißesten Tag seit Beginn der Temperaturaufschreibung: 106°F, d.h.

---

[285] Chief of Naval Operations
[286] Unified services

~ 41°C bei 97% Luftfeuchtigkeit. Da wir als einziges Schiff keine Klima-anlage besaßen, bot uns die USN Landunterkünfte für alle an. Nur, wer es erlebt hat, weiß, wie sich ein Eisen- / Aluminiumschiff wie die Sophie X aufheizt. Wir nahmen dankend an, ich konnte an Bord bleiben, weil mir meine Tüftler einen Schlauch von einem klimatisierten Rechnerraum in meine Kammer gelegt hatten. Alles natürlich völlig unvorschriftsmäßig und strengstens verboten, aber ich hatte nur ~ 23°C!! Und so konnte ich auf unsere Karstadt-Tüten mit unserem Geld achten....

Wir erwarteten Ersatzteile für unsere E-Diesel, aber sie kamen nicht. Am Tage des Auslaufens hatten wir nur noch einen E-Diesel zur Verfügung, damit konnte und wollte ich nicht zur See fahren. Mit einem bitteren Beigeschmack sahen wir am 4. August dem Auslaufen unseres Verbandes zu, der südlich von Rhode Island Verbandsübungen plante. Wir nutzten die Zeit, um wieder auf 4 E-Diesel zu kommen und uns in der Gegend um Newport umzutun.

Aber wir wollten natürlich auch zum Verband zurück, um endlich unsere ungewollte Sonderrolle loszuwerden. Daß als nächster Hafen New York auf dem Programm stand, erhöhte noch unsere Eile. Mit zwei Tagen Verspätung schlossen wir uns wieder dem Verband an, und ich hoffte auf ruhige, normale Tage ohne jede Auffälligkeit. Das jedoch war uns nicht vergönnt, denn nach nur einem Tag meldete der Schiffsarzt, daß ein Hei-zer in der Gluthitze einen Herzinfarkt erlitten hatte und sofort in ein gutes Krankenhaus gebracht werden mußte, weil Lebensgefahr bestand. Ich sah keine Schwierigkeiten, denn wir hatten ja mehrere Hubschrauber im Ver-band.

Während der Doktor den Kranken und sich reisefähig machte, sprach ich mit dem Kommodore und bat, einen Hubschrauber zuzuteilen. Der Kommodore lehnte jedoch ab, dafür einen Hubschrauber einzusetzen und so die Kampfkraft des Verbandes zu schwächen. Alle Kommandan-ten, die das Gespräch mithörten, protestierten sofort und vor allem deut-lich. Drei Hubschrauber wurden als sofort startklar angeboten, aber der Kommodore blieb hart. Daraufhin ließ ich zwei weitere Kessel zünden und informierte den Kommodore in dürren Worten, daß ich einlaufen würde, um meinen Kranken so schnell wie mir möglich ins Krankenhaus zu bringen. Damit erklärte er sich dann merkwürdigerweise einverstanden. Mein Zorn wuchs und auch der meiner Mitkommandanten war unüber-hörbar.

Mit Höchstfahrt liefen wir Richtung Newport und hofften, daß unser tüchtiger Schiffsarzt, der Oberstabsarzt Dr. K., unseren Heizer retten würde. Nur der Vollständigkeit halber sei erwähnt, daß der Kommodore nichts tat, um uns wenigstens bei den Einlaufformalitäten zu helfen. Als wir über Sprechfunk die örtliche Landstation der Küstenwache erreichten und unsere Lage schilderten, wurde uns verboten, in die US-Hoheitsgewässer einzulaufen.

Unsere Hinweise, daß wir noch zwei Tage vorher in ihrer Nähe im Hafen gelegen hatten, wurden abgelehnt mit der Begründung, daß wir ja auch ein ostdeutsches Kriegsschiff sein könnten. Sie sagten sofort einen Hubschrauber zu, der den Kranken und den Arzt abholen würde, aber wir dampften auf und ab, denn die Hoheitsgrenze verläuft dort weit draußen.

Die Übergabe an den Hubschrauber verlief reibungslos, der Pilot meldete seiner Landstation, daß wir sicher ein NATO-Schiff wären, denn nicht nur Abzeichen, sondern auch alle Verfahren wären richtig und routiniert. „May be East German!" kam die Antwort. So flog unser Doktor mit seinem Patienten los, und wir fuhren auf und ab. Dann hörten wir, daß unser Heizer nach einer Zwischenversorgung wegen seines kritischen Zustandes sofort nach Washington in das berühmte Bethesda-Hospital geflogen wurde. Nun wollten wir unseren Doktor wieder haben und verhandelten erneut mit der Küstenwache, ob wir dem Hubschrauber wegen Zeitgewinn entgegenfahren dürften. Das wurde kategorisch und unfreundlich abgelehnt. Die Behandlung war so, wie man sie heute von den US-Flugplätzen kennt.

Ich machte ein Fernschreiben an den Kommodore, nach Hause und an den SACLANT, in dem ich unsere Erlebnisse schilderte. Ich bilde mir ein, daß sich jeder meinen Grimm sowohl auf den Kommodore als auch auf die US Coast Guard vorstellen kann. Ich hatte jedoch nicht richtig bedacht, was passiert, falls der SACLANT davon erfahren sollte. An sich hatte der Mann ja andere Sorgen als sich um einen deutschen Heizer zu kümmern, dachte ich, aber er bekam meinen Spruch zu sehen.

Ich erinnere seinen Spruch nicht mehr, aber er fing an mit den Worten: „...Those idiots from the Coast Guard ..." und war ein höchst grober Anschiß. Wir bekamen unseren Doktor wieder und gingen zurück in unseren Verband, um am 8. August in New York einzulaufen. Der Kommodore war durchgefallen, keiner meiner Mitkommandanten hatte ein gutes Wort für ihn. Brian, der danach übrigens britischer Marineattaché in Bonn wurde, ersetzte im internen Betrieb den Holländer – „the Dutch", wie er dann genannt wurde, als Senior Captain.

„Dutch" heißt nämlich – zumindest in der Navy - auch „gemein" oder „hinterlistig". Die Geschichte dazu aber kam vom Operationsoffizier der „Evertsen" namens van F., dem Bruder des Kommodore. Er erzählte uns, daß sein Vater im 2. Weltkrieg Marinebefehlshaber in Niederländisch Indien war. Er rettete sich mit seiner Familie vor den Japanern in die USA. Nach Kriegsende ging die Familie zurück nach Holland bis auf den Sohn Sigmund, der in den Staaten blieb und unter seinem Vornamen in die USN eintrat. Vater van F. wurde Vizeadmiral und Inspekteur der niederländischen Marine.

Am 8. August liefen wir bei herrlichstem und sehr heißem Wetter in New York ein, ein für mich und meine Besatzung unvergeßliches Erlebnis. Wir gingen in den Hudson River und machten an den Chelsey Piers fest, wo früher auch die großen Passagierdampfer lagen. Ich weiß noch, daß wir auf dem Heimweg die 23. Straße anzusteuern hatten, um sicher nach Hause zu kommen. Erstaunlich viele Neugierige empfingen uns und die schleswig-holsteinische Flagge an der Steuerbordrah weckte wohl bei vielen Erinnerungen.

Mein erster Termin war ein Höflichkeitsbesuch beim deutschen Generalkonsul. Als ich mit allem Täterätuschtusch von Bord ging, warteten auch zwei berittene Polizisten bei der Stelling und salutierten. Als ich in meinem klimatisierten Dienstwagen verschwinden wollte, stieg einer der Polizisten ab, führte sein Pferd auf mich zu, salutierte und drückte mir die Zügel in die Hand. Schon als Rekrut hatte ich gelernt: Das Pferd ist ein wildes Tier, das dem Seemann nach dem Leben trachtet, und ich war davon überzeugt. Der Cop forderte mich auf, den recht friedlich wirkenden Gefechtsbock zu erklimmen, und die halbe Besatzung beobachtete gespannt, was ich nun tun würde.

Der Cop erzählte mir, daß bei dem letzten deutschen Schiff, das kürzlich an dieser Pier gelegen hätte, der Kommandant sofort aufgesessen sei, um die Pier einmal hin und her zu galoppieren. Er war der Meinung, daß das alle deutschen Kommandanten so machen. „Stacks!", durchzuckte es mein gepeinigtes Gehirn, mußte mit der „Gorch Fock" da gewesen sein. Meine diesbezügliche Frage bestätigte meinen Verdacht, und ich erklärte dem Cop, daß bei uns nur die Kommandanten auf der Pier reiten dürften, die Kapitän zur See sind.... Das sah der an hierarchischen Unsinn gewöhnte Polizist sofort ein und nahm mir die Zügel wieder ab.

Wir schickten eine Delegation nach Washington in das Marinehospital, um nach unserem Heizer zu sehen. Sein Zustand war sehr instabil und gab Anlaß zu großer Sorge. In diesem Zusammenhang erlebte ich wieder unsere zu oft von der Verwaltung gegängelte Marine. Die Eltern unseres Heizers lebten in bescheidenen Verhältnissen und wandten sich an mich mit der Bitte, ihren einzigen Sohn noch einmal besuchen zu können. Diese Bitte – selbstverständlich unterstützt von allen Vorgesetzten - wurde vom Büro Staatsekretär Hiehle abschlägig beschieden. Noch jetzt, während ich es aufschreibe, bekomme ich einen ganz dicken Hals vor Zorn über die unmenschliche Ignoranz der Vorzimmerschranzen. Es dauerte mehr als zwei Wochen, ehe die Bemühungen des Inspekteurs doch noch erfolgreich waren, als die Eltern mit einem BW-Routineflug reisen durften. Der Heizer überlebte und wurde später dienstunfähig entlassen.

Obwohl ich inzwischen schon mehrmals in New York gewesen war, genoß ich jede freie Minute. Der US-Dollar kostete damals nur ~ DM 1,70, damit war für uns das Leben und Einkaufen sehr günstig. Tatsächlich ertappten wir uns dabei, daß wir uns benahmen wie die amerikanischen Besatzungssoldaten in Deutschland und mit dem Geld um uns warfen. Wir flogen mit einem gemieteten Hubschrauber um Manhattan und gingen zum Abendessen ins World Trade Center.

Bei Open Ship zählten wir fast 9500 Besucher auf unserem Schiff, daß wir liebevoll „Ritterburg mit Ofenheizung" nannten. Die Gäste waren nett, geduldig und viel disziplinierter als wir es bisher irgendwo und besonders zu Hause erlebt hatten. Der Generalkonsul zeigte sich sehr generös und schmiß eine Party für die gesamte Besatzung. Dabei stellte er uns auch einen seiner Mitarbeiter vor, der sich täglich um uns zu kümmern hatte. Von da an hing er meist in unserer Messe herum, wirkte arrogant und hochnäsig, wußte aber gut Bescheid.

Um in dieser riesigen Stadt mit meinen klitzekleinen Geschichten nicht völlig verloren zu gehen, habe ich mir nun vier Erlebnisse zurechtgelegt, die mir berichtenswert erscheinen.

Als Erstes will ich von einer Einladung nach West Point berichten, der US Military Academy, die rund 60 km nördlich von New York City liegt. Der deutsche Heeresverbindungsoffizier hatte uns eingeladen, und wir fuhren mit einem halben Dutzend Offizieren hin. Wir bekamen eine kompetente Führung durch ein Gelände, das nach deutschen Maßstäben unfaßbar groß und eindrucksvoll ist. Es gibt dort aber wenig Schönes.

Zuerst sprangen uns natürlich die Kadetten ins Auge, die im Tarnanzug mit Kampfstiefeln Dienst machten, der von einem hohen, steifen, schwarzen Tschako mit noch höherem Federbusch[287] gekrönt wurde. Alle Kadetten schienen immer ihre Gewehre bei sich zu haben und trugen weiße Handschuhe. Am Rande des riesigen Exerzierplatzes beobachteten wir eine kleine Gruppe von Kadetten, die in strammer Haltung vor dem Denkmal von General MacArthur standen.

Nach der Besichtigung des Museums, das uns als intellektuell sehr schlicht, antideutsch und didaktisch mißlungen auffiel, kamen wir Stunden später wieder bei MacArthur vorbei. Die Kadetten standen unverändert und starrten auf den General. Auf unsere Frage erklärte man uns, daß die Kadetten wohl irgendeinen Fehler gemacht hätten und nun bei Betrachtung des Helden über sich und ihre Versäumnisse nachdenken müßten; wir fanden schon die Hitze unerträglich. Unser Besuch war sehr lehrreich, aber auch beunruhigend. Uns wurde deutlicher als je vorher, daß die amerikanischen Streitkräfte alles das vom Preußentum übernommen hatten, das uns weniger oder gar nicht bewahrenswert schien.

Das zweite New York Hilite[288] erlebte ich bei einem Empfang des 3. Naval Districts für unseren Verband. Zuerst entdeckte ich bei unseren portugiesischen Kameraden meinen Mitbewohner aus Great Lakes. Er war immer noch so groß wie früher, aber nun als Admiral und Militärattaché in Washington. Er umarmte mich fast zu Tode, freute sich aufrichtig, aber verstanden habe ich ihn auch jetzt noch nicht. Dann standen wir Deutschen zusammen und berieten, was wir nach dem Empfang anfangen wollten, als eine sehr kleine, sehr alte und schreiend geschminkte Dame zu uns trat. Die weiße Puderschicht auf ihrem Gesicht hatte schon viele Risse, und der hellrote Lippenstift kämpfte vergeblich gegen die fuchsroten Haare. Sie war behängt mit auffälligem, voluminösem Schmuck und trug weiße Handschuhe bis zu den Ellbogen. In merkwürdigem Englisch, aber sehr

---

[287] ich meine, dieser „Zünder" stammte von einer preußischen Kadettenanstalt
[288] auf englisch High light

charmant fragte sie uns, woher wir denn nun wohl kämen, und das alles wäre ja soooo aufregend.

Als sie „Germany" von uns hörte, erstarb ihr Lächeln und nach kurzem Zögern brach sie in Tränen aus. Wir alle dachten, daß uns wieder einmal unsere Geschichte eingeholt hatte, und daß wir nun mit einem weiteren schrecklichen Familienschicksal konfrontiert werden würden. Dann fragte sie uns: „You know Lengsdorf?" Ich war froh, etwas sagen zu können und bestätigte, daß mir dieser Teil von Bonn sehr gut bekannt sei. Sie hatte mich wohl nicht verstanden, denn sie setzte versonnen und unter weiteren Tränen hinzu: „Such a beautiful man!"

In meiner Verblüffung dämmerte es langsam: Sie meinte wahrscheinlich Kapitän zur See Langsdorff, der sich ausgerechnet an meinem 4. Geburtstag[289] in Buenos Aires erschossen hatte. Unter noch mehr Tränen bestätigte sie meinen Verdacht. Sie hatte als junge Frau in Montevideo gelebt und wie alle dort für den deutschen Helden geschwärmt. Niemand kann sich unsere Erleichterung und unseren Eifer beim Trösten der alten Dame vorstellen. Die durch die Tränen aufgeweichte schwarze Tusche um die Augen zog groteske Striche im weißen Putz. Ich weiß nicht mehr, wie wir uns absetzen konnten.

Bei einem Ausflug fanden wir einen Hafen am East River mit historischen Schiffen, und wir sahen uns einen bunten Markt und die Schiffe an. Am äußeren Ende einer Pier lag ein gut erhaltener und fahrklarer Walfänger, Baujahr ungefähr 1900.

Wir lernten die Besatzung kennen, als wir uns mit unserem Schiffswaffenoffizier unterhielten, ob man mit den Harpunenkanonen heute noch schießen könne oder auch nicht. Wir landeten in der urgemütlichen Kajüte und sprachen irgendwelchen Getränken zu. Die Besatzung bestand aus wildesten Gestalten aus verschiedenen Ländern, auch zwei weibliche Wesen gehörten dazu, die sich nicht durch besonders gutes Aussehen aufdrängten.

Irgendwann begannen wir zu essen, dann wurde gesungen, und es dauerte eine Weile, bis uns auffiel, daß unsere „1. Ableitung vom Generalkonsul", den wir mitgeschleppt hatten, alle Texte der Marinelieder beherrschte und entgegen seiner bisher gezeigten Haltung lauthals mitgröhlte.

---

[289] aber sicher nicht deswegen

Wer beschreibt unsere Verblüffung, als sich dieser Mensch als ehemaliger Leutnant zur See einer 43er Crew entpuppte. Der Tag endete, als wir stark verunnüchtert von Bord schlichen mit der Ankündigung, am nächsten Tag mit den erforderlichen Gerätschaften zurückzukommen, um die Kanonen im scharfen Schuß zu erproben.

Trotz großer Mühewaltung kann ich mir nicht erklären, warum ich bei diesem bodenlosen Unfug nicht eingeschritten bin. Ich bin sogar am nächsten Abend wieder mitgefahren, wir haben einen Bootshaken weit in den East River geschossen und dann unseren Erfolg begossen. Erst das längsseits kommende Polizeiboot sorgte für Ernüchterung. Nun aber bewährte sich unser ehemaliger Leutnant z.S., der die Polizisten mit Langmut und List abwimmelte.

Während wir uns erleichtert wieder den Getränken zuwandten, erzählte uns eines der Mädchen, daß sie die Tochter von Renault wäre, nach der damals schon eine lange Zeit in der ganzen Welt gesucht wurde. Sofort erklärten wir uns bereit, sie zu beschützen, wurden aber zu ihrem Glück nicht benötigt. Seltsam aber erschien uns die ganze Geschichte doch, und mit einem unguten Gefühl machten wir uns auf den Weg.

Für das Wochenende, so berichtete der IO, hatten wir eine Einladung für die gesamte Besatzung in den Schuetzenpark in New Jersey, wo der „Plattduetsche Volksfestvereen" sein 100jähriges Bestehen feierte. Alle wachfreien Besatzungsangehörigen wurden freiwillig abgeteilt, in zwei Busse verladen und ab ging es durch den Lincoln Tunnel nach New Jersey. Als die Busse hielten und man uns aus den Bussen lotste, sahen wir schon eine große Militärkapelle in preußischen Fantasieuniformen, die auf uns zu lauern schien. Irgendwelche eifrige Vertreter unserer Gastgeber forderten uns auf, hinter der Kapelle in Marschformation anzutreten. Das aber ist nun etwas, bei dem sich auch gutmütige Lords sträuben und nicht mitmachen wollen.

Der energische IO und seine Offiziere leisteten Schwerarbeit, bis sie eine annähernd erträgliche Aufstellung erreicht hatten. Die Gesichter verrieten Unlust und Hoffnung auf Bier, es war wieder brüllend heiß. Auch ich wurde gezwungen mitzumarschieren, und los ging der „Pilgerzug" über eine geschwungene Waldstraße, die zackige Marschmusik erleichterte das Marschieren. Als wir aus dem Wald ins Freie kamen, brach ein unfaßbarer Jubel aus. Es ging direkt in die Mitte eines Baseballstadions, dessen Zuschauerränge mit vielen tausend Menschen prall gefüllt waren. Sie empfingen unseren Einmarsch stehend. Unsere Lords marschierten nun überraschend gut, der Ehrgeiz wurde durch ihre Eitelkeit angestachelt.

Am Podest hielt unser Zug an, und ich sah oben Herrn Max K. auf uns warten, den ich schon am Vortag kennengelernt hatte. Herr K., der sich nur mit Hilfe zweier Krücken vorwärts bewegen konnte, war der Präsident des deutsch-amerikanischen Clubs. Als ich ihn auf dem Podium begrüßte, steigerte sich der Applaus, es war schwer, nicht einfach wieder in den Wald zu laufen.

Dann erschien ein Pastor bei uns, griff sich das Mikrofon und sang in die plötzliche Stille das Vaterunser. K., der neben mir stand, stieß mich vorsichtig an, zeigte dann mit einer Krücke auf die Zuschauerränge und flüsterte unter Tränen: „Alles Deutsche, alles Deutsche!" Als ich mir gerade überlegte, ob wir nach New York gekommen waren, um Deutsche zu treffen, drückte er mir das Mikro in die Hand und schubste mich nach vorn.

Natürlich hatte ich mich nicht vorbereitet, aber durch die Bemerkung war mir klar geworden, daß nun kein lockerer Schnack erwartet wurde. Ich weiß nicht mehr, was ich gesagt habe, nur daß die Menge raste. Die Zuschauer holten alle von uns ab und der Auflauf verteilte sich im Schuetzenpark, dessen Ausdehnung ich nie feststellen konnte.

Es war eine richtige deutsche Stadt mit Kegelbahnen, Turnhallen, Schwimmbädern, Schießständen, Restaurants und Bars, ich hab es mir im Internet noch einmal angesehen. Gegen Abend fuhren die Busse leer zurück, denn fast alle Lords wurden „abgeschleppt".

Max K. lud ein paar Offiziere und mich in seinen Wagen, und wir fuhren zu ihm nach Hause. Vorbei an einer langen Garagenreihe fuhren wir zu seinem Haus. Alle Garagen waren offen, der kleinste Wagen war ein 450er Mercedes – Kabrio. Es war ein riesiges bayrisches Landhaus mit umlaufendem Holzbalkon und Felssteinen auf dem Dach. Vor dem Haus neben einem Brunnen stand eine Kopie der Bremer Stadtmusikanten, denn unser Gastgeber war 1919 mit $ 50,- aus Bremen in die Staaten gekommen.

Auf jeder Tür im Haus waren hervorragend gearbeitete Intarsien, die an die bekanntesten deutschen Märchen erinnerten. Die Bar war gigantisch und teuer kitschig – nach unserem Geschmack. Nach zwei Stunden gelang es uns, unseren Gastgeber zu verlassen.

Auf der Rückfahrt unterhielten wir uns über unsere Beobachtungen und waren uns einig, daß die sprachliche Entwicklung der eingewanderten Deutschen unsere Geschichte spiegelte. Die Älteren nach dem 1. Weltkrieg eingewanderten Landsleute sprachen noch gut deutsch und schlecht amerikanisch, während die nach dem 2. Weltkrieg Eingewanderten gut amerikanisch sprachen, aber ihr Deutsch zum Teil schon verdrängt hatten. K. meinte, daß die jüngeren Einwanderer nicht als Deutsche erkannt werden wollten und sich schnell assimiliert hätten, während seine Generation ihr Deutschtum stolz gezeigt und gepflegt hätte.

Am Mittwoch, den 13. August 1975, liefen wir wieder aus, viel zu früh, wie wir wohl alle dachten, aber mit den Erinnerungen an einen schönen und unbeschwerten Besuch. Vor dem Einlaufen war unsere größte Sorge, die durch den Kommodore noch verstärkt wurde, daß Angehörige des Verbandes überfallen und ausgeraubt, vielleicht sogar getötet werden könnten. Es gab zum Glück überhaupt keinen unangenehmen Vorfall, was wir uns nach den Raubüberfällen in und um Newport nicht erklären konnten.

Auf dem Marsch übten wir viel, hatten dabei viel Spaß und gewöhnten uns aneinander. Unsere Portugiesen stürzten jedoch von einer schwierigen Lage in die andere, weil sie so wenig Englisch verstanden. Aber sie trugen es mit Langmut und Haltung. Unsere PUOs waren eine enge Freundschaft mit den portugiesischen Kameraden eingegangen, was weit über die Reise hinaus hielt. Zu Beginn des Jahres 1976 fuhr meine halbe PUO-Messe nach Lissabon, um an einer Hochzeit teilzunehmen. Einer unserer PUOs soll später in Lissabon geheiratet haben. Wir übten Richtung Neufundland und erreichten am 18. August St. Johns. Es war nur ein Bunkerstopp mit einer Übernachtung geplant.

Für den Abend hatte eine Gruppe von pensionierten Marineoffizieren den Kommodore und die Kommandanten zu einem kleinen Empfang eingeladen. Während des 2. Weltkriegs war St. Johns der Haupthafen für nach Europa bestimmte Konvois und auch für die Rückkehrer. Aus dieser Zeit stammte eine Offiziersmesse, die „Crow's Nest" heißt, eine urige, britische Einrichtung, die überquoll von rund 1000 Beutestücken, die fast ausschließlich von deutschen UBooten stammten. Es war eine sehr nette und ungezwungene Veranstaltung; in der Mitte des Raumes war das vollständige betriebsbereite Sehrohr von U-190 eingebaut.

Man konnte damit die Annäherung und Ankunft von Gästen „überwachen". Meine Mitkommandanten bestanden darauf, daß ich unser Gastgeschenk überreichen sollte. Das tat ich mit dem Hinweis, daß unsere Gastgeber damit wenigstens ein Stück unter ihren 1000 Exponaten hätten, das freiwillig aus deutscher Hand an sie übergegangen sei. Das ungewöhnliche Schicksal von U-190 gab genug Gesprächsstoff. Ich konnte dazu beitragen, daß der letzte Kommandant OLtzS R. als Kapitän z.S.d.R. beim BSN, meiner letzten Landdienststelle, geübt hatte. Er besaß eine Reederei mit rund 40 Schiffen.

Sechs Tage nahmen wir uns Zeit, um übend von St. Johns nach Reykjavik auf Island zu kommen. Wir übten viel auf mäßigem Niveau, wuchsen aber merklich zusammen. An den Abenden, wenn die Formation für den Nachtmarsch eingenommen war, war ich mal auf dem Holländer und mal auf dem Kanadier eingeladen.

Auch auf den RFA[290]„Tidespring", unseren englischen Tanker, flog ich an einem Abend. Obwohl unsere Vorschriften nicht erlauben, daß der Kommandant sein fahrendes Schiff verläßt, habe ich es gemacht, wenn mir die Lage ruhig genug schien. Der IO konnte längst das Schiff allein fahren, durfte es aber nicht. Nicht nur die Sehnsucht nach einem schönen Essen oder nach Getränken trieb mich zu diesem Verstoß. Auch der Wunsch, meine Anfangsmängel vergessen zu lassen und unsere Marine nicht lächerlich zu machen, brachten mich dazu. Die ersten Ausflüge waren kein Vergnügen, ich saß immer auf der Stuhlkante.

Auf diesem Transit fand auch unser Atlantik-Sportfest statt, das bar jeden Ernstes nur der Pflege der Stimmung diente. Nach 6 Wochen unterwegs gab es durchaus Spannungen und nicht für alle war es leicht, so lange so eng aufeinander zu hocken. Vier Disziplinen waren ausgeschrieben:

1. Kutter pullen
2. Tauziehen
3. Pistolenschießen
4. Biertrinken: 1 Flasche auf Zeit.

---

[290] Royal Fleet Auxiliary

Anzug beliebig, aber keine Uniform. Es war ein großer Spaß und damit ein Erfolg, die Stimmung war gut und der Zusammenhalt verbesserte sich.

Wir Kommandanten berieten intensiv, warum sich die NATO zu diesem Besuch entschlossen hatte, denn der 3. Kabeljaukrieg[291] war in vollem Gange, wenn auch wir Deutschen nur mit unseren Fischdampfern daran teilnahmen. Außerdem und vielleicht war das der Grund – so fürchteten viele Politiker –, daß Island eine kommunistische Regierung bekommen würde, denn der Außenminister in der Koalitionsregierung war von der KPD. Die USA fürchteten, daß ihr unersetzlicher Luftwaffenstützpunkt Keflavik Schaden nehmen könnte. Der Kommandant MacDonough erzählte uns, daß die amerikanischen Soldaten in Keflavik schon seit einem Jahr nicht mehr den Stützpunkt verlassen durften.

Nachdem bekannt wurde, daß die Isländer unserem Verband zur Auflage gemacht hatten, nie mehr als 200 Besatzungsangehörige gleichzeitig an Land zu lassen, beschlossen wir Kommandanten, gar keinen Landgang zu genehmigen. Nur das Führerschiff bekam einen Pierplatz, wir anderen ankerten in einer langen Linie am Rande der Zufahrt zum Fährhafen. Auch hier war nur ein zweitägiger Stopp vorgesehen, jedoch ohne zu bunkern. Wir bekamen mit, daß auf allen Schiffen offizielle Vertreter der jeweiligen Botschaften erschienen, bei uns jedoch kam gar nichts. Nach unseren vielfältigen Erfahrungen mit den Vertretern des Auswärtigen Amtes überraschte uns das nicht. Ich schickte einen Offizier mit der Pinaß los, um die deutsche Botschaft zu wecken.

Stunden später tauchte das Boot wieder auf und brachte gleich den deutschen Botschafter mit, ein reizender älterer Herr im bayrischen Trachtenanzug mit Gamsbart am Hut. Er berichtete über die angespannte Lage und erklärte sich sofort bereit, einen Protest einzureichen gegen unsere schlechte Behandlung durch die isländische Regierung. Er meinte, daß sich seine Tätigkeit seit Längerem auf Proteste beschränkte.

Am frühen Abend fuhren wir Kommandanten auf Einladung der Regierung an Land in das Gästehaus zu einem Abendessen. Alles war sehr hübsch vorbereitet, aber wir blieben unter uns. Schließlich setzten wir uns zu Tisch, das Essen wurde serviert, aber es kam kein einziger Vertreter der Gastgeber. Lange diskutierten wir, ob wir wieder gehen sollten, aber der

---

[291] heftige Auseinandersetzungen zwischen Island und Großbritannien um Fangrechte

Kommodore setzte sich durch, also blieben wir. Das war mit Sicherheit die merkwürdigste Einladung, die ich bei meinen vielen Auslandsaufenthalten erlebt habe.

Der deutsche Botschafter schmiß noch einen Empfang. Wir kauften die 5 teuersten Nelken meiner Laufbahn für die gnädige Frau. In der Begrüßungsrede erfuhren wir dann, daß der Botschafter wohl ein Fernschreiben der NATO zu unserem Besuch erhalten hatte, aber es nicht verstand.[292] Nun entschloß sich Island, allgemeinen Landgang in Uniform zu erlauben, so daß doch noch ein Teil der Besatzungen an Land gehen konnte. Die Mittagstemperaturen lagen so um 14°C, die Isländer liefen in hochsommerlicher Kleidung herum, die Schwimmbäder waren voll.

Der Kanadier lud uns zu einem Hubschrauberflug um die Insel ein, es war der beste Hubschrauberflug meines Lebens. Bei herrlichstem Wetter, versorgt von einem Steward mit bestem Fingerfood und kühlen Getränken kann man diese eindrucksvolle Landschaft wohl kaum besser genießen. Die Kanadier hatten sich für einen „unbedingt erforderlichen Testflug" eine Ausnahmegenehmigung geholt.

Bei dem Flug hörten wir auch, daß Brian O. am Vorabend zu dem in unserer Nähe ankernden isländischen Wachboot gefahren war und daß es ihm gelang, eine freundschaftliche Getränksrunde aufzubauen. Nach dem Auslaufen gingen wir erst einmal nach Norden, um dort aus einem in den Felsen versteckten NATO-Treibstoffdepot zu bunkern. Wir bekamen mit, daß unser US-Kommandant die Brücke nur dann verließ, wenn er in die OPZ mußte, ansonsten blieb er auch eine Woche auf Station, obwohl unsere Nachtmärsche ausdrücklich als Ruhephasen für die Kommandanten ausgelegt waren. Er entpuppte sich als feiner Kerl, der aber zur Übervorsicht erzogen war und dem die knapp 9 m Tiefgang seines Schiffes immer Sorgen bereiteten, wenn wir uns einer Untiefe näherten.

Am 30. August 1975 liefen wir bei strahlendem Sonnenschein in Bergen ein, für viele, die schon öfter dort oder im benachbarten Haakonsvern gewesen waren, eine neue Erfahrung. Strömender Regen ist dort das Normale. Alle bekamen gute Liegeplätze, routinierte Gastgeber machten den Besuch zu einem angenehmen Vergnügen. Eine schier endlosc Kette

---

[292] vielleicht war das ja damals in Kingston auch der Fall?

von Einladungen und Gegeneinladungen nahm die meiste Zeit in Anspruch.

Ich weiß, daß ich dankbar war, als wir am 3. September ausliefen, weil ich mich auf die ruhige Seefahrt freute. Plötzlich jedoch gingen wir mit hoher Fahrt auf Südkurs. Man hatte uns befohlen, einen Steampast bei der „USS Nimitz" zu fahren, die aus Wilhelmshaven kam und westlich von Helgoland wartete. Da wir auf dem Wege nach Harstadt in Nordnorwegen waren, war das ein gewaltiger Umweg. Mit 22 kn rauschten wir bei gemischtem Wetter fast bis nach Hause. Zum Glück waren unsere Antriebsanlagen verläßlich – im Gegensatz zu unseren E-Dieseln, die ständig schwächelten. Mit unverminderter Fahrt passierten wir die „Nimitz", sicher ein hübsches Bild für die dort eingeschifften Journalisten, dann ging es ohne Pause wieder nach Norden.

Ein Fernschreiben der „USS Nimitz" verursachte bei uns helle Aufregung, denn es sagte sinngemäß, daß der NATO-Generalsekretär den Verband besuchen will, irgendein Schiff und „Schleswig-Holstein". Wenige Stunden später kam der Hubschrauber mit dem hohen Gast vom Flaggschiff zu uns. Es war wieder „unser" kanadischer Pilot, der beim Transfer sein Seitenfenster zu öffnen pflegte, damit wir seinen Dudelsack auch hören konnten, den er bei solch' schwierigen Manövern spielte.

Aus der Tür des Hubschraubers wurde eine endlos lange Gestalt weggefiert, an der zuerst die Kamelhaarpantoffeln auffielen, dann ein gammeliger Trenchcoat und oben eine Art Ledermotorradhaube mit Ohrenschützern[293]. Joseph L. erwies sich als großartiger Gast, der mit Essen und Bommerlunder gut versorgt, die O-Messe mit wundervollen Geschichten glänzend unterhielt. Als wir ihn auf die merkwürdigen Pantoffeln ansprachen, erschrak er sich, denn er hatte vor dem Winschen[294] vergessen, seine richtigen Schuhe anzuziehen. Da unser kanadischer Hubschrauber inzwischen auf dem Wege nach Rosyth war, gingen nun Fernschreiben um den halben Globus auf der Suche nach den Schuhen des Generalsekretärs.

Als erstes erzählte er in fast fehlerfreiem Deutsch, daß er als Signalobermaat in der königlich niederländischen Marine gedient hatte, bevor

---

[293] ähnlich Quax, dem Bruchpiloten
[294] Absetzen vom Helo mit der Seilwinde

er in Berlin studierte. Dann erzählte er uns, daß er 1938 die „Schleswig-Holstein" besichtigt hätte und wußte mehr Details über das Linienschiff als meine gesamte Messe. Sein Bericht über die aufregende Zeit in Berlin bis zum Kriegsausbruch faszinierte uns alle.

Aus seiner Zeit als Außenminister bot er wundervolle Anekdoten über seine Königin, über Willy Brandt, über Bundespräsident Lübke usw. Ehe der andere kanadische Hubschrauber ohne Schuhe ihn abholte, erzählte er, beflügelt vom nordfriesischen Landwein, von einem Urlaub auf Mallorca. Seine Anwesenheit wurde trotz aller Mühe bekannt, und der Militärgouverneur lud ihn zu einem Essen ein. Die steife Zweipersonenveranstaltung änderte erst ihren Charakter, als sie feststellten, daß sie sich viel besser auf Deutsch unterhalten konnten. Der General war der letzte Kommandeur der Blauen Division[295].

L. erzählte weiter, daß der General ihm dann einen deutschen Orden seiner Wahl anbot, zu dem er auch noch von Hitler unterschriebene Verleihungsurkunden hatte. Ich könnte noch Seiten mit seinen Geschichten füllen, denn er hatte die „Schleswig-Holstein" in sein Herz geschlossen und kam noch zweimal zu uns, obwohl er sehr unter Seekrankheit litt.

In einem Gewaltmarsch legten wir die rund 2000 sm nach Harstad zurück, das schon deutlich nördlich des Polarkreises liegt. Ich kann mich nicht erinnern, je einen trostloseren Hafen angelaufen zu haben als Harstadt. Hier gab es ganze zwei Lokale an einer Straße und unser Verband schickte um die 1000 Mann auf einmal an Land.

Nach dem Auslaufen nahmen wir an einer norwegischen Übung namens FLOTEX 75 teil, wir waren gedacht als Zieldarstellung für die norwegischen Schnellboote, die sich irgendwo zwischen den Felsen versteckten und dann Überfälle im Stil von Wegelagerern versuchten. Unser Kommodore bestand darauf, daß wir alle für die gesamte Zeit dieser Übung einen Lotsen zu nehmen hatten. Das Wetter war prächtig und die menschenleeren Fjorde mit bis zu 1000 m Wassertiefe eine herrliche Spielwiese. Unser Lotse kam an Bord, ein älterer, sehr verschlossen wirkender Kapitänleutnant der Küstenwache. Ich bat ihn, meine Leute navigieren zu lassen und nur dann einzuschreiten, wenn Gefahr für das Schiff

---

[295] División Espagnola de Voluntarios

entstand oder wir gegen Vorschriften verstießen. Er war es zufrieden und wir damit auch.

Wir hatten uns vorgenommen, eine Polartaufe zu veranstalten, die Nichts zu wünschen ließ. Der Kommodore stellte uns für einen Tag frei, und wir verlegten für die Taufe in den Altafjord, um auf dem Liegeplatz des Schlachtschiffes „Tirpitz" zu ankern. Der Lotse wußte sofort, wo genau die „Tirpitz" geankert hatte. Schon seit unserem Verlegungsmarsch nach Island gab es einen regen Austausch von Fernschreiben mit Neptuns Unterwasserkristallpalast, um die Taufe vorzubereiten.

Als unsere Taufpaten herausfanden, daß auch ich noch nicht getauft war, entschlossen sie sich, mich einer Nottaufe zu unterziehen, ehe die eigentliche Schau begann. Ich kam milde davon, denn ich mußte nur ein paar mehr oder weniger intelligente Reden über mich ergehen lassen und ein Glas – ich schätze Dieselöl mit Tabasco – trinken.

Auf dem Ankerplatz gedachten wir der Gefallenen der „Tirpitz", dann kam unter großem Zeremoniell Neptun mit großem Gefolge und den Trabanten an Bord. Er saß während der Taufe an einer weiß gedeckten Stabsback zusammen mit Thetis und mir. Ich hatte auch den Lotsen eingeladen, mit mir dort zu sitzen. Das grausame, aber harmlose Tauffest nahm seinen Lauf. Als ich mal nach dem Lotsen sah, liefen ihm Tränen über das versteinerte Gesicht. Ich holte ihn weg von unserem Tisch und nahm ihn an die Seite. Plötzlich sprach er fehlerfreies Deutsch und entschuldigte sich für die Gemütsaufwallung, dann aber erzählte er, daß er zwei Jahre lang der Cheflotse der „Tirpitz" gewesen sei.

Nach dem Kriege hatte er 7 Jahre wegen Kollaboration im Gefängnis verbracht und sich dann wieder hochgedient. Der arme Kerl war fix und fertig, ich habe ihn erst mal in meiner Kammer versteckt und den IO eingeweiht. Für den Rest der Reise haben wir ihn so aufmerksam und ehrenvoll behandelt wie es möglich war.

Wir fuhren das Manöver zu Ende, hatten viel Spaß daran, mit mehr als 30 kn durch die Fjorde zu donnern und die Schnellboote zu Paaren zu treiben. Je ein 40 mm-Geschützt auf jeder Seite war mit einem Salutgerät ausgestattet, so daß wir richtig Furcht und Schrecken auslösten, wenn wir ballernd um eine Ecke bogen. Die anderen fuhren nie schneller als 10 kn und langweilten sich sehr.

Unsere Sorgen mit den verflixten E-Dieseln wurden nicht kleiner. Für Anfang Oktober war eine fast dreiwöchige Pause in den Helder geplant, um Materialerhaltung[296] zu betreiben. Wir versuchten zu organisieren, daß Werft und Arsenal in den Helder bei uns an Bord arbeiteten, aber die Bereitschaft dazu war gering. Am 11. September, damals noch ein ganz normaler Tag, liefen wir in Tromsø ein. Außer der eigenwilligen Kirche, die Eismeerkathedrale genannt wird, gab es nicht viel, was uns an Land lockte. Wir genossen die Pause, ein reges gesellschaftliches Treiben zwischen allen Schiffen des Verbandes förderte den Zusammenhalt. Inzwischen hatte jeder meiner Offiziere sein Schiff, wo er die Wäsche waschen und bügeln ließ, fast alle amerikanischen Offiziere waren Messemitglieder bei uns, weil es ja auf der MacDonough nichts Alkoholisches zu trinken gab.

Unsere Lords kauften auf den anderen Schiffen in deren Kantinen, was sie zu brauchen glaubten und umgekehrt. Der Kommodore entpuppte sich als hartnäckiger Getränksmann, der auch nachts ohne Warnung in unserer Messe erschien, um – meist in Begleitung mehrerer Damen – unseren Vorräten Schaden anzutun. Er bemühte sich ohne Erfolg, sich mit den Kommandanten anzufreunden, es gelang ihm nicht. Der amerikanische Kommandant zeigte sich beispielhaft loyal zu seinem Kommodore, aber was er nicht erzählte bzw. beantwortete, sagte uns genug.

Der nächste Hafen war Narvik, ein besonderes Erlebnis für uns deutsche Zerstörerfahrer. Einer unserer Offiziere hatte sich mit dem deutschen Angriff auf Narvik befaßt und konnte beim Einlaufen die hilfreichen Kommentare abgeben. Wir waren sehr gespannt, wie wir aufgenommen werden würden, denn wir waren das erste deutsche Kriegsschiff, das Narvik nach dem 2. Weltkrieg besuchte.

Auf dem Wege nach Süden mußten wir außen um die Lofoten herum, um in den Vestfjord zu kommen. Der Inland-Weg durch den Lavangsfjord erfüllte den Kommodore mit Schrecken. Auf dem Wege nach Süden bekamen wir ordentlich einen auf die Mütze, es wehte stramm aus Südwest, und wir konnten nicht viel üben. Das Einlaufen in Narvik war sehr interessant und gespickt mit Marinegeschichte. Am 18. September machten wir fest und wurden sehr freundlich aufgenommen.

---

[296] AMP = assisted maintainance period

Während des gesamten Besuchs ist keinem von uns etwas Negatives begegnet. Auf unseren Wunsch, auf dem Soldatenfriedhof einen Kranz niederlegen zu können, entschlossen sich alle Schiffe, eine Abordnung zu stellen. Die norwegische Armee trat mit einer Kompanie unter Waffen an und zwei norwegische Generale nahmen teil. Es war eine würdevolle Veranstaltung, über die die örtlichen Medien wohlwollend berichteten.

Am 21. September liefen wir aus, unser Ziel hieß Antwerpen für den NATO-Sea Day. Bei Verlassen des Vestfjords sollten wir noch einmal Treibstoff übernehmen. Es stürmte aus Südwest, und der Seegang war beachtlich. Also entschloß sich der Kommodore, vor dem Wind zu versorgen. Zu meinem Glück war ich nur erste Lifeguard, fuhr also hinter dem Versorger, bei dem „Argonaut" anlief. Als sie fast längsseits war, hob eine achterliche See das Schiff an, das auf dieser Welle regelrecht surfte, während ich zum ersten Mal Ruder und emsig drehende Schrauben eines zur See fahrenden Schiffes weit außerhalb des Wassers sah. „Argonaut" kam ohne Kollision davon, verzichtete auf das RAS, und ich schloß mich sehr erleichtert sofort an, also ging es los Richtung Süden.

Das Wetter verschlechterte sich immer weiter. Dann bekam ich die Meldung, daß eine einsteigende See unser Backbord Seefallreep[297] aus der Halterung gebrochen hatte. Der Aufenthalt an Oberdeck war selbst mit eingepicktem Sicherheitsgurt sehr gefährlich. Alle Versuche, das Seefallreep zu sichern, scheiterten trotz mutigen Einsatzes der Seeleute.

Schließlich befahl ich, das Seefallreep aufzugeben und abzutrennen. Ich wußte, daß es nach unserer Rückkehr als Gewichtsausgleich sowieso ausgebaut werden sollte. Ich konnte der Versuchung nicht widerstehen, das für solche Änderungen zuständige Marineunterstützungskommando[298] auf den Arm zu nehmen. Nach meiner Rückkehr schickte mir ein Freund dieses Fernschreiben nach seinem Weg durch das MUKdo zu:

fm fgs schleswig – holstein
to dessqdn 32
info comgernorsea

---

[297] eine längs der Bordwand auszubringende Leiter, bei uns aus Aluminium und fest am Haupteck eingebaut
[298] MUKdo

gerdesflot

bt
betr.: nachrüstung z 101
hier: gewichtsausgleich durch ausbau bb – seefallreep
im vorgriff auf die o.a. masznahme hat s – h das bb – seefallreep durch die fa. rasmus[299] u soehne auf 6500n 0830e ausbauen lassen. die arbeit wurde kostenfrei und in kuerzester zeit erledigt
    bt

Dieses Fernschreiben zeigt in den Bearbeitungsvermerken das ganze Elend des damaligen Marineunterstützungskommandos. Niemand hatte zur Positionsangabe in eine Karte gesehen, denn die Position liegt gut 300 sm nördlich Bergen und ~ 60 sm vor der Küste. Niemand hatte offensichtlich je von Rasmus und seinen Söhnen gehört.

Stellvertreter Kommandeur MUKdo FltlAdm. M. schreibt empört: *Macht hier jeder, was er will?*

FKpt. P. kommentiert: *Gem. Rücksprache mit AST Z-Flottille ... handelt es sich ..... „um einen Witz" (wörtlich!). In Wirklichkeit ging das Seefallreep in der Höhe von Bergen im Seegang verloren. Kdt wurde .... angewiesen, Schadensmeldung zu erstellen.*

Letzter Kommentar von Syst A: *Humor im MUKdo nicht gefragt.*

Unser tapferer Portugiese war nur noch selten zu sehen, weil ihn die Wellenberge völlig verdeckten, meldete aber auf alle besorgten Fragen unverdrossen, daß er keine Probleme hätte.

Wir machten kaum noch Fahrt über den Grund, als wir Kommandanten dem Kommodore vorschlugen, Landschutz zu suchen und uns auf den Binnenwegen nach Süden durchzuschlagen. Wir hatten, so meine ich mich zu erinnern, Bodø passiert, als unser Drängen zunahm. Der Kommodore antwortete uns, daß er den Sturm in See abreiten wolle.

---

[299] grobe See, die an Deck einsteigt, Warnruf vor solcher Gefahr (Erasmus, Schutzheiliger der Seeleute)

Was unser amerikanischer Mitkommandant gern wollte, war nicht zu erfahren. Schließlich gab der Kommodore uns freie Hand und fast augenblicklich drehten alle nach Backbord und strebten zügig und erleichtert unter Landschutz. Wir fanden einen brauchbaren Ankerplatz und gingen erst einmal schlafen. Als 24 Stunden später Sturm und See abnahmen, führte Brian uns zurück, und wir schlossen uns unserem Flaggschiff wieder an.

Ob es den Sea Day heute noch gibt, weiß ich nicht. Damals kamen STANAVFORLANT und STANAVFORCHAN mit der „Paderborn" nach Antwerpen, um sich allen Schweif- und Würdenträgern aus dem Brüsseler Hauptquartier zu präsentieren. Am 25. September machten wir nach einer sehr schönen und lehrreichen Fahrt die Schelde aufwärts in Antwerpen fest. Obwohl nun eine Kette von Empfängen und Essen an Bord und an Land begann, war für uns noch wichtiger, daß eine ganze Herde Ehefrauen und Lebens(abschnitts)gefährtinnen zu unserer Halbzeit anreiste und in einem schicken Hotel einzog.

Zwei Erlebnisse in Antwerpen will ich schildern, die mir bezeichnend scheinen. Bei einem Mittagessen anläßlich des NATO-Sea Days saß ich auf der „Argonaut" zwischen dem Generalleutnant Gerd Sch. vom deutschen Heer[300] und dem Generalleutnant Günther R. von der deutschen Luftwaffe. Natürlich sprachen alle Englisch, und ich widmete mich zuerst dem Luftwaffengeneral, der mir fröhlichst und sehr nett erzählte, daß er bis vor kurzem Inspekteur der Luftwaffe war und nun noch für wenige Tage bei der NATO[301] wäre. Dann würde er vorzeitig zur Ruhe gesetzt, weil er irgend etwas in Südafrika ...., da aber wurde er undeutlich. Er schien ein gelassener und heiterer Mann.

Dann fragte ich den General Sch., was er so bei der NATO macht, wofür er wohl zuständig sei. Als er Standardisierung als sein Hauptgeschäft beschrieb, konnte ich ihm aus eigener Erfahrung gerade in den letzten Wochen bestätigen, daß er noch nicht viel geschafft hätte. Zufrieden bemerkte ich, daß er eingeschnappt war. Nach einer längeren Pause fragte er mich – natürlich auf Englisch – , in welcher Marine ich wohl sei. Ich ant-

---

[300] Director International Military Staff, Brüssel
[301] GL R. war MilRep im MC, im 2. Weltkrieg einer der erfolgreichsten Jagdflieger aller Zeiten

wortete: „German Navy, General, Sir!" Danach hat er nicht mehr mit mir gesprochen.

Inzwischen wußten wir, daß unser Schiff zur Grundreparatur unserer E-Diesel von den Helder nach Wilhelmshaven verlegen würde. Das paßte mir gar nicht, denn ein solcher Abstecher in den Heimathafen schien mir schlecht für die Moral. Außerdem war in den Helder die jährliche Verbandsolympiade vorgesehen, an der wir auf jeden Fall teilnehmen wollten. Also bereiteten wir uns entsprechend vor.

Alle Planungen waren fertig, wir würden alle Sportmannschaften mit Bussen nach den Helder karren, d.h. Handball, Fußball, Basketball, Volleyball, Tischtennis, Golf und weitere, die ich nicht erinnere. Ich selbst plante, mit Familie in den Helder in einem Hotel zu wohnen, um an allen Veranstaltungen teilnehmen zu können.

Bei der Force Reception bei uns an Bord erschien als Gästeschar auch das Military Committee der NATO, angeführt vom Vorsitzenden Admiral of the Fleet ***** the Lord Hill Norton, dessen Filius uns allen als Navigationsoffizier auf der „Argonaut" bekannt war. Ohne jede Ahnung und ohne jede Warnung wurde ich nun zu diesem „Hohen" befohlen, der mich rüde anfuhr, ich sei ja wohl der, der sich entschlossen hätte, vorzeitig den Verband zu verlassen. Als ich zu antworten versuchte, überreicht er mir das SNFL – Wappen, das jedes Schiff erhält, wenn es den Verband verläßt und ließ mich demonstrativ stehen.

Mein Kommodore, der das ja eingefädelt haben mußte, zog mit ihm ab. Ich war wütend und bedröppelt zugleich, und mir fiel auch nichts Brauchbares ein. Noch heute kann ich mir diesen Vorgang nicht erklären, aber es waren auch britische Offiziere aus meinem späteren Stab in Northwood beteiligt.

In der Nacht vor dem Auslaufen am 29. September haben wir noch auf der „Iroquois", bei der wir längsseits lagen, das an der Steuerbordseite am Brückenaufbau angebrachte rote Ahornblatt fein säuberlich grün angemalt, denn Steuerbord verlangt nun einmal grün. Überall an Bord hörte ich, daß es allen in Antwerpen gut gefallen hatte, was nach den kargen Wochen in Norwegen wohl auch keine große Überraschung war. Das Bier war wieder genießbar und auch erschwinglich.

Nun aber ging es nach den Helder, d.h. für uns ja nicht, denn wir fuhren gleich weiter nach Wilhelmshaven, wo wir am 1. Oktober im Arsenal festmachten. Unser Ziel war klar: Bei der Verbandsolympiade gut abschneiden und am 20. Oktober mit vielen intakten E-Dieseln zum Verband zurückzugehen. Wir kämpften aufopferungsvoll und holten zwei der begehrten Wanderpokale im Volleyball und im Handball. Einen wirklich ernsthaften Absturz hatten wir nur beim Golfen zu verzeichnen.

Als wir wieder beim Verband waren, hieß es, sich auf den Abschied von der „Argonaut" vorzubereiten, die nach dem Auslaufen von HMS „Danae" abgelöst werden sollte. Ein Steampast wurde vorbereitet, eine traditionelle Abschiedsveranstaltung, bei der das abgelöste Schiff einmal von achtern nach vorn in minimalem Abstand am Verband entlang fährt. Wir hatten uns für den Abschied der „Argonaut", die sich in typisch englischem Understatement „Supership Argonaut" nannte, etwas besonders Hübsches ausgedacht.

Am Vorabend des Auslaufens machten wir ein Schlauchboot klar, daß mit Eimern gelber Farbe und langstieligen Farbrollen bewaffnet war, die Besatzung bestand aus drei Offizieren unter Führung des NO. Um die sehr wachsamen Briten abzulenken, schickten wir ein Gruppe unserer Lords zur Stelling der „Argonaut", die lustig, friedlich, aber laut darauf bestehen sollten, sich vom Kommandanten zu verabschieden. Die List war erfolgreich, das Schlauchboot konnte unbeobachtet an die Arbeit gehen.

Als das Boot unbemerkt zurückgekommen war und die Besatzung berichtete, daß sie „**H E L P**" in großen Lettern aufgemalt hatten und zwei über die Schiffsbreite reichende Morsbacken, kannte die Heiterkeit keine Grenzen. Erst unmittelbar vor dem Ablegen entdeckten die Engländer die Verschönerung, aber es war zu spät, um alles zu übermalen.

Für das Auslaufen durch den Marsdiep bestand der Stab darauf, daß wir alle Lotsen nahmen. Wir empfanden es alle als unnötig, bis „MacDonough" mitten im Fahrwasser auflief. Ausgerechnet unser bedauernswerter amerikanischer Freund mußte nun seinen Alptraum erleben. Das war wirklich bittere Ironie, wir alle versuchten vergeblich, ihn moralisch aufzurichten, obwohl er bei auflaufendem Wasser schon bald wieder frei kam.

Beim Steampast etwas später war der gnadenlose Einsatz von Feuerlöschschläuchen eine der kleinen Selbstverständlichkeiten. Musik, Transparente und Verkleidungen waren üblich. Da zu unserem Glück die „Argonaut" wohl den Holländern ihre Bemalung ankreideten, kamen wir gut davon.

Die Engländer beschossen mit ihren altmodischen Salutkanonen die „Evertsen" mit Toilettenpapierrollen, die sich malerisch überall in den Aufbauten und Antennen verfingen. Dazwischen sollen auch Ladungen mit Fleischsalat gewesen sein.

Der Hubschrauber der Holländer kam von seinem Flugplatz de Kooy zurück, flog aber nun die „Argonaut" an und bombardierte sie aus sicherer Höhe mit Papiertütenbomben, in denen ein Gemisch aus Mehl und Hühnereiern versteckt war. Es war eine wundervolle Schweinerei, weil dieser Schmierkram überall einschlug und übel klebte. Wir betrachteten wohlgefällig den Heckspiegel der „Argonaut", der wüst aussah, denn nur der oberste Teil der Buchstaben war noch von Deck aus übergerollt worden.

Am 31. Oktober liefen wir für einen fünftägigen Besuch in Amsterdam ein, es war ein sehr schöner und harmonischer Besuch. Routinierte und großzügige Gastgeber verwöhnten alle Mann. Auf der „Evertsen" fand eine Wiedersehensfeier der Familie van F. statt, ich weiß aber keinerlei Einzelheiten. Nicht einmal ordentliche Gerüchte gab es auf der Küstenklatschwelle.

Auch in Amsterdam waren alle Schiffe für Besucher geöffnet, es kamen aber mit ~ 4000 viel weniger als in Antwerpen. Wir pflegten unsere Besucherzahlen immer an New York zu messen, wo wir mit 9455 in 5 Stunden die einsame Spitze erreichten. Beim Auslaufen stieß ein weiteres veritables Schiff zur SNFL: die „Lütjens" mit Kapitän zur See Schaschke B. als Kommandant. Ich erfuhr, daß ich zum Jahresende mein Schiff abgeben würde, um nach Glücksburg zum Flottenkommando versetzt zu werden. Außerdem machte ich auch ungewollt innerhalb der SNFL Karriere, als ich nach dem Ausscheiden der „Argonaut" offiziell Senior Captain wurde.

Von Amsterdam aus nahmen wir an dem wirklich sehr großen NATO-Manöver OCEAN SAFARI teil, das uns zwischen Island und Norwegen sah. Ungewöhnlicher Abstecher für „Lütjens" und uns war ein Landzielschießen bei Nacht. Während „Lütjens" unser Ziel mit Leuchtgranaten beleuchtete, pflügten wir die schottische Wiese mit allen vier Türmen und Feuerstoß 10 um, d.h. 40 Sprenggranaten in einem Anlauf.

Die Abschlußbesprechung fand in Rosyth statt, wo wir am 21. November im Marinestützpunkt festmachten.

Von diesem Besuch ist mir nur in Erinnerung geblieben, daß wir zu einem Empfang im Edinburgh Castle eingeladen waren und daß Prince Philip als Gastgeber fungierte. Auf ihn war ich gespannt, ansonsten war meine Bereitschaft, an NATO-Cocktails teilzunehmen, deutlich zurückgegangen. Als ich noch in einer endlosen Receiving Line auf einer engen Wendeltreppe wartete, beendete ein Bombenalarm die Veranstaltung, denn das Schloß wurde sofort, aber in guter britischer Ordnung geräumt.

Wir verließen Rosyth am 26. November, nahmen kurz an einer Schnellbootübung im Kattegatt teil, um danach am 29. November für drei Tage in Aarhus einzulaufen. Es war und blieb mein einziger Besuch mit einem Schiff oder Boot in Aarhus, einem Städtchen, das viel netter ist als all´ die dänischen NATO-Stützpunkte, wo wir natürlich immer wieder hinfuhren.

Da das Winterquartier der SNFL für Southampton geplant war, fuhren wir noch einmal an der Jade vorbei, machten den Jahresabschluß mit einem Sailpass, was ein ordentlicher und gesitteter Steampast ist. Wir lagen noch einmal 5 Tage im Hafen und feierten tränenreichen Abschied mit einer Vielzahl von Veranstaltungen. Der Kommodore wohnte mit seiner Familie in der Nähe von London und lud zu Farewell Drinks in sein Haus. Wir waren doch gut zusammengewachsen und hatten viel über einander gelernt. Diese Monate in solch' einem Verband blieben sehr wertvoll für den Rest meiner Dienstzeit.

Mein IO sollte nach unserer Rückkehr sein Kommandantenzeugnis erhalten. Also erklärte ich ihm am Abend vor dem Auslaufen, daß ich nun dienstunfähig wäre, und er das Schiff nach Hause bringen sollte. Nach minimaler Verblüffung nahm er diese Chance an und fuhr los, mich als Passagier irgendwo wissend. Wir hatten uns den letzten Test für 4 Kessel-Betrieb für diesen Teil unseres Weges aufgespart und liefen nun mit mehr als 33 kn Richtung Heimat.

Mein STO hatte erst seinen Leistungsnachweis als Wachhabender in der OPZ erfüllt und die Leistungsnachweise I und II auf der Brücke. Ihm konnte ich also eine uneingeschränkte Eignung zum IO bestätigen. Nun war mein Schiff so gut trainiert und so organisiert, wie ich es angestrebt hatte, und nun mußte ich es abgeben.

In der Nacht vor dem Einlaufen ankerten wir auf Schillig-Reede und am frühen Morgen brachte ein Schlepper den Typkommandeur zu uns an Bord. Flottillenadmiral Klaus T., den ich schon länger kannte, war ein angenehmer Gast. Nach mehreren Blicken auf die Uhr wurde er sichtlich nervös, weil wir ja pünktlich, das hieß bei uns ± 30 Sekunden zwischen den Molenköpfen, stehen mußten. Aber ich hatte gehört, daß wir Anker auf gegangen waren und fühlte auch, daß wir fuhren.

Da aber sprang der Admiral auf und kletterte behende zur Brücke empor. Ich folgte ihm kurz danach und erklärte ihm mein Arrangement. Er war darüber nicht glücklich, aber ich bat ihn dann, den IO nun auch einlaufen und anlegen zu lassen. Unwillig stimmte er zu.

Die Musik spielte muntere Weisen, und die Pier war schwarz von Menschen, als wir mit Paradeaufstellung in der 4. Einfahrt festmachten. Ich war stolz, daß wir dieses Unternehmen ohne Verluste – abgesehen von unserem inzwischen gesundeten Heizer mit dem Herzinfarkt – , ohne eine ernste Verletzung, ohne Havarie und ohne größere Panne hinter uns gebracht hatten.

Aus unserem Buch zu dieser Reise entnehme ich:

- 25.253,9 sm, das entspricht einer Durchschnittsgeschwindigkeit von 14 kn und mehr als einer Erdumrundung
- ~ 20000 t Diesel
- 799.200 Sonarpings
- 220 Faß Bier
- 140.000 Flaschen Bier
- 20.000 Eier, usw. usw.,

man sieht unschwer, daß es eine harte und anspruchvolle Reise war, während der wir mehr als einen Erdumfang zurückgelegt haben.

Mit viel Freude, mit nur mühsam zu verbergendem Stolz und getragen von der Zuneigung der Besatzung stieg ich aus, übergab „mein" Schiff und meldete mich dann bei meinem Geschwaderkommandeur KptzS. E. Sch. ab, der mir noch eine fast vernichtende Beurteilung mit auf den Weg gab. Dieser kaum verkappte Nazi hat mir nie nachgesehen, daß wir ihn bei seinem ersten und letzten Skatbesuch in unserer Messe mit gut 2000 Miesen nach Hause geschickt haben. Da ich am folgenden Tag nach

Kiel-Altenholz befohlen war, um vom Inspekteur bei ihm zu Hause befördert zu werden, machte es mir wenig aus.

Viel später erzählte mir H.H., daß meine Beurteilung natürlich auch auf seinen Tisch gelangte und seinen großen Zorn erregte. Sch. muß wohl noch erheblichen Ärger bekommen haben. Acht Seiten war H.H.s Stellungnahme lang, so berichtete er mir voller Grimm, und ich dachte, daß er die Beurteilung wohl auch als einen Angriff auf sich selbst verstanden hatte.

Nun hatte ich zwei Kommandantenzeiten hinter mir, und es war klar, daß sich diese einzigartige Aufgabe nicht wiederholen würde. Ich ertappte mich mehrmals bei der Frage, ob es nun überhaupt noch einmal eine Aufgabe geben könnte, die ich so reizvoll finden würde. Anfang Januar 1976 fuhr der frisch beförderte Kapitän zur See Braun nach Glücksburg, ich war gerade 40 Jahre alt geworden.

A 3 Flottenkommando

Für die Größenverhältnisse der Marine war das Flottenkommando ein großer Stab, der alle klassischen Stabsabteilungen aufwies, dazu eine eigenständige Abteilung für NATO-Angelegenheiten (A N), und eine Abteilung, die sich ausschließlich mit der Einführung des rechnergestützten MHQs[302] befaßte. Alle schwimmenden, fliegenden und landgestützten Einheiten der Marine außer den Schulschiffen unterstanden dem Flottenkommando in jeder Hinsicht. Der hierfür gültige NATO-Begriff lautete „Full Command". In den zehn unterstellten Flottillen sowie anderen Dienststellen und Verbänden dienten ~ 22.000 Soldaten und ~ 3.000 Zivilbedienstete.

Wir führten 20 Geschwader mit ~ 200 „Flaggenstöcken" und ~ 200 Fluggeräte[303], dazu eine gute Fernmeldekomponente mit 2 motorisierten Fernmeldegruppen, den BSN und die Kampfschwimmer. Außerdem spielte die ebenfalls unterstellte Seetaktische Lehrgruppe als Instrument der Ausbildung und Erziehung, aber auch bei der Taktikentwicklung eine sehr wichtige Rolle.

---

[302] Maritime Headquarters

[303] 110 Tornados, 20 Atlantiques, 20 Sea Kings, 20 Sky Servants und ~ 30 Sea Lynx

Flottenchef war Vizeadmiral Hans-Helmut K., der mich auf meinen Dienstposten „gehievt" hatte, sein Stellvertreter war der Konteradmiral von H., Chef des Stabes war der Kapitän z.S. S., der einzige aus dem Führungstrio, den ich nicht kannte. Von H. war bald nach einer ernsten Erkrankung ausgefallen und hat seinen Dienst beim Flottenkommando nie antreten können, was ich damals wie auch heute noch tief bedaure, denn diese beiden Admirale hätten eine spitzenmäßig starke Besetzung ergeben.

H.H. empfing mich herzlichst, freute sich offensichtlich, mich bei sich zu wissen und gab mir vom ersten Tag an freie Hand. Ich muß sicher nicht herausarbeiten, wie gut mir das alles gefiel. Er ließ keinen Zweifel daran, daß alle Abteilungsleiter gleich waren, aber der A 3 war deutlich gleicher. Er räumte mir „Immediatsrecht" ein, d.h. ich hatte jederzeit direkt Zugang zu ihm, egal, was er machte, wo er war oder wer ihn gerade besuchte. Für mich wunderbar, ein Stellvertreter gab es eh' nicht, und der arme Chef des Stabes wurde aus allen meinen meist operativen Belangen herausgehalten, wenn ihn der Befehlshaber nicht dazu holte.

„Mach, was Du für richtig hältst und sag' mir Bescheid, wenn was schief zu gehen droht. Dann sind meine Kolbenringe gefragt und hilfreich. Ihr jungen Leute habt so viel gelernt, was ich nicht kann und auch nicht mehr lernen will."

Dabei war aber auch ein ordentliches Päckchen Koketterie, denn er wußte sehr viel und manches auch viel besser als wir. Dazu kam, daß er bei aller Fröhlichkeit, Exzentrik und auch Eitelkeit ein geschickter, charismatischer Menschenführer war, der immer wieder ein sehr gutes Gespür dafür zeigte, wenn sich Ungemach oder Ärger zusammenbraute. Es war nicht ungefährlich, sich – ob verdient oder nicht – seinen Grimm zuzuziehen, und nicht immer gelang es ihm, so gerecht zu sein wie er es von sich erwartete.

Meine große Abteilung umfaßte mehr als die Hälfte des Stabes, vor allem aber hatte ich einige sehr gute Stabsoffiziere, ohne die ich kaum etwas ausgerichtet, höchstens aber angerichtet hätte. Als ersten nenne ich den Fregattenkapitän S., einen kriegsgedienten Stabsoffizier, der lobend erwähnt werden muß.

Er gehörte nicht zum sogenannten „Küchenkabinett des Befehlshabers", nahm mir aber selbständig alle Arbeiten ab, die organisatorischer Natur waren und heute unter A 3 firmieren. Ich konnte mich absolut auf ihn verlassen, all' die wichtigen, aber spröden Aufgaben der Organisation, der Stellenpläne und der Infrastruktur wußte ich bei ihm in besten Händen. Außerdem hatte er die hübschesten unvorschriftsmäßigen Uniformsocken der Marine, weil sie seine Fregattenkapitäns-Kolbenringe in Goldgelb zeigten.

Für die Ausbildung in der Flotte und die Ausbildung der Flotte und für alle Ausbildungsangelegenheiten Richtung Marineamt stand der Fregattenkapitän Jochen P., mein bewährter Mitkämpfer aus Mercury, mit Können, Humor und großem Fleiß einem kleinen Dezernat vor. Als erfolgreicher Geschwaderkommandeur zeigte er sich in allen operativen Belangen als sehr nützlich.

Die Einsätze und die Einsatzbereitschaft aller unserer Einheiten plante, kontrollierte und führte mein verlängerter Arm, der Fregattenkapitän Klaus J.. Überragende Intelligenz, umfassende Kenntnisse, großer Fleiß und unübertreffliche Einsatzbereitschaft gepaart mit Eleganz, Humor und einem Hauch Snobismus machen ihn noch heute für mich zur Idealbesetzung des Einsatzoffiziers. Er wurde später abgelöst von Wilhelm (Willi) R., der sich nahtlos einfügte. Ich hätte mir keine besseren Leute wünschen können.

Ein besonderes Kapitel muß hier den Marinefliegern gewidmet werden. Selbst wenn ein Marinefliegeroffizier im Führungstrio diente, kam dem Flieger-ASTO eine besondere, schwierige Rolle zu. Der Kommandeur der Marineflieger suchte sich diesen Offizier immer selbst aus, denn er war so etwas wie der Gesandte des großen Seeadlers[304].

Der große Seeadler betrachtete sich nicht wirklich als dem Flottenkommando unterstellt oder vielleicht nur ein wenig... . Der Flieger-ASTO sollte auf die Interessen der Marineflieger achten, ihre Unabhängigkeit mehren und alle Ansätze auf weitere Integration der Flieger in die Flotte unterbinden. So war es wirklich, und wenn man von der Flotte sprach, dann mußte man ausdrücklich dazu sagen, daß man auch die Marineflieger meinte. Wenn die Flieger von der Flotte sprachen, meinten sie nur die Seefahrer.

Ich fand dort den Fregattenkapitän W. als Flieger-ASTO vor, fliegerisches Urgestein aus dem Topf der Jetjockeys, ein handfester und ver-

---

[304] Kommandeur Marinefliegerdivision

nünftiger Offizier, der schnell unzufrieden war mit seiner Außenseiterrolle, denn er war der geborene Mannschaftsspieler. Seine Situation wurde immer schwieriger, je mehr der große Seeadler Flottillenadmiral Paul K. ihn fernsteuern wollte. Es dauerte nicht lange, bis wir uns auf sein Betreiben aussprachen und klärten, daß er für den Befehlshaber, aber deshalb nicht gegen Paul K. arbeitete.

Es war selbstverständliche und gesicherte Tradition, daß der Stabsabteilungsleiter Fü M III mit dem jeweiligen Flottenchef auf Kriegsfuß stand, gefüttert mit Informationen, die ihm der Referent FüM III 2 auf den Schreibtisch legte. Mit dem Gewicht des Inspekteurs im Rücken konnte sich eben auch ein Flottillenadmiral mit dem Befehlshaber anlegen. Meine erste Dienstreise überhaupt in der neuen Funktion machte ich nach Bonn, wo ich mich mit dem Referatsleiter Fü M III 2 traf.

Mein Crewkamerad Kpt z.S. Eddy H. war sofort mit mir einig, und wir nahmen uns vor, engstens zusammenzuarbeiten, um in den Sachfragen weiterzukommen. Das haben wir drei Jahre lang erfolgreich durchgezogen. Irgendwann war ich wieder einmal zu einem Privatissimum beim Befehlshaber, als der Inspekteur anrief. K. schaltete auf Lautsprecher, hielt aber den Schweigefinger an die Lippen. Am Ende des Gespräches hörte ich:

„Sag mal, Helmut, ist dir auch schon aufgefallen, daß der H. und dein Braun uns dauernd bescheißen? Die machen doch, was sie wollen!" H.H.: „Ich finde gut, was die machen oder ärgert Dich was? Sei doch froh, daß es alles klappt!"

Eddy gab mir auf, mich um die Einsatzbereitschaft zu kümmern, denn besonders bei den MPAs und UBooten waren die gemeldeten Zahlen zu niedrig. Innerhalb weniger Tage hatte ich einen riesigen Ärger, weil ich jeweils nach der morgendlichen Lage beim MFG 3 anrufen ließ, um eine genaue Begründung für den niedrigen Klarstand zu bekommen. Der Kommandeur aller Marineflieger war mit seinen Kletterfreunden[305] zum Bergsteigen in Österreich. Dort hat ihn die Botschaft erreicht, daß dieser Lümmel von A 3 Fragen stellt, die nur Marineflieger stellen dürfen. Er rief mich an und versuchte, einen Anschiß anzubringen. Ich wehrte mich heftig und verwies ihn an den Befehlshaber. Er schnaubte vor Wut, drohte mit Konsequenzen, rief aber nicht bei H.H. an.

---

[305] Spitznamen Gemse 1 bis 4

Während ich mich in den Belangen der Seefahrer mit Ausnahme der UBoote recht sicher fühlte, galt das nicht für die Flieger. Ich flog nun überall mit, wo ich konnte, verbrachte knapp eine Woche auf Borkum in der Seenotbereitschaft, sammelte Hintergrundwissen und lernte die Sprache der Flieger. Ich ging nach Fürstenfeldbruck und machte meine Jet Passenger License, um in der F-104 mitfliegen zu können. Im Juli 1977 war es endlich so weit, und ich flog zum ersten Mal im Starfighter beim MFG 2. Es gefiel mir so gut, und es war so lehrreich, daß ich von da ab bis zur Einführung des Tornados mehrere Dutzend Mitflüge absolvierte. Ich verbrachte viele Tage in den Geschwadern, die Flieger gewöhnten sich an mich, und ich sammelte die Erfahrungen, die ich auch brauchte, um die Einsätze unserer Flieger wenigstens etwas beurteilen zu können und meine wohlfundierten Vorurteile abzubauen.

Für eine Woche flog ich mit einer Viererformation nach Sardinien, wo die NATO einen Luftzielschießplatz unterhält. Da unser Zweisitzer unterwegs einmal tanken mußte, landeten wir irgendwo nahe Marseille. Wir wurden direkt neben einer bis dahin absolut geheimen Mirage 2000 geparkt, die ich in aller Ruhe fotografieren konnte, ehe wir verlegt wurden.

Jeden Tag flog ich zwei oder dreimal, es war wunderbar. Nach einem Luft-Luft-Schießen konnten wir nicht landen, weil das Fahrgestell klemmte und sich nicht ausfahren ließ. Da mein Pilot von großer Gelassenheit blieb, sah ich den Ernst der Lage nicht, ich dachte auch, daß man mir vielleicht etwas Prickelndes bieten wollte. Dann bekamen wir den Befehl, an der dafür vorgesehenen Position bei den Bergungsbooten auszusteigen. Soweit ging mein Ehrgeiz nicht, und zu meinem Glück gab der Pilot noch nicht auf. Er beschleunigte abrupt und zog dann die Maschine ruckartig mit 6 -7 g hoch. Es krachte so, daß ich mein Ende kommen sah, aber das Fahrgestell war ausgefahren. Da aber nur zwei grüne Kontrollen leuchteten, blieb das Bugrad unsicher, es war wohl nicht verriegelt. Eine andere F 104 flog dicht unter uns und befand, daß das Bugrad gut aussah. Darauf erhielten wir Landeerlaubnis. Während dieses Manövers ertönte durchgehend die Warnhupe für >>low fuel<<, was mich doch mehrmals an der mechanischen Verriegelung meines Schleudersitzes fummeln ließ.

Mein großartiger Pilot brachte uns sicher auf die Runway, wir wurden eskortiert von einer schier endlosen Kette von Löschfahrzeugen und Krankenwagen. Als mir der Pilot bestätigte, daß der ganze Aufwand wegen uns betrieben wurde, wurde mir endgültig klar, daß es sich um einen

Ernstfall handelte. Da stoppte unsere Maschine und das Bugrad klappte wieder ein, weil es doch nicht verriegelt war. Die Maschine kippte nach vorn, und das Staurohr brach ab. Mühsam und sehr erleichtert kletterte ich zur Erde zurück.

Nach der Rückkehr absolvierte ich das Sea Survival Training und wußte, daß man die fliegenden Besatzungen ja normalerweise nur sieht, wenn sie in bedenklichen Aufmachungen schwadronierend im Bereitschaftsraum herumhängen, Kaffee trinken und scheinbar nie etwas tun. Welche Belastung die Einsätze darstellen, wußte ich besser. Auch konnte ich nun Aufklärungsergebnisse der Flieger viel besser bewerten und auch würdigen. Andererseits konnte ich einen gewissen Respekt in Fliegerkreisen verbuchen.

Das Flottenkommando sah sich vor eine große Aufgabe gestellt, als der Führungsstab forderte, die Tätigkeit der schwimmenden Einheiten so zu mathematisieren, daß der Einsatzstab genau wußte, was jede Stunde in See und jede gefahrene Meile kostet. Damit begannen wir zum ersten Mal, so etwas wie Kostenbewußtsein in der Marine zu entwickeln. Wir erfanden die Seebetriebsstunde, die für jede Schiffsklasse als Rechenbasis entscheidend war. Die Jahresplanung der Flotte, die erst im JÜP[306] festgeschrieben wurde, wuchs zum JÜEP[307].

Wir verzahnten die planmäßige Materialerhaltung mit den Vorhaben, entwickelten die BEPN[308] und konnten nun uns und dem Ministerium gegenüber mit annehmbarer Genauigkeit belegen, was wir an Kosten verursachten, und wie das mit der planmäßigen Materialerhaltung schnabelte. Parallel entwickelten wir für jede Klasse einen Ausbildungsablauf, der mit definierten Prüfungen oder Abnahmen genau festlegte, was als nächstes zu üben und als Fähigkeit nachzuweisen war.

Parallel dazu erfanden wir ein Meldesystem[309], mit dem jede Änderung der Einsatzfähigkeit bezogen auf den materiellen Zustand, aber genau so auch auf den Ausbildungsstand und die personelle Besetzung erfaßt werden konnte. Die meisten Geschwader- und Flottillenkommandeure

---

[306] Jahresübungsplan

[307] Jahresübungs- und erhaltungsplan

[308] Betriebs- und Erhaltungsperiodennorm

[309] OPREP

haben zu lang bei dieser Entwicklung mit Naserümpfen zugeschaut in der sicheren Erwartung, daß sich auch dieser bürokratische Unsinn irgendwann und irgendwie von selbst erledigen würde.

Aber sie täuschten sich gewaltig und waren dann häufig nicht mehr in der Lage, dieser Entwicklung zu folgen, oder gar aktiv für ihre Verbände daran weiter zu arbeiten. Zu Recht höhnten sie über diese Bürokratie und beklagten die drakonische Einengung der Freiheit des Kommandanten, aber der Befehlshaber blieb konsequent, der Führungsstab stimmte zu, und nach wirklich harter Arbeit hatten wir das gesamte Flottengeschehen analysiert und im Griff. Jeder regelmäßige Stellenwechsel, jeder personelle Ausfall war für jede Klasse in seinen Auswirkungen für die Einsatzbereitschaft eingeordnet. Jede größere materielle Veränderung, jeder Ausbildungsschritt waren nun verknüpft mit den Stufen der Einsatzfähigkeit. Wir hatten einen viel tieferen und genaueren Einblick in alles, was sich in der Flotte abspielte, was uns fehlte, und was wir konnten.

Es gelang uns, den Kommandanten einzuimpfen, daß sie an der Einsatzfähigkeit ihres Fahrzeuges gemessen würden. Die BEPN bestimmte nun den Lebensrhythmus jedes einzelnen Fahrzeuges.

„Dafür haben wir keine Seebetriebsstunden mehr" oder „das hat zu viele Seebetriebsstunden gekostet" gehörte bald zum täglichen Sprachschatz. So gewann auch der Führungsstab gute Argumente für Haushaltsverhandlungen oder Neubauplanungen. Die grenzenlose Freiheit, die ich als Kommandant noch genossen habe, war dahin, und darum tat es mir auch leid. Es war sicher eine der aufwendigsten und nachhaltigsten Veränderungen, an denen ich beteiligt war.

Damit verbunden blieb, daß der Flottenstab an selbstverständlicher Autorität gewann, was uns in den vielen, durch Knappheit der Mittel und des Personals verursachten Diskussionen einen Vorsprung einbrachte.

An sich ist diese gesamte Entwicklung der marineeigentümliche Ausdruck einer Erkenntnis, die sich bei mir immer mehr verfestigte: Verknappung von Ressourcen bringt zwangsläufig eine immer belastendere Bürokratie mit sich, die einzelne Entscheidungen immer weiter nach oben verlagert und die die mittlere Führungsebene schwächt. Verknappung verursacht Meldungen von unten nach oben durch mehrere Führungsebenen hindurch und Entscheidungen von ganz oben nach weit unten über die Verteilung der knappen Güter oder des Personals oder auch des Geldes.

Dieses Verfahren schwächt die eigentlich dafür zuständigen Ebenen und führt zu ungleicher Behandlung von Einheiten auf der gleichen Ebene. Außerdem greifen die höheren Führungsebenen immer tiefer bis zu den Einheiten durch, es werden neue Meldeverfahren entwickelt, die ungefiltert mehre Eben überspringen.

Unser rigoroses Durchgreifen führte natürlich immer wieder zu Auseinandersetzungen mit den „Regionalfürsten" oder „Herzögen", wie H.H. die Flottillenchefs nannte, von denen er ja auch erwartete, daß sie sich nachdrücklich für ihre Interessen und ihre Einheiten einsetzten. Am schwierigsten erwiesen sich die Flieger, obwohl wir ja nun die schwimmenden Einheiten genau so streng überwachen konnten wie unsere Flugzeuge. Irgendwann erschien der große Seeadler beim Befehlshaber, um diesem Spuk ein Ende zu machen.

Seine Klage endete mit einem Ultimatum für den Befehlshaber: Entweder der Braun geht oder er. Da hatte er sich aber verhoben, denn H.H. – so berichtete er mir anschließend – teilte ihm mit, daß er sich sofort um einen neuen Kommandeur für die Marineflieger kümmern wolle.

Daneben hatte ich immer wieder Schwierigkeiten mit der ZFltl, besser gesagt mit dem A3, KptzS Dieter E., der sich zu Recht immer weiter zurückgedrängt fühlte. Wir kannten uns gut, denn er gehörte zur Vorcrew. Er war lebens- und dienstälter als ich und weniger bereit, sich von mir Vorschriften machen zu lassen. Da er vor 1955 unter dem Schnellboot-Kommandanten H.H. als WO fuhr, bestand eine enge persönliche Beziehung zum Befehlshaber. Als er jedoch wie der große Seeadler versuchte, ihn gegen mich zu beeinflussen, sah er sich enttäuscht, denn er wurde ziemlich grimmig abgeschmettert. Das half mir, mehr noch aber meinen Mitstreitern, hatte aber auch die zweifelhafte Konsequenz, daß ich im Gefühl meiner Sicherheit gewiß nicht angenehmer für meine Umgebung wurde.

Ein immer wieder großes Vergnügen für den Befehlshaber bestand in überraschenden Besuchen in meinem Dienstzimmer, das bei ihm „Kontor" hieß. Er diente ja wenige Jahre zuvor selbst als A 3, und es blieb „sein" Schreibtisch. Traf er mich nicht an, dann setzte er sich auf meinen Stuhl, blätterte in der Post und übernahm das Telefon.

Als ich eines Tages zurückkam, klingelte das Telefon, H.H. schaltete den Lautsprecher ein und nahm ab. Mit devoter Stimme meldete er sich:

„Hier ist der Privatsekretär von Herrn Kapitän zur See Braun. Was darf ich für sie tun?" Wir hörten nach einer kurzen Pause der Verblüffung die unverkennbare Stimme des Kommandeurs 2. Versorgungsgeschwader:

„Seit wann hat denn dieser Blödmann nun auch noch einen Privatsekretär?" Als H.H. ihn zu beschwichtigen suchte, folgte:

„Wie heißen Sie?"

„K., Herr Kaptän!" H.H. brauchte eine Weile, bis er den verärgerten Herrn beruhigen konnte. Solche kleinen Eskapaden bereiteten ihm großes Vergnügen, und er hatte meist die Lacher auf seiner Seite.

Bei einem unserer vielen Gespräche machte ich ihm klar, daß der normale Kommandant vielleicht aufgrund der überall ausgehängten Fotos wußte, wie der Flottenchef aussieht. Kaum einer aber wüßte, wie der Befehlshaber ist, kaum einer hätte seinen Originalton gehört. Er wollte aber den Respekt seiner Männer, und er hoffte, geliebt zu werden.

Da er seine Flotte und seine Männer liebte und völlig in seiner Aufgabe aufging, setzte er voraus, daß es auch umgekehrt sein müßte. Er glaubte, daß er durch Truppenbesuche überall gut bekannt sei. Ich machte ihm keine Hoffnung. Er forderte mich auf, Vorschläge zu machen.

Als erste Maßnahme schlug ich vor, öfter als bisher nach besonderen Einsätzen oder Erfahrungen die Kommandanten oder auch Kommandeure in den Flottenstab zu zitieren, damit sie dem Befehlshaber berichten konnten und so ins Gespräch kämen. Die Zwischenvorgesetzten wurden nur selten dazugebeten, was sicher nicht korrekt war, aber es gab häufige Typkommandeurs- und Kommandeurstagungen. H.H. nahm den Vorschlag sofort an; es war so erfolgreich, daß es diese Einrichtung noch gab, als ich fast 15 Jahre später selbst Befehlshaber wurde.

Ein Juwel aus dieser Reihe gelang dem Fregattenkapitän „Fiete" T., der als erster Kommandant mit einem unserer Versorger über den Atlantik gefahren war. T. ist wahrhaft seefahrerisches Urgestein, dazu gebildet und humorvoll. An einem glühend heißen Sommertag hatte er seinen großen Auftritt vor dem Befehlshaber und Stab. Wir alle traten im kurzärmeligen Sommerhemd an, Fiete dagegen mit Jackett, Schlips und Kragen. Schon zu Beginn seiner Ausführungen lief ihm das Wasser in Strömen übers Gesicht.

„Fiete, nun ziehen Sie bloß Ihr Jackett aus, das ist ja nicht mehr anzusehen!"

„Danke, Herr, Admiral, es geht schon!" Wir alle litten mit ihm und sein interessanter Bericht drohte darüber verloren zu gehen. Kurz danach:

„Fiete! Jetzt ist Schluß! Ziehen Sie Ihr Jackett aus!"

„Herr Admiral, das geht nicht, ich habe nicht aufgeriggt!" Er meinte, daß er keine Schulterklappen auf dem Oberhemd angebracht hatte.

„Fiete! Das ist nun völlig egal, Jackett aus, Schlips ab!" Teichmann war er erleichtert, aber fühlte sich nicht wohl. Das Oberhemd war so naß, als ob er darin geduscht hätte, die Hosenträger verschönerten das Gesamtbild. H.H. bekam einen Lachkrampf und stürmte aus dem Saal.

Danach hörten wir den Vortrag zu Ende, der Befehlshaber kam nach einiger Zeit mit wertfreiem Gesichtsausdruck zurück, und alles fand ein glückliches Ende. Anschließend bekam ich noch einen übergebraten, weil ich nicht für einen vernünftigen Anzug gesorgt hatte:

„Das hätten wir Fiete auch ersparen können!"

Als nächstes schlug ich eine Kommandantentagung vor, die bei weiteren Beratungen dann zur Einheitsführertagung wuchs, um vor allem auch die Fliegervorgesetzten einzubeziehen. H.H. stimmte sofort zu, er war auch der richtige Befehlshaber dafür, denn wir stellten jede Frage und jeden Kommentar frei. Er genoß es, frei, fröhlich und ehrlich vor den versammelten Kommandanten zu sprechen und konnte die Herzen gewinnen.

Er nahm alle Abteilungsleiter mit, um sie als Hilfe zu haben, denn: „Ich fahre nicht den Stein der Weisen auf der Hose!" Alle Zwischenvorgesetzten wurden ausgeschlossen, wir waren von dem positiven Effekt begeistert. Auch diese Einrichtung existiert noch heute, und sie wurde in den anderen Kommandobehörden übernommen. Ich kann mir nicht verkneifen, mir noch jetzt beim Schreiben auf die Schulter zu klopfen....

Eines Tages hatte ich wieder einmal Besuch vom Befehlshaber in meinem Kontor, als ein Alarmruf aus dem Lagezimmer einging. H.H. kam gleich mit, solche Ereignisse fanden sein uneingeschränktes Interesse, und gern mischte er dann mit. Ein Aufklärungsboot auf dem Rückweg aus der Danziger Bucht meldete: „Kommandant schwer verunglückt, offene

Kopfverletzung, muß sofort ins Krankenhaus. Standort eben westlich Arkona, 1WO hat das Kommando übernommen".

Unser Flottenarzt wurde herangeholt und beriet sich über eine Sprechfunkverbindung mit dem offensichtlich tüchtigen Schiffsarzt. Er war sich sicher, daß der Schiffsarzt die Lage richtig beurteilt und daß der Kommandant in Lebensgefahr schwebte. Abbergen mit einem Hubschrauber wurde wegen der Schwere der Verletzung ausgeschlossen.

Blieb also nur, einen DDR-Hafen anzulaufen. Ich rief Eddy H. an und schilderte die Lage. Sehr schnell rief er zurück und teilte uns mit, daß er über die Vertretung der Bundesrepublik in Ostberlin die Einlaufgenehmigung für Warnemünde erhalten hatte. Das liest sich heute leichter als es damals war, denn es war absolut ohne Präzedenzfall.

Einlaufen in Warnemünde wurde befohlen, wir ordneten an, die Notvernichtung aller VS-Sachen vorzubereiten. Zwischendurch fragte das Rostocker Krankenhaus nach Blutgruppe und Allergien des Verunglückten. Das alles lief nun über das Auswärtige Amt, die Ständige Vertretung und das Ministerium für Nationale Verteidigung. Während wir noch berieten, was wir an hilfreichen Empfehlungen aufstellen könnten, kam ein lakonisches Fernschreiben unseres Aufklärungsschiffes, daß die Übung nun beendet wäre. Der Kommandant bedankte sich, daß wir so toll mitgespielt hatten.

Es bedarf sicher keiner großen Fantasie, sich vorzustellen, wie schwer mir der nächste Anruf bei FüM III 2 fiel, und sicher auch nicht, was mir geantwortet wurde. Aber Eddy schaffte alles recht geräuschlos vom Tisch; wir haben ganz ehrlich gesagt, was passiert war. Im Nachhinein fanden wir, eine wertvolle neue Erfahrung gemacht zu haben. Eine der Erfahrung, auf die man aber auch hätte verzichten können.

Ich ließ den Kommandanten, der seine erste Einsatzfahrt gemacht hatte, nach Rückkehr bei mir antanzen. Er hatte nur den Schiffsarzt eingeweiht, der ihn mit einem Kopfverband knebelte und bewegungsunfähig in eine Transporthängematte einschnürte. So konnte er auch gar nicht eingreifen oder gar abbrechen, denn er war wirklich ausgefallen. Damit war es auch gleichzeitig seine letzte Einsatzfahrt, er wurde an Land versetzt.

Im Herbst 1976 kam dann als Ersatz für KAdm. von H. der neue STV Konteradmiral Günter F.. Wir kannten uns nicht, er kam von der FüAkBw, wo er der Abteilung Marine vorgestanden hatte. Er hatte überhaupt keinen operativen Vorlauf, weder beim BSN noch im Flottenkommando oder in der NATO. Natürlich brauchte er nicht lange, um zu erkennen, daß meine große Selbständigkeit und mein direkter Zugang zum Befehlshaber ihn von der operativen Führung ausschlossen und an sich auch nicht in Ordnung waren.

Es kam, was unvermeidlich war, denn er bestellte mich in sein Kontor und teilte mir knackig hart und recht unfreundlich mit, daß die Zeiten, in denen der Kapitän zur See Braun die Flotte geführt hatte, nun zu Ende seien.

Das hatte er sich aber zu einfach vorgestellt, denn ich fragte ihn, ob er es dem Befehlshaber schon gesagt hätte. Als er das verneinen mußte, schlug ich vor, gleich zu ihm zu gehen, denn damit wären ja alle bisherigen Weisungen des Befehlshabers außer Kraft gesetzt. Er verzichtete darauf, und ich weiß heute noch nicht, was eventuell später zwischen den beiden Befehlshabern besprochen wurde, denn alles blieb so wie es war. Weder H.H. noch der STV kamen je auf dieses Thema zurück, aber ich kam gut mit F. zurecht, briefte ihn, wann immer möglich und bezog ihn ein.

Sein anfangs ungeübtes Englisch erschwerte ihm den Start, besonders wenn wir irgendwo in der NATO unterwegs waren. Aber wir gaben uns Mühe, und ich paßte auf ihn auf, denn er erwies sich als ein Mann, mit dem man gut arbeiten konnte und der sich schnell einarbeitete.

Eines schönen Tages kam eine Abordnung des FüM, um uns endlich den neuen Anzug für den Borddienst vorzuführen und die Zustimmung des Befehlshabers einzuholen. Der längst überfällige AGA[310] gefiel uns, Diskussionen gab es nur um das hellblaue Hemd, weil irgendjemand darauf bestand, daß es nach FDJ aussah. Der Anzug wurde eingeführt. Die Marineflieger lehnten den AGA mit allen Zeichen des Entsetzens ab, weil Oliv als Tarnung unersetzlich war.

Seit meiner Zeit als Leutnant beim BSN hatte ich immer wieder erleben müssen, wie sich die verschiedenen Stäbe in den nationalen und NATO-Übungen durch die Lagen quälten. Stäbe, besonders im Flottenkommando, arbeiteten schon Stunden vor den Lagen nur noch an den Vorbereitungen der Lagevorträge. Die Lagen dienten verschiedenen Zwecken, denn:

---

[310] Arbeits- und Gefechtsanzug

- sie waren Weiterbildungsveranstaltungen, in denen die Befehlshaber ihren Stab auf Vordermann brachten und man sich gegenseitig kennenlernte

- Selbstdarstellung der Befehlshaber, der Abteilungsleiter, aber auch der Typkommandeure, die dem Befehlshaber mit Rat zur Seite standen

- sie informierten die nicht an der Übung beteiligten Stabsangehörigen über die Ereignisse der letzten 24 Stunden und über die Absichten für die nächsten Stunden. Manchmal, aber selten, mußte tatsächlich beraten und dann auch entschieden werden.

Die Vorschläge, die dem Befehlshaber für die Operationsführung unterbreitet wurden, waren meist eine Farce, denn es gab zum Zeitpunkt der Großen Lage nichts mehr zu entscheiden. Wenn überhaupt, dann ergaben sich in unserem kleinen Operationsgebiet während der Nächte aktuell spannende und auch verzwickte Situationen, die dann von der jeweiligen Wache gelöst wurden – oder auch nicht. Was mir also viel wichtiger erschien, war eine Lage dann abzuhalten, wenn sie operativ erforderlich war. H.H. war begeistert, er war sowieso in solchen Übungen fast immer im MHQ und ich auch, denn nur durch ständige Anwesenheit war ich immer im Bilde und hatte alles so im Griff, wie ich es für erforderlich hielt.

Diese neuen Lagen mit 30 oder 45 Minuten Vorwarnung zerstörten natürlich liebe Gewohnheiten. Unser A 2 z.B. ging gern abends nach Hause, um in seiner gewohnten Koje zu schlafen. Seine Wachgänger bereiteten die Lage vor, er hatte immer schon eine gute Lagebeurteilung für jeden Tag fertig, noch ehe das Manöver los ging. Das ging nun nicht mehr, und er schimpfte wie ein Rohrspatz. Die Operateure bekamen aber nun die erforderlichen Entscheidungen, wenn sie fällig waren, und die Nachtschicht konnte ohne Ablenkung durch Malen von Prokis und Schreiben von Texten für die Morgenshow arbeiten. Der übrige Stab bekam nun nachmittags eine Briefing von einer kleineren Combo, was natürlich viel weniger interessant war als vorher die Morgenveranstaltung mit allen Stars und Lorbeerbäumen auf Selbstfahrlafette.

Nun noch ein fliegerisches Abenteuer: Eines Tages war ich mit vier Starfightern in der Ostsee unterwegs, mein Pilot war der Eggebeker Kommodore, mein Crewkamerad KptzS. Shorty Z. Das Wetter war gut, aber die Flugsicht schlecht, denn es war diesig. Bei Bornholm forderte uns die dänische Radarstelle Icecap auf, uns an der Suche nach einem vermißten Ruderboot zu beteiligen. Obwohl die F-104 wenig geeignet war, um im Tiefflug nach einem 6m langen Ruderboot zu suchen, flogen wir mehrere Suchstreifen im Bornholgatt.

Unser Sprit wurde knapp, und wir mußten nach Hause. Da wir von unserer geplanten Route abgewichen waren, wurde die Navigation improvisiert. Schließlich waren wir in 1500 ft Höhe auf Westkurs, konnten unser klägliches Radarbild aber nicht sicher deuten.

Dann sahen wir endlich eine weiße Steilküste und Shorty wußte, daß wir die Ostseite von Møn zu packen hatten. Alles klar! Erst als wir plötzlich wieder über freiem Wasser flogen, dämmerte es uns, daß wir gerade in einer sauberen Viererformation quer über Rügen geflogen waren. Nach der Landung besprachen wir, wie auf die unvermeidliche Protestnote der DDR zu reagieren sei. Aber man hatte uns nicht bemerkt, was deutliche Zweifel an unserem bisher großen Respekt vor der sozialistischen Luftraumüberwachung aufkommen ließ.

Während meiner gesamten Zeit arbeiteten viele tüchtige Offiziere mit großem Einsatz an den Vorbereitungen für unser neues Hauptquartier, in dem mit Hilfe der elektronischen Datenverarbeitung die Zukunft ins Haus gezwungen werden sollte. Dieses völlig neue Feld war ein Abenteuerspielplatz, eine Glitzerwelt ohne gleichen. Es gibt nichts, was wir nicht können, ließ IBM keinen Zweifel. Wir sollten „nur" sagen, was die neue Maschine denn so können sollte. Hatten wir einen Wunsch, dann kam wenig später jemand, der es durchgerechnet hatte und sagte z.B.: „Läßt sich machen, kostet aber 7 Millionen DM und 6 Monate. Ist Ihnen diese Funktion so viel Geld wert?"

Sicher haben wir in dieser Zeit beim Schreiben der Spezifikationen viele Fehler gemacht, ich sehe aber heute noch nicht, wie man sie hätte vermeiden können, ohne auf „Herbert" zu verzichten. „Herbert" hieß der neue Rechner mit seiner Software nach unserem Lagezimmeroffizier FKpt. Herbert Sch.. Noch heute heißt die Straße, die zum Bunker[311] führt, Herbertstraße.

---

[311] Schutzbau

Alle zwei Jahre verhandelten wir mit dem britischen Verteidigungsministerium die Preisliste für die Ausbildung unserer Schiffe beim Flag Officer Sea Training in Portland. Ich fuhr mit Jochen P. hin, er war für unsere Ausbildung zuständig, und wir kannten die Engländer schon etwas aus unserer gemeinsamen Zeit in HMS Mercury. Die Briten, die über jeden ausländischen Offizier, mit dem sie in Berührung kommen, eine Akte anlegen, wußten das natürlich auch. Alles wurde verhandelt, es wurde gefeilscht, und es wurde immer teurer. Das teuerste „Vergnügen" waren die UBootsstunden, die – so meine ich – mit £ 90.000.- angerechnet wurden.

Die RN hatte damals nur noch wenige konventionelle UBoote. Wir boten an, hier und da mit einem unserer UBoote auszuhelfen, die Briten stimmten gern zu und wurden so unversehens von unseren UBooten abhängig, denn unser Klarstand wurde immer besser. Wir reisten ab, im Gefühl freudig erfüllter Pflicht, aber in dem Wissen, daß ein normales Basic Operational Sea Training ungefähr DM 500.000.- kosten würde. Bei drei bis vier Schiffen im Jahr waren leicht 2 Millionen nur an Ausbildungskosten zu berappen.

Als wir 1978 wieder zu den Verhandlungen anreisten, hatte sich die Lage drastisch verändert. Die RN mußte aus fiskalischen Gründen alle konventionellen UBoote außer Dienst stellen, und unsere UBoote fuhren mehrere Wochen jährlich dort Zieldarstellung. In unserer Jahresplanung sprachen wir bei diesen Einsätzen ganz ungeniert von „anschaffen", denn nun verdienten die UBoote mehr als wir mit allen Schiffen verbrauchen konnten. Unser Konto wuchs, obwohl es mir gelang, auch die Z 103, die Lütjens-Klasse, regelmäßig zum BOST zu schicken. Dann entschlossen wir uns, auch die „Thetis"-Klasse in Portland auszubilden.

Bald erfüllte uns die Sorge, daß dieses für uns so nützliche Arrangement nicht mit den Haushaltsrichtlinien des Bundes vereinbar war. Meines Wissens ist uns aber keiner auf die Schliche gekommen, und wir häuften trotz acht zusätzlicher Einheiten ein immer größer werdendes Guthaben an. Nebenbei freute es uns sehr, daß die Briten uns mit ihrer unverschämten Forderung für ihre UBoote so in die Karten gespielt hatten.

Eine Episode will ich schildern, die unsere Situation im kalten Krieg beschreibt. Über den Fü M erreichte uns eine Protestnote der UdSSR, in der eine gefährliche Annäherung mit einem Ballon beklagt wurde. Wir fanden unser Schnellboot, das der Übeltäter sein sollte und forderten einen Bericht des Kommandanten an. Ich versuche, diesen Bericht wiederzugeben:

„Ich war mit meinem Boot bei der Einzelausbildung, als ich in der Aalbekbucht einen sowjetischen Minensucher beobachtete, der dort ankerte. Um meiner Besatzung Gelegenheit zu geben, sich ein Boot und die Besatzung der anderen Seite anzusehen, ankerte ich ca. 100 yds in Luv. Auf dem Minensucher schien Sonntagsroutine zu laufen, denn mehrere Besatzungsangehörige sonnten sich und einige turnten an einem Reck auf der Schanz. Von der Brücke aus wurden wir jedoch scharf beobachtet. Ich ließ mir einen Kaffee auf die Brücke bringen, den ich – für unsere Beobachter gut sichtbar – mit einem Schuß aus einer Whiske- Flasche verbesserte. Ich hob die Tasse Richtung unseres Gegenübers und hörte ein fröhliches „Prost!" Aus Freude über diesen ersten Schritt einer Annäherung wollte ich mehr tun für die Verständigung. Ich ließ einen Wetterballon startklar machen, an den ich eine Flasche Whiskey hängte. An einer langen Leine ließen wir den Ballon mit der Flasche vom Wind auf unseren Gegenüber zutreiben, und alles lief so, wie ich es mir vorgestellt hatte. Plötzlich jedoch entstand Bewegung bei den Turnern und alles lief auf Gefechtsstationen, das Geschütz wurde besetzt und der Anker wurde gelichtet. Hektisch wurden mehrere Signale aus dem Internationalen Signalbuch gesetzt. Unser Ballon mit seiner Last ging weit hinter dem Minensucher durch, so daß wir ihn einholten und bargen. Ich ging auch Anker auf, und wir setzten unsere Einzelausbildung fort."

Wir taten uns sehr schwer, diesen Vorfall mit dem erforderlichen Ernst zu betrachten. Wir fanden, daß es kaum einen besseren Beweis gäbe, daß wir kein Feindbild pflegten und recht friedliebende Seefahrer waren. Unser Vorschlag an den Fü M lautete: Sowjetischen Marineattaché einbestellen, ordentlich entschuldigen für das bedauerliche Mißverständnis und eine Flasche Whiskey überreichen mit der Bitte, sie dem Kommandanten des Minensuchers zukommen zu lassen.

Eine Flasche wurde nicht überreicht, das erfuhren wir. Wir vermuteten, daß sich im Fü M keiner fand, der sie bezahlen wollte. Wir waren auf das Bezahlen vorbereitet, wurden aber leider nicht gefragt.

Angeregt durch eine Unterhaltung mit H.H. im Küchenkabinett über den Wert der Admiralstabsausbildung besorgte ich mir eine Liste der Marineoffiziere und wertete sie unter dem Aspekt „ASTO" aus. Das Ergebnis war unsäglich und schrie förmlich nach einer entsprechenden Darstellung. Ich schrieb einen Brief zu dem Betreff >>Wie man Vizeadmiral wird<<, was natürlich jeden Leser interessierte. Dazu führte ich aus, daß man unbedingt die Admiralstabsausbildung vermeiden muß, denn nur einer unserer Vizeadmirale hatte eine solche oder ähnliche Ausbildung.

Auch beim Konteradmiral gälte der gleiche Grundsatz, denn keiner der Konteradmirale hatte eine entsprechende Schule durchlaufen. Erst bei den Flottillenadmiralen gab es einige mit ASTO-Ausbildung. Auch die Auszählung der mit B 3 besoldeten Offiziere sprach eindeutig gegen die FüAk. Mein Fazit, auch wenn es betont nüchtern formuliert war, blieb niederschmetternd. Dieses Machwerk steckte ich hier oder da einem meiner Freunde zu und sonnte mich in großem Zuspruch. Eine ernsthafte Änderung dieser Lage ergab sich, als irgendjemand dem Minister Leber mein Machwerk vorlegte. Der gab es weiter an den Abteilungsleiter P zur Stellungnahme.

Er mußte wohl die Fakten bestätigen, der UAL P V rief mich an und wollte wissen, wieso ich das alles aufgeschrieben hatte. Inzwischen hat sich das sicher völlig verändert.

Ohne daß ich das folgende Erlebnis zeitlich einordnen kann, muß es erzählt werden. Fast jährlich versuchte die Marine, sich bei den Abgeordneten des Bundestages durch eine Vorführung ihrer Fähigkeiten ins Rampenlicht zu rücken, so wie wir es damals mit Armin Z. in Wilhelmshaven angefangen hatten. Dieses Mal nun sollte Bundesminister L. kommen, und an dem großen Tage war alles bestens gerichtet – bis auf das Wetter, denn wir hatten pottendicken Nebel.

Die Planung für den Befehlshaber und uns, seine Begleitung, sah vor, daß wir uns vor Olpenitz auf der ankernden „Mölders" einschiffen sollten, um dann den Minister und seine Reisegruppe wahrzunehmen. H.H. mit Adjutant, STV, Willi R. und ich kletterten in ein V-Boot, und los ging es auf die Suche nach der „Mölders". Auf der Pier bleibt mir das Bild von „Tallyman", dem sturztrunkenen Hafenkapitän in Erinnerung, der stocksteif, aber schief mit ausgestrecktem Arm in den Nebel zeigte, wo er die „Mölders" vermutete.

Die Sicht war unter 100 yds, und H.H. genoß das Abenteuer. Blind liefen wir nach Osten, unsere jämmerlichen Sprechfunkgeräte funktionierten nicht. Als wir mit Sicherheit an der „Mölders" vorbei waren und auch keine Ankerglocke gehört hatten, beschlich mich die Sorge, daß wir plötzlich einem sowjetischen Aufklärer in die Hände fallen könnten. H.H. befahl, den Motor abzustellen, damit wir besser hören konnten. Er kletterte auf das Kajütdach und rief:

„Aus dem Kanal weiß ich, daß man Zerstörer riechen kann!" Rundum schnupperte er aus seiner erhöhten Position, aber nichts war zu hören oder zu riechen.

Das Komitee zur Rettung des Bootes trat zusammen, und wir beschlossen, auf Gegenkurs zu gehen. Schließlich hörten wir die Ankerglocke und fanden den Zerstörer, da wir aber von der Seeseite kamen, sah uns keiner, denn alle peilten Richtung Olpenitz. Wir waren alle sehr erleichtert, daß dieser Ausflug gut gegangen war; unser unternehmungslustiger Befehlshaber zeigte sich völlig unbeeindruckt.

Mit Blick auf die Veränderungen, die sich durch das neue EDV-gestützte MHQ ergaben, erfanden wir zum Ende meiner Tätigkeit eine neue Organisation und Personalstruktur für das Flottenkommando. Allein der Schichtbetrieb im Bunker begründete hohe zusätzliche Personalforderungen und neue Strukturen.

Bei der Gelegenheit schaffte ich den Stellvertreter Befehlshaber ab, weil damit kein Admiral sinnvoll zu beschäftigen war. Ich erfand den kombinierten Chef des Stabes und Stellvertreter, was eine veritable, komplexe Aufgabe war und einen Admiral begründete. Für die nichtoperativen Aufgaben gab es einen konventionellen A 3, und wir führten den OP ein, den Leiter der Operationsabteilung.

Meine drei Jahre in dieser wunderbaren Aufgabe vergingen wie im Fluge, diese Tätigkeit war sicherlich einer meiner Höhepunkte, und ich konnte täglich lernen. Lähmendes Entsetzen packte mich, als ich meine nächste Verwendung erfuhr: Referent Fü M I im Ministerium. Ich wußte weder, daß es so etwas gab, noch was dort gemacht wurde, es sollte irgendetwas mit personellen Grundsätzen zu tun haben. Mir war schon klar, daß eine ministerielle Tätigkeit drohte, aber das schien mir für einen der besten Operationsoffiziere, den es je gab, eine sinnlose Verschwendung. Meine stille, aber sichere Hoffnung, daß die da oben sich einen solchen Bescheidwisser wie mich nicht würden entgehen lassen, zerfiel zu Staub.

Auch mein sicherer Rückhalt H.H. zeigte wenig Bereitschaft, sich vor meinen Wagen zu werfen. Mit einem Zapfenstreich wurde der einmalige Befehlshaber in Meierwik in den Ruhestand verabschiedet; wir machten uns Sorgen um ihn, denn er hatte niemanden und nichts außerhalb der Marine.

Als ich erfuhr, daß der neue Befehlshaber F. nach dem Krieg beim Zoll gedient hatte, wurde mir klar, daß wir nicht etwa nur einen neuen Befehlshaber bekommen würden, sondern daß die Führung der Flotte von einem Schmuggler an einen Zöllner überging. Mit einem Kofferraum voller Selbstmitleid machte ich mich auf nach Bonn, wo ich 22 Jahre vorher das Abitur erschlagen hatte.

Referatsleiter Fü M I 1

Das erste Bild, das aus meinen Anfängen in Bonn hängen geblieben ist, zeigt mein neues Büro: Ein kleiner, unfreundlicher Raum, schmal (ca. 3 x 6 m) und mit nur zwei Fenstern an der Schmalseite gegenüber der Tür. Die Wände waren schäbig und verbraucht, beklebt mit verblichenen Bundeswehrpostern. Die Möbel waren wahrhaft jämmerlich. Am Fenster hing ein halb abgerissener, verblichener Blümchenvorhang, der braune Linoleumfußboden war abgelatscht. Alles schien mir exakt zu meinem Elend zu passen, das mich immer wieder anfiel. Ich durfte nicht an mein riesengroßes lichtdurchflutetes Büro in Glücksburg denken mit Parkettfußboden und mit der gemütlichen Sitzecke plus Schlafsofa. Das hier, so fand ich, hatte ich nicht verdient! Wirklich nicht.

Ich lernte meine Hilfsreferenten kennen, keinen hatte ich vorher je gesehen. Heute heißen diese Dienstposten Referenten und der Leiter des Referates heißt Referatsleiter. Ich hatte drei Fregattenkapitäne und einen Kapitänleutnant des Militärfachlichen Dienstes. Es gab keine Sekretärin, nur einen PUO für das ganze Referat. Ich kochte meinen Kaffee und machte meine Fotokopien selbst. Meine Kaffeetasse wusch ich ab im abgestoßenen Handwaschbecken der Herrentoilette, wo ich natürlich auch mein Kaffeewasser holte. Ich durchlitt den berüchtigten Sturz vom Adlerhorst in den Hühnerstall.

Ich war fassungslos, denn für die Schreibarbeiten war die Vorzimmerdame des Stabsabteilungsleiters zuständig – falls sie Zeit und Lust hatte. Schnell lernte ich, daß diese Schlüsselstellung der Hebel für gnadenlose Willkür war. Man mußte Süßholz raspeln und lügen, was das Zeug hielt, wenn man etwas geschrieben haben wollte. Sonst blieb nur ein anonymer Schreibpool.

An den Namen meines ersten Stabsabteilungsleiters kann ich mich nicht sicher erinnern, ich meine, daß es ein Heizer war, der mir irgendwann schon einmal begegnet sein mußte. Er wurde sehr bald von Alfi W. abgelöst, dessen Dienstposten als AN im Flottenkommando meiner neuen Organisation zum Opfer gefallen war.

Mein Vorgänger war ein netter Mensch, der nach mehr als 8! Jahren auf diesem Dienstposten in den Ruhestand verabschiedet wurde. Trotz dieser respektablen Stehzeit war er der „Neue" im Referat, der – so unglaublich es auch klingt – am kürzesten dort war. Unser Methusalem hatte 22,5 Jahre auf seinem Dienstposten verbracht, die anderen nicht sehr viel weniger. Mein anfängliches Entsetzen schlug jedoch schnell in Begeisterung um, denn alle waren mit Freude bei der Sache, und es gab gar nichts, was sie nicht wußten. Es gab auch nichts, was sie überraschen, erschrecken oder zu einer erhöhten Schlagzahl bewegen konnte. Sie kannten jedes Thema, jeden Gesprächspartner und jeden Trick.

Unsere wichtigsten Gesprächspartner waren aus zivilen Abteilungen oder Referaten bei VR = Verwaltung und Recht, P = Personal, U = Unterkunft und Liegenschaften und H = Haushalt, und sie waren normalerweise den uniformierten Referenten eben wegen ihrer fundierten, über Jahrzehnte gewachsenen Kenntnisse haushoch überlegen.

Nicht so jedoch beim Fü M I, denn hier saßen die wahren Füchse, die gelangweilt abwinkten nach dem Motto: Das haben wir vor 15 Jahren schon diskutiert und dann mit Details aufwarteten, die sonst keiner kannte. Nach und nach lernte ich, wofür ich nun verantwortlich war, und ich hätte nie gedacht, daß ich mich für solche Themen hätte erwärmen können. Die Grundsätze der Personalplanung, das personelle und das materielle Recht des Marinesoldaten, Bekleidung, Verpflegung, Besoldung, Unterbringung, Zulagen usw.

Von meinen Erfahrungsträgern lernte ich die GGO[312] für alle Ministerien, ein „geheiligtes" Werk, dessen Kenntnis oft unsere letzte Rettung war, wenn wir in einer der unzähligen Auseinandersetzungen, auch mit dem Heer oder der Luftwaffe, in Schwierigkeiten kamen oder gar zu verlieren drohten. Natürlich lernte ich auch alle Tricks, die zur Rettung oder auch auf dem Wege zum Erfolg hilfreich waren.

---

[312] Gemeinsame Geschäftsordnung

Die Mitzeichnung war solch' ein Instrument, mit dem man die Schuld auf so viele Schreibtische verteilen konnte, daß es sinnlos wurde, nach einem Schuldigen zu suchen. Außerdem wurde auch der klarste und verständlichste Text durch „Verschlimmbesserungen" im Mitzeichnungsgang so verstümmelt, daß man auch seinen eigenen Entwurf danach oft nicht mehr erkannte. Einer dieser Tricks bestand darin, ein Referat um Mitzeichnung zu bitten, das es nicht gab. Mit etwas Glück gewann man Wochen, ehe der „Irrläufer" zurückkam. Wir benutzten dafür gern das Referat InSan III 2.

Im Frühjahr gab es positive Veränderungen, denn Jimmy M. wurde Referent Fü M I 5, er war damit der „Ausbilder" der Marine. Beim Heer kam ein neuer Referent Fü H I 1, Oberst Hannes B., mit dem ich seit der FüAk freundschaftlich verbunden war. Er war Torwart in unserer Handballmannschaft. Nun gelang es mir, mit dem Heer, was bis dahin unmöglich schien, gemeinsam unsere Ziele zu verfolgen, und das erlaubte ungeahnte Fortschritte.

Mit Jim waren wir nun zwei Referenten, die nicht nur „selbstgestrickt" waren, sondern auch aus der Praxis kamen; das war eine völlig neue Erfahrung für die Stabsabteilung Fü M I. An sich ist es falsch und auch unzumutbar, einen Soldaten im Ministerium unter die GGO zu zwingen, denn das Prinzip von Befehl und Gehorsam bleibt gültig und ist unvereinbar mit der GGO. Jeder Referent im Ministerium befindet sich in einer außergewöhnlich starken Position, die ausschließt, daß z.B. seine Vorlage – vielleicht sogar für den Minister – von irgendeinem Zwischenvorgesetzten verändert wird. Egal, ob richtig oder falsch, begründet oder an den Haaren herbeigezogen, es sind nur separate Anmerkungen oder Stellungnahmen erlaubt. Die Referentenvorlage darf auch nicht unangemessen angehalten werden.

Soweit die Theorie. Wenn jedoch bei einem uniformierten Referenten ein militärischer Vorgesetzter eine Bitte äußert oder gar einen Befehl gibt, kann die Meinungsverschiedenheit schnell zu einer ernsten Konfrontation wachsen; ich habe solche Fälle erlebt, es war immer unersprießlich, weil der Untergebene sich immer durchsetzte, aber der Vorgesetzte später die Beurteilung schrieb, und etwas wie Insubordination hängen blieb; der Sache hat es immer geschadet. All' das wurde verschlimmert durch die Tatsache, daß die Zwischenvorgesetzten sich häufig auf Zeichensetzung und Rechtschreibung konzentrierten oder als Korinthenkacker kommentierten.

Ich bin auch sehr sicher, daß die sachlich unbegründete und nachteilige Regelung über Uniformpflicht der Soldaten allen zivilen Ministerialen sehr entgegen kam. Wir Soldaten waren zu leicht zu identifizieren und einzuordnen, während ein ziviler Abteilungsleiter äußerlich nicht von einem Oberamtsrat zu unterscheiden war. Die zivilen Herren trugen auch keine Namensschilder, um es noch etwas schwieriger für die Soldaten zu machen.

Dafür befaßten sich hohe Dienstgrade im Führungsstab der Streitkräfte immer wieder mit der kriegsentscheidenden Frage, ob der Soldat auf dem Weg von einem Gebäude zum anderen eine Mütze zu tragen hat. Auch die Grußpflicht im Ministerium war ein dankbares Thema, zu dem auch der größte militärische Blödmann etwas beitragen konnte.

Es gelang mir, solche Kriegsschauplätze zu vermeiden, nicht zuletzt, weil ich in dem gefürchteten Inspekteur nach unserer gemeinsamen BSN-Zeit einen veritablen Helfer besaß und Alfi viel zu liebenswürdig war, um solche Fehler zu machen.

Zur „Bürotaktik" der Hofschranzen in den Vorzimmern der politischen Leitung gehörte auch, durch knappste Terminsetzung Entscheidungen zu erzwingen, selbst wenn dadurch die Qualität der Vorlagen litt.

Eines Tages lag ein Papier auf meinem Schreibtisch, in dem ein Staatssekretär – natürlich sein Büro – forderte, ihm bis 15.00 Uhr die Antwort der Inspekteure zu einem Thema schriftlich vorzulegen. 13.00 Uhr war schon durch, als ich das las. Es lag im Interesse der Marine zuzustimmen, also ließ ich schnell einen Brief tippen, dessen ganzer Text unter dem Betreff lautete: Die Marine stimmt dem Kompromiß zu. Der vorgegebene Text lautete an sich: der *gefundene Kompromiß* und dann Unterschrift. Die für einen solchen Anlauf beim Inspekteur unbedingt erforderlichen Vorgänge waren für mich unerreichbar, weil mein zuständiger Referent beim Zahnarzt und sein Aktenschrank ordnungsgemäß abgeschlossen war.

So trat ich im Vorzimmer des Inspekteurs an und bat, ohne Termin schnellstens vorgelassen zu werden. Die Vorzimmerdame, geachtet und von uns respektiert, ließ keinen Zweifel am katastrophalen Ausgang meines Auftritts und prophezeite freundlich, daß ich das Allerheiligste nicht durch die Tür verlassen würde.

Ich wurde vorgelassen und beschrieb kurz die Lage, und was ich vom Inspekteur brauchte. Er war irritiert, als ich ihm beichtete, keine Vorgänge vorlegen zu können und meldete, daß er ohne Sorge unterschreiben könne. Ohne jedes Zögern verlangte er meinen Füller, unterschrieb, und ich stand wieder im Vorzimmer. Ich mußte der Sekretärin die Unterschrift des Inspekteurs zeigen, ehe sie mir glaubte. Ich fühlte mich sehr gut und verbesserte deutlich mein Ansehen im Vorzimmer, was ein nicht zu unterschätzender Vorteil war.

Wir hatten uns angewöhnt, Aufträge, die gefährlich oder zumindest schwierig und riskant waren, als >>Ritterkreuzaufträge<< zu bezeichnen. So etwas erwischte mich noch im Dezember 1978, als Minister A. eine Kommission ins Leben rief, die unter dem Namen ihres Vorsitzenden General a.D. de M. bekannt wurde.

Der offizielle Titel lautete: Kommission des Bundesministers der Verteidigung zur Stärkung der Führungsfähigkeit und Entscheidungsverantwortung in der Bundeswehr. Hier war ich der Vertreter des Inspekteurs, ohne Ahnung, was an Zeitaufwand und Arbeit damit neben meiner normalen Aufgabe auf mich zukommen würde. Ich wußte noch nicht einmal, was „Entscheidungsverantwortung" bedeutet; daran hat sich bis heute trotz Kommission nichts geändert.

Die Zusammensetzung der Kommission war apart :

1.   General a.D. de Maizière
2.   Professor Dr. Becker, HS Bw München, Verw. Lehre
3.   Kapitän z.S. Braun, Fü M I 1
4.   Major (Lw) Cleve, Chef Flugabwehrraketenbatterie
5.   Hauptfeldwebel Dittmar Spieß, Panzermörserkompanie
6.   Fregattenkapitän Ertl, A31 Zerstörerflottille
7.   Oberstleutnant Hinz, Panzerbataillonskommandeur
8.   Herr Holle, Bevollm. Bundesvorstand DAG
9.   Generalmajor Dr. Kießling, Stv. Ltr. Personalabteilung BMVg
10.   Oberleutnant a.D. Kirchhoff, Personalchef IBM Deutschland
11.   Oberst i.G. Lottermoser, Referent Fü S
12.   Regierungsamtsrat Mitscher, Ltr. Truppenverwaltung Bataillon
13.   Direktor Mucheyer, Revisor Daimler Benz

14.   Oberst (Lw) Pacholke, Kommodore JaBoG

15.   Professor Dr. Pöggeler, Beirat Innere Führung

16.   Major Schmidt, S 1 PzGrenBrig

17.   Oberst Dipl. Ing. Tebbe, Kdr PzGrenBrig

18.   Generalmajor a.D. Vollmer

19.   Generalmajor Wenner, Kdr PzDiv

20.   Oberst i.G. Wiefel, Referent P-Abteilung BMVg

21.   Präsident Wirsching, WBV VII.

Außerdem verfügte der Vorsitzende über einen Stabsoffizier z.b.V. Sekretär der Kommission war erst ein Oberst, dann ein Regierungsdirektor aus dem Organisationsstab. Vertreter des Sekretärs war ein Oberregierungsrat. Mit dieser ungewöhnlichen Auslese versuchte der Minister, die teils hoffnungslos verbürokratisierten Strukturen der Bundeswehr aufzubrechen, ein lobenswertes Ziel. Zu Beginn dieses Unternehmens war mir noch nicht klar, daß es bis auf kleine Ausnahmen scheitern mußte, weil der allein entscheidende Punkt darin besteht, das Umsetzen solcher Ergebnisse auch gegen alle Widerstände durchzusetzen und zu überwachen. Im „Volksmund" hießen wir dann auch die „Entbürokratisierungskommission".

Aber zurück zu den Anfängen. Mein StAL teilte mir den Beschluß meiner Altvorderen mit, keiner wußte, daß ich damit fast die Hälfte des Jahres 1979 als Referent ausfallen würde. Die konstituierende Sitzung am 10. November 1978 bleibt mir tief im Gedächtnis, denn das hohe Ansehen und die Autorität unseres Vorsitzenden lag wie ein dämpfender Schleier über der Versammlung. Die grundsätzliche Einführungsansprache sollte alle „einnorden", ich merkte sein Geschick, alle und alles angemessen zu berücksichtigen. Da mir das alles viel zu lang dauerte, verlor ich zügig das Interesse. Kurz bevor sich meine Augachsen im Unendlichen trafen, schreckte ich jedoch hoch, denn der General hatte gesagt, daß wir auf keinen Fall eine Mängelliste der Bundeswehr aufstellen würden, das wäre unkameradschaftlich. Darüber dachte ich eine Weile nach und entschloß mich zu widersprechen.

Ich glaube nicht, daß ich sehr konziliant geklungen habe, als ich dem Vorsitzenden vortrug, ihm nicht folgen zu können und um meine

Entlassung aus der Kommission bat, weil Vorschläge zur Verbesserung nur auf ermittelten Mängeln möglich seien. Ich weiß noch genau, daß ich sehr angespannt war, aber auch entschlossen, gleich zu Beginn deutlich zu machen, daß in der nach Proporz besetzten Kommission (warum eigentlich?) mit der Marine zu rechnen sei, auch wenn wir nur zu zweit antraten.

Unser Vorsitzender durchbrach das ob der Lästerlichkeit beinahe entsetzte Schweigen und erklärte mir, warum seine Auffassung richtig sei. Dann meldete sich mein mir bis dahin unbekannter Nebenmann, der Panzergeneral W. zu Wort:

„Herr General, der Kapitän sitzt nicht nur neben mir, er steht auch meinem Herzen nahe, denn ich bin seiner Auffassung!" und setzte sich wieder hin. (Anfangs stand jeder Soldat, der den Vorsitzenden ansprach, auf.) Das nun war wie ein Dammbruch, aber es gab auch einige, die sich dem Vorsitzenden anschlossen. Nun sah es für mich in der Kommission schon besser aus; es folgte eine schwachsinnig langatmige Diskussion, die der Vorsitzende mit bewunderungswürdiger Geduld moderierte, und in der er fast allen mehr oder weniger recht gab. Fazit: Wir schreiben eine Mängelliste, werden sie aber auf keinen Fall so nennen. Mit jedem Tag unserer weiteren Arbeit verschwand dieser Auffassungsunterschied mehr und spielte fortan keine Rolle.

Da wir bis zum 31.10.79 unser Ergebnis vorzulegen hatten, mußte zügig gearbeitet werden. Am 15.11.78 leierte der Generalinspekteur eine Umfrage in der Bundeswehr an, in der Mängel und Vorschläge zu ihrer Beseitigung eingereicht werden konnten. Soweit ich erinnere, bekamen wir fast 1000 Zuschriften. Für Truppenbesuche teilten wir die Kommission in zwei Befragungsgruppen, der Vorsitzende machte sein eigenes Besuchsprogramm. Ich kann nicht erinnern, wie viele Truppenteile wir „heimgesucht" haben, aber wir waren sehr viel unterwegs.

Fast überall begegnete man uns mit großer Offenheit voller Hoffnung, daß wir einige der drückenden Probleme würden richten können. Die Kommission wuchs schnell zusammen, das Arbeitsklima blieb meist gut; schwierig waren einige Mitglieder, die unter ihrer eigenen Wissenschaftlichkeit litten und durch ihre vermeintliche Bedeutung am normalen Vorwärtsgehen gehindert waren.

Unser Panzergeneral sagte mir nach einem solchen Beitrag über den Diskussionsteilnehmer:

„Wie soll ich wissen, was ich denke, bevor ich höre, was ich sage."

Ungefähr bei Halbzeit lud der Minister zu einem gemeinsamen Essen im Hardtberg-Kasino. Der Minister gab sich betont gönnerhaft und lässig. Als er unseren Vorsitzenden mit Herr M. anredete, konnte man unsere Verärgerung ob solch' schlechten Benehmens förmlich mit den Händen greifen. GenMaj W. war nur mühsam zu beruhigen und sprach den Minister mehrmals mit ‚Herr Pell' an, was der aber überhörte. Das Verhältnis zu unserem Auftraggeber war nachhaltig gestört.

In langen Konferenzen schmiedeten wir unseren Abschlußbericht, mancher lahme Kompromiß mußte gefunden werden. Tüchtigkeit und Geschick der unterstützenden Stabsoffiziere blieben die Grundlage für ein erträgliches Ergebnis. Unser Vorsitzender blieb bis zum letzten Tag hellwach, agierte klug und hat mich sehr für ihn eingenommen. Meine sicherlich bei Heeresoffizieren nicht denkbare vorlaute Art und meine Art zu formulieren, müssen ihn geelendet haben. Er ertrug mich mit der Gelassenheit des weisen Mannes und blieb mir gewogen.

Bei der Vorlage des Berichtes geschah dann, was die gesamte Mühe und den Aufwand gegenstandslos und vergeblich machte. Der Minister bat die Kommission, als Kontrollorgan für die Umsetzung weiterzumachen, weil niemand besser unsere Intentionen verfolgen könne und die Unabhängigkeit gesichert wäre. Die Bitte des Ministers sprach für ihn und ließ uns hoffen, daß es ihm mit unserem Auftrag wohl doch ernst war. Die Kommission zeigte sich dazu bereit, denn nur so würde unsere Arbeit Sinn machen, aber unser Vorsitzender lehnte kategorisch ab.

Er lehnte ab, als Kontrollinstanz für den amtierenden Generalinspekteur zu agieren. Da ich ja noch bis 1983 im Ministerium blieb, konnte ich die Folgen aus nächster Nähe beobachten. Eine Empfehlung nach der anderen mit Ausnahme von drei oder vier unbedeutenden Nebenpunkten wurde von eben jenen abgelehnt, die für den beklagten Mißstand verantwortlich waren bzw. etwas hätten verbessern können. Die Vorschläge der „Entbürokratisierungskommission" wurden von der Bürokratie zu Tode administriert. Das ganze aufwendige Unternehmen verlief im Sande.

Für mehr als nur bemerkenswert halte ich, daß sich über das Jahr 2000 hinaus jährlich einmal unser Vorsitzender privat mit 8-10 Mitgliedern seiner Kommission traf und mit uns die Welt verbesserte. Ich glaube nicht, daß es je eine Kommission gab, die sich noch nach mehr als 20 Jahren traf.

Irgendwann, als wir wieder einmal das klägliche Ende und den geringen Gewinn unserer Mühe besprachen, zitierte jemand Bismarck: Bestehende Mißstände werden von denen am heftigsten verteidigt, die am meisten davon profitieren oder schuld daran sind. Das leuchtete uns ein.

Als ich danach den Bericht über die Umsetzung las, wurde mir klar, daß die betroffenen Referate das verfügbare Gehirnschmalz ausschließlich dafür eingesetzt hatten, die Empfehlung selbst als irrelevant oder unsinnig erscheinen zu lassen. Je ungefährlicher eine solche Stellungnahme wurde, desto weniger Mühe gaben sich die Betroffenen, ihre Abwehrmaßnahmen zu verschleiern. In den zivilen Abteilungen, in denen die GGO nicht durch Befehl und Gehorsam infrage gestellt wird, ist es eh' kaum möglich, etwas gegen den Willen der Referate durchzusetzen. Niemand kann einen gestandenen, tüchtigen Amtsrat mit 10 oder 20 Jahren Stehzeit auch nur erschrecken, wenn er sich nicht erschrecken will.

Eines Tages saß ich dann wieder in meinem schmuddeligen Kontor und dachte über die Kameraden nach, die auf eigene Kosten ihr Dienstzimmer selbst gemalen[313] hatten oder auch malen ließen und sich gegen die Regeln eine winzige Gardine kauften.

Gardinen stehen nämlich nur dem zu, der beweisen kann, daß seine Besucher von außen nicht gesehen werden dürfen. Der Arbeitssklave selbst ist der Regierung gleichgültig und das Ministerium unterhält einen beamteten Staatssekretär, um solche Wünsche abzulehnen, wenn das dem Referat ID = Innerer Dienst nicht schon vorher gelungen ist. Dieser Staatssekretär hat natürlich schicke Stores und Übergardinen, damit man seine Gäste nicht sehen kann. Der Referent ID übrigens auch.

Als ich nun da so saß, öffnete sich die Tür und herein trat der Flottilleadmiral Hans-Arend F., unser ehemaliger Geschwaderkommandeur vom 2. Z. Geschwader und nun Kommandeur des Marineunterstützungskommandos. Er erkundigte sich betont munter nach meinem Ergehen, wartete keine Antwort ab und verkündete stolz, daß er im Personalberaterausschuß (PBA) sehr dafür plädiert hatte, mich auf diesen Dienstposten zu befördern, um mich aus der Enge der Operationen zu befreien.

Es gelang mir, alle sich aufdrängenden Antworten zu unterdrücken, während ich ihn in Gedanken sah, wie er mit einem Doppelglas um

---

[313] gestrichen

den Hals in der OPZ der „Schleswig-Holstein" seinen Verband führte. Das, so betonte er unnötig fröhlich, sei für mein weiteres Fortkommen unbedingt erforderlich gewesen. Obwohl ich darauf verzichtete, meine Dankbarkeit zu artikulieren, schieden wir in Frieden. So also kommt man in diesen Hühnerhaufen, dachte ich betrübt.

In meine Zuständigkeit fiel ja auch alles, was der Marinesoldat anziehen sollte. So befahl der Inspekteur mir, den Gesellschaftsanzug für die Offiziere einzuführen, der den „unmöglichen Uniform-Smoking" ersetzen sollte. Während die birnenförmigen Offiziere den Smoking schätzten, weil er besser als der Tagesdienstanzug mit Fangschnur und Fliege die körperlichen „Auswüchse" überspielte und freundlich den Mollenfriedhof vertuschte, war er dem schlanken L. ein Graus. Auch Heer und Luftwaffe machten mit, so daß diese Operation zügig über die Bühne ging. Mich ärgerte, daß ich mir gerade einen Smoking gekauft hatte.

Als Kompromiß hatte ich mich entschlossen, den Smoking erst einmal weiter zu tragen, als mich der Befehl ereilte, Herrn und Frau Inspekteur bei einem offiziellen Besuch in Griechenland zu begleiten. Ich weiß nicht warum, habe auch vorsichtshalber nicht gefragt. Der Adjutant machte mir klar, daß ich natürlich einen Gesellschaftsanzug haben müßte. Das war das Aus für meinen Uniformsmoking, den ich wahrscheinlich nur einmal getragen habe.

Irgendwann kletterten wir in einen kleinen flotten Reisejet, ich meine, daß wir von einer „Challenger" sprachen und flogen für 4 oder 5 Tage nach Athen. Ein Inspekteur durfte jährlich auf Antrag ein oder zwei solcher „Ausflüge" machen, bei denen ihn außer seiner Frau auch sein Adjutant und ein weiterer Offizier begleiten durften.

Bis dahin hatte ich mich in den fiskalischen Bequemlichkeitsklassen weit unterhalb dieses Vogels bewegt, denn weder das Seenotrettungsflugzeug Albatros noch die Breguet, die DO 28 oder Noratlas waren so schick. Es versprach, ein Vergnügen zu werden, und der Adjutant erwies sich als vorzüglicher Reisebegleiter.

Auf dem Flughafen wurden wir mit Täterä begrüßt, wobei es mir gelang, nicht im Wege zu stehen. Für die Fahrt zum Hotel standen zwei Autos zur Verfügung, Die Hohen fuhren in einem großen Mercedes, wir landeten in einem französischen Auto. Polizeimotorräder mit Blaulicht machten daraus einen schicken Konvoi, die Polizeisirenen drangen durch

Mark und Bein. Wir waren genau in der abendlichen Rushhour angekommen und alle Straßen waren verstopft. Tatütata half gar nicht, unser Fahrer versuchte sein Bestes, aber bei jeder Lücke im Stau machte der Mercedes einen Satz, die Polizeimotorräder hinterher, und wir blieben mit unserer Gurke irgendwo hängen. Da, wo der Tacho hingehörte, gähnte ein bedrohliches Loch, aus dem mehrere bunte Kabel heraushingen. Aber unser tüchtiger Fahrer fand das Hotel, und wir sahen den Inspekteur gerade noch im Hotel verschwinden. King George V. war ein plüschiges Grandhotel vom Feinsten. Vom Balkon meines Zimmers hatte ich einen wunderbaren Blick auf den Syntagma Platz und auf das Parlamentsgebäude.

Davor ein Grabmal, das von Evzonen bewacht wurde. Das sind die Soldaten, die ein kurzes Röckchen zur Uniform als möglich erachten und mit Nägeln beschlagene Holzschuhe zu weißen Strumpfhosen tragen.

Ein wichtiges Vorhaben dieses Besuches neben der Aufwartung beim griechischen Marineinspekteur war die Versenkung eines Tankers. Eins unserer UBoote lag im Hafen, um den neuen Drahtlenktorpedo bei einem scharfen Schuß auf einen ausrangierten Tanker vorzuführen. Zu Recht gab es Zweifel am Erfolg, denn die Bedingungen waren schlecht. Um diesem Schießen einen wahren Katastrophencharakter zu geben, war geplant, daß der Inspekteur in Begleitung des griechischen Verteidigungsministers und des griechischen Marine - Inspekteurs im Hubschrauber über dem Tanker schwebt, um der Versenkung beizuwohnen.

Am Abend vor dem Schießen trat in unserem Hotel der Kommandeur aller deutschen UBoote KptzS B. an, um über den Stand der Vorbereitungen zu berichten. Jeder, der L. kannte, weiß, daß es kein Leichtes war, bei ihm Rede und Antwort zu stehen. Er war so grimmig, als ob er sein Schicksal mit diesem Torpedoschuß verknüpft hatte. Aber der KKpt. P. steckte so gut in der Materie, daß er selbst die Fragen des Inspekteurs gut überstand. Alles lief darauf hinaus, daß L. eine Erfolgsvorhersage erzwingen wollte.

P. jedoch machte deutlich, daß 31 °C Wassertemperatur dazu führten, daß die Feuerleitanlage häufig schon kurz nach dem Einschalten ausfiel. Er ließ sich auch nicht durch insistierende Fragen davon abbringen. Ungnädig wurden die UBootfahrer entlassen,

Also besprachen wir die Lage, ich ohne viel Ahnung von der Sache und ohne Auftrag, aber aus meiner Zeit beim Flottenkommando war mir genug Autorität geblieben. Wir verfielen auf eine abenteuerliche Lösung. Wir legten alles verfügbare griechische Geld zusammen, holten den deutschen Verteidigungsattaché und beauftragten ihn, soviel Trockeneis zu kaufen, wie er für das Geld bekommen könnte.

Es sollte vor dem Auslaufen geliefert werden, um damit die gesamte Feuerleitanlage einzupacken und so zu kühlen. Wir wußten, daß rund 4 Stunden zwischen Ablegen und Torpedoschuß vergehen würden. Davon haben wir dem Inspekteur nichts gesagt.

Auf dem Wege zum Schießen vor Salamis sollten wir einen Stopp einlegen auf der Insel Spetsopoula, die dem Reeder Niarchos gehört. Na, das hörte sich sehr gut an, und wir flogen los. Bucht und Küste vor Salamis sind von eindrucksvoller Schönheit, es war ein wunderbarer und viel zu kurzer Flug, als wir auf einem hochmodernen Hubschrauberlandeplatz mit eigener Feuerwehr landeten. Der Hausherr wurde von einem Neffen gleichen Namens vertreten. Der junge Mann empfing uns charmant in fehlerfreiem Deutsch, entschuldigte seinen Onkel und stellte sich als Oberleutnant z.S. vor.

Die Insel war Naturschutzgebiet, ich habe kein Gefühl für die Größe, aber wir waren mit elektrischen Golfkarren bestimmt drei Kilometer gefahren, ehe wir beim „Haus" ankamen. Das Haus war ein makellos weißes Märchenschloß mit mehrstufigen Terrassenanlagen bis zum Meer. Es schien riesengroß. Überall griechische Säulen, weinberankt, Statuen so weit das Auge reichte. Wir wurden in einen Saal geführt, um uns für den Weiterflug zu stärken. Ein Büffet für 80 oder 100 Gäste wartete auf uns, Getränke hätten für ein Expeditionskorps genügt. Sehr viele Kellner in schicken Uniformen standen bereit, um uns jeden Wunsch zu erfüllen. Viele der Kostbarkeiten auf dem Büffet waren mir gänzlich unbekannt, mit einer Frage geriet ich an einen Herrn im Smoking, der sich als der Mayordomus vorstellte und bereitwillig antwortete. Einschließlich Wachen, Feuerwehr, Gärtner und Tierhüter waren mehr als 50 Leute dort tätig. Jeden Morgen fuhren die Köche zum Markt, kauften ein und setzten dann zur Insel über. Er hatte den Auftrag sicherzustellen, daß jederzeit unangemeldet 80 Gäste bewirtet und untergebracht werden konnten. Das bis Abends nicht benötigte Essen erhielten die Angestellten als Geschenk. Zum Schluß sagte er mir mehrmals Dank für unser Kommen und fügte hinzu, daß wir seit rund 18 Monaten die ersten Gäste waren.

Nach knapp 2 Stunden ging es weiter Richtung Salamis. Die Versenkung eines Tankers wurde möglich, weil Griechenland dem Abkommen über die Reinhaltung der Meere nicht beigetreten war. Wir erreichten den Tanker, der aus der Luft nicht sehr groß wirkte, die Spannung im Hubschrauber stieg. Wir hoverten über der mit roten Bojen markierten Schußbahn, dann kam die Meldung: Torpedo läuft! Der Inspekteur blickte immer häufiger auf seine Uhr.

„Frage Laufzeit?" knurrte er mich an. Mein „Keine Ahnung, Herr Admiral" brachte mir einen tödlichen Blick ein, und ich wurde nun auch nervös. Es wurde immer klarer, daß wir einem Mißerfolg zusahen. L. lehnte sich zurück, als der Tanker förmlich aus dem Wasser sprang, in der Mitte durchbrach und zu sinken begann. Große Begeisterung im Hubschrauber, L. war fröhlich und genoß den Erfolg.

Am Abend schmiß der Inspekteur einen Empfang, zu dem die übliche Gästeschar antrat. Durch Zufall konnte ich hören, wie der sowjetische Militärattaché, ein Generalmajor, den Inspekteur wegen des Torpedoschießens ausnehmen wollte. Er begann mit der unverbindlichen Frage nach dem Wetter, kam aber an die falsche Adresse, als der scharf und direkt zurückfragte: „Hat Ihre Botschaft nicht einmal Fenster?" und ihn stehen ließ.

Als wir später nach des Tages Mühen den wohlverdienten Absacker an der Bar nahmen, verbesserte sich die Stimmung mit jedem Gläschen. Erst als Frau L., sicher getrieben von der Sorge um die Gesundheit ihres Mannes, plötzlich im Morgenmantel in der Bar erschien, änderte sich die Stimmung: „Günter! Es wird höchste Zeit!" Das war wieder einer dieser Augenblicke, in denen ich sicher war, der Himmel würde nun sich öffnen, um ob dieser Ungeheuerlichkeit einen Blitz auf LKV[314] zu schleudern. Aber der Blitz blieb wieder aus, und der gefürchtete Inspekteur verabschiedete sich und ging kommentarlos.

Leider habe ich den Namen des griechischen Inspekteurs vergessen, aber er hat mich sehr beeindruckt. Aus seiner Vita wußten wir, daß er an seinem Polterabend in das MHQ geholt wurde, denn die Obristen putschten gegen die Regierung. Er weigerte sich, ihren Anweisungen zu folgen und wurde inhaftiert. Als das Regime der Obristen zusammenbrach,

---

[314] steht für liebe gnädige Frau

saß der Fregattenkapitän immer noch im Gefängnis und seine Braut wartete nach rund 8 Jahren immer noch auf ihn.

Er heiratete, der griechische Verteidigungsminister beförderte ihn zum Vizeadmiral und machte ihn zum Stabschef der Marine. Eine Regelung in den griechischen Streitkräften spielte dabei eine entscheidende Rolle. Sie lautete ungefähr, daß die Beförderung eines Jüngeren zum General/Admiral automatisch die Zurruhesetzung aller Dienstälteren nach sich zog. Seine Beförderung entfernte also alarmautomatisch alle anderen Admirale aus dem aktiven Dienst. Ich weiß noch, daß der Adju und ich viel Freude hatten, uns einen ähnlichen Schritt auch für unsere Marine vorzustellen.

Der Besuch bestand aus einer dichten Kette großartiger Essen zu allen Anlässen und Zeiten. Vor unserem Besuch im MHQ des Flottenchefs, der auch einen NATO-Hut trug, bat er zu einem zweiten Frühstück in seine Dienstvilla, die auf einem steilen Felsen hoch über dem Stützpunkt von Salamis lag. Ein atemberaubender Blick erlaubte die Dienstaufsicht über alle Einheiten vom Frühstückstisch.

Zu unserer Delegation hatte sich der Verteidigungsattaché mit seiner Frau gesellt. Solche Veranstaltungen sind nicht immer einfach, sie ziehen sich über Stunden und irgendwann drohen die Themen auszugehen. Einen großen Teil des Gespräches nahm die detaillierte Beratung über ein griechisches Nationalgericht ein, und alle Schritte und Ingredienzien wurden von mehreren Hobbyköchen hin und herberaten. Schließlich als Fazit erklärte sich Frau Attaché bereit, zusätzlich ein altes griechisches Rezept ins Deutsche zu übertragen, um Frau L. zu helfen, die zum Schluß dieses Gesprächsteiles zur Verblüffung aller sagte:

„Ich esse lieber Kuskus!"

Das Gespräch fand auf Englisch statt. Die Ordonnanzen trugen einen Gang nach dem anderen auf, es gab alles zu trinken vom Champagner bis zum Selterwasser. Irgendwann beichtete der Adju, daß er gern zum Frühstück Kunsthonig aß. In der Hoffnung, daß ihn der griechische Admiral verstand, betonte er noch einmal: „Artificial honey, you know?" Der Admiral nickte und antwortete freundlich auf Deutsch: „Sie meinen Kunsthonig, nicht wahr?" Während ich noch darüber nachdachte, wieso ein Grieche das deutsche Wort Kunsthonig kennt und vor allem, was ich alles auf Deutsch besser nicht gesagt hätte, hatte das Thema gewechselt.

Es bot sich die Gelegenheit, universelle Halbbildung zu beweisen. Man war bei der Winterreise von Schubert angelangt und alle waren entzückt. Dann schlug unser Gastgeber wieder zu: „My favourite singer is Dietrich Fischer-Dieskau." Auch das klang sehr Deutsch. Nun fragte ich den Admiral direkt nach seinen Deutschkenntnissen. Er gab in bestem Deutsch zurück: „Der Gentleman spricht die wichtigen Sprachen des Kontinents", sah sich freundlich um und setzte das Gespräch in gutem Englisch fort. Aus seiner Vita wußten wir, daß er nach Niarchos der größte Reeder Griechenlands war und der mächtigste Grundbesitzer auf Kreta. Das war doch mal ein Admiral, dachte ich, der sich ohne Gefährdung seiner Lebensstandards den Vorgesetzten widerborstig zeigen könnte....

Der nächste Tag galt ganz der Antike, und wir begannen mit einem Hubschrauberflug nach Delphi. Der Inspekteur konnte nicht so richtig lachen, als ich ihn fragte, ob er sich die Frage für das Orakel schon zurechtgelegt hätte. Frau L. lockerte die Reisegesellschaft energisch auf, als sie am Rande des Landeplatzes riesige, blühende Disteln entdeckte und darauf bestand, einige mitzunehmen. Einige der Herren riskierten Kopf und Kragen, rissen mehrere Pflanzen aus und plötzlich kamen alle in Bewegung, als Frau L. die 2 m langen Pflanzen fröhlich um sich schwenkte und von uns große Reaktionsfähigkeit forderte. Alle Versuche des Inspekteurs, seine distelschwenkende Frau einzufangen und auf den geringen Platz im Helo hinzuweisen, verpufften. Ein größeres Teil der Verkleidung für die Welle des Heckrotors wurde abgebaut und die Disteln dort gestaut. Delphi selbst war eindrucksvoll, die Akustik des riesigen Theaters beeindruckte mich sehr.

Am Nachmittag stand die Akropolis auf dem Programm. Als wir dort mit einer Wagenkolonne vorfuhren, hatte sich eine unübersehbare Traube von Touristen vor dem Eingang gebildet, denn unsere Gastgeber hatten die gesamte Akropolis gesperrt, um uns einen ungetrübten Eindruck zu vermitteln. Absolut menschenleer und mit kompetenter Führung war das sicher ein wunderbarer Höhepunkt, obwohl mich der Gedanke an die wartenden Touristen nicht los ließ.

Der nächste Morgen sah uns auf dem Athener Flugplatz, um die Heimreise anzutreten. Nachdem es der geduldigen Flugzeugbesatzung gelungen war, die riesigen Disteln in voller Länge zu verstauen, ging es zurück nach Bonn, und ich kehrte zurück in mein „Abschreckungskontor".

In den folgenden Monaten gelang es meinem Referat, auf verschiedenen Wegen die kärglichen Zulagen für unsere seefahrenden Besatzungen deutlich zu erhöhen und so die damals grassierende „Bordflucht" nicht nur aufzuhalten, sondern umzukehren. Vor der Entscheidung bei VR luden wir die wichtigsten Herren zu einer Seefahrt in der Nordsee ein.

Vorher jedoch hatte ich mit dem Kommandanten gesprochen und ihm die für alle Seefahrer entscheidende Bedeutung dieser Gäste verdeutlicht. Zu dem zufällig herrschenden ungemütlichen Wetter konnte der Kommandant durch liebevoll eingestreute Alarme rund um die Uhr den von uns gewünschten Eindruck vertiefen, so daß wir bei der Nachbereitung überzeugt waren, wir hätten höhere Forderungen stellen können, so dankbar war die erschöpfte Delegation beim Aussteigen.

Zu meinen Pflichten gehörte auch, immer einmal wieder vor dem Verteidigungs- und Haushaltsausschuß mit Kurzvorträgen aufzuwarten, oder als Begleitung des Inspekteurs für Fragen bereit zu stehen. Meine Eindrücke dort haben meine Haltung zu den Politikern nachhaltig negativ beeinflußt. An einem frühen Nachmittag traten zwei Obristen und ich im langen Eugen an, um in je 5 Minuten zu einem Thema vorzutragen. Nur beim Vorsitzenden stand eine Tischkarte, alle anderen waren anonym. Drei Ausschußmitglieder schliefen fest, als wir eintraten, zwei Damen häkelten – bzw. strickten intensiv. Angeregte Unterhaltungen über dem aus dem Café mitgebrachten Hefestückchen rundeten das Bild.

Der Vorsitzende, ich meine, es war Wörner, erschien nicht und die Zeit verstrich, bis irgendein Abgeordneter sich aufraffte und als Stellvertretender Vorsitzender gelangweilt die Sitzung eröffnete.

Keiner von uns Soldaten hatte sich aufgedrängt, um dort zu sprechen. Trotzdem wurden wir so behandelt, als ob wir lästige Bittsteller seien. Der Luftwaffenoberst trat ans Pult und begann seine Ausführungen. Die Abgeordneten verhielten sich, als ob kein Redner erschienen war. Sie lasen, häkelten, liefen hin und her, mampften ihre Kuchenstücke, schliefen oder setzten ihre Lektüre bzw. Unterhaltungen fort. Der mutige Luftwaffenoberst hörte auf zu sprechen, und es dauerte sehr lange, bis das jemandem auffiel. Der Stellvertretende Vorsitzende herrschte ihn an, warum er nicht weiter vortrüge. Der Oberst: „Es hört ja eh' keiner zu!" Wundervoll! Mutig! Richtig! dachte ich.

Da kam der Oberst aber bei dem freigewählten, stellvertretenden Vorsitzenden an den Richtigen. „Sie sind hier, um vorzutragen. Überlassen sie es dem freigewählten Volksvertreter, ob und wie er ihnen zuhört!" So ging es dann weiter, und auch ich sprach vor diesem Gremium, das jeder Soldat aus vollem Herzen als einen unfaßbaren Sauhaufen bezeichnet hätte. Da ich aber meine Marine bei den Mächtigen unseres Landes nicht in Schwierigkeiten bringen wollte, verzichtete ich auf mein bißchen Mut vor Fürstenthronen und verkniff mir alle guten Ideen. Auf dieser feigen Haltung basierte das gesamte System.

Die Eindrücke, die ich bei diesen Auftritten gesammelt habe, stehen mir noch heute lebendig vor Augen. Man ließ uns manchmal 5 und mehr Stunden warten, ehe wir auftreten konnten oder auch ohne Dank und Erklärung weggeschickt wurden.

Uns blieb untersagt, im dortigen Café eine Tasse zu trinken oder ein Hefestück zu kaufen. Wenn dann am Nachmittag um 14.00 Uhr der Magen vernehmlich knurrte, waren die mit Kaffee und Kuchen gut ausgerüsteten freigewählten Abgeordneten unseres Volkes für uns, die wir seit Stunden antichambrierten, ein Ärgernis. Ich weiß, daß jede Verallgemeinerung eine Ungerechtigkeit bedeutet, und dafür entschuldige ich mich. Der Abgeordnete J., der 15 Jahre vorher bei mir als Oberbootsmann gefahren war und nie Bäume über Kniehöhe ausgerissen hatte, lag eines Tages im Verteidigungsausschuß mit ausgestreckten Beinen in seinem Sessel, blickte zu Decke und sagte zu unserem Inspekteur: „Also, Herr B., was sie da sagen, ist doch Unsinn!" Hat er gesagt, unser freigewählter Volksvertreter, und wieder wartete ich vergeblich, daß sich der Himmel öffnet und daß ein Blitz usw., aber diese Hoffnung wurde ja früher schon bitter enttäuscht.

Eines Tages wurde ich unter allen Zeichen der Verschwiegenheit ins Innenministerium bestellt. Dort eröffnete mir jemand, daß ich für das Verteidigungsministerium als Mitglied für den Bundespersonalausschuß berufen sei. Da ich bis dahin gar nicht wußte, daß es so etwas gibt, war ich irritiert. Es schien mir nicht klug zu sein, bei meiner Aufnahme zu beichten, daß ich keine Ahnung hatte, denn es hätte sicher meine Position geschwächt.

Zurück auf dem Berge der Erleuchtung, wie wir den Hardtberg auch nannten, erfuhr ich von meinen Bescheidwissern, daß das der Ausschuß ist, der alle Abweichungen von Laufbahnverordnungen zu prüfen und zu billigen hatte. Beförderungen vor Ablauf der Mindestzeiten oder auch Überspringen eines Dienstgrades bzw. einer Besoldungsstufe waren die normalen Ausnahmefälle, die es zu bearbeiten galt.

Als nächstes erreichte mich die Aufgabe, als Sekretär des PBA[315] des Inspekteurs zu fungieren. Dieser für den normalen Marineoffizier mysteriöse und auch geheimnisumwitterte Ausschuß befaßte sich mit den Spitzenstellenbesetzungen der Marine. Nachdem ich mir bereits vorher Gedanken gemacht hatte über die Kriterien für die verschiedenen Auswahlen, durfte ich nun erfahren, wie leicht es ist, Prinzipien zu entwickeln, aber wie unendlich schwierig, sie durchzusetzen. Das mächtigste Wesen im Ministerium hieß „Sachzwang". Darunter verbarg sich alles, das gegen die gültigen Regeln und Prinzipien, aber auch gegen die Vernunft verstieß, oder sie zumindest infrage stellte.

Als ich den UAL P V, also den Leiter der personalbearbeitenden Stelle der Marine, wissen ließ, daß ich die Auswahl für die Lehrgänge an der FüAk verbessern wollte, stieß ich auf grimme Ablehnung. Da wollte man sich nicht hineinreden lassen. Aber die Grundsätze der Personalplanung lagen nun einmal in der Zuständigkeit des Inspekteurs, der mich ausdrücklich ermunterte, diese seine Auffassung durchzusetzen. Schon auf der FüAk wurde uns klar, daß P V sicher gute Leute ausgewählt hatte, denn schließlich gehörten wir ja dazu, aber es irritierte, daß neben den Fliegern im 8.-10. ASTO fast ausschließlich Fernmelder saßen. Das konnte nicht an der Fernmelderei liegen, was also führte zu dieser Entwicklung? Schließlich wurde mir klar, daß über Jahre ein Fernmelder bei P V in entscheidenden Positionen tätig war, der sich schon sehr früh die pfiffigsten der Jahrgänge für „seine" Fernmelderei sicherte. Hatte er sich nicht getäuscht, dann war das Ergebnis für die FüAk nicht überraschend.

Also ordnete ich an, aus jedem Verwendungsbereich den jeweils besten Kandidaten auszuwählen, um die wertvolle Ausbildung auch in allen Verwendungsbereichen ausnutzen zu können. Letztlich hätten sonst die FüAk-Absolventen keine Ansprechpartner in der übrigen Marine gefunden, mit denen sie auf der Basis des gleichen Handwerkzeuges zusammenarbeiten konnten. Das wurde schließlich nach vielen Bedenken und mehreren Jahren eingeführt.

---

[315] Personalberaterausschusses

Aus diesen Betrachtungen wußte ich auch, daß bei vernünftigem, strukturgerechtem Vorgehen nicht mehr als 5 Offiziere eines Jahrgangs Admiral werden sollten. Es wäre außerordentlich verlogen, wenn ich nicht zugebe, daß mich dieser Gedanke beschäftigte. Mir fiel einer unserer Lehroffiziere von der FüAk ein, dessen Sprüche und Schnacks häufig trafen:

„Wir alle wären mit unserem Dienstgrad zufrieden, gäbe es keinen höheren." Es schien mir immer wahrscheinlicher, daß ich übergangen werden könnte.

Da aber wurde ich unter Verbleib auf demselben Flur und im selben Dienstgrad zum Stabsabteilungsleiter Fü M I befördert. Auch das war beileibe keine Wunschverwendung, aber es war eine Admiralsverwendung. Da – das wußte ich – war ich nur unter Beförderung zum Flottillenadmiral wegzuversetzen. Ich klopfte mir unbeobachtet auf die Schulter und stürzte mich in meine neuen Aufgaben, zu denen nun auch die Ausbildung, die Nachwuchsarbeit, die Werbung, die Öffentlichkeitsarbeit und Presse, die Personalstruktur der Marine in ihren Einzelheiten gehörte. Truppendienstliche Angelegenheiten, das Vorschriftenwesen und das Personal des Fü M gehörten auch dazu. Mein altes Referat war inzwischen neu besetzt mit tüchtigen, fröhlichen Crewkameraden bzw. Nachcrewkameraden. Da die Marine keinen Nachfolger für mich als Referent fand, führte ich das Referat viele Monate weiter.

Als Jim und ich eines Tages von P V mit der wunderbaren Aussicht konfrontiert wurden, daß wir als Kommandeur für die Zerstörerflottille in Betracht kamen, sahen wir uns vor dem gleichen Problem: Jeder hatte gerade Frau und drei Kinder nach Bonn umgezogen und hoffte auf einige Jahre ohne Umzug und Schulwechsel. Ich schlug vor, Jim zu nehmen, weil er besser geeignet und viel älter sei (6 Monate); ich könnte ihm dann ja sehr gern folgen. Jim schlug zwar mich wohl als ersten vor, verlor aber und wurde am 1. April 1981 KdZ. Er mußte nun nicht nur nach Kiel umziehen, sondern nach einem Jahr mit seinem Stab von Kiel nach Wilhelmshaven verlegen.

Mit besonderer Verve betrieb ich die Einführung eines Abzeichens für Kommandanten. Aus der USN kannten wir solch' ein Abzeichen, das von Kommandanten und ehemaligen Kommandanten getragen wurde. Mit vielen anderen Seefahrern vertrete ich die Ansicht, daß sich eine Marine über ihre schwimmenden Einheiten definiert, nicht über Flugzeuge, Schulen, Stützpunkte usw. Die in der Bundeswehr, ja in allen Streitkräften einmalige Stellung des Kommandanten stellt Anforderungen und bringt Pflichten und Rechte mit sich, die sich auch aus dem völkerrechtlichen Status eines Kriegsschiffes ergeben.

Heer und Luftwaffe machten lange ihre Zustimmung davon abhängig, daß wir daraus ein Abzeichen für den Einheitsführer machen. Es gäbe ja schließlich auch schon ein Abzeichen für Kompaniefeldwebel[316]. Schließlich gelang es uns, das Abzeichen unverfälscht nur für die Marine durchzusetzen.

Ich verbrachte keine freudlose Zeit, im Gegenteil, es gab auch viel zu lachen und nicht nur aus Schadenfreude. Mein Crewkamerad Moses T. hatte unseren Methusalem abgelöst und war nun für Bekleidung zuständig. Wir wählten die ersten Uniformen mit Zubehör für weibliche Sanitätsoffiziere. Wenn unser sehr korpulenter Moses die Kartons mit den Mustern auspackte und zum Teil auch vorführte, ging es oft an die Schmerzgrenze. Bei aller Alberei wollten wir aber auf jeden Fall, daß unsere Damen in Uniform gut aussahen.

Für das Equivalent zum Gesellschaftsanzug z.B. suchten wir eine schicke, weiße Spitzenbluse aus, mit nach oben umklappbaren Spitzenmanschetten. Ganz toll! Bis jemandem auffiel, daß nun die Ärmelstreifen nicht mehr zu sehen waren. Also stiegen wir um auf Schulterstücke, und so blieb es dann auch. Die Auswahl der Kopfbedeckungen war ein Kapitel für sich und mit unserem Mannequin war eine seriöse Auswahl schwer. Letztlich sah alles gut aus und hat die Zeiten überdauert. Kürzlich las ich mit Bedauern, daß es einer geschmacksfreien Marine - Apothekerin gelungen ist, den schicken Hut á la USN durch die Schirmmütze der deutschen Männer zu ersetzen. Nun sehen sie fast so unglücklich aus wie all' die Mädchen bei Heer und Luftwaffe....

Anfang Mai 1981 feierte meine Crew in der MSM unser 25-jähriges Dienstjubiläum; es war ein erinnernswertes Treffen, das durch zwei Ansprachen von Konteradmiral a.D. Charly P., unserem ehemaligen Abteilungskommandeur von der MSM, einen würdigen und auch fröhlichen Rahmen erhielt.

---

[316] Spieße

Nach einer der wöchentlichen StAl-Besprechungen überreichte der Inspekteur mir das Bundesverdienstkreuz am Bande. Das geschah nebenbei, mehr geschäftsmäßig nach dem Motto: „Ach, Braun, ich habe da noch etwas für Sie ...“ Dieser Orden wurde oft verspottet als >>Bundesnebenverdienstkreuz<<.

Diese fast 5 Jahre vergingen schnell, und ich lernte eine mir bis dahin fast unbekannte Seite der Marine kennen. Rückblickend muß ich einräumen, daß alle, die wie der Kdr MUKdo für meine Verwendung plädiert hatten, richtig lagen. Für die Führung meiner Männer in den nächsten vier Verwendungen blieben meine Kenntnisse auf dem weiten Feld des Personals wichtiger als alle operativen Kunststücke.

Alle Schreiben, die mich später aus Bonn erreichten, waren leichter zu verstehen und die Kenntnis der Telefonnummer des Bearbeiters erlaubte eine bessere Einordnung und Reaktion. Die Sprache war verständlich geworden und die ministeriellen Füllworte lenkten nicht mehr ab. Ich wußte nun, daß ab einer gewissen Ebene keine Probleme mehr gelöst wurden, sondern ganze Problemfelder, daß man eben über „gemachte Erfahrungen“ verfügte und Briefe nicht mehr schrieb, sondern verfertigte. „Gefundene“ Kompromisse waren das Ziel, obwohl „Zielvorstellung“ deutlich besser war als Ziel. „Grundsätzlich“ bedeutet eben nicht grundsätzlich, sondern „im Einzelfall zu prüfen“. So gewappnet und zum Flottillenadmiral befördert fuhr ich nach Wilhelmshaven, um von meinem Crewkameraden Jimmy M., der zum Stellvertreter Befehlshaber Flotte aufstieg, die Zerstörerflottille zu übernehmen. Die zwei Jahre, die ich im Ministerium nachsitzen mußte, schienen mir weder vergeblich noch umsonst. Eine weitere Verwendung im Ministerium kam mir nicht in den Sinn.

Kapitel 4

Flaggoffizier

Kommandeur Zerstörerflottille

Meine neunte Verwendung in Wilhelmshaven war gleichzeitig mein sechstes Kommando in der Zerstörerflottille. Obwohl ich noch heute meine Kommandantenzeiten als herausragende Höhepunkte in meinem Marineleben sehe, war auch die Zeit als KdZ ein großes Vergnügen, vor allem aber meine erste Gelegenheit, einen Kampfverband zu erziehen und zu trainieren. Weniger direkte und persönliche Verantwortung für Menschen und Material, dafür aber mit der Herausforderung, 14 Schiffe und 5 Boote zu formen und zusammenzuführen.

Ich verfügte über sehr gute Kommandeure und allen Sachverstand, den ich dafür brauchen konnte. Unsere administrative Gliederung hatte sich aber schon seit langem durch die taktische und technische Entwicklung als überholt gezeigt, so daß die Kommandeure der Schiffsgeschwader meist als Führer in nationalen oder auch internationalen und NATO-Manövern eingesetzt wurden und die Übungen in außerheimischen Gewässern führen durften. Gerade die gelungene Mischung der Fähigkeiten der einzelnen Schiffsklassen machte jedoch erst den auftragsgerechten Verband aus.

Die Möglichkeit, mich nun überall einschiffen zu können, um mir ein möglichst vollständiges Bild meiner Männer und Schiffe zu machen, schien ein Traum. Aber er war Realität, und die Tatsache, daß außer dem 1. Zerstörergeschwader und dem Flottendienstgeschwader alle Schiffe in Sichtweite vor meinem Dienstzimmer lagen, brachte viel Nähe und Vertrautheit, aber auch wundervolle Vorfälle. Da ich während des Sommers noch ohne Familie im Stützpunkt wohnte, konnte ich mir, als Mensch verkleidet, auf meinem Fahrrad meine stolze Flottille ansehen.

Dabei fiel mir eines Abends eine Fregatte vom 2. GG[317] ins Auge, die sich eine Schwimmbrücke mit einem Minensuchgeschwader teilte. Das wollte ich mir näher ansehen und radelte zur Schwimmbrücke hinunter. Ich fuhr ganz rechts und wollte auch nach rechts zur Fregatte, aber die Pierwache der Minensucher hielt mich an. Lässig schlenderte der Obergefreite heran:

„Opa, haste 'nen Dienstausweis?" Er studierte ihn mit wachsendem Interesse, machte dann wortlos kehrt und ließ mich stehen. Daraufhin fuhr ich weiter, sah mir die friedliche Fregatte an und kehrte dann zurück. Ich stoppte vor dem B.d.W. und fragte:

„Na, was hat der Obergefreite denn gesagt?" Da war es um ihn geschehen, er lachte lauthals, klatschte sich auf die Schenkel und erwiderte:

„Der Blödmann behauptet, Sie wär'n Admiral!" und lachte herzlich weiter.

Wie bei meinem Vorgänger nicht anders zu erwarten, befand sich die Flottille in einem ordentlichen Zustand. Zu verbessern blieb wohl wenig, aber zu ändern fand sich Raum. Zunehmend wurde mir deutlich, daß ich wohl sah, wenn mir etwas nicht gefiel, aber als ich mir die Frage stellte, was ich eigentlich erreichen will, blieb ein unklares Bild. Also mußte ich mir erst einmal meine eigene Frage beantworten.

Ich will an einem Beispiel versuchen, deutlich zu machen, was ich meine. Als ich zu meinem ersten DESEX mit 6 oder 7 Schiffen aus der 4. Einfahrt auslief, dauerte es fast 90 Minuten, ehe wir uns aus dem Hafen herausgequält hatten und eine erste Kiellinie auf der Jade bildeten. Das wirkte sehr betulich und langatmig, war aber mit zwei Schleppern für alle nicht viel besser zu machen. Warum aber bei günstigem Wetter selbst die wendige Fregatte Augsburg mit Schlepperhilfe ablegte, war mir nicht klar.

Nach und nach wurde deutlich, daß mein Vorgänger vor dem Hintergrund knapper Mittel und zu geringer Verfügbarkeit schwimmender Einheiten darauf gedrängt hatte, jedes unnötige Risiko und damit Havarien zu vermeiden.

Natürlich war das vernünftig. Auch wußte ich, daß Kriegsschiffe mit ihrer dünnen Außenhaut und den sensiblen Sonargeräten und Schrauben nicht für das Manövrieren in Häfen gebaut waren und daß auch

---

[317] 2. Geleitgeschwader

scheinbar harmlose Fehler beim An- oder Ablegen bittere und auch teure Folgen haben konnten. Andererseits wußte ich, daß in einer sachlich kaum gerechtfertigten Weise ein großer Teil der Besatzung stolz auf jedes gelungene Anlegemanöver war, etwas, was sie und andere sehen konnten, und das sie beurteilen konnten im Gegensatz zu navigatorischen oder operativen Leistungen.

Andererseits kann nur ein ganz kleiner Teil der Besatzung beurteilen, ob der Kommandant und die Offiziere, denen sie ihr Schicksal anvertrauen, das Schiff beherrschen. Damit wird eine Nebensächlichkeit wie das An – und Ablegen und natürlich auch der RAS[318]-Anlauf zu einer Grundlage für das unabdingbare Selbstvertrauen der Offiziere, das Vertrauen der Besatzungen in ihren Kommandanten und ihres Stolzes auf ihr Schiff.

Also gab ich den Kommandanten bekannt, daß ab sofort Schlepper für das An- und Ablegen zu benutzen seien, wenn es dafür einen seemännisch einwandfreien Grund gab, aber auch nur dann. Normalerweise fuhren Zweischraubenschiffe mit 60.000 bis 80.000 PS ohne Schlepper. Ich versprach den Kommandanten, daß ich bei jedem, der dann bei einem solchen Anlauf nicht genug Glück hatte oder Fehler beging, helfen würde. Ich verlangte, daß sie bereit waren, Risiken zu kalkulieren und dann einzugehen, wenn sie glaubten, sie beherrschen zu können. Das Erstaunen war groß, aber die Kursänderung kam an. Völlig unverdient konnte ich nach 2 Jahren feststellen, daß wir bei diesen Manövern keine Havarie zu verzeichnen hatten.

Fast bedauerte ich das, denn ich wünschte mir ein Beispiel, mit dem ich beweisen konnte, daß ich keine leeren Versprechen abgegeben hatte. Als eine Fregatte der Bremen-Klasse in Portland beim Ankern im Sturm auf Drift ging und mit einem anderen Schiff heftig und teuer kollidierte, sah ich mich in der Zwickmühle. Wie so häufig trugen viele kleine Fehler und Nachlässigkeiten entscheidend zur Havarie bei. Ohne Gewissensbisse hätte man den Kommandanten ablösen können. Da das Schiff trotz der Havarie die Ausbildung beenden konnte, entschloß ich mich, den Kommandanten weiterfahren zu lassen, denn so hatte ich wenig später ein weiteres einsatzbereites Schiff.

---

[318] Replenishment at Sea = Treibstoffversorgung in Fahrt

Als nun der Flottenchef nach Studium der Unterlagen zu dem Entschluß kam, den Kommandanten abzulösen, bat ich ihn, davon abzusehen und mir den Fall zu überlassen. Eigensinnig wie Flottenchefs öfter sind, war er nicht bereit nachzugeben. Für mich war es nach meinen vollmundigen Ankündigungen die erste Gelegenheit, meinen Worten Taten folgen zu lassen, denn ich wollte nicht als Papiertiger erscheinen. Ich mußte mich weit aus dem Fenster lehnen, um den Flottenchef umzustimmen und bin ihm noch heute dankbar. Der Kommandant aber hat seine Kommandantenzeit ohne Fehler und zu meiner Zufriedenheit erfüllt.

Beim nächsten Auslaufen war die Reihenfolge festgelegt, alle fuhren flott los und nach 20 Minuten war der Hafen leer. Es ging in ein DESEX, das uns nach Reykjavik führte. Ich blickte auf einen stattlichen Verband aus 7 Schiffen, einem UBoot, einem Versorger und einem Tanker. Ich war unzufrieden mit der Reaktionsgeschwindigkeit in der Ausführung von Befehlen. Also gab es täglich mindestens 2 Stunden „Wasserballett", d.h. Formationsfahren und Stationieren.

Ich muß ein Elend für alle – auch auf meinem Führerschiff – gewesen sein, denn nach HMS Mercury und 2,5 Jahren an der Seetaktischen Lehrgruppe konnte ich noch immer alles auswendig, was man dafür brauchte. Ich bin sicher, daß ich in den ersten Tagen der einzige war, der diesen Teil der Veranstaltung in vollen Zügen genossen hat. Wie unsere amerikanischen Freunde so treffend feststellen: *A leader is not running a publicity contest.*

Erst ließ ich die Kommandanten so lange fahren, bis sie ihre eigenen Lücken kannten, dann alle anderen. Dabei ging es mir nicht so sehr um die Signaltaktik als darum, daß die Offiziere schnell und richtig reagieren lernten und entsprechende Kommandos für Ruder und Maschinen ohne Zögern gaben. Das sichere Handhaben der Schiffe auch in größerer Whooling oder gar bei Nacht war mehr als ein Abfallprodukt.

Auch die zivilbesetzten Versorgungsschiffe machten mit Begeisterung mit, und sie waren gut, denn die Offiziere und Signalmatrosen hatten Erfahrungen aus Jahrzehnten. Richtiges Shiphandling, Genauigkeit und Schnelligkeit wuchsen rapide, es begann, allen Spaß zu machen, und die Kommandanten begannen nach Möglichkeiten zu suchen, mich hereinzulegen oder mir Fehler nachzuweisen. Wir übten UJagd, täglich wurde ordentlich geschossen, in Fahrt versorgt, mit Marinefliegern geübt, gepullt und Spaß gepflegt.

Die Isländer erteilten uns die Einlaufgenehmigung, nachdem sie erst ein Gesetz vorübergehend außer Kraft setzen mußten. Darin ist festgelegt, daß zu keiner Zeit mehr als drei Schiffe eines Landes gleichzeitig in isländischen Häfen festmachen dürfen. Dieser Besuch in Reykjavik war in jeder Hinsicht schöner als der letzte und die Aufnahme war sehr freundlich. Große Nervosität machte sich breit, als die NATO-Gegner eine große Demonstration vor unseren Schiffen ankündigten. Wir bereiteten uns auf kriegsähnliche Ereignisse vor, die Regierung hatte alle verfügbaren 25 Polizisten zusammengezogen und der deutsche Botschafter kam zu mir aufs Führerschiff. Die Spannung war hoch und als nichts geschah, führte das zu zusätzlicher Unsicherheit.

Lange nach dem vorgesehenen Beginn fuhr ein junges Elternpaar mit einem Kleinkind im Fahrradanhänger auf die Pier. Vom Anhänger banden sie mehrere Holzlatten los, an denen Schrifttafeln angebracht waren. Da sie zu zweit nicht alle Tafeln hochhalten konnten und die Verstärkung wohl ausblieb, schickte ich einige Soldaten, um beim Demonstrieren zu helfen. Die Hilfe wurde angenommen, die jungen Leute waren nett, und unsere Seeleute standen grinsend mit den für uns unverständlichen Schrifttafeln auf der Pier.

Anschließend holten wir die „Demonstranten" an Bord und versorgten sie mit Getränken und Kuchen. Damit war die befürchtete Großdemonstration friedlich zu Ende gegangen, und der Botschafter zog erleichtert ab. Alle Takte eines Infomal Visit wurden ohne Probleme und unter großer Teilnahme durchgezogen; wir fuhren nach Keflavik und besuchten die dort eingesperrten Amerikaner. Mehrere gemeinsame Übungen mit den dortigen Fliegern bis hinunter nach Rosyth wurden verabredet.

Nach diesem rundweg gelungenen Besuch übten wir weiter Richtung Rosyth, wo wir einen Routine Visit angemeldet hatten. Stolz wie Oskar fuhr ich mit meinen 10 Einheiten unter der Brücke durch, wir bliesen Front für den Flaggenmast des FOSNI / COMNORLANT unterhalb der Brücke und machten fest. Der Stab des Verteidigungsattachés war immerhin durch einen PUO! vertreten, die anderen Herren hatten mich wissen lassen, daß sie alle unabkömmlich waren. Wir waren sicher, daß seit ungefähr 1911 kein deutscher Verband dieser Größe unter Führung eines Admirals in Großbritannien einen Besuch abgestattet hatte. Inzwischen bin ich sicher, daß auch danach kein vergleichbarer Besuch mehr stattfand.

Ich habe mir wenig Mühe gegeben, die verwunderten Fragen unserer Gastgeber zu umgehen, und meiner Verärgerung deutlichen Lauf gelassen. Wir machten einen Abstecher nach Dunfirmline, eine Patenstadt von Wilhelmshaven. Wir wurden sehr nett empfangen, und der Provost gab einen Empfang in der Ratshalle der ehemaligen schottischen Hauptstadt, die mit ihrer berühmten Abtei ein Kernstück schottischer Geschichte bildet.

Als handliches Mitbringsel bekamen wir eine schottische Telefonzelle für den Wilhelmshavener Oberbürgermeister. Wir verluden das gußeiserne Ungeheuer, das durch die Inschrift ER I – also Königin Elizabeth I. – Zeugnis ablegte für das unerschütterliche schottische Geschichtsverständnis. Mit dem Einlaufen endete ein erfolgreiches und erinnernswertes DESEX. Abschließend schlug der Zoll kräftig zu, als ich mit einer Rechnung über DM 195.- konfrontiert wurde. Nach Beurteilung der OFD hatte ich versucht, Schrott über die Grenze nach Deutschland zu schmuggeln. Erst ein Telefonat mit dem Präsidenten der OFD in Hannover konnte mich vor der weiteren Verfolgung durch den Zoll retten. Bei meinem letzten Besuch in Wilhelmshaven stand der „Schrott" vor dem Amtsgericht an der Marktstraße und strahlte in leuchtendem Rot.

Eines Tages erreichte uns in Wilhelmshaven eine Sturmwarnung mit mehr als 10 Bft. Ich setzte mich in meinen Dienstwagen, um mir anzusehen, wie sich meine Schiffe darauf vorbereiteten. Ich fand seemännisch alles in Ordnung und die Wachen bewiesen ihre Aufmerksamkeit durch Frontpfeifen. Nur auf der letzten Schwimmbrücke, wo Schiffe des 2. Geleitgeschwaders lagen, bemerkte man mich nicht. Auf dem Rückweg hielt ich in Höhe einer Stelling und kurbelte mein Fenster runter. Der B.d.W. beobachtete mich scharf, unternahm aber nichts. Ich winkte ihn auf die Pier ans Auto und fragte ihn, ob ihm das blaue Schild mit dem Stern aufgefallen sei. Als er verneinte, schickte ich ihn los, das Auto von vorn zu inspizieren. Er kam zurück und meldete:

„Blaues Schild mit goldenem Stern!" Nun war mein erzieherischer Erfolg in greifbare Nähe gerückt: „und?" Mit dem verschwörerischen Lächeln des Eingeweihten nickte er mir zu:

„Sie sind bei der NATO, nich?"

Um den Zusammenhalt der Besatzungen zu fördern, schien es mir unerläßlich, daß jeder am AGA ein Namensläppchen trug. Da es nach Meinung der Verwaltungsbeamten nicht zulässig war, dem Soldaten die Anschaffung auf eigene Kosten zu befehlen und die Marine keine Mittel dafür hatte, verfiel ich auf eine abenteuerliche Lösung.

Die von den Bordkantinen erzielten Überschüsse konnten für Zwecke verwendet werden, die die Bordgemeinschaft förderten. Dabei war an Ausflüge oder Bordfeste gedacht. Ich schlug einen kühnen Bogen und entschied, daß nichts die Bordgemeinschaft mehr fördert als Namensläppchen für alle. Ich ordnete die Beschaffung auf diesem Wege an. Ich ließ mich auch nach mehreren Eingaben und Beschwerden nicht von meinem Vorhaben abbringen und beharrte auf meiner Begründung. Aber auch als alle Soldaten meiner Flottille Namensläppchen trugen, war das Thema nicht vom Tisch. Erst als nach vielem Hin und Her für alle Teilstreitkräfte das fiskalisch zu beschaffende Namensläppchen eingeführt wurde, kehrte Ruhe ein, und ich fand, daß wir auf diesem nicht ganz einwandfreien Weg alles erreicht hatten.

Nach einer ÜAG meiner Flottille nach Westafrika schickte mir ein Unbekannter einen hektographierten mehrseitigen Bericht über die Reise zu, in dem mit spitzer Feder und der Diktion der Wehrdienstverweigerer über Einzelheiten berichtet wurde. Alle Opfer der Kritik waren namentlich und mit Dienststellung erwähnt, es war ein bösartiges Papier. In Kenntnis der Marine und der beteiligten Personen wußte ich, daß sicher auch einiges Wahres in dem Bericht stand. Er war adressiert an „meine lieben Freunde" und unterschrieben vom eingeschifften Bordpfarrer Dr. Dr. M.. Ich kannte ihn nicht, denn wir hatten ihn, wie ich dann erfuhr, bei einer andern Flottille „ausgeliehen".

Ich bestellte ihn ein und mein eh' schon großer Zorn steigerte sich, als jemand bei mir antrat, der mit Bomberjacke, Jeans und Turnschuhen deutlich machte, was er von mir hielt. Ich schickte ihn wieder weg mit der Auflage, sich einen neuen Termin geben zu lassen und sich angemessen zu gewanden. Bei seinem zweiten Auftritt trug er den von der Bundeswehr zur Verfügung gestellten Anzug und sah manierlich aus. Auf meine Frage bestätigte er, daß das Rundschreiben von ihm stammte und daß er ca. 50 Exemplare verschickt hatte.

Ich sah wenig Sinn darin, einzelnen Behauptungen nachzugehen, sondern ich fragte ihn, wann er mit dem Verbandsführer und anderen Betroffenen über seine Beobachtungen gesprochen hätte. Er hatte mit niemandem im Verband gesprochen, er hatte auch keinen Versuch unternommen, mich ins Bild zu setzen. Mein Grimm wuchs mit jedem Satz. Ich ließ keinen Zweifel daran, daß ich seine Vorgehensweise, selbst wenn alle seine Behauptungen richtig waren, hinterlistig und zutiefst unchristlich fand. Ich erteilte ihm Hausverbot für alle Schiffe und Gebäude der Zerstörerflottille und entließ ihn in Ungnaden. Der Dekan des Flottenkommandos und der Generaldekan billigten meine ruppige Vorgehensweise, und der „Doppeldoktor" wurde zum Heer geschickt.

Da sich bereits damals einerseits die asymmetrische Bedrohung abzuzeichnen begann und sich andererseits das Waffensystem RAM[319] immer weiter verzögerte, stellte ich den Antrag, 20mm-Geschütze aus unseren Depots auf die RAM-Fundamente zu bauen, um die Fähigkeiten unserer Schiffe schnell und effektiv zu verbessern. Mir ging es dabei auch um den psychologischen Aspekt, daß der Seemann hören und sehen kann, wenn sein Schiff sich wehrt oder angreift.

Unter Hinweis auf die unmittelbar bevorstehende Einführung von RAM wurde meine Anregung jedoch vom Fü M abgelehnt und nicht weiter verfolgt. Der Fü M hatte die entwicklungstechnische Lage völlig falsch eingeschätzt, denn es dauerte noch einmal 10! Jahre, bevor wir die ersten Starter einbauten. Heute fahren die Schiffe mit RAM und 20 mm-Geschützen zur See, wobei die 20 mm zum Glück wohl näher am Ernstfall sind als die RAMs.

Nach nur 2 Jahren, also viel zu schnell kam mein Nachfolger Konrad E., verzichtete wie schon im Flottenkommando auf jede Übergabe, und ich zog in der 4. Einfahrt drei Blöcke weiter zum Marineamt.

Amtschef Marineamt

Als ich am 1.4.1985 im Marineamt anfing, hatte ich eine nur kärgliche Übernahme hinter mir, denn mein Vorgänger, der Konteradmiral Dr. Ing. G., ließ keinen Zweifel daran, daß er mich für wenig geeignet hielt, ihn nach mehr als sieben Jahren auf diesem Hochsitz abzulösen. Wir waren

---

[319] Rolling Airframe Missile zur Abwehr von Fernlenkwaffen

uns vorher nur auf Kommandeurtagungen begegnet, und ich war im Gegensatz zu ihm ja nicht einmal Schnellbootfahrer.

Befördert wurde ich auch nicht, und schließlich wartete ich 27 Monate, bevor ich die Dotierung meines Dienstpostens erreichte. Irgendwann habe ich ausgerechnet, daß ich insgesamt fast 6 Jahre nicht die Heuer bekam, die mir zugestanden hätte. Das kommt davon, wenn man dauernd befördert wird, versuchte ich mich davon abzulenken, daß der Staat mir insgesamt eine stattliche Summe vorenthalten hat.

Zum ersten Mal seit der Admiralstabsausbildung begegnete mir der Begriff der „Führungsspanne" in meiner täglichen Arbeit. Offensichtlich muß man sich ab einer bestimmten Führungsebene von der Vorstellung trennen, daß man nicht führen kann ohne Sachkompetenz. Nichts verleiht mehr Sicherheit und auch Überzeugungskraft als Besserkönnen und Mehrwissen. Noch als KdZ konnte ich das – mit geringen Einschränkungen, bildete ich mir ein. Nun aber mit anfangs fast 20 direkt Unterstellten, die beinahe selbständige und höchst unterschiedliche Aufgaben wahrnahmen und das verteilt auf 11 Standorte zwischen Borkum und Großenbrode, war das nicht mehr möglich. Selbst wenn ich meine gesamte Dienstzeit im Marineamt verbracht hätte, wäre die umfassende Kompetenz nicht zu erarbeiten gewesen.

Außerdem darf man beim Betrachten dieses Aspektes nicht vergessen, daß selbstbewußte, kompetente Führer der nächsten Ebene immer danach streben, ihren Spielraum zu vergrößern, wenigstens aber zu erhalten. Das darf man auch von ihnen erwarten, solange sie nicht illoyal werden. Da ein Höherer Kommandeur wie der Amtschef nur durch Zufall in die Lage kommt, sich unterstellte Führer auszusuchen, kann er durch diese Auswahl kaum Einfluß nehmen. In solch' einem „Gemischtwarenladen" muß der Höhere Kommandeur ein „universeller Dilettant" sein. Wenn man nicht selbstbewußt genug ist, immer wieder einzuräumen, daß man keine Ahnung hat, geht man einen schweren Weg und wird als Vorgesetzter höchst unangenehm. Verwöhnt durch frühere Erfolge, die leichter zu erringen waren, blieben mir solche Erwägungen verwehrt bis mich das richtige Leben einholte.

Alle anderen Amtschefs waren Generalleutnante oder Präsidenten im BWB. Die Marine geht zwar davon aus, daß ihre Offiziere solch' ein Manko durch überlegenes Können und den Adel der Person ausgleichen können, aber ein Abstand von zwei Generalsrängen ist nicht so leicht auszugleichen. Erst als mein Mitstreiter aus der de Maizière-Kommission, der Generalleutnant W., als Amtschef des Heeresamtes in dieser Runde erschien, galt ich als gleichberechtigt.

Der Stellvertreter Amtschef und Chef des Stabes war mein ehemaliger Stabsabteilungsleiter Alfi W., dem es bei allem Takt schwer fiel, unter mir zu dienen. Das respektierte ich, denn mir ist nichts Vergleichbares passiert, und ich weiß nicht, wie ich reagiert hätte. Er wurde nach Bonn zurückversetzt und wurde wieder Stabsabteilungsleiter, für alle Beteiligten eine annehmbare Lösung. Für ihn kam Fritz R. aus der Vorcrew, ein ehemaliger Flieger, ein tüchtiger und umgänglicher Offizier, mit dem ich befreundet war.

Das Marineamt gehörte nicht zu den in der Flotte geschätzten Einrichtungen, was nichts damit zu tun hatte, ob dort gute Arbeit geleistet wurde. Aber präzis´ geregelte Dienstzeiten, garantiert ungeschmälerte Wochenenden und freitags Dienstschluß spätestens am Mittag sah man als Seefahrer nur dann gern, wenn man selbst in diesen Genuß kam. Meine einzige Offizierverwendung im Marineamt lag 23 Jahre zurück, als ich ein Jahr Lehroffizier an der Fernmeldeschule war.

Mit anderen Worten: Ich hatte keine Erfahrung in diesem Bereich, für den ich nun verantwortlich war. Dazu gehörten:

- Marineschule Mürwik mit Deutschland und Gorch Fock in Kiel

- Marineunteroffizierschule Plön

- Marinewaffenschule Olpenitz und Kappeln

- Marineortungsschule Bremerhaven

- Marinefernmeldeschule Mürwik und Eckernförde

- Marineversorgungsschule List

- Technische Marineschule Kiel, Bremerhaven und Neustadt

- Marineküstendienstschule Großenbrode

- Marinefliegerlehrgruppe Westerland und Nordholz

- Seemannschaftslehrgruppe Borkum

- Marineausbildungsbataillon 3 Glückstadt

Dazu kamen außerhalb meines Stabes:

- Stammdienststelle der Marine Wilhelmshaven (nur truppendienstlich unterstellt)

- Admiralarzt Marine Wilhelmshaven (fachlich InSan unterstellt)

- Schiffsmedizinisches Institut Kiel (fachlich Admiralarzt Marine unterstellt)

- Spezialstabsabteilung OSTAN Wilhelmshaven (fachlich dem Fü M unterstellt)

- Kommando Marineführungssysteme Wilhelmshaven

- Spezialstabsabteilung Werbung Wilhelmshaven

- Marinemusikkorps Wilhelmshaven und Kiel

- Höherer Offizier für die Absicherung in der Marine.

Die beiden von Admiralen geführten Hauptabteilungen des Stabes waren Marinerüstung und Marineausbildung. Alle Kommandeure und Abteilungsleiter waren mir aus gemeinsamen Verwendungen gut bekannt oder gar vertraut. Ich glaubte meinen Augen nicht, als ich nach wiederholtem Zählen feststellte, daß mir dafür 5 Admirale zur Verfügung standen. In der gesamten Flotte jedoch gab es nur 4 Admirale. Ich wußte genau, was die Flotte vom Marineamt erwartete und kannte die Vorgaben aus dem Fü M, aber das meiste war Neuland. Ich war weder auf der „Gorch Fock" noch auf der „Deutschland" auch nur eine Seemeile gefahren. Der Personalumfang lag zwischen 8.000 und 10.000 Mann, je nach Stärke der Rekruten- und OA-Einstellungen.

Bei der nächsten Kommandeurtagung bot ich den Kommandeuren noch einmal an, jede AAW außer Kraft zu setzen oder auch zu verbrennen, eine formlose Meldung hätte genügt. Auch das führte zu keiner einzigen Änderung, nur die Klagen über die AAWen hörten gänzlich auf. Auf diesem Feld bin ich als Amtschef traurig gescheitert. Die standardisierten Erklärungen: „Das war schon immer so!" oder: „Das hat es ja noch nie gegeben!" machten die Schulen erdbebensicher.

Als Folge der unmöglichen Struktur des Marineamtes war ich z.B. für die Beurteilung der Vertrauensleute der Seemannschaftslehrgruppe auf Borkum zuständig wie auch für die Stellungnahmen zu den Beurteilungen

Dutzender anderer Vertrauensmänner. Da mein Abteilungsleiter Ausbildung mit meinem Crewkameraden und guten Freund Hanno M.-H. besetzt war, wußte ich diesen Bereich in sehr guten Händen.

Aber die Schulen und Lehrgruppen der Marine unterstanden ihm nur fachlich, nicht truppendienstlich. Wir waren uns schnell einig, ihm die Schulen zu unterstellen. Aus seiner Abteilung organisierten wir einen Stab für die truppendienstliche Unterstellung und änderten die Zuordnung. Nun hatte dieser Admiral die notwendigen Kompetenzen, um die Ausbildung zu führen; ich war die direkte Unterstellung los, was mir Freiraum verschaffte.

Natürlich holte ich die Kommandeure zusammen, um meine eigene „Ausbildung" zu beginnen. Sie waren – ähnlich den Typkommandeuren der Flotte – wirkliche „Herzöge", die bei aller Loyalität auf ihrer jeweiligen Sonderrolle beharrten und ihre Unabhängigkeit betonten. Sie waren von der neuen Unterstellung nicht begeistert, um die Reaktion so positiv wie möglich zu beschreiben.

Nun waren sie auf der Regiments- oder Bataillonsebene, also da, wo sie auch hingehörten. Alle Details der lehrgangsgebundenen Ausbildung waren mit teutonischer Gründlichkeit geregelt und recht unbeweglich. Alle Kommandeure übertrafen sich in Klagen über die AAWen. Also bot ich wieder an, jede von ihnen benannte AAW sofort vom Admiral Ausbildung außer Kraft setzen zu lassen. Es ging wieder kein einziger Vorschlag ein.

Ich verabredete mit den Kommandeuren, daß ich jede Dienststelle einmal mit Ankündigung besuchen würde, damit sich die Einrichtungen so präsentieren konnten, wie sie es wünschten. Danach, so kündigte ich an, würde ich nur noch unangemeldete Truppenbesuche machen, um jeden unnötigen Aufwand zu vermeiden und Türken unmöglich zu machen. Das stieß nicht auf große Begeisterung, was mich in meiner Absicht bestärkte. Rund 20 angemeldete Truppenbesuche standen nun auf meinem Plan, und es dauerte viel länger, als ich befürchtet hatte, um diese Runde zu vollenden.

Nach der Hälfte dieser Besuche hatte ich schon genug gesehen und erfahren, daß mir meine Ungeduld keine Ruhe mehr ließ. Ich organisierte die nächste Kommandeurtagung als Segeltörn auf der „Nordwind", nur der Schiffsführer und der Smut blieben an Bord. Wir segelten die „Nordwind" rund Fehmarn, und ich hoffte, in dieser ungewöhnlichen Umgebung nach freier Diskussion eine Aufbruchstimmung auszulösen.

Vorher hatte ich bei einem unangemeldeten Besuch in Glückstadt ein Schlüsselerlebnis. Ich fuhr im Kampfanzug als Soldat verkleidet nach Nordoe[320] und machte mich auf die Suche nach „Marinebuschkriegern" im Gelände. Die erste olivfarbene Gruppe, die ich fand, war vom Heer. Keiner hatte eine Ahnung, um wen es sich bei mir handelte; ich vermute, daß nur mein weißhaariger Poller einen Rest von skeptischem Respekt auslöste. Aber ich fand dann auch einen Kapitänleutnant mit seiner Kompanie Rekruten, die Löcher gruben.

Der Kaleu war ein feiner, mutiger Offizier des militärfachlichen Dienstes, der schon seit Jahren in Glückstadt diente. Wir setzten uns irgendwo ins Gelände und rauchten meine Zigarillos. Ich fragte ihn nach den AAWen und ob sie ihn belasteten. Er machte mir klar, daß er sie schon brauche, das Problem war die Starre des Systems. Beispiel: Um seinen Rekruten das Maschinengewehr nahe zu bringen, sah die AAW 10 Stunden vor.

Er benötigte in den normalen Quartalen 8-10 Sunden, wenn aber im Sommer bis zu 70 % Abiturienten einberufen wurden, dann brauchte er höchsten 6 Stunden.

„Fein", sagte ich, „dann haben Sie ja 4 Stunden, die Sie als Kompaniechef nach eigenem Ermessen nutzen können. Was machen Sie in dieser Zeit?"

„Wir wiederholen das MG, bis die 10 Stunden voll sind."

Jeder kann sich meine Verblüffung vorstellen. Die Begründung war überzeugend. Er hätte melden müssen, daß er vier Stunden weniger braucht und schriftlich begründen, warum. Dann hätte er schriftlich vorschlagen müssen, was er mit den Stunden beabsichtigt und – was er am allermeisten beklagte –, er hätte automatisch im nächsten Lehrgang nur noch 6 Stunden für das MG bekommen.

Da ihm also keinerlei Entscheidungsspielraum gelassen wurde, tat er das, was den künftigen Lehrgängen am wenigsten schadete und ihm keine zusätzliche Arbeit verursachte. Nun glaubte ich, einer Lösung näher zu kommen.

---

[320] Truppenübungsplatz

Berichte erreichten mich, daß Schulkommandeure beim morgendlichen Dienstbeginn an der Wache in Stellung gingen, um den pünktlichen Dienstbeginn zu kontrollieren. Pünktlichkeit halte ich auch noch heute für eine Tugend, die es zu pflegen gilt. Das jedoch ging mir zu weit oder griff viel zu kurz.

Schon als Flottillenchef vertrat ich die Auffassung, daß Disziplinarvorgesetzte jeder Ebene nicht an starre Dienstzeiten gebunden sein dürfen, da ich erwartete, daß sie sich immer, d.h. auch oder gerade außerhalb der täglichen Bürostunden um die ihnen anvertrauten Soldaten kümmern.

Als Amtschef verfügte man nur über wenige Möglichkeiten, Anerkennungen zu vergeben, die Freude machen oder Privilegien einzuräumen, die bei anderen Neid auslösen. Vielleicht könnte man so Dienstposten mit höherer Arbeitsbelastung und mit den Pflichten des Disziplinarvorgesetzten reizvoll oder erstrebenswert machen, dachte ich.

Also schlug ich meinen Kommandeuren vor, Disziplinarvorgesetzte – sie selbst eingeschlossen – nicht an feste Dienstzeiten zu binden, sondern sie nach dem Zustand ihrer Einheit und nach der Qualität ihrer Ergebnisse zu beurteilen. Da kam ich aber bei meinen braven Kommandeuren an die falschen, denn zum vorbildlichen Verhalten gehörte nun einmal gerade und zuerst die Pünktlichkeit. Man widersprach mir mit solchem Eifer, als ob ich die militärische Ordnung abschaffen wollte. Ich verstand die Sorge der Kommandeure, daß solche Großzügigkeit mißbraucht werden könnte, und wies darauf hin, daß pünktliches Erscheinen und Dienstausscheiden auch kein Beweis für nützliche Arbeit und eine verbreitete Form des Mißbrauchs sei. Noch heute schwanke ich zwischen Bedauern und Verständnislosigkeit, wenn ich mich an diese Gespräche erinnere. Auch da hat mich meine Überzeugungskraft kläglich im Stich gelassen.

1985 feierte die Marine den 75. Geburtstag der Marineschule. Ein Festakt wurde vorbereitet, für die fast 300 Sitzplätze der Aula gab es genug VIPs, und ich gewann ein klares Bild von meiner eigenen Bedeutung, als mir ganze 10 Minuten Redezeit zugeteilt wurden. In diesen 10 Minuten sollte ich die Gäste der ersten drei Reihen namentlich begrüßen und in der verbleibenden Zeit die Bedeutung der MSM für die Marine beschreiben. Nichts einfacher als das. Wirklich? Es wurde eine fast unerträgliche Aneinanderreihung von Titeln, je länger der Titel, desto wichtiger – oder auch nicht. In den restlichen 5 Minuten habe ich dann unsere einmalige und einzigartige Alma Mater schnell gelobt. Zum ersten Mal überhaupt stand ich an diesem ehrwürdigen Pult vor dem riesigen Bild des Seglers mit den großen Leesegeln. Ich habe vergessen, wer in den nächsten 2 Stunden zur Festversammlung sprach.

Während ich diese Sermone abwetterte, erinnerte ich mich, was vor diesem Festakt an herrlichen Marineeigentümlichkeiten geschah. Mein Crewkamerad „Paulchen" S. war Schulkommandeur und berichtete mir, daß beim Aufklaren eines Dachbodens ein großes Bild von Kaiser Wilhelm II. in der Uniform eines Großadmirals gefunden wurde. Der bekommt rechtzeitig zum Schuljubiläum einen Ehrenplatz, entschied ich mit großer Begeisterung.

„Das Bild muß erst restauriert werden", meldete Paulchen, aber dafür gab es kein Geld. Ich rettete mich mit der klaren Weisung:

„Laß dir was einfallen, wofür haben wir einen Admiral, der dieser Anstalt vorsteht."

Genau das tat Paulchen, der der richtige Mann an der richtigen Stelle war. Das grundüberholte Kaiserbild bekam einen guten Platz im Säulengang, wo es bis vor kurzem noch hing. Er ließ es auch so rechtzeitig unter Denkmalsschutz stellen, daß die schriftliche Eingabe zweier ziviler Lehrer unserer Offizierschule scheiterte. Sie demonstrierten empört gegen die Verherrlichung eines imperialistischen Kriegstreibers und forderten, das Bild wieder verschwinden zu lassen.

Ich meine, daß mein Versuch, diese Lehrer anschließend einer besseren, vor allem aber anderen Verwendung zuzuführen, nicht von Erfolg gekrönt war. Aber man kann ja nicht immer gewinnen, wie ich als Amtschef immer wieder lernen durfte.

Bei der gleichen oder auch nächsten Aufräumaktion fanden Paulches Leute einen riesigen schmiedeeisernen Adler, der in den ersten Jahren der MSM das Eingangstor an der Kelmstraße zierte und in seiner gesamten Breite abdeckte.

Nach Paulchens Bericht war ich Feuer und Flamme, diesem einmaligen Stück aus der Vergangenheit unserer Schule zu neuem Leben zu verhelfen. Auch hier gelang es, den Adler in strahlenden Farben erstehen zu lassen. Ich folgte der Anregung des Schulkommandeurs, den Adler gleich hinter dem Eingangstor an der Stirnwand des Gebäudes hinter dem Flaggenmast anzubringen. Dort hängt er zu meiner Freude noch heute.

Hier jedoch erwiesen sich die Denkmalschützer als sperriges Hindernis, denn es entstand ein Historikerdisput um die delikate Frage, welche Farbe den Krallen des Adlers gerecht würde: golden oder rot. Ich versuchte vergeblich, den Knoten zu durchschlagen, als ich entschied, daß bei einem Marineadler nur grün für Steuerbord und rot für Backbord denkbar wäre. Da auch in diesem Falle keiner auf mich hörte, sind die Krallen nun schwarz.

Dann holte mich meine Begrüßung der Gäste beim Geburtstag der MSM ein. Ein Anruf des Staatssekretärs P.K.W. erreichte mich. In strengem Ton hielt er mir mit allen Ausdrücken des Unverständnisses vor, bei der Begrüßung der Gäste den ehemaligen Ministerpräsidenten von Schleswig-Holstein Helmut L. übergangen zu haben. Auch als Innenminister und als Präsident des Landtages hätte er sich in vielen Belangen um die Marine verdient gemacht, und er sei ja schließlich ehemaliger Marineoffizier. Mein bedauerlicher Fehler erfordere ein persönliches Entschuldigungsschreiben.

Ich meldete dem Herrn Staatssekretär, daß ich nicht wüßte, womit sich der Herr L. um die Marine verdient gemacht hätte. Ihm fiel zu meiner Genugtuung auf die Schnelle auch nichts ein. Ich sagte ihm dann, daß das merkwürdige Patenschaftsverhältnis des Landtages mit der „Gorch Fock" kein Ruhmesblatt sei. Aber als ehemaliger Besatzungsangehöriger des Zerstörers „Schleswig-Holstein" könnte ich gern erzählen, was Herr L. alles nicht getan hatte für sein eigentliches Patenschiff. Als IO und Kommandant dieses Schiffes hatte ich ihn nicht ein einziges Mal gesehen oder auch nur gehört. Ich lehnte sein Ansinnen rundweg ab; ich bin heute noch froh, daß ich mich beherrschte und L.s herausragende Rolle als Mitglied der NSDAP nicht erwähnt habe.

Bremerhaven feierte 1986 die SAIL 86, und die Marine schulterte einen großen Teil der organisatorischen Vorbereitungen. Jochen P. als Kommandeur der Marineortungsschule investierte viel Mühe und dann auch noch viel Personal und Material in die Unterstützung der Veranstaltung und trug damit erheblich zum Gelingen bei. Als der Schirmherr Bundespräsident von Weizsäcker die Auslaufparade der Großsegler abnehmen wollte, wurde dafür unsere „Nordwind" als Präsidentenarche auserwählt.

Meine Frau Johanna und ich fungierten als Gastgeber für den Bundespräsidenten, seine Frau und einen Sohn.

Entgegen der Wettervorhersage hatten wir Kaiserwetter, als wir unsere Gäste an Bord empfingen. Der persönliche Fotograf des Bundespräsidenten (BuPrä), von dem wir nichts wußten, brachte alles durcheinander, als er sich mitten im geheiligten Marine-Zeremoniell vor mich drängte, um seine Bilder zu schießen. Mir gelang die Meldung und Begrüßung man eben geradeso. Dann ließ ich den Fotografen einfangen und versprach ihm, ihn neben das Schiff stellen zu lassen, falls er mir noch einmal zwischen die Füße käme. Er ließ sich herab, sich als ehemaliger Luftwaffenoberstleutnant zu erkennen zu geben, was meinen Grimm aber nicht so recht milderte.

Johanna bemühte sich um Frau von Weizsäcker, fand aber kaum Gnade vor ihren Augen. Nach dem Ablegen fuhren wir die Weser hinunter vorbei an einer unüberschaubaren Menschenmenge[321], die den Bundespräsidenten in Sprechchören feierte und skandierte:

„Ritchie, we love you!" Der Bundespräsident zeigte sich beeindruckt und bemerkte, daß er so etwas noch nicht erlebt hätte.

Für die Parade hatte ich mir das Dach der Hütte ausgesucht, weil der BuPrä von dort ungehindert gucken, aber auch gesehen werden konnte. Um den präsidialen Achtersteven zu schonen, hatten wir den Besanbaum mit Bundeswehrwolldecken gepolstert. Zu meiner Unterstützung hatte ich den Kapitän zur See Freiherr von S.. gemustert, der alle Segler dieser Welt kennt – im Gegensatz zu mir.

Als ich den BuPrä endlich auf dem Besanbaum sitzen hatte und seine gesamte Begleitung einschließlich des unerträglichen Fotografen an Oberdeck umeinander wieselte, konnte ich nach Frau von Weizsäcker gucken. Wir hatten inzwischen am Rande des Weserfahrwassers geankert, um die Parade abzunehmen, und die Polizeiboote mit den Bodyguards gingen in Stellung.

Frau BuPrä hatte sich auf der Sichtleeseite einen Stuhl an Deck stellen lassen, um sich zu sonnen. Sie hat keinem der in den folgenden Stunden vorbeifahrenden Schiffe einen Blick gegönnt. Unser BuPrä jedoch sprang plötzlich auf, zeigte nach Voraus und rief: „Da habe ich schon als

---

321 die offizielle Schätzungen beliefen sich auf 1,5 Millionen Zuschauer

Kind einmal sitzen wollen!" Sehr gewandt kletterte er zum Hauptdeck hinab, ich hinterher. Zielstrebig ging er zum Bugspriet, und ehe ich eine Chance bekam, ihn zu bremsen, kletterte er hinauf. Der Strom lief mit guten 3 Knoten, und ich versuchte, mir in dieser Situation ein Mann-über-Bord-Manöver vorzustellen.

Der Buprä setzte sich und winkte den Menschen an Land und auf den Zuschauerbooten zu.

„Wie heißt das Ding?" zeigte er auf den Bugspriet. Das konnte ich beantworten, und ich versuchte vergeblich, ihn an Deck zurückzuschnacken.

„Sie wußten ja wohl, daß ich mich hier hinsetzen würde, denn sie haben ja ein Sicherheitsnetz gespannt." Dabei zeigte er auf das Netz unter dem Bugspriet.

„Wie heißt das denn", wollte er wissen. Ich räumte ein, daß ich das nicht wußte (und auch heute noch nicht weiß). Ohne mich anzusehen, sagte mein Staatsoberhaupt:

„Machen Sie sich nichts draus, ich habe täglich mit Leuten zu tun, die keine Ahnung haben."

Nach einer Weile kehrte er zurück auf die Hütte und verfolgte die Parade mit Interesse. V.St. kommentierte taktvoll aus dem Hintergrund und nahm mir viele Antworten ab. Einen Rundfunkreporter, der sich bis auf die Hütte vorgeschlichen hatte, fertigte der BuPrä souverän ab und ließ sich nicht nötigen. Als uns die Oldtimer-Ju 52 der Lufthansa überflog, sprang er auf, lief zu seiner Frau und rief:

„Marianne, sieh Dir dieses Flugzeug an, ich habe nie in meinem Leben mehr gekotzt als in solch' einer Maschine!" Dann erzählte er mir, daß er als Soldat einen Mitflug in den Urlaub organisieren konnte, bei dem es ihm dann so schlecht erging. Anschließend war er wieder Staatsoberhaupt.

Es gelang uns, den BuPrä wohlbehalten an Land zu setzen. Der Besatzung schrieb er mit großer Geduld Autogrammkarten, während ich mit einem Foto ruhig gestellt wurde. Auf die versprochenen Fotos seines „Hoffotografen" habe ich allerdings vergeblich gewartet.

Nachdem mein Sohn als SaZ 2 bei der Marineortungsschule angefangen hatte, ergänzte sich mein Bild der Marine um unerwartete Facetten.

Der Matrose Braun wehrte sich energisch dagegen, mich zu informieren, aber es war doch wundervoll, nun diesen zusätzlichen Blickwinkel zu gewinnen. Mehrmals schwankte ich zwischen schweren Lachanfällen und blankem Entsetzen. Seine Bitte, niemandem zu sagen, daß er auf der MOS einrückt, habe ich erfüllt, so daß er erstaunlich lange unerkannt durchkam. Eine Schilderung vom ersten Tag werde ich nicht vergessen. Er stand mit seinen neuen Stubenkameraden in der Unterkunft, um seine Klamotten im Spind zu verstauen. Ein Oberbootsmann kommt schwungvoll herein und fragt überlaut: „Wer heißt hier Braun?" Resigniert dachte er, daß ich ihn wohl doch angemeldet hätte. Als er den Arm hob, hörte er: „Reißen Sie sich ja zusammen, ich heiße auch Braun!"

Er war schon „enttarnt", als ich zu seiner Vereidigung erschien und als Vater ganz normal zwischen den Eltern saß. Die Vereidigung erschien mir beinahe unerträglich. Endlos lang standen die armen Burschen schon in der Sonne, ehe es überhaupt los ging. Nach trister Musik sprach ein lokaler Politiker, aber nicht zu den Rekruten, sondern zu seinen Wählern und zur Weltöffentlichkeit. Obwohl ich den Blick auf die Uhr vergessen hatte, bin ich sicher, daß es mehr als 20 Minuten waren.

Dann kam wieder doofe Musik ohne Schwung und Pep, ehe dann der Kommandeur noch eine halbstündige Tour d'Horizon ablieferte, vorzüglich, ausgewogen, geschliffen und völlig deplaziert. Es nahm und nahm kein Ende. Die ersten Rekruten kollabierten und wurden mehr oder weniger geschickt von Sanitätern beiseite geschafft. Dann endlich der Eid und die Nationalhymne.

Wir hatten uns anschließend mit unserem Filius verabredet, um essen zu gehen, vor allem aber, um etwas zu trinken. Er brachte noch zwei Kameraden mit, die keinen persönlichen Besuch hatten. Nachdem die drei Burschen wieder bei Kräften waren, erfuhr ich in der Unterhaltung, daß sie über zwei Stunden in der brüllenden Sonne gestanden hatten, ehe es los ging. Solche Härten muß der Seemann aushalten und deshalb muß es auch geübt werden. Der Tag der Vereidigung ist dafür jedoch denkbar ungeeignet. Dann versuchte ich von ihnen zu erfahren, was von den Reden hängen geblieben war.

„Welche Reden?" war die Antwort. Bei den Dreien nichts, absolut nichts, und sie waren sicher, daß das auch für ihre Kameraden galt.

Ihr einziger Gedanke galt der Entschlossenheit, nicht umzufallen, alles andere war völlig egal. Sie waren stolz, daß in ihrer Inspektion keiner umgekippt war. Bei der Nationalhymne durften sie nicht mitsingen, das sei verboten.

Zurück in meinem Büro gab ich einen schriftlichen Befehl heraus, daß bei Vereidigungen nicht länger als 15 Minuten insgesamt geredet werden durfte und daß die Rekruten dabei anzusprechen seien. Dafür erntete ich leise Kritik, keiner dankte mir für diese wie ich fand vorzügliche Idee. Außerdem ordnete ich an, daß Soldaten, auch wenn sie in Formation angetreten waren, die Nationalhymne mitzusingen hätten. Dieser militärische Unsinn rief nun den Fü S auf den Plan, ich weiß heute noch nicht, wer ihn alarmiert hatte.

Unter Hinweis auf eine ZDv wurde mir glasklar gemacht, daß angetretene Soldaten, besonders im Stillgestanden, den Mund zu halten hätten, dem zufolge also auch nicht die Hymne singen dürften. Weil ich mich weigerte, meinen Befehl zurückzunehmen, entwickelte sich ein reger Schriftverkehr, in dem ich darauf bestand, daß diese vernünftige Regel nicht auf die Nationalhymne anzuwenden wäre. Ich wollte meinen Teil dazu beitragen, daß die Deutschen irgendwann ihre Hymne mit dem korrekten Text singen konnten. In diesem nicht kriegsentscheidenden Punkt war ich letztlich erfolgreich, die ZDv wurde dahingehend geändert, daß nur dem Soldaten unter Waffe das Singen verboten blieb. Das schien mir vernünftig. Die letzten Vereidigungen, die ich mir 2009 und 2010 an der MSM angesehen habe, waren wieder genau so wie damals an der MOS....

Ungefähr zur zweiten Hälfte meiner Zeit als Amtschef bekam ich einen neuen Stellvertreter, den Flottillenadmiral Dr. Kurt F. Er war bekannt geworden als Pressesprecher des Ministers Apel und mußte – soweit ich mich erinnere – beim Regierungswechsel seinen Dienstposten als Stellvertretender Stabsabteilungsleiter Fü S III räumen. Er wurde Attaché in London, bis er zu mir ins Marineamt kam. Ich erinnere mich ausgesprochen gern an diese Zeit, weil wir sehr gut zusammenarbeiteten und „Kuddel" für fast jeden Fug und Unfug zu haben war. Als wir eines Tages auf dem Rückweg vom Essen durch die 4. Einfahrt gingen, zwei Admirale von rund 1,90 m Länge und jeder sicher nur wenig unter 100 kg, begegnete uns ein Obergefreiter mit einer klassischen Nickelbrille. Als er uns grußlos passierte, hielten wir ihn an. Kuddel fragte freundlich, ob ihm bekannt sei, daß man Admirale zu grüßen habe. Eifrig gab ihm der Obergefreite recht, blinzelte uns durch seine Brille an und fragte:

„Jawoll, eh', wo sind denn welche?" Da brachen wir unsere Erziehungsbemühungen ab.

In diesen Jahren versuchten wir, wichtige Persönlichkeiten aus der gesamten Bundesrepublik als Multiplikatoren zu gewinnen, in dem wir sie zu einer Wehrübung von 14 Tagen einberiefen, um ihnen in einem guten Programm die Marine nahezubringen. Diese Info-Kurzwehrübungen wurden schnell populär, es gelang uns, in unseren Wehrübenden Verständnis und Begeisterung zu wecken.

Die Teilnehmer genossen diese „Ferien vom ich" und machten in ihrem Lehrgang viele neue Bekanntschaften. Vom Staatssekretär über Wissenschaftler und Gymnasiallehrer bis zu bedeutenden Wirtschaftsbossen war alles vertreten. Zum Programm gehörte auch, daß der Inspekteur oder einer der drei Höheren Kommandeure an einem Abend für Fragen zur Verfügung stand. Als ich im Wilhelmshavener OHeim mit den Herren zusammensaß, lernte ich als Tischnachbarn den Vorsitzenden des Gesamtbetriebsrates der Hoesch AG kennen.

„Ich bin der erste aus meiner Familie, der nicht gedient hat!" ließ er uns wissen und machte deutlich, wie sehr er das bedauerte. Er erzählte, daß er auch der letzte im Gesamtbetriebsrat sei, der noch viele Jahre als Gesenkschmied gearbeitet hatte, bevor er in den Betriebsrat aufstieg.

Dann fragte er mich, ob ich ihm erlauben könnte, in Uniform nach Hause zu fahren, um am nächsten Tag dem Gesamtbetriebsrat als Leutnant zur See über seine Erfahrungen zu berichten. Unsere Lehrgangsteilnehmer mußten zu unserer großen Verärgerung bei Lehrgangsende Uniform und Dienstgrad wieder abgeben, weil unsere unsäglichen Juristen Reservedienstgrade ausschlossen, wenn es keine Mobilmachungsverwendung gab. Auch hier bewährte sich die Abteilung VR[322] in der völlig unnötigen Behinderung der Uniformträger. Nie habe ich eine Antwort von VR gesehen, in der uns Möglichkeiten mit Risiken und Spielräume einschließlich juristischer Grauzonen aufgezeigt wurden. Nur zu gern hätten viele unserer VIPs auch in unserem Interesse **Oberleutnant zur See d.R.** auf ihre

---

[322] Verwaltung und Recht

Visitenkarten gesetzt. Wem hätte es geschadet? Einige taten genau das, und es war sehr gut so.

Während ich noch überlegte, faßte mein Tischnachbar in seine Brusttasche und zog einen 1000 DM-Schein heraus, hielt ihn mir hin und sagte:

„Ich möchte bitte die Uniform kaufen!" Nicht nur das, zur allgemeinen Erheiterung sagte er mehrmals: „Admiral, nun hör mal zu!" Also habe ich ihm unter Verzicht auf das Geld die Erlaubnis erteilt, in Uniform nach Hause zu fahren und vor seinem Gremium aufzutreten. Ich wußte damals schon, daß das alles nicht in Ordnung ist, wurde aber nicht ertappt.

Ich hatte diese Episode gerade vergessen, als der Inspekteur und die Höheren Kommandeure eine Einladung der Hoesch AG erhielten. Der Vorstandsvorsitzende R.[323], ehemaliger Staatssekretär, lud uns zu einem Informationsaustausch ein und bezog sich auf den Bericht des Leutnant z.S.d.R., der so begeistert berichtet hatte.

Bei unserem Wiedersehen berichtete er, daß er einen bleibenden Eindruck bei seinen Kollegen im Gesamtbetriebsrat gemacht hatte und war immer noch stolz wie Oskar. In diesen Gesprächen erreichten wir, daß den tausenden Lehrlingen, die ihren Abschluß in den nächsten vier Jahren machten und nicht direkt von Hoesch übernommen werden konnten, der SaZ 4[324] bei der Marine empfohlen wurde.

Ich habe schon bisher hoffentlich keinen Zweifel gelassen, daß die Truppenverwaltung oder auch die Bundeswehrverwaltung es schwer mit mir hatten. Noch nicht dagegen habe ich erwähnt, daß ich seit meiner Kindheit eine völlig unbegründete, tiefsitzende Abneigung gegen Kohlrouladen mit mir herumschleppte.

Eines Tages nun kamen diese beiden in Form einer Sammelbeschwerde gemeinsam auf meinen Schreibtisch. Mehrere hundert Soldaten der Fernmeldeschule hatten sich beschwert, weil es als Mittagessen schwarz verbrannte Kohlrouladen gab. Mein Abteilungsleiter Verwaltung legte mir den unterschriftsreifen Beschwerdebescheid vor. Die Beschwerde sollte abgewiesen werden, weil ein Veterinär in Hannover befunden hatte, daß verbrannte Kohlrouladen nicht gesundheitsschädlich sind.

---

[323] wurde 2 Jahre später von der RAF ermordet

[324] Soldat auf Zeit mit 4 jähriger Verpflichtung

Mehrmals hatte ich bei der MFmS gegessen, es gab keine unterstellte Einheit, bei der ich das Essen weniger schmackhaft fand. Der Küchenmeister war kein Meister seines Faches. Während viele Verwaltungsjuristen darauf achteten, möglichst keine Prozesse zu verlieren und nur in extremen Ausnahmesituationen einer Beschwerde stattzugeben, wußte ich, welche Genugtuung es wohl gerade deshalb für den Seemann bedeutet, einmal mit einer Beschwerde Erfolg zu haben. Also verwarf ich die Empfehlung und entschied, daß den Soldaten das Verpflegungsgeld zu erstatten sei. Die Verwaltung wehrte sich dagegen mit dem administrativen Hinweis, daß fast alle Beschwerdeführer schon versetzt oder gar entlassen seien. Letztlich wurden aber alle ausgezahlt.

Später wurde ich gewahr, daß sich mein Abteilungsleiter Verwaltung sogar an seine Fachvorgesetzten im Ministerium gewandt hatte, um dort – zum Glück vergeblich – Hilfe gegen mich zu mustern.

Also angestachelt, kam mir ein zweiter Fall gerade recht. Ein Unteroffizier wurde zu einem längeren Lehrgang nach San Diego kommandiert. U.a. erhielt er auch einen ordentlichen Vorschuß für die Reisekosten etc. Kurz vor der Abreise tauschte er das Geld gegen Dollars ein. Einen Tag vor der Abreise wurde seine Teilnahme gestrichen. Da sein Refü[325] darauf bestand, nur deutsches Geld anzunehmen, als er den Vorschuß zurückzahlen mußte, hatte er durch Gebühren und Kursschwankungen plötzlich ~DM 200,- weniger als vorher. Nun beschwerte er sich dagegen, daß er die Differenz aus eigener Tasche ausgleichen sollte. Mir wurde empfohlen, die Beschwerde abzuweisen, weil der Unteroffizier sich ja den Vorschuß auch in Dollars hätte auszahlen lassen können. Das war ihm nicht gesagt worden, aber er hätte ja fragen können. Soviel administrative Ungerechtigkeit ließ mich zur Höchstform auflaufen: Ich gab der Beschwerde statt, und der ReFü mußte eine Schadensmeldung verfassen.

Mitte 1987 wurde mir das Bundesverdienstkreuz 1. Klasse verliehen. Damals wußte ich noch nicht, daß ich danach in meinen restlichen 9 Dienstjahren unter 4 verschiedenen Disziplinarvorgesetzten nichts Ordenswertes mehr vollbringen würde. Mein Ordensaufbau war – wie es in der Sprache der Fachleute hieß – und wie ich natürlich erst nach meiner Pensionierung merkte, sehr früh abgeschlossen. Ich habe in meinen letzten

---

[325] Rechnungsführer

9 Dienstjahren nichts mehr geleistet, was das Entzücken meiner Vorgesetzten hätte nach sich ziehen können.

Über meine Beförderung zum Konteradmiral im Herbst 1987 konnte ich mich gar nicht so recht freuen, zu lang hat mich mein sparsamer Dienstherr hingehalten. Minister Wörner händigte uns die Urkunden aus und bat uns anschließend mit Damen zu einem sehr ordentlichen Essen im Casino. Wir saßen mit dem neuen Inspekteur des Heeres, Generalleutnant von O., am Tisch, der zu Anfang des Essens mit einer Hand auf meine Kolbenringe deutete, mit dem Zeigefinger wedelte und leutselig fragte:

„Und Sie, wie heißt das eigentlich bei Ihnen?" Es konnte nicht sein, daß jemand Generalleutnant des deutschen Heeres wird und zu dusselig ist, sich die paar Marinedienstgrade zu merken. Es schien mir auch undenkbar, daß jemand wie er Jahre im Ministerium sitzt, ohne solche Kleinigkeit aufzuschnappen. Außerdem wußte ich, daß sein Schwager Konteradmiral ist. Ich war ob dieses lümmelhaften Benehmens verärgert und antwortete:

„Warum sollte ich es Ihnen sagen, Sie können es sich ja doch nicht merken!" Der General wandte seine Aufmerksamkeit anderen Gästen zu. Irgendwie fühlte ich mich danach sehr wohl.

Im Herbst übergab ich das Marineamt an Hein W. und machte mich noch einmal auf den Weg nach Bonn.

Chef des Stabes im Führungsstab der Marine

Zum 1. April 1988 wechselten Hein und ich die Stühle, er wurde als Amtschef Höherer Kommandeur, und ich ging noch einmal in den Fü M als Chef des Stabes. Inspekteur war Jimmy M., ich konnte es gar nicht besser treffen. Der Stab war gerade erst in das neue Stabsgebäude gezogen, und alle waren noch damit beschäftigt, sich einzurichten. Da man im Ministerium an der Zahl der Fenster in seinem Dienstzimmer ablesen konnte, ob man es zu etwas gebracht hatte, zeigte mir meine Fensterreihe, daß ich auf „Fensterhöhe" mit dem Inspekteur arbeitete. Aber es gab eben doch Unterschiede: Der Inspekteur hatte eine Art Gardine, ich aber nicht. Klare Sache, denn sie stand mir ja auch nicht zu. Jedes eilige Umziehen, und war es auch nur der Wechsel in ein frisches Hemd, bot den nahe gegenüber arbeitenden Damen und Herren intime Einblicke.

Ich mußte den Inspekteur bemühen und nach umfangreichen, an den Haaren herbeigezogenen schriftlichen Begründungen und erweiterten gelogenen Erklärungen zu den Begründungen wurden mir nach nur drei Monaten widerwillig Gardinen genehmigt. Ich schöpfte Mut und Trost aus diesen Beobachtungen, denn ich konnte gewiß sein, daß wir nie in einen Krieg verwickelt werden würden oder ihn gar vom Zaune brechen könnten: Die Verwaltung würde es mit wenigen Maßnahmen unmöglich machen.

Ich will mich in meinen Erinnerungen an diese Verwendung auf zwei Schwerpunkte meiner Arbeit konzentrieren, die eng zusammenhängen. Mein Inspekteur machte sich zurecht Sorgen um die Zukunft unserer Marine und sah die uns bewilligten Mittel ständig schrumpfen; Mittel, die wir für den Betrieb dringend benötigten, mehr aber noch für unsere Investitionsmöglichkeiten bei Neubauten und Modernisierungen. Er überzeugte mich und dann auch die Höheren Kommandeure, daß es gar keinen Sinn mache, ein ständig wachsendes Loch in der Finanzierung vor uns her zu schieben, ohne die geringste Hoffnung auf eine deutliche Verbesserung. Was, so fragte er uns, machen wir, wenn uns die Bedrohung abhanden kommt?[326]

Uns war völlig klar, daß wir bei diesem Anlauf keine Tabus gelten lassen konnten, wenn wir eine tragfähige und politisch akzeptable Antwort finden wollten. Vor allem aber mußten wir Sorge tragen dafür, daß nichts vorzeitig nach außen dringt. Wir, daß waren die Höheren Kommandeure, der Inspekteur, sein Adjutant, und ich mit meinem Stabsoffizier. In einer Reihe von Treffen, die wir im OHeim der Versorgungsschule auf Sylt begannen und so unauffällig wie möglich in Waldbröhl und an anderen Orten fortsetzten, entwickelten wir eine Vorstellung von der „Flotte danach", die deshalb später auch „Sylter Flotte" genannt wurde. Da wir alle aus den 56er Crewen stammten, kannten wir uns lange und gut genug, um freundschaftlich und vertrauensvoll zusammenzuarbeiten. Wir konnten hart und kontrovers diskutieren, ohne mehr Aufwand an Höflichkeit als er unter bewährten Freunden nötig bleibt. Es wurde auch kräftig gelacht, nicht zuletzt über mich, weil ich darauf bestand, daß es zum Nachmittagskaffee genug leckere Hefestückchen gab.

---

[326] natürlich hat er viel seriöser gefragt

Zwischen den Treffen faßten die beiden tüchtigen Stabsoffiziere die Ergebnisse zusammen und ordneten sie so, daß wir damit weiterarbeiten konnten. Wir nutzten die Pausen, um Ideen zu entwickeln, neue Ansätze vorzudenken und das Erreichte zu beurteilen. Beim nächsten Treffen besprachen wir die vorliegenden Ergebnisse, dann trug jeder vor, was er sich in der Zwischenzeit überlegt hatte. Nach vielen Umwegen und nach dem Tode vieler liebgewordener Vorstellungen kristallisierte sich ein schlüssiges Ergebnis heraus. Zurückblickend empfand ich diese Arbeiten als eine wunderbare Periode, in der wir „Alten" uns öfter als die einzigen Revolutionäre der Marine empfanden und in der die freundschaftliche Verbundenheit eine Hauptvoraussetzung für ein gutes Ergebnis bildete.

Mit der Perestroika tat sich ein erstes Fenster auf, durch das wir den frischen Wind der Veränderung auch mit Blick auf unsere Sylter Flotte spürten. Als die Medien den Hoffnungsträger Gorbatschow zitierten mit dem Ausspruch: „Wer zu spät kommt, den bestraft das Leben!" war ich sicher, daß er uns – die Marine – nicht gemeint haben konnte. Die Wiedervereinigung, die wir nicht vorhergesehen hatten – wie auch? – machte geringfügige Anpassungen an die neue politische Lage in unserem Konzept erforderlich.

Jims kluge Voraussicht bescherte uns nun Gewißheit und Zuversicht, wenn auch so mancher bittere Einschnitt in den Bestand der Marine erforderlich war und den Betroffenen sehr viel abverlangte. Im militärpolitischen Raum und bei den Parteien konnte der Inspekteur wertvolle Punkte sammeln, und daher kam nicht nur der Rückenwind, sondern vor allem das Geld, das wir brauchten.

Schon während dieser Arbeiten wurde mir klar, daß eine de facto Halbierung der Marine unseren Männern leichter zu verkaufen wäre, wenn auch der Führungsstab der Marine erkennbar kleiner würde. Nachdem nun schon der Flottenstab und das Marineamt meiner Umorganisationswut zum Opfer gefallen waren, reizte mich diese unvergleichbar schwierigere Aufgabe sehr.

Aber es war nicht mein Ehrgeiz, nichts ohne Organisationsänderung zu verlassen, sondern ich war von der Notwendigkeit überzeugt. Wenn der Führungsstab der Marine dem unterstellten Bereich eine Roßkur verschrieb, durfte er nicht ungeschoren davonkommen. Außerdem wies unsere Organisation Schwächen auf, die es wert waren, behoben zu werden.

Wenn ich es in der Flotte und im Marineamt mit Herzögen zu tun hatte, dann waren es nun hier im Fü M wohl Prinzregenten, und die Begeisterung über meine arbeitsintensiven Pläne hielt sich in engen Grenzen. Zu einigen waren die über Jahrzehnte gewachsenen freundschaftlichen Beziehungen stabil genug, um die unvermeidlichen Belastungen zu ertragen. Die anderen wurden zur Ziellinie getragen.

Bevor ich richtig Schwung holte, besuchte ich den Leiter des Organisationsstabes im BMVg, skizzierte kurz meine Absichten und fand uneingeschränkte Zustimmung. In der Quantität ließ sich gar nicht so viel erreichen, da der Fü M im Vergleich zu den anderen Führungsstäben quantitativ wesentlich schlechter bestückt war. Dabei war die Vielfalt der zu bewältigenden Aufgaben im Fü M am größten, denn wir waren für fliegende, schwimmende, tauchende und an Land eingesetzte Einheiten verantwortlich. Wir hatten die mit Abstand komplexesten Waffensysteme und den größten Standortnachteil. Der Multiplikator war unterschiedlich, aber wenn es um einen Regenmantel, einen FlaRakPanzer oder eine Erschwerniszulage ging, spielte der Multiplikator nur beim Beschaffen, Bezahlen oder Bedienen eine Rolle. Trotzdem hatte der Fü H I fast doppelt so viele Hilfsreferenten wie der Fü M I nach dem immer gültigen Grundsatz: Beim Heer sein heißt zahlreich sein.

Da ich die Einzelheiten längst vergessen habe, will ich es hierbei bewenden lassen, kann mir aber nicht verkneifen, mit Freude festzustellen, daß der Fü M noch heute in dieser Gliederung arbeitet. Die anderen Führungsstäbe sind nun ebenso gegliedert, ausgenommen natürlich der Fü S, der lediglich eine Stabsabteilung einbüßte. Nach außen hin aber wirkte unser Stab um die Hälfte geschrumpft und konnte sich ohne rote Ohren mit all´ den anderen Betroffenen im unterstellten Bereich solidarisieren.

Als ich irgendwann Gelegenheit fand, zurückzublicken auf das, was ich alles verursacht hatte, mußte ich feststellen, daß nur das Marineunterstützungskommando meiner reformatorischen Wut entgangen war. Es ist der einzige Kommandobereich, in dem ich nur als Leutnant / Oberleutnant für Wochen „geparkt" war. Nun darf ich auch mit Heiterkeit auf die Antwort zu der Frage verzichten, ob das MUKdo damit Glück oder Pech gehabt hat.

Das von Freundschaft und Vertrauen getragene Verhältnis zu meinem Inspekteur machte die gesamte Arbeit leicht. Außer als A3 bei H.H. habe ich nie in größerer Gewißheit gearbeitet, daß mein Chef mir den Rücken stärkt und freihält.

Bevor ich über zwei Begegnungen mit Staatssekretären des BMVg berichte, möchte ich meine noch heute anhaltende Dankbarkeit darüber zum Ausdruck bringen, daß ich meinen Inspekteur nur zweimal vor Verteidigungs- bzw. Haushaltausschuß vertreten mußte. Jim genoß Ansehen und war in seinen Auftritten überzeugender als ich es je hätte sein können, er hat wohl auch die bessere Selbstbeherrschung.

Nun aber zu meinen Staatssekretärs-Episoden: Als es eines Tages um eine geheime Zusatzausrüstung namens Cerberus für Luftwaffen- und Marine-Jets ging, klafften die Auffassungen der Bedarfsträger weit auseinander. Für den nächsten Schritt in der Entwicklung sollte unter Umgehen gültiger Verfahren ein erheblicher Betrag (mehr als 200 Millionen DM) an den israelischen Hersteller gezahlt werden, bevor überhaupt der Nachweis über die Leistung der Vorstufe erbracht war. Das lehnte ich für die Marine ab, so daß der zuständige Staatssekretär Prof. Dr. T. eine Sitzung einberief.

An dieser Sitzung nahm ich teil, es war eine kleine Runde, denn mit Staatssekretär waren wir nur sieben. T. war bei uns angesehen, denn seine unbürokratische, zupackende Art im Umgang mit der Industrie gefiel uns. Nach den Vorträgen aller beteiligten Abteilungen antwortete ich auf seine Frage: Die Marine wird die Katze nicht im Sack kaufen, wir sind nicht bereit, weitere Gelder dafür auszugeben!

So fiel die Entscheidung, d.h. gegen weitere Zahlungen vor erfolgreichem Leistungsnachweis. Obwohl jeder Teilnehmer jeden anderen kannte und sich sicher fühlte, stand ein detailliertes Protokoll dieser geheimen Sitzung in einer der nächsten Ausgaben des „Spiegels“: Der erstaunte Leser erfuhr u.a. „Konteradmiral Blue Braun stellte in seiner gewohnt flapsigen Art fest: ‚Die Marine wird die Katze nicht im Sack kaufen!‘“ Trotz einer intensiven Prüfung durch MAD und andere Verdachtschöpfer fand man den Informanten nicht, aber eine allgemeine Verunsicherung blieb als Folge. Später wuchs dieses Vorhaben zu einem veritablen Skandal, aus dem ich die Marine so mit Glück heraushalten konnte.

Zum Ritual der Versetzung aus dem Ministerium gehört ab Stellvertreter Inspekteur auch eine Abmeldung beim Minister. Meine tüchtige

Sekretärin versuchte, einen Termin zu vereinbaren, doch erfolglos. Als relativ kleines Licht in der Hardtberg-Hierarchie wurde ich mit ihrem Versuch durchgereicht bis zum Parlamentarischen Staatssekretär Dr. Holger P. Mir war es gleich, ich war ihm nie begegnet, und er war mir bis dahin auch nur als Intimus von Franz-Joseph Strauß bekannt geworden.

Als er später jahrelang weltweit von der Polizei gesucht wurde, dachte ich oft an unsere Begegnung. Zum einzigen Mal in meiner Dienstzeit saß ein Protokollführer bei einem solch' bedeutungslosen Gespräch dabei. Leutselig fragte mich der Herr Staatssekretär, ob ich es sehr bedaure, das Ministerium verlassen zu müssen.

Im ersten Augenblick dachte ich, daß Herr Staatssekretär zu scherzen beliebt. Dann fiel mir der Protokollführer ein, und ich unterdrückte ein fröhliches Lachen. Dann fügte er hinzu:

„Hier sind die Hebel der Macht, hier kann man Einfluß nehmen!" Lahm wehrte ich ab, daß ich noch keinen solchen Hebel gesehen hätte. Mit herablassendem Desinteresse wurde ich entlassen.

Fröhlichen Herzens machte ich mich auf den Weg nach Kiel, wo ich am 26.4.1990 mit einer eindrucksvollen Musterung das Kommando über die Flotte übernahm.

Befehlshaber der Flotte

Ältere Kameraden, die mit mir ganz zu Anfang meines Weges auf „Z 4" fuhren, ließen nur selten eine Gelegenheit aus, mich an eine meiner vielen Lümmelhaftigkeiten zu erinnern. In einer zwanglosen Runde in der Messe fragte der grundgütige Admiral J., wer denn was werden wollte. Die Antworten bewegten sich zwischen Kommandant und Schulkommandeur, alles mit Bescheidenheit und Augenmaß vorgetragen. Als der Leutnant zur See Braun an der Reihe war, soll er gesagt haben: „Admiral, Herr Admiral!" Ich kann mich bei bestem Willen nicht erinnern.... Es soll sehr still in der Messe gewesen sein, bis der Admiral in der für ihn so typischen Art vor sich hin kicherte, meine „Bewerbung" jedoch nicht kommentierte. Ich kann mich nicht daran erinnern, befürchte jedoch, daß es stimmt.

Darüber dachte ich nach auf dem Weg in den Norden. Zumindest – so sagte ich mir – hat es der Lümmel bis zum Admiral geschafft und war nun auf dem Weg zu seiner 5. Admiralsverwendung. Siegfried T., meinem weisen IO auf „Z 4“, danke ich manche hilfreiche Seemannsregel. Bei einem Gespräch über Havarien und ihre Entstehung merkte er an: „Keiner ist so gut, daß er nicht auch Glück haben muß!“, während der KdZ P. darauf bestand, daß der kluge Seemann so plant und agiert, daß er das Glück nicht braucht, was sich ja gar nicht gegenseitig ausschließt. Ich habe meine beiden Kommandantenzeiten ohne Schwerverletzten oder Toten und ohne Havarie überstanden. Da ich ja immer dabei war, kann ich rückwirkend feststellen, daß ich des Öfteren mordsmäßig Glück gehabt habe und daß es ohne Glück kläglich hätte enden können.

Meinen Vorrat an Glück habe ich wie ein Konto behandelt, das ich immer wieder unbewußt in Anspruch nahm, ohne den Kontostand zu kennen und ohne darüber nachzudenken, ob auch genug eingezahlt wird und vor allem: von wem. Vor dieser neuen schönsten Aufgabe in der Marine faßte ich viele lobenswerte Vorsätze und hoffte, mein Glückskonto noch nicht überzogen zu haben. Bei allem Respekt vor den damaligen Aufgaben und Verantwortlichkeiten unserer Inspekteure fühlte ich mich auf dem Wege zum Gipfel der Marine. Dankbar behielt ich im Hinterkopf, daß Hein W. bereit war, Jim einmal als Inspekteur abzulösen, denn damit schwand die Drohung meiner erneuten Verwendung im Ministerium.

Am 2. Mai 1990 trat ich meinen Dienst in Glücksburg an. Dieses nach den gültigen Marineregeln „krumme“ Datum tauchte in meinem Werdegang immer wieder auf:

- 2.5.56   Diensteintritt
- 2.5.63   Kommandant „Thetis“
- 2.5.65   Beförderung zum Kapitänleutnant
- 2.5.90   Beförderung zum Vizeadmiral.

Rund 25.000 Menschen (einschließlich der 3000 zivilen Mitarbeiter) gehörten nun zu meinem „Beritt“, mit rund 200 schwimmenden Untersätzen, gegliedert in 8 Flottillen mit insgesamt 20 Geschwadern und vier Fernmeldebataillonen. Gut 7000 Mann davon waren Marineflieger, die in 4 Geschwadern 200 Flugzeuge flogen. Unser modernes Hauptquartier mit seinen guten Führungs- und Darstellungsmöglichkeiten suchte weltweit seinesgleichen.

Ich nahm mir vor, gleich zu Beginn mit Antrittsbesuchen bei den regionalen Schweif- und Würdenträgern ein gutes Verhältnis zu meiner neuen Umgebung herzustellen. Ich begann bei der Bürgervorsteherin Elke von H. in Glücksburg. Ich wurde liebenswürdig und aufmerksam empfangen, und da wir uns schon lange gut kannten, fühlte ich mich gleich wieder zu Hause.

Dann – nach entsprechender Anmeldung – fuhr ich zum Flensburger Rathaus, um dem Oberbürgermeister D. (SPD)[327] meine Aufwartung zu machen. Da niemand auftauchte, um mich wahrzunehmen, machte ich mich auf die Suche nach dem OB. Ich fand sein Sekretariat und konnte ein gewisses Unbehagen nicht übersehen. Der Oberbürgermeister glänzte durch Abwesenheit, es gab auch keine Erklärung. Als ich gebeten wurde, mich einen Augenblick zu gedulden, fand man den Stadtpräsidenten, der mich wenig freundlich begrüßte. Da auch er nicht wußte, wo der Oberbürgermeister sich aufhielt, habe ich mich so schnell wie möglich empfohlen. Da auch später niemals der Versuch unternommen wurde, sich zu entschuldigen, habe ich meine weiteren Absichten eingestellt. Der Bürger Braun, so fand ich, kann damit noch leben, der ranghöchste Repräsentant der Bundesrepublik für alle 5 Küstenländer dagegen durfte so etwas nicht hinnehmen.

Als ich nun bei meinen fliegerischen Ambitionen aus dem Vollen schöpfen wollte, d.h. so oft wie möglich im Tornado mitfliegen, rieten mir die Ärzte davon ab. Es fiel mir nicht leicht, auf sie zu hören, ich wollte aber auch kein schlechtes Beispiel liefern. Ich verschob das Jetfliegen auf die Zeit nach dem hohen Blutdruck....

„Einheitsführertagung" hieß das Treffen mit den Kommandanten nun, es war lehrreich zu beobachten, wie sich diese Veranstaltung weiterentwickelt hatte von der ursprünglichen Idee. Mir war klar, daß Stillstand über 13 Jahre höchst merkwürdig und sogar beunruhigend gewesen wäre. Wir hatten damals begonnen mit einer Veranstaltung, die zuerst einmal der persönlichen Begegnung der Kommandanten mit dem Befehlshaber diente, und bei der die Themen von den Kommandanten bestimmt wurden. Bei VAdm. F. mußten die Fragen in den ersten Jahren vorher schriftlich eingereicht werden, um dann eine Antwort des Stabes bei der Tagung zu erhalten.

---

[327] Oberleutnant z.S.a.D.

Da er sechs Jahre lang Befehlshaber war, kannte er natürlich viele Fragen auswendig und reagierte teils grimmig, wenn etwas immer wieder gefragt wurde. Es war offensichtlich, daß er drei Kommandantengenerationen erlebt hatte, ohne das bei den Fragen immer zu realisieren.

Nur als KdZ habe ich nach meiner A3-Zeit EFTAs[328] erlebt und die waren mit F. Als ich einem meiner Kommandanten nach einer Frage beispringen wollte, wurde auch ich abgekanzelt. Die Atmosphäre war viel schlechter als bei H.H. Bei Jim als Befehlshaber erlebte ich keine Tagung. Ich jedoch ging wieder zurück zu der Begegnung mit dem Befehlshaber, bei der das Risiko der spontanen Antwort im Vordergrund stand und bei der gelacht werden durfte, sogar über den Befehlshaber.

Kurz vor der Kieler Woche 1990 kam auch zum ersten Mal ein sowjetisches Kriegsschiff nach Kiel, auf dem neben der Besatzung eine für uns unübersehbare Zahl von Dienstgraden eingeschifft war. Dazu war auch der Verbandsführer Konteradmiral L., der fröhlich und wißbegierig alles mitmachte, was besonders Fernsehen und Presse forderten.

Zu Beginn eines Empfanges auf unserem Flottenflaggschiff ergab es sich, daß ich mit dem Chefdolmetscher von Admiral L. zusammenstand. Dieser Dolmetscher, der Kapitän zur See 1. Grades Genadi S., spricht sehr gutes Deutsch und kannte zu meiner Verblüffung fast alle prominenten Gäste, die die Stelling erreichten. Nicht nur das, er kannte Vornamen, Spitznamen, Dienststellung, Zahl der Kinder usw. Freimütig erklärte er mir, daß er seit fast 20 Jahren der Chef der Personalaufklärung sei und über uns alle bestens Bescheid wisse.

Als ich ihn fragte, über wie viele Spione er dafür verfügte, amüsierte er sich köstlich.

„Wir haben alle deutschen Zeitungen abonniert, in denen etwas über Marinesoldaten stehen könnte, ob Wilhelmshavener Zeitung, Kieler Nachrichten oder auch Bonner General Anzeiger." Später, nachdem er mir seinen Stellvertreter, den Kapitän zur See 2. Grades Vadim G., vorgestellt hatte, erzählte er mir, daß er nach dem Studium der Germanistik vor 20 Jahren als Kapitänleutnant in seiner jetzigen Abteilung angefangen hatte.

---

[328] Einheitsführertagungen

Bevor L. von Bord ging, lud er den Flottillenadmiral „Charles" L. und mich zu einem abendlichen privaten Gespräch in seine Kammer. Wir sagten voller Neugier zu, aßen aus Respekt vor der russischen Trinkfestigkeit ordentlich zu Abend und waren gegen 21.00 Uhr bei L.. Lärmende Begrüßung und viel Nichtssagendes wurde geredet, bis der Steward, ein Oberleutnant zur See, kurz die Kammer verließ. Litvinov in erstaunlich gutem Englisch:

„Der ist vom KGB, kann aber nur deutsch. Ab jetzt sprechen wir nur noch englisch!" Es wurde viel getrunken, aber das Gespräch blieb oberflächlich. Wir haben mit einer nicht endenden Kette von Trinksprüchen auf alle Seefahrer, die nicht zu zerstörende Freundschaft zwischen Russen und Deutschen und andere Parolen getrunken. Als wir aufbrachen, stellten wir mit Genugtuung fest, daß unser Gastgeber zu betrunken war, uns zur Stelling zu begleiten. Das verbuchten wir mangels anderer Erfolge als einen kleinen Sieg.

1990 jährte sich ein großes Ereignis der deutschen Geschichte, dem dankbar viel Aufmerksamkeit zuteil wurde: Helgoland war am 1. Juli 1890, also vor 100 Jahren aus britischem Besitz an das Deutsche Reich übergeben worden, ohne jeden Krieg im Rahmen eines komplizierten Tauschgeschäftes, zu dem auch Sansibar gehörte. Die Übergabezeremonie am 10. August 1890 führte der Kaiser durch. Am 10. August 1990 übernahm der Bundesminister für besondere Aufgaben Rudolf S. dessen Rolle.

Die politischen Wirren um den Persischen Golf hatten auch nach dem Waffenstillstand zwischen Iran und Irak nicht nachgelassen, die Spannungen hielten an. Saddam Hussain überfiel Kuweit Anfang August 1990 und annektierte den Ölstaat. Unter dem Schirm einer UN-Resolution bereiteten die USA mit weiteren 30 Staaten einen Feldzug vor, mit dem Kuweit befreit werden sollte. Die deutsche Politik lieferte ein jämmerliches Paket Ausreden, um bloß nicht mit in diesen Krieg ziehen zu müssen. Immer öfter berichteten deutsche Offiziere aus internationalen Stäben, daß sie hinter vorgehaltener Hand oder auch öffentlich als Feiglinge bezeichnet wurden.

Falls sich unsere Regierung doch noch aufraffen würde, hatten wir im Flottenstab verschiedene operative Möglichkeiten für unsere Marine durchdacht und arbeiteten auch noch daran, als ich den Herrn Minister mit Frau in Wilhelmshaven auf dem Schnellboot „Kormoran" begrüßte. Seine

Majestät Kaiser Wilhelm II. als oberster Repräsentant des Reiches fuhren sintemalen mit einem veritablen Kreuzer bei der Insel vor, wir nun mit einem Schnellboot. Es war Kaiserwetter, und unsere Gäste zeigten sich angenehm und umgänglich.

Als wir freikamen vom Jadefahrwasser, wehte es frisch aus Nordwest, die See war kabbelig. Als der Minister nach der Höchstgeschwindigkeit fragte, ließ der Kommandant seine „Pferde" los, und wir liefen über 35 kn. Einer der kleinen Sprühwasserfetzen, die nun ab und zu mit 70 kmh über die Brücke fegten, traf Frau Minister voll. Make up und Frisur waren nicht mehr zu erkennen, es war ein Jammer! Sie wurde in die Kommandantenkammer gebracht, während wir nun Kurse und Geschwindigkeit ausprobierten, bei denen es wenig schaukelte. Zum Festmachen erschien sie mit größter Vorsicht auf der Brücke und sah so strahlend aus wie vorher. Sie lobte die Besatzung dankbar, die alles angeschleppt hatte, was sie eventuell noch für die Reparaturen brauchen konnte.

Bevölkerung und Gäste der Insel waren hochgestimmt, und die unzähligen Flaggen wehten im frischen Wind. Die Parade der Marineinfanterie von 1890 vor dem Kaiser entfiel ersatzlos, aber die Honoratioren von Helgoland waren zum Empfang erschienen. Mitten in diese festliche Stimmung erreichte mich der Einsatzbefehl des Fü M: Ein Verband aus Minensuchern sollte schnellstens auslaufbereit gemacht werden. Damit hatte ich zu diesem Zeitpunkt nicht wirklich gerechnet, aber wir waren ja gut vorbereitet. Um das einmal ganz deutlich zu machen: Grundsätzlich bin ich froh, daß bei uns alles nach Recht und Ordnung verläuft und daß wir nicht vorschnell aus der Hüfte schießen. Aber quälend langes Lavieren und Herumdrucksen, das unser Land und unsere Soldaten lächerlich macht, erfüllt mich mit Grimm. Ich erklärte dem Minister kurz, warum ich ihn würde allein lassen müssen. Er trug es mit Fassung, und ich eilte zu unserem Hubschrauberhangar.

Wie immer in solchen Fällen erwischte ich die ganze Belegschaft auf dem falschen Fuß. Ich befahl, einen Seaking startklar zu machen, um nach Glücksburg zu fliegen. Der Hauptbootsmann, den ich als einzigen zu fassen bekam, erklärte mir, daß das so auf keinen Fall ginge und ließ kaum Zweifel, wie wenig er von meinem Auftritt hielt und von meinem unglaublichen Befehl. Ich rief in meinem Stabe an und kurz danach schwebte ein Seaking ein, um mich nach Glücksburg zu bringen. Unterwegs ging mir durch den Kopf, daß wir nach den damals gültigen Regeln den Primat der

Politik nicht berücksichtigt hatten, als wir vernünftigerweise mit der Planung begannen.

Mit Hilfe von Eddy H., der als Kommandeur des MUKdo ein Wunder nach dem anderen wirkte, konnten wir Auslaufbereitschaft für den 16. August melden; 5 Tage Vorbereitung für einen Einsatz im östlichen Mittelmeer und das mitten im Flottenurlaub fanden wir nicht schlecht. Wir schienen aber die einzigen zu sein, denen das auffiel.... Da dieser Einsatz der erste scharfe Einsatz der Marine war, entschloß ich mich, die Auslaufmusterung selbst zu machen.

Der Verband sollte erst einmal nach Kreta verlegen, eine Reise von mehr als 2500 sm und unterwegs durch Übungen die Einsatzfähigkeit erhöhen. Wir schifften zusätzlich alle Ausbilder ein, die der Verbandsführer als erforderlich erachtete.

Die damals sehr schwierige Frage, ob eigentlich jeder Grundwehrdienstleistende mitfahren mußte, ob er nun wollte oder nicht, entschied ich nach umfänglichen Gesprächen mit meinen Rechtsberatern. Eine gute Marineregel lautet: die stehende Wache fährt. Wir haben keinen gefragt, sondern schlicht befohlen. Ein einziger Grundwehrdienstleistender beantragte seine Anerkennung als Wehrdienstverweigerer. Sein Antrag wurde weitergeleitet, er blieb jedoch an Bord, um dort seine Anerkennung abzuwarten. Später erfuhren wir, daß sich sein schriftlicher Verzicht auf Wehrdienstverweigerung und die Anerkennung als Verweigerer in Souda überschnitten. Nun wollte er unbedingt bei seinen Kameraden bleiben, wurde aber zurückgeflogen und dann entlassen. Mit Freude füge ich hinzu, daß er unter den Tausenden eingesetzten Marinern der Einzelfall blieb. Alles, was die Luftwaffe zuvor bei ihrem Betriebsausflug in Hotels im Osten der Türkei an Peinlichkeiten erlebte, blieb uns erspart.

Bei der Auslaufmusterung in der 4. Einfahrt sagte ich den Besatzungen, daß sie in den ersten Einsatz gingen, bei dem wir nicht wüßten, wie er ausgeht, und ob sie alle unversehrt nach Hause kommen würden. Ich versprach ihnen, alles zu tun, um ihnen zu helfen. Als die Besatzungen an Bord gingen, um abzulegen, und ich darüber nachdachte, daß ich viel lieber mitfahren würde als zurückzubleiben, drangen plötzlich mehrere sehr erregte Angehörige auf mich ein, beschimpften mich und griffen mich an. Zum ersten Mal war ich froh und dankbar, als Feldjäger auftauchten, um geschickt und besonnen für meine Sicherheit zu sorgen. Der Vorfall jedoch beeindruckte mich sehr, nicht zuletzt zeigte er mir aus einer anderen Perspektive drastisch, daß es sich nicht um theoretische Erwägungen handelte, sondern schnell in bitteren Ernst umschlagen konnte.

Während die Minensucher unter Führung von Fregattenkapitän N. nach Kreta marschierten, stimmte die griechische Marine mit großzügigen Hilfsangeboten einer längeren Abstützung auf Souda Bay zu. Die öffentliche Diskussion um Auslandseinsätze und besonders um „Out-of-area-Einsätze" der Marine hielt während des Verlegungsmarsches unvermindert an.

Mich hat diese Diskussion immer wieder erzürnt, denn die NATO hat nie ein Gebiet definiert, auf das sich ihre Einsätze beschränken sollten. „Gelernte" Seemächte wie die USA, Großbritannien oder Frankreich würden einen solch' gravierenden Fehler nie machen.

Der NATO-Vertrag bezieht sich im Vorwort, in den Artikeln V und VI nur auf zum Teil vage Gebietsangaben, bei denen es sich ausschließlich um die automatische gegenseitige Beistandspflicht der Partner handelt. Da bei Gründung der NATO viele Gründungsmitglieder noch über Kolonien verfügten (UK, FR, BE, PO, NL), wollten vor allem die USA vermeiden, über diesen Automatismus in einen Kolonialkrieg verwickelt zu werden. Wenn ich mich recht erinnere, hat das Bundesverfassungsgericht trotzdem erst 1994 entschieden, daß solche Einsätze mit dem Grundgesetz vereinbar sind.

Wenn ich in der folgenden Zeit mit meinem Dienstwagen unterwegs war, erwies es sich zunehmend als großes Problem, daß ich über viele Stunden nicht erreicht werden konnte. Nur ein Autotelefon hätte dieses Problem schnell und verläßlich lösen können. Meine entsprechenden Forderungen wurden alle mit langer Verzögerung abgewiesen. Letztlich landete mein Antrag beim Finanzministerium, nachdem ich darauf verwies, daß jeder Minister und jeder Staatssekretär, aber auch jeder Abteilungsleiter im Ministerium über ein solches Gerät verfügte.

Ein halbes Jahr nach meinem Antrag lehnte auch dieses Ministerium ab und verwies mich auf die mobilen Landfernmeldeeinheiten, die ich jederzeit einsetzen könnte. Wir standen nicht weit von den ersten Gefechtshandlungen seit 1945 und mich verwies man auf solch' eine schwachsinnige Lösung.

Um mir auf dem Wege von oder nach Bonn zweimal eine Gelegenheit zum Telefonieren einzurichten, hätte jedesmal eine erhebliche Planung vorausgehen müssen, und jeder Anruf hätte DM 60.000 bis 100.000 gekostet. Also hielten wir auf jeder längeren Dienstreise zwei- oder dreimal an einer Raststätte, der Adjutant rief an und holte mich, falls es etwas Wichtiges gab. Mehrmals stand ich dann in voller Uniform umgeben von staunenden Fernfahrern und Touristen an einer Telefonsäule und verhandelte hochbrisante oder geheime Themen.

Keiner im BMVg oder auch beim BMF trug zu dieser Zeit, so empfand ich es, eine vergleichbare direkte Verantwortung und stand entsprechend unter Dauerdruck. Irgendwo lernte ich in dieser Zeit Herrn S., einen Journalisten des Hamburger Abendblatts, kennen. Er kannte die militärpolitischen Zusammenhänge, wußte aber auch in militärischen Angelegenheiten gut Bescheid. Wir verabredeten uns in Hamburg zu einem Hintergrundgespräch. Keine Ahnung hatte er dagegen von der Sparsamkeit meines Arbeitgebers. Als er erfuhr, daß ich in einem Mercedes 200 Diesel unterwegs war, neigte er dazu, mir nicht zu glauben.

Als ich dann zu meinem Lieblingsthema „Autotelefon" kam, kannte sein Unverständnis keine Grenzen.

„Das Hamburger Abendblatt läßt ihnen sofort ein Telefon einbauen und übernimmt auch die Kosten des Betriebes!" Ich bedankte mich herzlich und mußte ihm klarmachen, daß wir auch bei großem Bedarf solche Geschenke nicht annehmen dürften. Er mochte es nicht glauben und schrieb darüber einen Artikel in seiner Zeitung, den außer mir wahrscheinlich niemand gelesen hat.

Nachdem N. mit seinem Verband am 3. September Souda erreicht hatte und sofort mit der weiteren Ausbildung begann, entschloß ich mich, mir selbst einen Eindruck zu machen und auch den Seeleuten zu zeigen, daß wir uns um sie kümmern. Einer der vielen Staatssekretäre des Verteidigungsministeriums, besser gesagt eine Staatssekretärin, wollte sich auch ein Bild machen. Also reisten Frau H.-B. und ich sehr bequem mit einem schönen Flugzeug der Flugbereitschaft in den warmen Süden. Die korpulente Dame kämpfte achtbar gegen Hitze und räumliche Enge auf den Booten.

Erst dort erfuhr ich, daß man ihr den Spitznamen „der Raffzahn" verliehen hatte. Nach einigen Gesprächen mit dem Kommandeur und den

Vertrauensleuten flogen wir wieder zurück. Die Dame wirkte hemdsärmelig und neigte zum Kumpeln. Zum Glück wußte ich damals noch nicht, daß sie sich mit rund 10 Millionen DM! hatte bestechen lassen, eine Summe, die ihren Amtskollegen Holger P. mit seinen schlappen 4 Millionen Bestechungsgeldern fast bescheiden oder auch erfolglos erscheinen läßt.

Irgendwann im Herbst 1990 flog ich noch einmal nach Souda, nun aber begleitet vom Kommandeur MUKdo. Auf der „Westerwald" hatten wir mehrere Sanitätscontainer verladen und ein Team von Unfallchirurgen eingeschifft. Da die Marine nur einen Unfallchirurgen mustern konnte, haben wir uns Ärzte bei Heer und Luftwaffe „ausgeliehen".

Da es keine Verletzten zu versorgen gab, machte sich schnell große Unzufriedenheit breit, die Herren forderten ihre Rückkommandierung in die Bw-Krankenhäuser, weil sie dort genug OP-Möglichkeiten erhielten auf dem geordneten Wege zum Facharzt.

Sicher war ihre Unterbringung auf dem alten Munitionstransporter kärglich, so eben wie die unserer Besatzungen. Ich hörte mir die Herren und ihr Gejammer an. Bei allem Verständnis war ich nicht bereit, wegen der Gefahr für einen reibungslosen Karriereweg irgendwelche Kompromisse zu schließen zu Lasten unserer Besatzungen.

Als ich Ihnen deutlich sagte, daß ihre Einstellung nicht zu ihren hohen Dienstgraden paßte, schienen sie höchlichst überrascht. Ich erklärte ihnen, daß sie keine verkleideten Fachärzte seien, sondern Soldaten, besser noch Stabsoffiziere mit medizinischen Kenntnissen und daß der Weg in den Krieg nicht nur über 4-Sterne-Hotels führen könnte.

Ich fühlte mich wohler nach dieser Gardinenpredigt. Dienstauffassung und Moral der „ausgeliehenen" Ärzte blieben während des gesamten Einsatzes höchst unbefriedigend und zutiefst beschämend.

Für viele Fragen fanden wir Antworten, wir mußten hohe Hürden überwinden, um die Frage der Materialverantwortlichkeiten zu lösen. Das ging oft nur bei Vernachlässigung unserer Friedensregeln. Da wir keine Ahnung hatten, wann General Schwarzkopf den Angriff plante, wir aber nicht dann gerade in einer Überholungsphase stecken wollten, nahmen wir eine Menge Arbeit mit nach Hause.

Nachdem wir uns ausreichend informiert hatten, flogen wir weiter nach Athen, um dort unseren Dank abzustatten und um gutes Wetter für uns zu bitten. Als ich mich im Hotel für meinen nächsten Auftritt zurecht machte, meldete mir meine Wache, daß zwei ältere Herren darauf bestünden, mich zu sehen. Wer beschreibt meine Überraschung und meine Rührung, als meine ehemaligen Lehrgangskameraden von HMS Mercury auftauchten. Der Vizeadmiral a.D. Vasilios N. und der Kommodore a.D. Nikolas S. hatten in der Zeitung von unserem Besuch gelesen. Es blieb uns viel zu wenig Zeit, aber ich habe mich sehr gefreut.

Nach unserer Rückkehr hatte ich wieder das Vergnügen, mit den KGs[329] zu Bundeskanzler Kohl eingeladen zu werden. Nach einer mehrstündigen Tour d´Horizon im Kanzleramt, die der Kanzler ohne Notizen bestritt, gab es ein Büfett im Kanzlerbungalow, an dem außer uns nur der Verteidigungsminister und ein Staatssekretär teilnahmen. Wir Soldaten waren uns einig, daß der Kanzler hier viel souveräner wirkte als im Fernsehen und große Autorität ausstrahlte. Auf Fragen und Bemerkungen ging er gutgelaunt und häufig so offen ein, daß wir irritiert waren. Ganz offensichtlich fühlte er sich unter uns sicher, beinahe wie unbeobachtet. Ein gewaltiges Essen wartete auf uns, einschließlich des Personals alles nicht nur vom Feinsten, sondern auch von Steigenberger.

Wir waren zu acht am Tisch, und ich war „die Tischdame" des Kanzlers. Der Kanzler eröffnete das Büfett mit der Bemerkung, daß es Deutschland gut ginge, und er damit Grund genug sähe, daß wir es uns auch gut gehen lassen sollten. Er nahm mich mit zum Büfett, so daß ich nicht umhin konnte, die respektablen Portionen zu bewundern, die er sich aufladen ließ. Wir tranken Rotwein zum Essen, und während wir Soldaten uns Zurückhaltung auferlegten, langte Dr. Kohl ordentlich zu. Obwohl er uns fast durchgehend unterhielt, und das humorvoll und durchaus schlagfertig, hatte er seinen ersten Anlauf lange vor mir vertilgt.

Als er wohl gerade den zweiten Anlauf ins Auge faßte, sah er mich an und sagte: „Diese ständige Rennerei zum Büfett gefällt mir nicht! Ich bin der Kanzler und werde jetzt veranlassen, daß wir beide unser Essen serviert bekommen." Und so geschah es. Weder Essen noch Trinken schien bei ihm Wirkung zu zeigen.

Der neue Verteidigungsminister wurde von ihm mehrfach wie ein Novize behandelt, „wir", hielt er dem Minister entgegen und damit meinte er sich und die KGs, wir wissen das besser. Er war stolzer Vater zweier

---

[329] Kommandierende Generale/Admirale der Bundeswehr

Reserveoffiziere und ließ keinen Zweifel, daß er sich durch seine Söhne bestens über alle wichtigen Interna der Bundeswehr informiert fühlte. Als er im Verlauf der Gespräche irgendeine Information erbat und sich direkt an den zuständigen KG wandte, schlug der Generalinspekteur vor, das Verteidigungsministerium mit der Antwort zu betrauen.

Der Kanzler lehnte ab mit der Bemerkung:

„Das Verteidigungsministerium ist das Bermuda-Dreieck der Bundesregierung!" Mein „Tischherr" bewies die Kondition eines Titanen, er agierte nachts um 01.00 Uhr genau so frisch und guter Dinge wie bei der Eröffnung des Büfetts, trank roten Wein und erzählte beste Geschichten.

In der Weltpolitik stieg die Spannung im mittleren Osten, die Koalitionstruppen versammelten sich in Saudi Arabien; Amerikaner, Engländer, Franzosen, Italiener und Japaner tummelten sich im Arabischen Golf, der damals noch der Persische Golf war.

Sogar unsere Nachbarn, die Dänen, beteiligten sich an diesem internationalen Marinetreff, sie hatten ein UBoot nach Abu Dabi verlegt; es wird Saddam Hussain wohl keine schlaflosen Nächte bereitet haben, aber sie waren im Gegensatz zu den Deutschen mit in der Koalition der Willigen. Aber auch für uns war klar, daß der Krieg nun irgendwann losbrechen würde. General Schwarzkopf war in aller Munde, während in der Bundesrepublik über die Frage der „Out-of-area-Einsätze" diskutiert wurde. Ich beriet mit dem Kommandeur MUKdo und dem Verbandsführer, wie wir vorgehen sollten, falls wir doch zum Einsatz kämen. Vor allem aber ging es um den fliegenden Wechsel der Besatzungen einschließlich Kommandeur. Für unsere Einheiten hatte ich mir inzwischen den Namen >>Südflanke<< einfallen lassen, um – politisch gesehen – möglichst undeutlich zu bleiben.

Die italienische, vor allem aber die griechische Marine litt zunehmend unter der großen Zahl von Routine-Besuchen aller verbündeten Marinen, denn wir waren ja nicht allein in diesem rückwärtigen Gebiet. Unsere Bündnispartner waren nun alle unterwegs. Die griechischen Behörden schätzten die Gefahr von Terroranschlägen auf diese Verbände sehr hoch ein. Der OTC[330] entschloß sich sogar, die Anwesenheitswache selbst in Souda bis auf 70 oder 80 % zu erhöhen. Ich schickte eine Abteilung

---

[330] Officer in Tactical Command = Verbandsführer

Kampfschwimmer nach Souda, um unseren braven Minensuchern etwas militärischen Rückhalt zu verleihen. Die Minentaucher der Besatzungen konnten zwar die Boote unter Wasser nach Haftladungen absuchen, waren aber nicht für Kampfeinsätze ausgebildet und ausgerüstet.

Zuhause brachte uns die Wiedervereinigung am 3. Oktober 1990 nicht nur einen nicht gekannten Höhepunkt landesweiten Jubels und echter Freude, sondern auch eine fast unübersehbare Zahl neuer Fragen und Aufgaben. Ich besuchte Flottillenadmiral Dirk H., der in Rostock-Gehlsdorf den letzten Chef der Volksmarine Vizeadmiral B. abgelöst hatte. Er zeigte mir die Abhöranlage im Schreibtisch des Oberbefehlshabers, mit der er jedes Telefonat seines Stabes abhören und aufzeichnen konnte. Während dieser Unterhaltung erschienen zwei Techniker, die einen Teil der Wandverkleidung abbauten. Nun wurde die Abhöranlage sichtbar, mit der die Russen, die im Keller des Stabsgebäudes einen eigenen Lauschraum hatten, den Chef der Volksmarine beim Abhören abhörten, und machten sie unschädlich.

In einer Briefing trugen mir die Abteilungsleiter, alles ehemalige Kapitäne zur See der VM[331], die Lage vor. Als ich eine Frage stellte, verweigerte der Befragte die Antwort. Er begründete seine Weigerung damit, daß er dem Klassenfeind, also mir, solche wichtigen Informationen nicht geben dürfe. Mühsam überzeugten wir ihn, daß es diese Kategorien nicht mehr gäbe. Bei einer anderen Antwort fiel mir auf, daß auch deutsche Wörter ihre Bedeutung geändert hatten. „Vordergründig befassen wir uns mit ...“ referierte einer der Herren. Meine Nachfrage ergab, daß er vordergründig als „vorrangig“ oder „in erster Linie“ meinte. Danach habe ich mich immer wieder gefragt, wie oft ich wohl etwas falsch verstand, weil sich die Wortbedeutungen geändert hatten, ohne daß wir es bemerkten.

Bei diesem Besuch fiel mir zum ersten Mal der ganz spezielle Geruch in den Gebäuden auf. Es war eine seltsame Mischung von Bohnerwachs, einem Reinigungsmittel ähnlich Lysol, ein wenig Weißkohl und Braunkohlefeuer. Er war überall immer gleich und sehr intensiv. Wenn wir bei uns zu Hause auch wohlbegründete Sicherheitsvorschriften aus Bequemlichkeit oder anderen guten Gründen nachlässig handhaben, lernten wir nun eine neue Qualität kennen. Ein Büroraum durfte – auch für kurze menschliche Ausflüge – nur verlassen werden, wenn im Raum alles wegge-

---

[331] Volksmarine

räumt und verschlossen war. Dann mußte die Tür verschlossen und versiegelt werden. Selbst vor dem stillen Örtchen machte die Kontrollwut nicht halt, denn die einzelnen Lokuszellen mußten nach dem Verlassen wieder versiegelt werden. Diese Schilderung kleiner Erlebnisse könnte ich noch lange fortsetzen, aber sie genügt, um zu vermitteln, wie seltsam und bewegend all' diese Eindrücke waren.

Bei Zusammenführung der zwei Flotten gehörten auch über 20 Hubschrauber der Typen Mi-8 und M-14 zum Inventar. Da die vorhandenen Ersatzteile und der eingelagerte Sprit noch viele Flugstunden ermöglichten, nutzten wir nun für viele Einsätze vor allem die Mi – 8, um Seaking – Flugstunden zu sparen. So kam ich zu einem Salonhubschrauber, der neben zwei recht bequemen Sesseln und einer eingebauten Bar sogar spießige Gardinen an den Bulleyes[332] hatte. Bei den ersten Flügen erinnere ich mich auch noch an eine uniformierte Stewardeß, die aber bald eingespart wurde.

Die Belüftung für den Passagierraum saugte die „Frischluft" aus den Turbinenabgasen, was zu einem lästigen Gestank im Inneren führte und weniger Hartgesottene in großes Elend stürzte. Mit dem größeren Mi-14 bin ich nur zweimal geflogen, denn der hatte mitten im Passagierraum einen mehrere Hundert Liter fassenden durchsichtigen Zusatztank, dessen Einbau sehr, sehr provisorisch aussah. In diesem Hubschrauber roch ich keine Turbinenabgase, aber jede Menge Sprit. Das schien für einen Raucher, wie ich es damals noch war, nicht nur störend, sondern auch viel zu gefährlich.

Ich flog nach Peenemünde, um mir von unserem Fregattenkapitän E. berichten zu lassen und mir möglichst viel anzusehen. E. hatte sich in kurzer Zeit mit viel Herzblut ein Bild der Lage aller Menschen auf Usedom verschafft und mühte sich in höchst anerkennenswerter Weise um alle und alles. Natürlich reichten seine Möglichkeiten bei vielen Problemen bei weitem nicht aus, aber er ließ in seinen Bemühungen nicht nach. Von der Schönheit der Insel sah ich wenig, als wir nach Heringsdorf fuhren. Fast alle Abzweigungen von der Straße waren mit Schlagbäumen und Verbotsschildern abgeriegelt. Wiederholte Hinweise auf Munition und Minen schreckten uns heftig ab. Was wir an Häusern sahen, zeigte einheitlich das triste sozialistische Grau.

---

[332] Fenster

Auf dem Peenemünder Flugplatz begann die Zusammenfassung aller militärischen Kfz der NVA, später waren es viele Tausende. E. überredete mich, mir nicht nur das Raketen-Testgelände aus der Zeit vor 1945 anzusehen, sondern auch das DDR-Luftfahrtmuseum, dessen Leiter mich begöschte wie einen Heilsbringer.

In einem kleinen, völlig überbelegten Hafen vor der Peenemündung besichtigte ich 2 OSA-Geschwader. Einer der letzten Kommandeure führte mich. Die Boote waren, obwohl erst kürzlich von den Besatzungen aufgegeben, in einem ungepflegten Zustand. Nicht einmal die notwendigsten Farbarbeiten waren gemacht worden. Unsere spartanisch eingerichteten Schnellboote erschienen mir jetzt wie Luxusfahrzeuge, nicht zuletzt vor dem Hintergrund, daß die Besatzung mit bis zu 80 % dort ständig Anwesenheitswache ging.

Hält man sich vor Augen, daß diese Besatzungen bei jedem Auslaufen befürchten mußten, in einen scharfen Einsatz zu fahren, dann sind die psychischen Belastungen kaum nachzuvollziehen. Jetzt kann ich sicher auch einräumen, daß mich der wehmütige Stolz des ehemaligen Kommandeurs berührte.

Für den Feldzug gegen Hussain lieh sich die britische Royal Air Force bei unseren Marinefliegergeschwadern, was ihr an Zusatzausrüstung dringend fehlte, mit anderen Worten: fast alles. Ich meine mich zu erinnern, daß wir selbst große Sprengbomben[333] abgegeben haben. Um den Jahreswechsel wurde immer deutlicher, daß der Angriff zur Befreiung Kuweits bevorstand. Am 16. Januar 1991 begann der Feldzug mit massiven Luftangriffen. Seit der Ankunft in Souda haben wir uns darauf vorbereitet, in den Persischen Golf zu gehen, um Minen zu räumen. Eine politische Entscheidung wurde in dieser Zeit nicht angestrebt, aber wir waren klug beraten, den für uns schwierigsten Fall, den Kampfeinsatz, zu Grunde zu legen. Anfang Februar traten dann die Landtruppen an und kämpften sich zügig durch bis nördlich von Kuweit.

Die Bundesrepublik hatte Mitte Januar einen Kampfverband aus zwei Zerstörern, zwei Fregatten und 2 Unterstützungsschiffen ins Mittelmeer entsandt, um die NATO-Präsenz zu verbessern. Der KdZ Flottillenadmiral „Charles" L. führte den Verband. Nur mit einem Admiral konnten

---

333 Mk 84

wir einigermaßen sicher sein, daß wir bei der Organisation multilateraler Verbände in der Führung nicht übergangen werden konnten. Außerdem stationierten wir 3 Fernaufklärer auf Sardinien.

Danach hatte die Marine ~ 2200 Mann eingesetzt, d.h. 10 % der Flotte waren im Einsatzgebiet. Dazu kamen die Einheiten auf dem An- und Rückmarsch. In allen Verbänden waren gleichzeitig bis zu 17 Schiffe und Boote unterwegs.

Ende Februar 1991 kam es zum Waffenstillstand und die US-Regierung bat uns um Unterstützung beim Minenräumen. Die Bundesregierung beschloß am 6.3.1991, sich als „humanitäre Hilfeleistung" für Kuweit an den Minenräumern zu beteiligen. Als erste Maßnahme schickte ich eine fünfköpfige Delegation nach Abu Dhabi, Dubai und Bahrain, um uns ein Bild von der Lage und den Abstützungsmöglichkeiten zu erstellen. Da keine Linienflüge verkehrten, flog unsere Delegation mit einem Flugzeug der Flugbereitschaft. Das war sehr hilfreich, aber an sich haben die Streitkräfte Flugzeuge gerade für solche Fälle. Aber die in tiefem Frieden dämmernde Politprominenz schlug zurück.

Das Flugzeug wurde plötzlich in Dubai abgezogen und mußte sofort die gut 6 Stunden zurück nach Köln. Unsere Proteste blieben erfolglos, das Büro des Bundesministers für besondere Aufgaben Rudolf S. (den hatte ich zuletzt auf Helgoland erlebt ...) bestand auf den Privilegien. Unsere Männer aber blieben in Abu Dhabi hängen, konnten nicht weiter aufklären und hatten auch keine Ahnung, wie sie nach Hause kommen sollten. Aber der Minister wollte von Köln nach Bremen eiligst ins Wochenende fliegen und keine andere Maschine war verfügbar. Wieder öffnete sich der Himmel nicht, blieb der schon mehrmals von mir sehnlichst erhoffte Blitz aus, und der Minister blieb unbeschadet.

Allerdings, und das hat uns alle von Herzen gefreut, fiel das Flugzeug nach der Landung in Köln wegen eines Defektes aus, und der arme Minister mußte mit seiner schäbigen Mercedes Limousine von Bonn nach Hause fahren, der arme Bundesminister. Sonst wäre die arme Limousine nämlich leer nach Bremen gefahren, um den freigewählten Herrn Minister in Bremen am Flugplatz zu erwarten für die Weiterfahrt ins Wochenende. Offiziell fuhr er natürlich in seinen Wahlkreis oder so, obwohl auch das meines Erachtens nicht das Benutzen eines Regierungsflugzeuges begründet hätte.

Nach vielen telefonischen Beratungen entschlossen wir uns für Manama, die Hauptstadt von Bahrain, als Stützpunkt. Der Emir von Bahrain stimmte zu, und wir erteilten den Marschbefehl. Die Seekühe[334] wurden in ein Dockschiff geladen und fuhren hinterher. Drei Seakings wurden ebenfalls verladen und fuhren nach Bahrain. Da die irakischen Truppen vor ihrem Abzug so viele Ölquellen wie möglich sprengten oder in Brand setzten, war der Küstenstreifen von Kuweit bis Bahrain von einer endlosen schwarze Qualmwolke verdeckt, die tatsächlich die Sonne verfinsterte. So dauerte es lange, bis festgestellt wurde, daß mehrere Förderplattformen in den Küstengewässern aufgedreht worden waren, so daß sich ein riesiger Ölteppich bildete, der nach Süden trieb. Daraufhin schickten wir zwei DO-28 zur Ölüberwachung nach Bahrain. Unsere Regierung entsandte auch das Ölbekämpfungsschiff „Mellum" in den persischen Golf.

Umweltschutzexperten sagten voraus, daß für die nächsten 100 Jahre alle Lebewesen im Golf ausgelöscht wären. Am 27. April hatten wir alles vor Ort, der erste Minensucher begann seine Arbeit schon am 10. April. Anfang Mai war alles einsatzbereit. Am 3.5. – soweit ich mich erinnere – räumten wir die erste Mine.

Bei den Waffenstillstandsverhandlungen mußten die Irakis ihre Minenwurfpläne herausgeben, denen aber nur begrenzt zu trauen war. Es handelte sich um ein Gebiet von ~ 3500 km² mit ca. 1200 Minen verschiedener Typen. Als wir zu unserer „humanitären Arbeit" antraten, der ich den unverfänglichen Namen „Reinschiff" verpaßte, waren der US Hubschrauberträger „Tripolis" und der FK-Kreuzer „Princeton" schon durch Minentreffer schwer beschädigt. 2/3 aller Minen waren schon geräumt, aber so schlecht dokumentiert, daß keine Sicherheit bestand. Mit der uns eigenen Gründlichkeit wurde alles noch einmal nachgesucht, wir fanden ca. 120 Minen und machten sie unschädlich.

Besonders eine italienische Grundmine aus Kunststoff namens Manta war nur schwer zu orten. Unsere italienischen NATO-Verbündeten weigerten sich standhaft, Informationen über diese in Italien gebaute Mine herauszugeben. Gute Kunden wie Saddam Hussain darf man eben nicht vergrätzen.

---

[334] ferngelenkte Minenräumgeräte

Die WEU hatte die Führung der Räumoperationen übernommen, zu diesem Verband gehörten ~ 40 Minensucher, die ein französischer Admiral bis zum 1. Juli 1991 führte. Obwohl die Führung den nationalen Befehlshabern vorbehalten blieb, einigten sich die Verbandsführer darauf, sich wie eine NATO-Task Group zu organisieren und auch so zu arbeiten. Die Zusammenarbeit verlief damit reibungslos. Am 1.7. übernahm der deutsche Kapitän zur See L. diese Aufgabe. Er mußte nicht nur „seine" Verbände führen, sondern auch noch mit 3 US-, 4 saudiarabischen und 6 japanischen Minensuchern sowie mehreren US-Minensuchhubschraubern koordinieren.

Nach und nach wurden die brennenden Ölquellen in Kuweit gelöscht, die „Öl-DOs" fanden überhaupt kein Öl, weil es einfach auf den Meeresboden sank, nachdem die flüchtigen Anteile verdunstet waren, und es sich dort als Dünger nützlich machte. Nur einige unserer Minentaucher haben das Öl dort unten ruhen sehen. Die „Mellum" kehrte unverrichteter Sache um. Die Cassandra-Rufe der selbstberufenen Umweltschutzexperten, die das Ende jeglichen Lebens im Golf für 100 Jahre vorhersagten, erwiesen sich zum Glück wieder einmal als völlig falsch.

Bei der Auswahl der Kommandeure im persischen Golf wie auch im Mittelmeer ließ ich mich neben unzweifelhafter fachlicher Eignung der Kandidaten in erster Linie davon leiten, ob ich sie für mutig genug hielt, Befehle nicht auszuführen, falls sie ihnen unangebracht oder gar gefährlich erschienen. Ich wollte sicher sein, daß sie mir – falls nötig – widersprechen. Außerdem blieb ein möglichst hoher Dienstgrad und hohes Dienstalter von Vorteil, weil sie so bei der Entscheidung über internationale Führungsaufgaben nur schwer von den anderen Ländern übergangen werden konnten. Das zeigte sich bis zum Ende der Operation als erfolgreicher Ansatz. Bis Anfang Mai ließ ich den Männern vor Ort, sich einzurichten, dann aber flog ich nach Manama, um mir endlich ein eigenes Bild zu machen.

Seit der Entscheidung für Manama verhandelte das Verteidigungsministerium mit Bahrain, um eine tragfähige Grundlage für unsere Männer zu schaffen, denn es gab in Bahrain keine Verfassung, keine Gesetze außer der Scharia und dem Wort des Emirs. Bahrain galt als liberalstes Scheichtum am Golf, aber bedenklichste Nachrichten über holländische Marineangehörige, die in Abu Dhabi im Gefängnis saßen, beunruhigten uns alle. Wenn die Bundesrepublik und Bahrain sich auf einen Stationierungsvertrag einigen würden, dann müßte der Bundestag diesen Vertrag mit einfacher Mehrheit zur Kenntnis nehmen.

Kurz vor meiner Reise zum Golf war ich mit einer Atlantique unterwegs, als ich an ein Sprechfunk-Gerät geholt wurde, um meinem Verteidigungsminister und unserem Außenminister, die auch beide irgendwo in der Luft waren, bei einem Streit zu belauschen. Es ging auch um eben diesen Vertrag, dem die FDP ihre Zustimmung verweigerte, weil sie nicht offiziell zur Kenntnis nehmen wollte, daß deutsche Soldaten überhaupt am Golf im Einsatz waren. Abgesehen davon, mit welcher Selbstverständlichkeit solche delikaten Fragen über offene Funkverbindungen verhandelt wurden, sträubten sich meine Nackenhaare über die Haltung einer Partei in der Regierungsverantwortung. Nach meiner Rückkehr beruhigte man mich mit dem Hinweis, daß Stoltenberg bald nach Manama fliegen würde, um den Vertrag zu unterschreiben.

Nach unserer Landung auf dem Flugplatz, der dem Emir[335] Isa Ibn Salman Al Chalifa gehört, wurden wir im Sheraton untergebracht, das dem Emir gehört. Eine ganze Etage war für uns belegt, wobei die meisten Zimmer von meiner sechsköpfigen Leibwache eingenommen wurden. Das waren 6 Mann unter dem Kommando eines Hauptmannes, die in ihren Tarnanzügen und wegen ihrer mit Doppelmagazinen geladenen Maschinenpistolen sehr gefährlich wirkten. Flur und Treppe wurden zusätzlich bewacht, im Fahrstuhl fuhr immer ein Bewaffneter mit. Alle Soldaten waren freundlich, fröhlich und sehr zuvorkommend. Aber es sah alles sehr nach Krieg aus. Die Sonne war wegen einer soliden grauen Wolke nur zu ahnen, und es stank verbrannt infolge der Hunderte Kilometer entfernten Ölbrände in Kuweit.

Nach Gesprächen mit dem Verbandsführer und der Besatzung „Freiburg" flogen wir am nächsten Morgen mit einem Seaking, der sich das pompöse Rufzeichen „German Navy One" zugelegt hatte, ins Räumgebiet. Zum Tanken landeten wir auf dem US-Hubschrauberträger Tarawa zwischen. Nur unser Pilot durfte aussteigen, um zu quittieren. Mehrere Marineinfanteristen mit Gewehr im Anschlag umstellten unseren Hubschrauber bis zum Abflug. Wir erreichten unseren Minenjäger ohne Zwischenfälle und wurden abgesetzt.

---

[335] Emir ist hier der gleiche „Dienstgrad" wie König

Die vielen Brände in und um Kuweit City waren sehr gut auszumachen. Danach ging der Hubschrauber wieder auf die Suche nach Treibminen, die überall im Golf eine unangenehme Bedrohung darstellten. Während sie offiziell als typisch irakischer Verstoß gegen das Völkerrecht eingeordnet wurden, waren unsere Minenspezialisten sicher, daß zumindest viele Treibminen von den US-Minensuchhubschraubern geschnittene Ankertauminen waren.

Die Temperaturen an Oberdeck, vor allem aber in den nicht klimatisierten Räumen unter Deck waren abenteuerlich. Die Besatzungen machten einen sehr guten Eindruck, alle zeigten sich motiviert und stolz auf Können und Leistung. Die meisten schliefen während der rund 10 tägigen Räumeinsätze irgendwo an Oberdeck. Die Sprengung einer Grundmine durch die eigenen Taucher erregte kein Interesse, das hatten sie schon oft gesehen.

Die hohen Wassertemperaturen bereiteten der Schiffstechnik erhebliche Probleme, aber auch die Taucher litten darunter. Die anfängliche Sorge wegen einer giftigen Seeschlange hatte sich gelegt, weil die Giftzähne zu kurz waren, um den Neoprenanzug zu durchdringen. Alles, was wir sahen, beruhigte mich und erfüllte mich mit Stolz auf unsere Männer und ihr Können.

Wir stiegen um auf ein Lenkboot[336] und fuhren mehrere Räumstreifen mit. Die „Seekühe"[337] sahen abenteuerlich aus, denn man hatte ihnen ein provisorisches Sonnensegel verpaßt, so daß sie mehr als einheimische Bumm-Boote erschienen Die Leistungen der Lenkboote und ihrer Drohnen überzeugten mich vom Wert dieser Technik. Auf dem Heimweg machten wir einen Schlenker und flogen unterhalb der dunklen Wolkenschicht bis dicht an Kuweit City heran. Viele Gebäude brannten noch immer, es sah hoffnungslos verwüstet aus. Wieder tankten wir auf dem US-Träger, und dann ging es zurück. Die Hitze im Hubschrauber war trotz offener Fenster und Tür schier unerträglich. Nach drei Tagen landeten wir wieder in Manama.

Als der Chef meiner Leibwache mich fragte, ob ich den noch existierenden Rest des örtlichen Basars besichtigen wollte, stimme ich begeis-

---

[336] sie kontrollieren die „Seekühe"
[337] ferngesteuerte Minenräumdrohnen

tert zu. Als wir uns in der Lobby trafen, waren die sechs Maschinenpisto-
lenträger auch schon da. Alle meine Versuche, auf sie zu verzichten, scheiterten. Als Kompromiß zogen sie sich blitzschnell Burnusse über, dann
fuhren wir wieder mit großer Eskorte und Sirengeheul los. Der größte
Teil des alten Basars war schon abgerissen und durch moderne Neubauten
ersetzt. So schlenderten wir durch die engen Gassen, um uns ein Kreis von
Leibwächtern, die mühelos Platz schafften. Keiner der Passanten murrte
oder schimpfte. Man riet mir, eine der typischen Parfümerien zu besuchen.
Als ich leichtfertig zustimmte, räumten die Leibwächter den gesamten Laden, kontrollierten alle Nebenräume und bauten sich dann in allen Ecken
auf. Der arme Ladenbesitzer führte mich durch seine mehr als 300 verschiedenen Düfte und blieb dabei sehr freundlich.

Betäubt von all den Wohlgerüchen rettete ich mich nach draußen,
mein Unbehagen wegen dieses martialischen Ausfluges wurde immer größer. Ich gab Müdigkeit als Grund an, um den Ausflug vorzeitig zu beenden
und lud meine Wache zu einem Pfefferminztee ein. Einige konnte ich zusätzlich zu einer Wasserpfeife überreden. Wieder im Hotel zog ich mit
meinem Adjutanten in die Bar, um den Verlauf des Tages und das morgige
Programm zu besprechen.

In der riesigen Bar saßen Dutzende Burnusträger, sprachen dem
Alkohol zu und bewunderten die hübschen thailändischen Bedienungen.
Ein ortsansässiger Deutscher erzählte uns, daß die große vierspurige Brücke von den Saudis gefordert und bezahlt wurde, damit sie am Wochenende schnell einmal nach Manama fahren konnten.

Am nächsten Tag war ich Gast der Marine von Bahrain und besichtigte ihre schicken Lürssen-Boote. Mehrere Offiziere sprachen recht
gut deutsch, sie waren bei uns ausgebildet worden. Der Geschwaderkommandeur erzählte mir, daß sie große Schwierigkeiten hatten, Bewerber für
die Marine, besonders für die Offizierlaufbahn zu finden, weil kein Angehöriger der besseren Familien zur See fahren wollte. Nur Fischer und Pira-
ten fahren zur See, nicht aber anständige Beduinen aus den angesehenen
Familien. Sie versuchten damals, ihren Personalbedarf auch in Pakistan zu
decken.

In der Mittagshitze bemerkte ich recht unklug, daß ein kühles Bad
doch etwas Herrliches sein müßte. Kurz danach saßen wir im Wagen und
unser Konvoi raste mit Sirengeheul Richtung Strand. Wir hielten vor

dem Royal Yacht Club, wurden feierlich begrüßt und in die monumentalen, klimatisierten Umkleideräume geführt.

Das Schwimmbad war wohl 30 x 50 m, und – es war absolut leer. Dann erst sah ich eine große Gruppe von Frauen und Kindern, die in einer Ecke von meinen Wachen wie eine Herde zusammengetrieben und bewacht wurden.

Wie absolut entsetzlich und peinlich! Alle Versuche, diesen Unsinn zu beenden, waren vergeblich. Mir war überhaupt nicht mehr nach Erfrischung. Der Club – so berichtete mir mein Hauptmann – gehörte (natürlich) dem Emir und stünde allen Ausländern zur Verfügung. Die Offiziere unserer Marineflieger und die nicht eingeschifften Offiziere der Logistik wohnten in Hotels und ihnen hatte der Emir seinen Privatstrand zu Verfügung gestellt. Aus Sicherheitsgründen – so meine Body Guards – wäre es unerläßlich, das Schwimmbecken zu räumen, wenn Gäste des Emirs zum Schwimmen kamen. Trotz großer Mühe gelang es mir nicht, diesen Exzeß zurückzudrehen. Nach wenigen Minuten im Wasser flüchtete ich in die Umkleidehallen, und kurz danach rauschte unser Konvoi zum Hotel.

Mehrere Feuerstöße aus Maschinenpistolen und scharfes Bremsen unseres Autos ließen mich hochschrecken: Wir sind wohl doch im Krieg, dachte ich. Meine Mitfahrer sprangen aus dem Auto und machten ihre Waffen schußfertig. Die Entwarnung kam schnell, die Polizisten im ersten Auto oder auf den Motorrädern hatten einen Hund erschossen, der über die Straße lief. Mein Hauptmann erklärte mir, daß alle Hunde und Katzen, die frei herumliefen, erschossen würden. Wenn das die deutschen Tierschützer wüßten....

Als ich wieder zu Hause war, erfuhr ich, daß Verteidigungsminister Stoltenberg in Begleitung meines Inspekteurs Manama besucht hatte, aber kurz vor dem Abflug in Deutschland informiert wurde, daß die Bundesrepublik ein Stationierungsabkommen nicht unterzeichnen würde. Bei meinem nächsten Besuch traf ich den Verteidigungsminister Bahrains, einen engen Verwandten des Emirs, der mich schulterzuckend fragte, was los sei und wie es nun weitergehen sollte. Ich flüchtete mich in die Ausrede, von den politischen Hintergründen nichts zu wissen.

Nach einer langen Reihe von Pfefferminztees und einem beinahe systematischen Abschweifen vom Thema reichte mir der Minister die Hand und sagte: „Wir handeln und reden ab sofort so, als ob der Vertrag unterschrieben sei!" Ein Bote betrat den Raum und flüsterte mit meinem Gesprächspartner: „Gestern Abend hat es im Basar eine heftige Schlägerei gegeben, an der Amerikaner, Bahrainis und Deutsche beteiligt waren". Ich sah meine Felle davonschwimmen, bis er lächelnd hinzufügte: „Amerikaner haben meine Landsleute angegriffen, und die Deutschen haben sie verteidigt." Dieses arg zufällige Ereignis aber bekräftigte unsere Abmachung, die bis zum Abzug unseres letzten Soldaten einwandfrei funktionierte. Die Bundesrepublik hat keine weiteren Versuche unternommen, ihren grundlegenden Pflichten als Dienstherr zum Schutz unserer Soldaten z.B. vor den drakonischern Strafen der Scharia nachzukommen.

Vor dem Rückflug nach Deutschland bestand der Bahrainische Verteidigungsminister darauf, uns persönlich zu verabschieden. Der Emir verfügte auf seinem Flughafen über ein eigenes Empfangsgebäude von monumentalen Ausmaßen. Dort plauderten wir bei Pfefferminztee und der Adju guckte immer ostentativer auf seine Uhr, aber wir blieben sitzen. Schließlich war meine Geduld zu Ende, und ich deutete Aufbruch an. Mein Gegenüber lächelte milde und erklärte mir, daß ich erst einsteigen würde, wenn alle anderen Passagiere an Bord wären und man die Maschine startklar meldete. Schließlich kam das erlösende Zeichen, und wir gingen los. Da war auch meine Leibwache wieder, die uns in die Mitte nahm und bis in die Maschine eskortierte.

Es war ein wahrhaft theatralischer Auftritt, den ich ungewollt ablieferte, denn die grimmigen, getarnten MP-Träger wirkten in der Enge des Flugzeuges noch mehr. Eine Stewardeß flüsterte mir zu, daß mein Platz durch einen sturztrunkenen Franzosen belegt sei, der sich laut zeternd weigerte, den Platz zu wechseln. Da ich den Wunsch äußerte, meinen Adju bei mir zu haben, ohne das mein Begleitkommando den Franzosen arretierte, bot man uns Plätze in der 1. Klasse an. Schließlich saßen wir, und es ging los. Ich war mehr als erleichtert, und wir richteten uns in der letzten Reihe der 1. Klasse ein.

Zuerst fiel uns auf, daß offensichtlich beide Toilettentüren von je einem finster blickenden Araber im schwarzen Anzug bewacht wurden. Eine Stewardeß bat um Verständnis, denn außer uns saß in der 1. Klasse ein Scheich mit seinem Harem und mit Leibwächtern und Dienern. Man flog, wie schon öfter, nach Frankfurt zum Einkaufen. Schwarz verhüllte Gestalten verschwanden in den Toiletten, nach einiger Zeit kamen westlich schick gekleidete und geschminkte Damen herausgestöckelt. Diese wundersamen Verwandlungen hielten während des gesamten Fluges an. Später erklärte uns eine Stewardeß, daß auf dem Rückflug der umgekehrte Ablauf zur Routine gehörte.

Kaum zu Hause sorgten unsere Jetjockeys neben all' diesen weltweit bewegenden Ereignissen für eine hübsche Abwechselung. Ich wurde informiert, daß der Zoll in einem Überraschungsanlauf mehrere aus Norwegen zurückkehrende Tornados durchsucht hatte und fündig geworden war. Der norwegische und der deutsche Zoll waren einer professionellen Schmugglerorganisation innerhalb des Geschwaders auf die Schliche gekommen.

Die Maschinen flogen beladen mit zollfreiem Schnaps nach Nordnorwegen und tauschten ihn dort gegen Lachs. Bis zu 0,8 Tonnen Lachs transportierte ein Tornado tiefgefroren im Außenbehälter. Auf ein Stichwort strömten sternförmig alle Abnehmer, ob Gastwirte, Zwischenhändler oder Kleinverbraucher zu den Flugzeugen und luden um. 800 kg Lachs pro Maschine, das sind respektable Mengen! Eindrucksvolle Umsätze und bemerkenswerte Gewinne wurden von den schmuggelnden Marinesoldaten erzielt. Auch hier wußte der Kommodore von nichts, hat er gesagt....

Im Frühjahr 1991 rief mich der SACLANT Admiral „Bud" E. an. Er hatte gehört, daß auch nach der Wiedervereinigung keine US-Amerikaner auf dem Gebiet der DDR erlaubt sein würden, aber alles dort interessierte ihn natürlich sehr. Da mir die Möglichkeit, beim SACLANT und damit bei der USN Pluspunkte zu sammeln, sehr gelegen kam, lud ich den „Zivilisten" Bud mit ziviler Begleitung ein, die Stützpunkte und Einheiten der VM zu besichtigen. Er nahm sofort dankend an und kam sehr bald zu Besuch. Zwei Tage flogen wir mit dem Salonhubschrauber der NVA die Küstenregion ab.

Er zeigte sich höchst wißbegierig und aufgeschlossen. Wir besichtigten den Führungsbunker Arkona, der überall so niedrig gebaut war, daß nur unser kurzgeratener Gast eben stehen konnte. Begeisterung löste eine Fahrt aus mit dem „Stoffhund" oder „Kampftrabbi", wie das Trabant Kabrio genannt wurde. Auf dem Tarantul „Köbis" fanden wir noch die vollständige Besatzung, was selten der Fall war, denn die meisten Soldaten waren schon desertiert.

Das Schiff zeigte sich in bestem Pflegezustand, der Kommandant – seit 7 Jahren an Bord – war zu Recht sehr stolz. Ich fragte mehrere Soldaten, warum sie noch nicht abgehauen wären:

„Der Kommandant hat noch nicht gesagt, daß wir gehen können" lautete die uns verblüffende Antwort. Ein „Frosch"-Landungsboot, „Libelle" und OSA-Boote standen ebenfalls auf dem Programm. Ich bin recht sicher, daß der SACLANT bei diesem Intensiv-Kurs mehr über Deutschland gelernt hat als in seiner gesamten Dienstzeit vorher. Leider wurde er 1992 ein spätes Opfer der „Tailhook"-Affäre[338] wie vor ihm auch sein Vorgänger, der Viersterne Admiral Kelso als CNO.

Zusammen mit Eddy H., der ja nun für alle Stützpunkte, Depots, Transporteinheiten und viele andere Einrichtungen die Verantwortung übernommen hatte, fuhr ich mit einem Minensucher in mehreren Tagen die „neue" Küste ab. Wir wollten uns ein erstes Bild machen und ein Gefühl für die neue Lage entwickeln. Eine Vielzahl von Eindrücken prasselte auf uns ein. Ein großes, modern wirkendes Munitionsdepot, das randvoll belegt war mit den verschiedenen Munitionstypen der NVA-VM bereitete H. große Sorgen, weil es nirgendwo unseren Mindestanforderungen an die Sicherheit auch nur nahe kam.

Wir besuchten einen Verband der VM-Küstenraketenartillerie, der mit „Styx"-FK bewaffnet war. Die Raketen benutzten einen flüssigen Treibstoff aus zwei Komponenten, der von höchster Brisanz sein sollte. Rund 300 Tonnen lagerten im Depot des Bataillons, und die Entsorgung schien völlig ungeklärt. Der Kommandeur, ein sehr überzeugender Fregattenkapitän der VM, beruhigte uns kompetent und schnell, denn die einzelnen Komponenten konnten als Dünger an die Landwirtschaft abgegeben werden. Das wäre der Parole „Schwerter zu Pflugscharen" ja schon sehr nahe gekommen. Die knapp 20 m langen, modernen Selbstfahrlafetten haben mich nachhaltig beeindruckt. Mehr jedoch noch stimmte uns die tadellose Haltung dieser VM-Soldaten nachdenklich und nährte das unbestimmte Gefühl, daß ein gerechter und menschlicher Übergang sehr schwierig werden würde.

Da wir noch am Beginn unserer Überlegungen hinsichtlich neuer Marinestandorte standen, liefen wir auch in Saßnitz ein. Auch hier emp-

---

[338] schwerwiegende sexuelle Ausschreitungen bei einem landesweiten Treffen der Marineflieger

fanden wir eine schwer zu beschreibende, unangenehme Atmosphäre, es war immer noch „verbotenes Gelände". Wir inspizierten den gesamten Hafen, der als Fischereihafen in recht gutem Zustand war. Wir trafen am entgegengesetzten Ende auf zwei kleine sowjetische Kriegsschiffe der Grisha- oder Mirka-Klasse, die hinter einem klapperigen Maschendraht-zaun lagen. Kein Lebewesen war zu sehen, trotzdem hat uns diese Begegnung beeindruckt.

Auf dem Wege nach Peenemünde machten wir Halt in Mukran, dem Fährhafen südlich von Saßnitz, eine moderne Anlage von eindrucks-vollen Dimensionen. Bei einem Abstecher in den Greifswalder Bodden wurden wir auf die Greifswalder Oie aufmerksam, eine kleine Insel, die wie ein Wachboot vor dem Boddeneingang liegt. Die Insel spielte früher in un-seren Planspielen eine gewichtige Rolle, und wir entschlossen uns, sie zu besichtigen. Der Hafen war für unseren Minensucher zu flach, der deshalb vor dem Hafen ankerte. Wir setzten uns in ein Motorschlauchboot und landeten nach kurzer Fahrt neben einem grauen wohnschiffähnlichen Fahrzeug, das die bundesrepublikanische Marinedienstflagge führte.

Nachdem wir uns unserer Schutzanzüge entledigt hatten, begannen wir unseren Ausflug. Niemand war zu sehen oder zu hören. Merkwürdi-gerweise standen ein paar Pferde bewegungslos am Anfang der Pier. Schon vor dem Ankern konnten wir die Stahlgitterkonstruktion des Beobach-tungsturmes erkennen, den wir bisher nur durchs Fernglas oder vom Flug-zeug aus gesehen hatten. Als wir das Heck des seltsamen Fahrzeuges er-reichten, sahen wir die ersten Menschen. Es waren drei teiluniformierte Gestalten, die gemütlich rauchend im Schatten saßen.

Als wir sie ansprachen, reagierten sie äußerst unfreundlich und ab-weisend. Sie trugen unsere Hemden und Arbeitsjacken und die Rangabzei-chen wiesen sie als PUOs aus. Bei allen waren aber auch Teile der VM-Uniform zu erkennen, der unverkennbare Dialekt beseitigte letzte Zweifel. Wenn man sich so weit und so sicher in die äußerste Nische der DDR verholt hat, rechnet man sicher nicht mit Besuch. Das plötzliche Erschei-nen zweier Admirale, die auch noch ohne Begleitung waren, muß den be-schaulichen Vormittag völlig durcheinandergebracht haben. Nur einer stand etwas zögerlich auf, aber keiner gab uns irgendwelche hilfreiche Antworten.

Wir überließen sie ihrem Schicksal und machten uns auf den Weg in Richtung Turm, vorbei an den Pferden und leicht bergauf. Plötzlich kam uns ein klapperiger Elektro-Lkw entgegen, der kein Kennzeichen führte. Wir hielten den Wagen an, indem wir uns mitten auf die Straße stellten. Am Steuer ein Obermaat mit Wäsche achtern und ohne Hut. Der arme Kerl glaubte sicher auch an eine Erscheinung, als plötzlich zwei Admirale seinen Weg versperrten.

Wir fragten ihn, ob er uns in Anbetracht der erheblichen Temperaturen etwas herumfahren könne. Er schüttelte energisch den Kopf. Als wir es dann mit einem Befehl versuchten, ging alles ganz einfach. Wir sprangen auf die Pritsche, und der Obermaat fuhr los.

Mehrmals begegneten wir kleinen Gruppen wilder Pferde, die teilnahmslos und ungepflegt wirkten. Der Lkw hielt vor einer heruntergekommenen Kaserne. Alle Fenster und Türen waren herausgerissen, in der Wachtmeisterei standen zwei weitere Pferde, als ob sie die Aushänge am schwarzen Brett studieren würden. Ein Rundgang überzeugte uns: Alles, nicht nur Türen und Fenster war ausgebaut, es gab keine Toilette mehr, kein Waschbecken, keine Steckdose und keine Lampe. Es war ein desolates Bild des Verfalls und der Ausschlachtung. Der Turm war nun nicht mehr weit, wir mißachteten das Verbotsschild und kletterten eine endlose Eisenleiter hoch. Der kleine Raum war sehr primitiv, die Fenster waren einfach verglast und die Blechwände von innen provisorisch mit Asbestplatten isoliert.

Kaum zu glauben, daß das einer der wichtigsten Wachttürme der DDR-Seegrenze gewesen sein sollte. Die Aussicht war wunderschön, wird aber die vielen Generationen von Wachgängern kaum getröstet haben.

Nachdem wir unser Schlauchboot erreicht hatten, ließ sich der Obermaat überreden, uns noch ein paar Auskünfte zu geben. Die seltsamen Pferde waren in den zwanziger Jahren hier ausgesetzt und sich selbst überlassen worden, durch die unvermeidliche Inzucht seien sie alle blöde. Für das Militär war es der letzte Tag auf der Insel, denn sie sollte am nächsten Tag als Naturschutzgebiet an die Gemeinde Wolgast übergeben werden. Wir haben nicht versucht, Fenster oder Türen für die Bundesrepublik Deutschland zu retten und tuckerten zu unserem Minensucher zurück.

Um bei unserer Bereisung möglichst viele der uns neuen Einrichtungen und Orte kennenzulernen, hatten wir von Warnemünde einen Fregattenkapitän der Ex-VM mitgenommen als eine Art Fremdenführer, von dem wir uns hilfreiche Hinweise erhofften. Es dauerte mehrere Tage, bevor er so weit auftaute, daß er ausführlicher antwortete. Nach unserem Ausflug zur Greifswalder Oie erwähnte er eine uns völlig unbekannte Insel in der Nähe namens Vilm bei Lauterbach. Er rühmte ihre einmalige Schönheit auf nur einem km² Fläche. Hier sollte auch die Sommerfrische des Ministerrates der DDR gewesen sein. Das wollten wir sehen, also nichts wie hin.

Als wir an der Pier anlegten, beeindruckte uns eine Menge von Verbotsschildern. Einige Herren empfingen uns, Wissenschaftler und Techniker einer Forschungseinrichtung, die wohl schon recht lange existierte. Wie wir später hörten, waren die Herren nach der Wende von „Schutzbeauftragten" zu Naturschutzbeauftragten mutiert ... Auf einer kleinen Anhöhe in der Mitte der Insel kamen wir zu einer Gruppe Bungalows mit Reetdächern. Hier also hatten die ehemals Mächtigen der DDR Kräfte gesammelt für ihr unmenschliches Tun.

Wir besichtigten Honeckers Domizil, das schlicht, geschmacklos und überhaupt nicht einladend eingerichtet war. In der Mitte dieser Siedlung stand ein häßlicher, ca. 60 m hoher Gittermast, der sich bei Nachfrage als Fernsehantenne entpuppte. So konnten die Mitglieder des Ministerrates Westfernsehen genießen und sich für den Klassenkampf stärken. Die Insel selbst ist wunderschön, ich bin überzeugt, daß nur die spätere völlige Sperrung dieses Kleinod vor der kommerziellen Verstümmelung bewahrt hat.

Ein Kommandowechsel der STANAVFORCHAN[339] fand in Cagliari statt. Da einer unserer Fregattenkapitäne die Führung übernahm, hatten wir zwei Boote im Verband und stellten außerdem einen Versorger als Führungs- und Unterstützungseinheit. Da der US-Admiral **** Mike B. einlud und der britische Flottenchef Admiral**** Sir Jock S. teilnahm, entschloß ich mich, auch hinzufliegen. Mir war es wichtig, daß wir Deutschen auch bei den Chiefs sichtbar wurden, nicht nur bei den Indians, denn fast die Hälfte der Männer, um die es ging, waren Deutsche.

---

[339] Standing Naval Force Channel, ein multinationaler Minensuchverband der NATO

Um unsere italienischen Gastgeber nicht links liegen zu lassen, hatten wir einen Höflichkeitsbesuch beim Stützpunktkommandeur angemeldet. Wir waren pünktlich am Stabsgebäude, das von einer riesigen italienischen Flagge und einem ebenso großen NATO-Banner geschmückt war. Niemand jedoch erwartete uns. Nach einigen Anstandsminuten betraten wir das prunkvolle Gebäude, schließlich fanden wir einen Offizier, der uns mit einem italienischen Wortschwall und höflichen Gesten in ein Dienstzimmer führte. Dort begrüßte uns ein freundlicher Fregattenkapitän. Ich erklärte ihm, daß ich mich für die vielfältige Hilfe der italienischen Marine bedanken wollte.

Unser Gastgeber schien begeistert, seine Antwort konnte ich nicht verstehen. Oft erwähnte er meinen Namen und blickte sichtlich nervös auf die Uhr. Dann dämmerte uns, daß die Italiener trotz unserer gut lesbaren Namensläppchen nicht wußten, mit wem sie es zu tun hatten. Sie warteten mit wachsender Unruhe auf den Admiral Braun und all' unsere Hinweise, daß er ja schon da wäre, blieben unverstanden. Daraufhin verabschiedeten wir uns höflich, baten, den Admiral Braun zu grüßen und gingen zum Auto. Mehrfach danach fragten wir uns, ob sie wohl noch auf uns warten.

Die anschließende Musterung für die Change-of-Command-Ceremony[340] blieb ein denkwürdiges Ereignis. Die beteiligten Besatzungen standen in der gleißenden Sonnenhitze angetreten, eine italienische Militärkapelle machte Geräusche, die bei uns zu Hause den Tatbestand der vorsätzlichen Körperverletzung im Amt erfüllt hätten, während die Ehrengäste, darunter auch ich, unter einem riesigen Sonnensegel auf Reden und Vorbeimärsche warteten. Auf unverständliche englische Kommandos trugen Fahnenträger ihre Fahnen hin und her, schon beim Zusehen war die Hitze unerträglich. In der ersten Reihe saßen mehrere Viersterne-Admirale, und die Damen schwangen ihre Fächer.

Als erster hielt der alte Kommodore[341] eine gut verständliche, aber lange Rede. Die ersten Soldaten fielen um. Dann sollte der CINC-SOUTH[342] Admiral B. sprechen. In seiner entschlossenen Art trat er ans Pult, nahm seine Mütze ab und stellte laut klar, daß es viel zu heiß sei für irgendwelche Zeremonien. Dann setzte er seine Mütze auf, salutierte

---

[340] Kommandowechsel

[341] Bezeichnung des Verbandsführers

[342] Commander – in – Chief, Allied Forces Southern Europe

schneidig, entschuldigte sich bei den Soldaten für die Zumutung und befahl, die Veranstaltung auf der Stelle zu beenden.

Der anschließende Empfang fand auf dem deutschen Versorger statt. Dort lernte ich auch den britischen Flottenchef kennen, der mich freundlich an Bord meines Schiffes begrüßte. Er wußte nicht, daß er sich auf einem deutschen Schiff befand oder daß ich ein Deutscher war. Das brachte ich ihm schonend bei, indem ich nun ihn an Bord willkommen hieß. Später begegnete ich ihm noch oft, und wir kamen bestens miteinander aus. Mike B. beeindruckte auch im persönlichen Gespräch. Wir gratulierten ihm zur Versenkung der großen Zeremonie, und er lachte mit.

Später erfuhr ich von Jock S., daß Mike der einzige Viersterner der USN war, der sich vom Mannschaftsdienstgrad hochgedient hatte[343]. Mit einem Augenzwinkern fügt Jock hinzu, daß er der erste Schotte sei, der in der Royal Navy den 4. Stern trug. Danach ging es zurück nach Decimomannu und von dort nach Eggebek.

Bundespräsident von Weizsäcker besuchte die Flotte, wir wollten einen guten Eindruck machen und „schnitzten" ein ordentliches Programm. Das Wetter war gut, aber sehr windig. Ich war dem Bundespräsidenten schon begegnet, nun aber wurde ich mit normaler Aufmerksamkeit behandelt. Seine Fragen und Erklärungen trafen immer, er machte einen guten und engagierten Eindruck. Es war ein Vergnügen, unserem Staatsoberhaupt unsere Flotte zu zeigen.

Kurz vor der Kieler Woche 1991 besuchte der Oberbefehlshaber der Baltischen Rotbannerflotte, Admiral **** Vitali I., die Flotte. Er landete in Begleitung seiner Frau, eines Adjutanten und zweier Dolmetscher mit seiner Tupolev in Eggebek. Die Dolmetscher waren unsere alten Bekannten vom Besuch des Admiral L. in Kiel.

Wir hatten uns vorgenommen, ihn so gut wie möglich zu beeindrucken. Zu Beginn führten wir ihm unseren Bunker mit seinem System vor; erst später wurde uns klar, daß er wohl kaum etwas verstanden hatte. Er war sehr irritiert, als wir ihm die Möglichkeit boten, sich über unsere und seine Einheiten zu informieren, und er dann auf dem großen Display die Dislozierung seiner Flotte sah.

---

[343] als Chief of Naval Operations beging B. 1994 Selbstmord wegen einer Affäre, zu der ich Nichts weiß

Je länger wir mit ihm zusammen unterwegs waren, desto deutlicher wurde uns, daß er ein steinharter Kommunist war. Als wir mit dem 7. Schnellbootgeschwaders zur See fuhren, zeigten auch unsere Tornados ihr ganzes Können. Er duckte sich mehrmals instinktiv bei simulierten Angriffen. Als ich ihn fragte, ob ihm die Demonstration gefallen habe, antwortete er mit einem gequälten Lächeln: „Nettes Boot!" Erst nach meinem Besuch in Kaliningrad verstand ich seine Reaktionen auf unsere „Show".

Beim gemeinsamen Abendessen in der Marineschule antwortete Frau I. auf die Frage nach ihrer Heimatstadt: Leningrad, wo die deutschen Soldaten meine Eltern und Brüder verhungern ließen. Immer einmal wieder gab es diese Situationen, in denen man von der eigenen Geschichte eingeholt wurde. Wir alle beeilten uns, unser Mitgefühl auszudrücken und sie zu trösten. Ich gewann den Eindruck, daß sie auf diese Möglichkeit gewartet hatte und nun beinahe triumphierend um sich sah. Im Verlaufe des weiteren Gespräches fragte ich dann den Admiral, wie sich die sowjetische Geschichtsschreibung damit auseinandersetzt, daß die Sowjets das Angebot einer dreitägigen Feuerpause zur Evakuierung der Stadt abgelehnt hatten. Alle versicherten, noch nie davon gehört zu haben.

Am zweiten Morgen fragte mich Vadim G.[344], ob wir auch den Verbrauch aus den Minibars zusammen mit den Zimmern im INTERMAR bezahlen würden. Ich beruhigte ihn, ohne Hoffnung zu haben, daß unser knauseriger Dienstherr das auch so sah. An beiden Morgen, so erfuhren wir später, waren alle Minibars völlig ausgeräumt. Meine Frau berichtete, daß sie und die ihr behilflichen Damen größte Probleme mit Frau I. hatten, die sich völlig abweisend und unzugänglich benahm. Sie zeigte für keinen Programmpunkt Interesse, nur an Schaufensterbummeln war sie interessiert.

Die gesamte sowjetische Delegation hatte für diese Reise DM 60,00 an Devisen mitbekommen, für 5 Personen über drei Tage recht kärglich. Mit großer Härte gegen sich selbst aß Frau I. fast nichts von den verschiedenen guten Essen, die wir anboten. Wahrscheinlich hat sie die ganzen Erdnüsse und Cracker aus den Minibars dringend gebraucht....

---

[344] unser privater Gast im Sommer 2009

421

Als Gastgeschenk überreichte mir mein Gast ein Ölgemälde von einem Segelschiff, das auf Legerwall mit einem Sturm kämpfte. Nach seiner Abreise informierte ich das Verteidigungsministerium über das Geschenk, das ich ja abgeben mußte. Das Referat ES[345] verfügte, das Bild nach Bonn zu schicken. Ich sah eine günstige Gelegenheit, diesen fiskalischen Schwachsinn gegen die Wand zu fahren. Ich fragte an, wie das Bild wohl nach Bonn gebracht werden solle. Das Ministerium verfügte, ich solle das Bild mit der Post schicken.

Daraufhin bat ich um Mitteilung, wer die Kosten für die Versicherung übernehmen sollte und wie hoch das Bild zu versichern wäre. Auf die Weisung des Ministeriums, das Bild durch einen Sachverständigen schätzen zu lassen, antwortete ich mit der Frage, wer den Sachverständigen bezahlen würde.

Nach einer längeren Pause teilte mir das Ministerium mit, daß man die Leiterin des Flensburger Schiffahrtsmuseums Frau Dr. G. als Sachverständige gewonnen hätte. Sie schätzte das Bild auf DM 3500,-. Das Ministerium verfügte, daß ich einen Bw-Lkw mit dem Bild nach Bonn schicken sollte. Darauf informierte ich ES, daß ich nicht bereit wäre, einen Transport anzuordnen, der teurer käme als das Bild, wies aber darauf hin, daß das Ministerium ja eine eigene große Flotte von Fahrzeugen hätte. Gleichzeitig erinnerte ich ES daran, daß ein so wertvolles Bild vor dem Transport fachmännisch verpackt werden müßte.

Sicherlich war bis dahin schon ein halbes Jahr vergangen. Aber ES gab nicht auf, denn sie wiesen mich an, das Bild von der Verpackungsabteilung des Marinedepots in Sande fachgerecht für den Transport einpacken zu lassen. Meine Frage, wie das Bild nach Sande kommen sollte, überschnitt sich mit der Bitte meines Russischdolmetschers, es kaufen zu dürfen. Ich informierte ES von dem Kaufinteresse, und so wurde das Bild in einem Anfall von Großzügigkeit dem Kptlt. M. für DM 2500,- angeboten. Ich intervenierte wegen des Preises und konnte einen Endpreis von DM 1500,- erfeilschen, den der Kaleu für mein Geschenk zahlen mußte. Ich war traurig, dieses Instrument des Ärgers zu verlieren. Zwischendurch drängte sich mir immer wieder die Frage auf, ob ES bei den beiden mir bekannten bestechlichen Staatssekretären auch so ausdauernd und hartnäckig nachgehakt hat.

---

[345] Ermittlung in Sonderangelegenheiten (Korruption)

Doch zurück zu unserem Besuch: Auf ausdrücklichen Wunsch unserer Gäste war eine Pressekonferenz eingeplant, die dann in Meierwik stattfand. Ungefähr 6 Journalisten stellten Fragen, die offensichtlich weder im Inhalt noch im Ton bei I. gut ankamen. Mehrmals unterdrückte er seinen Grimm und guckte, als ob er die Pressevertreter einsperren lassen wollte. Er mochte nicht glauben, daß die Journalisten trotz seiner Antwort energisch nachsetzten und die Richtigkeit infrage stellten. Es war sicher für ihn der schwerste Teil des Programms.

Mit einem Seaking flogen wir dann nach Kiel, so tief, daß man ordentlich gucken konnte. Er fragte mich, wem die Häuser gehörten, die wir überflogen. Als ich ihm antwortete, daß ich das nicht wüßte, vermutlich aber den Leuten, die darin wohnen, schüttelte er ungläubig den Kopf. Wir machten einen Abstecher nach Laboe, wo ihn fast nur das VII C-Boot interessierte. Also Plan geändert, UBoot besichtigt, denn er hatte seine UBootslaufbahn auf solch' einem Boot begonnen und kannte jede Ecke und jeden Hebel, er war in seinem Element und taute sichtlich auf.

Wir besichtigten einen DDG[346] und zeigten alles, was gut und teuer war. Unser Gast stellte keine Fragen und guckte neutral. Erst später nach meiner Mitfahrt auf dem sowjetischen „Udaloj" ging mir auf, daß er wie im MHQ auch hier nichts verstanden hatte.

Er bat, mit Soldaten sprechen zu dürfen. „Mit jedem nach seiner Wahl" lautete unsere Antwort. Ein Obermaat lief ihm vor die Füße, und er befragte ihn. Auf seine Frage nach der für ihn schwierigsten Arbeit antwortete der Obermaat: „Vertrauensmann der Unteroffiziere." Der Dolmetscher übersetzte sehr lange und erklärte uns dann, daß es so etwas in den sowjetischen Streitkräften nicht gibt. I. jedoch nickte und sagte: „Haben wir auch, bei uns heißt das Komsomol[347]". Ivanov wollte dann wissen, welche Vorteile der Obermaat von dieser seiner Tätigkeit hätte, ob er mehr Geld bekomme oder schneller befördert werden könnte.

Nach kurzem Zögern brach der Obermaat in lautes Lachen aus: „Nichts als Ärger habe ich davon, nur Ärger!" Unser Gast war sichtlich verärgert und eingeschnappt, weil er sich ausgelacht fühlte. In seiner Marine gab es für zusätzliche Aufgaben und Verantwortung veritable Zulagen.

---

[346] Lütjens - Klasse

[347] kommunistischer Jugendbund

Für das zweite Abendessen hatten wir das Hotel „Wassersleben" ausgesucht. Wir standen draußen und genossen den herrlichen Blick über die Förde. „Das da vorn ist schon Dänemark!" sagte einer von uns. Unsere Gäste zeigten sich irritiert und fragten nach Wachtürmen und Grenzbefestigungen. Alle Erklärungen quittierte der Admiral mit skeptischem Kopfschütteln.

Am nächsten Morgen erzählte mir ein deutscher Dolmetscher, daß sie I. überredet hatten, auf dem Nachhauseweg einen kleinen Abstecher nach Dänemark zu machen. Unser Dolmetscher, der mit im Wagen saß, berichtete hinterher, daß er auf die verwunderten Fragen seiner Frau immer wieder antwortete: „Das ist anders hier, die machen das anders!"

Da Frau I. das Mitgefühl unserer Damen erregt hatte und abends von ihren 2 Enkeltöchtern erzählte, zogen sie am nächsten Morgen mit ihr los und legten mehrere hundert DM zusammen, damit sie einkaufen konnte. Als unsere Gäste ihr Flugzeug bestiegen, winkte sie – beladen mit Einkaufstüten - heftig und weinte zum Steinerweichen. Ein wenig hatte ich erwartet, daß unser Besuch sich nach der Heimkehr in irgendeiner Form bedanken würde, hat er aber nicht.

Im Juli zeichnete sich ab, daß unser Einsatz vor Kuweit zu Ende gehen würde, weil die Minen geräumt waren; wir hatten wesentlich mehr Minen gefunden als die Irakis angeblich gelegt hatten. Danach legte das Auswärtige Amt mir nahe, mich in Manama mit einem Empfang bei allen zu bedanken, die uns geholfen hatten, ihnen zu helfen. Der Empfang fand in einem tollen Hotel statt, das „Goldene Tulpe" oder so ähnlich hieß. Ich nehme an, daß es auch dem Emir gehört. Von den 300 geladenen Gästen waren anfangs nur Europäer und Amerikaner da, gegen Ende tummelten sich sehr viele Burnusträger im Saal, die ich kaum auseinanderhalten konnte.

Als wir danach die Lobby unseres Hotels erreichten und meine Leibwache sich zurückziehen wollte, kam ein offensichtlich stark angetrunkener Araber auf mich zu, zeigte auf meine Uniform und fragte, woher ich käme. Meine Antwort begeisterte ihn. Er riß den rechten Am hoch und rief mehrmals „Heil Hitler!". Ich versuchte ohne Erfolg, ihm klarzumachen, daß ich seine Begeisterung nicht teilte, während er mir unverdrossen erzählte, warum er Hitler so schätzte. Als die ganze Lobby gespannt zuhörte, und ich den Menschen nicht mehr los wurde, griffen meine Leibwächter rabiat zu, schleppten ihn durch die Eingangstür und warfen den Besoffenen auf die Straße. Es war alles sehr, sehr peinlich, und ich wünschte, weit weg in Glücksburg zu sein.

Am nächsten Tag besprachen wir noch den Rückmarsch bzw. den Rücktransport, der bis Ende Juli 1991 angetreten werden sollte. Die Boote hatten eine Reise von 7300 sm vor sich, und sie liefen am 13. September in Wilhelmshaven ein. Alles klappte planmäßig, so daß wir im Flottenstab mit Stolz feststellen konnten, wir hatten diesen 13-monatigen Einsatz unter z.T. extremen Bedingungen ohne menschliche und materielle Schäden oder gar Verluste erfolgreich beendet. Unser ramponiertes Ansehen in der NATO erholte sich.

Die Bundesrepublik beteiligte sich an den Kosten des Feldzuges mit der Zahlung von ~ 12 Milliarden DM an die USA. Die schlauen Dänen kassierten davon für ihren UBootsausflug ~ DM 1.2 Milliarden. Für weniger als diese Gesamtzahlungen hätten wir uns eine völlig neue Flotte kaufen können. Für unser Leben in der Nische bezahlten wir einen sehr hohen Preis, weitaus mehr als die 12 Milliarden. Im 2. Irakkrieg haben die Dänen ein Fischereischutzboot in den persischen Golf entsandt. So hätten wir es auch machen können.... Ich will gar nicht wissen, ob oder wieviel Bundeskanzler Schröder beim zweiten Anlauf nach 2003 gezahlt hat.

Es schien mir, als wollte man mich nach diesen weltweiten Unternehmungen wieder auf den Boden des bundesrepublikanischen Alltags zurückholen. Eine Weisung flatterte auf meinen Tisch, daß mein fast 3 Jahre alter Dieseldienstwagen mit seinen ~ 150.000 km sehr schonend einzusetzen sei, weil erst in 7 Jahren ein Ersatz möglich würde. Auf meine erstaunte Frage an den Stab, was ihm dazu einfällt, kam der Vorschlag, mir aus meinem unterstellten Bereich einen ordentlichen Mercedes-Jeep für die vielen kurzen Strecken auszuleihen. Ich war einverstanden, aber es ging nicht, obwohl Hunderte von kaum genutzten Fahrzeugen in meinem Kommandobereich existierten, denn irgendwelche Regeln der Verwaltung sprachen dagegen.

Nachdem Hein W. 1991 das Erbe von Jimmy M. angetreten hatte, besprach er mit mir die nächsten personellen Schritte bei den Höheren Kommandeuren. Ich erklärte mich bereit, zum 1.4.1994 vorzeitig in den einstweilen Ruhestand zu gehen, um Platz zu machen. Hein war es zufrieden und ich auch. Vier Jahre Flottenchef, das klang sehr gut, und nach meiner Überzeugung sollte auch keiner diesen Dienstposten länger wahrnehmen.

Die Versorgungslage der Bevölkerung in der ehemaligen Sowjetunion machte selbst dem Westen zunehmend Sorge, weil man vermeiden wollte, daß die immer noch mächtigen Kommunisten die unzufriedenen Wähler auf ihre Seite ziehen könnten. So wurden Jelzin mehrere tausend Tonnen tiefgefrorenes Rindfleisch zur Verteilung an die Bevölkerung im Gebiet Leningrad angeboten. Als die Flotte gefragt wurde, ob wir mit unseren Schiffen den Transport übernehmen könnten, stimmten wir zu, um die Nützlichkeit der Marine zu demonstrieren. Tatsächlich konnte keines unserer Versorgungsschiffe mehr als 600 bis 800 Tonnen tiefgefrorenes Fleisch transportieren.

Wir planten dieses Unternehmen, denn 30.000 Tonnen erforderten mehr als 40 „Fuhren“. Früh setzte die Vereisung des finnischen Meerbusens ein, auch mit Hilfe der russischen Eisbrecher waren es keine einfachen Fahrten für unsere Besatzungen. Aber der Gedanke, der hungernden Bevölkerung zu helfen, blieb ein guter Ansporn. Nach der Hälfte der Ladungen wurde langsam deutlich, daß der Weitertransport des Gefrierfleisches in St. Petersburg zu Zweifeln Anlaß gab.

Nach einiger Zeit kannten unsere Besatzungen die Lkw und deren Fahrer, und es fiel auf, daß sie blitzschnell wieder vor dem Schiff warteten, um die nächste Fuhre aufzunehmen, so schnell, daß sie den Hafenbereich kaum verlassen haben konnten.

Die Fahrer erzählten unseren Leuten, daß sie pro Fuhre bezahlt wurden; die Berechnung ihres Fuhrlohnes erfolgte nach einem Stempel, den sie bei Verlassen des Hafengebietes von der Polizei erhielten. Schon vor den letzten 10 Schiffsladungen wußten wir, daß die Fahrer das Fleisch direkt außerhalb des Hafens an die regionale Mafia übergaben. Später, als auch das zu lange dauerte, wurde das Fleisch in einem nahegelegenen Wald abgekippt. Wegen der anhaltenden Kälte blieb es dort gefroren liegen zur gefälligen Bedienung. Nachdem wir das alles wußten, ließ unsere Hilfsbereitschaft drastisch nach. Da wir keinen Eklat heraufbeschwören wollten, weder in Deutschland noch in der SU oder wie der Nachfolgestaat damals gerade hieß, lief das Programm planmäßig aus.

Ein bedenkliches Bubenstück will ich beichten in der Hoffnung, das es verjährt ist, falls es je an die Öffentlichkeit gelangt. Die Marine pflegte seit vielen Jahren ein gutes Verhältnis zu Peter T., einem Sammler maritimer Schätze aus Hamburg. Wir, die Marine, zogen manchen Vorteil aus dem guten Verhältnis zu diesem einflußreichen Mann. Eines schönen Tages, nachdem wir kurz vorher den Geschützturm „A" des Zerstörers „Schleswig-Holstein" in seinem Garten wiedersahen, bat er uns, ihm bei der Beschaffung eines NVA-Schnellbootes der „Libelle"-Klasse zu helfen. Nach Beratung mit Otto C., der inzwischen in Gehlsdorf übernommen hatte, wurde eines der 14 Boote dafür ausgewählt, die irgendwo auf einer Pier lagen. Obwohl das kleine Boot nur 30 ts auf die Waage brachte, war es kein Geschenk, das sich so einfach überreichen ließ.

Schließlich kam ich auf die Idee, ein Mehrzwecklandungsboot auf einem Übungseinsatz für diesen Transport zu benutzen. Alles klappte wie geplant und bald stand das komplette Schnellboot auch bei T. im Garten. Nicht viel später teilte mir die Staatsanwaltschaft Hamburg mit, daß gegen Otto C., T. und mich ein Verfahren wegen des Verstoßes gegen das Kriegswaffenkontrollgesetz eingeleitet worden sei.

T. erzählte, daß für den Transport der „Libelle" zu seinem Institut die Elbchaussee nachts für mehrere Stunden gesperrt werden mußte. Der Staatsanwalt, der sich schon früher einen Namen gemacht hatte, als er Landmaschinen, die der BND nach Israel verschiffte, als Panzer aus NVA-Beständen enttarnte und für viel Wirbel sorgte, muß von unserer „Libelle" erfahren haben. T. warf sich mit seinen Juristen in die Bresche und erwirkte die Einstellung des Verfahrens.

Später erzählte er, daß er den Erfolg mit der Zahlung einer veritablen Geldbuße (ich meine, es waren DM 40.000,- für uns drei Beschuldigte) erreichte unter der Auflage, ein Loch in den Rumpf des Bootes zu schneiden, damit es nicht mehr einsatzfähig war. Er ist nicht nur ein besessener Sammler, sondern auch ein guter Geschäftsmann. Er erwirkte, daß sein Geld an die DGzRS ging, die ihm aus Dankbarkeit dafür das Tochterboot eines Rettungskreuzers überließ. Dieses Boot landete dann auch in seinem Garten.

Außer der Einstellung des Verfahrens habe ich zu meiner Erleichterung nichts mehr von der Staatsanwaltschaft gehört. T. jedoch lud mich und alle Typkommandeure ein, sein inzwischen fertiggestelltes Institut zu besichtigen, führte uns selbst, ehe wir sein Büro hoch über der Elbe für eine Tagung nutzen durften. Danach lud ich T. als meinen persönlichen

Gast ein, an der HITATA teilzunehmen, ein Privileg, das er über viele Jahre nutzte.

Bei einer anderen Tagung lernte ich den US-Botschafter Vernon W. kennen, der mich sehr beeindruckte, nicht nur wegen seines ungewöhnlichen Lebensweges, sondern auch wegen seines unerschöpflichen Vorrates an Erlebnisberichten und Anekdoten. Er war Jesuitenschüler, hochgebildet und sprach fast alle europäischen Sprachen einschließlich Russisch.

Eine seiner Geschichten hat mich meine restliche Dienstzeit begleitet. In seiner Zeit als Adjutant von General Clark während des II. Weltkrieges bekam er den Auftrag, mit Tito zu einer Vereinbarung über gemeinsame Operationen zu kommen. Er kam damit nicht voran und wurde zitiert. Clark hörte einige Minuten zu und entließ ihn mit der Bemerkung: *„I am not interested in a list of your difficulties, I want to see results!"* Später habe ich öfter davon Gebrauch gemacht. Als er irgendwann eine Bemerkung über die Geschichte Helgolands machte, hakte ich nach. Seit seiner Jugend, so berichtete er, interessiere er sich für Helgoland und dessen Geschichte, aber er sei noch nie auf der Insel gewesen. Ich schlug ihm vor, das zu ändern, obwohl er wegen der Folgen einer schweren Verwundung kaum gehen konnte.

Im Sommer 1992 holte ich ihn mit einem Hubschrauber in Fuhlsbüttel ab, und wir flogen nach Helgoland. Dort wartete der Bürgermeister mit einem Elektroauto auf uns, und wir besichtigten die ganze Insel. Die Gespräche zwischen Botschafter und Bürgermeister waren für uns sehr lehrreich, oft genug wußte W. mehr oder genauer Bescheid als der Eingeborene. Der Botschafter genoß diesen Ausflug und bedankte sich herzlich.

In dieser Zeit verhandelten die NATO-Partner über Änderungen der Kommandostruktur. Dabei ging es auch um den deutschen Wunsch, mehr und vor allem entsprechend unseres militärischen Beitrages auf den entscheidenden Positionen berücksichtigt zu werden, das merkwürdige deutsche Wort „Teilhabe" geisterte durch die Flure. Das Hauptinteresse der Marine richtete sich auf den Stab des CINCCHAN[348] / CINCEASTLANT[349] in Northwood / London, wo ein britischer Admiral****

---

[348] Commander-in-Chief Channel

[349] Commander-in Chief Eastern Atlantic Area

als MNC[350] führte, während ein niederländischer Konteradmiral als Chef des Stabes fungierte. Damals gab es in der NATO noch drei MNCs, nämlich SACEUR[351], SACLANT und CINCHAN. Gleichzeitig war der CINCHAN dem in Norfolk residierenden SACLANT[352] unterstellt und bildete die atlantische Brücke. Die Deutschen waren nur mit einem Kapitän zur See auf der Ebene der Abteilungsleiter und zwei Stabsoffizieren in Northwood vertreten.

Die Verhandlungen ergaben für Northwood, daß sich die Verbündeten einigten, den Dienstposten des stellvertretenden Oberbefehlshabers einzuführen. Niederlande und Deutschland sollten sich bei der Besetzung des Stellvertreters und des Stabschef abwechseln. Der erste Stellvertreter im Range eines Vizeadmirals sollte von uns ab 1.4.1993 gestellt werden. Bei den Überlegungen, wen wir dort hinschicken, kamen wir zu der Erkenntnis, daß ich wegen meines Vorlaufes dafür ausgewählt werden könnte. Mit Ablauf der vorgesehenen 3 Jahre wäre für mich die besondere Altersgrenze erreicht. Ich hatte große Lust dazu, denn ich wollte immer einmal in einem NATO – Stab Dienst tun, obwohl ich dafür ein Jahr als Flottenchef „opfern" mußte. Schnell wurde aus diesen Überlegungen Ernst, und man schlug mich der NATO und der britischen Regierung vor.

Im Juli 1992 fand mein Gegenbesuch in der UdSSR statt. Ich war nicht traurig, als ich erfuhr, daß der Oberbefehlshaber der mächtigen Baltischen Rotbannerflotte zur Seekriegsakademie nach St. Petersburg strafversetzt worden war. Wie ich erfuhr, hatte er sich im Sommer 1991 während der Aufstände gegen Gorbatschov und Jelzin den Putschisten angeschlossen und fiel in Ungnade. Sein Nachfolger und damit unser Gastgeber war der Held der Sowjetunion Admiral**** Gregory E.. Meine Frau, mein Adjutant und ein Dolmetscher begleiteten mich in der DO 228 nach Königsberg/Kaliningrad. Der Dolmetscher kam vom Bundessprachenamt, ein ehemaliger Hauptmann der NVA, der seine Sache, soweit ich es beurteilen kann, gut machte. Aus Sorge vor Sprach- und anderen Schwierigkeiten hatten wir einen ehemaligen NVA-Marineflieger mit im Cockpit.

Bei herrlichstem Sommerwetter flogen wir nach Osten entlang der Küste, zum ersten Mal für mich ohne Gefahr und so nah wie noch nie.

---

350 Major NATO Commander

351 Supreme Allied Commander Europe

352 Supreme Allied Commander Atlantic = US **** Commander –in - Chief Atlantic Fleet

Wir landeten auf einem kleinen Flugplatz nahe Königsberg, alles klappte reibungslos. Es war sicher seit 1945 das erste deutsche Militärflugzeug, das im Oblast Kaliningrad landete. Unser Gastgeber begrüßte uns. Er stand erkennbar unter hoher Spannung und schien genau so nervös wie ich mich fühlte. Es dauerte eine Weile, bis alle einschließlich der Damen mit Hilfe der Dolmetscher gegenseitig vorgestellt waren.

Dann übermittelte er mir herzliche Grüße von seinem Chef Admiral C., der ihm befohlen hatte, jede meiner Fragen zu beantworten und das Programm jederzeit meinen Wünschen anzupassen. Ich hatte das Gefühl, daß ihm dieser Auftrag keine Freude bereitete und versuchte mir vorzustellen, wenn ich mit einer ähnlichen Vorgabe in solch' einen schwierigen Besuch hätte gehen müssen. Unser Marineattaché KptzS. H. und Frau waren auch zur Stelle und haben sich während des gesamten Besuches nützlich gemacht, sie waren eine Hilfe.

Den russischen Dolmetscher kannte ich schon, es war wieder der Kapitän zur See 1. Grades S., der uns auf dem Weg zu den Autos erklärte, daß wir in Swetlogorsk wohnen würden, das auf deutsch Rauschen heißt. Wir seien die ersten ausländischen Gäste, die nicht im Gästehaus der Rotbannerflotte in Kaliningrad wohnen müßten. Unsere Autos sahen aus wie Ladas, waren unglaublich klapperig und schrottreif. Umgeben von einer großen Eskorte der Miliz fuhren wir bei hohen Temperaturen über Straßen, die in Deutschland alle gesperrt worden wären. Gennadi erzählte uns, daß der gesamte Badeort Rauschen von den Sowjets zum Militärlazarett gemacht wurde und daß in einigen privilegierten Straßen die Villen als Datschen des ZK eingerichtet wurden. Normale Einwohner gab es in Swetlogorsk nicht.

Wir wohnten in der Datscha von Andrej Gromyko, eine mehr als 100jährige Villa, die bis 1945 dem Rektor der Universität Königsberg gehörte. Ein großer verwunschener Garten mit einem Ziehbrunnen trug zur Märchenatmosphäre bei. Ein Oberstarzt war unser „Hotelmanager", der mit vielen Leuten in der Küche und ums Haus in rührender Weise für uns tätig war. Die Einrichtung unseres Badezimmers muß noch vor dem 2. Weltkrieg eingebaut worden sein wie auch der Kohleofen im Schlafzimmer. Alles wirkte kleinbürgerlich und altbacken. Das Eßzimmer war ganz in Rot, rote Seidentapeten, rote, gewaltige Vorhänge und rote Polster auf den Stühlen. Die fremdartig wirkenden Holzmöbel stammten aus Ägypten.

Eine Stadtrundfahrt in Kaliningrad zeigte den deprimierenden Zustand der Stadt. Die wenigen Reste der alten Bausubstanz waren in schrecklichem Zustand, selbst die alte Börse, die man uns stolz zeigte, sah desolat aus. Die Straßen wiesen noch die mühsam reparierten Kriegsschäden auf, alle Gullydeckel fehlten, man kurvte um diese Fallen herum, als ob es normal wäre, daß man auch auf den Hauptstraßen Slalom fahren mußte. Mehrmals wies mich unser Gastgeber auf merkwürdige Menschenansammlungen hin. Er erklärte dann, daß es sich um den Schwarzmarkt für Lebensmittel, Kleidung oder Schnaps und Zigaretten handelte. Er schien das als normal zu betrachten. Die Domruine zeigte erste zaghafte Bemühungen, einen weiteren Verfall zu stoppen. Kants Grabmal in einer Außennische des Doms war liebevoll gepflegt. E. betonte mehrmals, daß die Bewohner von Kaliningrad sich immer mehr bemühten, die kleinen Reste des deutschen Erbes zu bewahren.

Außerordentlich beeindruckte uns das Bernsteinmuseum, das in einem Turm der alten Festung[353] untergebracht war. Eine überwältigende Fülle großartiger Schätze sowie ein Nachbau des berühmten Bernsteinzimmers nahmen uns gefangen. Eine nette junge Frau führte uns in einwandfreiem Deutsch durch die Ausstellung. Als wir uns bedankten und ihr einen kleinen, wohlverdienten Obolus geben wollten, brach sie zu unserem Entsetzen in bittere Tränen aus, blieb auch untröstlich und nahm kein Geld an. Wir haben auch mit Hilfe der Dolmetscher nicht herausfinden können, welchen Grund sie hatte.

Als wir später unserem Fahrer, der sich mit großer Begeisterung um uns mühte, einen Zwanzig DM-Schein zusteckten, nahm er ihn dankend an. Der Dolmetscher ließ uns hinter vorgehaltener Hand wissen, daß das mehr war als sein Sold für ein Jahr. Wir mochten es nicht glauben.

Morgens zum Frühstück schloß E. sich uns an, berichtete freimütig aus seiner Morgenlage und fragte, ob wir mit dem Programm des Tages einverstanden wären, bzw. was er ändern solle. Während die Damen ihr eigenes Tagesprogramm absolvierten, sich das Schürfen und Bearbeiten von Bernstein ansahen oder Kunstausstellungen besuchten, fuhren wir einige Stunden mit einem Zerstörer der Udaloj-Klasse zu See. Ein großes Schiff, größer als meine alte „Schleswig-Holstein" in einem recht guten Pflegezustand.

---

[353] Dohna - Turm

E. kam nicht mit, weil er, wie er uns verärgert berichtete, sofort nach Moskau zu Jelzin einbestellt worden war. Er war sehr wütend, daß man ihn nicht wegen unseres Besuches freigestellt hatte. Er schimpfte über diesen „verdammten Säufer", der sicher wieder viel Unsinn reden würde. Sein Chef des Stabes Konteradmiral K. vertrat ihn.

Man bot mir eine kurze Führung durch das Schiff, es war mäßig sauber und insgesamt schlecht verarbeitet. Besonders auffällig waren unordentliche Schweißnähte und viele grobe Ecken und Kanten. Das Mannschaftsdeck war nicht besser als auf einem Fletcher-Zerstörer, die überfüllte Cafeteria lud nicht ein, sich hinzusetzen. Die Essensausgabe wurde von Offizieren gemacht[354]. Die Mannschaften und Unteroffiziere, die uns begegneten, sahen uns nicht an und zeigten keine Neugier. Alles wirkte unnatürlich, wir fühlten uns nicht wohl. Eine OPZ[355] hat man uns nicht gezeigt, auf meine Nachfrage erklärte man mir, daß es für jeden Bereich einen „Leitstand" gäbe. Der Kommandant saß auf der Brücke und koordinierte von dort die einzelnen Bereiche.

Die Vorführungen, beginnend mit einem simulierten Angriff von 4 Fitter-Jagdbombern bis zum Artillerieschießen waren primitiv und wenig eindrucksvoll. Nur drei Fitter kamen und überflogen uns zweimal in 500 m Höhe, ohne jedes Manöver und mit Reisegeschwindigkeit. Dann verschwanden sie. Wann immer ich den Kommandanten etwas fragte, antwortete der Admiral, der nicht einen Schritt von meiner Seite wich. Der Kommandant setzte immer wieder an, aber er durfte wohl nichts sagen. Nur mühsam unterdrückte er seinen Ärger. Die UJagd-Demonstration wirkte grotesk unecht und realitätsfern. Ein UBoot haben wir weder vorher noch hinterher gesehen....

Ich konnte nicht umhin, mit den Vorführungen bei I.s Besuch zu vergleichen, aber gleichzeitig war mir klar, daß ich Gast war auf einem sowjetischen Raketenzerstörer. Welch' gewaltige Veränderung der Gesamtlage in so kurzer Zeit! Planmäßig legten wir wieder in Baltysk[356] an. Der Stützpunkt sah desolat aus, viele Schiffe schienen einfach aufgegeben worden zu sein. Wir fuhren an einem kleinen Geleitfahrzeug vorbei, das mit deutlicher Schlagseite und achtern wesentlich tiefer als vorn an der Pier

---

[354] Oberleutnant zur See oder höher
[355] Operationszentrale
[356] Pillau

lag, aber die große Heckflagge wehte munter. Eine ganze Pier war vollge-
packt mit Luftkissen-Landungsbooten, alle sahen verwahrlost aus. Außerdem fiel uns auf, daß die Torwachen wie auch Soldaten im Stützpunkt
schlimm aussahen, denn sie liefen mit offenen Jacketts, weggefiertem
Schlips und mit der Mütze im Nacken umher. Am Tor salutierte niemand,
als wir mit dem ganzen Autotroß durchfuhren.

Mein Gastgeber berichtete von eklatanten Personalengpässen, weil
nur 50 % der einberufenen Wehrpflichtigen überhaupt ihren Dienst antraten. Da weder die Polizei noch die Partei genug Autorität besaßen, um die
Dienstunwilligen aufzugreifen, blieb das Verweigern ohne Konsequenzen.

Am Abend war E. wieder zurück und besuchte uns in Rauschen.
Er schimpfte ungeniert über Jelzin, ohne uns wissen zu lassen, um was es
eigentlich ging. Beim Frühstück berichtete er von einem Zwischenfall im
Schwarzen Meer, wo im Verlaufe der Streitigkeiten um die Aufteilung der
Flotte ein Geleitfahrzeug von der Besatzung nach einer Meuterei entführt
worden war.

„Wir könnten das Schiff jederzeit versenken, aber der Gedanke an
die Mütter hält uns zurück! Außerdem, was soll's, wir haben sowieso zu
viel Schiffe!" Als ich ihm dann noch bestätigte, daß wir nach seinem Programm verfahren würden, war er wieder guter Dinge, und wir besuchten
die Marineflieger. Ein schneidiger Generalmajor empfing uns, und nach
einem kurzen Gespräch fuhren wir auf das Rollfeld. Die sowjetischen Marineflieger trugen eine eigene Uniform und hatten keine Marinedienstgrade.

Man hatte für uns wirklich alles aufgebaut, von dem ich wußte. Ich
kroch in einen Badger- und dann in einen Backfire-Bomber, damals noch
etwas uns recht neues. Beide Flugzeuge wiesen heftige Abnutzungsspuren
auf und wirkten grob gearbeitet. Nach dem vierten oder fünften Flugzeug
verlor ich langsam die Übersicht. Fencer, Fitter, Flanker, aber alle mit den
russischen Bezeichnungen und nicht mit den NATO-Codenamen.

An jeder Maschine stand ein Pilot oder auch eine Besatzung in
vollständiger Flugmontur. Als ich einen der Jetpiloten fragte, in welcher
Konfiguration er seine Maschine am liebsten fliegen würde, weigerte er
sich zu antworten. Ich wollte ja nur Interesse zeigen und keine zu blöden
Fragen stellen.

Als der General gewahr wurde, daß der arme Flieger nicht antwortete, verpaßte er ihm einen rüden Rüffel, den unser Dolmetscher später als heftige Strafandrohung übersetzte. Danach gab es eine „Erfrischung" im Kasino, in der nichts an Getränken fehlte, aber es gab keinen Schluck Kaffee.

Das mit den Getränken und dem Kaffee war in unserer Datscha übrigens genau so, zum Frühstück gab es Sekt, Wein, Wodka und drei Sorten Limonade, aber keinen Kaffee. Die Limonadenflaschen standen, egal wo man uns etwas angeboten hat, immer in dem gleichen Arrangement, die Platten waren immer absolut gleich belegt. Aber immer waren unsere Gastgeber höflich, bemüht und großzügig. Der Generalmajor erzählte uns mit einer Art von fatalistischem Stolz, daß er schon 5 Abstürze überlebt hätte.

Für den Nachmittag war ein Besuch im Stab BRBF[357] mit Besichtigung des Führungsbunkers vorgesehen. Auf dem Wege nach Kaliningrad bei ungefähr 80 kmh fuhr unser Lada in ein großes Schlagloch, das Dreckwasser spritzte nach allen Seiten und die Motorhaube öffnete sich mit einem Knall.

Die Sicht war Null, aber nach rabiatem Bremsen wurde unser Auto mit vereinten Kräften wieder fahrklar gemacht. E. bewahrte gute Haltung und erzählte mir, daß das öfter vorkäme. Er berichtete auch, daß das einzige Lager der Rotbannerflotte für Sanitätsmaterial in Litauen von „Renegaten" ausgeraubt und abgebrannt worden sei. Ich sah eine Gelegenheit, unverdächtige und sicher humanitäre Hilfe anzubieten. Er dankte uns, sagte eine Liste mit dem dringendsten Bedarf zu. Trotz mehrmaligen Nachfragen in den nächsten Wochen kam diese Liste nie, aber auch keinerlei andere Reaktion.

Dann erzählte ich ihm, daß ich bei meiner Anreise im Stillen gehofft hätte, einmal in einer SIL-Limousine fahren zu können. Er lachte etwas gequält und erzählte, daß er seine Regierungslimousine vor kurzem an den regionalen Mafia-Chef verkauft hätte. Dafür bekam er soviel Geld, daß sich sein Stab drei neue Ladas beim Händler kaufen konnte.

Früher bekam die Baltische Flotte jährlich ca. 340 fabrikneue Ladas vom Hersteller, erzählte er weiter, die nach einer Warteliste an Offiziere

---

[357] Baltische Rotbanner Flotte

verkauft wurden. Durchschnittlich alle 4 Jahre konnte so ein Offizier mit einem neuen Auto rechnen. Die älteren Wagen verkauften die Offiziere dann an die Feldwebel, die Feldwebel an die Unteroffiziere usw. So verdienten alle gut und waren es zufrieden.

Dann erzählte E. von dem Bericht, den sein Vorgänger über seinen Bunkerbesuch bei uns verfaßt hatte. Als mir klar war, daß er seinen Bunker nicht zeigen mochte, weil er nichts Zeigenswertes aufwies, schien es mir taktisch richtig, von Cs Angebot Gebrauch zu machen. Ich erklärte ihm, daß ich lieber einmal eine der Offizierakademien sehen würde. E. schien erleichtert.

Der Besuch im Stabsgebäude der BRBF war wenig erhellend, aber der Geruch war fast so wie in Gehlsdorf. Auf meine Bitte wurde ich in Vadims Arbeitsraum geführt, es sah ähnlich aus wie in meinem Referentenzimmer in Bonn. Nur Genadij begleitete uns, und ich entdeckte einen der damals auch bei uns üblichen Computerausdrucke über dem Schreibtisch – auf Deutsch: **NUR DIE DEUTSCHEN KÖNNEN UNS RETTEN!!** Nach einem winzigen Zögern lachte der oberste Politoffizier der stolzen Baltischen Rotbannerflotte gequält und sagte: „Vadim ist ein Dummkopf, denn niemand kann uns retten!"

Dann ging es zu einer der Akademien der Baltischen Flotte. Empfang durch eine Ehrenwache von Offizieranwärtern unter Gewehr mit aufgepflanztem Bajonett, sah alles sehr smart aus. Weil die sowjetischen Soldaten den Kopf sehr hochhalten, nicht wie bei uns, wo das Kinn an die Brust gehört, konnte ich in eine Reihe von Nasenlöchern gucken.

Dann führte man uns durch eine völlig menschenleere Schule, zeigte uns leere, gut aufgeräumte Hörsäle und Übungsräume, ohne daß uns auch nur ein einziges Lebewesen begegnete. Es wirkte gespenstisch, nur der Geruch war wie in Gehlsdorf. Auf meine Frage wurde mir bestätigt, daß keiner da sei. Auch E. schien irritiert, bis man uns sagte, daß wir eine Klasse besuchen und sprechen könnten, die gerade Deutschunterricht hatte.

Die ca. 30 sehr jungen Offizieranwärter machten einen sympathischen und neugierigen Eindruck. Die zivile Lehrerin begrüßte uns auf Deutsch, war aber sehr bald überfordert, als sie Fragen und Antworten übersetzen sollte. Vielleicht war sie auch zu aufgeregt. Keine Frage, die ich an die Klasse richtete, wurde von den Schülern beantwortet, es tauchte dann immer aus dem Hintergrund ein Offizier auf, der eine Antwort lieferte. So schnell wie eben möglich, ohne taktlos zu sein, beendete ich diesen unergiebigen Besuch. Bis zur Abfahrt haben wir auch draußen in dem weitläufigen Gelände niemanden sonst gesehen. Im Auto sagte mir E., daß ihm der Besuch nicht gefallen hätte, die Akademien ihm aber nicht unterstünden.

Unser letzter Tag war für einen Besuch der Marineinfanterie vorgesehen. Da es Samstag war, fragte ich, ob die Brigade nur wegen uns Dienst machen müßte. Die Frage löste jedoch Befremden aus, und nachher wußte ich, wie unangebracht sie erscheinen mußte. Wieder empfing uns eine Ehrenwache in Zugstärke, die sich mit jedem Drillteam der Marines hätte messen können. Der Brigadekommandeur, ein Oberst, erklärte, was sie für uns vorbereitet hatten, tatsächlich wurde die gesamte Brigade bewegt.

Es war eine Art von Stationsausbildung, die in allem von fast gnadenloser Härte schien. Keiner der Soldaten blickte einmal zu uns, es gab kein Grinsen geschweige denn Lachen. Die ersten Stationen bestanden aus Übungen, die wohl der Abhärtung dienten. Auf einer großen Fläche brannten unzählige Reifenstapel und Holzhaufen, der Qualm erschwerte das Atmen erheblich. Mehrere primitive Stahlgerüste, die in 12-15 m Höhe über soliden Betonplatten gebaut waren, stellten Behelfsbrücken dar. Eine scheinbar endlose Kette von Soldaten kletterte über Leitern hinauf, balancierte dann auf einem vielleicht 15 cm breiten Eisenträger über die gesamte „Brücke" und kletterte auf der anderen Seite hinab. Alles im Qualm mit vollem Gepäck sowie Waffen und mit hoher Geschwindigkeit und ohne jede Sicherung. Jeder Sturz mußte tödlich enden. Es gab keinen korpulenten oder gar dicken Soldaten, alle wirkten zäh und ausgehungert, aber keiner zeigte eine Schwäche oder Zögern. Ich hoffte inbrünstig, daß keiner wegen unseres Besuches zu Schaden kommen würde.

Als ich den Regimentskommandeur fragte, ob auch seine Brigade wie die Flotte darunter zu leiden hätte, daß wenige neu eingezogene Soldaten den Dienst anträten, verneinte er energisch. Die Flotte, so hatte Egorov berichtet, war im Personalbestand auf rund 50% abgesackt. Der völlige Kollaps der staatlichen Strukturen, besonders außerhalb der großen Städte, machte es ungefährlich, der Einberufung nicht zu folgen. Der Oberst erklärte uns, daß es nicht nur eine sehr große Ehre sei, zur Marineinfanterie einberufen zu werden, sondern auch von großem Vorteil. Nur seine entlassenen Soldaten würden immer und überall Arbeit finden, weil sie eben von der Marineinfanterie kamen.

Schießübungen und Hindernisbahn schlossen sich an, es war Samstagmittag, und ich fragte den Obristen, wie lange seine Männer täglich Dienst machten. Er schien die Frage zuerst nicht zu verstehen. Dann erklärte er, daß der Marineinfanterist im Frieden Anspruch auf 8 Stunden Schlaf in 24 Stunden hätte, aber nicht an einem Stück!

Auf meine Frage nach dem Jahresurlaub war die Verständnislosigkeit noch größer. In den ersten 3 Jahren gab es keinen Erholungsurlaub, nur die Allerbesten durften manchmal zu wichtigen familiären Ereignissen fahren. Aber drei Tage und nicht mehr, nur nach Wladiwostok gab es 5 Tage, weil die Reise so lange dauerte.

Nun mochte ich kaum noch nach dem täglichen oder Wochenendausgang fragen, und – wie sich zeigte – zu Recht, denn es gab Wochenendausgang nur für Feldwebel und Offiziere. Wir waren bei unserer Runde nun an dem betonierten Vorplatz einer Fahrzeughalle angekommen, wo eine Kompanie Nahkampf ohne Waffe Mann gegen Mann übte. Da ging es aber richtig zur Sache, keine Show, sondern grimmiger Ernst auf dem Betonboden. Dann kamen zwei Soldaten im Stechschritt auf uns zu und hielten in 5 m Entfernung an. Beide hatten eine 1-Liter Glasflasche in der linken Hand. Sie salutierten synchron, rissen sich die Mütze vom Kopf und zerschlugen die Flasche am eigenen Kopf. Die Glassplitter flogen bis zu uns, dann salutierten sie, machten kehrt und marschierten zurück.

Die gesamte Ausrüstung der Brigade von der Kleidung über Büchsenöffner bis zu den Flugabwehrraketen und Panzern war für uns zur Schau gestellt. Wir durften alles anfassen und besichtigen. Zum Abschied schenkte mir der Oberst ein Barett seiner Truppe und ein Soldat ein handgebasteltes Modell des PT-76 Schwimmpanzers. Der Oberst ließ noch einfließen, daß die Marineinfanterie nicht zur Marine gehörte und daß alle Landungsboote und -schiffe bis zur „Rogov" ebenso zur Marineinfanterie gehörten. Auf der Rückfahrt beeilte der OB[358] sich, mich wissen zu lassen, daß die Unterstellung unter die Marine sehr bald erfolgen würde.

Nach einem herzlichen Abschied von unseren Gastgebern, und nachdem wir alle beschenkt hatten, flogen wir zurück. Das war sicher ei-

---

[358] Oberbefehlshaber

ner, wenn nicht der lehrreichste Besuch, den ich in meiner Dienstzeit gemacht habe. Noch heute prägen viele Beobachtungen von damals mein Bild von Rußland und von den Russen. Mit E., der nach seiner Pensionierung Gouverneur des Oblast Kaliningrad wurde, stehe ich heute noch in Briefkontakt. S. und G., der gerade erst bei uns zu Gast war, gehören zu unseren Bekannten, sie haben nach ihrer Pensionierung als zivile Mitarbeiter für E. gearbeitet. Auch der längst pensionierte Admiral K., der erfolgreich in das Ölgeschäft eingestiegen ist, war im letzten Jahr hier zu Besuch, nun aber als reicher Geschäftsmann.

Als wirkliches Kontrastprogramm besuchten wir wenig später den französischen Befehlshaber CECLANT[359] in Brest. Mich sollten ein Stabsoffizier und der Adjutant begleiten. Unsere Gastgeber baten ausdrücklich darum, unsere Damen mitzubringen. Das wurde vom BMVg nur genehmigt, nachdem wir für unsere Frauen je knapp DM 100,- für den Flug abgeführt hatten.

Der ganze Besuch war höchst informativ, die Franzosen waren reizende Gastgeber, an der Spitze Amiral**** M.d.V. mit seiner Frau. Mein Adju hatte unsere Gastgeber vorgewarnt, daß weder meine Frau noch ich des Französischen mächtig wären. Aber das tat dem Besuch keinen Abbruch, denn meine Begleitung und natürlich unser Marineattaché glichen das aus, und unser Gastgeber sprach gutes Englisch, wovon die Franzosen an sich nur höchst ungern Gebrauch machen.

Wir wohnten im Chateau, einer gewaltigen Festung, die über Brest thront und wunderbare Ausblicke bot. Aber die wirklich eindrucksvolle Geste bestand darin, daß nur fließend Deutsch sprechende Admirale vortrugen und auch die Kommandanten der Schiffe und des UBootes, das ich besichtigen konnte, des Deutschen mächtig waren. Ich besichtigte ein nukleares Angriffs-UBoot und ein strategisches UBoot, und die Franzosen gaben mir die Botschaft mit, daß sie es gern sehen würden, wenn deutsche Offiziere zur Besatzung gehören würden. Das habe ich weiterberichtet, aber nie wieder etwas davon gehört.

Bei allem einschließlich des Damenprogramms zeigten die Franzosen, wie wichtig ihnen ein erfolgreicher Besuch schien. Damals war mir

---

[359] Commandant en Chef pour L´Atlantique

natürlich noch nicht klar, wie wertvoll diese guten Beziehungen für meine spätere Tätigkeit in Northwood werden könnten.

Zum Ende meiner Zeit als Befehlshaber durchlebte ich eine Auseinandersetzung, die der Tiefpunkt meiner Dienstzeit wurde. Auf vielen Einheiten der Flotte taten inzwischen ehemalige Offiziere und andere Dienstgrade der Volksmarine Dienst. Da das Amt für Sicherheit der Bundeswehr personell überfordert war, alle erforderlichen Sicherheitsüberprüfungen durchzuführen, entwickelte sich eine unerträgliche Situation. Die Ex-VM-Soldaten durften nicht die sicherheitsrelevanten Bereiche ihres Schiffes betreten und mußten von vielen Besprechungen ausgeschlossen werden, obwohl sie z.T. schon über ein Jahr an Bord dienten.

Ich bin sicher, daß ich diese für alle Beteiligten unzumutbare Situation nicht näher beschreiben muß. Ich empfand es als unerträglich und versuchte es mit einem Befehl, mit dem man beim Militär manchmal sein Ziel erreichen kann. Ich ordnete an, daß keine Unterschiede mehr zu machen seien. Da wurde ich aber vom Fü M[360] scharf zurückgepfiffen.

Während unserer Dienstzeit sind wir alle routinemäßig immer wieder überprüft worden, und ab und zu in großem Abstand gab es eine große, grundlegende Überprüfung, die mit sehr großem Aufwand verbunden war. Ich fühlte mich nach allen Auseinandersetzungen um die Sicherheitsüberprüfung unserer neuen Kameraden aus dem Osten geradezu verhöhnt, als mir in meinem 37. Dienstjahr eine große Sicherheitsüberprüfung „aufgedrückt" wurde. Ich bat, meine Überprüfung zurückzustellen und dafür lieber einige der rund 400 Mann zu überprüfen, die so dringend darauf warteten. Das wurde mit dem für Soldaten nicht unbekannten Argument „Termin ist Termin" abgelehnt.

In einem Gespräch mit einem der zuständigen Herren wies ich darauf hin, daß meine Entlarvung als Spion nach 37 Dienstjahren kein so großer Erfolg sein würde und machte darüber hinaus deutlich, daß ich ja auch kein erfolgreicher Spion gewesen sein könnte, nachdem der gesamte Osten ja gerade erst zusammengebrochen war. Alle meine Argumente zerschellten an dem Termin. Auf der Vorderseite des Paketes von zwei Dutzend DIN A 4-Fragebogen stand, daß die Überprüfung nichts mit einer eventuell anstehenden nächsten Verwendung zu tun hätte. Das war fein

---

[360] Führungsstab der Marine im BMVg

für mich bis zu einem Anruf aus dem Fü S, in dem man mir androhte, meine Nominierung für Northwood zurückzuziehen, falls ich nicht klein beigäbe. Das fand ich wirklich fies und unehrlich, einschließlich des Verhaltens des Generalinspekteurs, der mir ebenfalls eine massive Drohung zukommen ließ.

Mein Inspekteur riet mir dringend, im Interesse aller nachzugeben. So, auf das Prächtigste allein gelassen, befaßte ich mich mit den Fragen des Vordrucks. Auf dem Deckblatt stand auch, daß man sich beim Antworten um größtmögliches Detail und um Genauigkeit zu bemühen hätte. Eine der ersten Fragen bezog sich auf meinen Vater.

Auch nach seiner Adresse wurde gefragt mit dem Zusatz: Auch wenn verstorben. Ich setzte ein: Bonn – Poppelsdorfer Friedhof – Nummer der Reihe – Nummer des Grabes. Ich wurde nicht nach seiner letzten Anschrift befragt. Auf die Frage nach seinem Geburtsort schrieb ich wahrheitsgemäß: Blumendorf, Kreis Strelno, Provinz Posen, Deutsches Reich.

Es war mir nicht unwichtig, daß mein Vater Reichsdeutscher war und kein Pole. Außerdem erinnere ich mich, daß ich nach meinen Tätigkeiten vor Eintritt in die Bundeswehr gefragt wurde. Ich hatte tatsächlich nach dem Abitur und vor dem Eintritt in die Marine ungefähr drei Wochen als Hilfsarbeiter bei der Schokoladenfabrik Keßler & Co in Bonn-Beuel gearbeitet. Der Vordruck forderte eine genaue Beschreibung der Tätigkeit. Also schrieb ich sinngemäß, daß ich 80 kg Säcke mit Kakaobohnen vom Lager zur Kakao-Presse fuhr. Ich habe alles buchstabengetreu beantwortet.

Schließlich gab ich zähneknirschend das Fragebogenpaket ab. Während schon bald meine Nachbarn und einige Freunde berichteten, daß merkwürdige Leute versucht hätten, Erkundigungen über mich und meine Familie einzuziehen, erreichten mich ähnliche Berichte sogar von meinem Friseur. Dann schrieb mir der Fü S, daß ein Disziplinarverfahren gegen mich eingeleitet worden sei mit zwei Begründungen: 1. Ich hätte durch meine Antworten die Bearbeiter im Amt für Sicherheit lächerlich gemacht und 2. wegen rechtsradikaler Tendenzen. Ich hatte den Brief kaum verinnerlicht, als mich der Rechtsberater des Inspekteurs anrief und mir absolut unpersönlich mitteilte, daß der Generalinspekteur ihn mit den vordisziplinaren Ermittlungen beauftragt hätte.

Natürlich fühlte ich mich erst recht im Stich gelassen und ungerecht behandelt. Zuerst schrieb ich einen Brief an den Chef des Amtes für Sicherheit der Bundeswehr. Ich bat ihn, seine Mitarbeiter wissen zu lassen, daß ich keinen Grund sah, sie lächerlich zu machen. Ich bat um Entschuldigung, wenn dieser Eindruck entstanden wäre. Mir wäre es allerdings ein Anliegen, den für die zum Teil hanebüchenen Fragen Verantwortlichen aufzuschrecken. Auf meine Frage, wer überhaupt außer dem Bearbeiter den Inhalt meiner Fragebogen kannte trotz schriftlicher Zusicherung absoluter Diskretion, und wer außer dem Bearbeiter über die Bearbeiter dann überhaupt lächeln könnte, ist bis heute nicht beantwortet.

Sicher war auf jeden Fall, daß meine Antworten vielen, auch nicht beteiligten Offizieren im Fü S vorlagen. Einige sprachen mich darauf sogar an. Rechtsberater S. befaßte sich nun in einer telefonischen Vernehmung mit meinen nationalsozialistischen Tendenzen. Der Geburtsort meines Vaters im „Deutschen Reich" reichte den späten Nachfolgern des US-Senators McCarthy. Der RB[361] riet mir dringend, es irgendwie zu ändern. Ich hatte zwischen zwei Historiker mit Schwerpunkt neuere Geschichte befragt, beide bestätigten mir, daß der Staat, in dem mein Vater 1904 geboren wurde, „Deutsches Reich" hieß. Eine andere Antwort wäre ungenau gewesen oder gar falsch.

Ich war so weit, daß ich mir einredete, daß Vizeadmiral ein guter Dienstgrad sei, um meine Entlassung zu provozieren. Das befreite mich von weiteren Rücksichten. Dem nächsten Anrufer teilte ich mit, daß ich diese ganze Geschichte des beleidigten Amtsschimmels in allen Einzelheiten und unter Nennung der Namen aller auch nur am Rande Beteiligten an die Presse geben würde, falls ich noch weiter genötigt würde. Dabei würde ich die Rolle des GIs deutlich würdigen. Noch heute warte ich darauf, daß irgendjemand das Disziplinarverfahren gegen mich einstellt. Weder der GI, den ich lange recht gut kannte, noch mein Inspekteur haben je mit mir darüber gesprochen.

Zwei meiner Männer waren in meinen drei Jahren unter meinem Kommando zu Tode gekommen, das waren genau zwei zu viel. Beides waren keine unvermeidbaren Unfälle und damit besonders tragisch und belastend. Im ersten Fall verlor die Fregatte „Niedersachsen" bei einem Verlegungsmarsch einen Maaten, der viel später tot geborgen wurde. Als bei

---

361 Rechtsberater

dem Toten deutlich mehr als 1 Promille Blutalkohol festgestellt wurde, habe ich die weitere Überprüfung an mich gezogen.

Immer war der Umgang mit Alkohol auf unseren Schiffen und Booten ein Thema, das besondere Aufmerksamkeit auf sich zog. Mehrere meiner Vorgänger hatten durch zum Teil wunderliche und unrealistische Befehle versucht, jeden Alkoholmißbrauch auszuschließen. Eine Zeit lang durften Bierflaschen nur geöffnet verkauft werden, um das Horten zu verhindern, dann gab es präzise Regeln für den glasweisen Verkauf von Schnaps. Alles war vergeblich, denn es gab immer Einheiten, bei denen der Alkoholverzehr nicht vernünftig unter Kontrolle war, wie es auch das Gegenteil immer gab. Bei meiner ersten EFTA wurde ich auch danach gefragt.

Bei meiner Antwort ging ich vor allem auf den Gesichtspunkt ein, daß Todesfälle unsere größten Niederlagen sind, ob alkoholbedingt oder auch so. Den Kommandanten stellte ich frei, wie sie auf ihrer Einheit mit Alkohol umgehen würden, denn der Kommandant hat immer die ungeteilte Verantwortung für jeden und alles. Danach gab es viele Einheiten, auf denen es in See nicht einen Tropfen Alkohol gab, aber es gab eben auch viele gegensätzliche Regelungen.

Auf der „Niedersachsen" nun war der unlimitierte Biergenuß erlaubt. Ich kannte das Schiff, den Kommandanten und den IO. Gute Leute und alles schien in Ordnung, wenn eben nicht ein angetrunkener Maat nachts unbemerkt außenbords gefallen und ertrunken wäre. Zu meiner Enttäuschung sah sich der Kommandant außerstande, seinen Fehler einzusehen. Ich legte ihm nahe, um seine Ablösung zu bitten, sonst hätte ich ihn seines Kommandos enthoben. Mir war absolut klar, daß ich nicht auf einen weiteren Todesfall warten würde, ehe ich für alle deutlich machte, daß ich es ernst meinte mit der unteilbaren Verantwortung des Kommandanten.

Als ich gewahr wurde, daß meine Entscheidung bei einigen Kommandanten auf Unverständnis stieß, holte ich sie alle zusammen und erklärte meine Haltung. Außerdem ließ ich nicht den leisesten Zweifel, daß ich im Wiederholungsfall noch energischer durchgreifen würde. Erst als ich sie um Vorschläge bat, ab dem wievielten Toten sie als Befehlshaber durchgreifen würden, schlug die Stimmung um.

Ich bin sehr froh, daß es keine Wiederholung gab. Der Inspekteur ließ mir über seinen Rechtsberater mitteilen, daß er die disziplinare Würdigung des Kommandanten der „Niedersachsen" an sich gezogen habe. Danach habe ich davon nichts mehr gehört. Diese Maßnahme bleibt mir bis heute rätselhaft.

Der zweite Todesfall war von anderer Qualität: Zwei Tornados kollidierten bei einer nächtlichen Übung über dem Skagerrak und stürzten ab. Von den 4 Besatzungsmitgliedern kam einer zu Tode, die drei anderen wurden bei schlechtestem Wetter aus dem Skagerrak gerettet, die Maschinen waren totale Verluste. Die Untersuchungen ergaben, daß es sich um eine nächtliche Betankungsübung[362] handelte, die wegen ungeklärter Beleuchtungsprobleme von der vorgesetzten Fliegerdivision schriftlich und ohne den geringsten Zweifel verboten war. Um trotzdem im Wettbewerb mit dem anderen Jetgeschwader üben zu können, waren die Befehle für die Konfiguration der Flugzeuge falsch ausgefüllt und trotzdem von den eingeweihten Vorgesetzten unterschrieben worden. Alle außer dem Kommodore waren an diesen Verstößen beteiligt, sagte der Kommodore. Ich beauftragte den Kommandeur der Marinefliegerdivision, Disziplinarverfahren gegen alle beteiligten Vorgesetzten einzuleiten. Ich wollte den Kommodore ablösen, weil er nicht wußte, was in seinem Geschwader vor sich ging, wurde aber zu meinem Ärger von den Fliegern so lange ausgebremst und bearbeitet, bis ich darauf verzichtete.

All' diese Erlebnisse können jedoch nichts daran ändern, daß die ereignisreiche, intensive Zeit als Befehlshaber eine wundervolle, prägende Erfahrung und den Zenith im Lebensweg eines Seeoffiziers darstellte. In einer für mich leicht wehmütigen Musterung übergab ich das Kommando an Schampo B., keinen besseren hätte ich mir wünschen können. Beim abschließenden Empfang freute mich, daß der dänische, der niederländische und der belgische Flottenchef mit ihren Damen gekommen waren, um uns auf den Weg zu bringen. Mein letztes Abpullen bleibt mir in lebhafter Erinnerung.

Nun räume ich gern ein, daß es auch nach den Kommandantenzeiten noch Verwendungen gab, die gleiche Bedeutung für mich hatten. Das gilt vor allem und direkt nach dem KdZ für meine Zeit als Flottenchef.

------

[362] Buddy – Buddy Refuelling

Mein großer Vorteil, verglichen mit meinen heutigen Nachfolgern, lag in der ungeteilten Verantwortung und Führung. Der Befehlshaber war für die gesamte Ausbildung seiner Einheiten verantwortlich, die nach der lehrgangsgebundenen Ausbildung des Marineamtes folgte. Dazu gehörte auch die taktische Ausbildung seiner Offiziere. Er führte **alle** Einsätze, sorgte für die Ausrüstung und hatte die Verantwortung für das gesamte Personal. Nur, wer die Anforderungen der Einsätze aus eigenem Erleben und in eigener Verantwortung kennt, kann dafür ausbilden und erziehen. Nur, wer die personelle Besetzung der Einheiten verantwortet und Besatzungen und Einheiten in der Ausbildung intensiv kennenlernt, kann erfolgreich führen und für die Sicherheit der Besatzungen verantwortlich gemacht werden. Nur wer die Besatzungen kennt, kann sie gut führen. Die heute (2011) gültige Verteilung auf verschiedene Stäbe unterschiedlicher Bereiche und Ebenen erscheint gefährlich und vernunftbeleidigend oder moderner ausgedrückt: politisch.

Im Einsatz bleibt es unerläßlich, daß der Geführte den Führenden kennt und umgekehrt. Der Führende muß Charakter und Fähigkeiten seiner Unterstellten gut kennen, aber auch umgekehrt. Durch Fernschreiben, Fernsehstatements oder Blitzbesuche wächst kein Vertrauen geschweige denn der Mut zu widersprechen oder, falls angezeigt, nicht zu gehorchen. Ich bin sehr froh, daß ich heute unter diesen gefährlichen Regelungen nicht führen muß. Dafür erfüllt mich ständige Sorge um das Überleben unserer Soldaten, wenn man ohne Not so ihre Sicherheit schwächt und die Erfolgsaussichten reduziert.

Als der Hamburger Senat erfuhr, daß ich versetzt war, lud mich der 1. Bürgermeister V. (SPD) zu einem ausgedehnten Abschiedsgespräch ein, das in einer sehr angenehmen Atmosphäre verlief. Auch beim schleswig-holsteinischen Ministerpräsidenten Björn E. (SPD) meldete ich mich ab. Es war ein nettes und oberflächliches Gespräch, weil er mit einem Ohr der Übertragung aus dem Landtag folgte. Bei der Verabschiedung sagte ich ihm, ich sei so dankbar, daß bei uns die Anführer nicht gewählt würden.

Daraus entwickelte sich ein weiteres, längeres Gespräch, in dem er andeutete, daß er zu seiner Tätigkeit an sich wenig Lust hätte. Viel lieber würde er Kunstausstellungen eröffnen oder besuchen. Wir wußten natürlich noch nicht, daß er nur einen Monat später wegen der „Schubladen-Affäre" von allen politischen Ämtern zurücktreten und dafür dann ausreichend Zeit haben würde.

Der Bremer Senat jedoch übertraf alle, denn er lud meine Frau und mich zu einem Abschiedsessen im oberen Saal des altehrwürdigen Bremer Rathauses ein. Über 200 Gäste, darunter viele unserer persönlichen Freunde, wurden vom Bürgermeister W. (SPD) begrüßt. Er lobte mich fast albern und über jeden grünen Klee, ehe der ehemalige Generalinspekteur General a.D. A. mit einer sehr persönlichen Ansprache allem die Krone aufsetzte.

Es wäre unehrlich zu leugnen, daß mir das sehr gefiel und daß wir es sehr genossen haben. Mit den Landesregierungen von Niedersachsen und Mecklenburg-Vorpommern dagegen hatte ich als Flottenchef keine Berührung, obwohl dort viel mehr Einheiten der Flotte stationiert waren als in Hamburg oder Bremen.

Nelsons Erbe

„Edrose House" hieß unsere neue Bleibe für meine Verwendung beim CINCHAN. Alle Admirale, Generale und Luftmarschälle meines neuen Kommandos in Northwood am westlichen Stadtrand von London wohnten in für uns deutsche Soldaten unvorstellbaren Residenzen, die ihren Ländern gehörten. Das galt auch für die dienstältesten Offiziere anderer Nationen. Nur in Mons[363] gab es eine Residenz für den deutschen General****. Der besten aller Ehefrauen und mir kam es jedoch sehr entgegen, ein Haus aussuchen zu können, das wir dann mieteten.

Wir erhielten einen veritablen Mietzuschuß und konnten in unseren eigenen Möbeln leben. Bei den im Westen Londons üblichen Mieten wäre der Kauf einer Residenz an sich für die Bundesrepublik weitaus günstiger ausgefallen, denn ich bekam in den drei Jahren ca. DM 280.000,- als Mietzuschuß. Die Suche nach einem kleinen, aber trotzdem repräsentativen Haus erwies sich als schwierig, aber wir waren erfolgreich und zogen gern in unser neues Heim in der Astons Road.

Der Fregattenkapitän Wolfgang Sch. stand mir als StOffz[364] zu Verfügung, dazu der KptLt. Gunnar J. als Adjutant. Meine Bitte, mir einen britischen Adjutanten zur Verfügung zu stellen, lehnten die Briten ab. Da-

---

[363] Supreme Headquarters Allied Powers Europe, Deputy SACEUR, Stellvertreter des Obersten Befehlshabers Europa

[364] Stabsoffizier, persönlicher Zuarbeiter

zu hatte ich einen Oberbootsmann des Fernmeldewesens und eine britische Sekretärin im Dienstgrad Maat. Außerdem standen mir ein deutscher Kochsmaat und ein deutscher Fahrer zu Seite.

Das für uns ungewohnteste Element war der Koch, der sich als sehr netter und tadelloser Obermaat entpuppte. Leider konnte er nicht kochen, denn er war gelernter Bäcker. Backen konnte er aber leider auch nicht, denn er hatte nur in einer Brotfabrik gelernt. Die Rückfrage bei der SDM[365] ergab, daß er aber die vorgeschriebene Englischprüfung am besten absolviert hatte. Der an sich für uns vorgesehene Klasse-Koch war dagegen durchgefallen. Ich mußte persönlich bei der SDM intervenieren, um deutlich zu machen, daß der Mann bei uns nicht Shakespeare rezitieren sollte, sondern kochen. Schließlich klappte es, ein tadelloser Obermaat meldete sich, der in einem Sterne-Restaurant gelernt und gearbeitet hatte. Er hatte von seinem amerikanischen Vater englisch gelernt, nur die Grammatik war dabei auf der Strecke geblieben. Der Bäckerkoch wurde Fahrer und half bei den größeren Veranstaltungen. Wir fanden, daß wir so bestens aufgestellt waren, ohne genau zu wissen, was auf uns zukommen würde. Es gab ja keinen Vorgänger.

Absolutes Unverständnis löste es bei meinen neuen Kameraden und ihren persönlichen Stäben aus, daß es bei uns keine Stewards gab. Meinem neuen Chef, Admiral**** Sir Hugo W. RN, standen 27 Stewards für den Betrieb seiner Residenz Admiralty House zur Verfügung. Alle anderen Flaggoffiziere hatten um die 6 - 8 Stewards, so wie natürlich auch der deutsche General in Mons. Meine Unteroffiziere fanden schnell heraus, daß alle anderen Stewards nur zu gern bereit waren, bei uns zu servieren und die Gäste zu versorgen, nachdem wir beim ersten Mal ordentlich mit Pfundnoten aus meiner Tasche nachgeholfen hatten.

Meine Unterbringung im Stabsgebäude hatte den DDO[366] schon lange vor meiner Ankunft beschäftigt. Da in der obersten Etage, in der der Oberste Befehlshaber und sein nationaler Stellvertreter ihre Büros hatten, nicht genug Platz für uns war, landeten wir im entgegengesetzten Ende des Gebäudes. Wir kamen bestens und sehr komfortabel unter und richteten

---

[365] Stammdienststelle der Marine macht Personalführung für alle Unteroffiziere und Mannschaftsdienstgrade

[366] Dienstältesten Deutschen Offizier

uns ein. Der Fahrer übte ausdauernd, den rechtsgesteuerten Dienstwagen auf der linken Straßenseite zu chauffieren.

Sir Hugo empfing mich zu einem ersten Gespräch, er war äußerst liebenswürdig, kultiviert, humorvoll und auf eine subtile Art herablassend. Er war 7 Jahre jünger als ich und erst in seiner dritten Admiralsverwendung. 1987, als ich Konteradmiral wurde, fuhr er noch als Kommandant auf einem Landungsschiff. Auftreten, Haltung und vorzügliche Englischkenntnisse machten ihn aber zu einer überzeugenden Erscheinung. Er war zwar nun einer der drei Obersten NATO-Befehlshaber[367], hatte aber nur in den 18 Monaten als COMNORLANT/FOSNI[368] eine Verwendung am äußersten Rande der NATO gehabt. Wie sich später herausstellte, hatte er noch nie im Stabe an einem NATO-Manöver oder auch nur an einem Hot Washup teilgenommen.

Nach den höflichen Fragen zu den häuslichen Problemen teilte er mir freundlich mit, daß die Briten nicht glaubten, daß ein Stellvertreter für einen Befehlshabers nützlich sein könnte, und daß die RN deshalb auch unzufrieden sei mit der politischen Lösung, die mich nach Northwood gebracht hätte. Mit strahlendem Lächeln fügte er an, daß ich hoffentlich Golfspieler sei, denn dafür würde ich ja nun genug Zeit haben.

Ich gab ihm in dieser Einschätzung recht und fragte ihn, ob die Briten ihren Vizeadmiral, der seit ca. 30 Jahren als Stellvertreter des SACLANT in Norfolk, V.A. eingesetzt wäre, nun abzögen. Ehe er sich davon so recht erholen konnte, fragte ich ihn, ob er denn auf den seit mindestens 200 Jahren etablierten nationalen Stellvertreter auch verzichten wolle.

Als er merkte, daß dieser Ansatz ungeeignet war, bat er mich, ihm so viel wie möglich von den unausweichlichen NATO-Verpflichtungen abzunehmen, weil er ja als nationaler Flottenchef stark in Anspruch genommen wäre. Das schien mir ein mehr als selbstverständlicher Teil meiner künftigen Aufgaben, und ich konnte mir nicht verkneifen hinzuzufügen, daß ich als Flottenchef schon ohne NATO-„Nebenbeschäftigung" gut ausgelastet gewesen wäre. Genau so fröhlich setzte ich hinzu, daß ich weder Golf spielen würde noch die Absicht hätte, es nun zu beginnen. An sich hatte ich mit dem Gedanken geliebäugelt, nun war die Chance vertan,

---

[367] MNC = Major NATO Commander

[368] Commander Allied Forces , Northern Atlantic Subarea, national: Flag Officer Scotland and Northern Ireland

aber ich fühlte mich wohl. Da wir von unserem Haus aus drei veritable Golfplätze zu Fuß erreichen konnten, wurde dieser Verzicht später als Snobismus ausgelegt....

Viel Aufwand betrieben die Briten für unsere persönliche Sicherheit. Als erstes wurde eine separate Telefonverbindung zum Hauptquartier verlegt für die Alarmanlage und Rückrufe der Wache. Fünf bis sieben Mal in 24 Stunden kontrollierten zwei königliche Marineinfanteristen in Kampfausrüstung mit Suchhund unser gesamtes Grundstück. Die örtliche Polizei nahm Edrose House in den Streifenplan auf. Als ich versuchte, darauf zu verzichten, denn es war die IRA, vor der man uns schützte, erhielten wir die Antwort, daß die IRA zwar nichts gegen Deutsche hätte, aber bedauerlicherweise öfters Fehler mache.

Als ich eines Tages angeheitert die Alarmanlage ausschaltete, aber dabei den Code für Geiselnahme auslöste, lernten wir den Ernst dieser Maßnahmen kennen. Zwei Land Rover mit bewaffneten Marines fuhren vor, und sie umstellten das Haus, die örtliche Polizei rückte an. Als ich vor die Haustür eilte, um so fröhlich wie möglich das Mißverständnis auszuräumen, sprangen zwei gepanzerte Marines vor, griffen mich und zerrten mich hinter dem Land Rover in Deckung. Sie glaubten keiner meiner Beteuerungen, ich mußte meine Frau aus dem Haus rufen, auch sie wurde in Sicherheit gebracht. Dann wurde alles mit größter Gründlichkeit und Sicherheit abgesucht, ehe es schließlich Entwarnung gab und die Truppen abzogen. Jeder kann sich vorstellen, wie behutsam wir von da an mit der Alarmanlage umgingen.

Nicht unzufrieden, aber blauäugig besuchte ich nach dem CINC nun den Chef des Stabes, den niederländischen Admiral** Paul L., den ich z.T. aus seiner Schlüsselposition verdrängt hatte, dachte ich. Er war so freundlich zu mir, wie man sich in der NATO verhält, wenn man sich nicht leiden kann.

Aus jahrelanger Erfahrung wußte ich, daß er und seine Vorgänger hier eine ungefährdete, wichtige Machtposition ausgebaut hatten, die sie immer zum niederländischen Vorteil und immer gegen Deutschland genutzt hatten.

Ihr geringer militärischer Beitrag zur NATO[369] und – im Gegensatz zu Norwegen – ihre strategisch weniger bedeutende geographische Position hatten stark zur veränderten Kommandostruktur beigetragen. Hier in meinem neuen Stabe waren sich jedoch der CINC und der COS[370] vor meiner Ankunft schon einig geworden, wie sie mich ausmanövrieren wollten. L. ging auf keinen meiner Vorschläge für eine – wie ich fand – sinnvolle Zusammenarbeit ein, berief sich auf seine Zuständigkeiten und die Befehle des CINC.

So etwas wie eine Musterung, bei der man mich dem Stabe hätte vorstellen können, gibt es bei der NATO nicht. Darum bat ich den Chef des Stabes, mich und meine künftigen Aufgaben in einem MEMO[371] an den gesamten Stab vorzustellen.

Nach langem, kleinkariertem Hin und Her kam ein MEMO heraus, das mit einer Strukturzeichnung deutlich machte, wo mich, den neuen und unerwünschten Deputy CINCHAN (DCINC), die Herren am liebsten sehen wollten:

Dazu wurden wir namentlich vorgestellt, sowie Nummern der Dienstzimmer, Telefonnummern und ähnliche administrative Hinweise aufgelistet. Ich war mir mit meinem sehr tüchtigen DDO[372] KptzS. Wil S. einig, daß wir das so nicht durchgehen lassen konnten. Vor allem, als wir sahen, daß Post so wie Fernschreiben und Funksprüche vom CINC direkt an den Chef des Stabes gingen, und natürlich auch umgekehrt. Auch berichtete S. aus den ACOS-Besprechungen, mit welchen unverblümten Weisungen der Chef des Stabes mich kaltzustellen suchte.

In dem Abkommen, das meinen Dienstposten kreiert hatte, stand unmißverständlich „within the chain of command"[373]. Nachdem wir über mehrere Wochen darauf herumgehackt hatten, willigte er ein, uns durch Kopien das Mitlesen zu ermöglichen.

Das war ein erster winziger Schritt, zeigte uns aber an sich nur, was in den ersten Wochen alles an uns vorbeigelaufen war, mehr aber nicht. Sir

---

[369] Truppenstärke und Finanzen

[370] Chief of Staff = Chef des Stabes

[371] allgemeine Mittelung

[372] dienstältester deutscher Offizier

[373] im Befehlsstrang (nicht daneben)

Hugo machte sich die Sache leicht, denn bei meinen Reklamationen verwies er mich an den Chef des Stabes, der sich auf die Befehle des CINC berief.

Es gab keine Dienstpostenbeschreibung und keinen Aufgabenkatalog für mich. Anfangs wollte ich darauf dringen, mir wurde aber bald klar, daß jede schriftliche Fixierung, die ich nicht selbst verfaßt hatte, sehr nachteilig sein würde.

Bei meinem Antrittsbesuch beim deutschen Botschafter Freiherr von R. erzählte ich ihm und dem Verteidigungsattaché Flottillenadmiral R. von meinen Erlebnissen. Beide wurden auf ihren Ebenen im britischen Verteidigungsministerium vorstellig, wobei sich von R. als wohlunterrichtet erwies, weil er vorher in Brüssel bei der NATO Dienst getan hatte.

Ein angesäuerter CINC bat mich schon bald zu einem Gespräch, in dem er mich aufforderte, nun doch endlich einmal klar aufzuschreiben, was ich eigentlich im Stabe geändert haben wollte. Das machten wir mit Akribie, ließen aber für mich maximalen Spielraum. Sehr offensichtlich war Sir Hugo ordentlich angespitzt worden. Sehr schnell erfuhr ich auch Näheres, als ich bei einem Essen im Admiralty House dem First Sea Lord Jock S. begegnete, den ich inzwischen recht gut von früheren Treffen kannte. Er fragte mich, ob das alles nun vernünftig und im Sinne des Agreement geregelt sei.

Als direkter Vorgänger von Sir Hugo kannte er alle Beteiligten und konnte nicht ganz verbergen, daß er die Herren nicht sonderlich schätzte. Er erinnerte sich auch gut, daß Knud B. und ich ihn besucht hatten für eine Manövervorbesprechung. Ich habe ihn nicht darauf angesprochen, daß er uns damals besonders beeindruckte, als wir ihn, als seine Gäste im Admiralty House wohnend, in schwarzen Pantoffeln zum Smoking im Salon trafen. Auf jedem Pantoffel war ein 10 cm großes „J" in schlichtem Gold eingestickt.

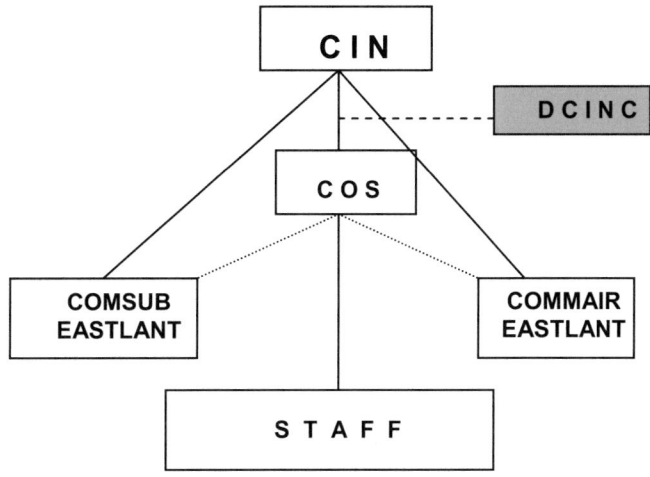

Aber das gehört, wie ich gerade merke, nicht hierher. Aber ich hatte nun einen ersten, wirklich wertvollen Verbündeten gewonnen. Man kann auch gar nicht unterschätzen, daß Lady S. und kurz danach auch andere Damen Johanna und mich unter ihren Schutz stellten. Apropos Lady, es gab natürlich auch eine Lady W., genannt Jo. Nett, charmant, von alleräußerster Zurückhaltung gegenüber allen und allem. Ihre reizende Erscheinung trat nur selten in dieselbe, wenn es absolut nicht zu vermeiden war. Sonst wohnte sie in ihrem Privathaus im fernen Devon. Wenn wir sie trafen, beklagte sie sich immer wieder über die Engländer, weil sie nach mehr als dreißig Jahren als Australierin immer noch nicht akzeptiert wurde.

Nun änderte sich vieles im Stabe, ich gehörte nun zur Jour fixe, fast alle Informationen zum und vom CINC liefen über mich, und es gab keinen Zweifel, wer in Abwesenheit den CINC vertrat. Trotzdem kam es immer wieder vor, daß Vorgänge an uns vorbeimanövriert wurden. Ein wesentlicher Punkt waren die Vorhaben der Briten, in unserem MHQ[374] das nationale Joint Headquarters einzurichten. Die Gebäude des Stabes einschließlich der Messen gehörten der NATO.

Der riesige Bunker dagegen gehörte den Briten. Sie versuchten nun, der NATO einzureden, daß das jetzige Gebäude wegen der Veränderungen im Stabe ungeeignet sei und schlugen einen Neubau vor. Während

---

[374] Maritime Headquarters

Sir Hugo und der Chef des Stabes mit herzerfrischender Unverfrorenheit die britischen Interessen verfolgten, avancierte ich ungewollt zum Vertreter der NATO-Interessen.

Ich bestand darauf, daß ein Umzug des NATO-Stabes in einen Neubau nur dann akzeptiert würde, wenn die Briten alle Kosten für den Neubau und den Umzug übernehmen würden. Es ging um ungefähr £ 10 Millionen. Außerdem ging es mir und bald auch anderen Nationen darum, daß wir uns nicht übers Ohr hauen lassen wollten, bloß weil die Briten besseres Englisch sprachen.

Diese Entwicklungen trafen die Royal Navy zu einem besonders ungünstigen Zeitpunkt, denn zum ersten Mal in der Geschichte hatte sich die Army mit der Royal Air Force verbündet, um die seit Jahrhunderten unbestrittene Führungsrolle der RN als Senior Service zu beenden, das Motto lautete: Let us clip the wings of the Navy[375].

Zum ersten Mal begegnete ich britischen Luftmarschällen und Generalen im eigenen Stab, arbeitete gut mit ihnen zusammen und stellte fest, daß sie gebildeter und vor allem weltoffener waren als die Admirale. Britische Marineoffiziere kannten Auslandsverwendungen nur bei der NATO oder als Berater in ehemaligen Kolonien. Marineattaché bei einer britischen Botschaft war fast immer eine Auslaufverwendung.

Aber auch unter den Admiralen gab es löbliche Ausnahmen. Rear Admiral Roger L.-N., der britische FOSM[376] und als COMSUBEAST-LANT[377] in unserem Stab, war auch bei den deutschen UBootfahrern angesehen. Er war mit 48 Jahren der jüngste Admiral der RN seit dem II. Weltkrieg. In unseren verschiedenen offiziellen und privaten Runden vertrat er des Öfteren Auffassungen, die nicht ganz den britischen Interessen zu entsprechen schienen. Vor allem wurde er nicht müde, darauf hinzuweisen, daß Großbritannien nur noch eine Mittelmacht sei und ständig in einer zu hohen Gewichtsklasse boxt.

Kurz nach seinem 49. Geburtstag suchte er mich auf und zeigte mir seinen „Blauen Brief". Die RN teilte ihm mit, daß sie keine weitere Verwendung für ihn hatte und daß er entlassen würde. Der tiefgetroffene

---

[375] Laßt uns die Flügel der Marine stutzen
[376] Flag Officer Submarines
[377] Commander Allied Submarines Eastern Atlantic Area

Admiral gab fast ausschließlich Sir Hugo die Schuld, der ihn abqualifiziert hatte. Kurz vor seinem Entlassungstermin suchte er mich noch einmal auf und zeigte mir einen Brief, den er an Sir Hugo und an die Auswahlkommission geschrieben hatte. Er wies darauf hin, daß der Beruf des Marineoffiziers seine leidenschaftliche Wahl gewesen sei und daß er traurig sei, ihn schon mit 49 Jahren nicht mehr ausüben zu dürfen.

Er sei, so schrieb er weiter, aber auch dankbar, denn er habe eine Vielzahl von interessanten Jobangeboten erhalten. Die sieben besten Angebote hatte er angehängt, seine neue, hochdotierte Tätigkeit sei die des Race and Safety Directors der FIA in der Formel 1. Roger war früher Mitbesitzer eines Autorennstalls und hatte selbst Rennen u.a. in Le Mans gefahren. Am Tage seines Abschieds fuhr ein Original-Bolide der Formel 1 auf einem Tieflader in das Hauptquartier, der Admiral in großer Uniform mit Säbel quetschte sich in das Cockpit und rollte unter dem donnernden Applaus aller Dienstgrade vom Hof.

Alle Generale und Luftmarschälle, die ich nun traf, hatten zwischen 10 und mehr als 20 Jahren in Deutschland gedient, alle sprachen recht gut Deutsch, auch wenn kaum einer davon Gebrauch machte. Mein Spezi wurde Air Chief Marschall****[378] Sir Richard J., er blickte auch auf mehr als ein Dutzend Jahre in Deutschland zurück, drückte sich aber immer, wenn es darum ging, ob er das Deutsche beherrschte. Nach seiner Beförderung begrüßte ich ihn mit: „Herr Reichsmarschall!", er lachte heftig und antwortete: „Hör bloß auf!"

Im Stabe gab es 10 verschiedene Nationalitäten:

- Belgier
- Briten
- Dänen
- Deutsche
- Franzosen
- Kanadier
- Niederländer
- Norweger

---

[378] ACM = Generalluftmarschall

- Spanier

- US-Amerikaner.

Die fünf Franzosen unter der Führung eines Kapitäns zur See spielten anfangs eine Sonderrolle ähnlich einer Botschaft des CECLANT. Die zahlenmäßige Zusammensetzung des ACCHAN[379]-Stabes änderte sich ständig seit dem Agreement, das auch mich nach Northwood geführt hatte.

Als ich anfing, waren wir quer durch alle Dienstgrade ~ neun Deutsche. Als ich ging, waren es mehr als 25, die dort dienten. Außer den Amerikanern gaben alle Länder Dienstposten an uns ab, und wir stellten das zweitgrößte Kontingent nach den Briten.

Da ich viel häufiger als Sir Hugo anwesend war und bei den meisten Angelegenheiten aus früheren Verwendungen Bescheid wußte, gewann ich ständig an Boden. Ich führte einen wöchentlichen Wachbootskaffee für die Deutschen in meinem Dienstzimmer ein, eine unbezahlbare Informationsbörse für alle, und viel gelacht wurde auch noch; der Zusammenhalt wuchs ständig. Fast jeden Mittag ging ich in die Offiziermesse, trank meine halbe Pinte Labberbier und begegnete so dem gesamten Stab.

In der niederländischen Marine, die sich bisher überall in ihrer feindlichen Ablehnung uns gegenüber unerschütterlich zeigte, begann in jenen Jahren ein Umdenkungsprozeß. Bis in die Führung hinein gab es immer mehr Offiziere, die sich von den Briten, denen sie seit dem II. Weltkrieg getreulich gefolgt waren, abwandten. Sie fühlten sich benutzt, ohne Vorteile zu sehen. Sie propagierten ein enges Zusammengehen mit uns Deutschen. Das war auch im Stabe zu merken, denn viele Holländer hielten mir unverhohlen die Stange auch gegen ihren Chef des Stabes. Demonstrativ sprachen die niederländischen Stabsoffiziere deutsch wie auch die Dänen und die Norweger. Im Gegensatz zu den Briten waren die Amerikaner und Kanadier überall beliebt, wußten und konnten aber zu wenig, um eine Rolle zu spielen. Die Briten stellten nun verblüfft fest, daß immer öfter eine Sprache benutzt wurde, die sie nicht kannten.

---

[379] Allied Command Channel

Für den 30. Mai 1993 erhielten Johanna und ich eine Einladung der Queen zu einem Dinner auf der königlichen Yacht „Britannia" in Liverpool. Da feierten die Briten mit ihren Kriegsalliierten den Sieg über die deutschen UBoote im II. Weltkrieg. Ja, nun erinnerte ich mich, daß ich als Flottenchef ein UBoot für die dazugehörende Flottenparade gemeldet hatte. In Abstimmung mit dem Verteidigungsattaché nahmen wir dankend an.

Wir fuhren nach Liverpool und fanden uns rechtzeitig auf der „Britannia" ein. Rund 30 Plätze waren gedeckt, der Raum war gefüllt mit britischen Uniformträgern und ihren Damen. Zum ersten Mal in meinem Leben traf ich einen leibhaftigen Fieldmarshall: The Right Honorable Lord I., Baron I., KG[380], GCB[381], PC, DL [382], Chef des Britischen Generalstabs, und ein sehr netter Mann, mit dem ich am Tisch saß.

Man unterhielt sich angeregt bei einem Gin and Tonic, plötzlich stand die Königin vor mir und lächelte huldvoll. Ich war davon ausgegangen, daß ihr Erscheinen wie im Film unüberhörbar angekündigt wird. Obwohl ich ein überzeugter Republikaner bin, war ich doch ganz schön aufgeregt. Ein Mensch hinter ihr in einer gewaltigen Phantasieuniform flüsterte ihr etwas zu, sie lächelte mich liebenswürdig an, während ich meinen Drink hinter dem linken Hosenbein versteckte, und sagte: „We are delighted to have a German admiral with us tonight." Sie sagte es so, als sei sie ein ganz klein wenig überrascht, gerade mich Deutschen dort zu sehen. Ich bedankte mich für die Ehre der Einladung und fügte hinzu, daß es ohne die Deutschen heute nicht viel zu feiern gäbe. „Well put, admiral, well put!" lächelte sie freundlich und wandte sich den nächsten Gästen zu. Mir fiel auf, daß sie alle Offiziere in meiner Umgebung mit Vornamen anredete, ohne daß ihr jemand etwas zuflüsterte.

Nach dem Essen war ein weiterer Empfang, zu dem mindestens 150 zusätzliche Gäste an Bord kamen, darunter auch der deutsche UBootskommandant, der begeistert war über seine Erlebnisse. In der Flottenparade des Vortages hatte sein winziges UBoot zwischen all' den Flugzeugträgern und Kreuzern eine wunderbare Rolle gespielt. Nach Sonnen-

---

[380] Knight of the Most Noble Order of the Garter = Ritter des Hosenbandordens

[381] Knight Grand Cross of the Most Honorable Order of the Bath = Großes Ritterkreuz des Ordens vom Bade

[382] ich weiß nicht, was diese Kürzel bedeuten, wahrscheinlich Ränge innerhalb der Orden

untergang gab eine Abteilung der Royal Marines den britischen Zapfen-streich[383], den wir uns zusammen mit der Königin ansahen.

Immer öfter schickte Sir Hugo mich zu Routinetreffen in Brüssel, so daß ich wöchentlich mindestens einmal hin und her flog. Er fuhr nur dann selbst, wenn es ihm wirklich wichtig erschien. Anfangs war es hoch-interessant, an den MC-Sitzungen teilzunehmen und all' die bedeutenden Vertreter der Mitgliedsländer und die anderen MNCs bzw. ihre Vertreter kennenzulernen. Ich blieb jedoch mit winzigen Ausnahmen ein aufmerk-samer Zuhörer, bewunderte den deutschen Generalsekretär W. ob seines souveränen Geschicks, den DPC[384] oder die NPG[385] auf seine Linie einzu-schwören.

Meine Zurückhaltung war nicht nur in meinen geringen Kenntnis-sen begründet, sondern zeigte auch deutlich, daß die Bedeutung unseres Kommandos ACCHAN immer geringer wurde. Nachdem die Briten am 1.7.1994 erleben mußten, daß ihr Befehlshaber Ärmelkanal[386] als MNC in der NATO-Kommandostruktur ohne Ersatz gestrichen wurde, mußte ich nur noch selten nach Brüssel reisen. Auch der traditionsreiche nationale Titel des CINCHAN verschwand.

Nun aber gewann unser nordatlantisches Bein an Bedeutung, denn die Neuordnung in Nordeuropa brachte auch für uns eine neue Aufgabe, wobei die Länge des Titels in krassem Gegensatz zur Bedeutung stand: COMNAVNORWEST[387]. Mein Titel lautete nun Deputy COMNAV-NORWEST. Unsere dafür vorgesetzte Dienststelle hieß nun COMNOR-WEST[388] in High Wycombe, eben um die Ecke bei uns, und das war mein Freund Sir Richard J.. Sein Chef des Stabes war der Konteradmiral Klaus J., der in der ersten halben Woche in Kolsas/Oslo den CINCNORTH-Stab abbaute, dann nach England flog und hier den neuen Stab aufbaute. Ich bekam nun ein zweites Büro in Norfolk, VA, weil ich häufig über den Teich flog, um als Deputy CINCEASTLANT an Konferenzen und Be-sprechungen beim SACLANT teilzunehmen. Das machte anfangs viel

---

[383] Ceremonial Tatoo = Blow the retreat
[384] Defence Planning Committee = Verteidigungsplanungsausschuß
[385] Nuclear Planning Group= Nukleare Planungsgruppe
[386] CINCHAN
[387] Commander Allied Naval Forces North Western Europe
[388] Commander Allied Forces North Western Europe

Spaß, der Reiz verblaßte aber schnell und die mit Kurzausflügen in die Staaten verbundenen Anstrengungen rückten für mich mehr in den Vordergrund.

Der unbestrittene Höhepunkt im jährlichen Leben der britischen Marineoffiziermessen ist die Trafalgar Night, die zu Ehren Nelsons und der mit ihm Gefallenen am 21. Oktober mit einem Dinner gefeiert wird. Ich hatte schon als Oberleutnant in HMS Mercury meine erste Trafalgar Night erlebt, in Northwood jedoch, in der Offiziermesse des Flottenchefs, wurde sie mit besonderem Pomp gefeiert. Unsere französischen Kameraden nahmen an diesen Veranstaltungen nicht teil.

 Bei einem Empfang im Garten seines Hauses fragte ich den Chef de Mission CV[389] Jean-Marie N. nach den Gründen. Die verblüffende Antwort lautete, daß die französische Marinegeschichte eine solche Schlacht nicht verzeichne, und deshalb gäbe es auch nichts zu feiern. Für das gleiche Datum, so fügte er mit stillem Lächeln hinzu, sei lediglich das „Scharmützel von St. Vincent" aktenkundig.

Die Speisenfolge selbst ist entgegen sonstiger britischer Gepflogenheiten nicht fest vorgeschrieben, aber die einzelnen Gänge werden mit viel Phantasie den Ereignissen des 21. Oktobers angepaßt. Ich erinnere eine Vorspeise, die „Breaking the Line"[390] hieß.

Immer suchte man einen prominenten Redner, der die Festrede hielt, in der es in einer nur im britischen Sprachraum möglichen Mischung aus Ernst und fröhlichsten Scherzen darum ging, was man heute noch von Nelson lernen kann. Ich bin mir heute noch nicht sicher, ob ich gern einmal diese Rede gehalten hätte, bedaure aber, daß ich nic gcbctcn wurde.

Gebeten wurde ich aber in meinem letzten Jahr von einer offiziellen Delegation des Messevorstandes, den „Loyal Toast" auszubringen. Ich stimmte zu, um dann zu erfahren, daß die Königin just entschieden hatte, daß dieser Toast: „The Queen" lautete. Das ist für Briten unzweideutig, es gab aber Offiziere weiterer sechs Länder in unserem Stab, die ihrer eigenen Königin huldigten. Die Klärung dieses Punktes zog sich lange hin, bis ich informiert wurde, daß der Toast für Ausländer in diesem Fall lautete:

---

[389] Capitaine de vaisseau = Kapitän zur See
[390] Durchbrechen der Gefechtslinie

„Queen Elizabeth the Second!" Der große Augenblick kam, und ich schaffte meinen Text ohne Versprecher.

Alle Marineoffiziere und ein britischer Heeresoffizier blieben sitzen und antworteten: „The Queen!" Zwei Heeresoffiziere standen als einzige auf. Der dritte Heeresoffizier, so erfuhr ich, gehörte zu einem Regiment, daß den Loyal Toast schon seit Jahrhunderten verweigerte, weil die Offiziere keinen Grund sahen, unzweifelhafte Selbstverständlichkeiten zu wiederholen, weil ihre Loyalität außer Frage steht. Der Festredner bringt dazu noch den "Immortal Memory Toast" auf Nelson aus, der in völligem Schweigen vor sich geht. Diese Abende erlaubten tiefe Blicke in die Seele der Königlichen Marine und bleiben unvergeßlich.

Sir Richard konzentrierte sich nun ganz auf Norwegen, das ihn mit allen Ehren und Annehmlichkeiten überhäufte und hofierte. Er bezog die Residenz des früheren NATO-Befehlshabers CINCNORTH in Oslo und flog von einer Übung zur nächsten Elchjagd. Wiederholt lud ihn der norwegische König Harald V. zum Essen in den Palast oder überreichte große Orden. Dick machte keinen Hehl daraus, daß ihm das alles gut gefiel. Wir erinnerten uns gern, daß er 1993 als Air Vice Marschall** schon seinen blauen Brief zur baldigen Entlassung bekommen hatte, ehe der Oberbefehlshaber der RAF wegen eines galanten Zwischenfalls den Dienst quittieren mußte und dessen Nachfolger ACM T. plötzlich verstarb.

Die Norweger, die bisher mit der strategischen Bedeutung ihrer Geographie und trotz minimaler Truppenbeiträge die nördliche NATO fast nach Belieben beeinflußt hatten, fürchteten nach dem Zusammenbruch des Warschauer Paktes zu Recht, völlig ins Abseits zu geraten. Mit all' den Öl- und Erdgasvorkommen hatten sie nun zwar plötzlich viel Geld, investierten aber nicht mehr in die Verteidigung als vorher. Sir Hugo dagegen hatte ein anderes Betätigungsfeld besetzt, denn er besuchte wiederholt die drei baltischen Staaten, wo er sich als selbsternannter Abgesandter der NATO rührig umtat. Viel mehr habe ich darüber aber nicht erfahren, denn er erwähnte seine Reisen kaum.

Lehrreich für mich waren zwei NATO-Herbstübungen, in denen unser Stab teilnahm. Der größte kulturelle Unterschied schien mir darin zu liegen, daß die Briten an den Wert von Ausschüssen, d.h. Committees glauben, obwohl sie sich gleichzeitig darüber mokieren. Sie sagen, ein Kamel ist ein Pferd, das von einem Komitee entworfen wurde.

So fand ich bei Beginn meiner ersten Übung ein „War Fighting Committee"[391] vor, in dem alle Abteilungsleiter saßen, die sich Gedanken über Lagebeurteilung und Entschluß machten. Der ACOS OPS[392] setzte sich danach mit dem Chef des Stabes zusammen und dort entstanden die Befehle und Direktiven, Anforderungen und Anfragen für die Führung des Krieges. Sir Hugo tauchte in 14 Tagen höchsten einmal auf, griff hier oder dort ein, ohne aber auf dem Laufenden zu sein und die kritischen Punkte zu kennen.

Obwohl sie uns für den Einsatz unterstellt waren, führten die „Marineflieger" der RAF mit ihren Seefernaufklärern und UJagd-Flugzeugen ihren eigenen Krieg. Von Integration oder gar Zusammenarbeit konnte keine Rede sein. Ich verbrachte täglich viele Stunden im Bunker, wo es ähnlich einem Schlachtschiff oberhalb des Auditoriums, wo die meisten Wachgänger der einzelnen Bereiche arbeiteten, eine Admiralsbrücke gab. Von dort konnte ich alles sehen und verfolgen, ohne gesehen zu werden oder jemandem auf die Nerven zu gehen. Ich las fast alle Ein- und Ausgänge, mein StOffz als ASTO und mein sehr guter Adju taten dasselbe, und so hatten wir bald ein sehr gutes Bild der Lage.

Dann nahm ich an den Sitzungen des War Fighting Committees als Beobachter teil, es war ein für mich nervenverzehrendes Gelaber mit dem Schwerpunkt auf Selbstdarstellung. Die Norweger und die Holländer hatten mehr Erfahrung und neigten im Führungsstil mehr unserem Verständnis zu. Der Chef des Stabes machte ab und zu von seinen Ärmelstreifen Gebrauch nach dem Motto: Father knows best. Dann fing ich an, Fragen zu stellen, die natürlich besonders dann zu Verärgerungen Anlaß gaben, wenn keiner außer mir den Hintergrund oder die Antwort wußte. Immer öfter wurde deutlich, daß nur wir Deutschen durch unser gründliches Lesen der Ein- und Ausgänge wirklich im Bilde waren. Ohne ernsthafte Gegenwehr übernahm ich dann den Vorsitz im Committee.

Wir konnten gar nicht verstehen, daß die Briten als überragende Seefahrtsnation so dillatorisch und wenig straff führten, und wir glaubten, daß dieser NATO-Stil nicht ihr wahres Können zeigte. Mehrmals mahnte mich auch der Gedanke zur Vorsicht, daß wir Deutschen noch keinen

---

[391] Ausschuß für die Kriegsführung

[392] Assistant Chief of Staff Operations = Leiter der Operationsabteilung

Seekrieg gewonnen hatten, ganz im Gegensatz zu den Briten-Komitee hin, Komitee her.

Der ACOS Ops, Captain J.J. B., USN, der vorher Kommandant eines FK-Kreuzers der Ticonderoga-Klasse war, hatte von der NATO und von unserem Kommando-Bereich kaum eine Ahnung, denn er kam aus dem Pazifik, war aber clever und lernbegierig. Er ließ keinen Zweifel, daß er meinen Führungsstil für richtig hielt und unterstützte mich vorbehaltlos. Er blieb auch der fast einzige Marineoffizier, mit dem ich heute noch in Verbindung stehe. Der ACOS Exercises, Captain Tony M., RN, dagegen wußte wenig und war nicht hilfreich, denn er war immer in L.s Kielwasser und hielt Sir Hugo auf dem Laufenden. Damals war uns allen schon bekannt, daß er der nächste und wohl auch letzte Kommandant der „Britannia" werden würde. Der deutsche ACOS Support, KptzS. Wil S., jedoch war meine eigentliche Stütze. Er war anerkannt und respektiert, L. machte möglichst einen Bogen um ihn, weil er sich standhaft und schlau behauptete.

Die Briten begannen, ihre nationale Kommandostruktur umzustellen und bauten ein Joint Headquarters in Northwood auf. Für die RN war das ein schmerzlicher und einschneidender Schritt, denn mit der Vollendung würde die Führung aller Einsätze auch der Marine vom Flottenchef an diesen von einem Major General geführten Stab übergehen. Für den neuen Stab hatten sich die Briten unser Stabsgebäude ausgesucht, da es ihnen für ihre Zwecke geeignet schien. Unser HQ aber gehörte der NATO. Sir Hugo hatte bereits natürlich als NATO-Befehlshaber das Einverständnis zu einen netten kleinen Neubau für den NATO-Stab gegeben, als ich mich querlegte. Ich nahm für mich in Anspruch, die Interessen der NATO zu kennen und ohne nationale Beeinflussung zu verfolgen.

Als auch noch klar wurde, daß ich mit meinem kleinen Stabe als erster in ein winziges Übergangsprovisorium umziehen sollte, während die anderen Flaggoffiziere wohnen bleiben konnten, bis der geplante Neubau bezugsfertig war, fiel mir wieder ein, daß ich der mit Abstand dienstälteste Admiral war. Ich war auch nicht bereit, so über mich und meine Leute verfügen zu lassen, ohne mich zu fragen. Nun studierten wir erst einmal die Pläne für den Neubau und stellten eine Reihe von Änderungsforderungen auf. Das kostete zwar britisches Geld, aber die NATO hätte ja glänzend im alten Gebäude arbeiten können.

Ich blieb in meinem angestammten Dienstzimmer, bis der Neubau fertig war, mein Nachfolger konnte in ein brandneues Büro einziehen. Die Amerikaner und Franzosen ließen eine sehr nette Karikatur anfertigen, in der man mich bewundern kann, wie ich meine Räume mit allen Mitteln gegen die anstürmenden Briten verteidige.

Inzwischen hatte sich der verheiratete Chef des Stabes ein dem gesamten Stabe bekanntes Techtelmechtel mit einer belgischen NATO-Schreibkraft gegönnt und seine Autorität damit weiter geschwächt. Als er versuchte, die Dame auch noch auf einen besser bezahlten Posten zu lancieren, gab es peinliche Anfragen. Durch einen Zufall hatte ich in Norwegen den niederländischen Vizeadmiral Niko B. kennengelernt. Nach ausführlichen Besprechungen an der Hotelbar wußte ich, daß ich es mit dem Inspekteur der niederländischen Marine zu tun hatte. Er gehörte zu denen, die auf die deutsche Karte setzten und sogar auf eine sehr enge Zusammenarbeit hofften.

Schließlich raffte ich mich auf und erzählte ihm von meinen Schwierigkeiten mit L. Er kannte ihn gut und war sofort bereit, ihn abzulösen. Ich bat ihn, damit zu warten. Nach dieser Affäre nun flog ich nach den Haag und besuchte B. Er sagte zu, Paul L. sofort abzulösen, rief Konteradmiral Jan S. herein und präsentierte ihn als Nachfolger. Er zeigte auf mich und sagte:

„Das ist dein Boss, sonst niemand!" Der niederländische Botschafter überreichte L. noch bevor er in den Ruhestand versetzt wurde, einen hohen Orden seiner Königin.

Jan war ein Geschenk, wir arbeiteten bestens und vertrauensvoll zusammen, besonders auch, als Sir Hugo an der Schwelle zum First Sealord scheiterte und 1995 zur Ruhe gesetzt wurde. Seine Anschlußverwendung als Gouverneur von Gibraltar war zumindest exotisch. Der Nachfolger war Admiral**** Sir Peter A. KCB, GBE, US Legion of Merit, den ich aus Norfolk gut kannte, wo er vorher Stellvertreter des SACLANT gewesen war. Er wußte viel besser in den verschiedenen Arbeitsgebieten Bescheid als sein Vorgänger. Er war längst nicht so charmant und geistvoll wie Sir Hugo, aber auch very british. Ein M.A. von Cambridge war mehr als bloßer Schmuck.

Sofort nahm er den Stier, in diesem Falle mich, bei den Hörnern und erfand eine wundervolle, wenn auch nutzlose Aufgabe für mich. Ich sollte mich ganz den Botschaftern der NATO-Länder in London widmen und eine enge Zusammenarbeit mit ihnen aufbauen. Jan und ich waren uns einig, daß es sich nicht um eine wichtige oder auch nur erfolgsversprechende Aufgabe handeln würde. Der deutsche Botschafter, den ich dazu um Rat fragte, machte mir keine Hoffnung auf große Zustimmung bei seinen Kollegen. Auch Sir Peter ist in den letzten 9 Monaten unserer gemeinsamen Arbeit nicht wieder darauf zurückgekommen, so wichtig war ihm diese Aufgabe.... Sir Peter beherrschte das unnachahmliche leichte Stottern in Perfektion und neigte zum Erröten, wenn man ihn ansprach.

Der radikale nationale Umbau nahm ihn sehr in Anspruch, wobei er anders als sein Vorgänger diese Entwicklung aus vollem Herzen befürwortete. Logischerweise wurde er dann 1997 auch Vice Chief of Defence Staff und mußte nicht wie Sir Hugo nach Gibraltar.

Im Herbst 1995 erhielten wir eine Einladung zum Edinborough Tatoo, Jock S. als überzeugter Schotte sollte den „Royal Salute" entgegennehmen, und wir durften ihm in der Royal Box[393] Gesellschaft leisten. Wir wohnten als Gäste des FOSNI in seiner Residenz, an der ich noch als KdZ unter Ehrenbezeugungen vorbeigefahren war.

Als es losging, wurden wir auf eine Reihe wundervoller alter englischer Karossen verteilt. und wir landeten mit Jan und Frau in einem großen Rolls Royce, in dem sein Besitzer Sir James K. auf uns wartete. Er war in Gesellschaft seines ebenfalls sturztrunkenen jungen Gespielen Lord D.

Vorher hatte ich aufgeschnappt, daß K. als deutscher Immigrant zu großem Reichtum und Ansehen gekommen war. Während unsere Wagenkolonne majestätisch Richtung Burg rollte, bekannte K. sich als großer Freund starker und gut bewaffneter Streitkräfte. Er hatte keinen Schimmer, wer bei ihm im Wagen saß und sicher war es ihm auch gleichgültig. Schließlich rief er: „We can never be sure what these terrible Japanese are up to!" Und ich fügte hinzu: „or the bloody Germans"! Begeistert stimmte er mir zu: „Right you are, young man, right you are!" Der diplomatische Jan versuchte alles, um zu retten, was längst im Brunnen lag, und wir haben uns königlich amüsiert. Während die Briten sicher sind in der Behauptung: „German humor is not a laughing matter[394]", machte diese Epi-

---

[393] Königliche Loge
[394] deutscher Humor ist nichts zum Lachen

462

sode – wie auch immer – ihre Runde in den Streitkräften, und ich erntete nie mehr Anerkennung als für diesen Scherz.

Mit Jan stehe ich heute noch in Verbindung, es war ein Glücksfall für mich, ihn damals an meine Seite zu bekommen. Das Leben war leicht geworden in Northwood, aber unsere Zeit ging zu Ende. Inspekteur und Flottenchef gelang es, die brandneue Fregatte „Schleswig-Holstein" für zwei Tage nach London zu schicken, um mir eine veritable Plattform für meinen Abschiedsempfang zu bieten.

Direkt vor der Tower Bridge längsseits des Museumskreuzers „Belfast" lag das schöne Schiff, und ich durfte meine vielen Gäste an Bord empfangen. Ich hoffe, daß man mir nicht allzu sehr angemerkt hat, wie stolz ich war.

Als mich mein Disziplinarvorgesetzter nach meinen Wünschen für den Zapfenstreich fragte, entschloß ich mich für Wilhelmshaven, wo ich fast 40 Jahre vorher angefangen hatte. Dieser Zapfenstreich, auf das Prächtigste vom Stabsmusikkorps und dem Wachbataillon durchgeführt, war ein wunderbares Abschiedsgeschenk der Bundeswehr. Als wehmütig stimmende Kulisse diente die 4. Einfahrt mit den über die Toppen beleuchteten Schiffen der Zerstörerflottille.

Als Minister R. Johanna und mich zu einer weiteren Verabschiedung nach Berlin bat, wo ich mit mehreren Generalen aufmerksam ausgegessen wurde, blieb mir kein Zweifel, daß meine Zeit nun wirklich gekommen war. Ich war von den zu Verabschiedenden auch noch der Dienstälteste, der die Liebenswürdigkeiten des Ministers für alle beantworten durfte.

Die Möbelwagen kamen, parallel dazu erschien mein Nachfolger, und wir gaben den geliehenen Glanz der letzten drei Jahre ab. Mein letzter Chef Sir Peter war zu beschäftigt, mich in irgendeiner Form zu verabschieden, ich habe ihn einfach nicht mehr gesehen, während der Stab ein veritables Abschiedsdinner zelebrierte. Und dabei hatte ich mir für diese Begegnung aufgehoben, ihm zu sagen, daß ich der letzte Deputy CINCHAN war, ein Dienstposten, den Lord Nelson 1801 bekleidete. So bleibt mir nur, mich ein ganz klein wenig an dem Gedanken zu erwärmen, daß ich als Deutscher einmal Nachfolger des unsterblichen Horatio Nelson war.

Oft habe ich bedauert, die Briten erst so spät so gut kennengelernt zu haben. Der Respekt, den ich seit meinem Lehrgang in HMS Mercury unbewußt mit mir herumgetragen habe, hat mich daran gehindert zu sehen, daß sie längst nicht so gut sind wie sie glauben und uns glauben machen. Selbst die militärische Supermacht USA muß immer wieder erleben, daß die Briten besser englisch sprechen. Die NATO ist eine Welt, die Englisch spricht, denn Französisch als zweite Sprache der Allianz ist eine Farce.

Als bei einer Kieler Woche ein großer US-Zerstörer gegenüber einer viel kleineren englischen Fregatte lag, sahen die Amerikaner morgens überrascht, daß die Briten den Namen ihres Schiffes von „Leander" in „None" geändert hatten. Der Wahlspruch der Amerikaner lautete nämlich: SECOND TO NONE.

Schluß

Es scheint mir irgendwie bezeichnend, daß ich meinen aktiven Dienst nach 39 Jahren und 11 Monaten beendete, es hat wieder nicht ganz gereicht, ich meine nun für die 40 Jahre, nach denen mein geiziger Dienstherr mir eine Treueprämie von mehreren Hundert DM hätte zahlen müssen.

Nachdem ich nun noch einmal gelesen habe, was mir zu meiner Dienstzeit eingefallen ist, sehe ich mich bestätigt in meiner anfänglichen Befürchtung, mehr oder weniger banale Episoden zu Papier gebracht zu haben. Vielleicht entsteht aber doch für Marineinteressierte ähnlich einer Collage ein Gesamtbild der ersten 40 Jahre unserer Marine.

Eine Idee für die tiefschürfende, den Ansprüchen an einen Flaggoffizier gerecht werdende Schlußbemerkung blieb mir bisher versagt. Der Leser, der bis hierher durchgehalten hat, wird hoffentlich dankbar darauf verzichten. Mir war, und dafür bin ich außerordentlich dankbar, vergönnt, meinem Land in einer glückhaften Phase von fast 40 Jahren zu dienen, in der nicht geschossen wurde und Zivilcourage den Heldenmut ersetzte.

Blue Braun

Carola Hartmann Miles-Verlag

Politik, Gesellschaft, Militär

Dieter E. Kilian, *Politik und Militär in Deutschland. Die Bundespräsidenten und Bundeskanzler und ihre Beziehung zu Soldatentum und Bundeswehr,* Berlin 2011.

Reiner Pommerin (ed.), *Clausewitz goes global. Carl von Clausewitz in the 21st Century, Berlin 2011.*

Hans-Christian Beck, Christian Singer (Hrsg.), *Entscheiden – Führen – Verantworten. Soldatsein im 21. Jahrhundert,* Berlin 2011.

Dieter E. Kilian, *Adenauers vergessener Retter – Major Fritz Schliebusch,* Berlin 2011.

Ingo Pfeiffer, *Gegner wider Willen. Konfrontation von Volksmarine und Bundesmarine auf See,* Berlin 2012.

Eberhard Birk, Heiner Möllers, Wolfgang Schmidt (Hrsg.), *Die Luftwaffe zwischen Politik und Technik. Schriften zur Geschichte der Deutschen Luftwaffe, Bd. 2,,* Berlin 2012.

Eberhard Birk, Winfried Heinemann, Sven Lange (Hrsg.), *Tradition für die Bundeswehr. Neue Aspekte einer alten Debatte,* Berlin 2012.

Holger Müller, *Clausewitz' Verständnis von Strategie im Spiegel der Spieltheorie,* Berlin 2012.

Dieter E. Kilian, *Kai-Uwe von Hassel und seine Familie. Zwischen Ostsee und Ostafrika. Militär-biographisches Mosaik,* Berlin 2013.

Angelika Doerfler-Dierken, *Führung in der Bundeswehr,* Berlin 2013.

Jahrbuch Innere Führung

Uwe Hartmann, Claus von Rosen, Christian Walther (Hrsg.), *Jahrbuch Innere Führung 2009. Die Rückkehr des Soldatischen,* Eschede 2009.

Helmut R. Hammerich, Uwe Hartmann, Claus von Rosen (Hrsg.), *Jahrbuch Innere Führung 2010. Die Grenzen des Militärischen,* Berlin 2010.

Uwe Hartmann, Claus von Rosen, Christian Walther (Hrsg.), *Jahrbuch Innere Führung 2011. Ethik als geistige Rüstung für Soldaten,* Berlin 2011.

Uwe Hartmann, Claus von Rosen, Christian Walther (Hrsg.), *Jahrbuch Innere Führung 2012. Der Soldatenberuf zwischen gesellschaftlicher Integration und suis generis-Ansprüchen,* Berlin 2012.

Uwe Hartmann, Claus von Rosen (Hrsg.), *Jahrbuch Innere Führung 2013. Wissenschaften und ihre Relevanz für die Bundeswehr als Armee im Einsatz,* Berlin 2013.

Einsatzerfahrungen

Kay Kuhlen, *Um des lieben Friedens willen. Als Peacekeeper im Kosovo,* Eschede 2009.

Sascha Brinkmann, Joachim Hoppe (Hrsg.), *Generation Einsatz, Fallschirmjäger berichten ihre Erfahrungen aus Afghanistan,* Berlin 2010.

Schwitalla, Artur, *Afghanistan, jetzt weiß ich erst… Gedanken aus meiner Zeit als Kommandeur des Provincial Reconstruction Team FEYZABAD,* Berlin 2010.

Erinnerungen

Blue Braun, *Erinnerungen an die Marine 1956-1996,* Berlin 2012.

Harald Volkmar Schlieder, *Kommando zurück!,* Berlin 2012.

Harald Volkmar Schlieder, *Opa Willy. 1891 Dresden – 1958 Miltenberg. Von einem, der aufsteigen wollte. Eine sächsisch-deutsche Lebensgeschichte in Frieden und Krieg,* Berlin 2012.

Harald Volkmar Schlieder, *Mein Vater – Musiker und Offizier. 1918 Dresden – 1998 Miltenberg,* Berlin 2013.

Reinhart Lunderstädt, *Aus dem Leben eines Hochschullehrers. Persönlicher Bericht,* Berlin 2012.

Wulf Beeck, *Mit Überschall durch den Kalten Krieg. Ein Leben für die Marine,* Berlin 2013.

Romane

Christoph Karich, *Bewährung im Grünen Meer,* Berlin 2009.

Robert B. Thiele, *Die Treuhänderin,* Berlin 2012 (2013 als Paperback unter dem Titel „Der General" neu erschienen).

www.miles-verlag.jimdo.com